宝丰年鉴

BAOFENG NIANJIAN

2013年

宝 丰 县 人 民 政 府　主办
宝丰县地方史志办公室　编纂

中州古籍出版社

图书在版编目(CIP)数据

宝丰年鉴 / 郑永安　杜建红　编著. ——郑州:中州古籍出版社,2013.10
ISBN978-7-5348-3534-6

I.宝… Ⅱ.郑… Ⅲ.宝丰县 -2013- 年鉴
Ⅳ.① Z526.14

中国版本图书馆 CIP 数据核字(2010)第 006147 号

宝丰年鉴(2013)

主　　编　郑永安　杜建红
出 版 社　中州古籍出版社
（地址:郑州市经五路 66 号　邮 编:450002）
印　　刷　中国人民解放军测绘学院印刷厂
开　　本　889×1194 毫米　1/16 开
印　　张　30 印张
印　　数　1-2000 册
字　　数　76.6 万字
版　　次　2013 年 10 月第 1 版
印　　次　2013 年 10 月第 1 次印刷
定　　价　268.00 元
邮　　箱　bfnj2009@163.com
邮　　编　467400
电　　话　0375-6579453

2012年6月15日，中共中央政治局常委李长春（右）与宝丰县农民魔术师亲切交谈。

2013年6月25日，省委常委、政法委书记刘满仓（左一）到宝丰县指导基层法庭建设工作，在市委书记陈建生(左二)、县委书记刘书锋（右二）等领导陪同下看望全国人大代表、全国优秀基层法官朱正栩（右一）。

2013年5月27日，省委常委、统战部部长史济春（前左四）在市委书记陈建生（前左三）、县委书记刘书锋（前右一）等领导陪同下到宝丰县产业集聚区调研。

2013年4月27日，市委书记陈建生（左二）、代市长张国伟（左一）在县委书记刘书锋（右四）、县长张庆一（右二）等领导陪同下观摩宝三产业集聚区。

2013年6月5日，市委书记陈建生（前左二）、市长张国伟（前左三）在县长张庆一（右一）等领导陪同下到宝丰调研湛河源头治理工作。

2013年4月12日，市长陈建生（前右二）、副市长李俊峰（前右一）等在县委书记刘书锋（前左二），县长张庆一（前左一）等领导陪同下到宝丰察看应河治理工作。

2013年6月14日，市委书记陈建生（前右二）、市政协副主席潘民中（左一）、市政协原主席裴建中（左二）等市领导在县委书记刘书锋（左三）等领导陪同下调研宝丰文化产业发展情况。

2013年6月7日，副市长郑茂杰（前左一）在县委书记刘书锋（前右一）等领导陪同下到宝丰一高新校区高招考点视察。

2012年7月26日，省委党史研究室主任于吉林（左三）在市委副书记、组织部部长李萍（左二），县委书记刘书锋（前右二）等领导陪同下莅宝察看中原解放纪念馆建设情况。

2013年4月24日，县委书记刘书锋（左三）等领导调研五岳公园建设情况。

2013年1月10日，县长张庆一（左二）等领导陪同韩国客商考察团参观宝丰县产业集聚区。

2013年1月8日，中共宝丰县委第十一届五次全体（扩大）会议在宝丰人民会堂召开。

2013年3月7日，县纪委十一届三次全会在宝丰迎宾馆召开。

2013年1月13日，县人大十四届二次会议在宝丰人民会堂开幕。

2013年4月19日，宝丰县政府十四届二次全体（扩大）会议在宝丰迎宾馆召开。

2013年1月11日，宝丰县政协九届二次会议在宝酒公司会议室开幕。

2013年建成并投入使用的宝丰县文化演艺中心

宝丰县城

2013年建成的东湖公园

宝丰县城迎宾大道夜景

赵庄乡赵庄社区广场

石桥镇东大庄社区

商酒务镇龙泉寺社区服务中心

2013年10月23日，诺贝尔物理学奖获得者崔琦教授（左一）听取范庄村崔琦小学校长汇报办学情况。

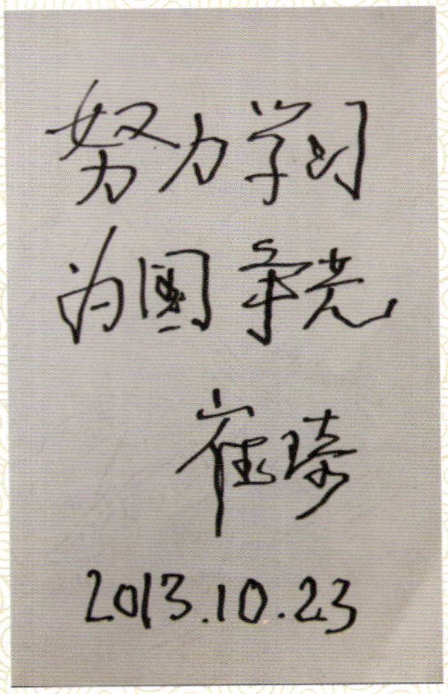

崔琦为家乡学校题词

2013年10月23日，县政府党组成员、副县级干部部现营（左二）代表县委、县政府到郑州看望崔琦（左三）夫妇，并向其汇报宝丰县经济社会发展情况。

2013年2月22日，全国文联副主席、中国曲协名誉主席刘兰芳在马街书会上即兴表演评书《岳飞传》片段。

2012年7月12日，中央电视台三套播出《越变越好——宝丰魔术集萃》

2012年8月1日，市委书记赵顷霖（右）向刘兰芳（左）赠送宝丰大宋汝窑瓷业有限公司生产的《玉兰花瓶》。

2013年7月5日，市委常委、常务副市长王丽（右三）到宝丰宋宫汝瓷发展有限公司调研。

2013年6月25日，河南省非物质文化遗产展示馆（汝瓷艺术）暨河南省文物复仿制品研究开发基地在宝丰宋宫汝瓷发展有限公司落成，副市长郑茂杰（前中），市政协原主席裴建中（右七），省文化厅非遗处副处长张永俊（右六），省文物局副处长王瑞琴（左六）等出席落成揭幕仪式。

2012年9月，中国古陶瓷学会副会长、河南省文物考古研究院院长孙新民（左一）到宝丰县清凉寺汝官窑遗址指导展厅建设前的发掘工作。

2012年1月8日，著名古陶瓷专家、中国古陶瓷学会顾问、清华大学教授叶喆民（左）鉴赏宝丰君子汝瓷。

2012年9月，中国古陶瓷学会副会长、河南省文物考古研究院院长孙新民（左一）到宝丰大宋汝窑瓷业有限公司考察。

2012年11月，著名古陶瓷专家、中国古陶瓷研究会副会长、故宫博物院研究员李辉柄（右）鉴赏宝丰汝瓷。

河南省非物质文化遗产（汝瓷烧造技艺）代表性传承人、国家一级工艺美术师王君子（左）传授汝瓷制作技艺。

2013年7月26日，北京大学东方哲学教研室主任、全国宗教学会原副会长楼宇烈（左二）教授在县委常委、宣传部部长李庆豪（前右一）等陪同下到宝丰考察观音文化。

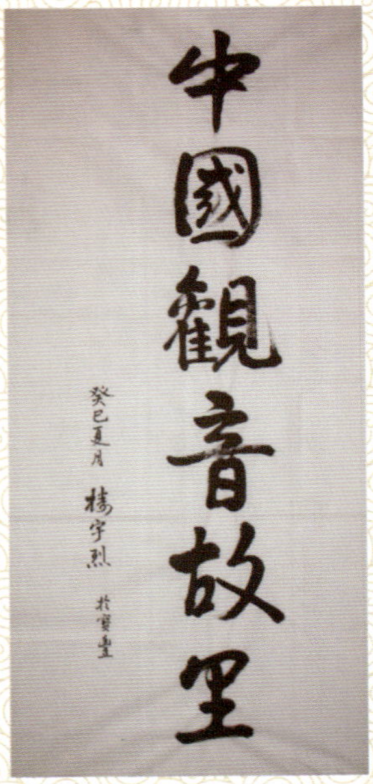

楼宇烈题词

荣誉证书

《宝丰年鉴》（2011年卷）获第六届全国年鉴编校质量检查评比二等奖。

特发此证，以资鼓励。

荣誉证书

经全省史志优秀成果评奖委员会评定：

《宝丰县志（1988–2005）》获全省优秀史志成果二等奖。

河南省地方史志编纂委员会

二〇一二年十一月

2013年7月3日，平顶山市政府党组成员、宝丰县委原书记严寄音（前右二）与宝丰县参加平顶山市乡镇志编修培训班学员合影。

宝丰县地方史志（年鉴）编纂委员会

（2012 年 11 月 6 日）

名誉主任 刘书锋

主　　任 张庆一

副 主 任 赵二成　李留军　桓贯超　王延辉　王书修　郜现营

委　　员 王国军　周爱萍　林卫星　石振国　杨雁景　陈军政　王富有　郑永安
张幸春　刘献华　王亚民　张山坡　黄国民　余廷军　岳保菲　王文杰
张国强　李自钦　连国法　戴德山　肖玉春　商金生　吕才营　李云正
程广州　路冠中　孙占国　李文治　余海珠　孙艳芳　李建军　杜建红

2013 年卷《宝丰年鉴》编审人员

主　　审 郜现营

主　　编 郑永安　杜建红

副 主 编 张增强　李晓红　蒋　舒　赵　华

编　　辑 李刚亮　王　敏　武连江　郭淑敏

摄　　影 王双正　武全洲　李民强　杨国栋

封面设计 徐国安　张翼鹏

排　　印 郭亚超　郭亚鹏　王增许　丁晶晶

编辑说明

一、《宝丰年鉴》是根据国务院《地方志工作条例》和《河南省地方志工作规定》的要求，由宝丰县人民政府主办、宝丰县地方史志办公室组织编纂，面向国内外公开发行的年度资料性文献。

二、《宝丰年鉴》以马克思列宁主义、毛泽东思想、邓小平理论、“三个代表”重要思想和科学发展观为指导，实事求是记载宝丰县自然和社会基本情况，全面系统反映经济建设和社会事业取得的新成就、新发展和新经验。其目的是宣传宝丰、服务社会、服务发展，为编修志书辑存资料。

三、《宝丰年鉴》1997年创刊，1999年第三卷出版后停刊。2009年恢复出版第四卷，为与《宝丰县志》（1988~2005）衔接，该卷为三年通鉴，时间起止为2006年1月1日至2008年12月31日。本卷是创刊以来的第八卷，收录时间为2012年1月1日至12月31日。《概况》部分的领导名录和《人物》部分的人物简介内容延至2013年6月。

四、本卷年鉴框架设特载、大事记、概况、人物、县委、人大、政府、政协、社会团体、军事、公安司法、检察审判、工业、农业、交通邮政、信息产业、建设环保、贸易业、财政税务、金融业、经济管理、教育科技、文化、卫生体育、社会生活、乡镇林站办事处26个类目和附录，类目下设分目、条目，条目是记述实体。

五、为方便读者检索，在正文前设置目录，在附录后设置索引，内容包括条目主题词、图表、人物简介等。为避免条目内容重复，在个别条目处理上注明“参见”。

六、本卷记述的组织、机构、会议及政治和专业性术语，一般使用习惯简称，如“中国共产党宝丰县委员会”简称“县委”、“宝丰县人民代表大会常务委员会”简称“县人大常委会”、“政协宝丰县委员会”简称“县政协”等。

七、本卷所用资料，由县直各单位、各乡（镇）、办事处、林站及部分驻宝单位提供，并经过供稿单位主要领导审核把关。主要数据由县统计局提供，其他数据由有关部门提供。个别条目资料源于《宝丰快报》等。有些数据由于统计方法、统计口径、资料来源及使用角度不同可能前后不尽一致。

八、全卷使用规范的现代语体文记述，力求严谨、朴实、简洁，做到思想性、科学性和资料性的统一。

九、全书除文字内容外，还收录了反映领导活动、部门工作、行业发展、城乡新貌、重大成就等方面的照片。

十、《宝丰年鉴》的编纂出版，得到了全县各级领导、各部门负责人及广大撰稿人员的大力支持和帮助，在此深表谢意。由于编辑人员水平有限，时间仓促，书中错误和纰漏在所难免，敬请广大读者批评指正。

目　录

特　载

2012年大事记

概　况

人　物

中共宝丰县委

宝丰县人民代表大会

宝丰县人民政府

政协宝丰县委员会

社会团体

军　事

公安　司法

检察　审判

工　业

农　业

交通　邮政

信息产业

建设　环保

贸易业

财政 税务

金融业

经济管理

教育 科技

文 化

卫生　体育

社会生活

乡镇 林站 办事处

附　录

索　引

特　　载

在县委十一届五次全委(扩大)会议上的讲话

中共宝丰县委书记　刘书锋

(2013年1月8日)

同志们：

今天我们召开县委全委扩大会议，中心任务是贯彻十八大精神和省、市委全会精神，以及中央、省、市委经济工作会议精神，总结2012年的经济工作，安排2013年的经济工作，不再单独召开县委经济工作会议。刚才，张县长代表县委常委会作了主题报告，系统总结了2012年的经济工作成绩，对2013年的经济工作进行了全面安排部署，希望同志们认真抓好落实。同时我们也对去年、前年工作中涌现出的先进单位进行了隆重表彰。下面，根据县委常委会研究的意见，我着重强调三点要求。

一、思路目标必须坚定

思路决定出路，目标引领方向。去年以来，为推进全县经济社会科学发展、跨越发展，我们结合全县实际，制定了“建五宝，争百强，三化协调发展奔小康”的总体思路和奋斗目标。这个总体思路和奋斗目标与十八大的基本要求是相吻合的，其中“五宝”建设与十八大提出的“五位一体”总体布局基本一致，“争百强”、“奔小康”的目标与十八大提出的到2020年全面建成小康社会的目标相呼应。一年多来，我们坚持按照这一思路和目标去安排工作、落实工作，实现了经济社会的平稳较快发展，主要表现在综合经济实力持续增强，群众幸福指数明显提高，文化强县建设实现突破，生态文明建设步伐加快，和谐宝丰建设成效显著，各项工作在诸多困难和不利的情况下取得了喜人的成绩。实践证明，“建五宝，争百强，三化协调发展奔小康”的总体思路和奋斗目标是符合宝丰实际的，挖掘了宝丰发展的潜在优势，兼顾了量的积累和质的变化，顺应了全县人民的热切期盼。

在推进五宝建设过程中，我们发现仍有个别单位、个别同志甚至部分单位的领导同志对五宝建设认识模糊。借今天这个机会，很有必要再讲一下，“建五宝，争百强，三化协调发展奔小康”包括四层意思：建五宝是我们今后发展的总抓手，就是建设富强宝丰、幸福宝丰、文化宝丰、生态宝丰、和谐宝丰；争百强是我们工作的总标杆，就是以百强县为标杆，各项工作向百强县看齐，争取早日进入全国百强县行列；“三化”协调是我们的总要求，奔小康是总目标，“三化”协调发展奔小康，就是不以牺牲粮食和农业、生态和环境为代价，推进新型工业化、新型城镇化、新型农业现代化协调发展，提前全面建成小康社会。在“五宝”建设中，富强宝丰就是以三大园区为平台，大力发展六大主导产业，从而达到县强民富的目标；幸福宝丰就是本着以人为本的理念，坚持民生至上，在大力发展经济的同时，全力改善民生，让宝丰50万人民不仅物质生活富足，而且精神生活愉快，让宝丰人民在宝丰大地上生活得更有幸福感、更有尊严；文化宝丰就是突出我们的特色，发挥宝丰的文化资源优势，按照文化基础设施大建设、文化品牌大彰显、文化产业大发展、文化事业大繁荣的总体思路，加快文化强县进程；生态宝丰就是大力发展绿色产业，努力改善生态环境，积极倡导绿色生活，建设宜居宜美的新宝丰；和谐宝丰就是创新社会管理方式，使社会管理与经济发展相适应，维护社会大局稳定，改善社会公共服务条件，不断提高广大群众的安全感和满意度。

针对提前建成小康社会的目标，我想着重强调一下。党的十八大提出，到2020年全面建成小康社会，这次提出的小康目标，在原有基础上有较大提高，主要表现在要到2020年，实现GDP和城乡居民收入比2010年翻一番，人均GDP和城乡居民收入分别达到59356元和25000元，对比原来的31400元和15000元有了一个很大的提升。我县2010年人均GDP为20598元，城乡居民收入为6301元，用现在新的标准衡量，我们原先提出的提前五年实现小康的难度非常大。对于人均GDP指标，按全县50万人算，GDP总量达到300亿就够了，这个目标实现起来相对容易些，但城乡居民收入这项目标实现起来难度非常大。为什么我县会出现经济发展与城乡居民收入不同步的问题，这就是说我们宝丰经济发展的质量不高、效益不好。这里有个数据，全国财政收入占GDP的比重一般在20%以上，去年全国GDP47万亿，去年全国财政收入超10万个亿，平顶山财政收入占GDP的比重在6%－7%之间，而我们宝丰财政收入占GDP的比重常年徘徊在5%以下，这就说明我们的经济发展质量不够高、效益不够好，所以说如果按照十八大提出的城乡居民收入标准，据统计部门测算到2015年我们城乡居民收入加权平均收入能达到19000元，那么19000元和十八大提出的25000元相比足足差了6000元，这根本就不是小康，所以说经过测算，我们到2018年可能会达到25000元，也就是说到2018年我们才能实现十八大提出的目标。因此常委会通过对形势环境的研判，对优势机遇的总体把握，对差距调整的综合判断，县委常委会做出决定调整我们的奋斗目标，提前2到3年全面建成小康社会。

今年中央经济工作会议的总基调是稳中求进，省委经济工作会议的总基调是持续求进，市委经济工作会议的总基调是转中求进。落实中央、省、市委经济工作的总基调总要求，当前和今后一个时期，我们要始终坚持“建五宝，争百强，三化协调发展奔小康”这个总体思路和奋斗目标不懈怠、不动摇、不放弃，始终围绕这一思路和目标来把握、来推动、来发展，用我们扎扎实实的工作，努力加快经济社会发展速度，提高经济社会发展质量。

二、工作必须求实求效

一年来，我们克服大环境上的种种不利因素，圆满完成了既定目标任务，其中有很多很好的经验体会值得我们认真总结并长期坚持。一是要始终坚持正确的发展方向。过去的一年，我们坚定“建五宝，争百强，三化协调发展奔小康”的奋斗目标，进一步明晰了发展方向，进一步明确了发展目标，进一步坚定了全县党员干部群众推动宝丰跨越发展的信心、决心，推进了经济社会的平稳较快发展。二是始终坚持务实求效的工作作风。我们各项工作之所以能全面推进，干成了许多过去想办又不敢办的事，得益于我们有一个务实求效的工作机制，工作作风。三是始终坚持风清气正的用人导向。通过绩效积分制度的实施，营造了创先争优的干事创业的好环境，培养了一支政治上靠得住、工作上有本事、作风上过得硬、人民群众信得过的干部队伍，形成了各级干部聚精会神搞建设，一心一意谋发展的良好局面。四是始终坚持民生至上的工作理念。我们从群众最需要、最直接、最现实的问题入手，有计划、有步骤地实施了一大批民生工程，让群众享受到了更多的经济社会发展成果，赢得了各方面的拥护和好评。

2013年是我国按照党的十八大精神，全面建成小康社会的起步之年，也是我县全面落实“建五宝，争百强，三化协调发展奔小康”目标的关键之年。随着党的十八大提出“两个翻一番”的目标，全面建成小康社会的标准随之提高，尤其是城乡居民收入标准的提高，给我们带来了很大的发展压力。如果我们不能一步一个脚印，一年一年地抓好落实，就难以实现县委、县政府提出的提前2－3年建成小康社会的目标，甚至与全国同步进入小康社会的目标也难以实现。同时，受国际金融危机等国内国外宏观经济形势的影响，2013年经济形势能否走上快车道，形势十分模糊，再加上我们宝丰经济结构调整还没有完全到位、发展方式还没得到根本转变，这些不利因素要求我们必须在思想上进一步提升艰苦创业的认识，在方法上必须进一步创新创造，在作风上必须进一步扎实务实，在效率上必须进一步高速高效，在环境上必须进一步优化美化，在机制上必须进一步求新求效。为把党的十八大精神在我们宝丰得到全面地贯彻落实，为加快“建五宝，争百强，三化协调发展奔小康”进程，希望全县党员、干部、群众在以下几个方面给予高度关注。

(一)精心谋划、精细策划、精密运作是搞好各项工作的基础。谋划好发展大局，策划好具体工作，运作好实施方案，应当成为每个领导同志的必修课。一个人谋划不好发展方向、发展目标、发展思路、发展举措，就难以实现个人的人生价值，就难以在同行业中出类拔萃。大局谋划之后就要具体策划，策划要讲究针对性、要讲究操作性、要讲究实效性，没有科学务实管用的策划方案，就不能把大局的谋划落到实处。如果说谋划、策划十分到位，能否见实效，关键是看我们的运作能力。运作能力内涵很广很深，这包含着你的协调能力、攻关能力、领导能力、执行能力、控制能力等等。谋划、策划、运作三位一体要有效融合、高度统一，做到了这一点，我们的一切工作就一定能够旗开得胜。如何提高领导同志的谋划、策划、运作能力？我个人认为要在利用政策上下功夫，要在把握实情上下功夫，要在造声造势上下功夫，要在用人方法上下功夫，要在方向导向上下功夫，要在资源运用上下功夫，要在借力借智上下功夫。近几年来，我们在发展过程中、在建设过程中，我们也有谋划、策化、运作的成功典范。比如说，我们的五岳生态公园项目，就得益于县委、县政府的科学谋划，又得益于分管领导的具体策划，又得益于水利局等有关部门的具体扎实运作，使这个投资超2亿元的项目无偿地在宝丰实施。在具体工作中，我们的人武部长桓贯超同志、副县级干部曲延辉同志、水利局长戴德山同志、建设局长王文杰同志、规划局局长张义辉同志以及城关、肖旗和所有参与工程建设的部门都付出了辛勤的努力。今年上半年，五岳生态公园可望全面建成开园，必将为广大城乡居民提供一个优美舒心的休闲场所。在企业发展方面，也有成功的典范，像我们的大地集团及早谋划、提前策划、务实运作，一举击败强大的竞争对手，成功地实现了与中电投鲁阳电厂的合作，掌控了粉煤炭的经营权，不仅挫败了一些企业想抢占宝丰水泥市场的企图，同时也极大地提高了企业的竞争力和经济效益。因此，希望每个领导同志要多用心、多用功、多实践、多学习，不断提高我们的谋划能力、策划能力、运作能力，为我们干好各项工作打下扎实的基础。

(二)领导带头、指导靠前、亲力亲为是搞好各项工作的保障。领导不论职务高低、不论权力大小、不论岗位轻重，其实质是一样的，那就是肩负着干好工作的第一责任。一个县委书记、一个县长肩负着一个县的发展、改革、稳定的重任，一个乡镇书记、一个乡镇长、一个局委的局长、一个村的支部书记、村委会主任，尽管我们的职权范围不一样、职级也不一样、待遇也不一样，但承担的领导责任是一致的。俗话说：兵熊熊一个，将熊熊一窝，很形象地说明了领导的重大职责，做为一个领导同志，要想把一项工作搞上去，要想把一项事业发展好，要想在同行业中创先争优，方法当然很多，但根本的方法就是领导要带个好头，领导要指导有方，领导要率先垂范、亲力亲为。这几年，我们宝丰如果说在建设、发展、稳定等方面在全市有一定的位次的话，我们的各级领导的率先垂范作用是不能低估的。回顾刚刚过去的2012年，县委、县政府为加快城乡基础设施建设步伐，为使宝丰的发展环境更优更美，确立了九大基础工程，相应地成立了九个指挥部，指挥长分别由人大主任、政协主席及相关的县委常委、政府副县长担当指挥长。九个指挥部的各位领导同志尽心尽力，务实创新，各项工程都有了明显地进展。象我们的人大主任梅玉三同志担负东三环项目指挥长，每周一都召开专题会议听取汇报、研究问题、推进工作，在财政形势十分困难资金不能及时到位的情况下，同人大副主任娄文聚同志、副县级领导王红旗同志等，创新举措，知难而进，使东三环改造工程有了一个良好的开端。像我们的县委常委、常务副县长李留军同志，面对持续低迷的经济形势、面对刚性税源锐减的极大压力，带领财税部门精打细算、无怨无悔地完成了2012年财政收入任务，确保我们宝丰县财政收入总量在全市十个县(市)区第一名的位次，公共预算收入第二名的位次。像我们的组织部长朱孝哲同志、人大副主任崔建利同志想尽一切办法，克服种种困难，确保了东湖公园的建设进度。像我们的王长和县长带领火车站广场改建指挥部全体人员攻难克坚，在确保了和谐拆迁的同时，工作有了很大进展。他们的辛苦，他们的努力，让我非常感动，我相信他们的汗水一定会化做全县人民的笑容，在宝丰的发展史上一定会留下浓墨重彩的一笔。县四大班子领导捆在一起干工作的同时，各乡镇、各局委的主要负责同志同样率先垂范，始终工作在最前沿。像我们的周庄镇党委书记刘全有同志，在招商选资上持之以恒，终有成效；像我们的产业聚集区管委会主任蒋三熠同志常常带病坚持工作；像我们的国税局长林宏武同志、地税局长魏聪民同志组织税收任劳任怨；像我们的城关镇镇长杨新占同志不回避矛盾，敢碰硬，敢担当；像我们的赵庄乡袁庄村支部书记袁军国同志一心为老百姓着想，带领全村群众过上了幸福文明的新生活。像这样的典型很多很多，正是由于各级领导干部的带头、带动，才使我们的各项事业蒸蒸日上。

(三)精力集中、时间集中、人员集中是搞好各项工作的关键。事业成败，工作好坏，有很多因素，诸如历史的因素、现实的因素、主观的因素、客观的因素，还有不抗拒的因素，但是通常情况下，人的因素是决定性因素，人的主观能动性因素是根本性因素，在我们的身边，往往存在着许许多多鲜明的对比案例。同样的职位、职级、职责，不同的人往往有不同的效果；同样的工作工程由于领导不同效果就会大相径庭。这当然与每个人的能力大小是相关联的，但我个人认为能力大小智商高低不一定发挥着根本作用，因为人的能力和智商没有天壤之别，究其原因有一条很重要的因素，就看你在干工作上精力集中不集中，时间集中不集中，人员集中不集中。人的精力是有限的，人的时间也是有限的，人力资源也是有限的。身为公务员，担当着一方的领导责任，如果不把精力用在工作上、公事上，如果不把有限的时间用在干事创业上，如果不能把有限的人力资源用在刀刃上，任何工作都是难以出色地完成。我们经常说，一心一意谋发展，聚精会神搞建设，就是讲时间、精力、人力资源的集中问题。回顾2012年我们宝丰文化事业和文化产业发展工作，我们之所以有了新的提高、新的突破、新的形象，这与我们县委常委、宣传部长马丽同志及其带领下的文化宝丰领导小组集中力量扎实工作是密不可分的。我们宝丰文化现象曾风靡全国，得到了中央有关领导的肯定，宝丰文化资源得天独厚的优势也人人皆知，但是长期以来层次不高，基础设施不完善，文化产业发展缓慢的现状一直没有得到突破。2012年，我们终于有了新突破，6、7、8月份我们宝丰魔术密集地在中央电视台《我要上春晚》、《魔幻七月见证奇迹》、《欢乐一家亲》等栏目播出，极大的宣传、推介了宝丰文化，这不能不说文化宝丰领导小组一班人真正做到了一心一意干工作，真正把精力、时间都用到了工作上。像我们马街书会绵延几百年，国内外闻名，可惜时至今日，如果不到正月十三那一天，看不到一点点曲艺文化迹象。在最近短短几个月来，马街书会的各项工程进展迅速，受到了中国曲协、国家文化部非遗司、财政部文资办等部门领导的高度肯定，纷纷表示要给以支持。在这项工作中人大副主任王延辉、政协副主席王书修、副县级领导部现营同志都一心扑在工程上，才有了今天的效果和形象。再比如，我们的县委常委、政法委书记杨占杰同志，带领老龙窝“三化”协调发展实验区领导小组一班人，从零开始，从零起步，在一片荒草荒坡上开展了艰苦的工作，使老龙窝这个几百年来荒凉的穷山沟即将进入现代文明的新阶段。参与实验区工程建设的许多同志和局委都付出了辛勤的汗水，像国土资源局、建设局、水利局、规划局、新农办、交通局、大营镇等等，没有推拖，没有应付，都为试验区发展和建设真抓实干，效果显著，据不完全统计，截至目前，围绕实验区上报各类项目2个多亿，2013年可能进入大建设、大发展阶段。所以说尽管今年我们面临的发展任务十分繁重，只要我们精力集中、时间集中、人力资源集中，就一定能够取得2013年各项工作的丰硕成果，就一定能够把“建五宝，争百强，三化协调发展奔小康”推向新的历史阶段。

（四）创新思维、创新方法、创新机制是搞好各项工作的法宝。人类社会的发展史，实际上就是一个创新史。只有创新，才能更好地认识规律、服从规律、按规律办事，才能少走弯路，才能少办错事，才能达到事半功倍的效果。对于我们党政机关来讲，尤其是对于各级党政领导干部来讲，创新尤其重要，因为中国几千年来官本位思想始终占据着官员的大脑；因为长期以来发号施令的工作习惯根深蒂固；因为接受新事物的主动性一直不强，存有那么一点点抵触情绪，这就限制了我们创新的动力和能力。面对新问题、面对新矛盾，要么束手无策，无能无为；要么怨天尤人，埋三怨四；要么蛮干乱干，事与愿违。这些都是不创新带来的恶果。我在这里强调的就是创新思维、创新方法、创新机制也是一个三位一体有效融合的问题。没有创新的思维，就不可能有创新的方法，没有新的创新的机制就不可能推动新的思维、新的办法诞生。总结几年来我们走过来的道路，创新始终是我们干事创业的法宝，也是我们解决发展、改革、稳定各种问题的金钥匙。正是由于全县各级领导干部不断创新，才推动了我们经济不断发展、事业不断进步。在这里我还想举几个例子来说明一下：像我们的纪委书记刘景华同志，在“三联三帮建五宝”活动中为解决十几年以来的信访问题，创新举措采用群众评议的办法，短时间内有效地化解了陈年积案；像我们的县委组织部在干部选拔任用考核上大胆创新改革，随着干部绩效积分制办法的推行，一个创先争优真抓实干的社会氛围正在形成，最近提拔科级领导干部60名，有32名是各个单位绩效考核第一名，绩效积分排在前三名的有52名，在民主推荐和座谈推荐中，获得民主推荐全票的有30名，获得80%以上高票的有59名，这就说明了积分高的、工作好的和在单位有影响力的，群众公认度也是高的。干部绩效积分管理这个方法实施后最大的受益者是我本人，我减轻了压力，使我有更多的精力和时间考虑全县的发展问题。同时，最大的得益者也是我们工作先进、政绩突出的干部，使那些真正干得好、群众公认的同志能够尽快尽早地走上各级领导岗位，在政治上不吃亏。如：法院先进典型朱正栩同志被提拔为正科，“三联三帮建五宝”活动中的先进典型中医院的朱志辉同志，被提拔为信访局纪检组长。目前已在全县形成了靠绩效积分提拔使用干部的良好氛围；像我们的周庄镇在全镇机关干部、各行政村支部书记、村委会主任中实行评日志、评红旗的办法，推动了周庄镇各项工作迈上新台阶；像我们的教育局在搞职业教育过程中，使我们的魔术职业教育学院进入了省政府的计划，2013年有望申办成功。这些活生生的例子，应当成为我们学习的榜样。

（五）具体安排、具体督导、具体落实是搞好各项工作的要求。省委书记卢展工一到河南工作，就提出“三具两基一抓手”的工作要求，一具体就深入，一具体就突破，一具体就落实。我看确实如此。反过来讲，也确实说出了我们工作作风中存在的最大问题就是不具体。当前的“不具体”我想了想，有许许多多形态各异的表现：学习政策业务不具体，要么干脆不学，要么浅尝辄止；安排部署工作不具体，要么海阔天空不着边际，要么事无巨细轻重不分；检查工作不具体，要么走马观花，要么胡言乱语；解决问题不具体，要么怕碰硬怕得罪人，要么无方无法听之任之；落实领导指示不具体，要么说一些皮毛支兑应付，要么石沉大海杳无音信。诸如此类的工作习气，仍在我们的干部队伍中和在我们的实际工作中或多或少地存在着，不具体的恶习不改，我们的事业就永远难以成功。当然，在我们的干部队伍中工作具体、具体工作还是占主流的。像我们的县委常委、统战部长王森鹏同志，为解决观音文化园区征用租用农民土地问题，经常深入田间地头，到村支部书记家中面对面地协商沟通、研究工作，有效地推动了工作，促使观音文化园区近期有望开工建设，这也是2008年宝丰被批准为文化改革发展实验区以来提出的思路的具体落实；像我们的规划局长张义辉同志为争取郑渝高铁路经宝丰，工作具体扎实，去铁道部沟通汇报，使我们的规划、依据得到了铁道部有关领导的高度重视，至于到底能否路经宝丰，我们问心无愧。因工作强度大，协调的事情多，张义辉同志经常喉咙嘶哑，但还坚持工作。还有很多这方面的典型人物和典型事例，在这里就不一一列举了。那么，我们一个关键的问题就是怎样才能使工作具体化呢？我想要从五个方面入手：一是目标要具体。让大家对奋斗目标明明白白、清清楚楚，不能模糊不清，不能弹性太大，更不能空洞无物。二是职权要具体。无论实施什么工作，都离不开职权的推动，授权必须具体，不能无职无权，这样就不能解决问题，无法调动力量。三是办法要具体。一把钥匙开一把锁，要因材使用，要人尽其才，要合理使用各种资源，用对一个人事业兴，用错一个人事业败。四是奖惩要具体。不能干好干坏一个样，干多干少一个样，更不能让那些不干事、不会干事、干不成事的人投机钻营。五是经验总结要具体。每次重大工作重大工程结束后，要认真具体地总结，以利于推广经验，以利于推动下一步的工作。当然还有很多的经验可以总结，因为时间问题，就不一一列举。

（六）大局观念、大局境界、大局胸怀是我们搞好各项工作的思想本质。我们从不同的地方来到宝丰工作，我们根据工作需要走上不同的领导岗位，我们由于岗位不同担当着不同的职责，许许多多的不同其实没有什么不同。我们有一个共同点、一个共同的目的，就是共同努力把宝丰的各项事情办好，为全县50万人民谋福利。这既是党性的根本要求，更是人民的热切期盼。这就要求我们要有大局观念、大局境界、大局胸怀。每个领导同志，不论你分管什么、不论你职务有多高、无论你权力有多特殊，都要自觉地服从服务于宝丰发展这个大局，要有这样的思想观念，要有自觉服从服务大局的行动。在我们的实际工作中，确确实实存在着一些大局观念不强、大局境界不高、大局胸怀不广的人和事。实践证明，四大班子不扭在一起，不形成合力，全县人民就不能够向着一个目标挺进，我们安排的工作都是纸上谈兵，最后只是一句空话。在工作中我发现，有的对不是自己分管的工作缺乏大局观念，发现隐患、发现问题不提醒、不帮助；有的在协调工作过程中不配合、不主动；有的对职责以外而又有利于宝丰发展的信息不提供、不沟通；有的为了竞争先进不光明，不磊落；有的对不是分管领导不尊重、不服从。等等吧，还有很多不好的表现，这些存在的问题，需要我们去改正。其实，人是需要一点境界的，人是需要一点宽广胸怀的，尤其是我们各级领导干部，岗位和职权决定着你必须要有大局观念，要有做人的境界和胸怀。我始终认为，那些为小局利益明争暗斗的人，是不可能有发展前途的，那些低级境界低级龌龊的人是不可能够担当重任的，那些心胸狭窄心理阴暗的人是不可能走得更稳走的更远的。我相信我们的每一个干部，尤其是各级领导干部都能有大局观念、大局境界、大局胸怀，为了我们共同目标的实现，手拉手，肩并肩，奋力拼搏，努力奋斗！

三、党建工作必须加强

学习贯彻党的十八大精神，是一个持续、动态、不断深化的过程。把十八大精神落实到各项工作中，首要的是要以十八大精神为指导，进一步加强党的建设。

（一）认真落实宣传贯彻十八大精神这个首要政治任务。持续深化理论学习。各级党组织和广大党员要把学习贯彻十八大精神作为当前和今后一个时期的重要政治任务，加深对十八大提出的一系列新思想、新观点、新论断的理解，把十八大精神学懂弄通、学深学透、入脑入心。持续营造浓厚氛围。新闻媒体要开辟专题专栏，深入宣传、积极回应广大干部群众关心的热点难点问题，真正使十八大精神为广大党员干部群众所理解、所掌握、所运用；各级各部门要通过十八大精神培训宣讲、深入解读、知识竞赛、学习征文等形式，推动十八大精神进机关、进社区、进家庭、进校园、进企业、进农村。持续提升发展能力。要把学习宣传贯彻过程同工作实践结合起来，着重做到“五个下功夫”和“五个不放松”。“五个下功夫”，即着力在招商选资上下功夫、在项目建设上下功夫、在民生改善上下功夫、在基层组织建设和廉洁自律上下功夫；“五个不放松”，即坚持做好创新社会管理不放松、环境保护不放松、信访稳定不放松、平安建设不放松、安全生产不放松。

（二）完善用好干部绩效积分管理制度这个创新成果。去年以来，我们实施了干部积分管理制度，在激励创先争优，提升干部队伍素质方面起到了积极的作用。我们又不断进行了丰富完善。但是，像许多创新成果一样，同样还有很多地方需要改进。一要量化细化内容，确保干部表现“可量化”。奖惩要严格按规定办事。对于操作中发现的新问题、新情况，要听取各方意见，定期研究完善细则。既要重视现有的奖励、通报，还要重视上级对部门和个人的工作评价及造成的影响，尤其侧重对在急难险重任务面前、事关大局时能否挺身而出的干部进行奖励。二要实行动态管理，确保干部评优“信得过”。组织部、各乡镇、县直各部门要加强干部积分管理，及时统计、及时公示，接受群众监督。要适时跟踪督查干部在重点工作中的表现情况和任务落实情况，及时记入积分档案，为科学评价干部提供科学依据。三要强化运用结果，确保干部优秀“有依据”。把积分作为评价干部、选拔干部的重要依据，每季度一汇总，半年更新一次，一年总结一次，增强干部评价客观性，让干部群众对干部提拔使用心悦诚服。

(三)持续强化“三联三帮建五宝”这个有效载体。一要强化责任。完成工作目标，强化责任是前提。我们要以深化完善“三联三帮建五宝”工作机制为抓手，不断转变干部作风。全县广大干部要把岗位职责同全面发展的大局联系起来，以高度的责任感和强烈的事业心抓工作、搞服务。“建五宝，争百强，三化协调发展奔小康”涉及经济社会的方方面面，每项工作背后都有一个系统的指标体系，有一大批具体的任务等待我们去落实，都需要一批敢负责、能负责的人去做，需要一批有热情、有激情的人去干。所有的要素中，责任心始终是第一位的，每个党员干部都要结合岗位实际，找准定位，明确责任，以时不我待的责任心、使命感，完成好县委、县政府确定的各项工作任务。二要狠抓落实。千忙万忙，不抓落实就是瞎忙；千招万招，不能落实就是虚招。对安排部署要立说立行。重点工作以天来计，紧急工作以小时来计，赶时间抢进度，按进度讲绩效，力求做到全县中心工作不在自己分管的领域延误，不在自己负责的单位受阻，不在自己工作的岗位出错。对具体工作要亲力亲为。领导干部不能只当指挥员，还要当好战斗员，身先士卒、身体力行地感召干部群众，同心同德把各项工作落到实处。三要创新创造。新形势、新任务，新情况、新问题，必须用创新的理念、创造的气魄、创新的举措去面对、去解决。我们要在招商选资上创新。围绕品牌招商创新方法，招大商、招好商。要在项目推进上创新，认真兑现“两个零接触”和“四个最”的服务承诺，力促项目签约、开工建设、发展壮大。要在推进城镇化上创新，推动优惠政策向新型农村社区倾斜。要在破解发展瓶颈上创新，提高建设用地报批、环评效率；出台更加优惠的政策，采用BT模式和BOT模式，吸引民间资本参与宝丰建设发展。要在创建小微企业上创新，用更加优惠的政策，扶持群众发展小微企业，吸引农民就业，转变农民生产生活方式。要在信访稳定上创新，积极回应合理诉求，妥善化解矛盾纠纷，保持社会和谐稳定。

春节临近，各乡镇各部门要统筹兼顾，合理安排好当前工作。各级领导干部要深入基层，特别是困难多、问题多、矛盾多的地方，切实解决困难群众的生活问题，让群众感受到县委、县政府的温暖。要认真做好节日供应，让人民群众过一个安定祥和的春节。要高度重视安全生产，严格执行节日值班制度，确保节日期间各项工作正常运转。特别强调，春节期间严禁用公款请客送礼、宴请拜年，前不久中纪委专门下发了通知，全体干部特别是领导干部要高度重视、严格遵守。

同志们，今年是贯彻落实党的十八大精神的开局之年，也是实施“十二五”规划承前启后的关键一年。我们一定要深入学习贯彻党的十八大精神，坚定信心，克难攻坚，不断开创我县科学发展新局面，为早日实现“建五宝，争百强，三化协调发展奔小康”宏伟目标而努力奋斗！

政府工作报告

2013年1月13日在县十四届人大二次会议上
宝丰县人民政府县长　张庆一

各位代表：

现在，我代表县人民政府，向大会报告工作，请予审议，并请各位政协委员和其他列席人员提出意见。

一、2012年工作回顾

刚刚过去的一年，是宏观经济下行压力加大、矛盾困难较多的一年，也是我县经济逆势发展、取得不平凡业绩的一年。在市委、市政府和县委的正确领导下，在县人大、县政协的监督支持下，全县上下牢牢把握主题主线，紧紧盯住"建五宝，争百强，三化协调发展奔小康"奋斗目标，锐意进取，攻坚克难，真抓实干，较好地完成了县十四届人大一次会议确定的各项目标任务。

2012年主要经济社会发展指标持续平稳较快增长。预计全县生产总值完成226.8亿元，增长13.2%；规模以上工业增加值117.5亿元，增长18%；全社会固定资产投资178.9亿元，增长24%；社会消费品零售总额32.9亿元，增长17.8%；地方财政收入16亿元，其中公共财政预算收入9.24亿元，增长15.1%；城镇居民人均可支配收入15806元，增长13%；农民人均纯收入9023元，增长14.5%。主要经济指标继续位居全市前列，连续六年荣获全市发展县域经济先进县。在2012年9月份公布的全省县域经济综合实力排序中，我县排名第28位，首次跨入全省三十强。

一年来，我们突出抓好了以下重点工作：

(一)着力转变发展方式，富强宝丰建设实现新突破。项目建设快速推进。全县千万元以上重点项目当年完成投资175亿元，建成千万元以上重点项目82个，总投资83.5亿元，其中，亿元以上项目16个，总投资50.7亿元，主要有京宝焦化、五星石墨二期、新奥新能源、大地集团矿渣微粉等项目。恒基伟业太阳能电池生产线、洁石焦化90万吨捣固焦等64个亿元以上项目正在建设。中材环保除尘设备、中投物流园、大地集团五星级宾馆等18个亿元以上项目即将开工。产业集聚区建设全面加快。规划面积扩大到12.1平方公里，路网、污水处理厂、公租房等配套设施建设正在有序推进。预计完成固定资产投资81.66亿元，增长18.7%；实现主营业务收入77.6亿元，增长40%。农业基础地位更加坚实。新创建小麦、玉米高产粮田万亩方3个、千亩方13个、百亩方319个，粮食总产量达22.4万吨，实现九连增。蔬菜种植面积11.8万亩。烟叶种植面积2万亩，带动烟农增收5812万元。新增流转土地1.5万亩，红英高科技示范园、派铌迩农牧生态园等一批现代规模化种植基地初步建成。实施了省小型农田水利建设重点县项目、净肠河下游治理、水库除险加固等工程，新增灌溉面积2.8万亩。伊利乳业二期建成投产，年加工能力达到10万吨；新建300头以上奶牛养殖场3个，鲜奶年产量突破8万吨，成为全省奶牛养殖大县。品牌招商成效显著。围绕六大主导产业，引进市外资金项目67个，总投资204.2亿元，实际到位市外资金156亿元，引进境外资金1200万美元。第四届华合论坛成功签约项目6个，总投资63.3亿元，位居全市第一。苏宁电器、九头崖、德信泉等商贸企业入驻我县。出口创汇完成379万美元，增长24.5%。科技创新成绩突出。奖励资助自主创新先进企业和个人448万元，冯异醋业成为省级米醋酿造工程技术研究中心，省级水泥产品质检中心正在建设，授权专利62件。

(二)着力保障和改善民生，幸福宝丰建设取

得新成效。全年民生事业支出达到13.63亿元，占公共财政预算支出的70.09%。民生工程建设进展顺利。"村村建互助家园"完成31个村，"林业生态村"建设完成30个村，"村村通客运班车"完成60个村，"村村修水泥路"完成50.3公里，"村村建体育队"完成70个村，"村村通有线电视"完成80个村、覆盖率达到80%以上，"村村通自来水" 完成57个村，"村村装太阳能路灯" 完成65个村，"千户农民进城计划"审核批准372户，对宝丰籍大学生考取硕士以上学历发放生活补助484.5万元。城市承载能力显著提升。平西火车站广场改造完成拆迁420户，东湖公园、五岳生态公园初具形象。完成了东五环、迎宾大道西延一期、为民路北延桥梁等建设工程；实施了父城路、前进路等县城主次干道和20条背街小巷路面整修；完成了迎宾大道、人民路景观提升，北二环、西二环绿化，迎宾大道环岛改造等工程；人民路东延及郑尧高速出入口改迁正在建设；人民路西延和北环路、香山路两侧改造提档已完成规划设计；旧城保护规划通过评审。中心镇建设稳步推进。完成投资1.12亿元，整修道路23条，建设广场3座，农贸市场2座，绿化面积达到4.5万平方米。新型农村社区建设速度加快。完成投资3.86亿元，新启动社区16个，建成新民居2301套，入住农户1150户。老龙窝三化协调发展实验区正在加快建设。城乡基础设施不断完善。完成了金孟线宝郏路大修，南石线宝丰段大修正在施工。完成县乡公路建设33.8公里，中桥改造6座。村级基础设施建设争取"一事一议"财政奖补资金1527万元。就业和社保工作进一步加强。新增城镇就业5483人，下岗失业人员再就业1092人，实现农村劳动力转移就业8357人。医疗、失业、工伤、生育等保险实现市级统筹，企业离退休人员养老金月人均增资221元。在全市率先为1363名90岁以上高龄老人发放生活津贴93.32万元，社会福利中心即将投入使用。公租房一期1950套主体建成，经济适用房736套已交房，农村危房改造完成1800户。教育体育事业蓬勃发展。3所乡镇中心幼儿园投入使用，其余10所乡镇中心幼儿园和县一高新校区基本建成。平顶山魔术艺术职业学院通过验收，被省政府纳入高等教育"十二五"发展规划。全民健身中心体育馆基建部分已完工，为34个行政村配备健身器材，实现了乡镇、行政村体育健身工程"双项全覆盖"。卫生计生事业成绩显著。县卫生监督所、120指挥中心投入使用，县精神病院综合楼基本完工。新农合补助79万余人次1.19亿元，大病救助基金补助370人513.94万元。低生育水平持续稳定，人口自增率控制在4.5‰以内。

（三）着力提升文化软实力，文化宝丰建设迈出新步伐。文化产业进一步发展。文化创意产业园累计完成投资1.65亿元，民间演艺中心主体工程已完工，曲艺茶楼投入使用；香山寺北大门已建成，观音文化园区主题公园、清凉寺汝官窑大遗址公园展示厅和马街书会文化景观正在加紧建设。预计文化产业实现增加值5.8亿元。文化事业进一步繁荣。成功举办了马街书会全国曲艺邀请赛等系列活动。在全市率先启动了"百城万场"群众文化活动，组织各类演出168场，送戏下乡95场，完成农村电影放映3660场、校园电影969场。新建农家书屋76家，基本实现行政村全覆盖。文化品牌进一步彰显。时任中共中央政治局常委李长春及中央、省、市领导亲临我县视察指导文化工作，宝丰魔术演出专场多次在央视播出。

（四）着力保护改善环境，生态宝丰建设有了新进展。林业生态建设加快推进。完成大面积造林2.38万亩，全县林地面积达到18.31万亩，林木覆盖率22%；城市建成区绿化覆盖率47.6%，人均公共绿地面积10.88平方米。新增市级绿化单位2个、绿化小区1个、绿化达标道路3条，国家园林县城创建成果进一步巩固。环境保护成效突出。深入开展重点区域、行业和企业污染整治，完成了石桥、赵庄2个乡镇农村环境连片整治项目。积极推广实施了地温空调、太阳能路灯、建筑节能、淘汰燃煤锅炉等节能工程，圆满完成市下达的节能减排目标。赵庄乡创建为省级生态乡镇，11个村分别创建为省级、市级生态村。连续六年荣获全市秸秆禁烧暨综合利用优秀单位。

（五）着力创新社会管理，和谐宝丰建设取得新成绩。社会治安明显好转。严厉打击"两抢一盗"等违法犯罪行为。在城区主要出入口和繁华地段建设治安卡点、警亭6个。新建视频监控平台163个，安装摄像头1893个，视频监控“四网”建设初见成效。295个行政村安装了平安互助网和平安大喇叭，全县技防村覆盖率达到90%，广大群众的安全感不断提升。信访形势总体稳定。认真落实领导干部接访下访、矛盾纠纷排查化解、包案处理等信访工作制度，化解了一批信访积案。深入开展“三联三帮建五宝”工作，解决群众生产生活问题1071个，化解各种矛盾纠纷975起。安全生产态势良好。严格落实安全生产责任制，切实抓好重点行业和领域安全隐患的排查治理，严厉打击私采乱挖违法行为，全年安全生产实现零死亡。

同时，统计、审计、工商、金融、物价、邮政、通信、气象、供销、人防、档案、史志、侨务、盐业、行政服务、民族宗教等工作也都取得了新的成绩。

各位代表！去年在国内外经济形势复杂严峻、我县承受较大下行压力的情况下，全县经济社会发展取得了显著成绩，确实来之不易。主要得益于县委的正确决策、坚强领导，得益于各级各单位的创新工作、真抓实干，得益于广大干部群众的不懈努力、共同奋斗。在此，我代表县人民政府，向工作在全县各条战线上的广大工人、农民、知识分子、干部、人民解放军驻宝官兵、武警官兵和公安民警，向离退休老干部，向在宝投资兴业的县内外企业家、投资者，向关心支持我县经济社会发展的各界人士，表示衷心的感谢！

在肯定成绩的同时，我们也要更加清醒地认识到，我县经济社会发展还存在一些不容忽视的问题：一是结构性矛盾依然突出。传统产业仍然占有较大比重，新兴产业尚处于发展起步阶段，服务业发展滞后，节能减排压力较大。二是企业市场竞争力仍待提高。受宏观经济下行压力的影响，部分企业特别是小微企业生产经营困难。三是民生改善任务仍很繁重。城乡基础设施和公益事业欠账较多，群众对就学、就医、就业、社会保障、住房保障等方面还不尽满意。四是部门工作作风有待进一步转变。个别部门服务意识差、行政效能不高，一些干部岗位意识、职责意识淡薄，存在不作为、乱作为等不良现象。对此，我们一定高度重视，认真解决。

二、2013年工作总体要求和主要目标

2013年是全面贯彻落实党的十八大精神的开局之年，是为实现“建五宝，争百强，三化协调发展奔小康”奋斗目标奠定基础的重要一年。

今年政府工作的总体要求是：全面深入贯彻落实党的十八大和中央、省市委经济工作会议精神，紧紧围绕主题主线，以五宝建设为总抓手，坚持学先进、比创新、看实效，正气实干，转中求进，更加有力地抓好项目建设、集聚区建设、品牌招商三项工作，更加有效地落实城乡建设、改善民生、维护稳定三大任务，努力实现经济社会持续健康较快发展，迈出“建五宝，争百强，三化协调发展奔小康”的新步伐。

主要预期目标是：

——地区生产总值增长10%；

——公共财政预算收入增长11%；

——全社会固定资产投资增长18%；

——社会消费品零售总额增长15%；

——居民消费价格涨幅控制在3.5%左右；

——城镇登记失业率控制在2.8%以内；

——人口自然增长率控制在5.99‰以内；

——城镇居民人均可支配收入增长13%；

——农民人均纯收入增长13%；

——城镇化率提高2个百分点；

——节能减排完成市下达指标。

实现上述要求和目标，必须围绕“总目标”，把握“总基调”，坚持“五个第一”。围绕“总目标”就是“建五宝，争百强，三化协调发展奔小康”的奋斗目标。把握“总基调”就是转中求进。“转”就是转变发展方式，加快经济结构调整；“进”就是持续保持平稳较快的发展速度，确保在全市的先进位次、在全省持续晋位。坚持“五个第一”就是始终坚持把科学发展作为第一要务，努力实现速度质量并举的高效发展；始终坚持把促进三化协调作为第一追求，积极探索“两不三新”三化协调科学发展之路；始终坚持把保障和改善民生作为第一目标，让城乡群众共享改革发展成果；始终坚持把可持续发展作为第一责任，为群众创造绿色宜居的生活环境；始终坚持把构建和谐作为第一保障，切实维护社会大局稳定。

各位代表！我们坚信，只要全县上下团结一致，创新工作，我们的目标一定能够实现。

三、加快推进“建五宝，争百强，三化协调发展奔小康”进程

今年政府要重点抓好以下五个方面的工作：

（一）围绕“两个翻一番”目标，突出“三个强化”，加快富强宝丰建设。

强化产业结构调整。加快产业集聚区建设。完成一期10万平方米公租房及豫02线以东路网、供气、供水等配套设施建设；开工建设110千伏、35千伏变电站，万吨垃圾中转站；加快建设科技企业孵化园、污水处理厂和石洼新型社区。推进重点项目建设。计划安排千万元以上固定资产投资项目165个，总投资463亿元，年内完成投资181亿元。建成投产飞宇装备制造、海宝空调洗衣机、国玺超纯金属材料、鑫达智能数控机箱等亿元以上项目。开工建设翔隆不锈钢制造、中材环保除尘设备、雪雨卫浴生产线、中投物流园、煤层气综合利用示范基地等亿元以上项目。储备嘉瑞利德新能源蓄电池、恒基伟业薄膜电池等一批亿元以上项目，争取早日开工。促进第三产业发展。全面启动特色商业区建设，开工以宝酒文化产业园、欧蓓莎商贸城为龙头的一批商贸项目，建设李庄、商酒务等乡镇农贸市场和粮食批发市场，建成乡镇商业中心1—2个。争取完成第三产业增加值65亿元，占GDP比重达到26%以上。做大主导产业。扶持培育一批重点企业和企业集团，发展壮大加工制造、新能源新材料、新型建材、新型煤化工、食品加工等主导产业，大幅提高主导产业占规模以上工业增加值的比重。

强化现代农业基础。推进农业产业化。加快红英高科技示范园、康龙循环养殖产业园、宝粮粮食深加工等农业项目建设，开工建设省农产品物流园、农资物流配送中心、农资高产创建实验基地和蔬菜基地，新增市级以上农业产业化龙头企业3家、各类专业合作社25家。提升农业综合生产能力。引导鼓励土地流转，新增流转土地面积2万亩。继续实施高产创建“百千万”示范工程，打造两个全省一流的高产创建万亩方，粮食产量稳定在23万吨以上。烟叶面积达到3万亩。实施3万人农村安全饮水工程和抗旱应急水源工程，开工建设袁店、河湾等7座水库除险加固、石河二期治理和全国中小河流综合整治试点项目。完成省农田水利重点县项目建设，做好南水北调工程配套水厂建设。提高“富民强县”工程覆盖面。新建标准化养殖场15个，其中万头猪场1个、5000头猪场3个、300头以上奶牛场2个。实施助民增收工程。落实强农惠农富农政策和各项补贴政策，引导农民向二、三产业转移就业，培训农村劳动力6800人，加强县域企业与农村劳动力的用工对接，新增转移农村富余劳动力6500人，提高农民收入水平。

强化经济发展活力。全面完成宝酒集团等企业改制工作，稳妥推进粮食、供销、文化、卫生等领域改革。不断增强财税金融保障能力。加强财源建设，确保公共财政预算收入增长11%，争取上级政策性项目资金增长10%以上。促进银企合作，新增贷款10亿元以上，缓解中小企业融资困难。持续推进品牌招商。积极参加国家和省、市经贸招商活动，瞄准国内外500强企业，加强跟踪对接，力争签约6家符合我县主导产业的品牌企业，引进域外资金160亿元，境外资金1200万美元。大力发展民营经济。支持县域企业规模扩张，新增大型企业2家、规模以上工业企业5家。认真落实小微企业扶持政策，每个乡镇规划建设1个小微企业创业园。进一步精简行政审批事项，创新完善行政服务机制，着力打造创业成本最低、基础设施最完善、办事效率最高的发展环境。继续实施科技兴县战略。新增工程技术研究中心3家，建成省级水泥产品和市汝瓷产品质检中心。

（二）围绕民生至上目标，实施“三个持续”，加快幸福宝丰建设。

持续推进新型城镇化。加强城市基础建设和精细化管理。完成东湖公园、净肠河及玉带河治理、五岳生态公园、城区污水处理厂二期等工程。加快推进平西火车站广场、香山路及北环路改造和旧城保护工程，新建垃圾处理场1座、污水处理厂2座，新建改造一批公厕、垃圾中转站等设施，加快推进天然气入户、城区集中供暖、输电线路升级改造等工程。巩固扩大国家园林县城、省级文明县城创建成果，搞好国家卫生县城复验，争创国家文明县城。加快中心镇和新型农村社区建设。全面提升乡镇“六个一”工程，稳妥推进城中村改造。抓好南石线、金孟线、宝赵线新型农村社区示范带建设，启动社区5个，重点打造10个规模在150户以上生态宜居的典型社区，建成新民居2000套，入住2000户。加快老龙窝三化协调发展实验区建设。完善交通网络体系。完成人民路东西延、宁洛高速出入口改迁、迎宾大道和文峰路西延、中兴路南延、为民路北延等城乡道路建设。配合做好平郏、宝石快速通道建设，新建农村公路项目6个39公里。加快规划建设平西客运站。

持续加强民生工程建设。继续实施“村村通客运班车”试点工程，年内完成20个村；继续实施“村村修水泥路”工程，年内完成12个村；继续实施“村村建互助家园”试点工程，年内完成50个村，确保60岁以上老人老有所养；继续实施“村村建体育队”工程，年内完成100个村，力争两年实现全覆盖；继续实施“村村通自来水”工程，年内完成50个村；继续实施“村村装太阳能路灯”工程，年内完成60个村，力争两年实现全覆盖；继续实施“林业生态村”建设工程，年内完成30个村；继续对宝丰籍大学生考取硕士以上学历给予生活补助；实施“村村通光纤”等民生工程。

持续发展社会事业和社会保障。办好人民满意的教育。完成25个中心村幼儿园建设，对全县幼儿园提档升级，争创省、市级示范性幼儿园。加强农村校舍改造，全面建成一高新校区。全民健身中心和体育公园投入使用。做好卫生和人口计生工作。周庄、李庄、闹店三个乡镇卫生院综合楼改建项目建成使用，全面普及乡镇卫生院降温取暖工程。稳步推进县级公立医院综合试点改革，实现药物零差价。新农合基本实现农村居民全覆盖，人均筹资水平提高到340元。稳定低生育水平，统筹解决人口问题。提高社会保障水平。扩大养老、医疗、失业、生育、工伤保险覆盖面。加强低保、五保动态管理，提高补助标准。力争建成老龙窝三化协调发展实验区敬老院和县社会化养老服务中心。加大残疾人康复救治力度，建成残疾人综合服务中心。

（三）围绕文化强县目标，加大“三个力度”，加快文化宝丰建设。

加大文化产业发展力度。加快文化创意产业园建设，民间演艺中心、中原解放纪念馆建成投入使用。建成清凉寺汝官窑大遗址公园展示厅，开工建设中华汝瓷大道、马街曲艺休闲小镇、赵庄魔术风情小镇，完成马街书会民俗园景观工程，规划筹建赵庄魔术文化艺术中心和魔术博物馆。推进观音文化主题公园建设，完成白雀寺提档升级和古父城遗址保护勘测发掘。积极争取全国大型曲艺活动在宝丰举办，平顶山魔术艺术职业学院建成招生。文化产业实现增加值6.4亿元，占第三产业的比重达到9.8%。

加大文化事业繁荣力度。优化城乡文化设施建设布局，加强县乡村三级文化阵地建设，开工建设工人文化宫和老干部活动中心。广泛开展农村电影放映、送戏下乡等群众喜闻乐见的文化活动。认真做好2013年“唱响鹰城·乐在宝丰”群众文化活动。做好中国孝文化之乡和中国汝瓷文化之乡的申报工作。

加大旅游资源整合力度。编制《宝丰县旅游发展总体规划》和《宝丰县旅游景区景点建设规划》，重点规划设计香山寺、马街书会文化景观、文化创意产业园、汝官窑遗址、魔术大观园、宝丰会议旧址等景点的旅游线路，年内启动“一日游”。

（四）围绕宜居宜美目标，推动“三个提升”，加快生态宝丰建设。

提升生态环境建设水平。完成东湖工程、五岳生态公园、净肠河及玉带河治理等生态美化工程。完成山区生态体系规划工程4000亩，通道绿化补植1500亩，用材林及经济林建设3200亩。继续实施采矿区生态恢复、西部山区生态自然保护区、南水北调生态长廊、虎狼爬岭生态防护林等四大工程，建成绕城大外环40公里绿色长廊，完成大面积造林1.5万亩。加强农村环境连片综合整治，推进农村生活污水、垃圾集中处理以及农村工矿污染治理，做好农村饮水、照明等基础设施的管理和维护。确保2013年省、市级生态乡镇、生态村创建工作顺利通过验收。

提升绿色产业发展水平。重点发展新能源、新材料和现代制造业，全面提升高新技术产业占规模以上工业增加值的比重。争创国家级文化与科技融合示范基地，创建国家绿色能源示范县，推进省级循环经济示范县、示范园区、示范企业创建工作。加大节能减排力度，完成市定节能减排目标。提升绿色低碳生活水平。以迎接国家卫生县城复验为契机，提高公众的环境意识和文明素质，完善生态文化基础设施，发展生态文化产业。积极开展“五星社区”创建活动，让居民过上高标准的文明生活。

（五）围绕和谐平安目标，做好“三项工作”，加快和谐宝丰建设。

创新完善社会管理服务工作。加快留守儿童“亲情家园”、流动人口“温馨家园”建设，健全特殊人群、社会组织及网络虚拟社会的管理服务机制，实现社会管理由防控型向管理服务型转变。

扎实做好信访稳定工作。从回应群众的合理诉求、解决群众的实际困难出发，持续深化“三联三帮建五宝”工作，严格落实领导干部接访下访、包案化解等信访工作制度，加大信访积案和涉法涉诉案件的化解力度，争创省级信访工作先进县。深入推进平安创建工作。始终保持对各类犯罪的高压态势，依法严厉打击刑事犯罪。深化社会治安综合治理，完成全县所有居委会和一半以上行政村的视频监控安装任务。广泛开展平安和谐乡村、单位、社区等创建活动，争创全省平安建设先进县。严格落实安全生产责任，加强矿山、道路交通、校车安全管理，强化重点行业和领域安全监管，确保人民群众生命财产安全。

深入开展双拥共建，加强民兵预备役和人民防空建设。支持工会、共青团、妇联等人民团体发挥桥梁纽带作用。继续抓好统计、工商、金融、审计、物价、史志、档案、邮政、通信、气象、侨务、盐业、民族宗教等工作。

四、切实加强政府自身建设

加快五宝建设、提前全面小康，政府肩负着重要责任。必须切实加强政府自身建设，进一步提升推动力和执行力，促进行政运行更加高效、更加便民、更加廉洁。

（一）强化服务理念，着力打造为民政府。严格落实中央关于改进工作作风、密切联系群众的八项规定，持续推进“三联三帮建五宝”工作，主动服务群众，主动解决群众的实际困难。发挥好县长热线、政府信息网、行政服务中心的作用，积极推进电子政务建设，为基层和群众提供便捷服务。加强对公务员的教育和管理，深入开展争做“人民满意的公务员”活动。

（二）改进工作作风，着力打造务实政府。强化务实发展意识，进一步健全工作推进和落实机制，将决策部署真正落实到具体项目、落实到责任主体，雷厉风行、锲而不舍，加强督查、务求实效。改进文风会风，精简文件会议，减少迎来送往，切实把有限的时间用到工作谋划上，把主要精力用在工作落实上。

（三）坚持依法行政，着力打造法治政府。坚决执行人大及其常委会的决议决定，自觉接受人大法律监督、工作监督和政协民主监督，支持政协参政议政，认真办理人大代表建议和政协提案。主动接受社会各界和人民群众的监督，保障人民群众的知情权、参与权、监督权。严格按照法定权限和程序行使权力、履行职责，依法管理经济社会事务，维护法律尊严。

（四）强化廉政建设，着力打造清廉政府。严格规范权力行使，加强对领导干部特别是主要领导干部行使权力的监督。进一步推进廉政风险防控工作，加强对重点领域和关键环节的监管。加大纠风治乱力度，认真解决损害群众利益的突出问题。严格落实党风廉政建设责任制，全面推进惩治和预防腐败体系建设，做到干部清正、政府清廉、政治清明。

各位代表！提前全面建成小康社会的美好前景激励着我们，全县50多万人民群众的热切期待鼓舞着我们。让我们在市委、市政府和县委的正确领导下，在县人大、县政协的监督支持下，深入贯彻落实科学发展观，坚定信心、迎难而上，开拓创新、扎实工作，圆满完成全年各项目标任务，为加快推进“建五宝，争百强，三化协调发展奔小康”进程做出新的更大贡献！

2012 年宝丰县国民经济和社会发展统计公报

（2013 年 1 月 10 日）

2012 年，在县委、县政府的正确领导下，全县上下认真贯彻落实县委、县政府的决策部署，紧紧围绕我县“建五宝、争百强、三化协调发展奔小康”这一战略目标，坚持“四个重在”和“学、比、看”实践要领，加快转型跨越发展步伐，坚定扎实推进各项工作。国民经济运行保持平稳发展态势，各项社会事业不断进步，人民生活继续改善。

一、综　合

初步核算，全年生产总值预计完成 226.8 亿元，按可比价格计算(下同)，同比增长 13.2%。其中，第一产业增加值 16.1 亿元，同比增长 4%；第二产业增加值 155.1 亿元，同比增长 14.8%；第三产业增加值 55.6 亿元，同比增长 12.5%。一、二、三产业的结构由上年的 7.3：69.1：23.6 变化为 7.1：68.4：24.5。

全年居民消费价格总水平比上年上涨 2.3%，其中食品类价格上涨 4.1%，居住类价格上涨 0.4%，烟酒及用品类价格上涨 0.2%，家庭设备用品及维修服务价格上涨 0.1%，医疗保健和个人用品类价格上涨 9.6%，衣着类价格上涨 0.3%，交通和通信类价格上涨 0.7%，娱乐教育文化用品及服务价格下降 0.3 %。商品零售价格总水平上涨 1.8%。

2012 年居民消费价格指数

表 1　　以上年为 100

类　别	指数
居民消费价格总指数	102.3
食品	104.1
粮食	105.3
油脂	106.9
肉禽及其制品	100.2
蛋类	98.9
菜	126.7
烟酒及用品	100.2
衣着	100.3
家庭设备用品及服务	100.1
医疗保健及个人用品	109.6
交通和通信	100.7
娱乐教育文化用品及服务	99.7
居住	100.4

全县城镇从业人员 27632 人。新增就业 5483 人；下岗失业人员实现再就业 1092 人；就业困难人员实现再就业 323 人；新增农村劳动力转移 8357 人；外出务工人员就业 4550 人。城镇登记失业率为 2.9%。

全年全县公共财政预算收入完成 9.24 亿元，比上年增长 15.1%。税收收入 5.90 亿元，比上年增长 –0.59%。公共财政预算支出完成 19.44 亿元，比上年增长 25.1%。

二、农　业

全年预计完成农林牧渔业总产值 30 亿元，比上年增长 3.8%。其中农业产值 13.6 亿元，林业产值 0.4 亿元，牧业产值 15.5 亿元，渔业产值 0.2 亿元，农林牧渔服务业总产值 0.3 亿元，比上年分别增长 3.4 %、5.0 %、14.0 %、5.8%、7.4 %。

全年粮食种植面积 46.7 千公顷，比上年增加 0.4 千公顷，其中：小麦种植面积 24.1 千公顷，增加 0.024 千公顷。烟叶种植面积 1.9 千公顷，比上年增加 0.007 千公顷。油料种植面积 8.4 千公顷。与去年同期持平。蔬菜种植面积 7.1 千公顷，与去年同期基本持平。

全年粮食产量 22.4 万吨，比上年增长 3.1 %；其中夏粮 124028 吨，比上年增长 1.7%，秋粮 99625 吨，比上年增长 4.6%。经济作物中，烟叶产量2887吨,比上年增长2.2%;油料总产量23697吨,比上年增长7.6%;蔬菜类总产量344220吨,比上年增长12.4%,水产品产量810吨,比上年增长1.9%。

全年肉类总产量42500吨,比上年增长8.9%,其中猪肉产量34462吨,比上年增长22.2%;禽蛋产量18200吨,比上年增长4.5%;奶类总产量86200吨,比上年增长16.0%。大牲畜年末存栏10395头,比上年增长11.4%,牛存栏95398头,比上年增长15%。生猪出栏472059头,比上年增长13%,生猪存栏403225头,比上年增长13%;山绵羊存栏56960只,比上年增长16%。水产品总产量810吨,比上年增长1.9%。

全年农村用电量13363万千瓦小时,比上年增长12.9%;化肥施用量(折纯)5万吨,比上年增长0.8%。

2012年主要农产品产量

表2

产品名称	产量(万吨)	比上年增长(%)
粮食	22.4	3
#夏粮	12.4	1.7
秋粮	10.0	4.6
油料	2.4	7.6
#花生	1.7	7.6
水产品	0.081	1.9
蔬菜	34.4	12.4
水果	0.9	1.6

三、工业和建筑业

全年全部工业增加值预计完成150.5亿元,比上年增长14.8%。规模以上工业增加值117.5亿元,比上年增长18%。从所有制类型来看,国有企业完成增加值3.05亿元,比上年下降14.2%;集体工业企业完成增加值6.56亿元,比上年增长6.8%。从轻重工业来看,轻工业完成增加值11.95亿元,比上年增长16%;重工业完成增加值105.55亿元,比上年增长18.2%。

全县规模以上工业中,煤炭开采和洗选业预计完成增加值80.83亿元,比上年增长12.3%,占全县规模以上工业增加值的68.8%;酒、饮料制造业完成增加值3.49亿元,比上年增长8.6%;非金属矿物制品业完成增加值14.54亿元,比上年增长37.6%;炼焦业完成增加值5.41亿元,比上年增长17%;纺织业完成增加值2.11亿元;比上年增长23.9%。

全年规模以上工业实现主营业务收入257.77亿元,比上年增长17.9%;利润总额38.8亿元,比上年增长11%;利税总额55.47亿元,比上年增长5.5%。亏损企业亏损额0.081亿元,比上年下降42.9%。全年建筑业预计完成增加值4.57亿元,比上年增长17.6%。

2012年主要工业产品产量

表3

产品名称	单位	产量	比上年增长(%)
饮料酒	万千升	2.4	-2.1
其中:白酒	万千升	1.8	7.9
焦炭	万吨	96.3	8.4
原煤	万吨	100.1	-20.9
复烤烟叶	万吨	2.1	20.7
水泥	万吨	335.1	11.9
瓷质砖	万平方米	2196	-2.4
供电量	万千瓦小时	60605	-24.2

四、固定资产投资

全年预计完成全社会固定资产投资178.9亿元,比上年增长24%。固定资产投资完成175.67亿元,比上年增长24.5%,其中,国有及国有控股投资27.33亿元,比上年增长35.5%;民间投资148.34亿元,比上年增长23.5%。第一产业投资8.37亿元,比上年增长0.4%;第二产业投资109.93亿元,比上年增长27.6%;第三产业投资57.37亿元,比上年增长23.3%。

全年房地产开发投资预计完成6.55亿元,比上年增长21.4%,其中住宅投资4.78亿元,比上年增长6.1%。房屋施工面积135.8万平方米,比上年增长43.6%,其中,住宅109.13万平方米,比上年增长29.9%。房屋竣工面积8.32万平方米,比上年下降30.5%,其中,住宅6.96万平方米,比上年下降31.4%。商品房销售面积12.89万平方米,比上年下降43.7%,其中,住宅12.55万平方米,比上年下降44.4%。

全年亿元及以上固定资产投资在建项目82个,完成投资130.14亿元,比上年增长32%。

五、国内贸易

全年实现社会消费品零售总额32.9亿元,比上年增长17.8%。分城乡看,城镇实现消费品零售额29.6亿元,比上年增长18.1%;农村实现消费品零售额3.3亿元,比上年增长15.1%。分行业看,批发贸易业零售额2.2亿元,比上年增长23.8%;零售贸易业零售额22.8亿元,比上年增长20%;住宿业零售额0.7亿元,比上年增长14.7%;餐饮业零售额7.2亿元,比上年增长15.6%。

六、对外经济和旅游

全年出口总额378万美元,比上年增长24.3%,合同利用外商直接投资25.97亿美元;全年实际利用外商直接投资24.76亿美元,同比增长12.9%;引进省外资金125.34亿元,比上年增长11.4%。

2012年全县旅游业总收入3598万元,比上年增长25%,共接待国内外游客33.2万人次,比上年增长23%。

七、交通和邮电通信业

全年完成公路货物周转量12.31万吨公里,比上年增长30.1%,公路客运周转量2.75万人公里,比上年增长30%。

全年邮电业务总量82928万元,比上年增长1.4%,其中:邮政业务2298万元,比上年下降0.71%;电信业务80630万元,比上年增长1.4%。年末固定电话用户4.98万户,移动电话用户35.84万户。年末计算机互联网用户2.81万户,比上年增长14.6%。

八、金融和保险业

年末全县银行业金融机构人民币存款余额91.22亿元,比年初新增16亿元,同比增长21.3%。其中,活期存款15.05亿元,比年初新增0.30亿元,同比增长2.1%;城乡居民储蓄存款72.83亿元,比年初新增16.12亿元,同比增长28.4%。全县银行业金融机构人民币贷款余额43.45亿元,比年初新增7.8亿元,同比增长22%。其中,短期贷款32.45亿元,比年初新增7.33亿元;中长期贷款10.39亿元,比年初新增0.45亿元。

全年保险公司保费收入10481.02万元,其中:财产险保费收入2035.8万元,人身险保费收入8445.22万元。全年赔款及给付1654.96万元,其中:财产险赔款支出1620.3万元,人身险赔付34.66万元。

九、教育和科学技术

全县各级各类学校总数164所,教职工6158人,在校生人数62106人。普通高中招生3327人,在校生8694人,毕业生2675人;初中学校招生5084人,在校生15074人,毕业生4835人。普通小学招生11100人,在校生47220人,毕业生5997人。小学学龄人口入学率100%。

全年共申请专利105件,授权专利47件,科技活动经费支出675万元。其中研究与试验发展经费支出460万元。

十、文化、卫生

年末共有艺术表演团体1400个,文化馆1个,公共图书馆1个,建成乡镇文化站12个。广播电台1座,电视台1座;电视台覆盖率99.5%,有线电视用户3.86万户,新增8700户。年末共有综合档案馆1个,馆藏档案51385卷,本年利用档案900件次。

年末共有卫生机构833个,其中医院、卫生院17个。医院、卫生院实有病床床位2037张。卫生技术人员2124人,其中执业医师(含助理医师)916人,注册护士762人。参加新型农村合作医疗人数达到42.5万人。新型农村合作医疗参合率达到99.3%。

十一、人口、人民生活和社会保障

年末总人口51.2万人。出生率10.4‰。自然增长率4.5‰。全县城镇化率达到34.8%,比上年提高2.07个百分点。

全年城镇居民人均可支配收入15806元,比上年增长13%;农民人均纯收入9023元,比上年增长14.5%。全年城镇居民人均消费性支出11340元,比上年增长13%,农村居民人均生活消费现金支出3992元,比上年增长22.4%。农村居民家庭恩格尔系数为38.16%,城镇居民家庭恩格尔系数为31.1%。年末城镇居民每百户拥有彩电113台，冰箱86台，空调器109台，洗衣机101台，计算机74台，家用汽车18辆。每百户农民拥有彩电100台，冰箱78台，空调器42台，洗衣机100台，计算计11台，摩托车43辆，家用汽车7辆。

年末全县参加基本养老保险参保职工19114人，参保离退休人员5935人；参加医疗保险66342人；参加失业保险23900人，领取失业保险金人数402人。

全县共有敬老院13个，床位数735张。全年共发放城镇居民最低生活保障金1900万元，享受最低生活保障8360人。发放农村低保金2550万元，农村享受低保20496人。全年优抚对象3247人，发放抚恤金1073万元。安置退伍军人122人，全县五保对象1649人，已保户数735户。

十二、资源、环境与安全生产

截止目前，经环境空气自动监控站监测，Ⅰ级(优)的天数为65天，Ⅱ级(良)的天数为252天，优良天数占监测天数的86.8%。地表水达到国家三类标准。

全年全县共完成造林面积50756万亩，其中，人工造林面积23756万亩。全年义务植树26.5万人次，义务植树112万株。林木覆盖率达25.3%。

全年共发生各类生产安全伤亡事故26起、死亡0人。其中，火灾事故18起；道路交通事故8起。全年生产安全无死亡。

注：1. 本公报为初步统计数。

2. 地区生产总值、各产业增加值绝对数按现行价格计算，增长速度按可比价格计算。

3. 居民家庭恩格尔系数指居民家庭食品消费支出占生活消费支出的比重

（宝丰县统计局）

地方志工作条例

（中华人民共和国国务院令第467号）

第一条 为了继承和发扬中华民族优秀文化传统，全面、客观、系统地编纂地方志，科学、合理地开发利用地方志，发挥地方志在促进经济社会发展中的作用，制定本条例。

第二条 中华人民共和国境内地方志的组织编纂、管理、开发利用工作，适用本条例。

第三条 本条例所称地方志，包括地方志书、地方综合年鉴。地方志书，是指全面系统地记述本行政区域自然、政治、经济、文化和社会的历史与现状的资料性文献。地方综合年鉴，是指系统记述本行政区域自然、政治、经济、文化、社会等方面情况的年度资料性文献。地方志分为：省（自治区、直辖市）编纂的地方志，设区的市（自治州）编纂的地方志，县（自治县、不设区的市、市辖区）编纂的地方志。

第四条 县级以上地方人民政府应当加强对本行政区域地方志工作的领导。地方志工作所需经费列入本级财政预算。

第五条 国家地方志工作指导机构统筹规划、组织协调、督促指导全国地方志工作。县级以上地方人民政府负责地方志工作的机构主管本行政区域的地方志工作，履行下列职责：（一）组织、指导、督促和检查地方志工作；（二）拟定地方志工作规划和编纂方案；（三）组织编纂地方志书、地方综合年鉴；（四）搜集、保存地方志文献和资料，组织整理旧志，推动方志理论研究；（五）组织开发利用地方志资源。

第六条 编纂地方志应当做到存真求实，确保质量，全面、客观地记述本行政区域自然、政治、经济、文化和社会的历史与现状。

第七条 省、自治区、直辖市人民政府制定本行政区域地方志编纂的总体工作规划（以下简称规划），并报国家地方志工作指导机构备案。

第八条 以县级以上行政区域名称冠名的地方志书、地方综合年鉴，分别由本级人民政府负责地方志工作的机构按照规划组织编纂，其他组织和个人不得编纂。

第九条 编纂地方志应当吸收有关方面的专家、学者参加。地方志编纂人员实行专兼职相结合，专职编纂人员应当具备相应的专业知识。

（转下页）

地方志工作条例

（接上页）

第十条　地方志书每20年左右编修一次。每一轮地方志书编修工作完成后，负责地方志工作的机构在编纂地方综合年鉴、搜集资料以及向社会提供咨询服务的同时，启动新一轮地方志书的续修工作。

第十一条　县级以上地方人民政府负责地方志工作的机构可以向机关、社会团体、企业事业单位、其他组织以及个人征集有关地方志资料，有关单位和个人应当提供支持。负责地方志工作的机构可以对有关资料进行查阅、摘抄、复制，但涉及国家秘密、商业秘密和个人隐私以及不符合档案开放条件的除外。地方志资料所有人或者持有人提供有关资料，可以获得适当报酬。地方志资料所有人或者持有人不得故意提供虚假资料。

第十二条　以县级以上行政区域名称冠名、列入规划的地方志书经审查验收，方可以公开出版。对地方志书进行审查验收，应当组织有关保密、档案、历史、法律、经济、军事等方面的专家参加，重点审查地方志书的内容是否符合宪法和保密、档案等法律、法规的规定，是否全面、客观地反映本行政区域自然、政治、经济、文化和社会的历史与现状。对地方志书进行审查验收的主体、程序等由省、自治区、直辖市人民政府规定。

第十三条　以县级以上行政区域名称冠名的地方综合年鉴，经本级人民政府或者其确定的部门批准，方可以公开出版。

第十四条　地方志应当在出版后3个月内报送上级人民政府负责地方志工作的机构备案。在地方志编纂过程中收集到的文字资料、图表、照片、音像资料、实物等以及形成的地方志文稿，由本级人民政府负责地方志工作的机构指定专职人员集中统一管理，妥善保存，不得损毁；修志工作完成后，应当依法移交本级国家档案馆或者方志馆保存、管理，个人不得据为己有或者出租、出让、转借。

第十五条　以县级以上行政区域名称冠名的地方志书、地方综合年鉴为职务作品，依照《中华人民共和国著作权法》第十六条第二款的规定，其著作权由组织编纂的负责地方志工作的机构享有，参与编纂的人员享有署名权。

第十六条　地方志工作应当为地方经济社会的全面发展服务。县级以上地方人民政府负责地方志工作的机构应当积极开拓社会用志途径，可以通过建设资料库、网站等方式，加强地方志工作的信息化建设。公民、法人和其他组织可以利用上述资料库、网站查阅、摘抄地方志。

第十七条　县级以上地方人民政府对在地方志工作中作出突出成绩和贡献的单位、个人，给予表彰和奖励。

第十八条　违反本条例规定，擅自编纂出版以县级以上行政区域名称冠名的地方志书、地方综合年鉴的，由县级以上地方人民政府负责地方志工作的机构提请本级人民政府出版行政部门依法查处。

第十九条　违反本条例规定，未经审查验收、批准将地方志文稿交付出版，或者地方志存在违反宪法、法律、法规规定内容的，由上级人民政府或者本级人民政府责令采取相应措施予以纠正，并视情节追究有关单位和个人的责任；构成犯罪的，依法追究刑事责任。

第二十条　负责地方志工作的机构的工作人员违反本条例第十四条第二款规定的，由其所在单位责令改正，依法给予处分。

第二十一条　编纂地方志涉及军事内容的，还应当遵守中央军委关于军事志编纂的有关规定。国务院部门志书的编纂，参照本条例的相关规定执行。

第二十二条　本条例自公布之日起施行。

二〇〇六年五月十八日

2012年大事记

1月

1月1日　2012年平顶山市“迎农运奔小康”围棋比赛暨宝丰县“中强建设杯”第二届围棋邀请赛在新世纪大酒店会议室举行，来自全市9个县(市、区)的9个代表队参加比赛。潘金祥、贾鹏等获得个人前八名，方舟围棋道场、姚孟队、卫东区队获得团体前三名。

1月5日　宝丰县帮扶困难职工工作会议在县委常委会议室召开。县领导赵二成、马丽、董伟领，有关部门负责人和受帮扶企业联系人参加会议。会议传达了县委办、县政府办《关于继续开展“心连心、双联系”帮扶困难职工活动的通知》。

1月5日　宝丰·国色清香获2011豫商创智榜·最具影响力品牌称号。

1月6日　省政府艾滋病联合督导组一行3人在省卫生厅有关人员的陪同下莅宝，检查指导艾滋病防治工作。督导组听取宝丰县艾滋病防治工作开展情况的汇报，深入到商酒务镇卫生院、县妇幼保健院、宝丰宾馆、新世纪大酒店等地进行实地检查。督导组对宝丰县艾滋病防治工作给予肯定，对今后的工作提出了要求。

1月6日　宝丰县“六五”法制宣传教育和依法治县工作会议在宝丰迎宾馆召开。县领导刘书锋、张庆一、马丽、杨占杰、范文涛、丁存，县法院院长井慧宝，县检察院检察长王明文出席会议。会上，宣读了县政府为县司法局记集体三等功的决定，并向受表彰的先进集体和先进个人颁奖。县委书记刘书锋在讲话中对全县“五五”普法工作给予肯定，做了强调。

1月6日　宝丰县水利工作会议在宝丰迎宾馆召开。县领导张庆一、娄文聚、赵留成，县政府党组成员曲延辉，各乡镇党委书记、乡镇长，县直各部门、驻宝单位负责人参加会议。会议总结了宝丰县五年水利事业发展完成情况，并对今后五年特别是2012年水利工作开展情况作出安排部署。

1月6日　县妇联“送温暖献爱心”捐赠活动在县爱心救助超市举行。县委常委、宣传部部长马丽参加。37家单位捐赠了棉衣、毛衣等过冬物品。

1月8日　县政府党组成员、文管委副主任部现营与宝丰县大宋汝窑瓷业有限公司、宋宫汝瓷发展有限公司负责人，到北京看望著名古陶瓷专家、中国古陶瓷学会顾问、清华大学教授叶喆民，并代表县委、县政府向叶喆民教授颁发宝丰县汝瓷文化产业发展顾问聘书。早在1977～1985年间他已著文推断汝窑窑址即在河南省宝丰县。叶喆民对宝丰县高度重视汝官窑窑址的保护利用，优先发展的工作给予肯定。并欣然给宝丰县题词：“宝丰汝瓷，中华一绝”。

1月9日　宝丰县作为国家可持续发展实验区，县委副书记、代县长张庆一在北京召开的国家可持续发展实验区工作研讨会上，作题为《创新引领 融合发展，推动国家可持续发展实验区建设——宝丰县实验区文化与科技融合发展的实践与思考》的发言。具体阐述了宝丰县作为国家可持续发展实验区，在文化与科技融合发展方面的成功经验。

1月9日　县妇联在观音堂中心小学举行“关爱留守子女，共建美好家园”救助特困留守儿童活动。县委常委、宣传部部长马丽参加。县妇联为观音堂小学特困留守儿童每人捐赠书包、台灯、学习课本及200元救助金。

1月10日　宝丰县2012年春运工作会议在宝丰迎宾馆召开，会议传达贯彻了全国、省、市春运工作会议精神，对宝丰县2012年春运安全、运力、服务保障工作进行全面部署。

1月10日　副县长姬翠红带领县药监局、县工商局、县卫生局、县畜牧局等单位负责人检查春节期间食品安全情况，先后到县城大市场、星月园及农贸市场进行察看。

1月10日　河南省宋庆龄基金会公益医保证发放仪式举行。活动由县政协、县委统战部、县关工委与省宋庆龄基金会宝丰县办事处组织协调，县民政局组织实施。省宋庆龄基金会支出公益基金8万余元，为贫困农民、弱势群体556人资助公益医保证，使他们享受到意外伤害保险、医疗补贴和医疗减免，同时受资助100元到300元的救助金。

1月10日　县民政局筹措227万元救助资金，采购面粉450吨、棉被2000条、棉衣2700件，确保困难群众温暖过冬。春节期间宝丰县为困难群众发放生活补贴，标准为城市低保对象每人300元，农村低保对象、五保对象每人200元。

1月11日　宝丰县外来投资企业“迎新春话发展”座谈会召开。县领导刘书锋、张庆一、赵二成、王森鹏、魏学君、吴建刚、赵留成出席会议，18名外来投资者和14名县内企业负责人代表参加会议。企业代表分别介绍了各自企业的基本情况、发展状况、存在的困难和问题，为宝丰县经济发展提出了中肯的建议和意见。

1月11日　县人大常委会主任李杰，党组书记梅玉三，副主任郭殿水、娄文聚，正县级干部张平，县人大常委会党组成员王红旗、朱文朝等分为两组，看望慰问县人大常委会老干部。

1月11日　省工信厅有关人员一行4人莅宝，就宝丰县产业集聚区创建省新型工业化产业示范基地进行专题调研。县委副书记、代县长张庆一等陪同调研。省工信厅有关人员听取了宝丰县创建省新型工业化产业示范基地的工作汇报，观看了创建专题片，查阅了相关资料，并深入到亿盛光伏、恒基伟业、海宝冰箱等企业实地考察，详细了解宝丰县新型工业化产业示范基地的发展现状、主导产业规模、产业布局、发展方向、基础设施建设情况。

1月11日　县领导张庆一、师建超、赵二成、马丽、范文涛等先后到武警平顶山支队、平顶山日报社、平顶山消防支队、中平能化集团、市广电总台、神马公司、平顶山军分区、市电业局进行慰问。

1月12日　省委组织部副厅级巡视员司好信带领省委组织部慰问组到宝丰县慰问老党员及困难党员。县委书记刘书锋，县委常委、组织部部长朱孝哲及市委组织部有关负责人陪同。慰问组一行分别慰问了肖旗乡柴庄村百岁老人任玉珍、范寨村老党员李德新及乔庄村老党员郭玉。

1月12日　县委书记刘书锋，县委副书记、代县长张庆一等县四大班子领导深入基层，分组看望慰问原县级老干部、五保老人、军烈属、特困户、特困职工等。

1月12日　县政协八届二十九次常委会议召开。县政协主席师建超，副主席赵留成、丁存，党组成员王忠贤等县政协八届常委会组成人员出席会议。会议听取了县政府关于2011年度全县经济运行情况的通报；听取了县政府关于2011年度全县财政收支情况的通报；听取了县政协各专门委员会2011年度工作情况的汇报。

1月12日　县妇联、县人民医院在杨庄镇敬老院举行“巾帼志愿者健康义诊行”免费义诊活动。

1月12～13日　由省发改委、省电力公司联合组成的新农村电气化县建设考评验收组莅宝，对宝丰县新农村电气化县建设工程进行考评验收。考评验收组通过听取汇报、查阅资料、个别询问、现场检查等方式，对宝丰县的“电网坚强、供电可靠、安全经济、供用和谐”等4大类共计66项指标进行逐项认真考评。

1月13日　宝丰县产业集聚区公共租赁住房项目奠基仪式举行。项目总投资2.75亿元，规划面积128亩，拟建19栋高层住宅，建设2700套公租房。一期1300套公租房计划2012年底建成，二期计划2013年底建成。

1月13日　宝丰县2012年马街书会及春节文化活动工作会议在县农信社三楼会议室召开。会议传达了县委办公室、县政府办公室《关于认真做好2012年马街书会及春节文化活动的通知》《关于2012年春节期间继续在全县城乡广泛开展“迎农运、促和谐、奔小康”全民健身系列活动的通知》，对2012年马街书会系列文化活动和春节期间群众文化活动工作进行全面安排部署。

1月13日　市老促会妇工委主任何振华、市妇联主席梁丽萍等带着慰问品和慰问金到宝丰县慰问。县委常委、宣传部部长马丽及县妇联负责人陪同慰问。何振华一行先后到周庄镇何庄村、金岭牧业科技有限公司慰问生活困难的妇代会主任边秀莲及公司董事长、市巾帼创业明星许利。

1月13日　宝丰县福彩爱心救助金发放仪式在县民政局举行。县民政局从福彩公益金中拿出1万元，用来救助20个困难家庭，每户给予500元的现金救助。

1月13日　县纪委组织县文联、县书法家协会的10余名书法家在石桥镇举行廉政春联进乡村活动，共为群众书写廉政春联1000余副。

1月14日　县委经济工作会议在宝丰人民会堂召开。会议的主要任务是，学习贯彻中央和省委、市委经济工作会议精神，总结回顾宝丰县2011年经济工作，分析当前形势，安排部署2012年经济工作。县委书记刘书锋指出，2011年县域经济保持了平稳较快的发展态势，各项重点工作取得了显著成绩。我们要按照“建五宝，争百强，三化协调发展奔小康”的奋斗目标，开创科学发展新局面。一是要坚守一个信念，民生至上。二是要坚定一个信心，绿色统筹。三是要坚挺一个信任，勇于担当。会议还表彰了2011年度责任目标工作先进单位。

1月15日　宝丰县城东湖公园建设工程开工仪式在山河路举行。县委书记刘书锋，县政协主席师建超等领导，县直36个单位的负责人及县城镇基础设施工程建设9个指挥部的代表和施工企业干部职工参加开工仪式。东湖公园位于县城东南部，平宝路、山河路、文峰路三条主干道之间，规划面积12.9万平方米。工程开挖土方约97万立方米，估算投资1700万元。建设内容主要包括“一轴、两翼、三中心和十五个景点”，其中“一轴”的设计基调为紫色，通过龙耀广场、礼仪柱广场和盘龙广场的建设，构成中部礼仪轴；“两翼”就是东西两大入口通道及观景片区，通过各类花木的点缀铺垫，营造出绿意盎然的主色调；“三中心”就是中心游憩空间，包括龙耀广场林下游憩空间，游龙栈桥环形中心喷泉和盘龙岭油松景观造型；整个公园结合地势的曲折和湖面的收放，点缀了望龙亭、探水台等15处景点。

1月16日　省南水北调办副主任庞汉英带领有关处室负责人到宝丰县境内南水北调工程一线慰问建设者。

1月16～19日　县人口计生委组织对计生困难家庭进行慰问活动。全县共慰问计生家庭129户，慰问金额12900元，面粉129袋，食用油129桶。

1月17日　县领导刘书锋、赵二成、朱孝哲、董伟领等在县教体局、商酒务镇、石桥镇负责人的陪同下，带着慰问金和慰问品，看望慰问宝丰县部分老党员和优秀教师。刘书锋等先后看望了优秀教师余黎明、范雪玲、霍积利和商酒务镇、石桥镇的老党员陈先芝、孙贵、张山。

1月17日　县十三届人大常委会第三十五次会议在宝丰迎宾馆召开。县人大常委会主任李杰，副主任郭殿水、石素月、娄文聚、刘怀振，党组成员王红旗、朱文朝，县十三届人大常委会组成人员出席会议。副县长魏学君，县法院院长井慧宝，各乡镇人大副主席列席会议。会议以无记名投票方式，选举刘书锋、张庆一为平顶山市第九届人民代表大会代表。

1月17日　宝丰县博诚·和谐园经济适用房二期认购摇号仪式在县广电总台演播大厅举行。博诚·和谐园项目位于香山路与南石公路交叉口东南角，项目总占地13770平方米，规划建筑总面积48140平方米，住房416套，住房面积36600平方米。经过申购登记、公示和申购资格认证，最终确定1532个家庭参加本次摇号。416户城市低收入家庭经过摇号获得经济适用房认购资格。

1月18日　市领导李萍、张坤子、王富兴、潘民中到宝丰县肖旗乡敬老院和低保户家中进行慰问。县领导刘书锋、张庆一、赵二成、朱孝哲、郭殿水、范文涛、赵留成陪同慰问。李萍一行分别到肖旗乡敬老院、肖旗乡鲁庄村的城市低保户王豹子家和农村低保对象杜孩家慰问。

1月18日　宝丰县原县级老干部2011年工作通报会在宝丰迎宾馆召开。县领导刘书锋、张庆一、李杰、师建超等与原县级老干部参加会议。老干部们踊跃发言，对宝丰县良好的发展态势、喜人的发展气势、强劲的发展趋势及"建五宝，争百强，三化协调发展奔小康"的奋斗目标给予充分肯定。

1月18日　县领导师建超、杨占杰、许全根、丁存看望慰问王二义、范贵祥、张东海、韩富安、张君、郭泰等原县级老干部及任魁选家属、朱太和家属。

1月18日　中国海宝集团海宝实业有限公司董事长王君昌带领部分员工到肖旗乡敬老院慰问，为敬老院捐赠价值6万元的冰箱13台、猪肉650公斤。

1月19日　宝丰县2012年春节团拜会在宝丰迎宾馆三楼会议室举行。县委书记刘书锋，县委副书记、代县长张庆一等县级领导与宝丰县原县级老干部，各乡镇、县直各单位负责人及社会各界人士参加。

1月19日　县委常委、组织部部长朱孝哲看望慰问宝丰县市级拔尖人才马聚魁、王爱萍。

1月19日　《宝丰快报》刊登《宝丰县人民政府办公室关于公布宝丰县第一批不可移动文物名录的通知》。在第三次全国文物普查中，宝丰县共普查登记不可移动文物1699处，其中新发现不可移动文物1629处，复查不可移动文物70处；消失文物12处。

1月20日　市中级人民法院院长郭保振专程到宝丰县闹店人民法庭，看望慰问基层法庭干警。

1月23日　县领导杨占杰、娄文聚、刘怀振、王长和、董伟领、丁存等到县广电总台、县公安局、县中医院、县人民医院、县电业局等单位，慰问坚守工作岗位的干部职工。

1月26～28日　宝丰县2012年春节象棋比赛在县老干部活动中心举办。比赛由县体育局、县象棋协会、县老干部活动中心、县老干部象棋协会联合举办，50余名参赛者分为中青组和老年组。1月28日，颁奖仪式在县老干部活动中心举行。陈建军获中青组冠军，刘庆德获老年组冠军。

1月29日　市委书记赵顷霖、市长陈建生等市四大班子领导，县委书记刘书锋，县委副书记、代县长张庆一等县四大班子领导，市直、县直机关干部和闹店镇干部群众近千人到闹店镇马沟村小龙山义务植树基地义务植树。共种植以大叶女贞、国槐、五角枫、核桃等树种为主的树木5000余棵。赵顷霖强调，当前正是植树造林的大好时机，各级各部门要把植树造林工作安排部署好，加强指导，科学造林，确保所栽树木成活。同时要通过植树来转变干部的工作作风，让大家在第一时间进入工作状态，为全年工作开好局、起好步奠定基础。

1月30日　宝丰县"迎农运、促和谐、奔小康""体彩杯"健步走活动仪式在县委门口举行。李杰、师建超、刘景华、赵二成、郭群献、杨占杰等县四大班子领导及市直相关部门负责人参加活动。健步走活动自县委门前向东，沿人民路——中兴路——迎宾大道到新世纪广场结束。58个单位的4000多名干部职工参加健步走活动。

1月31日　由省体育局、省文明办、省农业厅主办，平顶山市体育局、宝丰县政府承办的2012年河南省第十届春节农民篮球赛暨第四届"万村千乡"农民篮球赛总决赛和河南省新春乒乓球比赛在宝丰县机动车检测中心篮球场开幕。省体育局副局长梅宝菊，市政府党组成员、副市厅级干部严寄音，省社会体育管理中心主任吴亦农，省群体处副处长曲哲，市体育局局长宫新平，县领导刘书锋、张庆一等参加开幕式。参加篮球总决赛的有河南省南部各地市及扩权县的12个代表队，比赛时间为1月31日至2月3日，比赛采用分组循环和交叉赛制进行，共举行42场比赛，最终评选出一二三等奖。参加河南省新春乒乓球比赛的有全省各地市24个代表队130余人，比赛采用循环赛和淘汰赛，单打、团体共301场比赛。2月3日，比赛圆满结束。获前三名的许昌市、周口市、平顶山市3个代表队，将于2月10日参加在三门峡市举办的全省第十届春节农民篮球赛暨河南省第四届“万村千乡”农民篮球总决赛南北赛区争霸赛。

1月31日　宝丰县“环保杯”第十八届民间艺术大赛在县城人民路举行。来自全县各行各业的40支代表队参加比赛。县领导刘书锋、张庆一等参加开幕式并观看艺术大赛。县委书记刘书锋宣布大赛开幕。民间艺术大赛在县城人民路分为6个表演点。盘鼓、秧歌、旱船、扇舞、铜器等民间艺术节目参加表演，来自城乡的数万名观众观看。开幕式现场，宣读了县委、县政府《关于对2011年第十七届民间艺术大赛先进单位的表彰决定》，亚坤集团代表队、大地集团代表队、县电业局代表队、县工商局代表队和平煤香山矿代表队获2011年第十七届民间艺术大赛一等奖。

1月　宝丰县2012年度新农合筹资完成，共有425017人参加新农合，参合率99.30%，参合人数、参合率再创宝丰县历史新高。2011年全县累计394544人次享受到新农合补助，受益率95.05%，补助金额7658.30万元，其中住院统筹基金补助38946人次，补助金额6586.71万元，704人补助超过1万元，43人补助超过3万元，3人补助超过6万元。

1月　宝丰县被省文明委授予河南省文明县城称号。

2月

2月1日　由中共宝丰县委宣传部、宝丰县文联、襄城县文联主办，宝丰县书法家协会、襄城县书法家协会承办，宝丰书画研究院协办的2012年中国·宝丰马街书会宝丰襄城书画作品联展开幕式在宝丰书画研究院举行。来自襄城县、宝丰县的书画爱好者参加开幕式。联展共展出两地书画作品100余幅。

2月3日　由中国曲艺家协会、河南省文联、平顶山市委市政府主办，省曲协、市委宣传部、县委县政府承办的2012年中国·宝丰马街书会“宝丰酒杯”全国曲艺邀请赛在马街书会主会场开幕。中国曲协副主席程永玲，中国曲协分党组成员、副秘书长曲华江，中国曲协研究部主任黄群，中国曲协外联部主任黄箭，省文联副主席苗树群，省文联副主席、省曲协主席范军及县领导马丽、石素月、丁存，县政府党组成员、县文管委副主任部现营等出席开幕式。部现营主持开幕式。程永玲宣布2012年中国·宝丰马街书会全国曲艺邀请赛开幕。范军代表省曲协对邀请赛的举办表示热烈祝贺。县委常委、宣传部部长马丽致欢迎辞。开幕式结束后，来自四川、山东、河北、吉林、江苏、天津等省、市的曲艺表演者们参加了邀请赛，表演了四川扬琴、河南坠子、二人转、四川清音、山东琴书、京东大鼓等节目。

2月3日　河南省民俗经典——马街书会座谈会在宝丰迎宾馆举行。座谈会由省民间文艺家协会、市文联、县委、县政府联合举办。省民协副主席、省非遗保护专家委员会委员乔台山，省文化遗产保护中心主任李凤有，郑州大学新闻与传播学院教授汪振军，省民协副主席、许昌市文联主席刘平，省曲协副主席、省歌舞剧院编导室主任李广宇，河南艺术研究院研究员马紫晨，市文联副主席张耀中，县政府党组成员、县文管委副主任部现营，县政协原主席胡成义、原副主席韩富安，以及各位从事民俗经典研究的专家、学者和民间艺人参加座谈会。张耀中主持座谈会。各位专家从马街书会的保护、抢救与传承，马街书会文化产业发展等方面出发，多角度、多层面、立体性地阐述了马街书会这一民俗经典的历史意义、发展现状和今后的发展方向。

2月3日　2012年中国·宝丰马街书会记者招待会在裕昌源大酒店举行。县委常委、宣传部部长马丽，副县长姬翠红，中央、省、市及境外共28家媒体的记者参加了招待会。

2月3日　宝丰县2012年度林业生态建设工作会议在县政府二楼会议室召开。会议的主要内容是贯彻落实全市林业生态建设暨创建国家森林城市攻坚会议精神，总结全县2011年度林业生态建设工作，安排部署2012年度植树造林工作，动员全县上下积极行动，迅速掀起植树造林新高潮。

2月4日　农历正月十三，中国·宝丰马街书会正会开幕。中国曲协副主席程永玲，中国曲协分党组成员、副秘书长曲华江，中国曲协研究部主任黄群，中国曲协外联部主任黄箭，省委宣传部副部长李宏伟，省文联主席马国强，省文联副主席苗树群，市领导唐飞、郑枝、郑茂杰、潘民中、严寄音，县委书记刘书锋，县委副书记、代县长张庆一等宝丰县副县级以上领导和市、县有关单位负责人参加开幕式。市委常委、宣传部部长唐飞主持开幕式。县委书记刘书锋致辞。马国强代表省文联向2012年马街书会的举办表示祝贺。曲华江代表中国曲协讲话。省委宣传部副部长李宏伟宣布2012年中国·宝丰马街书会开幕。马街书会到会艺人1000多人、赶会观众10余万人。

2月4日　由中国曲艺家协会、河南省文联、中共平顶山市委、平顶山市人民政府主办，省曲艺家协会、中共平顶山市委宣传部、中共宝丰县委、宝丰县人民政府承办，宝丰酒业有限公司协办的2012年中国·宝丰马街书会“宝丰酒杯”全国曲艺邀请赛颁奖晚会在宝丰人民会堂举行。中国曲协副主席程永玲，中国曲协分党组成员、副秘书长曲华江等中国曲协领导，省委宣传部、省文联、省曲协领导，市级领导郑茂杰、严寄音、王廷等，县委书记刘书锋，县委副书记、代县长张庆一等县四大班子领导出席颁奖晚会。副市长郑茂杰致辞。2012年书会状元为山东菏泽艺人王合义，获奖节目为河南坠子《拳打镇关西》。

2月4日　由省文联、平顶山市委、市政府主办，省曲协、市委宣传部、宝丰县委、县政府承办，宝丰酒业有限公司协办的2012年中国·宝丰马街书会“宝丰酒杯”河南省青少年优秀曲艺节目展演在马街书会会场举行，省、市、县有关领导等观看了表演。参加表演的青少年选手近百人，河南坠子、群口相声、群口快板、山东快书、河洛大鼓、大调曲子、相声等曲种21个节目参加比赛。

2月4日　宝丰县2012年情系家乡建设新春联谊会在宝丰迎宾馆举行。张坤子、郑枝等平顶山市老宝丰籍副县级以上干部及郑茂杰、王宏景等平顶山市在宝丰工作过的副市厅级以上干部参加联谊会。县领导刘书锋、张庆一、李杰、梅玉三、师建超等参加联谊会。县委书记刘书锋致辞。副市长郑茂杰和市政府副秘书长、市金融办主任周炳文等发言。

2月4日　县纪委在马街书会现场开展“弘扬清风正气、构建和谐宝丰”万人签字活动。县委常委、县纪委书记刘景华参加签字活动。县纪委组织2棚坠子书在现场演唱，设立宣传版面和咨询台，现场发放家庭廉洁歌、廉政童谣和宝丰县勤政投诉工作联系卡等1万余份。

2月4日　宝丰县人口计生委、计生协会联合举办的马街书会第十届“国策书场”大型文艺演出在马街书会会场举行。12个节目参加演出。由10辆宣传车、50名宣传服务人员、20个咨询台、20张宣传版面组成了计划生育宣教一条街，宣传服务人员通过现场咨询，发放避孕药具、计生挂历、宣传折页等形式向赶会人员宣传计生政策。

2月5日　宝丰县城北环路、香山路两侧地区城市设计专家评审会在宝丰迎宾馆会议室召开，会议对深圳市蕾奥城市规划设计咨询有限公司为宝丰县设计规划的北环路、香山路两侧地区城市设计草案进行评审。与会专家踏勘了现场，听取了设计规划的汇报。评审委员会原则通过该规划。

2月6日　郑州大学党委副书记吴宏亮带领郑州大学历史文化遗产保护研究中心一行6人到宝丰县调研文化产业发展情况。

2月8日　宝丰县的中国平煤神马集团已内酰胺项目，海星化工年产10万吨针状焦项目，恒基伟业800兆太阳能电池项目，海宝集团年产360万台空调、200万台洗衣机、300万台小家电项目，河南飞宇重工装备制造基地建设项目，宝丰文化创意产业园建设项目等6个项目入选河南省政府确定的2012年第一批省重点项目。

2月14日　宝丰县城乡居民社会养老保险工作会议在县联社三楼会议室召开。会议全面总结了2011年全县城乡居民社会养老保险工作，安排部署了2012年城乡居民社会养老保险目标任务。会上，宣读了《宝丰县城乡居民社会养老保险试点实施办法》。

2月14日　县审计局"审风骑士"队成立三周年联欢晚会在宝丰迎宾馆三楼会议室举行。晚会以市、县骑友、体育爱好者和演艺人员共同参与的方式，演出了歌舞、小品、魔术、车技、小提琴独奏、跆拳道等十几个精彩的节目。

2月15日　总投资100余万元的县城迎宾大道与龙兴路"十字"平交道口改造工程开工。

2月15日　县妇联在县政府会议室召开十一届十次执委会议。会议总结了2011年全县妇女工作情况，对2012年妇女工作任务进行安排部署；增补1名执委委员；各乡镇妇联向县妇联递交了年度目标责任书。

2月16日　全县行政事业单位国有资产管理工作暨业务培训会议在县财政局召开。各乡镇、县直单位负责国有资产信息系统管理经办人员共230余人参加会议。培训会上，县财政局有关人员对宝丰县2011年行政事业单位国有资产统计报表上报工作安排部署，就软件安装程序、具体操作流程、资产处置上报工作流程等进行详细讲解。

2月16日　2012年春运工作从1月8日开始至2月16日结束，历时40天。全县共投放运力5294台次，总发班次29036个，安全输送旅客1015200人次，同比增长8%。

2月17日　中国体育彩票"雪炭工程"宝丰县全民健身中心奠基仪式举行。省体育局局长彭德胜，副市长郑茂杰，省体育局对外联络处主任雷志章，市体育局局长宫新平，县委副书记、代县长张庆一等出席仪式。项目位于县城香山路北段路西，建筑面积33150平方米，投资3200万元。一期工程包括体育馆、田径场和健身园；二期工程项目是游泳馆及其附属工程。体育馆高14米，集篮球、排球、羽毛球、乒乓球、舞蹈和健身操等项目于一体，建筑面积5101平方米，可容纳观众1350名。田径场带看台、含标准400米塑胶跑道。健身园包含鹅卵石路径，12块连片笼式塑胶篮球场（两块带灯光），6个连片笼式塑胶羽毛球场，1个笼式塑胶门球场，乒乓球场地和健身器材区域。工程预计2012年底完工。

2月17日　出席中国体育彩票"雪炭工程"宝丰县全民健身中心奠基仪式后，省体育局局长彭德胜，副市长郑茂杰，省体育局对外联络处主任雷志章，市体育局局长宫新平，县委副书记、代县长张庆一，副县长姬翠红等到商酒务镇张洛庄村，观看正在举行的"张洛庄杯"农民篮球邀请赛。邀请赛于2月16日开赛，由县企业改革服务中心主办，张洛庄村承办，县教体局和商酒务镇政府协办。市财政局、县财政局、县企业改革服务中心、县二中、县巡防大队、张洛庄村6支篮球队参加比赛。

2月17日　2012年全县烟草工作会议在宝丰迎宾馆召开。会议传达2012年全市烟草工作会议精神，回顾总结2011年的工作并对2012年烟草工作进行安排部署；县烟草局机关相关科室、部分基层站所在会上作典型发言和表态发言。

2月17日　市农行与宝丰县五星石墨、河南亿盛等3家公司达成1.2亿元贷款意向。

2月17日　总投资3150万元，全长5.7公里的东五环和总投资3175万元，全长14.7公里的省道宝丰至郏县段（S231金孟线）大修续建工程开工。

2月20日　宝丰县被国家住房和城乡建设部命名为国家园林县城。

2月22日　平顶山市2012年价格监督检查工作暨业务培训会议在县物价局会议室召开。会议的主要任务是总结2011年价格监督检查工作，表彰先进，安排部署2012年的任务，并将对与会人员进行两天半的业务培训。

2月22日　平顶山市工商系统中原红盾行动集中整治市场成果展暨"2·22"集中活动日启动仪式在宝丰人民会堂广场举行。省工商局党组成员、副局长李建国，市政府党组成员、副市厅级干部严寄音，市工商局党组书记、局长车书宽，县委副书记、代县长张庆一，副县长王长和，以及全市各县（市、区）工商局相关人员参加启动仪式。仪式结束后，工商稽查人员对5处制假售假窝点集中捣毁，对检查出的物品予以查封。

2月22日　宝丰县组织系统“三讲三提升”活动(讲责任、讲作为、讲正气,提升素质、提升水平、提升形象)动员会在县财政局六楼会议室召开。会议传达了省委、市委组织部门会议精神,对宝丰县组织系统“三讲三提升”活动进行安排部署。

2月23日　河南省水泥产品质量监督检验中心奠基仪式在宝丰县举行。省人大常委会农工委副主任高德领,省质量技术监督局副局长姜慧忠,副市长黄祥利,市质量技术监督局局长杨杰,县领导刘书锋、张庆一等出席奠基仪式。检验中心位于县城父城路东段,占地面积22.4亩,总建筑面积2.1万平方米,总投资3500余万元。

2月23日　宝丰县产业集聚区2012年十六个项目集中举行开工奠基仪式。市、县领导赵顷霖、陈建生、薛新生、段玉良、刘书锋、张庆一等出席奠基仪式并为项目开工培土奠基。市委书记赵顷霖宣布宝丰县产业集聚区2012年十六个项目集中开工。宝丰县产业集聚区集中开工的16个项目主要集中在新能源、加工制造和基础设施三个领域,主要以北京恒基伟业1万吨单晶铸锭为代表的新能源项目,广东佛山宝隆50万吨不锈钢为代表的加工制造项目,以中国海宝集团360万台空调为代表的家电制造项目,以中国国电环保科技集团投资的2×4万吨污水处理项目为代表的基础设施项目。16个项目总投资90.1亿元。

2月23日　中央纪委、中央组织部召开视频会议,对严肃换届纪律深入整治用人上不正之风进行再推动、再部署。县领导刘书锋、梅玉三、刘景华、马丽、朱孝哲和县纪委、县委组织部领导班子成员及内设机构负责人在宝丰分会场收听收看会议。

2月24日　中共宝丰县第十一届纪律检查委员会第二次全体(扩大)会议在宝丰迎宾馆举行。会议的主要任务是深入贯彻十七届中纪委七次全会、九届省纪委二次全会、八届市纪委二次全会和县第十一次党代会精神,总结2011年全县党风廉政建设和反腐败工作,研究部署2012年的工作任务。县委常委、县纪委书记刘景华向全会作工作报告。

2月24日　全县产业集聚区建设推进会在宝丰迎宾馆召开。会议回顾总结了2011年宝丰县产业集聚区建设情况,并对2012年的工作进行安排部署。县委书记刘书锋强调,要实现一个目标,突出十项重点,搞好三个保证,加快推进产业集聚区建设。县长张庆一传达了全省重点项目暨产业集聚区建设工作会议和全市产业集聚区建设推进会议精神,对宝丰县产业集聚区建设下一步工作提出了要求。

2月24~26日　2012年宝丰县“张洛庄杯”第一届农民门球比赛在商酒务镇张洛庄村举行。比赛由县政府主办,商酒务镇政府、县教体局、县企改中心、县门球协会承办,商酒务镇张洛庄村协办。全县13个乡镇(林站)的15支代表队参加。前营乡代表队获一等奖,县企改中心获特别贡献奖。

2月26日　县委副书记、代县长张庆一在县工信局负责人陪同下,先后到海星化工、京宝焦化、洁石建材、五星石墨、大地水泥等重点企业和新上重点工业项目区进行实地调研。

2月26日　宝丰县产业集聚区被命名为全省新型工业化产业示范基地,位列第十名。

2月27日　宝丰县司法综合楼开工建设仪式在县城父城路东段举行。项目位于父城路(原平宝路)东段南侧,占地9.96亩,规划建筑总面积2.3万平方米,计划总投资4000余万元,计划工期20个月,2013年10月竣工。

2月27日　宝丰县伊人天香香草文化观光园开工奠基仪式举行。项目位于肖旗乡三里营村,计划占地2000亩,预计总投资1.2亿元。

2月28日　全县2012年春季计划生育优质服务活动动员会在宝丰迎宾馆会议室召开。县委副书记、代县长张庆一,县委常委、县纪委书记刘景华,副县长姬翠红,各乡镇主要负责人和主管计生工作的副职等参加会议。会议的主要任务是分析宝丰县计生工作存在的问题,查找存在的差距,对春季计生优质服务工作进行全面部署。

2月29日　全县乡镇女领导干部座谈会在县委常委会议室召开。座谈会上,与会的女干部共同学习了2月28日《平顶山日报》刊发的长篇通讯《知心庭长朱正栩》和评论。

2月29日　全县社会组织年检暨评估工作会议在县民政局召开。会议对2011年全县社会组织工作进行回顾,对在热心公益等方面成绩突出的慈善总会、小太阳幼儿园、青年志愿者协会、冯异醋业协会、清凉寺汝瓷协会、蓝天乒乓球运动俱乐部、门球协会等单位提出表扬。会议安排部署了2012年度检查工作和社会组织规范化建设评估工作。

2月29日　宝丰县产业集聚区规划调整评审会在平顶山市佳田大酒店召开。市、县发改委及国土、环保、住建、规划等部门负责人及有关专家出席评审会。宝丰县产业集聚区拟向东南方向扩编,将规划面积由7.2平方公里调整至14.9平方公里。与会领导与专家原则同意调整方案。

2月　宝丰县人大常委会副主任石素月、副县长范文涛、县检察院检察长王明文调平顶山市,县委群工部部长郭鹏飞任县总工会主席,县政协党组成员王忠贤任县委群工部部长。

2月　全县兼并重组煤矿全部完成证照变更。兼并重组煤矿按照省政府6条关闭标准和关闭退出程序实施了关闭,并进行核查,对符合补偿条件的煤矿进行了补偿。

2月　宝丰县惠民"一卡通"系统数据全部修改完成,并上报省财政厅信息中心。宝丰县将率先在全市实现"一卡通"发放粮食补贴等惠民资金。

2月　宝丰县人和新型建材有限公司生产的"神州人和"牌240×115×90毫米KP1煤矸石烧结多孔砖、宝丰县清凉寺工艺瓷研究所生产的"宝丰清凉寺村"牌汝瓷等2个产品被省名牌战略推进委员会评为2011年河南省名牌产品。平顶山市共有12家企业的15个产品被评为省名牌产品。

2月　县体育局被国家体育总局授予全国全民健身先进单位称号。

2月　县人民医院神经外科邀请解放军152中心医院神经外科主任、主任医师、脑血管专家王本瀚,合作开展县医院首例颅内动脉瘤切除手术。

3月

3月1日　宝丰县委作出《关于开展向朱正栩同志学习的决定》。朱正栩2007年7月任闹店法庭庭长,至2011年12月,平均每年审结案件300余件,结案率99%,调撤率94.1%,所办案件无错案,无一超审限,无一引起信访或其他不良后果。

3月1日　全县2012年卫生工作会议在宝丰迎宾馆召开。会议对2011年全县卫生工作进行总结,对2012年卫生工作进行安排,表彰了2011年度全县卫生工作中的先进单位和先进个人,各乡镇负责人递交了无偿献血目标责任书。

3月1日　县乡两级人大换届选举工作会议在县政协四楼会议室召开。会议的主要任务是传达贯彻省、市相关会议精神,安排部署全县县乡两级人大换届选举的选民登记工作及选举工作。

3月1日　位于宝丰县城环城西路北段的宝丰县社会福利中心开工建设。中心占地6亩,设计建筑面积2901平方米,计划总投资450万元。

3月1日起　为使患有重大疾病的救助对象在市级医院治疗时也能享受到便捷高效的医疗救助服务,县民政局选定在平顶山市第一人民医院和第二人民医院,宝丰县困难群众可直接结算医疗救助金。

3月2日　宝丰县招商选资专题工作会议在县委常委会议室召开。会议的主要任务是安排部署2012年度全县的招商选资工作。

3月2日　宝丰县"践行雷锋精神·巾帼志愿者在行动"启动仪式在赵庄乡大黄村举行。县委常委、县纪委书记刘景华参加启动仪式。巾帼志愿者代表宣读了开展"践行雷锋精神·巾帼志愿者在行动"倡仪书,巾帼志愿者为赵庄乡大黄村群众开展了健康义诊、普法维权、法律咨询等服务活动。

3月2日　宝丰县纪念毛泽东题词"向雷锋同志学习"49周年座谈会在城关一小召开。会上，学习了有关雷锋事迹的有关文章。

3月3日　县委副书记、代县长张庆一在县委常委、办公室主任赵二成，县人大常委会副主任娄文聚，正县级干部许全根，县委督查室、县新农办及电业、水利、交通、住建等部门有关负责人陪同下，深入到石桥镇高铁炉中心村，赵庄乡袁庄中心村、滨阳明珠社区、大黄中心村，商酒务镇龙泉寺新村实地察看。

3月3日　宝丰县2012年公开招聘幼儿教育工作人员笔试在县三中举行。4月5日、6日进行了面试。此次共为各乡镇幼儿园和县东城区幼儿园招聘幼儿教师180人，共有535人报名，507人参加考试，234人参加面试。

3月3日　平顶山市装饰建材（家居）行业爱心基金启动仪式在神马大酒店举行。32家爱心联盟商家通过出售“爱购卡”及员工募捐等形式，为宝丰县观音堂林站滴水崖小学募捐5000元。

3月5日　宝丰县举办“庆三八”女职工健康知识讲座，全县各基层工会女职工委员会主任及各条战线女职工代表200余人参加。

3月6日　市人大常委会主任、市新型农村社区建设领导小组组长薛新生，市人大常委会副主任黄林森，副市长李俊峰带领市新型农村社区建设领导小组成员单位负责人，到宝丰县调研新型农村社区建设工作启动情况。县委副书记、代县长张庆一等陪同调研。薛新生一行先后到闹店镇刘集中心村、周庄镇陆庄中心村、肖旗乡五里头中心村、张八桥镇姚店铺中心村、大营镇段寨中心村，实地察看新型农村社区开工建设情况，查阅规划设计图纸，听取各乡镇的情况汇报，详细了解建设中遇到的问题和困难。在裕昌源三楼会议室召开的座谈会上，薛新生一行听取了宝丰县新型农村社区建设情况的汇报。

3月6日　宝丰县庆祝“三八”国际妇女劳动节暨表彰大会召开。会上，表彰了70名“三八”红旗手、30个“三八”红旗集体、30名巾帼文明星、10个巾帼文明岗、10名十佳巾帼创业明星、20名优秀巾帼创业明星。

3月6～7日　中国农业科学院原副院长许越先带领中国农业国际合作促进会专家一行6人莅宝考察。许越先一行深入到河南红英高科技示范园实地考察并进行技术指导。并就宝丰县建立院士工作站的有关情况进行商议。

3月7日　国务院南水北调办公室副主任张野一行莅宝调研南水北调中线工程总干渠平顶山西站铁路暗渠工程建设情况。省水利厅厅长、省南水北调办主任王树山，省南水北调办副主任刘正才，副市长李俊峰，县委副书记、代县长张庆一，县政府党组成员曲延辉等陪同调研。张野一行实地察看了南水北调中线工程总干渠铁路暗渠工程建设情况，听取了施工单位和工程建设管理单位、监理单位等情况的汇报。

3月7日　宝丰县域经济发展座谈会在北京顺峰酒店召开。中郡县域经济研究所所长刘福刚等应邀参加，宝丰县委书记刘书锋就建设“五个宝丰”战略的目标措施进行了详细介绍，宝丰县政府党组成员、统计局局长亢鹏举就“建五宝，争百强，三化协调发展奔小康”进行全面汇报。

3月7日　市政协副主席潘民中到位于观音堂林站尖山坡上的河南省爱国主义教育示范基地，看望慰问省级林业劳模李海水。

3月7日　县城乡规划委员会2012年第一次会议在县政府二楼会议室召开。会议对平顶山市九州鸿基房地产开发有限责任公司申办秀水湾滨水国际住宅区项目建设用地规划许可证、河南旭原不锈钢有限公司申办年产10万吨冷轧不锈钢生产线建设用地规划许可证、县公安消防大队申办消防二中队建设用地规划许可证、闹店镇幼儿园申办建设工程规划许可证等27个项目进行评审。

3月7日　宝丰县委常委、宣传部部长马丽带领“文化宝丰”考察组一行考察期间，全国政协委员、中国文学艺术基金会副理事长兼秘书长、中国文联曲艺家协会副主席姜昆，在北京国际饭店接见“文化宝丰”考察组一行。在听取马丽和县政府党组成员、统计局局长亢鹏举等关于“文化宝丰”和文化产业统计制度建设情况汇报后，姜昆指出，文化是宝丰最好的名片，文化引导是中原崛起的基础，文化是中华之根，希望宝丰更好地探索文化崛起之路。

3月7日　全市法院系统学习朱正栩同志先进事迹座谈会在市中级人民法院召开。

3月7～8日　河南省公共机构节能工作经验交流暨现场观摩会在宝丰县召开。省委、省政府机关事务管理局副局长张忠义，市委常委、常务副市长王丽，县领导张庆一、赵二成,各地市及县(市、区)的有关负责人参加会议。与会人员在宝丰迎宾馆会议室进行了经验交流,观看了宝丰县公共机构节能专题片,先后到县三中、县第三实验小学、县人民医院、肖旗乡敬老院、商酒务镇赵官营中心村、赵庄乡中心小学、赵庄乡卫生院观摩了节能项目建设情况等。

3月8日　市卫生局副局长杨振民、市红十字协会秘书长洪义与县卫生局、周庄镇相关负责人一起,欢送刘延召到省肿瘤医院为白血病患者捐献造血干细胞。刘延召是宝丰县继2007年孙海钢成功为南京一白血病患者捐献造血干细胞之后,第二例向白血病患者捐献造血干细胞的志愿者,在平顶山市为第21例。

3月9日　《平顶山日报》刊登《全市政法系统开展向朱正栩学习活动》的报道,市委政法委作出关于在全市政法系统开展向朱正栩同志学习活动的决定。

3月9日　宝丰县企业工资集体协商“要约行动月”启动仪式在县总工会举行。会议宣读了《宝丰县企业工资集体协商“要约行动月”活动实施方案》《宝丰县总工会关于在全县开展企业工资集体协商“要约行动月”活动的通知》,河南亚坤实业集团、商酒务镇、城关镇工会就开展工资集体协商工作经验分别做了典型发言。

3月9日　宝丰县首个新农村互助家园——赵庄乡大黄村新农村互助家园揭牌启用。

3月10日　宝丰县豫康源农牧生态发展有限责任公司日处理350吨专用面粉建设项目奠基仪式在周庄镇举行。项目位于周庄镇井桥村与周庄村之间,占地20亩,总投资4500万元,计划年加工能力11.5万吨，可生产专用面粉9大系列16个品种。

3月10日　宝丰县政协干部孙战生获由北兰亭艺术中心等单位举办的兰亭雅韵第二届北兰亭全国电视书法大赛奖。

3月12日　宝丰县3·15国际消费者权益日宣传活动举行。县工商局在县城春丰购物广场设置主会场,9个工商所在辖区主要街道设置分会场,并与宣传部门及相关单位在宝丰人民会堂组织以“消费与安全”为主题的文艺演出。

3月14日　宝酒公司顺利通过出口食品卫生注册换证审核。

3月15日　以河南省艺术研究院副院长吴亚明为组长的省非物质文化遗产保护工作督察组莅宝,对宝丰县的非物质文化遗产代表性项目保护工作进行督察。

3月15日　宝丰县“学习朱正栩、巾帼展风采、维护消费权、文明树新风”文艺汇演在宝丰人民会堂举行。

3月15日　李庄乡农田水利工程开工建设,标志着李庄乡龙山农林园艺综合开发项目正式启动。项目位于李庄乡大龙山,面积800余亩,投资20多万元。包括参佛理事区、生态采摘区、休闲餐饮区和畜牧养殖区,农田水利工程建设为高7米、宽46米的蓄水工程。

3月16日　宝丰县学习朱正栩先进事迹座谈会在县法院会议室召开。县领导刘书锋、赵二成、马丽、杨占杰,县法院院长井慧宝,县公安局局长韩学孟等参加座谈会。县委书记刘书锋要求,全县党员干部要深入学习朱正栩同志先进事迹，始终保持共产党人的政治本色和高尚情操,弘扬正气,树立新风,立足本职,务实创新,为“建五宝,争百强,三化协调发展奔小康”做出新的更大的贡献。

3月18日　县十三届人大常委会第三十七次会议在宝丰迎宾馆二楼会议室召开。县人大常委会主任李杰,副主任郭殿水、娄文聚、刘怀振,常委会委员出席会议。县委副书记、代县长张庆一,县委常委、组织部部长朱孝哲,县法院、县检察院负责人,各乡镇人大专职副主席,县人大常委会各委室副科级以上干部列席会议。会议审议通过县人大常委会关于调整宝丰县县乡两级人民代表大会选举日的决定;审议通过县人大常委会关于召开县十四届人大一次会议时间的决定;

以举手表决方式一致通过接受石素月辞去县人大常委会副主任职务的请求，接受王明文辞去县人民检察院检察长职务的请求。会议决定任命胡进栓为宝丰县人民政府副县长，王建军为宝丰县人民检察院副检察长、代理检察长。

3月18日　潘运明“蹚将刀客身影系列”作品研讨会在县政府二楼会议室召开。市政协副主席、民盟平顶山市委主委潘民中等市、县领导，平顶山市的专家学者出席研讨会。市委原书记、市老促会会长段松会发来贺信。与会人员围绕宝丰县业余作者潘运明创作的“蹚将刀客身影系列”之《乱世杆匪王老五》《草莽刀客》《云涌绿林》等作品，从作品背景、现实意义、语言风格等各个方面进行探讨。

3月19～20日　省纪委廉政文化示范点创建工作检查组一行4人到宝丰县检查验收创建廉政文化进农村示范点活动和廉政文化进机关示范点活动。检查组深入到赵庄乡袁庄村和县人口计生委实地检查验收，认真听取了两个示范点廉政文化创建工作情况汇报，查看工作台账及宣传图片资料，观看创建工作的专题片。

3月20日　县委书记刘书锋在县人大常委会党组书记梅玉三，县委常委、办公室主任赵二成，县人大常委会副主任娄文聚，正县级干部许全根，县人大常委会党组成员王红旗，县新农办、县财政局、县水利局、县林业局、县住建局、县交通局、县国土局等部门主要负责人的陪同下，先后到周庄镇辛庄新型农村社区、石桥镇现代农业科技示范园区、石桥镇高铁炉新型农村社区、肖旗乡伊人天香香草文化观光园、肖旗乡五里头新型农村社区、商酒务镇龙泉寺新型农村社区、张八桥镇姚店铺新型农村社区的施工现场，实地察看新型农村社区开工建设情况，听取各乡镇的情况汇报，详细了解建设中遇到的问题和困难。

3月20日　宝丰县2012年度国土资源工作座谈会在县国土局六楼会议室召开。会上，传达了《国土资源部、中央农村工作领导小组办公室、财政部、农业部关于农村集体土地确权登记发证的若干意见》《平顶山市人民政府关于批转市国土资源局等部门加快推进全市农村集体土地确权登记发证工作意见的通知》《平顶山市国土资源局关于印发2011年度土地矿产卫片执法检查工作方案的通知》等相关文件，对土地确权发证工作、卫片执法工作、土地综合整治工作、数字化乡镇等工作进行安排部署。

3月20～21日　省农业厅副厅长、省农监办主任郭鹏亮，省政府纠风办副主任李步岭等一行莅宝考核验收减轻农民负担工作。考核组听取了宝丰县农民负担监督管理工作情况汇报，并到石桥、大营、赵庄、周庄、肖旗等5个乡镇，对宝丰县减轻农民负担工作开展情况进行调查摸底。

3月21日　宝丰县被省政府授予全省家电下乡工作先进县称号。这是全市唯一获此荣誉的县（市）。

3月22日　宝丰县支持小微企业发展座谈会在县委常委会议室召开。县委书记刘书锋，县委常委、办公室主任赵二成，县人大常委会副主任郭殿水，副县长魏学君及各乡镇、县直相关部门、金融机构主要负责人参加座谈会。刘书锋要求，各乡镇要对小微企业的发展进行科学规划，从本镇产业基础、区位优势、人才技术等优势出发，规划建设一些富有特色的小微企业工业创业园。通过众多小微企业的集中，增加小微企业的凝聚力和辐射带动作用。各职能部门要进一步加大对小微企业的支持服务力度，努力为小微企业发展创造良好的环境，最大限度地从各方面为小微企业发展提供支持和服务。

3月22日　商酒务镇商酒务村新农村互助家园启用。县委副书记、代县长张庆一出席启用仪式。商酒务村新农村互助家园建筑面积680平方米，包括住室、活动室、保健室、厨房共26间，生活设施配备齐全，首批可接纳老人32名。

3月22日　县节水办在县城人民路等处设置咨询台、宣传版面等开展“世界水日”“中国水周”宣传活动。

3月23日　全国政协委员、中国工程院院士、河南理工学院教授、博士生导师张铁岗等一行到宝酒公司调研。

3月23日　省人民检察院检察长蔡宁到宝丰县调研基层检察工作。市委书记赵顷霖，市委副书记、市长陈建生，市委常委、政法委书记李永胜，市检察院检察长刘新年，县领导刘书锋、张庆一等陪同调研。蔡宁一行先后到宝丰县产业集聚区、县检察院察看，了解宝丰县经济社会发展情况、基层检察院各项工作开展情况，听取宝丰县的基本情况和检察工作情况汇报。

3月24日 市委书记赵顷霖专程到宝丰县法院闹店法庭看望优秀基层法官朱正栩。市委常委、政法委书记李永胜，市委常委、秘书长张遂兴，市中级法院院长郭保振，县领导刘书锋、赵二成、杨占杰，县法院院长井慧宝陪同。赵顷霖与朱正栩进行了亲切交谈，详细了解朱正栩的工作生活情况。赵顷霖指出，朱正栩是继马俊欣之后，又一个"三平"精神的典型。她对群众一片真情，对职责一丝不苟，赢得了群众的信任和满意。我们要在全市法院系统、政法系统、全体公务员中大力宣传、倡树忠诚为民、忠诚岗位职责的精神，提高工作水平，提高司法水平，提高人民群众对法院工作的满意率。

3月24日 徐玉诺纪念馆开馆暨平顶山市徐玉诺文化研究会成立仪式在宝丰县周庄镇南王村红石寨山南麓举行。

3月25日 十届全国人大常委会副委员长、中华炎黄文化研究会会长许嘉璐莅宝到香山寺参观考察。省人大常委会副主任刘怀廉，市委书记赵顷霖，市人大常委会主任薛新生，市委常委、秘书长张遂兴，市人大常委会副主任王金山，宝丰县有关领导等陪同考察。许嘉璐察看了解香山寺历史文化和风景区保护建设情况。许嘉璐希望民族宗教、文化部门和寺院保护好观音祖庭香山寺的珍贵历史文物；大香山风景名胜区的保护建设要高起点规划，分步建设，逐步完善配套设施，确保景区管理有序，为社会和谐发挥积极作用。

3月25日 全国政协副主席、全国工商联主席黄孟复到宝丰县调研汝瓷文化产业。省委常委、统战部部长史济春，市、县领导段玉良、李萍、段君海、潘民中、张庆一、师建超、王森鹏、王杰士、郜现营等陪同调研。黄孟复一行到弘宝汝瓷公司，察看了汝瓷产品展厅、烧造车间，详细了解汝瓷的历史、烧造工艺流程以及宝丰县汝瓷产业的发展情况。宝丰县县委副书记、代县长张庆一代表县委、县政府向黄孟复赠送汝瓷产品中华龙和宝丰县关于汝瓷产业发展的书籍。

3月25日 阴历三月初四，第八届"上巳"年会举行，来自山东、安徽、湖北等省和河南省开封、洛阳、许昌、新乡等地市的300多位说书艺人相聚杨庄镇马衎村，祭拜"三皇"，展演曲艺节目。

3月26日 美国专家组布兰特巴索一行4人在北京恒基伟业总裁张征宇博士的陪同下莅宝考察宝丰县太阳能光伏产业项目。县委书记刘书锋等陪同考察。美国专家组一行到县产业集聚区进行实地考察，了解具体情况。在随后召开的座谈会上，专家们介绍了目前全世界光伏产业的前沿技术，并着重介绍了碲化镉薄膜太阳能电池的特点和发展趋势。

3月26日 大营镇老龙窝"三化"协调发展实验区汇报会召开。县领导刘书锋、赵二成、杨占杰、许全根、董伟领，县公安局局长韩学孟，县直有关单位、大营镇负责人参加会议。在听取各单位三个月来的工作汇报和下一步工作打算后，县委书记刘书锋强调，各级、各部门要相互协调，搞好对接，统筹考虑，做好规划、设计，用足用活政策，倾听群众的意见，与群众一道加快老龙窝"三化"协调发展实验区的建设步伐，使老龙窝"三化" 协调发展实验区建设在三年之内大见成效，为全省"三化"协调发展创出路子、提供经验。汇报会前，与会人员、大营镇干部及周边群众在老龙窝"三化"协调发展实验区樱桃谷，栽植樱桃树5000余棵。

3月27日 由28家媒体组成的"探寻中原文化，传承华夏文明"两岸三地记者联合采访团一行35人到宝丰县赵庄乡，就魔术文化的渊源、发展进行采风。县委常委、统战部部长王森鹏及市县相关部门人员陪同采风。采访团一行在赵庄乡周营村文化大院、周营村民间艺人张本周的家中和民间艺人刘顺的道具公司，观看了富有宝丰特色的魔术表演。

3月27日 宝丰县文化创意产业园建设推进会召开。会上认真听取县文管委和职能部门、投资方就文化创意产业园建设情况的汇报。县委书记刘书锋强调,相关部门要充分认识文化创意产业园建设的重要意义,要有清醒的思路和目标,规划建设要有文化品位和文化内涵,以宝丰县今后长远发展为根本,以为宝丰50万人民群众谋福祉为首位,科学规划,加紧施工,早见成效,使宝丰县的文化事业、文化产业实现大发展、大跨越。

3月28日　卫生部监察局副局长关跃进一行,到宝丰县调研基本药物制度实施和各级医疗机构财政补贴落实情况。调研组到县人民医院、商酒务镇卫生院、商酒务镇焦楼村标准化卫生室调研了解基本药物的采购、配送、使用及人员编制、财政补贴等情况。

3月28日　全县政法系统深入开展政法干警核心价值观教育实践活动动员会召开。会议主要内容是对深入开展政法干警核心价值观教育实践活动进行安排部署,动员全县政法机关迅速行动起来,努力打造一支政治坚定、业务精通、作风优良、执法公正的政法队伍,全面提升公众安全感和执法满意度。会议传达了《中共宝丰县委政法委关于深入开展政法干警核心价值观教育实践活动的实施方案》《中共平顶山市委政法委关于在全市政法系统开展向朱正栩同志学习的决定》《中共宝丰县委关于开展向朱正栩同志学习的决定》。县人民法院闹店法庭庭长朱正栩作了个人事迹发言。

3月29日　郑州小樱桃卡通公司董事长、国家动漫产业发展基地(河南基地)管委会主任张国晓一行到宝丰县考察历史文化。县委常委、宣传部部长马丽陪同。张国晓一行在县委常委会议室与大家座谈交流,观看《文化父城魅力宝丰》文化宣传专题片。随后到宝丰书画研究院参观,到香山寺实地考察。

3月29日　宝丰县委组织部下文作出《关于在全县组工干部中开展向余建军同志学习的决定》。余建军2004年调入宝丰县委组织部,先后任大学生村干部管理工作办公室副主任、主任。参加工作20年来,他勤勉敬业,忘我工作,用年轻的生命树立了一个组工干部的良好形象。3月26日,《平顶山日报》发表长篇通讯《燃尽芳华写忠诚——追记宝丰县大学生村干部管理工作办公室主任余建军》,在宝丰县社会各界引起强烈反响。

3月30日　受市政府委托,市科技局局长张留成一行4人莅宝,对县产业集聚区升级为省级高新技术产业开发区后的园区规划和发展情况进行调研指导。县委书记刘书锋,县委常委、常务副县长李留军,县政府党组成员、县产业集聚区管委会主任蒋三熠及县科技局负责人等参加座谈会。

3月30日　县委书记刘书锋在县领导刘景华、赵二成、姬翠红的陪同下,深入部分乡镇调研计划生育工作。刘书锋先后到张八桥镇白塔营村、姚店铺村和杨庄镇姬袁庄村调研春季计划生育生殖健康进家庭优质服务活动开展情况和计生村室基础建设工作。

3月30日　省商务厅信息化处处长吴源奇到宝丰县调研公共物流信息平台建设工作。吴源奇一行到河南大香山商贸集团及公共物流信息平台建设工地实地察看,听取公共物流信息平台建设工作汇报。吴源奇对宝丰县的公共物流信息平台建设工作给予肯定。

3月30日　宝丰县2012年第一季度行长联席会议在县建行会议室召开,县长张庆一、常务副县长李留军及县金融办、县人行、县银监办、县金融系统各行(社)、保险公司主要负责人参加会议。会议总结全县金融系统第一季度整体工作,安排2012年全县金融系统主要工作。

3月31日　全县公安工作会议在宝丰迎宾馆会议室召开。会议回顾总结了2011年的公安工作,安排部署了2012年的公安工作;对先进集体和个人进行了表彰奖励。

3月31日　全县史志工作会议在宝丰迎宾馆召开。会议的主要任务是总结第二届修志工作,安排部署2012年宝丰年鉴、部门志、乡镇志、汝瓷志、大事记征编工作,表彰全县史志工作先进单位。

3月31日　市委党校县处级领导干部培训班80余名学员到宝丰县省级高新技术产业开发

区考察。先后到北京恒基伟业有限公司、河南亿盛光伏材料有限公司和中国海宝集团参观考察，观看《立足新起点实现新跨越》专题片，听取各公司的现场介绍。

3 月 31 日　宝丰县城市建设与管理工作座谈会召开。县委书记刘书锋，县委常委、办公室主任赵二成，副县长王长和参加座谈会。会议深入了解和分析宝丰县城市建设与管理现状及存在的问题，指出 2012 年城市建设与管理工作的目标。刘书锋强调，要进一步转变观念、创新工作，力争把宝丰建设成为山水之城、文化之城、宜居之城。

3 月 31 日　县关工委和团县委组织宝丰县消防大队官兵，县一高、杨庄一中、杨庄二中、县第一实验小学、县第二实验小学学生，县老干部大学的离退休干部和亚坤集团的青年员工等 5000 余人，到县烈士陵园举行祭奠扫墓活动。

3 月　省高级人民法院院长张立勇，市委常委、政法委书记李永胜，市委常委、宣传部部长唐飞，市中级人民民法院院长郭保振等分别对宝丰县人民法院闹店法庭庭长朱正栩同志的先进事迹作出重要批示。

3 月　宝丰县被确定为全国县级医院综合改革试点，为全国 300 个试点县之一。试点县将推行县级公立医院改革，取消药品加成政策，提高挂号费、诊疗费、手术费等医疗服务价格，降低大型设备检查价格，彻底破除"以药养医"体制。

3 月　县二高开设心理咨询室，创办期刊《生活中的心理学》，建立全校师生心理健康档案，定期举办心理健康知识讲座，免费开展心理咨询活动。县二高教师赵六才、毛矿山被人力资源和社会保障部职业技能鉴定中心授予国家二级心理咨询师称号。

3 月　宝丰县产业集聚区在河南省开展的创建国土资源节约集约模范县(市、区)评比中，获河南省国土资源节约集约模范产业集聚区称号，并获得专项奖励资金 300 万元，全市产业聚集区获得该项荣誉的仅此一家；宝丰县产业集聚区被省政府确定为省级高新技术产业开发区，成为省新型工业化产业示范基地。

3 月　宝丰县文联魏红朝创作的河南坠子《宝丰文化大发展》被中国曲艺家协会、河南省文学艺术界联合会评为 2012 年河南宝丰马街书会曲艺邀请赛一等奖。

4 月

4 月 1 日　全县体育工作会议在县教体局召开。县领导刘景华、姬翠红、丁存，县人大常委会党组成员王红旗参加会议。会议总结 2011 年全县体育工作，安排 2012 年工作，表彰体育工作先进个人和先进单位。

4 月 1 日　县政协原主席胡成义带领县老干部巡视组视察全县文化工作。巡视组到民间演艺中心建设工地察看，听取文化工作汇报、中原解放纪念馆规划设计情况介绍，观看专题片《文化父城魅力宝丰》。

4 月 1 日　宝丰县清凉寺汝官窑遗址公园拆迁工作全面启动。宝丰县拨付 1000 万元专项资金、实行联席会议制度等措施，力争通过 2 至 3 年的努力，使遗址公园建设成效显现。

4 月 4 日　首届中国酒祖仪狄文化节暨祭祖典礼在商酒务镇商酒务村春风文化广场举行。

4 月 5 日　省委常委、政法委书记毛超峰就闹店法庭庭长朱正栩的先进事迹作出批示：向朱正栩同志学习，践行"忠诚、为民、公正、廉洁"政法干警核心价值观。

4 月 5 日　全县人口和计划生育工作会议在宝丰人民会堂召开。县领导刘书锋、张庆一等出席会议。会议总结 2011 年的人口和计划生育工作，表彰先进单位和个人，明确 2012 年工作目标任务，各乡镇和县直单位递交了 2012 年度工作目标管理责任书。

4 月 5 日　宝丰县 2012 年度消防工作会议在宝丰迎宾馆召开。会议总结 2011 年工作，安排 2012 年工作，表彰 2011 年度消防安全工作先进单位和先进个人；各乡镇及相关单位签订了消防安全目标责任书。会议结束后，举行了宝丰县宣传贯彻《国务院关于加强和改进消防工作的意见》活动启动仪式。

4月6日　宝丰县县乡两级人大代表换届投票选举日，县领导刘书锋、李杰、梅玉三等以普通选民的身份与全县选民一起参加投票选举。

4月6日　全县政法信访工作会议在宝丰迎宾馆召开。会议的主要任务是贯彻落实中央、省、市政法信访工作会议精神，总结全县2011年的政法信访工作，安排2012年工作。各乡镇、县直重点单位递交了2012年度平安宝丰建设目标责任书和2012年度信访工作目标责任书。

4月7～23日　宝丰县开展2012年普通高招体检工作。宝丰县共报考考生4380人，体检定点医院为县中医院，体检项目包括内科、外科、五官、血压、嗅觉、色觉、听力、心电图等。

4月7～12日　政协宝丰县第九届委员会第一次会议在宝酒公司会议室召开。会议选举产生了政协宝丰县第九届常务委员会。铁干卿当选为宝丰县政协主席，王杰士、顾海萍、王书修当选为副主席。县政协九届一次会议共收到提案159件。经提案委员会审查，在经济建设、城建交通环保、科教文卫、政法统战、社会保障方面共立案146件。

4月8～13日　宝丰县十四届人大一次会议在宝丰迎宾馆召开。会议选举产生了宝丰县十四届人大常务委员会。梅玉三当选为宝丰县第十四届人民代表大会常务委员会主任，崔建利、娄文聚、刘怀振、王延辉当选为副主任。张庆一当选为宝丰县人民政府县长，李留军、王长和、胡进栓、董伟领、魏学君、姬翠红当选为副县长。井慧宝当选为宝丰县人民法院院长，王建军当选为宝丰县人民检察院检察长。

4月8日　刘书锋、张庆一、李杰、梅玉三、铁干卿等县四大班子领导，在县十四届人大一次会议代表驻地宝丰迎宾馆看望代表们。县四大班子领导刘书锋、张庆一、李杰、师建超等，在县政协九届一次会议的政协委员驻地裕昌源大酒店看望委员们。

4月8日　县十四届人大一次会议预备会议在宝丰人民会堂举行。县人大常委会主任李杰，副主任郭殿水、娄文聚、刘怀振在主席台就座。会议宣读了县十三届人大常委会关于决定接受刘书锋辞去县人民政府县长职务，石素月辞去县人大常委会副主任职务，董伟领辞去县人大常委会委员职务，王保贵、张平、杨占杰、王森鹏辞去县人民政府副县长职务，王明文辞去县人民检察院检察长职务的决定；审议通过了大会议程；审议通过了大会主席团成员和秘书长名单；宣布了各代表团组建意见和正、副团长名单；审议通过了县十四届人大一次会议议案审查委员会组成人员名单；审议通过了县十四届人大一次会议计划、财政预算审查委员会组成人员名单；书面印发了代表资格审查情况报告。会议宣布了县十四届人大一次会议第一次主席团会议通过的有关事宜。

4月8日　县十四届人大一次会议主席团第一次会议在宝丰人民会堂举行。会议选举刘书锋、李杰、梅玉三、郭殿水、崔建利、娄文聚、刘怀振、王延辉为县十四届人大一次会议主席团常务主席、执行主席。审议通过大会执行主席值日名单；审议通过大会副秘书长名单；审议通过大会日程；决定了大会列席人员范围、人数；审议通过《关于征集代表议案和建议、批评、意见的办法》。

4月8日　县政协第九届委员会第一次会议预备会在宝酒公司会议室召开。县政协第九届委员会全体人员参加会议。会议审议通过了县政协九届一次会议议程(草案)；审议通过了大会主席团、秘书长建议名单(草案)；通过了县政协第九届委员提案审查委员会组成人员建议名单(草案)。

4月8日　县政协九届一次会议主席团第一次会议召开。县领导师建超、铁干卿、王杰士、丁存参加会议。会议审议通过了县政协九届一次会议日程(草案)；审议通过了县政协九届一次会议主席团常务主席名单和常务主席会议主持人建议名单(草案)；审议通过了县政协九届一次会议主席团成员分工值日建议名单(草案)；审议通过了县政协九届一次会议委员和列席人员编组名单(草案)；审议通过了县政协九届一次会议副秘书长建议名单(草案)；审议通过了县政协九届一次会议秘书处各组负责人建议名单(草案)；审议通过了县政协九届一次会议讨论组召集人建议名单(草案);审议通过了县政协九届一次会议主持人名单(草案)。

4月8日　县政协九届一次会议提案工作会议在裕昌源会议室召开。县政协九届提案委员会全体成员参加会议。会议研究安排了会议期间提案收集、审查、立案等工作。学习了中国人民政治协商会议全国委员会提案工作条例修正案条文,对政协提案如何撰写、提交和办理的基本要求进行了说明。

4月9~10日　县人大代表、政协委员认真审议《政府工作报告》,一致认为《政府工作报告》总结前五年成绩实事求是，对成绩的总结不夸大,对存在的问题不回避,对今后五年的工作部署思路清晰,目标任务明确,制定措施具体到位,符合宝丰发展实际,是一个振奋人心、务实进取的报告。一定要按照报告中提出的经济发展目标，以更加饱满的热情投入到全县经济建设中,共同推进县域经济实现新跨越。县领导刘书锋、李杰、张庆一、师建超等分别参加代表团审议《政府工作报告》。

4月10日　老龙窝三化协调发展实验区规划座谈会在县委常委会议室召开。会议听取了规划设计单位对老龙窝三化协调发展实验区生态农业发展规划方案的讲解说明,与会人员围绕规划进行认真讨论,结合当地实际,对规划提出可行性的修改意见。

4月12日　省文物考古研究专家张小虎、楚小龙专程到宝丰县实地鉴定在宝丰县杨庄镇南水北调工程宝郏段发现的大面积“古岩画”。“岩画群”总面积1000多平方米,由较薄的、面积大小不等的小块组成。专家断定此“岩画”应是在地质变动以及风化作用下自然形成，属中生代,从花纹的形态看，当时的人类还达不到这种水平。不过,这样大面积自然形成的岩石花纹,具有很高的观赏价值。

4月15日　蒋介石侄孙女、蒋家菜谱首倡人蒋孝玉一行在宝酒公司总经理卢振营等的陪同下,参观考察了解国家级非物质文化遗产宝丰酒酿造技艺及宝丰酒文化展馆。

4月16日　宝丰县招商选资工作会议在宝丰迎宾馆召开。县领导张庆一、梅玉三、铁干卿等参加会议。会议传达了宝丰县2012年招商选资工作方案和针对主导产业品牌企业招商选资任务分解及有关问题的通知。各乡镇、县直有关单位汇报了招商选资工作进展情况。

4月17日　省人大常委会委员、教科文卫工作委员会副主任赵琛一行8人莅宝,开展《河南省科技进步条例》修订立法调研活动。赵琛一行到位于宝丰县高新区的河南亚坤集团恒瑞新材料有限公司和海宝集团现场考察,听取企业基本情况汇报,深入了解和掌握宝丰县科技发展现状。

4月17日　全县新农村建设工作会议在宝丰迎宾馆召开。县领导刘书锋、张庆一等出席会议。会议的主要任务是学习贯彻中央、省委、市委农村工作会议精神，总结2011年工作，表彰先进,安排2012年工作。

4月17日　宝丰县拿出140万元重奖新型农村社区建设工作先进乡(镇)村。对2011年在新型农村社区建设中作出突出贡献的商酒务镇、赵庄乡、石桥镇分别奖励30万元、20万元、10万元；对赵官营等8个先进新型农村社区各奖励10万元,同时表彰了6个先进县直单位和23名先进个人。

4月17日　全市基层财政干部培训班在宝丰县开班。县长张庆一参加培训班开班典礼。全市120名基层财政干部参加培训,学习基层财政财务管理、资金监督及勤政、廉政建设等相关知识及当前国际国内政治和财政经济形势及加强基层财政管理的重要性等内容。

4月18日　世界刘氏联谊总会创会总主席兼永久荣誉会长刘南辉先生率领的世界刘氏联谊总会考察团一行到宝丰县参观考察。在市、县领导严寄音、刘书锋、张庆一等陪同下,刘南辉一行先后到正在建设的五岳生态公园和县高新技术产业开发区进行参观考察。在宝丰迎宾馆举行的欢迎宴会上,刘南辉与宝丰县委书记刘书锋分别代表世界刘氏联谊总会和宝丰县委、县政府互赠礼品。

4月18日　宝丰县第八期健身气功培训班

在县城世纪广场开班。培训活动为期6个月，主要进行健身气功易筋经、五禽戏、六字诀、八段锦、健身气功新功法和马王堆导引术等培训。

4月19日　全县宣传思想工作会议在宝丰迎宾馆会议室召开。县委书记刘书锋，县委常委、县委办主任赵二成，县委常委、宣传部部长马丽，县人大常委会副主任王延辉，县政协副主席王书修，县政府党组成员、县文管委副主任部现营出席会议。会议传达贯彻全国、全省、全市宣传思想工作会议精神，总结2011年工作，安排2012年工作，表彰全国文明村镇，省级文明单位，2011年度宣传思想工作先进单位和先进个人，2012年度马街书会与春节文化活动工作先进单位和先进个人。

4月19日　宝丰县夕阳红社区学院成立暨揭牌仪式在县老干部活动中心举行。

4月20日　宝丰县小微企业发展征求意见座谈会召开。县领导刘书锋、张庆一、刘景华、赵二成、王森鹏、崔建利、吴建刚、魏学君、顾海萍，县产业集聚区管委会主任蒋三熠参加会议。会议就解决制约小微企业发展中的突出问题，支持小微企业健康发展征求意见。县委书记刘书锋要求，产业集聚区和各乡镇要对小微企业的发展进行科学规划，合理布局，建设一批小微企业创业园，让企业以最低成本入驻。各乡镇要发挥自己的优势，选择科技含量高、符合国家产业政策、富有乡镇特色的产业发展。县工信局要为小微企业搭建平台，定期组织小微企业座谈，及时帮助解决问题。把小微企业提出的建议，进行归纳，把支持小微企业健康发展的若干意见制定的更有务实性，可操作性，推动宝丰小微企业的快速发展。

4月20日　全省经济运行电视电话会议召开。县长张庆一等参加会议并收听收看了会议实况。会议总结全省第一季度经济运行情况，对第二季度经济运行工作的重点提出要求。

4月20日　22名市派宝丰县驻村任职第一书记上任。为统筹“三化”协调科学发展，创新农村工作机制，激发基层组织活力，推进新型农村社区集聚式发展，市委组织部选派党员干部驻新型农村社区任职。

4月21日　“豫丰村镇银行”杯宝丰县首届家居文化节在县城世纪广场开幕。家居文化节由县政府主办，县住建局、县广电总台承办，宝丰豫丰村镇银行独家冠名，历时3天。有全友家居、金鹏厨卫、艺达家纺、大弛房产、天普太阳能等40多家经销商参与。

4月21日　宝丰县组织20余家重点企业和部分小额贷款公司、信用担保公司负责人，到市会议中心听取清华大学教授陈有西关于民间金融风险成因与司法调控界限知识的专题讲座。

4月23日　宝丰县“五宝”建设工作汇报会召开。县领导刘书锋、张庆一、刘景华、赵二成、马丽、李留军、杨占杰、朱孝哲等参加会议。会议听取“五宝”建设领导小组的汇报，征求“五宝”建设方案的建议、意见。

4月23~28日　宝丰县开展中招体育考试工作。全县参加体育考试人数为3238人。考试项目为身高、标准体重、立定跳远、坐位体前屈、男子1000米跑或女子800米跑，考试满分100分。

4月23日　县卫生局、县公安局在县公安局会议室召开打击非法行医“亮剑”行动动员会。4~11月，县卫生局、县公安局联合在全县开展打击无证行医专项行动，对医疗卫生机构聘用非卫生技术人员行医、非法从事性病诊疗活动、非法鉴定胎儿性别及在生活美容场所开展医疗美容服务等行为进行严肃查处。

4月24日　宝丰县文化创意产业园建设工作会议在县委常委会议室召开。县领导张庆一等参加会议。会议对文化创意产业园建设工作进行再安排再部署，对各相关单位承担的文化创意产业园建设工作推进责任进行分解。

4月24日　县文化市场综合执法大队在宝丰人民会堂广场举办以“拒绝盗版，助力创新”为主题的2012年集中销毁非法出版物活动。当天共组织集中销毁非法出版物1.5万余册。

4月25日　市检察院检察长刘新年到宝丰县调研企业发展情况。县长张庆一等陪同调研。刘新年到位于宝丰县产业聚集区内的河南中达建设有限公司、中原经济区农副产品博览交易中心进行调研。

4月25日　县委书记刘书锋、县长张庆一深入部分企业调研，分析宝丰县一季度工业经济运行情况。刘书锋、张庆一等先后到海星化工、京宝焦化、宇隆石材、洁石建材、大地水泥、八骏纺织、宝棉纺织、河南旭原、河南亿盛等企业，察看企业生产运行情况，了解企业发展中存在的困难和问题，并督促有关部门负责人及时协调帮助解决企业在生产发展中遇到的问题。

4月25日　全县组织工作会议暨基层组织建设年动员会议在宝丰迎宾馆召开。县领导刘书锋、赵二成、马丽、朱孝哲、崔建利、王书修参加会议。会议总结2011年工作，安排2012年工作，对基层组织建设年活动进行动员。

4月25日　宝丰县美术家协会第一次会员代表大会在宝丰书画研究院召开。市文联副主席范大岭，县政府党组成员、县文管委副主任部现营，县文联负责人等出席会议。会议表决通过了《宝丰县美术家协会章程》；选举产生了协会本届理事会、主席团；聘请了本届顾问、秘书长、副秘书长，对今后美协工作进行安排部署。新当选的美协主席郭建国向名誉主席和顾问颁发了聘书。

4月26日　县委书记刘书锋主持召开县委中心组理论学习会，学习《人民日报》社论《牢牢把握稳中求进的总基调》《省委、省政府关于加强和创新管理的意见》等文章，听取全县第一季度经济运行、产业集聚区推进、信访稳定、新农村建设等工作情况汇报。县委书记刘书锋，县长张庆一等副县级以上领导干部参加理论学习。

4月27日　宝丰县2012年全民健身活动月启动仪式暨“体彩”杯第九套广播体操千人展演活动在世纪广场举行。活动由县实施全民健身计划领导小组主办，县教体局承办。县领导刘书锋、赵二成、王延辉、姬翠红、王书修及宝丰县实施全民健身计划领导小组各位主任、委员参加启动仪式。启动仪式后，举行了第九套广播体操千人展演活动。

4月27日　宝丰县汝瓷产业座谈会在大营镇召开。县政府党组成员、县文管委副主任部现营，县直有关单位负责人，宝丰县从事汝瓷研究、烧制的30余名人员参加座谈会。与会人员围绕汝瓷产业发展壮大、汝瓷烧造技艺的传承发展提出好的意见和建议。

4月27日　河南伊利乳业有限公司获平顶山市五一劳动奖状，安跃彬、张艳峰、张国强、朱正栩、申学生获平顶山市五一劳动奖章。

4月25～26日　市农田水利基本建设“红旗渠精神杯”竞赛活动检查组一行11人，莅宝检查2011年度农田水利建设完成情况。在宝丰迎宾馆会议室，检查组听取了宝丰县2011年度农田水利建设完成情况的汇报，观看了宝丰县农田水利建设专题片，详细查阅了有关资金投入和工程建设资料，并深入周庄、李庄、石桥、赵庄、商酒务、前营等乡镇和正在建设的五岳生态公园实地察看。

4月26日　县城人民路东延工程开工仪式举行。县城人民路东延新建工程全长2.4公里，总投资5000万元，计划年底前竣工。工程起点位于县城人民路与香山路交汇处，工程按城市一级公路标准设计，路基宽60米，路面宽48米，双向6车道。

4月27日　县委书记刘书锋、县长张庆一等县四大班子领导对城市重点工程建设进行观摩。刘书锋、张庆一等到五岳生态公园指挥部和五岳的“衡山”山顶、净肠河下游治理工程、东湖公园、平西火车站改造工程建设现场进行观摩，认真听取工程建设发展情况的介绍，详细了解各工程的建设进度和存在问题等情况。

4月27日　县直机关2012年党的工作会议在县地税局五楼会议室召开。县委常委、组织部部长朱孝哲及县直机关各单位的党总支书记、党支部书记参加会议。会议总结2011年度工作，对24个“五好”基层党组织、21名优秀党务工作者和188名优秀共产党员进行表彰，签订《2012年党建目标责任书》，安排2012年党建工作任务。

4月27日　宝丰县小麦实施“一喷三防”技术工作会议在县政府二楼会议室召开。会议传达了县农业局、县财政局《关于印发宝丰县小麦“一喷三防”技术补助资金实施方案的通知》，并对此项工作作出安排部署。

4月27～29日　在2012中部糖酒商品交易会上，宝丰·国色清香获河南省最畅销品牌，宝酒公司获河南市场最具创造力企业奖。展会期间，省人大常委会原副主任张以祥，省商务厅副厅长耿建国在省酒协会长熊玉亮，副会长、秘书长蒋辉的陪同下参观宝丰酒展区，并对国色清香宝丰酒给予高度评价。

4月28日　县工商局在全县开展为期两个月的“反垄断与反不正当竞争中原红盾”执法行动。

4月　宝丰县各乡镇分别召开乡镇第十五届人民代表大会第一次会议，听取审议乡镇政府工作报告和主席团工作报告，选举产生新一届人大主席团和乡镇政府组成人员。

4月　宝丰县清凉寺汝官窑遗址大遗址公园建设项目被确定为国家重点保护项目。

4月　经省科技厅批准，河南省小米发酵醋工程技术研究中心在冯异醋业有限公司成立。这是迄今为止全省批准的唯一一家省级小米发酵醋工程技术科研机构。

4月　全县农村集体土地确权登记发证试点工作在商酒务镇启动。确权登记发证工作将于2012年12月31日前全部完成。宅基地使用权和集体建设用地使用权登记将于2012年上半年开始筹备，2012年9月30日前开始，2015年12月31日前基本完成。

4月　宝丰县为建立保障高龄老人基本生活需求的长效机制，实现老人社会福利制度由补缺型向适度普惠型发展，决定对90岁以上的高龄老人每月按时发放生活补贴，并研究制定《宝丰县高龄老人生活津贴发放方案》。发放范围为具有宝丰县户籍且年龄满90岁的所有老人。标准为90～99岁老人每人每月100元，100岁以上的老人每人每月200元。审批程序为个人申请、村（居）委会初审、乡（镇）审核、县民政局审批。至2012年，全县90岁以上的高龄老人有1500人左右。

4月　宝丰县为加强乡村医生队伍建设，妥善解决老年乡村医生后顾之忧，决定对连续从事村医工作10年以上、年龄65周岁以上（含65周岁），不再从事医疗卫生服务的乡村医生，每月给予300元生活补助，所需资金由省、市、县三级财政共同负担，其中省财政承担50%、市财政承担5%、县财政承担45%。

4月　宝丰县对27项财政惠民补贴资金管理和支付方式实行“一卡(折)通”制度。2012年宝丰县已为群众发放粮食补贴等资金47099893元。

4月　平顶山市文化广电局执法大队负责人带领县文化行政执法人员对出版物市场进行全面检查。共检查图书经营场所10家，印刷企业4家，查处有违规经营现象的书店2家，印刷厂1家，并对非法出版物进行抽样取证，立案调查。

4月　县工信局启动企业投资工业和信息化项目备案工作。宝丰县冯异醋业公司年产5000吨小米醋项目和宝丰县中大碳素有限公司年产1万吨特种石墨等10余个项目完成备案。

4月　宝丰县城关镇与宝丰县金牛种植专业合作社达成协议，从农户手中流转500亩土地，兴建高新技术和生态观光开心农场，发展果蔬生产、花艺游览、观光采摘等特色农业项目。项目总投资800万元，规划分为科技示范园区、农事体验园区、花艺游览园区、果蔬采摘园区、开心农场园区等五大园区。

4月　县二高举办为期3周的乒乓球联赛，篮球对抗赛和《弟子规》知识竞赛活动。

4月　平顶山市政府确定全市50个项目为平顶山市工业重大产业升级示范项目，其中宝丰县洁石集团、亚坤集团等16个项目入选。在每年评选的50强和50高企业中，2012年，宝丰县5家企业入选50强企业，7家企业入选50高企业。

4月　张洛庄村与宝丰县商业总公司开发建设的生态农业旅游园自2011年2月开工建设以来，已完成投资5000万元，对环村的4公里泥河进行清淤整修和硬化护坡，筑起拦河坝，建起3座桥，修通8公里水泥路，蓄水8万立方米。修建长3.3公里的自流灌渠。在千余亩河滩地和沿河丘陵垦荒地，栽植柳树、塔松、香樟、玉兰、梧桐等生态风景林和优质核桃、杏树、柿树、梨树、桃树等果树103万株。项目区内建起6000平方米的文体广场，新建带看台的灯光篮球场2个，门球场2个，休闲健身场所3处，配备健身器材110套，河岸两侧安装景观照明灯百余盏。

5月

5月1日　中国经济文化研究院执行院长、中国经济文化杂志社总编、经济文化网总编张志生到宝丰书画研究院调研。张志生一行参观了宝丰书画研究院的方志博物馆、艺术展室及书画展厅，听取了院负责人对《香山大悲菩萨传》《重修香山观音大士塔碑记》和即将出版的《乡情·热土》样书及《宝丰书画》等的介绍。

5月1日　宝丰县汝瓷研究所马聚魁研制生产的汝瓷作品《富贵盘》被中国工艺美术学会、中国工业联合会、中国轻工珠宝首饰中心评为2012年中国工艺美术“百花奖”（莆田）金奖；马铭研制的陶瓷作品《弦纹樽》被评为2012年中国工艺美术“百花奖”（莆田）银奖。

5月2日　全县经济运行分析会在宝丰迎宾馆会议室召开。县委常委刘书锋、张庆一、刘景华、赵二成、郭群献、马丽、李留军、杨占杰、王森鹏、朱孝哲，县政府各位副县长和县政府党组成员出席会议。各乡镇党委书记、乡镇长，县直各单位、各重点企业负责人参加会议。会议的主要任务是总结分析第一季度全县经济社会发展情况，研究部署第二季度的各项重点工作，进一步强化措施，确保全县经济平稳较快发展。

5月2日　全县食品安全工作会议在县药监局会议室召开。会议传达了市食品安全工作领导小组办公室下发的《学校托幼机构及其周边食品安全专项整治工作方案的通知》和省政府办公厅印发的《2012年河南省食品安全工作要点的通知》，对全县食品安全工作进行安排部署。

5月2日　《人民日报》第六版头题《身边的感动》栏目刊发通讯《知心庭长朱正栩》，报道宝丰县人民法院闹店法庭庭长朱正栩的先进事迹，并配发评论文章《把心放在基层》。

5月3日　省高级人民法院院长张立勇作出批示：“要借助《人民日报》的报道，开展向朱正栩法官学习的活动。”

5月4日　全市2012年度国家基本药物运行分析会在县卫生局会议室召开。会议通报了全市第一季度国家基本药物运行情况，各县（市、区）卫生局分别汇报了第一季度基本药物实施情况、存在的问题和下步建议。

5月4日　宝丰县纪念建团90周年暨五四表彰大会在宝丰迎宾馆会议室召开。县委书记刘书锋等县领导出席会议。会议对2011年全县共青团工作先进集体和先进个人进行表彰。

5月4日　全县青年干部座谈会在宝丰迎宾馆会议室召开。县委书记刘书锋等领导，县直机关、乡镇的近40名青年干部参加座谈会。

5月6日　中共中央政治局原委员、中共中央军委原副主席、原国务委员、国防部原部长曹刚川一行莅宝。曹刚川和全国政协原常委、社会和法制委员会原副主任张俊九，兵器工业集团公司总经理张国清，沈阳军区政治部原副主任曹华川，河南省军区副司令员杨宏杰、副政委张守喜等一行，在市、县领导赵顷霖、张庆一、王杰士等陪同下，先后到宝丰酒业有限公司和商酒务镇赵官营中心村视察。

5月7日　省卫生厅副厅长秦省等莅宝调研新农合基金运行情况。秦省一行到石桥镇卫生院详细了解有关情况。

5月7日　宝丰县林地保护利用规划编制工作会议在县政府二楼会议室召开。会议通报了省政府办公厅关于组织开展全省和县级林地保护利用规划编制工作的通知；下发了省林业厅关于县级林地保护利用规划编制工作方案的通知。

5月8日　市委常委、统战部部长段君海带领全市统一战线“百企帮百村”观摩团莅宝观摩。县长张庆一，县委常委、办公室主任赵二成，县人大常委会副主任娄文聚，县政府党组成员、正县级干部许全根陪同观摩。段君海一行先后到张八桥镇张八桥中心社区、大营镇清凉寺中心社区实地察看，听取汇报，详细了解情况。

5月8日　市法院院长郭保振等莅宝调研企业发展情况。郭保振等先后到亚坤集团恒瑞新材料有限公司、河南旭原不锈钢有限公司、河南京宝焦化有限公司实地察看企业的生产情况，详细了解企业在生产经营过程中存在的问题和亟需解决的困难。

5月8日　全县关心下一代工作会议在县教体局召开。会议传达了省、市关心下一代工作会议精神，总结了2011年的工作，表彰了2011年度“中华魂”主题教育活动先进集体和先进个人，并对2012年全县关心下一代工作进行安排部署。

5月8日　省老区扶贫项目李文驿村道路建设开工。县老促会争取省老区扶贫专项资金13万元，对李文驿村道600多米修建硬化。

5月9日　宝丰县农村文化基础设施建设工作会议在县文广局五楼会议室召开。会议传达了文化部《关于对乡镇综合文化站建设情况要求条件的通知》《省文化厅关于开展公共文化设施现状工作调查的通知》《市政府关于实施旅游惠民工程年票的通知》，并对各项工作落实进行安排部署。

5月10日　宝丰县“卫生杯”庆祝五四青年节和第101个“5·12”国际护士节文艺汇演在人民会堂举行。

5月10日　全县安全生产暨煤矿兼并重组工作会议在宝丰迎宾馆会议室召开。县领导张庆一等出席会议。会议确定了2012年全县安全生产工作总体思路及重点工作。

5月10日　省乡村学校少年宫检查组一行莅宝检查验收中央专项彩票公益金——乡村学校少年宫项目建设和活动开展情况。检查组一行到周庄镇实验小学少年宫、县绿色网吧和青少年校外活动中心实地察看。

5月10日　宝丰县2012年“5·12防灾减灾日”动员会召开。会议对2012年“5·12防灾减灾日”有关宣传活动进行安排和部署。

5月11日　全县纪检监察系统“提升素质、规范执纪、端正作风、树立形象”专题教育活动动员会在县财政局会议室召开。会议传达了专题教育活动实施方案，对活动的开展进行安排部署。

5月11日　全县环境保护和秸秆禁烧暨综合利用工作会议在宝丰迎宾馆会议室召开。会议总结2011年全县环保及秸秆禁烧工作完成情况，安排2012年工作。会议对2011年度环保工作、秸秆禁烧工作先进单位、先进个人及获得省级生态乡镇和生态村进行表彰奖励；各乡镇、县直有关局委、相关企业在会上向县政府递交了2012年环保工作目标责任书。

5月11日　县人民医院“5·12”护士节表彰暨联欢会在县人民医院会议室举行。会议对县人民医院评选出的优秀护士、连续从事临床一线护理工作满25年护理工作者和在护士节比赛活动中的获奖人员进行表彰，30余名新进入医院的护士宣誓，并举行了文艺汇演。

5月11日　河南省体育局政策法规科技处处长高伟一行莅宝调研新型农村社区建设中公共体育服务建设情况。高伟一行到石桥镇高铁炉村、石桥村，商酒务镇赵官营村、春风人口文化广场、绿色网吧等地进行实地察看。

5月11日　全县工伤保险工作会议在宝丰迎宾馆召开。会议全面部署2012年的工伤保险工作。2012年全县工伤保险工作的重点是将机关事业单位、建筑业、个体工商户全部纳入工伤保险。

5月11日　宝丰县公安局治安大队对近年来收缴的7503枚过期电雷管、6枚导爆管、1枚手榴弹和1个榴弹炮头进行集中销毁。

5月12日　宝丰县“防灾减灾日”集中宣传活动在县委门口举行。

5月14日　宝丰县“欢乐中原·唱响鹰城·乐在宝丰”暨“百城万场”群众文化活动动员会召开。会议传达了《关于2012年在全县继续开展“欢乐中原·唱响鹰城·乐在宝丰”暨“百城万场”群众文化活动的通知》。5月16日在世纪广场举行启动仪式。启动仪式由县委宣传部主办，县文广局、县公安局承办，豫丰村镇银行协办。文艺汇演有舞蹈、独唱、魔术、小品、口技、川剧变脸等节目。

5月15日　省委创先争优活动办综合组组长耿显榜莅宝调研创先争优活动开展情况。耿显榜一行到张八桥镇姚店铺村、商酒务镇赵官营新村实地察看,详细了解群众生产生活情况及村级党组织建设情况。

5月16日　县十四届人大常委会第一次会议在裕昌源大酒店三楼会议室召开。县人大常委会主任梅玉三,党组书记李杰,副主任崔建利、娄文聚、刘怀振、王延辉及县十四届人大常委会委员出席会议。县政府副县长魏学君,县法院院长井慧宝,县检察院检察长王建军,各乡镇人大副主席、县人大常委会各委室副科级以上干部列席会议。会议首先通过了本次会议建议议程。会议以举手表决的方式审议通过了县人大常委会各项规定、办法和工作制度,县人大常委会2012年工作要点县人大常委会代表资格审查委员会和各工作委员会聘任委员名单。听取了县人大常委会副主任、代表资格审查委员会主任委员崔建利所作的《宝丰县县乡两级人大换届选举工作报告》。

5月16日　县政协九届一次常委会在县政协会议室召开。县政协主席铁干卿,副主席王杰士、顾海萍、王书修,县政协九届常委会组成人员出席会议。县政协机关各委主任、办公室副主任及有关人员列席会议。会议审议通过了政协宝丰县委员会《常务委员会议事规则》(草案)、《关于加强委员管理的办法》(草案)、《专门委员会通则》(草案)、《关于认真开展视察、调查活动的意见》(草案)、《关于成立各专门工作委员会的决定》(草案)、《关于提高提案工作质量的意见》(草案)、《关于县政协专门委员会与县直有关部门建立经常性工作联系的报告》(草案)和《政协宝丰县委员会2012年工作要点》(草案)。

5月16日　宝丰县老龙窝三化协调发展实验区青城社区开工奠基仪式在大营镇老龙窝三化协调发展实验区举行。实验区规划总面积22.5平方公里,分为核心区和辐射区,一期建设涉及大营镇的李坪、上高庄、边庄、郝沟4个行政村中的10个自然村,涉及农户976户、3740人,区域面积1.3万亩。青城社区是老龙窝三化协调发展实验区建设的一部分,建成两层别墅500套,五层单元式公寓500套,幼儿园、养老院、卫生院等配套设施。

5月16日　北京平顶山商会会长、北京和风投资管理有限公司总裁赵合宇等8人莅宝考察。赵合宇一行观看了产业集聚区沙盘和形象宣传片,了解了产业集聚区发展情况,到河南亿盛、海宝集团、弘宝汝瓷、宝丰酒业等企业了解企业的生产经营情况。

5月16日　宝丰县选派干部招商选资工作指导协调小组办公室在县教师进修学校揭牌成立。

5月17日　全县"建五宝,争百强,三化协调发展奔小康"工作动员会在宝丰人民会堂召开。刘书锋、梅玉三、铁干卿、师建超、平亚锦、刘景华、赵二成、郭群献、马丽、李留军、杨占杰、王森鹏、朱孝哲等县四大班子领导出席会议。会议深入动员全县广大党员干部,积极主动参与到"五宝"建设中,进一步认清形势,开拓创新,形成合力,求实求效,为"建五宝,争百强,三化协调发展奔小康"奋斗目标作出贡献。就如何做好"建五宝,争百强,三化协调发展奔小康"工作,县委书记刘书锋做了强调。会上,"五宝"领导小组组长刘景华、马丽、李留军、杨占杰、朱孝哲分别就"五宝"的建设工作进行安排部署;县委常委、办公室主任赵二成传达了《宝丰县"三联三帮建五宝"活动实施方案》;县委常委、统战部部长王森鹏传达了县委、县政府《关于成立县六大支柱产业支持保护服务工作领导小组的通知》;县委常委、组织部部长朱孝哲传达了县委《关于实行干部绩效积分制管理的意见》。

5月17日　全县统战工作会议在宝丰迎宾馆召开。会议总结2011年全县统战工作,部署2012年全县统战工作;对2011年度全县统战工作中涌现出来的先进单位、"百企帮百村"先进单位、统战宣传调研工作先进单位、民族宗教工作先进单位、统战工作先进工作者进行表彰。

5月17～19日　全省2012年统计年鉴和统计资料编辑工作会议在宝丰县召开。会议的主要任务是传达全国地方统计年鉴工作会议精神,总结交流2011年全省统计年鉴和资料编辑工作,安排部署2012年全省统计年鉴和资料编辑工作,同时对全省统计年鉴和资料编辑工作提出要求。

5月18日　全县老干部工作先进集体和先进个人表彰大会暨2012年工作会议在宝丰迎宾馆会议室召开。会议总结2011年工作，安排2012年工作，对20个老干部工作先进集体、20名先进个人、10个离退休干部先进党支部、50名离退休干部发挥作用先进个人、20个离退休干部“学习型、健康型、和睦型”家庭进行了表彰。

5月18～21日　县人大常委会主任梅玉三，县委常委、宣传部部长马丽，县政府党组成员、副县级干部部现营带领相关局委、乡镇负责人和宝丰大宋汝窑瓷业有限公司负责人等赴深圳参加第八届中国（深圳）国际文化产业博览交易会。

5月22日　省委组织部举报中心主任杨艳丽一行莅宝深入到联系点张八桥镇姚店铺村调研。

5月22日　全县第二十二次全国助残日活动暨残疾人工作会议在宝丰迎宾馆召开。会议总结了2011年全县残疾人工作，传达市、县残工委《关于在第二十二个“全国助残日”活动的通知》和《宝丰县开展“爱心助残”专项募捐活动的通知》，安排2012年全国助残日活动和残疾人工作。会后，县领导带着慰问品到平顶山残聋儿语训学校宝丰语训部看望慰问接受治疗的23名听力残障儿童。

5月23日　宝丰县党员干部公职人员违法生育专项治理工作动员会在宝丰迎宾馆召开。会议的主要任务是贯彻落实省、市关于做好人口和计划生育工作的指示要求，动员全县上下，迅速掀起党员干部、公职人员违法生育专项治理工作高潮，维护正常生育秩序，稳定低生育水平。会议传达了《关于对2011年以来公职人员违法生育查处情况的通报》《关于开展党员干部公职人员违法生育专项治理的通知》《关于进一步加强法人单位人口和计划生育工作管理的意见》；对全县党员干部公职人员违法生育治理工作进行安排部署。

5月23日　宝丰县2012年全民健身活动月“体彩”杯第九套广播体操比赛在世纪广场举行。比赛由宝丰县实施全民健身计划领导小组主办，县教育体育局承办。全县各乡镇、部分县直单位、学校、企业共33个代表队1000多名队员参加比赛。商酒务镇、县实验三小、县企改中心、阳光舞蹈队、县中医院、宝酒公司、城关二小、赵庄乡、县育才幼儿园、石桥镇等代表队获一等奖。

5月23日　宝丰县创建省级药品安全示范县动员会在县政府二楼会议室召开。会议传达了《宝丰县人民政府关于印发宝丰县创建省级药品安全示范县工作实施方案的通知》，对创建省级药品安全示范县工作进行安排部署。

5月24日　以新华社团委书记张琳为组长的新华社调研组一行7人莅宝，调研大学生村干部工作。新华社调研组与县大学生村干部在裕昌源大酒店会议室进行座谈，到宝丰县源泉生态农业开发有限公司食用菌种植基地、赵庄乡袁庄村等处调研大学生村干部的创业项目。

5月24日　宝丰县开展新农村建设观摩评比活动。对全县10个乡镇、19个中心村的新型农村社区建设情况进行观摩评比。通过检查评比，商酒务镇获第一名、石桥镇获第二名、赵庄乡获第三名。

5月25日　由市委宣传部组织的“鹰城网媒走基层”采风活动团莅宝采访。采风团成员分别到海宝集团、宝酒公司、赵庄乡袁庄村新型社区及刘顺魔术培训基地参观。

5月25日　全县2012年烟叶生产工作会议召开。会议全面总结2011年的烟叶生产工作，对2012年至2013年烟叶生产工作进行全面安排部署；会议表彰了2011年度全县烟叶工作先进单位、先进村和先进工作者。

5月26~28日　全县基层组织建设年农村党支部书记培训班举办。参加培训的第一批102名农村党支部书记系统接受新农村建设、信访稳定、基层组织建设等方面知识的培训。培训分三批进行。

5月28日　宝丰县红色革命遗址抢救性保护工作会议在县政府会议室召开。会议指出，红色革命文化在建设文化宝丰中占有重要的地位。各相关单位要突出重点，统筹兼顾，抓紧时间，科学制定出红色革命遗址修复的具体方案，把工作落到实处。要认清红色革命遗址的历史意义和文化价值，搞好保护的总体规划并逐步实施，确保全县红色革命遗址抢救性保护工作的顺利开展。

5月28日 县政府暨法院拟任人员法律知识考试在县教师进修学校举行。县政府和法院拟任人员共41人参加考试。

5月28日 县交通运输局为全县100辆农村客运车辆发放205.56万元成品油价格改革财政补贴资金。

5月28日 宝丰县“童心灿烂、拥抱未来”庆“六一”文艺汇演在世纪广场举行。

5月29日 县委书记刘书锋，县委常委、宣传部部长马丽，县委常委、政法委书记杨占杰一行先后到肖旗乡裴里村农民郭永江家、赵庄乡官衙村刘延巧家走访，询问生产生活等情况。

5月29日 宝丰县“留守儿童”爱心体检启动仪式在县三中举行。由县教体局、县关工委、县中医院、河南省宋庆龄基金会宝丰办事处组成的爱心团体，为县三中72名留守学生进行健康体检。河南省宋庆龄基金会宝丰办事处在此次活动中支出4万余元公益基金，将对县三中、赵庄乡、商酒务镇、红星学校等地的300余名留守儿童进行爱心体检。

5月29日 县电业局“职工书屋”被中华全国总工会授予国家级“职工书屋”称号，授牌仪式在县电业局举行。亚坤集团“职工书屋”被授予河南省模范“职工书屋”称号。

5月30日 县人大常委会《城乡规划法》执法检查动员会在宝丰迎宾馆八楼会议室召开。会议强调，县人大常委会将于2012年5月下旬至10月底对全县贯彻执行《中华人民共和国城乡规划法》及相关法律法规情况进行执法检查。

5月30日 县十四届人大常委会第二次会议在裕昌源大酒店三楼会议室举行。县人大常委会主任梅玉三，党组书记李杰，副主任崔建利、娄文聚、刘怀振、王延辉，县十四届人大常委会委员出席会议。县长张庆一，县委常委、组织部部长朱孝哲，县人民法院院长井慧宝，县人民检察院检察长王建军，各乡镇人大副主席，县人大机关副科级以上干部列席会议。会议首先以举手表决形式通过了本次会议议程。张庆一作了关于干部任职的提请报告。朱孝哲介绍了拟任干部的基本情况。井慧宝作了关于法院干部任免的提请报告，并介绍了拟任干部的基本情况。会议以投票表决形式通过了人事任免事项，决定任命吴建刚为宝丰县人民政府副县长。会议还对杯卫星等24名同志作出了任职决定，对县法院牛克横等14名同志作出了任职决定。

5月30日 政区大典宝丰篇编纂工作会议在宝丰迎宾馆会议室召开。会议传达了《关于印发中华人民共和国政区大典河南分卷宝丰篇编纂工作实施方案的通知》《关于设立中华人民共和国政区大典河南分卷宝丰篇编纂委员会的通知》，安排部署《中华人民共和国政区大典》（河南分卷宝丰篇）的编纂工作任务。

5月30日 县政府安全生产委员会发出通知，安排部署在全县范围内开展夏季安全生产大检查。活动自6月1日开始，至8月31日结束。活动主要内容对煤矿、非煤矿山、危险化学品、人员密集场所、交通、建筑施工、电力设施、烟花爆竹、水库等重点单位、部位，特别是大坝、河流、大型施工建筑等重大工程和地质结构复杂、可能发生滑坡、崩塌、泥石流等突发性地质灾害的重点地区，组织专项安全检查，及时、彻底整改排查出的安全隐患，坚决遏制各类生产安全事故、特别是较大以上事故发生。

5月31日 周庄镇“三联三帮建五宝”活动座谈会召开。县领导刘书锋、梅玉三、赵二成、马丽、朱孝哲、娄文聚，县人大常委会党组成员王红旗出席座谈会。县直各有关单位联村负责人、帮户党员干部和周庄镇25个行政村的党支部书记参加会议。县委书记刘书锋要求，县直各单位抽调的三联三帮的党员干部要真正下基层、进乡村、到农户，了解群众的所思、所想、所盼，缩短与群众之间的路距、心距，缩短与先进村经济发展的差距，深入实际，吃透村情，理清思路，制定目标，解决广大群众最关心、最直接、最现实的问题，为群众办一些实事，帮助群众发展经济，深入持久的开展“三联三帮建五宝”活动,使全县的整体工作再上新台阶，争取到 2015 年提前实现全面小康。

5 月 31 日　县政协主席铁干卿、副主席顾海萍带领县政协有关委室人员到赵庄乡袁庄村察看新农村建设情况。

5 月 31 日　宝丰县 2012 年农村公路工作会议在宝丰迎宾馆召开。会议总结 2011 年工作,安排 2012 年农村公路建设和养护管理工作。

5 月　宝丰县从县直各单位抽调 613 名党员干部,开展以县级干部联系乡(镇)、科级干部联系行政村、一般党员干部联系重点户,帮经济发展、帮新型城镇化建设、帮社会和谐稳定,建设“富强宝丰、幸福宝丰、文化宝丰、生态宝丰、和谐宝丰”为主要内容的“三联三帮建五宝”活动。

5 月　宝丰县 2012 年关爱空巢老人志愿者服务行动启动仪式在赵庄乡大黄新农村互助家园举行。县卫生局组织的从事医务工作的志愿者为空巢老人进行了健康体检。

5 月　县安监局组织开展全县烟花爆竹批发企业、长期零售网点专项安全检查。执法人员通过对全县各烟花爆竹批发企业检查,共发现安全隐患 8 项。针对发现的安全隐患，现场整改 3 项,对不能立即整改的隐患,下发整改指令书,要求企业限期进行整改。

5 月　宝丰县开展对全县机关事业单位工作人员工资发放及享受遗属补助人员情况检查,对全县财政供养人员工资发放情况进行专项清理。

6 月

6 月 1 日　全市看守所管理机制创新工作现场会在宝丰迎宾馆召开。会上,宝丰县作题为《转变观念 克难攻坚 强力推进看守所管理机制创新》的工作汇报。会议对宝丰县看守所管理工作给予高度评价,就如何进一步抓好看守所管理机制创新工作进行强调。

6 月 1 日　县委书记刘书锋在县委常委、县委办主任赵二成,县委常委、宣传部部长马丽,县人大常委会副主任王延辉,副县长姬翠红,县妇联和县教体局主要负责人陪同下，到县实验一小、汇佳幼儿园、张八桥镇、商酒务镇看望慰问少年儿童。

6 月 1 日　宝丰县应急抢险救援演练在李庄乡程寨沟灰场大坝西岸举行。县领导张庆一等观摩了应急演练。参加演练的人员 150 余人,各个应急抢险工作小组开展现场抢险、灾情险情评估、医疗救治、现场治安、灾民安置、交通保障等工作。随后,在李庄乡召开会议,县长张庆一就程寨沟灰场安全度汛工作进行强调。

6 月 1 日　宝丰县开始对汝河流域宝丰段 26 公里河道进行集中整治。

6 月 4 日　宝丰县政府党组成员、副县级干部部现营受县委、县政府委托,在北京大学贵宾会客厅看望崔琦教授。崔琦教授是宝丰县肖旗乡范庄村人,1998 年诺贝尔物理学奖得主,美国科学院院士,中国科学院外籍院士,普林斯顿大学教授。崔琦教授为家乡题词:“祝宝丰县:物宝源丰 全县父老乡亲生活更美好”“宝丰美酒 香飘万里”等。

6 月 4 日　县委书记刘书锋深入部分乡镇察看“三夏”生产情况。县委常委、办公室主任赵二成,副县长董伟领及县农业、水利、农机、粮食等相关部门负责人陪同察看。刘书锋到闹店镇军营村、闹店村及石桥镇实地察看小麦长势、收割、现代农业发展等情况。

6 月 5 日　省政府“三夏”督导组在省水利厅副厅长谷来勋的带领下，莅宝督导“三夏”工作。督导组一行到石桥镇小麦高产创建万亩示范田察看小麦长势和“三夏”生产准备情况,听取了宝丰县 2012 年小麦生产情况的汇报。

6 月 5 日　县委书记刘书锋到县老干部学校,为离退休老干部讲课,通报近一个时期全县的发展思路,让老干部了解宝丰的新形势和新发展。刘书锋围绕“建五宝,争百强,三化协调发展奔小康”这一主题,介绍了提出“建五宝,争百强,三化协调发展奔小康”的奋斗目标、最终目的及措施。

6 月 5 日　全县防汛抗旱工作会议召开。会议部署了军民联防抗洪抢险工作，总结 2011 年防汛抗旱工作，安排2012年任务。各乡镇分别向县政府递交了防汛抗旱工作目标责任书。

6月5日　县人大代表建议政协委员提案办理工作会议在宝丰迎宾馆召开。会议传达了宝丰县人民政府《关于认真做好2012年人大代表建议和政协委员提案办理工作的通知》，对2012年的建议提案办理工作提出要求。

6月5～7日　宝丰酒业有限公司研制开发的52度国色清香至尊级20年宝丰酒获2012年度中国白酒酒体设计奖。

6月6日　市长陈建生带领市农业、农机、中石化平顶山分公司等部门负责人到宝丰县察看"三夏"工作。市委常委、宣传部部长唐飞，市政府党组成员、副市厅级干部王天顺，县领导刘书锋、张庆一等陪同察看。陈建生到石桥镇邱楼村小麦百亩高产攻关田、石桥镇红英科技示范园实地察看。

6月6日　县委书记刘书锋在副县长吴建刚陪同下夜查部分乡镇秸秆禁烧工作开展情况。刘书锋一行到李庄乡、闹店镇、周庄镇境内进行察看。在李庄乡马楼村、闹店镇闹店村、周庄镇陆庄村的部分禁烧值班点，刘书锋了解人员值班到位情况，分别听取乡镇负责人对当前麦收进度及禁烧工作落实开展情况的汇报。

6月6日　县委书记刘书锋、县长张庆一在涉农有关部门负责人的陪同下，到河南宝丰国库东环库察看夏粮收购准备工作。

6月6日　宝丰县2012年村村通自来水工程动员会召开。会议总结2011年村村通自来水工程实施情况，安排2012年村村通自来水工程任务。

6月6日　宝丰县行政监察暨行政服务工作会议在县地税局五楼会议室召开。会议总结2011年全县的行政监察和行政服务工作，表彰先进，安排部署2012年的工作。

6月6日　县前进路幼儿园新教学楼正式启用。前进路幼儿园是经县教育主管部门批准成立的一所民办幼儿园，占地5000多平方米。

6月7日　省委常委、省军区政委周和平少将到宝丰县调研人武部建设情况。平顶山军分区政委宋纪功，县领导铁干卿等陪同调研。在县人武部，周和平一行看望慰问了驻宝官兵，视察了办公场所等基础设施，并召开座谈会。

6月7日　2012年平顶山市"舞台艺术送农民"活动启动仪式在宝丰人民会堂前举行。

6月7日　县委书记刘书锋到前营乡察看"三联三帮建五宝"活动开展情况。县委常委、办公室主任赵二成，县政协副主席王书修陪同。刘书锋首先到小连庄村信访户朱留江和朱中振家中，详细了解有关情况。在前营乡会议室，刘书锋主持召开座谈会，听取前营乡负责人，部分联系村的局委负责人、联系重点户的党员干部和支部书记就"三联三帮建五宝"活动的开展情况、入户对接情况和下一步工作打算的汇报。

6月7~8日　2012年全县参加普通高考考生4380人，其中普通类4009人（文科1364人、理科2645人），体育、艺术类371人（文科288人、理科83人）。全县共设县一高、县一高分校、红星高中3个考点，148个考场。

6月7日　宝丰县2012年安全生产月活动启动仪式暨安全文化夜市首场演出活动在世纪广场举行。县安监局、县文广局分别在世纪广场、为民游园、生态园等处，发放安全生产宣传资料，放映《中国启动安全发展战略》《人命关天》《泪的呼唤》等安全生产警示教育影片。

6月8日　县长张庆一到杨庄镇、周庄镇、闹店镇、李庄乡、石桥镇、赵庄乡、肖旗乡进行察看夜间秸秆禁烧工作开展情况。

6月10日　省社科联副巡视员王朝纪一行4人莅宝调研文化工作。县委常委、宣传部部长马丽，县政府党组成员、副县级干部郜现营，市社科联、县文广局负责人陪同调研。

6月10日　以"科学发展，安全发展"为主题的2012年"安全生产宣传咨询日"活动在县城人民路中段举行。县安监局、县卫生局、县教体局、县气象局、洁石建材公司等30多家党政机关、企事业单位以悬挂横幅、设立咨询台、摆放宣传版面、发放宣传页、提供现场安全咨询等形式开展宣传活动。

6月11日　中宣部新闻局原局长、巡视员

何黄彪，八一电影制片厂导演韦林玉，北京华艺之星文化艺术传播中心主任练佩鸿，行政总监、执行董事及项目运营总监宋宝山，平顶山市政协副秘书长姬书敏，中国书协会员、市女子书协副主席、秘书长何彩霞等一行莅临宝丰书画研究院指导工作。

6月11日　宝丰县2012食品安全宣传周暨四大放心工程活动启动仪式在县城人民路县委大院前举行。2012年食品安全宣传周的主题为“共建诚信家园，同铸食品安全”，同时启动了“四大”放心工程（放心奶、放心肉、放心菜、放心豆制品），开展对这四大类食品的专项整治工作。

6月12日　宝酒集团改制工作会议在县委常委会议室召开。县领导张庆一等出席会议。会议传达了《县委办公室、县政府办公室关于调整宝丰县宝酒集团改制工作领导小组成员的通知》。听取了宝酒集团改制基本情况、存在问题和建议的汇报。

6月13日　2012年宝丰县健身气功进校园活动启动仪式在县三中体育馆举行。

6月13日　全省2011年县域经济社会发展评价排序揭晓，宝丰县排名28位，进入全省三十强县（市）。

6月14日　中国联合国人口基金第七周期项目专家调研组莅宝，调研计划生育家庭居家养老和计划生育公共卫生服务相关情况。专家调研组一行到周庄镇刘湾村双女户苗景春家和独生子女户李忠阳家看望，到县计划生育服务中心实地察看。

6月14日　中南财经政法大学财政税务学院党委书记罗家宾等莅宝考察香山寺、中原大学旧址等。

6月15日　中共中央政治局常委李长春莅宝调研文化产业发展情况。李长春与随行的中宣部副部长、文化部部长蔡武，中宣部副部长、国家广电总局局长蔡赴朝，人民日报社社长张研农，新华社社长李丛军，中宣部副部长孙志军，新闻出版署副署长蒋建国，经济日报社社长徐如俊等，在省委书记、省人大常委会主任卢展工，省长郭庚茂，省政协主席叶冬松，省委常委、秘书长刘春良，省委常委、宣传部部长赵素萍，省人大常委会副主任、党组书记曹维新，副省长、省公安厅厅长秦玉海，市委书记赵顷霖，市长陈建生，市委常委、秘书长张遂兴，市委常委、宣传部部长唐飞等陪同下，到宝丰县商酒务镇赵官营社区和赵庄乡魔术大观园考察调研文化产业发展情况。李长春到农民魔术师靳全亮家看望调研，在赵庄乡魔术大观园观看了农民魔术师表演的综合魔术节目，听取了文化产业相关情况的汇报。李长春强调：魔术是民间文化的瑰宝，一定要发扬光大，传承下去，让文化使更多人富起来。宝丰县魔术演艺业发达，从业人员多，表演水平高，可以通过在全县举办擂台赛等形式，选择水平最高、招法最多、透明度最开放的节目，力争上中央电视台春节晚会。宝丰县还可以考虑与文化部门结合，在中央电视台搞一次中国魔术之乡——宝丰县魔术专场表演，让更多人欣赏到农民魔术师的风采。

6月16日　水利部安全监督司副司长赵卫莅宝检查2011年农村饮水安全项目。市政府党组成员、副市厅级干部王天顺，县长张庆一等陪同检查。赵卫一行到李庄乡水厂，了解宝丰县农村安全饮水项目的建设运行情况。

6月16日　宝丰县老年书画家协会第一次会员代表会议在宝丰书画研究院会议室召开，30余名协会会员代表参加会议。

6月17日　合众“微益中原”、农信“情满夏日”山区助学活动在观音堂林站滴水崖小学举行。合众人寿平顶山支公司37家大客户分别与观音堂林站的37名贫困学生“一对一”结成对子进行救助。县农信社给贫困住校学生捐助了凉席、夏凉被、电扇。县关工委捐赠图书120本，小太阳幼儿园捐赠了学习用品。

6月18日　宝丰酒业有限公司与酒仙网达成战略合作，宝丰酒业正式授权酒仙网成为宝丰酒独家网络销售平台。

6月18～19日　中央电视台大型节目中心导演周晓东一行3人莅宝，为在中央三套举行的90分钟宝丰魔术师专场演出筛选节目。

6月19日　2012年全县中青年干部培训班在县委党校开课。全县120名中青年干部参加培训，内容为以学习贯彻党的十七大和十七届六中全会精神为重点，围绕全县“十二五规划”及县委、县政府工作中心，重点学习推动科学发展、构建和谐社会、化解社会矛盾等相关理论知识。

6月19日　天然气管道泄漏事故处置应急抢险演练在县产业集聚区举行。

6月20日　县级干部会议在县委常委会议室召开。县委书记刘书锋、县长张庆一等副县级以上干部参加会议。会议学习商城县信访工作先进经验和目前国内招商选资的主要方式、方法。富强宝丰、幸福宝丰、文化宝丰、生态宝丰、和谐宝丰建设领导小组负责人分别汇报了工作开展情况。

6月20日　县委书记刘书锋到商酒务镇调研“三联三帮建五宝”活动开展情况。

6月20日　县人大常委会颁发各工作委员会委员聘书仪式在裕昌源大酒店会议室举行。

6月20日　宝丰酒业有限公司完成的科研项目《功能菌在清香型宝丰酒生产工艺中的应用研究》获平顶山市科技进步特等奖。

6月21日　宝丰县组建农村商业银行暨清收不良贷款动员会在宝丰人民会堂召开。县领导刘书锋、张庆一等出席会议。会议的主要任务是贯彻落实省、市关于加快农信社改革工作精神，安排部署宝丰县组建农村商业银行暨清收不良贷款工作。

6月21日　宝丰县编制宝丰县妇女儿童发展规划(2011-2012)工作会议在县政府二楼会议室召开。会议安排部署了编制《宝丰县妇女发展规划(2011-2012)》和《宝丰县儿童发展规划(2011-2012)》的有关工作，传达了《关于调整宝丰县人民政府妇女儿童工作委员会成员的通知》《关于调整宝丰县人民政府妇女儿童工作委员会联络员的通知》。

6月25日　宝丰县“三讲三提升”活动演讲比赛举行。19位选手参加比赛，闹店镇的张军伟获比赛一等奖。

6月25日　2012年普通高考成绩揭晓，宝丰县参加高考的普通类考生（不包括艺术类）4009名，高考分数在一本以上的332人，二本以上的1267人，三本以上的2647人。其中，文科考生最高分数为609分，理科考生最高分数为636分。

6月26日　县委书记刘书锋到张八桥镇调研“三联三帮建五宝”活动开展情况。刘书锋深入到张八桥村张国玉和白塔营村王聚家中，详细询问生产生活、县派干部入户工作等情况，对重点户反映的个人问题进行现场调查。

6月26日　县公安局、县妇联在县公安局门前及杨庄镇姜湾社区居委会联合举行主题为“关注青少年远离合成毒品进我家”及“6·26”禁毒日宣传咨询活动。

6月26日　宝丰县第九期优秀中青年妇女干部培训班在县教师进修学校举行开学典礼。参加培训学员64名，集中学习有关法律法规、领导艺术、公关礼仪等方面的知识。

6月26日　县金融超市进集聚区集中调研活动在县产业集聚区举行。县政府金融工作领导小组和县产业集聚区管委会举行银企座谈会，龙腾实业公司、五星石墨公司、海星化工公司等集聚区企业分别与县农发行、农行、中行等金融企业签订了“小巨人”企业信贷培训协议。

6月26日　宝丰县2012年度宗教政策法规宣传月集中宣传活动在县城世纪广场举行。县基督教协会、县佛教协会、县道教协会等分别展出宣传版面，印发宣传单，设立宣传咨询台进行宣传。

6月27日　中宣部政研室调研二处处长夏云海一行莅宝调研宝丰县魔术文化产业发展情况。夏云海等与农民魔术师进行座谈，听取宝丰县魔术文化产业发展的总体情况汇报，与乡镇和县直单位主要负责人交流，深入赵庄乡调研。

6月27日　由中央电视台制作的“越变越好——宝丰农民魔术师集萃专场晚会”节目录制工作在宝丰人民会堂进行。市领导赵顷霖、唐飞，县领导刘书锋、张庆一、马丽等看望慰问央视摄制组。根据中共中央政治局常委李长春在宝丰县调研时的指示，中央电视台莅宝筛选节目，将在中央电视台作为宝丰魔术师专场节目播出。晚会共15个节目，时长90分钟。由央视著名主持人张泽群和朱迅搭档主持。根据宝丰县魔术文化特点，央视导演组制定了宝丰魔术进央视的演出方案。具体内容为：录制宝丰农民魔术师集萃专场演出，三个农民魔术师家庭录制《欢乐一家亲》专期节目，宝丰农民魔术师在《我要上春晚》栏目表演，宝丰农民魔术师上《2013 春晚》。

6 月 27 日　宝丰县庆祝建党 91 周年暨创先争优表彰大会召开。县领导刘书锋、张庆一、刘景华、赵二成、郭群献、王森鹏、朱孝哲出席会议。会议热烈庆祝中国共产党成立 91 周年，表彰在 2010～2012 年创先争优活动中涌现出来的先进基层党组织、优秀共产党员和优秀党务工作者。

6 月 28 日　市委副书记、组织部部长李萍专程到闹店法庭看望慰问党员代表、"知心庭长"朱正栩。县委书记刘书锋，县长张庆一，县委常委、组织部部长朱孝哲陪同慰问。

6 月 28 日　省档案局副局长方婷一行莅宝调研。方婷听取了宝丰县历史文化和经济社会发展状况的介绍、宝丰县档案工作汇报，并到县档案局察看。

6 月 29 日　宝丰县 2012 年责任目标上半年考评工作动员会在县政府二楼会议室召开。会议传达了《宝丰县 2012 年上半年责任目标考评工作实施方案》《2012 年上半年责任目标考评分组情况》。会议安排部署了上半年责任目标考评工作。

6 月 29 日　宝丰县校园疏散救援应急演练活动在县一高新校区举行。县消防大队官兵，县一高新校区一二年级师生和全县各中学、中心校校长参加演练活动。

6 月 29 日　宝丰县《行政强制法》培训班在宝丰人民会堂开班。培训对《行政强制法》的立法背景、基本原则、基本内容，行政强制的种类、设定和实施行政强制措施的程序等内容进行解读。

6 月 30 日　肖旗乡五里头新型农村社区开工仪式举行。社区规划占地 350 亩，预计投资 8000 万元。

6 月　宝丰县义务兵优待金集中发放仪式在县人武部举行。2012 年县财政拿出 350 万元提前发放优待金，将农村义务兵家属优待金标准由 3300 元提高到 6590 元，将城镇义务兵家属优待金标准确定为 11400 元。本次共为 386 名义务兵家属发放优待金 350 万元。

6 月　宝丰县铀矿开采退役军人 128 人参加体检。

6 月　省高级人民法院下发《关于为朱正栩同志记功的决定》，为宝丰县人民法院闹店法庭庭长朱正栩记个人一等功，并号召全省法院广大干警向她学习。

7 月

7 月 1 日　宝丰县人工影响天气办公室工作人员共发射人工增雨火箭弹 33 枚，炮弹 74 发。增雨效果明显，全县范围普降小到中雨，浅层土壤含水率上升至 15.6%，旱情得到有效缓解。

7 月 1 日　12 时 35 分，香山寺上空出现奇观。平煤神马集团十矿职工孙建民等"鹰城阳光户外"驴友群一行 16 人在平郏公路东侧的龙山山顶休息时，向南、向西远眺，发现云海中出现连绵的山峰。当时天气晴朗，从姚电公司上空到香山寺上空，空中出现像海平面一样的云，上方有大小不一、形状不同的山峰，在一条水平线上，逐步变大，山的轮廓清晰可见，有的是几座山峰连在一起。山峰到 12 时 45 分时最大，以后逐步缩小，到 12 时 56 分全部消失。由于当时的情景转瞬即逝，目前尚无法求证是否为海市蜃楼。

7 月 2 日　宝丰县清凉寺汝官窑遗址公园建设推进会召开。县领导铁干卿、王书修、郜现营出席会议，县交通运输局、县文广局、县文物局、县国土资源局、县规划局、大营镇有关负责人参加会议。

7 月 2 日　《人民好法官——朱正栩》党员教育专题片首映式暨学习朱正栩先进事迹座谈会在平顶山市中级人民法院召开。

7 月 3 日　以省统计局总统计师王作成为组长的省政府经济运行专项调研组一行莅宝调研。调研组一行到海星化工公司、大地集团、海宝集团等重点企业走访考察。

7月4日　河南洁石实业集团、宝丰酒业有限公司董事长王杰士当选河南省工商联副主席。

7月5日　全县公务员职业道德教育培训动员会在县人社局召开。会议传达学习了县委办公室、县政府办公室关于转发《在全县公务员中开展以“责随职走、心随责走”为主题的职业道德教育培训实施方案》，并对培训活动进行安排部署。培训教育时间为2012年6月至12月。

7月5日　平顶山市中心血站宝丰献血屋启动仪式在宝丰县世纪广场举行。献血屋总投资40余万元，是一辆集宣传、采集全血二位一体的新型采血房车。

7月6日　宝丰县人民政府与河南中材环保有限公司举行项目合作意向签约仪式。河南中材环保有限公司党委书记李海平、副总经理李桂亭、张岭和宝丰县委书记刘书锋等参加签约仪式。项目位于宝丰县高新技术产业开发区内，占地300亩，固定资产投资3亿元。

7月7日　位于宝丰县大营镇清凉寺汝瓷文化产业园区中的宝丰县盛宝汝瓷有限公司开工建设。盛宝汝瓷有限公司占地30亩，计划投资1000万元，是一家专门从事汝瓷仿制生产的民营企业。

7月10日　宝丰县农机产业园规划座谈会在宝丰迎宾馆召开。国务院第一批稽查特派员、中央纪检委驻农业部原组长宋树友，北京大学教授、国家能源委特聘专家李俊杰，中国农机工业协会行业工作部副主任党东民，县领导张庆一等参加座谈会。县长张庆一向宋树友、李俊杰颁发宝丰县农机产业发展顾问聘书；县产业集聚区管委会主任蒋三熠与李俊杰签订农机产业园规划咨询合同。

7月10日　市政府目标办考核组莅宝对2012年工作目标上半年完成情况进行考核。

7月10日　中南财经政法大学教授、经济学博士、财政税收专业硕士生导师、财政税务学院税务系副主任，中南财经政法大学《税法》课程首席教师艾华在县财政局会议室为财政系统干部职工授课。

7月10日　宝丰县特殊教育学校建成。县特殊教育学校是全县唯一一所县教体局直属的全寄宿式特殊教育学校，校址在县一高本部院内，总投资500万元。学校占地面积18亩，建筑面积5600平方米。

7月11日　全县爱国卫生暨城乡环境卫生整洁行动工作会议在宝丰迎宾馆会议室召开。会议总结回顾2011年全县爱国卫生工作，对今后一段时间的重点工作进行安排部署。会议还传达了《宝丰县2012年城区环境卫生整洁行动实施方案》，对2011年获得省级、市级卫生先进单位、卫生乡镇进行了表彰。

7月11日　《大河报》在第35版以《把观音文化这张名片擦得更亮》为题，以专版的形式，从“自掏腰包，民营企业家创办书画研究院”“两本珍品碑传，叫响全国”“1.6万藏书，全国最大规模县级专业方志博物馆”三个层面对宝丰书画研究院进行报道。

7月12日　19点30分，由中央电视台摄制的《越变越好——宝丰农民魔术集萃》，在中央电视台综艺频道(CCTV3)播出，时长约90分钟。节目以歌颂“新农村幸福生活越变越好”为主题，集中展示了具有农民特色的大型道具魔术、古彩戏法、近景魔术、手彩集锦等多类魔术节目。演出分为《中原瑰宝》《魔术大观》和《国昌艺兴》三个篇章，共15个节目，系统地梳理了宝丰县传统魔术流派与现代魔术种类，并通过访谈、外拍等方式介绍了全县农民因魔术致富，并逐步形成了新型文化产业。参加本次演出的70余名演员全部是宝丰县地地道道的农民。

7月12日　国家体育总局群体司健身设施处副处长赵爱国在省、市体育局有关人员的陪同下，莅宝调研新型农村体育设施建设情况和全民健身户外训练基地建设情况。赵爱国一行到商酒务镇张洛庄村，详细了解宝丰县新农村体育设施建设、使用及维护情况和全民健身户外训练基地建设等情况。

7月12日　全县食品安全工作会议在县政府二楼会议室召开。会议传达贯彻了上级相关会议精神，传达了《关于印发2012年食品安全工作要点的通知》《关于印发宝丰县实施食品安全四大放心工程工作的通知》,总结上半年工作,安排下一步工作。

7月13日　全县南水北调中线工程总干渠征迁安置预防犯罪工作会议在宝丰迎宾馆会议室召开。会议传达了河南省南水北调办公室[2012]1号文件、县检察院《关于加强南水北调中线工程总干渠征迁安置预防职务犯罪工作的通知》,市检察院关于印发《全市检察机关集中开展水利系统职务犯罪预防调查实施方案》的通知。与会人员一起观看了预防犯罪专题片《从一到十三的突破》。

7月14日　位于县城父城路(原平宝路)东段南侧的县农业局综合楼项目开工。县农业综合楼建设项目,包括农业产品质量安全监测和农业有害生物预警与控制两个项目。项目占地6546.5平方米,规划建筑总面积21155.37平方米,总投资4000余万元。

7月16日　市委书记赵顷霖带领各县(市、区)党委、政府负责人和市直有关部门负责人,到宝丰县观摩县域经济发展、项目建设、新型农村社区建设等经济社会各方面发展情况。县领导刘书锋、张庆一、梅玉三、铁干卿等陪同观摩。赵顷霖一行先后深入到石桥中心镇、石桥镇高铁炉新型农村社区,以及位于南部产业集聚区的北京恒基伟业光电产业园、河南旭原集团不锈钢产业园、宝视达·国际视光产业园,商酒务镇龙泉寺新型农村社区实地观摩。

7月16日　“平安宝丰、法治宝丰”法制宣传大型戏曲晚会在宝丰人民会堂举行。

7月17日　宝丰联社宝城信用社升级改造后启用仪式举行。县联社投资260余万元,对宝城信用社进行全面升级改造。新服务大厅增加了存取款一体机、多媒体机、叫号机等先进设备,为客户提供24小时自助服务。网点还增设了贵宾区、非现金区、客户休息区、自助服务区等。

7月17日　宝丰县青年文明号和青年岗位能手命名表彰会议在县农信社会议室召开。会议对在全县窗口单位和服务行业中涌现出的15个青年文明号和20名青年岗位能手进行命名表彰。

7月18日　宝丰县企业搬迁损失评估招标会在宝酒公司展览馆三楼会议室举行。根据宝丰县城市规划变更的情况,城区香山路两侧等范围内的企业需要搬迁,第一批搬迁的企业八骏棉纺和宏发铁业两家公司的搬迁损失需要进行评估。来自省内的4家评估机构参加招投标,经竞投和评委会审议,八骏棉纺有限公司搬迁资产损失评估由平顶山新诚资产评估事务所中标。宏发铁业有限公司搬迁资产损失评估由河南中泰评估事务所有限公司中标。

7月18日　全县安全生产工作会议在县水利局六楼会议室召开。会议对全县2012年上半年安全生产主要考核指标完成情况进行通报,对当前及今后一段时期安全生产工作作出安排部署。

7月18日　宝丰县大学生村干部“三问三思”大讨论活动动员会在宝丰迎宾馆召开。从2012年7月18日开始到8月3日,县委组织部决定在全县大学生村干部和大学生村干部管理工作者中开展“当初选村官为什么,思初衷对不对;当几年村官干了什么,思表现好不好;继续留任村官还要干什么,思干劲足不足”“三问三思”大讨论活动。活动分为宣传动员、学习讨论、对照检查、验收评比四个阶段进行。

7月19日　全县农村留守妇女创业合作社工作推进会在周庄镇召开。县委常委、宣传部部长马丽出席会议。随后,马丽为周庄镇陈营社区荣获的全国先进基层社区挂牌。与会人员还实地参观了周庄镇的“妇女之家”、马川新村的大棚蔬菜种植基地和丝毯加工基地。

7月20日　宝丰魔术上春晚座谈会在赵庄乡召开。县委书记刘书锋,县委常委、宣传部部长马丽,县人大常委会副主任王延辉,县政协副主席王书修,县政府党组成员、副县级干部部现营,肖旗乡、赵庄乡、商酒务镇主要负责人,县文化宣传系统各单位负责人参加座谈会。

7月20日　县政府政协提案办理座谈会在政府二楼会议室召开。座谈会上听取了承办单位2012年提案办理工作的有关情况,明确下一步提案办理工作的打算和重点,督促各承办单位认真积极办理提案，提高办理工作透明度和满意度。

7月20日　全县第六次人口普查总结表彰暨统计工作会议在县联社会议室召开。会议传达了国家、省、市统计工作会议精神，总结2011年全县统计工作，安排2012年统计工作。对全县在第六次人口普查和2011年度统计工作中涌现出的先进单位和个人进行了表彰。

7月20日　宝丰县党的十八大消防安全保卫战动员大会在宝丰迎宾馆会议室召开。会议贯彻上级有关会议精神，全面部署党的十八大消防安全保卫工作，传达了《宝丰县党的十八大消防安全保卫战实施方案》《宝丰县党的十八大消防安全保卫战“人人参与、共创平安”消防宣传专项行动方案》。

7月24日　宝丰县老干部通报会在宝丰迎宾馆召开。县领导刘书锋、张庆一、梅玉三、铁干卿、赵二成、李留军、朱孝哲和原县级老干部参加会议。县委常委、常务副县长李留军代表县委、县政府向老干部通报了上半年经济社会发展情况。

7月24日　省高级人民法院考核组到宝丰县人民法院对朱正栩被推选为“全国优秀法官”候选人进行考核。

7月24～25日　受省文明办委托，市文明办副主任杨晓宇带领复查组对宝丰县2012年度在届省级文明单位进行复查验收。市文明办复查组先后到县法院、县国税局、县人口计生委等10个在届省级文明单位，通过听取汇报、查阅档案资料、实地察看等方式，进行全面复查。

7月25日　县委书记刘书锋在县委常委、县委办主任赵二成的陪同下到李庄乡调研“三联三帮建五宝”活动开展情况。刘书锋深入到马楼村群众马金亮和翟庄村群众张永福的家中，详细了解家庭的基本情况、经济来源、生产生活中的困难以及联帮队员入户工作情况等。

7月25日　宝酒公司研究发明的《利用水温影响和调控白酒发酵温度的方法及设备》获得国家知识产权局颁发的发明专利证书，这是公司继获9项外观设计专利之后获得的又一项专利，也是公司首次获得发明专利证书。

7月26日　省民政厅党组书记、厅长冯昕，副巡视员高小科，带领省民政厅包县帮扶工作组莅宝调研丹江口库区宝丰移民帮扶工作。冯昕一行到杨庄镇马山根新村、宋湾新村实地察看了移民的生产生活情况，听取了宝丰县丹江口库区移民安置工作的情况汇报和省民政厅对宝丰县移民安置工作的支持帮扶工作情况。

7月26日　省委党史研究室主任于吉林一行3人，在市委副书记、组织部部长李萍，市委党史研究室主任侯会芳陪同下莅宝调研红色革命遗址保护现状及相关项目建设工作。县委书记刘书锋等陪同调研。于吉林一行到中原军区驻地旧址、中原解放纪念馆建设工地察看，并对红色文化纪念馆的命名、规划、建设、布局及革命遗迹的保护和修复提出了指导性意见。

7月26日　平顶山学院河南省汉语国际推广曲艺文化基地挂牌暨战略合作签约仪式在宝丰县举行。马街说书研究会、马街书会艺术学校、刘顺魔术有限公司分别与平顶山学院签订合作协议书，并分别被授予平顶山学院河南省汉语国际推广曲艺文化基地曲艺（魔术）体验中心。

7月26日　解放军预备役某部书画创作基地揭牌仪式暨庆“八一”军民情书画笔会启动仪式在大香山书画院举行。

7月26日　河南省文物考古研究所人员对父城遗址进行首次考古发掘。父城遗址系商朝至南北朝时期古城址，分内外二城，四面城垣痕迹隐约可见，附属文物有楚长城、运粮河、白雀寺、冯异墓等。父城遗址为第五批省级文物保护单位。

7月27日　全市14个重大项目集中开工仪式在宝丰县举行。市、县四大班子领导赵顷霖、陈建生、黄祥利、刘书锋、张庆一、梅玉三、铁干卿等出席开工仪式。

7月27日　宝丰县庆祝“八一”建军节座谈会在宝丰迎宾馆召开。

7月27日　《文化宝丰》出版发行座谈会在县文广局召开。县委常委、宣传部部长马丽，县政协副主席王书修参加座谈会。《文化宝丰》从地名由来、父城人物、遗产保护、宝丰风情、乡情悦读、宝丰记忆等多版块、多角度，全面宣传展示宝丰历史文化资源，记录宝丰从文化大县向文化强县迈进的历程，书写宝丰人文历史、文化风貌及其研究、挖掘、整理的成果。

7月27日　县政协文史资料征编工作会议在县政协会议室召开。会议通报了政协八届五次会议以来的文史资料征编工作，安排部署了2012年重点工作，有关人员讲解了文史资料撰写注意事项，对2011年优秀文史工作者进行表彰。

7月29日　宝丰县人大代表培训暨“我为中原经济区献良策、办实事、做贡献”特色主题实践活动动员会在宝丰迎宾馆召开。省人大常委会委员、法制委员会主任委员毛引端，县领导张庆一、梅玉三、铁干卿等出席会议。毛引端在培训会上为代表们授课。此次主题实践活动是省、市人大统一安排部署的重大活动，时间为7月至9月，分为动员、实施、总结三个阶段。

7月30日　县委常委议军会议在县委常委会议室召开。县领导刘书锋、张庆一、刘景华、赵二成、郭群献、马丽、杨占杰、王森鹏、朱孝哲出席会议，梅玉三、铁干卿、桓贯超参加会议。会议听取县人武部工作情况汇报。

7月30日　县领导张庆一、赵二成、郭群献、杨占杰、刘怀振、王书修及副县级干部李自钦等，到平顶山军分区、平顶山消防支队、平顶山武警支队和县消防大队、县武警中队、县人武部看望慰问。

7月31日　宝丰县庆“八一”军民鱼水情文艺晚会在世纪广场举行。县委书记刘书锋等领导与数千名群众观看了文艺节目。晚会上，演出了歌曲、诗朗诵、小品、豫剧等节目。晚会由县委、县政府主办，县委宣传部、县人武部和城关镇承办。

7月31日　全县2012年烟叶收购工作会议召开。会议传达了省政府关于认真做好2012年烟叶收购工作的通知，对今年烟叶收购工作提出要求。2012年全县共落实烟叶面积1.8万亩，计划收购烟叶5万担。

7月　宝丰县完成传统村落调查工作。通过实地深入调查，确定12个乡镇的35个村庄为宝丰县现存的传统村落。

7月　由宝丰县金岭牧业科技有限公司承建的平顶山市第一家生猪养殖疫病研究中心——平顶山市生猪消化道传染病防控工程技术研究中心正式投入使用。

7月　宝丰县被确定为全国县级公立医院改革试点县。

7月　县关工委在2011年度全国“中华魂（颂歌献给党）”主题教育活动表彰大会上，被评为全国先进集体。

8月

8月2日　中国文联副主席、中国曲协主席、著名评书表演艺术家刘兰芳和中国快板艺术委员会副会长、著名快板书艺术家王印权夫妇莅宝到马街调研。刘兰芳希望宝丰县委、县政府以马街书会为依托，完善各项基础设施，把马街休闲小镇分步骤建设成说书人的家、听书人的乐园。

8月2日　中央电视台三套《欢乐一家亲》栏目制片人黎美兰、编导郭幼轩到宝丰县对即将参加《欢乐一家亲》栏目的3个魔术家庭的节目进行初选和现场指导。黎美兰一行到赵庄乡刘顺魔术培训基地，认真观看了宝丰县农民魔术师靳全亮、张本洲、刘洋及家人的魔术表演，同农民魔术师座谈，就节目的创意、编排节目的定位、服装道具、背景音乐等进行指导。

8月2日　省民政厅副厅长常东河在正县级干部张平及市、县民政局负责人陪同下莅宝调研，先后到商酒务镇商酒务新农村互助家园和赵庄乡大黄村新农村互助家园实地察看。随后在宝丰迎宾馆召开了座谈会。

8月3日　县委书记刘书锋在宝丰迎宾馆会议室为全县党员领导干部上廉政党课。梅玉三、铁干卿、赵二成、郭群献、马丽、李留军、杨占杰、王森鹏、朱孝哲等副县级以上领导干部，县纪委常委、县委各部委负责人、县直及驻宝单位党政负责人、各乡镇党政领导班子成员近400人参加廉政党课。刘书锋以《公务员、公权、公事——关于加强党员干部廉政教育的思考》为题，紧密联系党员干部中存在的问题，围绕公务员、公权、公事三个方面进行细致、透彻讲解，分析归纳了公务员违法违纪的十种表现和五种根源，明确指出了公事的三大特征，辩证地阐述了公务员、公权、公事三者之间相互依存的关系，对公务员如何做好公事、用好公权提出了具体要求。

8月3日　县长张庆一到观音堂林站察看防汛工作。张庆一听取了观音堂林站主要负责人关于防汛工作的汇报，并到部分河段进行察看。

8月3日　宝丰县组织抢险突击队员举行北汝河实兵抢险演练。由民兵预备役组成的4支抢险突击队共150余人在汝河河滩上展开防洪调度、水情侦察、封堵决口、群众转移、医疗救护等课目的演练。

8月3日　大营镇段寨中心村新型农村社区开工建设。段寨中心村辐射段寨、李文驿、赵楼、苏家洼、胡茄庄、大岭王、小岭王等7个行政村，2558户10067人。规划占地面积564亩，计划建设1126套新型民居，其中一期工程占地140亩，建筑面积44640平方米，建设108套庭院式住房和104套单元式住房。

8月3日　市环保局专家组对宝丰县2011年度农村环境连片综合整治项目进行检查验收。市专家组先后到位于石桥镇高铁炉村、赵庄乡赵庄村的项目现场，实地查看项目建设情况并听取项目负责人对有关技术情况等方面的介绍。专家组在宝丰迎宾馆二楼会议室听取了宝丰县项目实施情况的汇报，通过查阅相关资料，现场质疑答辩等方式对项目取得的成效表示肯定。

8月3日　县史志办编纂的《宝丰年鉴》(2011)在第六届全国年鉴编校质量检查评比中获二等奖。

8月6日　全县安全生产工作会议在县政府二楼会议室召开。会议安排部署当前安全生产工作，对建筑施工领域安全生产工作、危险化学品领域安全生产工作专项大检查进行安排，确保在党的十八大召开期间有一个良好的安全生产环境。会议还对近期国内安全生产重大事故案例进行了介绍。

8月7日　宝丰县科技创新大会在宝丰迎宾馆召开。会上对全县23个科技创新工作成效显著单位及15名科技创新先进个人进行奖励，对18家科技创新工作成效显著企业进行资助，共发放资助及奖励资金448.95万元。

8月7日　县公安消防大队二中队建设项目在商酒务镇开工。县消防大队二中队位于宝汝路焦楼段西侧，由综合办公楼、模拟训练场组成，占地面积22.7亩，营房及附属设施4900平方米，总投资600多万元。

8月7日　宝丰酒业有限公司顺利通过C标志认证。

8月8日　国务院南水北调办公室副主任于幼军莅宝调研南水北调中线工程宝郏段建设工作。省南水北调办公室主任王小平，县长张庆一等陪同调研。于幼军一行到南水北调中线工程宝郏段第二标段、第三标段、第四标段等多个标段察看，仔细询问有关工程进展情况以及遇到的困难和问题，并现场办公解决工作推进的各项问题。南水北调中线一期工程宝丰至郏县段共有各类建筑物79座，其中河渠交叉8座，渠渠交叉8座，左岸排水16座，分水闸3座，公路桥27座，生产桥14座，节制闸2座，退水闸1座。

8月8日　十届县政府第一次全体会议召开。会议的主要任务是深刻分析上半年形势，安排部署下半年工作，进一步动员全县政府系统统一思想，坚定信心，认清差距，研究部署针对性措施，确保圆满完成年初确定的各项目标任务。会上，常务副县长李留军通报了全县上半年经济运行和市定责任目标完成情况；县长张庆一在讲话中分析了上半年全县的经济形势。

8月9～10日　县十四届人大常委会第三次会议召开。县人大常委会主任梅玉三、党组书记李杰，副主任崔建利、娄文聚、刘怀振、王延辉及县十四届人大常委会组成人员出席会议。会议听取并审议通过了《宝丰县人民代表大会常务委员会审议意见交办和办理办法》和《宝丰县人民代表大会常务委员会人大代表辞职的暂行规定》；听取并审议通过了县政府《关于2011年财政决算和2012年1至6月份预算执行情况的报告》、县政府《关于2012年1至6月份国民经济和社会发展计划执行情况的报告》、县政府《关于

2011年县本级预算执行和其他财政收支情况的审议工作报告》、县国税局《关于2012年1至6月份国税收入完成情况的报告》;县地税局《关于2012年1至6月份地税收入完成情况的报告》;听取和审议了县政府关于《城乡规划法》贯彻执行情况的报告;听取和审议了县人大常委会各执法检查组关于宝丰县《城乡规划法》实施情况的执法检查报告;听取和审议了代表资格审查委员会接受郑书欣辞去县人大代表情况的审查报告;听取和审议了县人民法院关于人民陪审员任职的提请报告,以无记名投票表决的方式依法任命兰运强等47名同志为人民陪审员。审议通过了宝丰县人大常委会关于宝丰县2011年县本级财政决算的决议;审议通过了宝丰县人大常委会关于终止郑书欣宝丰县第十四届人民代表大会代表资格的决定。

8月10日　全市第三届计划生育家庭光荣节表彰大会在宝丰县举行。省人口计生委副主任刘绍杰、副市长郑理、市政协副主席张国需出席会议并为受表彰人员颁奖。计生家庭光荣节上,市、县、乡、村四级共表彰奖励诚信康检、放弃二孩生育、奖励扶助、特别扶助等20余类近30万计生家庭。全市表彰大会现场颁发了诚信节育康检奖、模范执行国策奖、女孩成才助学奖和晚年幸福康乐奖4个奖项。

8月10日　市教育局向前营乡捐赠课桌椅和办公桌椅仪式在前营乡政府举行。市教育局共捐赠课桌椅300套、办公桌椅60套。

8月10日　宝丰县新农合专项检查动员会在县卫生局会议室召开。会议内容主要是贯彻落实省、市纪委文件精神,对全县新农合专项检查工作进行安排部署。专项检查对象是县财政部门、县新农合经办机构和县乡村三级新农合定点医疗机构(含民营医院)。全面检查2011年1月1日至2012年6月30日的新农合资金账户管理情况、新农合监督管理情况及医疗机构诊疗情况等。检查分自查自纠阶段,全面检查与重点核查阶段、集中整改与检查验收阶段三个阶段。至12月20日结束。

8月11日　平顶山市“同心助教”活动宝丰县中小学校长培训班在宝丰人民会堂举行。全国人大常委、民进中央副主席兼秘书长、中国教育学会副会长朱永新,省政协常委、民进河南省委主委、省工信厅副厅长张震宇,省政协常委、民进河南省委专职副主委邬恺夫,市委常委、统战部部长段君海,市人大常委会副主任王金山,市政协副主席、民进市委主委马四海,县领导张庆一、梅玉三等出席开班仪式。邬恺夫代表民进河南省委向阳光书屋代表单位捐赠图书,朱永新作了题为《过一种幸福完整的教育生活》的报告。

8月12日　在2012年平顶山市体育彩票工作会议上,宝丰县08003、08013两个体彩销售网点获国家级先进。

8月14日　宝丰县马街书会景观工程建设全面启动。工程由三大部分组成,一是马街书会名人与书状元雕塑公园;二是建设火神庙及曲艺会馆;三是建设万人竞技浮雕墙。

8月14日　县政府公示宝丰籍研究生享受生活费补助人员467人,其中硕士432人、博士35人。

8月15日　宝丰县县域经济分析会在裕昌源大酒店三楼会议室召开。县委书记刘书锋,县人大常委会主任梅玉三,县政协主席铁干卿等副县级以上领导干部出席会议。会议通报了2011年宝丰县在全省县域经济综合实力排序情况,系统分析了宝丰县在指标体系中存在的差距和问题,安排部署了下一步工作。

8月15日　石桥镇交马岭中心村社区开工。项目规划占地228亩,一期工程占地65亩,规划新建民居120套。全部主体工程计划于2013年8月底前完成。

8月16日　全市民营企业座谈会在宝丰酒业有限公司召开。市长陈建生,市委常委、常务副市长王丽,市委常委、统战部部长、副市长黄祥利,市政协副主席、市发改委主任张弓,县委书记刘书锋、县长张庆一等有关领导,市直有关部门负责人出席会议。会议听取民营经济发展情况汇报,现场解决民营企业生产经营中遇到的困难和问题。

8月16日　市检察院检察长刘新年等莅宝

调研。县委书记刘书锋等陪同调研。刘新年一行到位于石桥镇的红英农业、大营镇的中大碳素有限公司进行调研,听取了宝丰县产业集聚区项目建设、大营镇小城镇建设暨新农村建设、京宝焦化项目建设等工作情况的汇报。

8月16日　县委常委、组织部部长朱孝哲,县人大常委会副主任娄文聚,正县级干部许全根,县政协副主席顾海萍带领县新农村建设办公室、县两办督查室、县统计局、县住建局等部门负责人先后到周庄、闹店、李庄、石桥、赵庄、肖旗、张八桥、大营、观音堂、前营、商酒务等乡镇及观音堂林站,对新型农村社区新民居建设、整体规划效果、户型设计、基础设施建设、新农村建设氛围等内容进行观摩检查评比。

8月16日　平顶山市"体彩"杯崔克自行车比赛在宝丰县笔山森林公园和世纪广场两个赛场举办,分成人组和少年组。来自全国各地的240名自行车爱好者参加比赛。比赛由市体彩中心和宝丰县教体局承办,平顶山崔克自行车专卖店和宝丰县自行车协会协办。

8月16日　全县共青团工作会议在闹店镇政府三楼会议室召开。会议总结上半年全县共青团工作开展情况,通报上半年工作;对下半年工作进行安排布置。会后,2012年宝丰团县委青年就业创业培训班开课。

8月17日　央视《我要上春晚》导演组莅宝,在县委常委、宣传部部长马丽的陪同下,到魔术大观园观看节目,指导宝丰魔术上春晚专场节目表演。

8月17日　县人大常委会副主任娄文聚带领部分县人大代表对《中华人民共和国农业技术推广法》实施情况进行检查。县人大检查组到位于石桥镇的红英农业科技示范园、石桥镇东大庄等村的宝丰县玉米万亩高产创建示范方及县土壤肥料检测中心和农村土地流转服务中心,对农业科技推广和服务情况进行现场调查了解,并与县农业局负责人及农业科技人员等进行座谈交流,听取了县农业局负责人关于农业科技推广情况的汇报。

8月19日　宝丰县龙宝源养殖有限公司开工。占地面积76亩,总投资650万元。

8月20日　县政协九届二次常委会议在宝丰迎宾馆召开。县政协党组书记师建超,县政协副主席顾海萍、王书修出席会议。县委常委、常务副县长李留军,以及政府部门、相关局委负责人出席会议。会议学习了中央办公厅、国务院办公厅《关于进一步加强人民政协提案办理工作的意见》;听取了县政府关于上半年全县经济运行情况的通报;听取了县产业集聚区关于上半年项目建设情况的通报;听取了县政府关于上半年重点项目建设情况的通报;听取了县政府关于上半年财政预算执行情况的通报。师建超回顾了九届政协上半年的工作,就做好县政协下半年的工作进行安排。

8月22日　省委常委、副省长刘满仓莅宝调研南水北调平西铁路暗渠工程。省南水北调办公室主任王小平,市长陈建生,市委副书记李萍,市政府党组成员、副市厅级干部王天顺,县委书记刘书锋,县长张庆一等陪同调研。刘满仓要求,各参建单位一定要精心组织,科学安排,优化施工方案,在保证安全施工、确保工程质量的同时,千方百计加快工程进度。同时市、县、乡(镇)要创造良好的施工条件和环境,支持工程建设,服务重点项目,高质量、高标准完成平西铁路暗渠工程建设。焦柳线平西铁路暗渠工程是南水北调中线控制性工程,与总干渠垂直相交,为上下两层框架结构,混凝土浇筑32000立方米,钢材3300吨,土方开挖16万立方米,工期为17个月,总投资7100万元。

8月22日　宝丰县2011年质量兴县暨县长质量奖表彰大会在宝丰迎宾馆召开。会议回顾总结了2011年质量兴县工作;对获2011年度"宝丰县县长质量奖"的河南亚坤实业集团、宝丰禧丰酒业有限公司、宝丰县宏发铁业有限公司、河南康龙实业集团有限公司等4家获奖单位进行表彰,并各奖励现金20万元;对获2011年度实施标准化战略工作先进单位的宝丰县杨庄镇泓源养殖专业合作社和宝丰县商贸有限公司2家单位进行表彰,并各奖励现金3万元。

8月22日　宝丰县炎黄文化研究会成立大

会在宝丰迎宾馆召开。省炎黄文化研究会会长王仁民，市炎黄文化研究会名誉会长段松会、会长梁尤平，县政府党组成员、副县级干部部现营，县政协原主席胡成义，县政协原副主席韩富安等出席会议。会议宣读了《宝丰县炎黄文化研究会章程》和研究会理事组成人员建议名单；选举产生了第一届常务理事会组成人员。胡成义当选为会长。

8月22日　县纪委、县交通运输局联合开展"廉政文化坐上客车"宣传教育活动，通过为全县客运车辆张贴廉政宣传画，在车载屏幕上播放廉政文化教育内容等形式，使"廉政文化"走进城乡、走进千家万户。23日，人民网、光明网相继刊发。

8月23日　全市县(市、区)老促会会长座谈会在宝丰迎宾馆会议室召开。市老促会会长段松会，副会长李明鼎、赵庆寿、姚世明、王安等出席会议。县领导刘书锋等到会祝贺。全市各县(市、区)老促会会长参加座谈会。座谈会传达了市委常委会纪要精神，讨论了市老促会筹备成立20周年纪念活动事宜。

8月24日　2012年宝丰籍研究生"献计宝丰建设家乡"座谈会召开。会上，宝丰县继2011年补助研究生生活费414.5万元后，2012年又出资484.5万元对467名研究生进行补贴，并以银行卡形式发放到研究生手中。

8月24日　县委常委、统战部部长王森鹏带领非公有制经济人士张更、刘占朝、丁小芹等带着3600～4700元不等的"光彩助学"助学金，资助贫困家庭的大学新生顺利入学完成学业。

8月24日　河南宇隆实业集团金秋爱心助学金发放仪式在县总工会举行。宝丰县50名困难职工和贫困农民工子女大学生每人领到由河南宇隆实业集团捐助的3000元助学金。

8月24日　宝丰县企业法人单位名录库管理工作会议在县政府二楼会议室召开。会议通报了市统计局关于对企业法人单位进行清查的通知精神；通报了县政府办公室关于加强全县企业法人单位名录库管理的通知；会议决定对全县所有企业法人单位进行核查清查，以加强对企业法人单位名录库的维护和管理。此次清查主要核查全县范围内从事第二和第三产业的企业法人单位规模及经营状况，范围为工业企业，批发、零售、住宿、餐饮企业，建筑业企业，房地产企业。清查时间为2012年8月25日至9月20日。

8月27日　县人力资源和社会保障局干部付伟峰、李银海驱车把精神失常走失月余的肖孬送到许昌市桂村乡肖庄村家里，却只说是宝丰县一家单位的职工，没有留下名字。7月付伟峰曾把负伤的肖磊送到县医院进行治疗，并给他买了矿泉水及方便面。

8月28日　省人大常委会副主任、民盟河南省委主委储亚平，带领民盟河南省委文化产业可持续发展问题研究课题组莅宝，调研文化产业可持续发展情况。市领导赵顷霖、邢文杰、黄祥利、郑枝、潘民中，县领导刘书锋、梅玉三、赵二成、马丽、王森鹏、王书修、部现营等陪同调研。储亚平一行到大营镇清凉寺北宋汝官窑遗址和大宋汝窑瓷业有限公司、赵庄乡魔术大观园进行实地调查研究。

8月28日　县人大常委会主任梅玉三，副主任崔建利、娄文聚、刘怀振、王延辉到大地集团视察。梅玉三一行到生产车间和中控室仔细查看，听取大地水泥新型干法水泥生产技术、纯低温余热发电技术的技术优势和近期生产经营情况。

8月28日　肖旗乡商会正式挂牌成立。

8月29日　省政协副主席龚立群带领省政协视察组莅宝视察农村医疗卫生体系建设。省政协科教文卫体委员会主任王彦武，副主任张锐、马建干，省政协常委、省红十字血液中心副主任程四国，省卫生厅副厅长黄红霞参加视察。市领导赵顷霖、李萍、巩国顺、郑理、白进忠，县领导刘书锋、张庆一等陪同视察并参加座谈会。视察组到商酒务镇卫生院、焦楼村标准化卫生所和县人民医院，听取有关工作汇报，检查健康电子档案，视察了解医疗设施使用和医疗队伍建设情况。并就一些具体的热点、难点问题与当地医务人员、群众进行了交流。座谈会上，视察组听取了平顶山市农村卫生服务体系建设情况汇报、宝丰县农村医疗卫生体系建设情况汇报。龚立群就进一步搞好农村医疗卫生体系建设进行了强调。

8月29日　副市长王宏景带领市直有关单位负责人莅宝到分包的河南亿盛光伏、河南大地集团、河南洁石集团调研。

8月29日　宝丰商业联盟第二届会员大会在宝丰迎宾馆召开。大会全面总结联盟成立3年来的工作，讨论确定今后3年联盟的奋斗目标和主要任务，选举产生第二届联盟理事会领导。并对三年来做出突出贡献的“十佳会员企业”“十大创新企业”“十快发展企业”和45个诚信经营企业，50名先进个人进行表彰奖励。

8月29日　被中华全国总工会授予全国模范职工之家称号的河南亚坤实业集团和被河南省总工会、河南省发展和改革委员会授予河南省重点工程建设竞赛先进单位称号的宝丰恒瑞新材料有限公司在亚坤集团举行挂牌仪式。

8月29日　宋庆龄基金会宝丰办事处资助贫困大学生，为8名优秀贫困学生分别捐助3000元助学金。

8月　宝丰县产业集聚区发展规划调整方案获省政府同意并由省发改委作出批复。宝丰县产业集聚区规划调整方案将产业集聚区北部与城区特色商业区重合的2.4平方公里调出规划范围，沿东南边界适度拓展，新增规划面积4.9平方公里。根据宝丰县城市总体规划和宝丰县土地利用总体规划，县产业集聚区规划范围调整为：东至县城东五环路、西至龙兴路、南至应河、北至文峰路，规划面积12.12平方公里，其中建成区0.66平方公里、发展区3.17平方公里、控制区8.29平方公里。

8月　宝丰县前三届“华合论坛”签约项目建设取得实效，签约的14个项目总投资146.25亿元，已开工建设9个，累计完成投资69.39亿元。

8月　在宝丰县“金秋爱心助学”活动中，县总工会为考上大学的50名优秀贫困学生每人发放资助金3000元。

8月　县供销合作社与平顶山市农资公司联手在商酒务镇商酒务村流转土地1500亩，以“中国农资”入驻宝丰县为契机，建立农资高产实验基地。

8月　县安监局对全县企业电工、焊工等特种作业人员进行安全技能和理论知识培训。116名电工、118名焊工参加了为期10天的电工作业、焊接与热切割作业培训。

8月　经省科技厅批准，河南省小米发酵醋工程技术研究中心在宝丰县冯异醋业有限公司挂牌成立。这是全省醋行业唯一一家省级小米发酵醋工程技术科研机构。

8月　宝丰大宋汝窑瓷业有限公司的汝瓷和宝丰县冯异醋业有限公司的翟集米醋（冯异醋），鲁山县非物质文化遗产保护中心的花瓷和丝绸以及鲁山县张良蔬菜专业合作社的张良姜等平顶山市5种产品被列入首批“中原贡品”保护名录。

8月　商酒务镇龙泉寺村孙贵家获全国妇联、全国五好文明家庭创建活动协调小组评选的全国五好文明家庭标兵户称号。

9月

9月2日　宝丰县海峡两岸炎黄文化交流座谈会在县政府二楼会议室召开。台北师范学院教授高双印和台湾宜兰大学通识教育中心教授吴秀玉夫妇二人同宝丰县文化界人士进行文化交流。县政府党组成员、副县级干部郜现营与高双印教授互赠文化书籍。高双印、吴秀玉夫妇参观了市博物馆和宝丰县的白雀寺、擂鼓台山等地方。高双印教授祖籍宝丰县滍阳镇（今属平顶山市新华区），1935年出生，1947年离开宝丰，1949年到达台湾。

9月2日　驻扎在宝丰县的武警中队全体战士踊跃报名捐献血小板，全力挽救宝丰县56岁白血病患者王振杰。经过化验检查，谷领军的血型与病人吻合，他为王振杰捐献了一个治疗单元的血小板。

9月4日　宝丰县清凉寺汝官窑遗址保护展示厅开工仪式在大营镇清凉寺汝官窑遗址附近举行。省文物局副局长孙英民，平顶山市副市长郑茂杰,县领导刘书锋、张庆一、梅玉三、赵二成、王书修、部现营等参加开工仪式。遗址保护展示厅为一层框架、钢网结构,南北长67.5米,东西宽63米,高18.275米,建筑面积4960平方米,工程造价1652万元,工期150天。

9月4日　民进河南省委为宝丰县捐赠4000余册价值12万元的图书,在县实验三小和张八桥镇张八桥村新型农村社区捐书,并为两个“开明书屋”揭牌。

9月5日　金岭牧业科技有限公司通过国家标准化生猪养殖典型示范场验收。

9月5~6日　平顶山市干线公路养护工职业技能竞赛在宝丰县举行。竞赛由市公路局、市总工会联合举办,采用外业操作和理论考试相结合的方式进行,包括坑槽挖补、路况量验和理论考试3项内容。全市各县区的9支代表队参加比赛。

9月6日　“喜迎十八大”劳模事迹报告会在宝丰迎宾馆会议室举行。莅宝巡讲的有全国劳模张全民、范素海,全国见义勇为模范魏会广,省“五一”劳动奖章获得者丁朝鹏,感动中原十大人物王菊红。

9月6日　宝丰县2012年中国居民营养与健康状况监测工作启动会在县卫生局召开。会议传达了监测工作实施方案,安排部署了监测工作。宝丰县被确定为河南省第三轮(即2012年)监测调查县,将抽取商酒务镇、李庄乡、赵庄乡的6个村委会的450户1000余人开展监测工作。

9月6日　赵庄乡财政所办公楼正式建成并投入使用。

9月7日　宝丰县庆祝第二十八个教师节暨表彰大会召开。会上宣读了县政府《关于表彰教育系统先进集体、优秀教师和先进教育工作者的决定》;副县长姬翠红作工作报告;县委书记刘书锋进行了强调。

9月8~9日　在平顶山鹰城广场举办的首届平顶山制造暨消费品博览会上,宝丰酒业有限公司、宝丰县洁石建材有限公司、宝丰金麦穗面业有限公司、海宝集团有限公司获首届平顶山制造暨消费品博览会金奖;宝丰大宋汝窑瓷业有限公司、宝丰县康采恩养殖专业合作社获银奖;宝丰县人和新型建材有限公司、宝丰县源生农业开发有限公司、宝丰县八骏实业集团有限公司获优胜奖;宝丰县冯异醋业有限公司、宝丰县久月农业开发有限公司、宝丰县汝瓷研究所获最受群众欢迎奖。

9月11日　宝丰县车辆超限超载治理“秋风行动”工作动员会在宝丰迎宾馆会议室召开。治理时间为9~10月。

9月11日　宝丰县2012年主要农作物良种补贴及小麦全蚀病防控工作会议在县政府二楼会议室召开。会议传达了宝丰县2012年主要农作物良种补贴实施方案及关于搞好小麦全蚀病防控工作的通知。补贴涉及小麦、玉米、棉花三种农作物,补贴标准为小麦、玉米每亩补贴10元,棉花每亩补贴15元。

9月13日　省畜牧局副局长杨文明带领参加全省秸秆青贮现场会的各地市、10个省管县畜牧局相关负责人莅宝观摩玉米秸秆青贮工作。观摩人员到石桥镇田庄村及河南源源乳业集团有限公司进行观摩。

9月13日　县老干部巡视组一行到李庄乡视察小城镇建设情况。巡视组到李庄乡的幸福大道、平安大道、省道南石线李庄段、李庄村文化广场进行实地调研视察,听取有关工作情况汇报。

9月14日　市长陈建生带领第四届华侨华人中原经济合作论坛执委会工作组负责人到宝丰迎宾馆检查接待场馆准备情况。

9月14日　全县机构编制核查工作会议在宝丰迎宾馆会议室召开。会议传达了全市机构编制核查工作会议精神,宣读了《宝丰县机构编制核查工作实施方案》,安排部署了全县机构编制核查工作。会议还对宝丰县中文域名网上注册、事业单位法人登记管理工作进行安排部署。

9月14日　商酒务镇中心幼儿园落成暨开园典礼举行。商酒务镇中心幼儿园于2011年11月4日开工,2012年7月建成,建筑面积2445.71平方米,设计规模12个班,可容纳360名幼儿,是经县政府批准,由县、镇两级政府投资兴建,经县规划局规划设计的一所现代化、高标准的公立幼儿园。第一批114名幼儿已于9月3日正式入园学习、生活。

9月14日 县老干部巡视组联络组视察全县畜牧业生产情况。巡视组联络组先后视察了康龙养殖、伊利乳业、汝源奶业等企业,听取了县畜牧局关于发展生产、疫病防控、畜产品安全方面的工作汇报。

9月16日 县委书记刘书锋在宝丰迎宾馆会见第四届"华合论坛"活动执委会确定的宝丰参会客商代表团团长中国水电顾问集团投资公司总经理孔德安等客商代表。刘书锋介绍了宝丰县的情况及良好的投资环境。希望各位客商多来宝丰参观考察,了解商情,寻找商机,投资兴业,实现互利共赢。

9月17日 以"百名豫商看鹰城"活动为平台,17家河南商会的百余名豫商企业家会聚平顶山市共谋合作发展,并到宝丰县产业集聚区中国海宝集团、河南亿盛光伏材料股份有限公司、河南旭原集团不锈钢产业园、宝丰吉阳恒基新能源有限公司等企业参观考察。

9月17日 在第四届"华合论坛"项目签约仪式上,宝丰县参加的6个项目成功签约,总投资63.3亿元,位居全市各县(市、区)榜首。

9月19日 省科技厅科技特派员工作调研组一行在省科技厅科技人才开发与国际合作处副处长高洪涛的带领下,莅宝调研指导省级科技特派员工作开展情况。高洪涛一行到河南红英科技有限公司、金岭牧业科技有限公司、宝丰酒业有限公司实地考察,并听取了在宝丰县的省级科技特派员各自的特色做法和典型经验。企业负责人汇报了企业发展情况及科技工作发展情况。

9月19日 县政协主席铁干卿,县人大常委会副主任王延辉,县政府党组成员、副县级干部郜现营等在有关部门负责人的陪同下,带着慰问品看望建设一线的施工人员,详细了解察看清凉寺汝官窑遗址保护展示厅建设进度。随后,铁干卿等还深入到宋宫汝瓷公司、大宋汝瓷公司等汝瓷生产企业进行调研。

9月19日 全县"邮政"金秋爱心助学金发放仪式在红星学校举行。县一高、县二高、红星高中的30名品学兼优、家庭贫困的高中新生得到资助。

9月19日 由香港爱国同胞陈国威先生、陈徐风兰女士捐建的宝丰县国威侨心小学在李庄乡翟西村开工建设。学校占地7138平方米,总投资120万元,陈国威先生、陈徐风兰女士捐赠80万元,县政府配套40万元。计划建1幢3层教学楼,建筑面积1211.5平方米,设置为6级12班双轨寄宿制中心学校,容纳学生600名。

9月20日 市人大常委会自主创新工作视察组莅宝视察科技自主创新工作。视察组到位于县产业集聚区的河南亿盛、宝丰恒瑞、海宝集团、河南旭原、恒基伟业等企业实地察看。在宝丰迎宾馆召开座谈会,听取宝丰县在科技自主创新工作方面的汇报。

9月20日 宝丰县网吧专项整治工作会议在县文广局会议室召开。会议总结回顾全县上半年网吧专项整治工作;对中秋节、国庆节期间及下半年网吧专项整治工作进行安排部署。

9月21日 宝丰县第十二次妇女代表大会在宝丰迎宾馆召开。市妇联主席梁丽萍,县领导刘书锋等县领导,县妇联部分往届主席,正科级以上女领导干部,上届县妇联执委,各乡镇党委书记、主管领导等出席开幕式。大会全面回顾了过去八年宝丰县妇女运动和妇女工作发展历程,谋划部署了今后五年妇女发展的奋斗目标及任务,选举产生了新一届县妇联领导班子。

9月21日 县佛教协会在县特殊教育学校举行慈善捐助活动。县佛教协会会长释印严大师等捐助善款6400元,为学生捐赠了学习用具和床上用品,为学校捐赠了办公用品及油、面等生活用品。

9月21日 县道教协会一行10余人在县民宗局负责人陪同下到杨庄镇敬老院慰问孤寡老人,为老人们送去价值4000多元的月饼、面粉、食用油等。

9月22日 宝丰魔术节目参加在南阳市举行的全国农运会闭幕式演出。宝丰县农民魔术师王献坡、洪非凡、赵梦月等表演了《来去无踪》《三连环》《魔桌飘移》《牌缘》《花开富贵》和魔术情景剧《朝阳沟新传》等6个节目，演出时间10分钟，参加演员9人。

9月22日　宝酒公司向河南大学百年校庆捐赠价值160万元的宝丰酒，用于庆典宴会和收藏。

9月24日　县人大常委会主任梅玉三、副主任王延辉，带着食用油、月饼等礼品到县人大原县级离退休老干部史向阳、陈谦、姚振江、任土旺、郭金钟、郭泰家中慰问。

9月24～26日　宝丰县在2012中国（郑州）产业转移系列对接活动中签约项目2个，签约合同金额23亿元。

9月25日　《平顶山日报》刊发县委书记刘书锋的文章《贵在转 重在干》。

9月25日　全县新提拔科级干部培训班在县委党校开班。全县110名新提拔科级干部将接受为期1周的学习培训。培训内容为廉政教育，为官的职业道德，更新执政理念、增进社会进步，国家安全与周边国际环境，中国特色社会主义理论，网络安全与媒体应对等。

9月26日　宝丰县中原红盾“双整治”集中宣传日活动开展。县工商局相关人员在万寿步行街前设立宣传台、宣传展版开展宣传活动，发放食品安全宣传彩页。工商执法人员到新东方生活广场、隆兴食品城等大中型购物超市对中秋、国庆“双节”期间食品安全状况进行检查。县工商局各中心工商所也在当地交通便利、人员密集的闹市区、市场开展集中宣传活动。

9月27日　《光明日报》刊发文章《河南省宝丰县大力发展农村特色文化产业》，介绍宝丰县发展文化产业典型经验。

9月　县委常委、政法委书记杨占杰，县公安局局长韩学孟专程到平顶山武警医院，看望在勇斗歹徒中受伤的武警中队战士张祥，并送去1000元慰问金。

9月　省安监局煤矿监察办副主任李怀振率省非煤矿山“打非治违”专项行动督查组莅宝督查煤矿“打非治违”专项工作。县政府党组成员曲延辉及有关部门负责人陪同检查。督查组一行深入到庆泰煤业有限公司矿区、虹冠煤业有限公司探矿作业点查封现场实地检查，听取非煤矿山“打非治违”专项行动工作汇报。李怀振对宝丰县非煤矿山“打非治违”各项工作给予肯定，希望县政府和企业要认真贯彻安全生产法律法规，进一步加强领导，落实各职能部门监管职责；强化责任追究，落实责任主体，确保社会安全稳定。

9月　《中华人民共和国政区大典》河南分卷·宝丰篇完成省验终审稿编纂上报任务。

9月　宝丰县肖旗乡大白庄村的大白庄中原大学旧址（1948年），宝丰县商酒务镇赵官营村的中共中央中原局机关旧址（1948年），宝丰县商酒务镇北张庄、何庄村的中原军区司令部旧址（1948年），宝丰县商酒务镇柳林村的中原军区政治部旧址（1948年），宝丰县李庄乡程寨沟村的擂鼓台平安寨遗址（东周）被公布为平顶山市第三批文物保护单位。

9月　宝丰县晶硅铸锭及切片项目、晶体硅太阳能组件项目、LED光电项目、500兆瓦太阳能电池项目、年产20万锭纱生产项目、旭原公司不锈钢产业园项目、中原电气城项目、宝粮集团粮食加工项目、清凉寺汝官窑遗址旅游开发项目、宝酒文化工业园项目、平西物流港项目、产业集聚区标准化厂房建设项目等12个项目列入对外经济合作项目目录。

9月　宝丰县汝瓷烧制技艺亮相中国非遗博览会。河南省以陶瓷烧制技艺为主打，展出了汝窑烧制技艺、钧窑烧制技艺、唐三彩烧制技艺等10个非遗项目。

10月

10月1日　老龙窝青城社区新型民居和主干道基础工程全线开挖，这标志着老龙窝三化发展实验区建设工程进入施工阶段。青城社区规划建设新型民居1000套，其中，多层民居500套，别墅民居500套，总投资2.5亿元，分二期建设，工期2年。首期新型民居建设400套，计划2013年6月完工。老龙窝主干道工程全长8.23公里，总投资1500万元，入口1.5公里为9米柏油路面，其余为7米水泥路面。

10月9日　全国书法家协会会员、宝丰县书法家协会主席孙战生的书法作品入展第三届全国隶书展览。

10月10日　市委书记赵顷霖一行到宝丰县石桥镇小麦万亩示范方调研三秋生产、到宝丰文化创意产业园调研文化产业发展，并到宝丰县产业集聚区调研。

10月11日　宝丰县马街书会文化景观建设项目开工仪式在杨庄镇马街书会会场举行。省文化厅副巡视员孙鹏，省非遗保护中心党支部书记候旭，省曲协副主席陈冠义，省曲协副主席、秘书长鲁银海，市县领导唐飞、刘书锋、赵二成、马丽、王延辉、王书修、部现营、蒋三熠参加开工仪式。项目主要由雕塑公园、中华曲艺博物馆、主题广场三部分组成。

10月11日　河南电视台河南新闻联播节目以《朱正栩：把矛盾化解在庭前》为题，报道了宝丰县闹店法庭庭长朱正栩的先进事迹。

10月15日　台湾旺旺中时传媒集团采访团莅宝采风。采访团到大营镇清凉寺汝官窑遗址、县汝瓷研究所和赵庄乡周营村、刘顺魔术培训中心等地进行采风。

10月16日　河南省第五期健身气功管理干部培训班暨健身气功推广工作现场会在宝丰迎宾馆会议室召开。省体育局健身气功管理中心主任张麒、副县长姬翠红及市、县体育部门负责人出席会议。活动时间为10月15～18日，全省各辖市的健身气功管理干部60余人参加。

10月16日　宝丰县人口抽样调查工作会议在县政府二楼会议室召开。会议就全县人口与城镇化调查工作进行全面部署。22日，县政府下发《宝丰县人民政府关于认真做好全县人口与城镇化抽样调查工作的通知》。

10月18日　县工矿设备机电市场举行竣工启用仪式。机电市场位于肖旗乡史营村境内，2012年2月开工，占地面积31亩，其中商铺面积2万多平方米，总投资1800万元，由河南康龙实业集团筹资建设，可供48户经销商入驻。

10月18日　宝丰县“喜迎十八大 爱国主义电影进校园、进农村”活动启动。14支放映小分队深入农村、学校、军营、敬老院和文化广场，免费为城乡群众、师生和部队官兵放映爱国主义电影。

10月19日　省商业协会会长张慧玉带领麦当劳、家乐福、易初莲花三品牌商家代表莅宝进行经贸洽谈和项目对接。三品牌商家代表先后到大香山集团、大驰商业广场、城关镇新百汇购物中心等地考察，并与项目负责人进行经贸洽谈和对接。

10月19日　宝丰县选送的参赛节目三弦书《新农村更比天堂美》获河南省文化厅主办、河南省群艺馆承办的第十一届河南省“群星奖”小戏小品(曲艺)作品类大赛一等奖。

10月19日　宝丰县第二届十大孝星十大敬老模范表彰大会在宝丰迎宾馆召开。会议表彰和奖励了吴跃进等十大孝星、马豹子等十大敬老模范，并对做好老龄工作提出了具体要求。

10月20日　云南省统一战线考察团到大香山观音文化园区考察文化旅游产业发展情况。

10月20日　宝丰县首次对北汝河河道采砂权公开拍卖。通过拍卖活动，预计可增加财政收入120多万元。

10月21日　宝丰县检察院干警宿舍大楼和职工餐厅竣工启用。

10月22日　宝丰县经济运行分析会召开。会议全面客观研判当前全县经济运行情况，把握经济运行态势，安排下一阶段经济运行工作。

10月22日　县政协主席铁干卿、副主席王书修，县政府党组成员、副县级干部部现营到清凉寺汝官窑大遗址公园建设工地现场办公，实地察看汝官窑保护展示厅建设进度和文物的发掘工作，解决建设中存在的问题。

10月23日　宝丰县交通路政管理大队揭牌暨宝丰县车辆超限超载治理再掀高潮启动仪式举行。市交通运输局副局长冯建亚、市交通路政管理支队队长海浩，副县长王长和及县车辆超限超载治理秋风行动领导小组的各位组长，部分县直单位负责人，交通运输系统各机构负责人等参加仪式。仪式上，冯建亚、王长和为宝丰县交通路政管理大队揭牌。县交通路政管理大队及治超执法人员进行执法宣誓。

10月24日　宝丰县新闻发言人、新闻通讯员暨网络管理工作开班典礼在宝丰迎宾馆会议室举行。

10月24～25日　县十四届人大常委会第四次会议在裕昌源大酒店会议室举行。县人大常委会主任梅玉三，党组书记李杰，副主任崔建利、娄文聚、刘怀振、王延辉及县十四届人大常委会委员参加会议。县政府副县长董伟领、县法院院长井慧宝、县检察院检察长王建军、县政府党组成员部现营、蒋三熠、王红旗，县政府有关职能部门负责人，各乡镇人大主席团副主席，县人大常委会各委室副科级以上干部列席会议。会议通过了会议议程，听取和审议了县政府及职能部门关于《食品安全法》贯彻执行情况的报告、产业集聚区建设情况的报告、农业综合开发工作情况的报告、县检察院民事行政检察工作情况的报告和县人大常委会关于《食品安全法》执法检查的报告，以无记名投票表决的方式对10个部门的专项报告进行满意度票决，并进行了人事任免事项。

10月26日　是全省第十五届环卫节，县委书记刘书锋在县委常委、县委办公室主任赵二成，县政府副县长王长和，县住建局负责人陪同下到县住建局看望慰问环卫工人，为环卫工人代表发放食用油、大米等慰问品及扫帚、垃圾镊等环卫工具。

10月26日　县人民医院建院60周年庆典暨128层CT、直线加速器、准分子激光启用、卫生支农签字仪式举行，县领导刘书锋、梅玉三、铁干卿等领导出席仪式。

10月30日　《平顶山日报》在《喜迎党的十八 十年辉煌看鹰城》栏目专版刊发《宝丰县在改革创新中快速发展》。

10月31日　全县经济运行工作会议在裕昌源大酒店三楼会议室召开。刘书锋、梅玉三、铁干卿等县四大班子领导参加会议。会议的主要任务是贯彻落实省、市经济运行工作会议精神，分析研究全县前三季度经济运行工作，安排部署第四季度经济运行重点，动员全县各级各部门统一思想，狠抓落实，按照“任务不减，目标不变”的要求，全面完成今年各项目标任务。

10月　县政协文史资料实现由传统纸质版阅读向现代电子版阅读转化，刻制《宝丰县政协志》内文电子版和彩页插图电子版、《宝丰文史资料》第十二辑至第十五辑全部书稿的电子版资料，共计150余万字。

10月　宝丰县人民法院闹店法庭庭长朱正栩、武警平顶山支队宝丰县中队副班长（士官）张祥入选省委政法委、省委宣传部联合组织开展的首届“平安河南”十大年度人物候选人。

11月

11月1日　平顶山市委作出决定，在全市开展向朱正栩学习活动。

11月1日　全省人口与城镇化抽样调查入户登记工作正式开始，宝丰县80名经过培训的调查员全部开始入户登记。本次抽查全县共抽检调查小区48个，设计调查人数10000余人，以户为单位进行登记。调查内容为姓名、户口性质、常住地、受教育程度、婚姻状况、生育情况等17个项目。

11月1日　宝丰县“创先争优”活动总结交流会在宝丰迎宾馆召开。“创先争优”活动自2010年4月开展以来，全县各级党组织把“创先争优”活动作为一项重要的政治任务，紧扣目标要求、精心组织实施，把握关键节点、有力有序推进，呈现了新特色、新亮点、新成效。2011年，宝丰县在“创先争优”“双百夺旗争星评比竞赛活动”中被评为全省先进集体，2012年6月，宝丰县被省委评为河南省创先争优活动先进县委。

11月1日　肖旗乡范寨村新型农村社区开工建设。范寨村新型农村社区一期工程占地30亩，计划建设70套住宅，单套住宅建筑面积195平方米左右，总建筑面积15000平方米，工程造价1200余万元。

11月1日　宝丰县石河治理工程开工建设仪式在石桥镇谷官营段举行。治理工程起点位于石桥镇的宝郏公路桥，终点位于石河与净肠河交汇处，全长5.35公里，为一期工程，总投资1574万元，工期80天。

11月1日　县药监局正式接管全县餐饮服务监管工作。

11月2日　县政协邀请省政协办公厅副主任、省人民政协理论研究会副会长兼秘书长王克俊为县政协第九届委员会的199名委员和政协机关全体人员授课。

11月2日　李庄乡南牛中心村龙山新型农村社区开工建设。龙山新型农村社区整体规划面积300亩，启动区面积约80亩，社区包含2层庭院别墅、多层楼房等。

11月2日　宝丰县金融大讲堂在县农村信用联社会议室开讲。各乡镇乡镇长、县直有关部门负责人、规模以上80余家企业代表参加。宝丰县聘请中信银行郑州分行中小企业金融中心的专家莅宝授课。重点讲授了企业各阶段金融需求、金融服务模式、中小企业资本市场融资模式等方面的内容。

11月2日　以“关注民需民生，促进公平正义”为主题的宝丰县党员律师宣传咨询活动在县城人民会堂广场举行。县司法局设立法律咨询台，发放普法宣传材料，组织全体党员律师免费为来往群众提供法律咨询、义务普法等服务。

11月2日　宝酒公司直销台湾的58度宝丰陈年加味伏特加酒全部完成报检、报关等相关手续并装车启运。这是宝酒公司2012年第二批产品直销台湾，价值16.9万美元，折合人民币102万元。

11月5日　县委书记刘书锋在县委常委、县委办公室主任赵二成，县委常委、政法委书记杨占杰，县委群工部部长王忠贤的陪同下，先后深入到城关、石桥、周庄、闹店、李庄等乡镇对领导干部在岗情况及信访稳定情况进行暗访。

11月6日　省政协副主席、省工商联主席梁静带领全省县级工商联暨商会建设工作会议参会人员到宝丰县工商联观摩，并参观宝丰酒业有限公司。市领导黄祥利、史正廉，县领导刘书锋、铁干卿等陪同观摩。

11月6日　全县新闻宣传工作表彰会暨2013年度党报党刊征订发行工作会议在宝丰迎宾馆召开。会议总结2012年全县新闻宣传工作，表彰新闻宣传工作先进单位和先进工作者，安排2013年度党报党刊征订发行工作。至11月13日，宝丰县全面完成党报党刊发行任务，并实现发行量稳中有升。

11月6日　宝丰县庆祝第13个记者节座谈会在县广电总台召开。县广电总台、县信息中心、平顶山日报驻宝记者站负责人先后发言。

11月6日　县领导刘书锋、赵二成、马丽、王延辉、姬翠红、王书修等到县信息中心和县广电总台，慰问新闻工作者，并对广大新闻工作者提出殷切希望。

11月6日　全县安全生产工作会议在宝丰迎宾馆会议室召开。会议进一步安排部署十八大期间的安全生产工作及年底前的全县安全生产工作。会议传达了县安委会《关于在全县开展冬季安全生产大检查的通知》和《关于进一步推进安全生产网格化建设工作的通知》。

11月6日　2013年全县部门预算编制会议在县财政局六楼会议室召开。会议传达了《宝丰县人民政府关于编制2013年部门预算的通知》和《宝丰县2013年部门预算定员定额标准及核定办法》，通报了全县2012年1～10月份财政收支情况，对2012年部门预算工作进行总结。

11月7日　宝丰县“文化惠民、送戏下乡”活动启动仪式在商酒务镇赵官营中心村新型农村社区的文化广场正式开幕。县豫剧团从11月7日至2013年2月31日在全县13个乡镇（林站）46个已建新型农村社区巡回演出90余场。

11月7日　《平顶山日报》刊发宝丰县委书记刘书锋的文章《加快协调发展步伐为百姓谋更多福祉》。

11月8日　中国共产党第十八次全国代表大会在北京隆重开幕。县委书记刘书锋等副县级以上领导干部在宝丰迎宾馆一楼会议室认真收听收看大会直播盛况。各乡镇、各单位也分别组织收听收看了会议盛况。

11月8日　县领导刘书锋、郭群献、马丽、杨占杰、桓贯超、胡进栓到县人民医院体检中心检查征兵体检工作。刘书锋一行察看了体检中心体检科室的设置情况,并对参与征兵体检工作的医务人员表示慰问。2012年全县共有300余名适龄青年报名应征。

11月8日　宝丰县“恒爱行动”爱心毛衣发放仪式举行。县妇联于2012年8月在全县范围内发起“恒爱行动——寻找爱心妈妈为孤残儿童编织爱心毛衣”大型公益活动。

11月8日　宝丰县庆祝党的十八大“水利杯”门球比赛开幕式在宝丰人民会堂广场举行。比赛由县老干部局、县教体局、县水利局主办,县门球协会、县老干部活动中心承办。18支代表队参赛。

11月9日　全县“三联三帮”工作座谈会在宝丰迎宾馆二楼会议室召开。县委书记刘书锋等参加座谈会。刘书锋要求,开展好下一步的“三联三帮”工作:一要长久常态,不要搞短期行为;二要求实求效,不要搞形式主义;三要创新创造,不要拘泥于条条框框;四要建章建账,不要随意而为。“三联三帮”工作是一项全新的工作,广大联帮干部要不断探索、不断创新、努力工作,以一流的工作业绩来加快“建五宝,争百强,三化协调发展奔小康”这一目标的实现。

11月9日　宝丰县“11·9”消防宣传月活动启动仪式在宝丰人民会堂广场举行。活动现场,消防志愿者、部分商户与企业代表、中小学生在横幅上签名留言,消防官兵向群众展示了多种消防器材,现场进行了高空救援、家庭火灾扑救等消防安全演练。并通过发放消防宣传资料,设立展版等形式向群众全方位、多角度地宣传防火、灭火和逃生自救常识。

11月9日　市校车安全管理工作督导组莅宝督导中小学和幼儿园校车安全管理工作。督导组听取了宝丰县校车安全管理工作情况汇报,到石桥镇清华幼儿园和商酒务镇大风车幼儿园现场检查校车运行情况。

11月9日　宋庆龄基金会宝丰办事处向宝丰县观音堂林站中心小学捐赠价值8000余元的课桌凳50套。

11月10日　全县2012年烟叶收购工作结束,全县2012年共种烟1.8万亩,完成烟叶收购264万公斤,其中计划收购235万公斤,代收代存29万公斤,烟叶公斤均价达到22元,实现烟农增收超过5800万元,实现烟叶特产税1276万元,烟叶生产各项指标均创近十年新高。

11月13日　美籍华人姜引正博士回到宝丰县开展讲学、义诊活动。姜引正原籍前营乡杨庄村,1986年硕士毕业,1988年到英国皇家医学研究生院读博士,1992年到加拿大读博士,后成为美国国立医学科学院医学博士,创办了华盛顿州西雅图癌症治疗中心,在治疗肿瘤、血液病方面很有造诣。在县医院肿瘤科、胸外科,姜引正与病区主任和医生对一些疑难病例进行讨论,指导手术方案和研讨治疗策略;对闻讯赶来的患者和家属,耐心解答提出的问题。

11月13日　5时至22时,在县道X013宝赵线、X015柳温线、X030时宝线3个交通量观测站,开展农村公路交通量调查工作。

11月13~14日　宝酒公司通过国家安全标准化二级企业达标验收。

11月14日　县政协主席铁干卿带领副主席、委室主任及部分市、县政协委员,到县检察院视察工作。铁干卿一行听取了县检察院2011年以来主要检察工作开展情况的汇报。

11月14日　2013年全县城镇居民基本医疗保险工作会议在县信用联社会议室召开。会上宣读了《2013年城镇居民参保办法及软件说明》及《2013年宝丰县城镇居民基本医疗保险运行办法》,对2013年全县城镇居民基本医疗保险工作进行安排部署。

11月15日　县委书记刘书锋在县委常委、县委办主任赵二成,县人武部部长桓贯超,副县长王长和,县政府党组成员曲延辉的陪同下,到五岳生态公园察看公园建设情况。察看后,刘书锋召集财政、建设、土地、林业、水利、园林等部门和肖旗乡的主要负责人在五岳生态公园建设指挥部召开会议,现场办公,解决工程建设中存在的实际问题。

11月15日　宝丰县旧城修建性详细规划评审会在宝丰迎宾馆召开。郑州大学城市规划设计研究院、省文物局、平顶山平煤设计院、市规划编制中心等单位的领导、专家对中国建筑设计研究院所做的《宝丰县旧城保护修建性详细规划》提出了意见建议。《规划》旧城保护修建的主要建设项目包括文庙维修,贾府庙建设,东西大街、南北大街街面改造,现存旧城墙复原,护城河水系清淤还原,仓巷特色饮食商业街建设工程等。

11月15日 宝丰县众鑫选煤有限公司年产120万吨选煤项目在商酒务镇北部县煤炭循环经济产业园开工。项目占地面积60亩,总投资1.2亿元。

11月15日 宝丰县曲艺家协会第三届会员代表大会在县商务局会议室召开。会议以举手表决的方式通过了《宝丰县曲艺家协会章程(审议稿)》;会议选举产生了宝丰县曲艺家协会第三届理事会主席团、主席、副主席、秘书长、副秘书长,聘请了名誉主席、顾问。王剑侠当选县曲艺家协会主席。

11月15日 《宝丰县人民防空袭方案》专家评审会议在宝丰迎宾馆会议室召开。会上,县人防办负责人介绍了《宝丰县人民防空袭方案》编制的指导思想、结构及目的意义,各位专家针对《方案》中涉及的有关问题,结合宝丰的实际情况,提出了一系列修改意见和建议。

11月16日 宝丰县"爱心体检"活动启动仪式在县中医院举行。体检活动由县政协民法委组织协调,河南省宋庆龄基金会宝丰办事处出资15万元,县关工委、县民政局、县残联、县中医院共同参与,为宝丰县1100余名农村困难群众、残疾人进行免费体检。

11月16日 23时31分33秒,宝丰县发生2.4级地震。

11月19日 县城人民路东延工程开工仪式在县城东五环路举行。工程涵盖人民路东延、高速出入口改建、村民拆迁安置房建设等工程,全长2.4公里,占地464亩,总投资1.2亿元,建设工期12个月。

11月19日 宝丰县南水北调配套工程项目举行开工典礼。工程位于县城西高庄村东总干渠右岸,向宝丰县城和石龙区供水,线路总长18.42千米。

11月20日 国家发改委稽察办处长郭文艺,在省、市发改委稽察办主要负责人陪同下莅宝,对保障性安居工程项目进行专项稽察。稽察组一行到位于县城迎宾大道西段北侧、王铁庄村西的西苑廉租房小区建设工地现场察看,听取宝丰县关于廉租房项目实施情况的汇报,察看项目的有关资料和国家资金的使用情况等,与有关人员进行座谈交流,并进行了深入细致的稽察。

11月20日 人行宝丰县支行组织金融机构在县委门前开展"警惕网络洗钱陷阱,增强反洗钱意识"集中宣传活动。

11月21日 宝丰县围绕加强平安建设,构建和谐宝丰的主题,在县城人民路集中开展平安建设宣传活动。政法系统各单位摆放宣传版面、设立法律咨询台、发放宣传资料等多种形式进行平安建设集中宣传。

11月22日 中国·海宝集团HIRBO家电出口北美洲、非洲首次发货仪式暨新能源冰箱启动仪式在宝丰县高新技术开发区举行。海宝集团首批出口订单量2000余台,价值360万元人民币,8个型号。

11月22日 长城保险平顶山中心支公司向周庄镇马川新村小学捐赠近千本图书和铅笔盒、乒乓球拍等。2010年5月27日,"长城保险平顶山爱心图书室"在周庄镇马川新村小学挂牌成立,首批捐赠价值近3万元的图书2000册。

11月23日 全省农村养老服务工作现场会在宝丰县召开。省民政厅副厅长常东河,副市长郑理,县委常委、县委办公室主任赵二成,副县长胡进栓,副县级干部李自钦,全省各省辖市民政局、各省辖市民政局老龄办负责人参加会议。会议表彰2012年度河南省养老服务社会化示范县9个,表彰河南省养老服务机构示范单位28个。宝丰县获河南省养老服务社会化示范县称号。宝丰县商酒务村老年互助家园和大黄村老年互助家园获河南省养老服务机构示范单位称号。

11月23日 省南水北调工程办公室主任王小平莅宝视察南水北调配套工程建设。王小平一行到位于张八桥镇境内的宝丰段南水北调配套工程施工现场，察看输水管线的施工情况，详细了解工程建设中征地拆迁、工程监理等方面的情况。

11月23日　《河南省宝丰县让农民共享公共文化阳光》在央视新闻联播节目播出。

11月26日　宝丰县清理化解乡村垫交税费债务工作会议召开。会议传达了《宝丰县人民政府关于印发宝丰县清理化解乡村垫交税费债务实施方案的通知》《宝丰县财政局关于印发宝丰县清理化解乡村垫交税费债务审核认定实施细则》等相关文件，对下一步工作进行安排部署。

11月26日　《宝丰县志》(1988~2005)获省史志优秀成果二等奖，《宝丰县商务志》《赵庄魔术志》《宝丰县农业财政志》3部部门志、专业志和《马街书会》《宝丰魔术》《宝丰沦陷》《重修香山观音大士塔碑记》4部地情资料书获省史志优秀成果三等奖。

11月27日　中国共产党宝丰县第十一届委员会第四次全体扩大会议在宝丰迎宾馆召开。县委书记刘书锋，县委常委刘景华、赵二成、郭群献、马丽、李留军、杨占杰、王森鹏、朱孝哲出席会议并在主席台就坐。出席会议的还有县委委员、县委候补委员。不是县委委员、候补委员的县级领导，县委办、县人大办、县政协办、县委各部委、各乡镇、县直各单位、重点企业等的主要负责人参加会议。会议的主要任务是，传达学习中共十八大会议精神，贯彻落实省委、市委全委扩大会议精神，组织动员全县各级党组织和广大党员、干部群众，把思想统一到十八大精神上来，把力量凝聚到落实十八大提出的各项任务上来，锐意进取，真抓实干，攻坚克难，努力开创全县科学发展新局面，为实现“建五宝，争百强，三化协调发展奔小康”目标不懈奋斗！会议印发了《中共宝丰县委关于认真学习贯彻党的十八大精神的通知》。

11月27日　县运管所和公路派出所联合出击，依法对3家“黑驾校”进行查处，查扣非法教练车4辆及相关教学器材，并依法予以取缔。

11月28日　省农村信用社联合社主任陈益民莅宝，调研农信社达标升级和支农工作。陈益民一行到石桥镇高铁炉新村、红英农业科技有限公司、旭原不锈钢有限公司实地察看。

11月29日　县委书记刘书锋到闹店镇调研。县委常委、县委办公室主任赵二成，副县长王长和、董伟领、姬翠红，县法院院长井慧宝，县委群工部部长王忠贤等陪同调研。在闹店镇会议室，闹店镇主要负责人汇报了2012年的重点工作及2013年的工作思路和打算。闹店镇党政班子成员结合实际工作畅谈了自己的思想和工作建议。

11月29日　由省委宣传部组织的河南省15家主流媒体“学习贯彻十八大”大型主题采访团莅宝，到宝丰县赵庄乡就文化产业的大发展、大繁荣及学习贯彻十八大精神进行深入采访。《河南日报》、河南电视台、《大河报》《东方今报》等15家媒体记者深入到赵庄乡刘顺魔术培训中心、袁庄村等地进行深入采访。

12月

12月3日　县委中心组集中学习会召开。县领导刘书锋、梅玉三、铁干卿等副县级以上领导干部，各乡镇党委书记、乡镇长，24个政府组成部门负责人，县人大、县政协有关部门人员参加学习。县委书记刘书锋强调，各乡镇、各单位要高度重视，安排好、部署好本单位的学习；要认真组织，迅速行动，原原本本地学习十八大报告；要深刻领会，把握精神实质。通过学习，把思想和行动统一到十八大精神上来，力争圆满完成今后的各项工作任务，为“建五宝，争百强，三化协调发展奔小康”目标的实现而努力奋斗。会议还对县域经济评比奖励，县人大、县政协会议召开等项工作进行研究安排。

12月4日　河南省煤层气综合利用宝丰示范基地项目举行签约仪式。项目包括燃气分布式能源和燃气管网及配套设施建设、清洁物流和燃气利用设备的设计、研发及加工制造等。

12月4日　宝丰县“12·4”全国法制宣传日宣传活动在县城人民路、为民路举行。活动由县委政法委牵头，28家普法成员单位参与。各单位结合各部门法律法规,通过展示图片、播放视频资料、发送法律法规图书资料等形式进行宣传。

12月4日 全县社会组织规范化建设工作暨评估授牌会议在县财政局召开。会议对宝丰县开展社会组织规范化建设评估活动进行总结,对8家被评估为3A以上等级的社会组织颁发了评估认定牌匾。

12月4日 原县级老干部胡成义、杨翠琴等10余人视察文化工作。县政府党组成员、副县级干部部现营陪同视察。在裕昌源大酒店召开的座谈会上,老干部们听取了全县文化产业和文化事业发展情况汇报,就推动文化产业和文化事业快速发展,建设文化宝丰提出了意见和建议。

12月5日 县委书记刘书锋到赵庄乡调研。县委常委、宣传部部长马丽,县委常委、组织部部长朱孝哲,副县长董伟领,县政协副主席顾海萍,县政府党组成员、副县级干部部现营,县委群工部部长王忠贤等陪同调研。

12月6日 宝丰县杨庄镇马街村入选中国传统村落名录。

12月6日 副省长徐济超,省教育厅厅长王艳玲,市委常委、常务副市长王丽,副市长郑茂杰等参加全省学前教育推进会的与会人员到宝丰县参观。县领导刘书锋等陪同参观。徐济超一行参观了商酒务镇中心幼儿园、周庄镇中心幼儿园,并详细听取了情况汇报。

12月7日 县委书记刘书锋在县委常委、县委办主任赵二成,副县长王长和等陪同下到宝丰民间演艺中心调研。刘书锋一行首先到施工现场进行察看,随后召开座谈会。

12月10日 县委中心组十八大报告集中学习会在裕昌源大酒店三楼会议室举行。刘书锋、梅玉三、铁干卿等县四大班子领导参加集中学习会议。会议领学了中共十八大报告下半部分章节内容,观看了郏县、汝州、鲁山三县(市)县(市)委书记"迎接十八大十年辉煌看鹰城"访谈录专题节目。并进行了学习发言交流。

12月10日 全县农口部门负责人座谈会召开。会议集中听取全县农口各部门2012年开展的重点工作和2013年工作打算。就做好2013年的农口工作,县委书记刘书锋进行了要求。

12月10~12日 全市2012年财政决算工作会议在宝丰迎宾馆召开。会上,各县、市(区)就如何做好决算工作进行了经验交流;会议表彰了2011年决算工作先进单位和个人;回顾总结了2011年度全市财政决算工作;传达了全省财政决算工作会议精神;对做好2012年度全市财政决算工作提出了明确要求。

12月11日 全省公共机构节能减排考核组到宝丰县考核公共机构节能减排工作。考核组通过观看宝丰县公共机构节能减排工作专题片、听取汇报、察看资料等方式对全县公共机构节能减排工作情况进行全面了解。

12月13日 县委书记刘书锋到城关镇调研,帮助理清发展思路,明确工作重点,并结合城关镇的实际,为2013年城关镇的发展指明方向、提出要求。在城关镇二楼会议室,县领导刘书锋、铁干卿、赵二成、朱孝哲、王长和,县委群工部部长王忠贤等与城关镇全体班子成员座谈,认真听取城关镇2012年工作汇报和2013年工作打算。

12月13日 县十四届人大常委会第五次会议在裕昌源大酒店会议室召开。县人大常委会主任梅玉三,党组书记李杰,副主任崔建利、娄文聚、刘怀振、王延辉及常委会组成人员出席会议。会议通过了本次会议的建议议程。听取和审议了县人民政府《关于人民路东延及高速路口改建工程回购资金列入县本级财政年度预算计划的报告》、县人民政府《关于产业集聚区污水处理厂工程回购资金列入县本级财政年度预算计划的报告》,并以举手表决的方式通过了县人大常委会《关于同意将人民路东延及高速路口改建工程BT回购资金列入县本级财政年度预算计划的决定(草案)》《关于同意将县产业集聚区污水处理厂工程BT回购资金列入县本级财政年度预算计划的决定(草案)》,听取和审议并以无记名投票的方式通过了县人民政府《关于十四届人大一次会议代表建议、批评和意见办理情况的报告》《关于农村五保、医疗救助、自然灾害、临时生活困难救助工作情况的专项报告》《关于〈中华人民共和国城乡规划法〉贯彻执行情况的整改报告》

《关于公安经济犯罪侦查工作情况的专项报告》和县质量技术监督局《关于〈中华人民共和国食品安全法〉贯彻执行情况的整改报告》。

12月13日　市委宣讲团中共十八大精神报告会在宝丰迎宾馆八楼会议室举行。县委书记刘书锋主持会议。市委宣讲团成员、平顶山学院副院长罗士喜作十八大精神专题辅导报告。县级领导干部，部分离退休县级老干部，各乡镇、县直各单位、驻宝单位、重点企业负责人参加报告会。

12月13日　宝丰县2012年冬季消防安全工作会议在宝丰迎宾馆召开。会议贯彻落实省、市有关会议精神，安排部署2012年冬季消防安全工作。会议传达了《关于调整消防大队、派出所消防安全重点单位的通知》《关于对党的十八大消防安全保卫战先进集体和先进个人予以表彰的通报》《全县冬季消防安全工作实施方案》。

12月15日　省委组织部干部监督处调研员王明辉一行到全省组织系统"三讲三提升"活动联系点张八桥镇姚店铺村走访慰问老党员李合、李志方、李典章。王明辉还与县、镇、村干部进行座谈，听取姚店铺村各项事业发展情况的介绍，到村学校和新农村建设工地参观察看。

12月16日　宝丰县防范和打击非法集资宣传日活动在县委大门东侧举行。10余家单位以悬挂横幅、摆放展版、发放有关宣传资料、设立咨询台等形式进行宣传。

12月16～25日　县文化广电局文化市场综合执法大队对全县文化经营场所进行全面大检查、大排查。重点检查网吧、歌舞娱乐场所、KTV、书店、印刷复制企业、音像制品租销店、农贸市场地摊等文化市场经营场所。对查出的事故隐患，落实责任，确保整改措施落实到位。

12月17日　县委中心组学习会在裕昌源大酒店三楼会议室召开。县委书记刘书锋、县长张庆一、县人大常委会主任梅玉三、县政协主席铁干卿等县四大班子领导，各乡镇党委书记、乡镇长，县委办、县人大办、县政府办、县政协办和县直各单位的主要负责人参加学习会。会议学习了新《党章》内容。县委常委、组织部部长朱孝哲根据十八大对党的建设的新要求，以《深刻把握党的十八大精神，全面提高党的建设科学化水平》为题，就如何深刻把握党的建设的总要求，全面落实党的建设的"八项任务"，结合全县党建工作，进行了全面系统的讲解。县委常委、宣传部部长马丽结合工作实际，深入浅出地讲解了文化建设的三重意义，谈了自己对十八大提出的文化强国的理解与体会，进一步阐述了建设社会主义文化强国的重大举措。

12月17日　县委书记刘书锋在县委常委、县委办公室主任赵二成，县委常委、组织部部长朱孝哲，县人大常委会副主任娄文聚，县委群工部部长王忠贤陪同下到周庄镇调研。在周庄镇会议室，刘书锋等与周庄镇全体班子成员座谈，听取周庄镇2012年工作汇报和2013年工作打算。

12月18日　县委书记刘书锋在县委常委、县委办公室主任赵二成，县委常委、组织部部长朱孝哲，副县长王长和，县委群工部部长王忠贤，县政府党组成员、县产业集聚区管委会主任蒋三熠、副主任李慧敏等陪同下到杨庄镇调研。在杨庄镇会议室，刘书锋等与杨庄镇全体班子成员一起座谈，听取杨庄镇2012年工作情况和2013年工作打算及对今后工作的意见和建议。

12月18日　全国文化信息资源共享工程宝丰支中心被文化部评选为全国文化信息资源共享工程，公共电子阅览室示范点。

12月19日　以省人口计生委副主任孙晓红为组长的省委、省政府人口和计生工作专项督查组一行莅宝检查指导工作。督查组听取了宝丰县人口计生工作汇报。到县人口和计划生育服务站、张八桥镇计生服务中心、张八桥镇姚店铺村、赵庄乡计生服务中心、赵庄乡袁庄村进行实地察看。

12月19日　河南亚坤集团获2012年度平顶山市市长质量奖，并获50万元奖金。

12月19日　省政府质量兴省考核组莅宝，对县质量兴省工作进行全方位的检查考核。县长张庆一等陪同考核。考核组听取了宝丰县2012年质量兴省工作开展情况汇报，到河南大地水泥集团、宝丰恒瑞新材料有限公司实地察看。

12月20日　宝丰县大香山书画院成立揭

牌仪式暨"宝酒杯·墨韵宝丰"中国当代书画名家作品邀请展开幕式在宝丰迎宾馆举行。县委书记刘书锋,西安国画研究院院长张长松,西安市美术家协会常务副主席杨宏汉,西安国画研究院副院长王克敏,洛阳书画院院长李留海,河南省黄河书画院副院长、河南省花鸟画研究会副会长郭建,市书协主席訾智民,市文联副主席范大岭,市美协主席彭善喜等应邀出席揭牌仪式。300余位来自全国各地的书画爱好者参加仪式。开幕式由县委主办,大香山书画院承办,宝丰酒业有限公司、大宋汝窑瓷业有限公司、宝丰县农村信用合作联社协办。仪式上,宣读了宝丰县大香山书画院筹备工作报告、大香山书画院组织机构人员名单和聘请顾问名单。邀请展共征集到23个省(区、市)的书画名家作品306件,其中书法作品236件,美术作品70件。

12月22日　14点40分,20余位郊游人员在肖旗看到晴朗的上空浮云旁边出现一条彩虹,持续约半小时,实属罕见。

12月22日　住建部专家组成员、北京城建集团华尊装饰工程公司总经理顾宇一行3人,莅宝考察指导马街书会景观工程建设布展工作。顾宇一行在宝丰迎宾馆召开的座谈会上,听取了宝丰县情、宝丰文化及中华曲艺展览馆规划设计情况介绍,就布展的资料收集整理、设计等提出意见和建议,并到马街书会景观工程施工现场实地察看。

12月24日　县委书记刘书锋主持召开县委中心组集中学习会,进一步深入学习交流十八大精神。县领导梅玉三、铁干卿等县四大班子领导,各乡镇党委书记、乡镇长,县委办、县人大办、县政府办、县政协办和县直各单位的主要负责人参加学习会。会上,县委常委、县纪委书记刘景华围绕党风廉政建设交流了心得;县委常委、县委办公室主任赵二成,县委常委、统战部部长王森鹏带领大家全文学习了《中共中央纪律检查委员会向党的第十八次全国代表大会的工作报告》;县委常委、政法委书记杨占杰以《学习十八大精神加强创新社会管理》为题做了系统讲解。

12月24日　19时,全省公安机关"平安护航"号消防安全清查整治行动正式启动。当晚开始联合行动,对大型活动场所、商场等人员密集场所及歌厅、酒吧、网吧等娱乐场所检查消防安全。清查整治行动至2013年元旦期间结束。

12月25日　庆祝县慈善总会成立五周年暨"多彩晚霞"慈善孝老项目座谈会在县民政局会议室召开。县慈善总会五年累计募集社会捐款530万元,其中为四川汶川地震募集专项捐款307万元,为青海玉树地震募集专项捐款140万元,为困难老党员募集帮扶基金27万元,累计发放救助金46万元,救助困难群体500余人次。

12月26日　零时,宝丰县县级公立医院综合改革正式启动。县人民医院、县中医院、县妇幼保健院三家医院取消药品加成政策,所有药品(中药饮片除外)按照购进价实行零差率销售,破除"以药补医"机制,让公立医院回归公益性。

12月27日　由县委、县政府主办,县委宣传部、县邮政局承办的"邮政杯"学习贯彻党的十八大精神文艺演出在宝丰人民会堂举行。演出有舞蹈、诗朗诵、小品、豫剧等多种节目形式。

12月28日　县委办公室、县政府办公室印发《关于做好2013年〈宝丰年鉴〉资料征编工作的通知》,对2013年《宝丰年鉴》资料征编工作进行安排部署。

12月29日　宝丰县人民政府办公室党组建立。

12月30日　周庄镇王子孟新型农村社区及人民路东延安置工程项目举行开工仪式。王子孟新型农村社区东起东五环路,南接红旗渡槽,西起规划中的工业园区,北至规划中的迎宾大道东延和净肠河下游,总规划面积31.63公顷,建筑面积26.3万平方米。可安置村民1283户,4490人。

12月30日　中国共产党河南亚坤实业集团第一次党员大会在集团总部召开。亚坤集团50余名党员参加会议。亚坤集团党委于2012年6月成立。

12月31日　平顶山市青年农民专业合作社联合会成立大会在宝酒集团会议室召开。大会分别审议通过了《平顶山市青年农民专业合作社联合会章程》《平顶山市青年农民专业合作社联合会第一次会员代表大会选举办法》，并选举产生了第一届理事会领导机构。宝丰县商酒务镇的郭建新当选平顶山市青年农民专业合作社联合会会长。会上对宝丰县绿色农业专业合作社等30个合作社进行了表彰。

12月31日　政协宝丰县九届三次常委会在裕昌源大酒店会议室召开。县政协主席铁干卿，党组书记师建超，副主席王杰士、顾海萍、王书修及九届政协常委会组成人员参加会议。县委常委、常务副县长李留军应邀出席会议。县政府办有关负责人，政协机关各委室主任、办公室副主任等相关人员列席会议。会议听取了县政府关于九届一次会议以来提案办理情况的通报；听取了县政协各专委会2012年度工作情况汇报；审议通过了政协九届二次会议议程、日程草案等有关文件。

12月　宝丰高新技术产业开发区入选中原经济区（河南省）100名片名单。

12月　宝丰县韩店唢呐、香山观音信俗入选平顶山市第三批非物质文化遗产保护项目。

12月　宝丰县马聚魁、王国奇获第三批河南省省级非物质文化遗产汝瓷烧制技艺代表性传承人称号。

12月　宝李公路南水北调干渠桥试行通行。

河南省地方志工作规定

第一条　为规范地方志的编纂、管理和开发利用，发挥地方志在服务、促进经济社会发展中的作用，根据国务院《地方志工作条例》，结合本省实际，制定本规定。

第二条　本省行政区域内地方志的组织编纂、管理和开发利用工作适用本规定。

第三条　本规定所称地方志，是指省、省辖市、县（市、区）编纂的地方志书、地方综合年鉴。

地方志书，是指全面系统记述本行政区域自然、政治、经济、文化和社会的历史与现状的资料性文献。

地方综合年鉴，是指系统记述本行政区域自然、政治、经济、文化和社会等方面情况的年度资料性文献。

第四条　县级以上人民政府应当加强对地方志工作的领导，健全工作机构，保障工作条件，将地方志工作纳入国民经济和社会发展规划，所需经费列入本级财政预算。

第五条　县级以上地方史志编纂委员会负责本行政区域地方志工作的统筹规划、组织协调、督促指导。

地方史志编纂委员会办公室设在本级人民政府地方志工作机构，承担地方史志编纂委员会的日常工作。

第六条　县级以上人民政府地方志工作机构在本级地方史志编纂委员会的领导下，主管本行政区域的地方志工作，履行下列职责：

（一）贯彻执行有关地方志工作的法律、法规、规章和相关政策，制定有关地方志编纂的业务规程；

（二）组织、指导、督促和检查地方志工作；

（三）拟定本行政区域地方志工作规划和编纂方案；

（四）组织编纂本行政区域地方志书、地方综合年鉴，依照规定组织专家对已编纂成稿的地方志进行审查验收；

（五）搜集、保存、整理地方志文献和资料，组织整理旧志，开展地方志学术研究、交流和宣传；

（六）组织开发利用地方志资源；

（七）培训地方志工作人员；

（八）完成本级人民政府和上级人民政府地方志工作机构交办的其他事项。

第七条　省人民政府地方志工作机构负责拟定本省地方志编纂总体工作规划，报省人民政府批准后组织实施，并报国家地方志工作指导机构备案。

省辖市、县（市、区）人民政府地方志工作机构应当根据省地方志编纂总体工作规划，拟定本行政区域地方志编纂工作规划，经本级人民政府批准后组织实施，并报上一级人民政府地方志工作机构备案。

第八条　地方志书每二十年左右编纂一次；地方综合年鉴每年编纂一次。

以县级以上行政区域名称冠名的地方志书、地方综合年鉴，应当由本级人民政府地方志工作机构按照地方志编纂工作规划组织编纂，其他组织和个人不得编纂。

第九条　按照地方志编纂工作规划承担编纂任务的机关、事业单位、国有企业、社会团体和其他组织（以下简称单位），应当将地方志工作列入年度工作计划，明确负责编纂工作的机构和人员，保障工作条件。承担编纂任务的单位，应当在规定的时间内按照要求完成地方志初稿编纂或者资料报送任务，并对所编纂的地方志初稿的质量或者所提供资料的真实性和准确性负责。

地方志工作机构应当对承担编纂任务的单位加强业务指导和督查。

（转96页）

概　况

自然环境

【区域位置】 宝丰县位于河南省中西部,北纬33° 47′ ~34° 02′ ,东径112° 43′ ~113° 18′ 。东北距省会郑州市134公里,东距平顶山市新城区16公里,东南距内陆开放城市漯河市120公里,西南距历史文化名城南阳市143公里,西北距九朝古都洛阳市141公里。四境东南与平顶山市区交界,东及东北与郏县毗邻,西及西南与鲁山县相连,其中平顶山市石龙区在西部相隔,北及西北与汝州市接壤。宝丰县是河南省中西部重要交通枢纽,焦(作)柳(州)、漯(河)宝(丰)铁路及金(坡)孟(楼)(原郑南西线)(S231)、时(屯)南(关)(原平临公路或洛界公路)(S241)、南(丰镇)石(龙区)线(S329)在县城交会,宁(南京)洛(阳)、郑(州)尧(山)高速公路在县境东南互交,国道锡(林浩特)海(安)线(G207)穿境而过。总面积722平方公里,城区面积12.7平方公里。

【地形地貌】 宝丰县地质位置处于华北地台南缘、秦岭褶皱系北侧,出露的地层有元古界、古生界、中生界、新生界;地质构造主要有地层褶皱、地层断裂、地层凹陷三种。宝丰县境域属外方山东麓浅山丘陵区,由西向东为山地向黄淮平原过渡的丘陵起伏地带,由北向南为河川、丘陵与平原相间。西、南、东三面是山,北面是临河的平原和岗丘,中部是丘陵、平原、洼地交错。全县地势西高东低,地貌主要分为山岭、山谷、丘陵、平原。境区山岭面积137平方公里,占全县总面积722平方公里的18.98%,海拔在300~740米之间,地面坡度较大,在1/300~1/60之间。境区有4处山谷,分别为三道沟、南水山谷里沟、程寨沟、窑沟。境区丘陵面积310.5平方公里,占全县总面积的43%,地势起伏,海拔在200~500米之间。地面一般坡度在1/500~1/150之间。平原面积279.9平方公里,占总土地面积的38.6%,主要包括北部平原和中东部平原。

【自然资源】 宝丰县物华天宝,资源丰富,煤炭在全省占有重要地位,气候适于多种动植物生存。

矿产资源 宝丰县矿产主要分布在县境西南部和东南部。根据2011年《宝丰县矿山利用总体规划》数据,共发现矿产22种,产地58处,矿点31处。优势矿产是煤、铝矾土、耐火粘土、水泥灰岩、水泥粘土等。其中,煤炭资源预测储量10076.9万吨,铝矾土探明储量1717.92万吨,耐火粘土查明储量213万吨,水泥粘土估算储量1062万吨。

土地资源 根据2011年第二次全国土地调查结果,全县土地总面积110万亩,其中耕地63.4万亩,园地9607.2亩,林地5.13万亩,草地面积12.64万亩,城镇居民及工矿用地16.23万亩,交通用地(不含农村道路)1.64万亩,水域及水利设施用地5.84万亩。

水资源 宝丰县天然水资源总量约为2.2亿立方米,其中地表水约1.4亿立方米,地下水约0.8亿立方米,可控制开采利用水资源1.3亿立方米,已开发利用水资源0.9亿立方米。境区河流属淮河流域的北汝河与沙河两水系,流域面积在10平方公里以上的主要河流有17条。地表水主要是大气降水和地表径流所致,年平均约1.46亿立方米,平水年占37%,偏枯年占30%。县境外来水有:昭平台水库供水,年平均供水3600余万立方米;引汝水,年平均1340万立方米;石河入境水,年平均430万立方米。境区内有中小型水库17座,总库容量5337万立方米,其中库容量在1000万立方米以上的中型水库有龙兴寺水库和河陈水库2座,库容量分别为3000

余万立方米和1200余万立方米；库容量在10万立方米以上的小型水库15座，其中库容量较大的西外口水库为305万立方米，库容量最小的孙沟水库为10万立方米。地下水层主要有：洛峪群、寒武系、石灰系等各种裂隙岩溶水，二叠系、第三系砾石、砂石等构造裂隙水，第四系砂砾岩石层中的潜水和承压水等。补给来源主要为降水入渗、灌溉渗漏和沟河侧渗等。境区已发现10处天然泉水，均属下降水。

生物资源　据1995年编印的《宝丰县野生资源名录》记载，宝丰县有野生资源291科599种，其中，野生植物151科357种，野生动物140科242种；栽培植物100余种，饲养动物30余种。

历史沿革

约在1万年前，境区已有人类渔猎农耕，繁衍生息。

夏为豫州地。

商周为应侯国。

春秋初属郑，继属楚，又属晋。

战国，一度属韩，继属魏；后属秦，秦昭王时（约公元前270年左右）置父城县（治所在父城，今李庄乡古城），初属南阳郡，后隶颍川郡。

西汉，沿秦，仍为父城县，隶豫州颍川郡。东汉，父城县仍属豫州颍川郡。

三国，属魏，隶豫州（治所在安城，今确山东、新蔡西）颍川郡（治所在许昌），仍为父城县。

西晋，仍为父城县，隶豫州（治所在陈县，今淮阳）襄城郡。东晋十六国时期，仍为父城县。东晋咸和二年（327年），已属后赵（都司州，即邢台）豫州（治所在许昌）襄城郡；东晋太和元年（366年）属前燕（都邺，在今河北临漳县）荆州（治所在鲁阳）襄城郡；东晋太元七年（382年）属前秦（都长安）东豫州（治所在许昌）襄城郡；东晋太元二十年（395年）属东晋（都建康）颍川郡（治所在许昌）；东晋义熙五年（409年）属后秦（都长安）豫州（治所在洛阳）襄城郡。南北朝时期，北魏太和十年（486年），于县北部置符垒县（故城当在今县城西北约10公里处古城），隶司州（治所在洛阳）襄城郡。太和十七年（493年），改父城县为龙山县（治所在父城），隶司州襄城郡。太和十八年（494年），置汝南县（治所在今县城北赵官营村），隶司州襄城郡。太和二十年（496年），又置河山县（故城当在叶县城西北10余里扁城村），隶荆州郡（治所在鲁阳）。太和二十一年（497年），符垒、汝南、龙山同隶司州襄城郡。永安元年（528年），置汝南郡（治所在符垒城），领汝南、符垒二县。东魏（都城在邺）武定四年（546年），属汝南郡，隶广州（治所在鲁阳）。西魏（都长安）恭帝元年（554年），于境区东南部置滍阳县（治所在滍阳城），隶广州（治所在鲁阳）。北周因之。北齐（都邺）天保七年（556年），废汝南郡及所属之符垒、汝南二县，改原汝南县（治所在赵官营）为汝南镇。北齐后主武平三年（572年），隶广州（治所在襄城）襄城郡。

隋开皇元年（581年），改龙山县入汝南县（治所在父城故城）。开皇十年（590年），改滍阳县为湛水县。开皇十八年（598年），改汝南县为辅城县（治所在父城故城），隶伊州（治所在临汝）。大业元年（605年），改湛水县为犨城县（治所在县城东南15公里处）。大业二年（606年），废辅城县入郏城县，隶汝州襄城郡。

唐武德四年（621年），复置滍阳县（治所在滍阳城），隶广州。贞观九年（635年），废滍阳县入鲁山县。武后证圣元年（695年），析郏城、鲁山地置武兴县（治所在今县城），隶襄城郡。神龙元年（705年），改武兴县为中兴县，继更名为龙兴县。开元二十九年（741年），龙兴县隶都畿道汝州。天保元年（742年），隶临汝郡。

五代十国时期，仍为龙兴县。后梁（都汴）乾元元年（911年）属汝州。后唐（都洛阳）清泰元年（934年）属汝州。后晋（都汴）天福八年（943年）属汝州。后汉（都开封）乾祐二年（949年）属汝州。后周（都汴）显德六年（959年）属汝州。

宋初仍为龙兴县。熙宁五年（1072年），废龙兴县设龙兴镇，属鲁山县。元祐元年（1086年），复置龙兴县，隶汝州。政和元年（1111年），属京西北路汝州。宣和二年（1120年），始改名宝丰县（治所在今县城），隶京西北路辅临汝郡陆海军。

金大定二十九年(1189年),宝丰隶南京路汝州(治所在梁县,即临汝)。宋咸淳二年(蒙古至元三年,1266年)废宝丰县设宝丰镇,地属河南行省汝州梁县(治所在临汝)。

明初,废梁县入汝州。成化十一年(1475年),析汝州地复置宝丰县,隶河南省汝州(治所在临汝)。崇祯十六年(1643年),李自成义军攻占宝丰,改宝丰县为宝州。

清初,复置宝丰县(治所在今县城),隶河南省汝州(治所在临汝)。

民国初,宝丰属汝州直隶州。1914年(民国3年),属河洛道,直属河南省行政督察区。1933年(民国22年)2月,属河南省第五行政督察区。

1947年(民国36年)11月,宝丰解放,成立宝丰县人民民主政府(先后驻马街和宝丰县城),属豫陕鄂边区(驻鲁山)第五行政督察专区(先后驻马街和宝丰县城;1948年4月底或5月初移驻郏县城)。1948年6月,豫陕鄂边区撤销,分别成立陕南和豫西两个区,6月1日,豫西行政公署成立(驻鲁山),宝丰改属豫西区第五行政督察专区(驻郏县)。1949年3月,宝丰县隶属河南省许昌行政专区(驻许昌)。

1949年10月1日,中华人民共和国成立,宝丰属河南省许昌专区。1960年4月,撤销宝丰县制,原辖行政区域并入平顶山市。1961年10月,恢复宝丰县建制,仍归属许昌专区。1983年9月,实行市带县体制,宝丰县由许昌专区改属平顶山市。

行 政 区 划

2012年,宝丰县辖城关、周庄、闹店、杨庄、张八桥、大营、商酒务、石桥8个镇,李庄、前营、赵庄、肖旗4个乡及铁路办事处、观音堂林站。全县共有村(街、居)委会327个,其中城关镇11个居委会,周庄镇24个村委会、1个居委会,闹店镇24个村委会,李庄乡24个村委会、2个居委会,杨庄镇19个村委会、7个居委会,张八桥镇28个村委会,大营镇38个村委会,前营乡25个村委会,商酒务镇27个村委会,赵庄乡22个村委会,肖旗乡26个村委会,石桥镇28个村委会,铁路办事处3个居委会,观音堂林站18个村委会。自然村730个,村(居)民小组2089个。

2012年宝丰县行政村名称

乡(镇)办事处(站)	辖行政村(街、居委会)
城关镇	南关、大寺、西街、东街、东中、东关、仓巷、北街、友好、群英、民兴
周庄镇	周庄、陈营、丁楼、河何主、辛庄、皮庄、马旗营、三子孟、西黄庄、余东、余西、刘湾、林营、牛庄、上河、东黄庄、陆主、东崔庄、孙庄、耿庄、南王庄、中和寨、杨岗、东王庄、马川
闹店镇	闹店、刘集、寺坡、张沟、东五龙庙、贾寨、西杨庄、靳李、东军营、李官营、火神庙、双口、司庄、范营、小张庄、马沟、连店、周营、肖营、西牛庄、洼李、洪寺营、大张庄、扈口
李庄乡	李庄、徐庄、马圪垱、马楼、南牛庄、幸福村、下丁家、新寨、祁家、杨树沟、翟庄、翟西、翟东、尚王、闪庄、龙池、姬家、外口、程庄、马王庄、程寨沟、龙山、东杨庄、贺窑、纸房、禄庄
杨庄镇	小店、朱庄、西彭庄、堂洼、小李庄、石灰窑、崔庄、马南、马北、大温庄、杨老庄、王铁庄、薛潭、东彭庄、白水营、石洼、姜湾、姬袁庄、柳沟营、仝岭、范庄、胡主、永安、和平、宋湾、马山根
张八桥镇	张八桥、下河、阎洼、苗李、河湾、大刘、姚洼、外良庄、草场、嘴陈、东火山、西火山、姚店铺、孔庄、没梁庙、山张、赵圪垱、袁店、草庙陈、白塔杨、王堂、马厂、大栗庄、贾岭、东斋公庄、西马庄、祁庄、南李庄
大营镇	大营一村、大营二村、大营三村、大营四村、大营五村、大营六村、南街、李坪、西赵庄、上高庄、边庄、上李庄、宋坪、赵楼、韩庄、清凉寺、白石坡、斋公庄、柳沟、古垛、西何庄、小营、康洼、李文驿、小岭王、大岭王、胡茄庄、殁寨、郝沟、西李庄、苏家洼、相厂、西牛庄、西古庄、西张庄、蛮子营、大沈河、小沈河

续表

乡(镇)办事处(站)	辖行政村(街、居委会)
前营乡	前营、小店头、槐树岭、岳坟沟、店西、店东、店南、西翟庄、马庄、张洪庄、杨庄、西何寨、西袁庄、张旗营、北郭庄、大吴庄、关帝庙王、大连庄、韩王庄、小连庄、五龙庙、郜湾、张吴庄、郭湾、曹庄
商酒务镇	商酒务、郜辛庄、梁庄、张洛庄、扈庄、黄洼、犁湾沟、大王庄、石岗营、房庄、龙泉寺、赵官营一村、赵官营二村、赵官营三村、孙官营、古城韩、柳林、张家庄、皂角树、水牛里、何庄、古城、武岗、白庄、焦楼、杨沟、泥河樊
赵庄乡	赵庄、马辛庄、晁庄、张庄、官衙、泥河、魔冢营、吴庄、北刘庄、军营、楚范庄、大黄庄、闵庄、岔河寺、娄庄、岳寨、周旗营、白店、小黄庄、任寨、大韩庄、岳袁庄
肖旗乡	肖旗营、七里营、土桥铺、袁庄、史渡洼、五里头、三里营、韩店、鲁庄、房旗营、裴里、解庄、磁矶岭、潘庄、张伍庄、朱洼、贺岭、枣庄、柴庄、范寨、东丁岭、西岭湾、大乔庄、大白庄、史营、赵岭
石桥镇	大石桥、东赵庄、高皇庙、大胡庄、西大庄、阎庄、王庄、交马岭、水泉、肖坟、肖楼、大边庄、小颜湾、田庄、兴隆庄、李凤山庄、大牛庄、竹园、何寨、邢庄、谷官营、师庄、高铁炉、冢坡、寺门、邱楼、东大庄、吕寨
观音堂林站	观音堂、北水峪、滴水崖、罗顶、三间房、宋沟、余家、垛上、马堂、大石扒、庄科、石板河、赵沟、金庄、阎三湾、崔家、小南庄、回龙庙
铁路地区办事处	铁东、铁西、铁北

人　口

2012年，全县总户数152491户，总人口523043人。其中非农业人口68490人。人口自然增长率4.49‰。

宝丰县2003~2012年人口变化情况

年份	总户数	总人口	农业人口	非农业人口
2003	129506	479173	412855	66318
2004	136616	481813	415066	66747
2005	144376	487444	419479	67965
2006	148854	491356	422884	68472
2007	148034	494979	425266	69713
2008	156573	497617	427537	70080
2009	157354	500100	436250	63895
2010	157000	502500		
2011	162672	505600	436231	70329
2012	152491	523043	454553	68490

民族　宗教

【民族】 2012年，宝丰县有20个民族成分，其中人口较多的是汉、回、满、蒙古等民族。汉族人口所占比例最大，其次为回族。少数民族在地域分布上具有大分散、小聚居的特点。回族在各乡镇均有分布，以城关镇、李庄乡居多，均在千人以上；满族除李庄乡、蒙古族除肖旗乡外，其他乡镇均有分布，满族以大营镇、观音堂林站居多，均在百人以上。全县少数民族总人数5490人，其中回族人口4614人，满族人口623人，蒙古族人口180人，其他民族人口73人。

【宗教】 2012年，县境传播的宗教有佛教、道教、基督教、伊斯兰教、天主教5种。宗教团体有佛教协会、道教协会、基督教"两会"、伊斯兰教协会。批准开放的宗教场所61处，有宗教教职人员179人，信教群众7.1万余人，其中佛教信教群众4.1万余人，有寺院16处，教职人员12人；道教信教群众1.75万人，有道观12处，教职人员68人；基督教信教群众0.8万余人，活动堂点21处，教职人员87人；伊斯兰教全民信教，信教群众4614人，有清真寺12坊，阿訇12人；天主教信教群众较少，有21人，县境暂无开放场所。

（徐肖金）

领导名录

（2012 年 1 月至 2013 年 6 月）

中共宝丰县委

书　记　刘书锋
副书记　张庆一
　　　　李留军（2013.5 任）
常　委　刘书锋
　　　　张庆一
　　　　李留军
　　　　刘景华
　　　　赵二成
　　　　郭群献（2013.5 离）
　　　　马　丽
　　　　杨占杰
　　　　王森鹏
　　　　朱孝哲
　　　　李庆豪（2013.5 任）
　　　　张延波（2013.5 任）

县委办公室

主　　任　赵二成
常务副主任　刘献华（2012.4 离）
　　　　王国军（2012.12 任）
副 主 任　王留生（2012.12 离）
　　　　何　丰
　　　　李占清（2012.8 离）
　　　　王国军（2012.12 离）
　　　　孙长山
　　　　石振国（2012.12 任）
　　　　王俊喆（2012.12 任）
秘书室主任　王俊喆（2012.12 离）
　　　　吕跃红（2012.12 任）
综合办主任　杨合民（2012.12 离）
信息办主任　赵一硕
行政管理办主任　张建辉（2012.12 离）

县委督促查办室

主　　任　何军科（2012.12 任）
副 主 任　穆文君（2012.12 离）
　　　　宋晓芳
　　　　李团委（2012.12 任）

县委政策研究室

主　　任　丁代盾
副 主 任　董淑贞（2012.12 离）
　　　　何军科（2012.12 离）

县委机要局

局　　长　何　丰（2013.3 离）
　　　　叶红卫（2013.3 任）
副 局 长　叶红卫（2013.3 离）
　　　　姬永立

县国家保密局（县委保密委员会办公室）

局　　长（主任）　李占清（2012.8 离）
　　　　穆文君（2012.12 任）
副 局 长（副主任）　（缺）

县国家密码管理局

局　　长　（缺）
副 局 长　王振伟（2012.8 任）

县委农村工作办公室

主　　任　孙长山（2012.4 任）

县委党史研究室

主　　任　余海珠（2012.12 任）
副 主 任　余海珠（2012.12 离）
　　　　郜现松（2012.12 离）
　　　　陈金盘（2012.12 任）

县委县政府机关事务管理办公室、外事接待办公室（2012 年 12 月撤销）

主　　任　王留生（2012.12 离）
副 主 任　杨大利（2012.12 离）
　　　　师文晓（2012.12 离）
　　　　彭文甫（2012.12 离）

县机关事务管理办公室（2012 年 12 月成立）

主任、副书记　王留生（2012.12 任）
党支部书记　张建辉（2012.12 任）
副 主 任　师文晓（2012.12 任）
　　　　彭文甫（2012.12 任）
委　　员　师文晓（2012.12 任）

彭文甫（2012.12 任）

县委、县政府外事接待办公室（2012 年 12 月成立）

主任、副书记　孔新义（2012.12 任）

党支部书记　杨大利（2012.12 任）

副 主 任　岳中明（2012.12 任）

委　　员　岳中明（2012.12 任）

县委组织部

部　　长　朱孝哲

常务副部长　王书修（2012.4 离）

陈军政（2012.12 任）

副 部 长　张留安

陈军政（2012.12 离）

张中伟（2012.4 任）

办公室主任　（缺）

组织室主任　文胜伟（2012.12 离）

干部室主任　潘廷韬（2012.12 离）

干部调配室主任　任尊锋（2012.12 任）

干部监督办公室主任　（缺）

干部教育办公室主任　李红飞（2012.12 任）

组织员办公室

主　　任　文胜伟（2012.12 任）

副 主 任　陈峰磊（2012.12 离）

电教中心

主　　任　何素静

副 主 任　王朝霞（2012.8 任）

县委人才工作办公室

主　　任　孔新义（2012.12 离）

潘廷韬（2012.12 任）

副 主 任　杨孟辉（2012.12 离）

县大学生村干部管理工作办公室

主　　任　余建军（2012.3 离）

张金锋（2012.12 任）

副 主 任　（缺）

县委老干部局

局长、党支部书记　金维明

副 局 长　杜付民　陈春燕

党支部委员　杜付民　陈春燕

县老干部活动中心

主　　任　王春繁

党支部书记　蔡培叶

县关心下一代工作委员会办公室主任　宋海健

县老干部学校专职副校长　牛占星

县老干部休养所所长　黄素姣

县委宣传部

部　　长　马　丽（2013.5 离）

李庆豪（2013.5 任）

常务副部长　王富有（2012.4 任）

副 部 长　王长河

张　占（2012.4 离）

吕才营（2012.4 离）

王富有（2012.4 离）

李云正

金晓辉（2012.12 任）

吕艳慧（2012.12 任）

办公室主任　王建新

社会宣传室主任　柴海燕

新闻室主任　吕艳慧（2012.12 离）

干部理论党员教育室主任　赵晓普（2012.12 离）

文化教育室主任　王延芳（2012.12 离）

网络室主任　王明阳（2012.12 任）

县委对外宣传工作领导小组办公室

主　　任　孙菊香（2013.3 离）

副 主 任　韩国营

刘中举（2012.12 离）

县文明建设委员会办公室

主　　任　关玉民（2012.4 离）

张　占（2012.4 任）

副 主 任　魏彦惠　孙建中　陈东亚

县委统一战线工作部

部　　长　王森鹏

副 部 长　魏龙海（2012.3 离）

毋新明　胡少坡

办公室主任　韩　艳

经济联络室主任　刘光要（2012.12 离）

徐兴杰（2012.12 任）

干部办主任　臧志勇（2012.12 任）

理论宣传室主任　张　薇（2012.12 离）

民族宗教办主任 付英英
对台办主任 刘光要(2012.12任)
副主任 刘要军
县台胞台属联谊会主席 孙自平(2012.12任)
党支部书记 张 薇(2012.12任)
副主席 孙自平(2012.12离)

县委政法委员会

书 记 杨占杰
副书记 顾海萍(2012.4离)
刘振奇 尚铁林
连金义(2012.9任)
李宏伟(2012.9任)
办公室主任 李宏伟(2012.9离)
练国方(2012.9任)
协调督查室主任 牛晶晶
政治部主任 芮新建
政法纪检监察室主任 王国杰(2012.9离)
副主任 朱瀛涛(2012.12离)

中共宝丰县政法纪律检查工作委员会
书 记 朱瀛涛(2012.12任)

县社会治安综合治理委员会办公室
主 任 白太和(2012.9离)
李宏伟(2012.9任)
副主任 余 冰

县委处理"法轮功"问题办公室、
县政府防范和处理邪教组织办公室
主 任 连金义
副主任 张晓娟(2012.9离)
余亚蕊(2012.9任)

县委维护稳定工作领导小组办公室
主 任 朱海涛(2012.12任)
副主任 邢会珍
王月霞(2012.8任)

县委群众工作部

部 长 郭鹏飞(2012.2离)
王忠贤(2012.2任)
副部长 郭亚民
王红军(2012.12离)
郭慧洁
李延乐(2012.12任)

县信访局

局 长 顾海萍(2012.4离)
郭亚民(2012.4任)
党组书记 郭鹏飞(2012.3离)
王忠贤(2012.3任)
副书记 郭亚民(2012.4任)
副局长 赵乾新(2012.12离)
张恒星(2012.8任)
丁亚涛(2012.12任)
纪检组长 李延乐(2012.12离)
朱志辉(2012.12任)
党组成员 张新平 李延乐(2012.12离)
赵乾新 郭书东 丁亚涛
朱志辉(2012.12任)

县机构编制委员会办公室

主 任 张中伟(2012.4离)
杨伟杰(2012.4~2013.4)
金龙峰(2013.4任)
副主任 王文峰

县机构编制电子政务中心
主 任 高亚军(2012.12任)

县委县直机关工作委员会

书 记 鲁建坤
副书记 崔锦钊
县直纪工委书记 张耀伟
县直人武部部长 张召丰

县委党校

校 长 张庆一(2013.5离)
李留军(2013.5任)
党总支书记、常务副校长 张留安
副校长 张剑刚 郭聚杰
党总支委员 张剑刚 郭聚杰 郭会展

中共宝丰县纪律检查委员会

书 记 刘景华
常务副书记 杨雁景

副书记 张国申
张建钊(2012.4任)
常委 刘景华 杨雁景 张国申
张建钊 陈培红
赵红哲(2013.3离)
黄金坡
办公室主任 岳卫国
宣传教育室主任 叶二伟(2012.12任)
党风廉政建设室主任 (缺)
控申室主任 毛旗(2012.12离)
案件管理室主任 李金朝
案件检查室主任 黄金坡
案件审理室主任 袁振飞(2012.10离)
执法监察室主任 崔要民
综合室主任 李光辉
干部管理室主任 王贵生
纪检监察一室主任 (缺)
纪检监察二室主任 (缺)
农村基层党风廉政建设室主任 卢军超

县勤政投诉中心
主任 何贯峰
副主任 王慧 李广学 张亚豪

县优化经济发展环境工作领导小组办公室(效能监察室)
主任 李鸿昌(2012.12任)
副主任 张磊
韩非(2012.12离)
吴红召(2012.12任)

县政府纠正部门和行业不正之风办公室
主任 (缺)
副主任 张晓峰

县委县政府党风廉政建设责任制领导小组办公室(廉洁自律室)
主任 陈凯

县直第一纪工委(监察分局)
书记(局长) 张殿奇

县直第二纪工委(监察分局)
书记(局长) 黄金坡(2012.12离)
刘锁贵(2012.12任)

县直第三纪工委(监察分局)
书记(局长) 张晓峰

县直第四纪工委(监察分局)
书记(局长) 陈培红

东部办案协作区区长 郭峰
中部办案协作区区长 宋五一
西部办案协作区区长 杨顺杰

宝丰县人大常委会

主任 李杰(2012.4离)
梅玉三(2012.4任)
党组书记 梅玉三(2012.4离)
李杰(2012.4任)
党组副书记 李杰(2012.4离)
梅玉三(2012.4任)
郭殿水(2012.4离)
副主任 郭殿水(2012.4离)
石素月(2012.2离)
崔建利(2012.4任)
娄文聚
刘怀振
王延辉(2012.4任)
党组成员 崔建利(2012.3任)
娄文聚
刘怀振
王红旗(2012.4离)
朱文朝(2012.4离)
周爱萍

办公室
主任 周爱萍
副主任 王刚伟

选举任免代表联络工作委员会
主任 司锋
副主任 李晓飞(2012.12离)

财经工作委员会
主任 温建林

副 主 任　李红燕

农村工作委员会

主　　任　白红兵

法制工作委员会

主　　任　张　伟

副 主 任　张世伟（2012.12 任）

教科文卫工作委员会

主　　任　褚广仁

副 主 任　李长江(2012.12 离)

环境与资源保护工作委员会

主　　任　赵春来

副 主 任　（缺）

信访办公室

主　　任　张建伟

副 主 任　（缺）

调查研究室

主　　任　赵培浩（2012.12 任）

副 主 任　吴万军(2012.12 离)

王克娜

宝丰县人民政府

代理县长　张庆一（2012.4 离）

县　　长　张庆一（2012.4 任）

党组书记　张庆一

党组副书记　李留军（2013.5 离）

马　丽（2013.5 任）

平亚锦（2012.11 离）

常务副县长　李留军（2013.5 离）

马　丽（2013.5 任）

正县级干部　许全根

张　平

副 县 长　范文涛（2012.2 离）

王长和

胡进栓（2012.3 任）

董伟领

魏学君

姬翠红

吴建刚（2012.8 离，省下派）

党组成员　张　平　许全根　王长和

董伟领　魏学君　姬翠红

吴建刚（2012.8 离，省下派）

桓贯超（2013.5 离）

吴红强（2013.5 任）

郜现营　蒋三熠　李慧敏

曲延辉

申怀彬（2012.3 任）

王红旗（2012.4 任）

朱文朝（2012.4 任）

陈卫东（2013.3 任）

亢鹏举

林卫星（2012.12 离）

李长富　杨雁景

张砖头（2013.3 离）

林　頔（2012.1~2013.1，下派）

马胜昔（2012.12 任）

王文杰（2013.3 任）

县长助理　林　頔（2012.1~2013.1，下派）

（一）工作部门

县政府办公室

（2012 年 12 月建立宝丰县人民政府办公室党组）

主　　任　林卫星（2012.12 离）

马胜昔（2012.12 任）

党组书记　马胜昔（2012.12 任）

副 主 任　张庆宇（2012.4 离）

李保刚

周现民（2012.3 离）

李　松

杨合民（2012.12 任）

马中奎（2012.12 任）

党组成员　李保刚（2012.12 任）

李　松（2012.12 任）

杨合民（2012.12 任）

陈文杰（2012.12 任）

纪检组长　陈文杰（2012.12 任）

目标办主任　张中琦
副主任　原艳峰
刘龙义(2012.12 任)
无委办主任　江晓雨
侨务办公室主任　刘东方(2012.8 任)

县政府督查室

主　任　陈全强(2012.8 任)

县人民防空办公室

主　任　李学敏
副主任　张松欣　樊晓慧

县工农关系协调领导小组办公室

主　任　阿卫国(2012.8 任)
副主任　何素憬　陈东旭

县政府法制办公室

主　任　王艳丽
副主任　柴会奇
刘森飞(2012.12 任)

县政府金融办公室

主　任　李长富

县食品安全办公室

主　任　李　松

县政府教育督导室

主　任　程相华(2012.4 离)
毕志伟(2012.4 任)
副主任　李宁艳

县政府发展研究中心

主　任　杨晓东(2012.8 任)
副主任　李兵团
张远航(2012.8 任)

发展和改革委员会

主　任　张幸春
党组书记　马延丰
副书记　张幸春
朱海龙(2012.3 离)
副主任　朱海龙(2012.3 离)
闫铁伟　田德喜
师林枫(2012.12 任)
纪检组长　王永超
党组成员　闫铁伟　田德喜　师林枫
董子耀　王永超　李韩华
吴万江(2013.3 离)
任红旗(2013.3 离)
张春东　朱延明
县政府大项目办公室主任　李文国
县经济运行办公室主任　李韩华
县经济信息中心主任　亢鹏程

教育体育局

局长、党委书记　黄国民
副局长　张淑君　郭德山　康军政
解永生　白　昭
纪委书记　崔海涛
党委委员　张淑君　郭德山　白　昭
康军政　毕志伟　解永生
崔海涛　程国锋　闫建勋
县体育局局长　毕志伟
党支部书记　魏延军(2012.10 任)

工业和信息化局

局长、党组书记　邢献国(2012.4 离)
刘献华(2012.4 任)
副局长　黎亚东　陈　伟　周永刚
纪检组长　张晓锋
党组成员　黎亚东　陈　伟　周永刚
张晓锋

公安局

局长、党委书记　韩学孟
督察长　韩学孟(兼,2012.10 任)
政　委　张松涛
副书记　张松涛
张进峰(2012.9 任)
副局长　张进峰
姚金东(2012.3 任,市下派)
周文辉(2012.9 任)
马玉伟(2012.9 任)
王治帮(2012.9 任)
纪委书记　白太和(2012.9 任)
党委委员　张进峰　徐红敏(2013.3 离)
周文辉　马玉伟　王治帮
王剑平(2012.8 离)

何自军　岳　民
姚金东(2012.3 任,市下派)
白太和(2012.9 任)
政治处主任　徐红敏(2013.3 离)
交通警察大队(公路巡逻警察大队)
大队长　亢永超(2012.9 任)
刑事侦查大队大队长　王剑平(2012.8 离)
赵　晓(2012.9 任)
教导员　赵　晓(2012.9 离)
110 报警指挥中心主任　(缺)
教 导 员　(缺)

监察局

局　　长　杨雁景
副 局 长　刘锁贵
李鸿昌(2012.12 离)

民政局

局　　长　李自钦
党组书记　李自钦(2012.4 离)
杨天照(2012.4 任)
副 书 记　李自钦(2012.4 任)
副 局 长　王亚龙
杨跃民(2013.3 离)
范小欣
谢少奎(2012.12 任)
纪检组长　寇军杰
党组成员　王亚龙　杨跃民(2013.3 离)
范小欣　寇军杰
谢少奎(2012.12 任)

司法局

局长、党组书记　刘振奇
副书记、副局长　孙菊香(2013.3 任)
副局长　王先刚　闫现文　徐艳芳
纪检组长　熊　浩
党组成员　王先刚　闫现文　徐艳芳
杨　勇　熊　浩
县依法治县办公室专职副主任　王　培

财政局

局长、党组书记　王亚民
副 局 长　陈留文(2012.4 离)
文晓真　杨国旗　姚俊乾
林帅锋(2012.8 任)
纪检组长　何丽娜
党组成员　陈留文(2012.4 离)
文晓真　何丽娜　杨国旗
姚俊乾　张红伟　张英英
林帅锋(2012.8 任)
县非税收入管理局局长　(缺)
副局长　黄俊伟　李跃伟
县政府技术改造资金管理办公室主任　张红伟
县农税局局长　杨国旗
县会计局(会计管理服务中心)
局长(主任)　叶卫锋

人力资源和社会保障局

局　　长　张山坡
党组书记　张山坡(2012.12 离)
林卫星(2012.12 任)
副 书 记　张山坡(2012.12 任)
副局长、副书记　王振有(2012.4 离)
副 局 长　刘永和
周淑惠(2012.12 离)
李建伟
张新风(2012.12 任)
纪检组长　张素君
党组成员　刘永和　周淑惠(2012.12 离)
李建伟　张素君　张国强
郝晓锋　史国亮
张新风(2012.12 任)
县社会保障事业局局长　张国强
县劳动就业局局长　郝晓峰
党支部书记　安秋红
县人才交流中心主任　李宗敏(2013.3 离)
县社会医疗保险中心主任　李建伟

国土资源局

局长、党组书记　张新宇
副 书 记　肖国欣
副 局 长　牛广军　李国群　尚宏鑫
任德广　付建兵
纪检组长　徐军伟

党组成员　王延涛　胡长炜　肖国欣
牛广军　徐军伟　李国群
尚宏鑫　任德广　付建兵
县土地开发中心主任　王延涛

环境保护局

局　　长　步金杰
党组书记　步金杰(2012.12 离)
李文志(2012.12 任)
副 书 记　步金杰(2012.12 任)
副 局 长　梁学灏　郭晓东
总工程师　余功友(2012.4 离)
纪检组长　张延伟
党组成员　梁学灏　张延伟　郭晓东
郭文杰　李园森
环境监测站站长　郭文杰
党支部书记　孙艳红

住房和城乡建设局

局长、党组书记　王文杰(2013.3 离)
刘全有(2013.3 任)
副 局 长　解建义(2012.4 离)
窦志国(2012.8 离)
杨亚丽　刘文利
纪检组长　师春雨
党组成员　解建义(2012.4 离)
窦志国(2012.8 离)
杨亚丽　刘文利　师春雨
刘广坡　潘延杰
张义辉(2012.12 离)
周国胜
县房产管理局局长　刘广坡
县市政工程管理处主任　董国旗
党支部书记　贾利军
县城建监察大队大队长　周国胜
县城市园林管理局局长　潘延杰
党支部书记　尤书辉
县城市环境卫生管理处
主任、党支部书记　郑书廷(2012.4 离)

规划局

局　　长　张义辉
党支部书记　张义辉(2012.12 任)

交通运输局

局长、党组书记　商金生
副 书 记　胡栓紧
副 局 长　郭英豪
李晓飞(2012.12 任)
纪检组长　(缺)
党组成员　郭英豪　张英杰　侯延军
李少凡
县交通路政管理大队
大队长 仝新宝(2013.3 离)
党支部书记 叶国远
县农村公路管理所所长　魏松涛
党支部书记　张杰亮
县交通战备办公室主任　韩红卫(2013.3 离)
县公路管理局局长、党支部书记　胡栓紧
副书记、副局长　魏清江
副 局 长　周铁头　刘亚伟

水利局

局　　长　杨民德(2012.4 离)
戴德山(2012.4 任)
党组书记　戴德山(2012.4 任)
副 书 记　杨民德(2012.4 离)
张国建(2012.10 任)
副 局 长　余松民
王永杰(2012.10 任)
要素红(2012.10 任)
纪检组长　任朝俊(2012.5 离)
袁振飞(2012.10 任)
党组成员　戴德山(2012.4 离)
任朝俊(2012.5 离)
余松民　谢水池
张国建(2012.10 离)
王永杰(2012.10 任)
袁振飞(2012.10 任)
要素红(2012.10 任)
县水利移民安置办公室主任　谢水池
县防汛抗旱指挥部办公室主任　(缺)
副主任　王永杰(2012.10 离)

县政府用水节水管理办公室和水资源管理
办公室主任　张国建
县昭平台水库灌区管理处主任　赵　新
县自来水公司经理　胡新太
党支部书记　赵松涛(2012.8离)
县净肠河管理处主任　李少纯

南水北调中线工程建设领导小组办公室
主　任　戴德山(2012.12离)
谢水池(2012.12任)
副主任　李晓峰(2012.10任)
王　军(2012.10任)

农业局

局　长　连国发
党组书记　连国发(2012.10任)
副局长　王亚辉　王振豪
王振西(2012.10任)
纪检组长　李华锋(2012.10任)
党组成员　王亚辉　王振豪
卫朝阳(2012.10离)
王振西(2012.10任)
李华锋(2012.10任)
县农业技术中心主任　许明伟(2012.10任)
党支部书记　宋喜梅

林业局

局长、党组书记　常占民
副局长　郭维贞
王振西(2012.10离)
卫朝阳(2012.10任)
纪检组长　王巧玲(2012.10任)
党组成员　郭维贞
王振西(2012.10离)
王巧玲　王国勋
毕光杰(2012.3任)
卫朝阳(2012.10任)
县森林公安局政委　毕光杰(2012.3任)
局长　杨军红(2012.3任)

商务局

局　长　张国强
党组书记　张国强(2013.3离)
谷树军(2013.3任)
党组副书记　张国强(2013.3任)
副局长　余京文
吕学强(2012.8离)
李志辉(2013.3离)
王会甫(2013.3任)
纪检组长　张永钊
党组成员　余京文
吕学强(2012.8离)
李志辉(2013.3离)
张永钊
陈志良(2012.8离)
牛瑞芳(2012.8离)
王会甫(2013.3任)

商贸行业协会
会　长　吕学强(2012.8离)
李志辉(2013.3任)

文化广电局

局长、党组书记　王富有(2012.4离)
吕才营(2012.4任)
副书记、副局长　张春岭(2013.3离)
马延辉(2013.3任)
副局长　朱国奇(2012.8离)
赵素敏(2012.12离)
田保林(2013.3任)
王团乐(2013.3任)
郭卫杰(2013.3任)
纪检组长　田保林
党组成员　朱国奇(2012.8离)
赵素敏(2012.12离)
田保林　梁振国　王团乐
江国鹏　郭卫杰(2013.3任)
县文物管理局局长　王团乐
党支部书记　夏高峰(2013.3任)
县文化市场新闻出版管理办公室
主　任　郭卫杰
党支部书记　刘大锋

卫生局

局长、党组书记　程广州

副书记、副局长　王延须
副局长　赵延军
　　　　周淑慧(2012.12任)
纪检组长　张新风(2012.12离)
党组成员　张新风(2012.12离)
　　　　李振敏(2013.3离)
　　　　赵延军　陈自伟
　　　　崔延宾　牛二永
　　　　周淑慧(2012.12任)
　　　　付柳江(2013.3任)
县卫生防疫站站长　陈自伟
　党支部书记　孙雪梅(2013.3任)

人口和计划生育委员会

主任、党组书记　余廷军
副书记、副主任　李安伟(2012.8离)
副主任　郭荣凯(2012.4离)
　　　　付柳江(2013.3离)
　　　　张晓燕(2013.3任)
纪检组长　赵松慧
党组成员　郭荣凯(2012.4离)
　　　　付柳江(2013.3离)
　　　　马延辉(2013.3离)
　　　　赵松慧　张晓燕
　　　　李振敏(2013.3任)
县计生宣传技术站站长　王建新(2013.3离)
　　　　马胜利(2013.3任)

县计划生育协会
常务副会长　马延辉(2013.3离)
　　　　李振敏(2013.3任)
副会长　王曙光
　　　　马胜利(2013.3离)
　　　　王建新(2013.3任)

审计局

局长、党组书记　路冠中
副书记、副局长　李延昭
副局长　李　军　庞延铎
纪检组长　徐国锋
党组成员　徐国锋　李　军
　　　　马小留(2012.4离)
　　　　庞延铎
经济责任审计局局长　马小留(2012.4离)

统计局

局长　亢鹏举(2012.4离)
　　　　孙占国(2012.4任)
党组书记　孙占国(2012.4离)
　　　　亢鹏举(2012.4任)
副书记　亢鹏举(2012.4离)
　　　　孙占国(2012.4任)
副局长　孙占国(2012.4离)
　　　　王红欣
　　　　余书玲(2012.10任)
纪检组长　张根红
党组成员　王红欣　张根红
　　　　余书玲(2012.10任)
县企调队队长　金新亮(2012.10离)
县城调队队长　王富英(2012.10任)
县农调队队长　余书玲(2012.10离)
县经济社会调查局局长　张艳辉(2012.10任)

煤炭工业局

局长　王延辉(2012.4离)
　　　　李海洋(2012.4任)
党组书记　王结实(2012.4离)
　　　　李海洋(2012.4任)
副书记　裴金星
副局长　张振玉　闫建民
　　　　李延军(2013.3离)
纪检组长　裴金星
党组成员　张振玉　闫建民
　　　　李延军(2013.3离)

(二)其他工作部门

民族宗教局

局长　张延伟
副局长　谢少奎(2012.12离)
　　　　李跃付

张恒云(2012.12 任)

地方史志办公室

主任、党支部书记　郑永安
副　主　任　杜建红
党支部委员　张增强　李晓红

招商局

局长、党组书记　赵宗汉(2012.4 离)
张庆宇(2012.4~2013.4)
尚素珍(2013.4 任)
副 局 长　兰杰伟
王卫平(2013.3 离)
纪检组长　张留合
党组成员　兰杰伟　王卫平(2013.3 离)
张留合　张维和

企业改革服务中心

主任、党委书记　张砖头(2013.3 离)
杨新占(2013.3 任)
副 主 任　王晓阳　宁艳辉
纪委书记　尹朝辉
党委委员　王晓阳　尹朝辉　李　凡
李志辉(2013.3 任)

物资行业改革发展服务中心

主任、党组书记　郭中央
副 主 任　梁振杰
邓会芳(2012.4 离)
纪检组长　(缺)
党组成员　梁振杰　邓会芳(2012.4 离)
葛延和

粮食局

局　　长　余文杰(2012.4 离)
王振有(2012.4 任)
党委书记　余文杰(2013.3 离)
王振有(2013.3 任)
副 书 记　王振有(2012.4~2013.3)
副局长、副书记　徐丙志
副 局 长　杨迎春(2013.3 离)
纪委书记　侯长生
党委委员　杨迎春(2013.3 离)
侯长生　范志强

县粮食系统国有资产管理中心
主 任　(缺)

爱国卫生运动委员会办公室

主　　任　步国旗(2012.4 离)
李增民(2012.4 任)
党组书记　徐晓红(2012.4 离)
李增民(2012.4 任)
副 书 记　步国旗(2012.4 离)
副 主 任　魏军锋
马军杰(2013.3 任)
纪检组长　(缺)
党组成员　魏军锋　郑建廷　马军杰

科学技术局

局长、党组书记　岳保菲
副 局 长　郝　鹏　连红选
周平丽(2012.10 任)
纪检组长　张拴紧
党组成员　郝　鹏　连红选　张拴紧
李军涛　李志伟
周平丽(2012.10 任)

县地震局局长　吕金忠

信息中心

主任、党组书记　孙艳芳(2012.12 任)
副 主 任　孙艳芳(2012.12 离)
韩世奇
纪检组长　梁国强
党组成员　孙艳芳(2012.12 离)
韩世奇　梁国强　张新民
王建新(2012.12 任)
总 编 辑　王建新(2012.12 任)

扶贫开发领导小组办公室

主　　任　罗明镜(2012.4 离)
陈留文(2012.4 任)
党组书记　罗明镜(2012.4 离)
陈留文(2012.4~2012.7)
李战有(2012.7 任)
副 主 任　李战有　尤雨仙
纪检组长　路延涛

党组成员　李战有（2012.7 离）
尤雨仙　路延涛

农业科学研究所

所长、党支部书记　邓廷玉
副所长　杨振廷　王爱萍
党支部委员　杨振廷　杨召丽

安全生产监督管理局（煤矿安全监察局）

局　长　杨伟杰（2012.4 离）
步国旗（2012.4 任）
党组书记　徐予临
副书记　杨伟杰（2012.4 离）
步国旗（2012.4 任）
副局长、副书记　乔力翔
副局长　郝国强　杨　强
纪检组长　郭　敏
党组成员　郝国强　王建群　杨　强
郭　敏

食品药品监督管理局

局长、党组书记　余素卿
副局长　王文杰
张晓芳（2013.5 离）
何国宾（2013.5 任）
纪检组长　张晓兵（2013.5 任）
稽查队队长　陈向民
党组成员　薛红伟
张晓兵（2013.5 任）
何国宾（2013.5 任）

行政服务中心

主　任　赵红霞
副主任　孙卫东
许　涛（2012.5 离）
刘自会（2012.8 任）

城市管理综合执法局

局　长　王文杰（2012.12 离）
孙留增（2012.12 任）
党组书记　孙留增（2012.12 离）
王红军（2012.12 任）
副书记　孙留增（2012.12 任）
副局长　孙留增（2012.12 离）
李大伟　马　跃
纪检组长　武根生
党组成员　李大伟　马　跃　武根生

市场发展服务中心

主任、党组书记　胡国强
副主任　牛为民　贾新伟
纪检组长　王建国
党组成员　牛为民　贾新伟　王建国

县供销合作社联合社

主任、党组书记　杨天照（2012.4 离）
牛书信（2012.4 任）
副主任　潘冠中　云宝宏
纪检组长　韩志强
党组成员　潘冠中　云宝宏　韩志强
杨庆刚

新华书店

经　理　戚延宾

档案局

局长、党支部书记　李文志（2012.12 离）
裴国锦（2012.12 任）
副局长　刘龙义（2012.12 离）
李丙坤

广播电视总台

台长、党组书记　李云正
副书记、总编辑　刘　霞
副台长　郭建义　李红伟　夏轻敏
纪检组长　洪建伟
党组成员　郭建义　李红伟　李淑贞
洪建伟
原铁林（2012.4 离）

烟叶办公室

主任、党组书记　余淑霞
副书记、副主任　赵国政
副主任　邢志峰
纪检组长　张文俊
党组成员　邢志峰　张文俊　陶永红

农业机械管理局

局长、党组书记　王新记

副 局 长　苗丰胜（2012.4 离）
胡松涛
王向阳（2012.10 任）
纪检组长　王向阳（2012.10 离）
张爱利（2012.10 任）
党组成员　苗丰胜（2012.4 离）
胡松涛　王向阳
张爱利（2012.10 任）

畜牧局

局长、党组书记　肖玉春
副 局 长　黄景华
付素娟（2012.4 离）
杨华龙（2012.10 任）
纪检组长　杨华龙（2012.10 离）
党组成员　黄景华　杨华龙
付素娟（2012.4 离）

政协宝丰县委员会

主　　席　师建超（2012.4 离）
铁干卿（2012.4 任）
党组书记　铁干卿(2012.4 离)
师建超(2012.4 任)
副 书 记　师建超(2012.4 离)
铁干卿（2012.4 任）
赵留成(2012.1 离)
副 主 席　赵留成（2012.1 离）
王杰士
丁　存（2012.4 离）
顾海萍（2012.4 任）
王书修（2012.4 任）
党组成员　王忠贤（2012.3 离）
顾海萍（2012.4 任）
王书修（2012.4 任）
石振国（2012.12 离）
杜留章（2012.12 任）

办公室

主　　任　石振国（2012.12 离）
杜留章（2012.12 任）
副 主 任　王秋红
王东杰（2012.12 离）

文教卫生委员会

主　　任　王保民
副 主 任　武晓丽
宋宗亚（2012.12 任）

民主法制委员会

主　　任　赵　云
副 主 任　李东军
任雨静（2012.12 任）

经济科技委员会

主　　任　张晓华（2012.12 离）
董淑贞（2012.12 任）
副 主 任　杜留章（2012.12 离）
张迎旭

提案委员会

主　　任　孙战生
副 主 任　任爱芬（2012.12 离）
王东杰（2012.12 任）

学习文史委员会

主　　任　董国范
副 主 仨　赵战士
徐建胜（2012.12 离）

产业集聚区　文化改革试验区

中共宝丰县产业集聚区工作委员会

党工委书记　李留军
党工委副书记　蒋三熠（2012.3 任）
党工委委员　李慧敏（2012.3 任）
申怀彬（2012.3 任）
王文杰（兼，2012.3 任）
张新宇（兼，2012.3 任）
杨雁景（兼，2012.3 任）
纪工委书记　杨雁景（兼，2012.3 任）

宝丰县产业集聚区管委会

主　　任　蒋三熠

副 主 任　李慧敏
申怀彬(2012.3 任)
王文杰(兼)
张新宇(兼)
综合部部长　魏龙海(2012.3 任)
建设部部长　商兴旺(2012.3 任)
项目服务部部长　朱海龙(2012.3 任)
规划部部长　张义辉(兼,2012.3 任)
土地管理部部长　李红启(2012.3 任)
招商部部长　张乐翼(2012.3 任)
发展投资公司经理　(缺)
副经理　李英贤(2012.3 任)

河南省文化改革发展试验区(宝丰)管理委员会

主　　任　平亚锦(2012.11 离)
党工委书记　赵二成(兼,2013.3 离)
马　丽(兼,2013.3 任)
常务副主任　马　丽(兼)
副 主 任　郜现营(2012.4 离)
曲延辉(2012.4 离)
王富有(兼,2012.4 离)
张山坡(兼,2012.4 任)
张幸春(兼,2012.4 任)

法院　检察院

宝丰县人民法院

院长、党组书记　井慧宝
副书记、副院长　付志强
副 院 长　孙　民　高素芳
曹　蕊(市下派)
朱修科(2012.9 任)
纪检组长　朱修科(2012.9 离)
王国杰(2012.9 任)
党组成员　孙　民　高素芳　朱修科
曹　蕊　徐长星　郑坤强
马占西　赵占增
王国杰(2012.9 任)
政治处主任　郑坤强
执行局局长　马占西
教 导 员　岳海水
司法警察大队大队长　牛军耀
教导员　胡晓东(2012.9 任)
审判委员会专职委员　徐长星　张广钦
张建立

宝丰县人民检察院

检察长　王明文(2012.3 离)
王建军(2012.4 任)
代检察长　王建军(2012.3~2012.4)
党组书记　王明文(2012.3 离)
王建军(2012.3 任)
副书记、副检察长　袁宏勋
副检察长　王建军(2012.3~2012.4)
王跃平　赵文杰　李红强
纪检组长　张根正
党组成员　王跃平　赵文杰　李红强
张根正　韩建民　王志强
连俊杰
张艳峰(2012.9 任)
政治处主任　王志强
反渎职侵权局局长　张俊超
政委　马军伟
反贪污贿赂局局长　韩建民
政委　陈晓明
司法警察大队大队长　张红杰
教导员　(缺)
检察委员会专职委员　张　保(2012.8 离)
王晓伟
张俊超(2012.9 任)

人武部　消防大队

宝丰县人民武装部

政　　委　郭群献(2013.4 离)
张延波(2013.4 任)
部　　长　桓贯超(2013.4 离)
吴红强(2013.4 任)
副 部 长　杜建兵(2010~2013.4)

李　勇(2012.4 离)
高伟民(2012.4~2013.3)
胡红晓(2013.4 任)

军事科科长　李　勇(2012.4 离)
高伟民(2012.4~2013.3)
胡红晓(2013.4 任)

政工科科长　郑兴阳(2011.3~2013.3)
张红志(2013.3 任)

后勤科科长　牛　刚(2010.4 离)
郭　宁(2009.1 任)

民兵训练基地主任　范李珺
党支部书记　邵慧君

公安消防大队

党委书记、教导员　许拥军(2011.10 离)
董伟民(2011.10 任)

副大队长　徐迎强(2012.11 任)

社会团体

总工会

主　席　董伟领(2012.2 离)
郭鹏飞(2012.2 任)

党组书记　董伟领(2012.3 离)
郭鹏飞(2012.3 任)

常务副主席　王海四(2012.12 任)

副 主 席　王海四(2012.12 离)
张龙江(2012.12 任)

纪检组长　张龙江(2012.12 离)
杨韶辉(2012.12 任)

党组成员　王海四　张龙江　杨韶辉

经费审查委员会主任　杨韶辉(2012.12 离)
陈春奇(2012.12 任)

女职工委员会主任　孙秋丽(2012.12 任)

共青团宝丰县委

书　记　牛志刚(2012.3 离)
刘中举(2012.12 任)

副 书 记　李红飞(2012.12 离)
余艳艳

高　鹏(2012.4 离,省下派)
于　睿(2012.4 任,省下派)
孙秋宾(2012.12 任)

妇女联合会

主　席　张玲玲

副 主 席　周平丽 (2012.10 离)
金巧红　王　薇

科学技术协会

主席、党支部书记　王世彬(2012.8 离)
刘月云(2012.8 任)

副 主 席　范献社
刘铁良(2012.4 离)

党支部委员　范献社　刘铁良(2012.4 离)
王海营
陈国庆(2013.3 离)

工商业联合会(宝丰县总商会)

会　长　王杰士

党组书记　毋新明

副 会 长　陈应顺(2013.3 离)

党组成员　陈应顺(2013.3 离)

文学艺术界联合会

主　席　赵民强

副 主 席　马运欣　陈红丽　魏红朝

残疾人联合会

理 事 长　岳中义

党组书记　王天正

副理事长　席秋霞(2012.4 离)
徐俊杰

纪检组长　丁亚星

党组成员　席秋霞(2012.4 离)
徐俊杰
丁亚星　张占立　陈勇攀

归侨侨眷联合会

主　席　尚素珍(2013.4 离)

宝丰县红十字会

常务副会长　李振敏(2013.3 离)
付柳江(2013.3 任)

副　会　长　崔延宾　牛国永

垂直及驻宝单位

（个别超上限人员离任职时间为往年漏报）

中国人民银行宝丰县支行

党组书记、行长　李建军
副 行 长　董清峰　金国领
纪检组长　张永和
工会主席　张永和

平顶山银监分局宝丰办事处

主　　任　周相成(2011.3 离)
　　　　　郭华成(2011.3 任)
副 主 任　路艳玲(2006.4 任)

中国工商银行宝丰县支行

行　　长　李小康(2013.1 离)
　　　　　勾书智(2013.1 任)
副 行 长　杨建军(2013.1 离)
　　　　　翟乃东
　　　　　崔书伟(2013.1 任)
纪 检 员　杨新廷(2012.11 任)

中国银行股份有限公司宝丰县支行

党组书记、行长　任华忠(2012.10 离)
副 行 长　李勤强(2012.10 离)
　　　　　李　菁(2012.1 任)
　　　　　谢富岭(2012.1 任)
　　　　　王　勇(2012.10 任)
　　　　　楚广辉(2012.10 任)

中国农业银行宝丰县支行

党委书记、行长　陈凯阳（2012.11 离）
　　　　　　　　姬中生(2012.11 任)
副 行 长　王世民　曹新旺　黄延鹤

中国建设银行宝丰县支行

行　　长　温广晓
副 行 长　袁永强　吴全令(2012.9 任)

中国农业发展银行宝丰县支行

行　　长　李智军(2011.3 离)
　　　　　王军团(2012.7 任)
副 行 长　石素改(2012.4 离)
　　　　　董旭峰(2012.11 离)
　　　　　刘　丽（2012.4 任）

中国邮政储蓄银行宝丰县支行

行　　长　陈迎彬
副 行 长　乔文波

平顶山银行宝丰支行

行　　长　张中民（2013.3 离）
　　　　　闫红丽(2013.3 任)
副 行 长　李　霞（2012.11 离）

农村信用合作联社

理 事 长　申学生(2012.8 离)
　　　　　景文治(2012.8 任)
主　　任　钱秀霞
监 事 长　荣红伟
副 主 任　张国军(2010.10 离)
　　　　　孔红杰　史克西
纪委书记　荣红伟

中国人民财产保险公司宝丰支公司

经　　理　王宏伟
副 经 理　牛献民(2011.3 离)
　　　　　毛国义
　　　　　杨禄芳(2011.3 任)

中国人寿保险公司宝丰支公司

经　　理　于恩恒(2012.10 离)
　　　　　曹为民(2012.10 任)
副 经 理　韩建光
　　　　　马　晋（2012.10 离）
　　　　　刘伟东(2012.10 任)
　　　　　何敏霞(2012.10 任)

工商行政管理局

局长、党组书记　裴亚伟
副 局 长　谢东升　孙英会　刘朝军
纪检组长　阮震丽（2011.5 离）
党组成员　谢东升　孙英会　刘朝军

质量技术监督局

局　　长　张　营
副 局 长　台兴伟　张洪兵　张二套
　　　　　范会延

纪检组长　张洪兵
检测中心主任　单树勋
稽查队长　谢俊昌（2012.3 任）
党组成员　台兴伟　张洪兵　张二套
范会延　付素景（2013.2 任）
单树勋（2013.2 任）

国家税务局

局长、党组书记　林宏武
副 局 长　张华卿　魏聪涛　崔军伟
张青山
王建国（2012.4 任，省下派）
纪检组长　赵南凯

地方税务局

局长、党组书记　魏聪民
副 局 长　赵松江　张国强　范海江
纪检组长　苏朋贺
稽查局局长　马德功
党组成员　赵松江　张国强　范海江
苏朋贺

盐业管理局

局　　长　李增民（2012.4 离）
李旭峰（2012.4 任）
党组书记　周红宾(2012.5 任)
副 局 长　闫留东
周红宾(2012.5 离)
马军锋(2012.5 任)
纪检组长　马军锋(2012.5 离)
李淑斌(2012.5 任)
工会主席　李淑斌(2012.5 离)
温　六(2012.5 任)

邮政局

局　　长　王　伟(2012.8 离)
宋书霞(2012.8 任)
副 局 长　罗　涛(2012.10 离)
崔艳辉
刘志强(2012.5 离)
娄耀辉(2012.5~2012.10)
张世勋(2012.10~2013.4)
赵红军(2012.10 任)
郭耀辉(2013.4 任)

移动公司

经　　理　陈军华（2012.6 离）
刘建超（2012.6 任）
副 经 理　陈保民　王　成

联通公司

总 经 理　蔡顶双（2013.4 离）
王华栋（2013.4 任）
副总经理　毛岷山　魏二豪
李晓凯（2011.1 任）

电信公司

经　　理　李鹏帅(2012.6 离)
朱广坤（2012.6 任）
副总经理　王秋生（2012.6 离）
任　玲（2012.6 离）
王爱国（2012.6 任）
连　军（2012.6 任）

电业局

局　　长　张留常
党委书记　程建功（2013.1 离）
王冠瑞（2013.1 任）
副 局 长　杨保平（2012.8 离）
唐英超　杨天顺　丁起伟
监　　审　李法有
纪委书记　王占团
工会主席　陈松恩
总会计师　贾亚娜

金叶烟草有限责任公司

总 经 理　潘广太
党委书记　郭德林
副总经理　吴统一　邵全民　尹志安
纪委书记　陈素华（2013.5 离）

烟草专卖局（烟草公司）

局长（经理）、党组书记　周定襄（2012.12 离）
石豪杰（2012.12 任）
副书记、纪检组长　任　梅（2013.4 离）
副 经 理　党新豪　李树坡
副 局 长　张顺良　马　珫（2012.12 离）

气象局

局　　长　李军虎
副 局 长　程长江

中石化宝丰石油分公司

经　　理　张新红(2012.9 离)
　　　　　丁伟威(2012.9 任)
副 经 理　赵　涛　秦新丽

医药公司

董事长、总经理　王　定
监 事 长　董国印
副总经理　文保成　韩付现　周文献

平顶山日报驻宝丰记者站

站　　长　王长河

平顶山西站(原宝丰火车站)

站　　长　孙保海
党支部书记　余青峰
副 站 长　赛现民(2011 任)
　　　　　王延伟　李红军
工会主席　王延伟

学校　医院

宝丰县教师进修学校

校长、副书记　李海洋(2012.4 离)
　　　　　王结实(2012.4 任)
党支部书记　康军政
副 校 长　韩远平　白振超
　　　　　曲中良(2012.10 任)
党支部委员　白振超　韩远平　王英奇
　　　　　曲中良(2012.10 任)
　　　　　李霄鹏(2013.5 任)
工会主席　李霄鹏(2013.5 任)

宝丰县第一高级中学

校长、党委书记　郑书欣(2012.10 离)
校长、副书记　陈青莲(2012.10 任)
党委书记　黄国民(兼,2012.10~2013.3)
　　　　　王宝山(2013.3 任)
副 校 长　陈青莲(2012.10 离)
　　　　　王宝山(2013.3 离)
　　　　　张松叶　昝胜利(2013.3 离)
　　　　　罗　晗(2013.3 任)
纪委书记　张国要
党委委员　陈青莲(2012.10 离)
　　　　　王宝山(2013.3 离)
　　　　　张松叶　昝胜利(2013.3 离)
　　　　　张国要　王留安
　　　　　罗　晗(2013.3 任)
工会主席　王留安

宝丰县第二高级中学

校长、副书记　杨新民(2013.3 离)
　　　　　昝胜利(2013.3 任)
党支部书记　张淑君(2013.3 离)
　　　　　李志昂(2013.4 任)
副 书 记　赵六才(2012.8 离)
副 校 长　罗　晗(2013.3 离)
　　　　　马留军(2013.4 离)
　　　　　张延召　焦绍全(2012.10 任)
　　　　　陈俊杰(2013.3 任)
党支部委员　罗　晗(2013.3 离)
　　　　　马留军(2013.4 离)
　　　　　张延召　陈俊杰　刘建国
　　　　　焦绍全(2012.10 任)
　　　　　赵东红(2013.3 任)
工会主席　赵六才(2012.8 离)
　　　　　赵东红(2013.3 任)

宝丰县第一初级中学

校　　长　程国锋(2013.3 离)
　　　　　王亚旭(2013.3 任)
党支部书记　赵春良
副 书 记　王亚旭(2013.3 任)

宝丰县第二初级中学

校　　长　李志昂(2013.4 离)
　　　　　马留军(2013.4 任)
党支部书记　王慧锦(2013.3 任)
副 书 记　马留军(2013.4 任)

宝丰县人民医院

院长、副书记　岳仲良

党委书记　郑延宾

副书记　王改云(2012.4离)

武　斌(2013.3任)

副院长　冯桥显　武　斌(2013.3离)

郭德生(2013.3任)

纪委书记　王改云(2012.4离)

党委委员　冯桥显　武　斌(2013.3离)

郭德生(2013.3任)

工会主席　邓艳红(2013.3任)

宝丰县中医院

院长、副书记　杨友军

党委书记　金晓辉(2012.12离)

王延芳(2012.12任)

副书记　傅爱民(2012.8离)

赵红胜(2013.3任)

副院长　王淑贞(2013.3离)

赵红胜　杜晓鹏(2013.3任)

周亚夫(2013.3任)

纪委书记　傅爱民(2012.8离)

党委委员　张国胜(2013.3离)

王淑贞(2013.3离)

赵红胜(2013.3离)

杜晓鹏(2013.3任)

周亚夫(2013.3任)

杨丽祯(2013.3任)

工会主席　张国胜(2013.3离)

杨丽祯(2013.3任)

宝丰县妇幼保健院

院长、副书记　吴学文

党支部书记　张秋菊

宝丰县第二人民医院

院长、党支部书记　张要通

乡镇　林站　办事处

城关镇

书记、人大主席　冯　占

副书记、镇长　杨新占

副书记　杜俊峰

委员、纪检委书记　袁欧岭

委员、人大副主席　杜俊峰(2012.3任)

委员、武装部长　柳长伟

委员、副镇长　温亚菲

副镇长　郭　慧　杨俊杰

吴　龙(2013.5任)

工会主席　(缺)

综治中心专职副主任　王亚菲

周庄镇

书记、人大主席　张华彪(2012.3离)

刘全有(2012.3~2013.3)

郜现军(2013.3任)

副书记、镇长　王朝阳

副书记　洪国超

委员、纪检委书记　李延奎

委员、人大副主席　王晓丽

委员、武装部长　胡延军

委员、副镇长　李建民

副镇长　马建军　王晓增　宋同珂

曹世举(2013.5任)

工会主席　王　杰

综治中心专职副主任　赵振华

闹店镇

书记、人大主席　张广伟

副书记、镇长　何四军(2012.3离)

周现民(2012.3任)

副书记　张长江

委员、纪检委书记　张国栋

委员、人大副主席　裴国锦(2012.12离)

赵素敏(2012.12任)

委员、武装部长　王现岭

委员、副镇长　马小帅

副镇长　许召克　陈庭辉(2012.3任)

宋圣宾(2013.5任)

工会主席　付德申

综治中心专职副主任　练国义

李庄乡

书记、人大主席　郜现军(2013.3离)

楚亚辉(2013.3 任)
副书记、乡长　楚亚辉(2013.3 离)
赵红哲(2013.3 任)
副书记　余文锋(2012.12 离)
梁宏伟(2012.12 任)
委员、纪检委书记　白杰
委员、人大副主席　赵培浩(2012.12 离)
余文锋(2012.12~2013.4)
委员、武装部长　翟文志(2013.3 离)
委员、副乡长　李慧艳
副乡长　郭闪闪　王延武
王磊(2013.5 任)
工会主席　张国良
综治中心专职副主任　张韶康

杨庄镇

书记、人大主席　申怀彬(2012.3 离)
刘鹤文(2012.3 任)
副书记、镇长　刘鹤文(2012.3 离)
何四军(2012.3 任)
副书记　李旭峰(2012.4 离)
李长江(2012.12 任)
委员、纪检委书记　梁宏伟(2012.12 离)
委员、人大副主席　李炳伟
委员、武装部长　陈少鹏
委员、副镇长　丁艳君
副镇长　岳工厂　丁心尧
王森乐(2013.5 任)
工会主席　程广杰
综治中心专职副主任　马冠军

张八桥镇

书记、人大主席　王现伟(2012.12 离)
李俊杰(2012.12 任)
副书记、镇长　李俊杰(2012.12 离)
周冠华(2012.12 任)
副书记　姬军峰
委员、纪检委书记　杨淑祯
委员、人大副主席　秦丁琪
委员、武装部长　周欣
委员、副镇长　牛向阳
副镇长　杨立华　杨璞
张恒云(2012.12 离)
王晓巍(2013.5 任)
工会主席　王志国
综治中心专职副主任　撤晓飞

大营镇

书记、人大主席　刘伟刚
副书记、镇长　周冠华(2012.12 离)
赵团利(2012.12 任)
副书记　郭跃辉
委员、纪检委书记　任朝阳
委员、人大副主席　赵团利(2012.12 离)
委员、武装部长　张世伟(2012.12 离)
张国锋(2012.12 任)
委员、副镇长　胡巧芳
副镇长　樊建召　张小兵　宋小政
张景伟(省下派)
李延彬(2013.5 任)
工会主席　吕党辉
综治中心专职副主任　赵向兵

前营乡

书记、人大主席　刘全有(2012.3 离)
宋笑前(2012.3 任)
副书记、乡长　宋笑前(2012.3 离)
牛志刚(2012.3 任)
副书记　马蒙
委员、纪检委书记　任国政
委员、人大副主席　岳建国
委员、武装部长　杨继洲
委员、副乡长　王鹏飞
副乡长　苗吉辉　张振亚(2012.3 任)
刘俊杰(2013.5 任)
工会主席　张振亚(2012.3 离)
综治中心专职副主任　宋向辉

商酒务镇

书记、人大主席　陈卫东(2013.3 离)
周小兵(2013.3 任)
副书记、镇长　周小兵(2013.3 离)
张会军(2013.3 任)

副书记　张会军（2013.3离）
委员、纪检委书记　李霄鹏（2013.5离）
宋　伟（2013.5任）
委员、人大副主席　牛书信（2012.3离）
丁国勇（2012.3任）
委员、武装部长　马亚榧（2012.3离）
委员、副镇长　丁国勇（2012.3离）
马亚榧（2012.3任）
副镇长　司召锋　王朋程
宋　伟（2012.8~2013.5）
杨鲜菲（2013.5任）
工会主席　李彩芹
综治中心专职副主任　黎红卫

赵庄乡

书记、人大主席　马胜昔（2012.12离）
崔　仓（2012.12任）
副书记、乡长　崔　仓（2012.12离）
李克科（2012.12任）
副书记　李克科（2012.12离）
委员、纪检委书记　吴红召（2012.12离）
马国留（2012.12任）
委员、人大副主席　吴艳芳
委员、武装部长　杨天顺
委员、副乡长　董国强
副乡长　李海洋　陈晓辉
王　琳（2013.5任）
工会主席　杨伟峰
综治中心专职副主任　(缺)

肖旗乡

书记、人大主席　金龙峰（2013.4离）
庞旭辉（2013.4任）
副书记、乡长　庞旭辉（2013.4离）
余文锋（2013.4任）
副书记　许国辉
委员、纪检委书记　李杰敏
委员、人大副主席　冯占伟
委员、武装部长　姚荣洁
委员、副乡长　杨文超
副乡长　丁艳彬　丁欣红
褚　航（2013.5任）
工会主席　史　磊
综治中心专职副主任　付永现

石桥镇

书记、人大主席　张艳峰
副书记、镇长　王校伟
副书记　刚延召（2012.8离）
委员、纪检委书记　徐剑锋
委员、人大副主席　买建义
委员、武装部长　崔怀风
委员、副镇长　魏前豹
副镇长　杨普召　白大良
周小莉（2013.5任）
工会主席　周红欣
综治中心专职副主任　肖建伟

观音堂林业工作站

书记　王校杰
站长　阿卫国（2012.8离）
副书记、站长　刚延召（2012.8任）
副书记　解红涛
委员、纪检委书记　马志闯
委员、武装部长　张俊奇
委员、副站长　李公文（2012.5离）
杨红莉
朱树鹏（2013.5任）
党委委员　马银亮

铁路办事处

党工委书记　崔百根
副书记、主任　何红敏
副书记　周向杰
委员、副主任　崔军政　张金太
王书奇
委员、纪工委书记　(缺)
委员、武装部长　杨卢琪
党工委委员　胡红霞
工会主席　亢国超（2012.10任）
综治中心专职副主任　程相柯

河南省地方志工作规定

(接70页)

第十条 地方志的编纂内容和过程应当公开。

地方志的编纂内容涉及有争议的重要事项的,地方志工作机构应当征求有关专家、学者或者单位的意见,并向本级人民政府和上一级人民政府地方志工作机构报告。

第十一条 县级以上人民政府地方志工作机构应当建立地方志资料征集制度,通过查阅、摘抄、复制、购买等方式收集地方志资料,有关单位和个人应当提供支持。涉及国家秘密、商业秘密和个人隐私以及不符合档案开放条件的,按照国家和本省有关规定执行。

机关、事业单位、国有企业和社会团体应当无偿向地方志工作机构提供地方志资料。私营企业和个人可以自愿向地方志工作机构无偿提供其拥有的地方志资料,地方志工作机构征用私营企业和个人拥有的地方志资料的,应当支付适当报酬。

第十二条 地方志编纂人员实行专兼职相结合,专职编纂人员应当接受专业培训,具备相应的专业知识。

编纂地方志应当吸收有关方面专家、学者参加,可以聘请适合从事地方志编纂的人员参加编纂。

地方志编纂人员应当恪尽职守、客观公正、忠于史实。任何单位和个人不得要求编纂人员在地方志中作虚假记述。

第十三条 以县级以上行政区域名称冠名、列入地方志编纂工作规划的地方志书,应当按照以下规定进行审查验收,经审查验收合格后方可公开出版:

(一)以省行政区域名称冠名的地方志书报省地方史志编纂委员会审查验收;

(二)以省辖市行政区域名称冠名的地方志书,经本级人民政府地方志工作机构评审后,报省人民政府地方志工作机构审查验收;

(三)以县(市、区)行政区域名称冠名的地方志书,经本级人民政府地方志工作机构评审后,报上一级人民政府地方志工作机构审查验收。对地方志书进行审查验收时,应当组织保密、档案、历史、法律、民族、社会、经济、军事等有关方面的专家参加。

第十四条 以县级以上行政区域名称冠名的地方综合年鉴,经本级人民政府或者其地方志工作机构批准后方可公开出版。

第十五条 已通过审查验收的地方志书和经批准的地方综合年鉴,未经原审查验收或者批准的机关同意不得擅自修改。

第十六条 地方志书、地方综合年鉴应当在出版后三个月内报送上级人民政府地方志工作机构备案,并向本级和上级方志馆无偿提供馆藏书。

以电子出版物形式出版的地方志书、地方综合年鉴,按照前款规定办理。

第十七条 县级以上人民政府应当加强地方志工作的基础设施建设和信息化建设,逐步建设方志馆、地方志资料库和地方志网站。

县级以上人民政府地方志工作机构应当积极开拓社会用志途径,加强对地方志资料的整理、保存和开发利用,为社会各界利用地方志文献资料创造便利条件。

第十八条 鼓励公民、法人或者其他组织向地方志工作机构捐赠地方志资料。

对具有收藏价值的地方志文献资料,地方志工作机构可以向捐赠者颁发收藏纪念证书。

第十九条 对在地方志工作中做出突出成绩和贡献的单位和个人,县级以上人民政府应当按照有关规定给予表彰和奖励。

地方志成果可以依照有关规定参加国家和省优秀社会科学成果评奖。

第二十条 承担编纂任务的单位违反本规定,有下列行为之一的,由县级以上地方史志编纂委员会予以通报批评,并由县级以上人民政府地方志工作机构督促其限期改正:

(一)未能在规定时间内完成地方志初稿编纂任务的;

(二)无故不报送或者拖延报送地方志资料的;

(三)故意提供虚假地方志资料的。

第二十一条 地方志工作机构及其工作人员违反本规定,有下列行为之一的,由有关主管部门对直接负责的主管人员和其他直接责任人员依法给予行政处分:

(一)故意在地方志编纂中加入虚假资料的;

(二)地方志书经审查验收后或者地方综合年鉴经批准后,未经同意删增或者修改其内容的。

第二十二条 部门志、行业志、乡(镇)志、街道志的编纂,参照本规定执行,县级以上人民政府地方志工作机构应当给予业务指导。

第二十三条 本办法自2011年7月1日起施行。

人　物

人物简介

共收录人物简介72人，其中，县级领导57人，先进模范11人，其他人物2人，历史人物2人。

【县级领导简介】 收录2012年1月至2013年6月副县级以上领导57人，其中，宝三县委领导干部13人，县人大常委会领导干部8人，县政府领导干部9人，县政协领导干部7人，其他副县级干部20人。

宝丰县委领导　共收录2012年1月至2013年6月宝丰县委领导干部13人，其中县委书记1人，县长1人，县委常委11人。

刘书锋

刘书锋，1962年8月生，平顶山市石龙区人，中共党员，本科学历。1983年7月在平顶山市西区兴华中学任教。1984年9月任平顶山市西区教育局教研室教研员。1986年4月调平顶山市西区区委宣传部工作。1988年5月任平顶山市西区团委副书记，1990年1月至1992年12月先后任平顶山市西区区委办公室秘书、副主任。1992年12月任平顶山市西区人民政府办公室主任、区长助理。1994年9月任平顶山市西区人民政府副区长。1997年12月任郏县人民政府副县长。2003年3月任中共郏县县委常委、办公室主任。2004年1月任中共郏县县委常委、副县长，7月任中共郏县县委副书记、副县长。2006年5月任中共郏县县委副书记。2009年6月任中共宝丰县委副书记，宝丰县政府党组书记、副县长、代理县长。2010年1月在县十三届人大四次会议上当选为宝丰县人民政府县长。2011年2月被河南省委、省政府授予全省平安建设工作记功嘉奖个人称号；5月被平顶山市人民政府记发展县域经济个人三等功1次；11月被科技部授予全国县（市）科技进步工作先进个人称号。2011年12月任中共宝丰县委书记，2012年3月辞去宝丰县人民政府县长职务。2012年5月被河南省委、省政府授予河南省南水北调库区移民先进个人称号。

张庆一

张庆一，1971年3月生，河南省鲁山县张良镇人，中共党员，本科学历。1987年9月考入河南师范大学生物系学习。1991年7月毕业后分配到平顶山市八中任教。1995年8月调平顶山市委宣传部工作，先后任办公室副主任、外宣科副科长。2000年3月任平顶山市职工政研会办公室主任。2001年3月任平顶山市委宣传部宣传科科长兼市职工政研会秘书长。2004年5月任平顶山市广播电视局党组成员、副局长。2006年5月任中共宝丰县委常委、宣传部部长。2009年8月任中共宝丰县委常委、组织部部长。2011年6月任中共宝丰县委副书记，兼任中共宝丰县委党校校长。

2012年3月任中共宝丰县委副书记、政府党组书记、副县长、代理县长，4月在县十四届人大一次会议上当选宝丰县人民政府县长。2012年5月被河南省委、省政府授予河南省南水北调库区移民先进个人称号。

李留军

李留军，1965年12月生，河南省郏县城关镇人，中共党员，本科学历。1984年6月到郏县财政局工作。其间，1986年9月至1988年7月在洛阳财政干校学习，1988年8月至1990年7月在河南财经学院学习，1993年7月至1995年12月在中央党校经济管理专业函授班学习。1995年5月任郏县财政局副局长，1999年8月任郏县财政局党组书记、局长。2003年3月任宝丰县人民政府副县长。2009年8月至2011年12月兼任宝丰县产业集聚区管理委员会主任。2010年12月任宝丰县人民政府常务副县长。2011年6月任中共宝丰县委常委、常务副县长。12月兼任县产业集聚区党工委书记。2011年2月被河南省人民政府授予2010年度企业服务活动先进个人称号，11月被科技部授予全国县(市)科技进步工作先进个人称号。2012年2月被平顶山市政府授予全市商务暨招商工作先进个人称号。2013年5月任中共宝县委副书记。

平亚锦

平亚锦，1961年12月生，河南省汝州市夏店乡人，中共党员，本科学历。毕业后在汝州市教育系统工作。1984年7月至1995年4月先后任汝州市水利局副局长、局长。1995年5月任汝州市交通局局长。1997年7月毕业于北京大学行政管理学院，11月任汝州市人民政府副市长。2003年3月任中共宝丰县委常委、宣传部部长。2006年3月任中共宝丰县委常委、副县长。2008年4月被国务院农业普查办、国家统计局授予第二次全国农业普查工作先进个人称号。2009年9月兼任县文化改革发展试验区管委会主任。2010年12月至2011年6月任中共宝丰县委常委、河南省文化改革发展试验区（宝丰县）管委会主任（正县级）。2011年6月任河南省文化改革发展试验区（宝丰县）管委会主任。2011年12月任宝丰县政府党组副书记、河南省文化改革发展试验区（宝丰县）管委会主任。2012年11月8日中共宝丰县委给予平亚锦开除党籍、开除公职处理。

刘景华

刘景华，女，1967年1月生，河南省鲁山县磙子营乡人，中共党员，研究生学历。1986年7月毕业于平顶山师专中文系，分配到鲁山县第一高级中学任教。1992年7月调鲁山县团县委工作。1994年12月任鲁山县马楼乡政府副乡长，1996年3月任党委副书记。1997年10月任鲁山县四棵树乡党委副书记，乡长，1999年1月任鲁山县四棵树乡党委书记、乡人大主席。2001年3月调任平顶山市新华区人民政府副区长。2003年3月任中共平顶山市新华区委常委、宣传部部长。2006年5月调任中共平顶山市石龙区委常委、区纪检委书记。2011年6月调任中共宝丰县委常委、县纪检委书记。

赵二成

赵二成，1965年12月生，河南省遂平县沈寨乡人，中共党员，本科学历。1984年9月考入河南大学历史系学习。1988年7月毕业分配到平顶山矿务局一矿中学任教。1990年8月调任平顶山市委宣传部干事，1996年2月任市委宣传部副科级干部，1997年10月至1998年12月任市委宣传部理论科副科长，1998年5月任市委宣传部主任科员，1998年12月任市委宣传部宣传科副科长，2000年3月任市委宣传部理论科科长，2001年3月任市委宣传部办公室主任。2003年3月任宝丰县人民政府副县长。2009年8月任中共宝丰县委常委、宣传部部长，2009年9月至2013年3月兼任县文化改革发展试验区党工委书记。2010年12月任中共宝丰县委常委、县委办公室主任。2011年2月被平顶山市人民政府记二等功1次。

郭群献

郭群献，1967年8月生，河南省郏县广天乡石庙村人，中共党员，本科学历。1985年11月入伍，1987年9月至1990年7月在装甲兵工程学院学习。1990年7月任五十四军坦克旅修理连连长。1994年2月始，先后任五十四军坦克旅修理营一连副连长、连长。1996年、1997年分别荣立个人三等功各1次。1998年1月任二十军装甲旅修理营副营长，2000年1月任二十军装甲旅修理营营长，2001年6月任二十军装甲旅装备部副部长。其间，2002年2月至2003年1月在装备指挥技术学院学习。2005年2月任二十军装甲旅装备部部长。2007年2月任二十军装备部处长。2009年荣立个人三等功1次。2010年4月调任宝丰县人武部政委，6月任中共宝丰县委常委、人武部政委。2013年4月调出。

马　丽

马丽，女，1969年2月生，河南省舞钢市尚店镇人，中共党员，研究生学历。1984年9月考入舞钢区师范学习。1987年7月毕业分配到舞钢区铁山乡中学任教。1990年7月调宝丰县初级中学任教。1993年9月调舞钢市委党校工作。1995年3月任舞钢市尚店镇副镇长。1998年12月任舞钢市妇联副主席。1998年6月至2000年12月在中央党校经济管理专业本科函授班学习。1999年6月任中共舞钢市委统战部副部长，2000年5月任舞钢市安寨乡党委副书记、乡长。2002年5月任舞钢市武功乡党委书记。2004年7月任舞钢市总工会党组书记、主席。2005年8月至2008年6月在省委党校在职研究生班政治专业学习。2007年2月任舞钢市人民政府副市长，4月任舞钢市市长助理。2009年8月任宝丰县人民政府副县长，9月兼任县文化改革发展试验区管委会常务副主任。2010年12月任中共宝丰县委常委、宣传部部长。2013年3月兼任宝丰县文化改革发展试验区党工委书记。2013年5月任中共宝丰县委常委、县政府常务副县长。

杨占杰

杨占杰，1963年10月生，宝丰县商酒务镇杨沟村人，中共党员，本科学历。1980年9月考入漯河师范学校学习，1982年7月毕业分配

到宝丰县商酒务学校任教。1983年7月调宝丰县委办公室工作，1990年3月任县委政研室副主任，1993年10月至1998年9月任县委政研室主任，1995年2月至2000年8月任县委办公室副主任。2000年8月调任宝丰县教育委员会党组书记、主任，2002年8月至2003年8月任宝丰县教育体育局党组书记、局长。2002年被授予平顶山市教育系统学校法制教育先进工作者、河南省教育系统关心下一代优秀工作者称号。2003年3月调任宝丰县总工会党组书记、主席（副县级）。2006年被授予河南省建功“十一五”技术创新竞赛组织工作先进个人称号。2007年获平顶山市“五一”劳动奖章。2008年当选省工会十三大代表。2010年12月至2011年10月任宝丰县人民政府副县长。2011年2月被河南省人民政府授予2010年度企业服务活动先进个人称号。2011年6月任中共宝丰县委常委、政法委书记。

王森鹏

王森鹏，1978年11月生，河南省叶县城关镇人，中共党员，大学学历。1994年7月毕业于河南银行学校。1994年10月到平顶山市卫东区就业局工作。1995年8月调平顶山市地税局工作，其间，1997年3月至1998年7月在河南财税高等专科学校财会专业学习。1999年9月调叶县廉村乡政府，历任乡长助理、副乡长。2002年8月调任叶县县委办公室正科级督查员。2003年1月任平顶山市旅游局（外侨办）行业管理科主任科员。2003年12月至2007年3月任平顶山市旅游局副调研员。2009年10月任平顶山市旅游局党组成员、副局长。2010年12月至2011年10月任宝丰县人民政府副县长。2011年6月任中共宝丰县委常委、统战部部长。

朱孝哲

朱孝哲，1964年11月生，河南省鲁山县团城乡人，中共党员，大学学历。1984年9月考入郑州大学法律系学习。1988年7月毕业分配到平顶山市检察院工作，历任助检员、检察员。1995年4月调平顶山市委组织部工作。1998年12月任平顶山市委组织部组织科副科长，2000年12月任平顶山市委组织部正科级组织员，2003年6月任平顶山市委组织部干部监督科科长，2008年11月任平顶山市委组织部干部监督室主任。2011年6月调任中共宝丰县委常委、组织部部长。

李庆豪

李庆豪，1978年2月生，河南省鲁山县人，中共党员，博士学位。1996年9月至2000年6月在河南大学教育科学学院教育专业学习。2000年9月至2003年6月在华中科技大学教育科学研究院高等教育学专业研究生班学习。2003年9月至2006年6月在华中科技大学教育科学研究院公共管理博士班学习。2006年6月毕业后到上海财经大学工作。2007年8月调任中共平顶山市委政研室副调研员，2011年12月任市委政研室副主任。2013年5月调任中共宝丰县委常委、宣传部部长。

张延波

张延波，1969年3月生，河南省栾川县人，中共党员，大专学历。1987年10月任河南省军区司令部战士。1990年9月至1993年7月在武汉军事经济学院经济管理大专班学习。1993年7月任河南省军区后勤部综合仓库排长，1994年5月任河南省军区后勤部综合仓库正排职助理员，1995年8月任河南省军区后勤部政治处正排职干事。1996年7月调任济南军区财务结算中心郑州办事处副连职助理员。1998年6月调任河南省军区后勤部综合仓库正排职助理员。2000年8月调任洛阳军分区后勤部供应科正连职助理员，2001年6月任洛阳军分区后勤部供应科副营职助理员，2004年6月任洛阳军分区后勤部供应科正营职助理员。2008年7月调任洛阳军分区第一干休所副所长（副处级）。2012年3月调任栾川县人民武装部副部长兼军事科科长。2013年4月调任宝丰县人民武装部政治委员。

县人大常委会领导　共收录2012年1月至2013年6月宝丰县人大常委会领导干部8人，其中人大常委会主任1人，党组书记1人，副主任6人。

梅玉三

梅玉三，1962年10月生，河南省邓州市夏集乡人，中共党员，大学学历。1979年9月考入河南农学院。1983年7月毕业分配到平顶山市西区农林水电局工作。1985年4月始，先后任平顶山市西区南顾庄乡副乡长、西区劳人局副局长、西区区委组织部副部长。1993年8月至1997年12月任平顶山市西区交通局局长、党组书记、公路段段长。1996年8月至1997年12月兼任平顶山市西区计经委副主任。1997年12月调任鲁山县人民政府副县长。2003年3月任中共鲁山县委常委、组织部部长。2009年7月调任中共宝丰县委副书记。2011年6月明确为正县级干部，任宝丰县人大常委会党组书记。2012年4月在县十四届人大一次会议上当选为宝丰县人大常委会主任，任县人大常委会党组副书记。

李　杰

李杰，1955年8月生，河南省睢县西陵乡人，中共党员，大专学历。1974年11月在平顶山矿务局二矿工作。1979年12月始，先后任平顶山市公安局新华分局刑侦队侦察员、副队长。1987年4月任平顶山市公安局刑侦大队大案二中队队长。1988年5月至1994年9月先后任平顶山市公安局十科副科长、正科级协理员。1994年9月任平顶山市公安局湛河分局党委书记、局长。1996年11月任平顶山市公安局巡警支队政委（副县级）。1997年12月调任中共宝丰县委常委、政法委书记。2000年4月任中共宝丰县委常委、县纪检委书记。2001年8月任中共宝丰县委副书记、县纪检委书记。2004年5月至2008年11月兼任县东城区党工委书记。2005年12月至2011年6月任宝丰县人大常委会党组书记。2006年3月在县十二届人大四次会议上当选为宝丰县人大常委会主任。2007年4月在县十三届人大一次会议上当选为县人大常委会主任。2011年6月任宝丰县人大常委会党组副书记、主任。2012年4月任宝丰县人大常委会党组书记。

郭殿水

郭殿水，1951年8月生，宝丰县杨庄镇范庄村人，中共党员，大专学历。1969年11月在宝丰县革委会招待所工作。1972年10月调肖旗公社工作，任公社团委副书记，1981年5月任肖旗公社管委会副主任（主持管委会工作）。1983年12月调任赵庄乡党委副书记。1984年9月调任小店乡党委副书记、乡长。1986年5月调任前营乡党委书记。1988年1月调任中共宝丰县委直属机关委员会书记。1990年2月至1998年6月任中共宝丰县委组织部副部长，其间，1991年9月至1994年8月在郑州大学经济管理专业学习。1997年12月任宝丰县人大常委会党组成员，1998年3月至2007年3月任宝丰县人大常委会党组成员、副主任。2007年3月至2012年4月任宝丰县人大常委会党组副书记、副主任。

石素月

石素月，女，1963年8月生，宝丰县商酒务镇武岗村人，研究生学历。1984年10月到宝丰县电业局工作。1995年12月任大营镇副镇长。1996年8月至1998年12月在中央党校经济管理专业函授班学习。1997年8月被河南省计委授予小城镇经济开发试点工作先进个人称号。1998年11月至2009年3月任宝丰县信访局副局长。1999年4月当选平顶山市七届人大代表。2003年3月任宝丰县政协副主席。2004年4月当选平顶山市八届人大代表。2006年3月获平顶山市“三八”红旗手称号。2007年4月任宝丰县人大常委会副主任。2008年3月获平顶山市巾帼建功标兵称号。2009年4月当选平顶山市九届人大代表。2012年3月调任平顶山市新华区副区长。

崔建利

崔建利，1964年1月生，宝丰县大营镇南街村人，中共党员，本科学历。1982年12月到宝丰县工商局工作，1985年11月任城关工商所所长，1987年7月任县工商局办公室副主任，1989年3月任石桥工商所所长。1990年8月调宝丰县委组织部工作，先后任副科级协理员、办公室主任，1995年10月任县委知识分子工作办公室主任。1997年8月任肖旗乡党委副书记、乡长。其间，1995年8月至1997年12月在中央党校函授经济管理专业本科班学习。1998年1月任肖旗乡党委书记、人大主席。2002年8月任县委组织部副部长。2003年8月任城关镇党委书记、人大主席。2006年9月调任平顶山市委老干部局副局长。2012年3月任宝丰县人大常委会党组成员，4月在县十四届人大一次会议上当选为宝丰县人大常委会副主任。

娄文聚

娄文聚，1959年4月生，宝丰县商酒务镇古城村人，中共党员，研究生学历。1975年12月到宝丰县钢铁厂工作。1981年6月调宝丰县玻璃厂工作。1989年8月调宝丰县国有资产管理局工作。1992年12月调任李庄乡企业委副主任，1995年3月任李庄乡副乡长兼财政所所长。

1995年12月调任宝丰县审计局党组成员、副局长。其间，1997年9月至1999年12月在中央党校函授经济管理专业本科班学习。2000年8月调任宝丰县监察局副局长。2001年8月至2007年4月任宝丰县环境保护局党组书记、局长。2007年3月任宝丰县人大常委会党组成员、县环境保护局党组书记。2007年4月任宝丰县人大常委会党组成员、副主任。2010年9月考入中央党校法学理论专业在职研究生函授班学习。

刘怀振

刘怀振，1959年8月生，河南省郏县王集乡人，中共党员，大专学历。1976年8月在郏县王集初中任民办教师。1978年4月考入漯河师范学习。1980年4月毕业分配到郏县教育局工作。1982年12月调郏县县委通讯组工作。1985年1月调任郏县县委宣传部副科级宣传干事，1985年9月至1987年7月在许昌师专学习。1988年9月调宝丰县委组织部工作。1990年8月任宝丰县人民政府办公室副主任，1992年8月兼任宝丰县经济目标管理办公室主任。1993年7月任宝丰县人民政府党组成员、办公室主任。1995年10月调任宝丰县粮食局党组书记、局长，1996年3月兼任宝丰县粮油总公司党委书记、总经理。1998年2月至2007年2月任宝丰县财政局党组副书记、局长。2002年8月至2007年3月任县政府党组成员、县长助理。2007年2月至2007年4月任宝丰县财政局党组书记，2007年3月任宝丰县人大常委会党组成员，2007年4月任宝丰县人大常委会党组成员、副主任。

王延辉

王延辉，1966年4月生，宝丰县城关镇人，大学学历。1985年9月在焦作煤炭工业学校学习。1987年8月毕业分配到宝丰县人劳局工作，先后任副股长、股长。其间，1989年9月至1992年7月在河南省委党校函授经济管理专业大专班学习。1995年12月任闹店镇政府科技副镇长。1998年11月任闹店镇政府副镇长。2002年4月任李庄乡人大副主席（正科级）。2007年7月任宝丰县煤炭工业局局长。2012年4月任宝丰县人大常委会副主任。

县政府领导　共收录2012年1月至2013年6月宝丰县政府领导干部9人，其中正县级干部2人，副县长7人。（县长张庆一见97页，常务副县长马丽见99页）

许全根

许全根，1957年3月生，河南省郏县茨芭乡人，中共党员，本科学历。1975年12月在郏县陶瓷厂工作。1978年4月考入漯河师范中文班学习。1980年4月毕业分配到郏县教育局工作，任团总支书记。1984年7月任郏县“五四三”活动办公室副主任。1985年10月始，先后任郏县安良乡乡长，李口乡乡长、党委书记，冢头镇党委书记。1995年12月任郏县建设局党委书记、局长。1998年3月任郏县政协副主席。2004年8月任宝丰县人民政府副县长。2007年4月至2010年12月任宝丰县县长助理。2011年5月被平顶山市人民政府授予移民工作先进个人称号；6月被明确为正县级干部。

张　平

张平，1958年2月生，河南省汝州市寄料镇人，中共党员，本科学历。1976年12月入伍在武汉军区汽车十二团当战士。1977年11月始，先后任武汉军区军医学校机要科参谋、秘书科秘书、干部科干事。1986年12月始，先后任济南军区后勤干部训练大队副教导员、教导员、队务处政治协理员。1994年6月始，先后任济南军区郑州企业管理局副团职干事、劳动人事处副处长。2000年1月调任河南省扶沟县人武部政委、扶沟县委常委。2002年1月至2004年1月任宝丰县人武部政委，2003年6月毕业于石家庄陆军学院。2004年12月至2011年10月任宝丰县人民政府副县长。2009年1月被平顶山市人民政府授予全市消防安全工作先进个人称号。2011年2月被省委、省政府授予全省平安建设工作记功嘉奖个人称号，6月被明确为正县级干部。

王长和

王长和，1961年10月生，宝丰县石桥镇吕寨村人，中共党员，大学学历。1981年9月参加工作，在宝丰县农业局工作。1983年12月至1989年12月任张八桥乡政府副乡长，1988年10月任张八桥乡党委委员。1989年12月任小店乡党委副书记、乡长，1991年12月至1995年10月任杨庄镇党委副书记、镇长。1995年1月至1997年8月兼任铁路办主任。1995年10月任杨庄镇党委书记、人大主席，1995年1月至1998年1月兼任铁路办党总支书记。1998年1月调任城关镇党委书记、人大主席。2003年3月调任郏县人民政府党组成员、副县长。2011年10月调任宝丰县人民政府党组成员、副县长。

胡进栓

胡进栓，1966年12月生，河南省叶县人，中共党员，本科学历。1988年7月毕业于郑州大学哲学系。1988年9月参加工作，在平顶山市新华区党校任教员。1992年12月调平顶山市新华区人大常委会工作，历任科员、代表联络科副科长、财经委主任。2003年4月至2011年12月任平顶山市新华区政协副主席，其间2003年4月至2008年6月兼任平顶山市新华区监察局副局长。2011年12月任平顶山市新华区副区长。2012年3月调任宝丰县人民政府副县长。

范文涛

范文涛，1976年9月生，河南省巩义市康店乡人，中共党员，研究生学历，博士学位。1995年11月赴白俄罗斯留学，就读于白俄罗斯国立大学国际关系与国际经济专业，2000年7月获硕士学位。2001年10月在洛阳市地税局涉外分局工作。2002年9月赴英国莱斯特大学社会科学院留学，攻读金融专业，获经济学硕士学位。2003 年 9 月至 2004 年 1 月调河南省地税局涉外税收管理处工作。2005 年 3 月任宝丰县人民政府副县长。其间，2005 年 9 月在职攻读中国人民大学哲学院马克思主义哲学博士学位。2012 年 3 月调任平顶山市工业职业学院副院长。

董伟领

董伟领，1968 年 10 月生，宝丰县石桥镇阎庄村人，中共党员，本科学历。1987 年 7 月任前营乡团委副书记，1988 年 4 月任前营乡团委书记，1992 年 12 月任前营乡党委委员、秘书，1995 年 12 月任前营乡党委副书记。1998 年 9 月任商酒务镇党委副书记、镇长，2002 年 8 月至 2008 年 11 月任商酒务镇党委书记、人大主席。2007 年 2 月被明确为副县级。2008 年 11 月任宝丰县人民政府党组成员、县长助理。2010 年 12 月至 2012 年 3 月任宝丰县总工会党组书记、主席。2011 年 10 月任宝丰县人民政府党组成员、副县长。

魏学君

魏学君，1971 年 2 月生，平顶山市新华区滍阳镇人，中共党员，大学学历。1992 年 7 月到平顶山市煤炭工业管理局工作。1992 年 10 月调任中共平顶山市委办公室干事。1998 年 12 月始，先后任市委办公室秘书科副主任科员、副科长。2003 年 1 月任市委保密办公室（市保密局）主任科员。2004 年 12 月任市委办公室文电科科长。2007 年 8 月任市委办公室副调研员。2011 年 10 月调任宝丰县人民政府党组成员、副县长。

吴建刚

吴建刚，1966 年 3 月生，河南省舞阳县人，中共党员，大专学历。1988 年 2 月到郑州矿务局公安处工作。1992 年 4 月调郑煤集团公司子弟中学教务处工作。1998 年 12 月调郑煤集团铁运处工作，负责煤炭销售。2003 年 12 月任河南省地方煤炭集团煤炭集运有限公司经理。2006 年 10 月任河南省地方煤业有限公司党委书记、副总经理。2009 年 2 月任河南省地方煤炭集团有限公司党委委员。2009 年 8 月任宝丰县人民政府党组成员、副县长。2012 年 8 月调出。

姬翠红

姬翠红，女，1969 年 4 月生，河南省焦作市人，中共党员，研究生学历，1988 年 9 月至 1991 年 7 月在包头钢铁学院采矿系工业会计专业学习。1991 年 10 月参加工作，在平顶山市新华区经委财务科工作，1994 年 10 月调平顶山市新华区团委工作，1995 年 5 月任新华区团委副书记，1998 年 6 月任中共新华区委办公室副主任，1999 年 12 月任新华区纪委常委、办公室主任，2001 年 3 月任平顶山市新华区西市场街道党工委副书记、办事处主任，2005 年 3 月任新华区西市场街道党工委书记，2010 年 7 月任新华区政府党组成员、副县级干部。2011 年 10 月调任宝丰县人民政府党组成员、副县长。

县政协领导 共收录2012年1月至2013年6月宝丰县政协领导干部7人，其中政协主席1人，党组书记1人，副主席5人。

铁干卿

铁干卿，1963年10月生，河南省襄城县城关镇人，回族，中共党员，大专学历。1980年11月入伍。1984年1月转业到郑州铁路局工作，任郑州车务段扳道员。1984年8月任郑州铁路局党委办公室秘书，1986年10月任郑州铁路局团委书记。1989年9月至1991年7月在河南省委党校经济管理专业学习。1991年5月调任平顶山市卫东区工人镇办事处办公室主任，1993年5月任平顶山市卫东区东工人镇办事处党委副书记。1994年11月任平顶山市卫东区东环路办事处党委书记。1997年12月调任叶县人民政府副县长。2003年3月调任中共宝丰县委常委、政法委书记。2006年5月任中共宝丰县委常委、县纪检委书记。2011年6月明确为正县级干部，任宝丰县政协党组书记。2012年4月当选政协宝丰县第九届委员会主席，任县政协党组副书记。

师建超

师建超，1955年10月生，山西省长子县人，中共党员，大专学历。1972年12月入伍。1977年3月转业到鲁山县公安局工作，1987年8月任鲁山县公安局副局长。1992年9月任中共鲁山县委政法委副书记、县综治办主任。1994年8月任鲁山县瀼河乡党委书记。1998年1月任宝丰县人民政府副县长，11月获河南省人民政府红旗渠精神杯嘉奖。1999年11月被河南省人民政府记红旗渠精神杯三等功1次。2000年9月被河南省人民政府记红旗渠精神杯二等功1次。2003年3月任中共宝丰县委常委、办公室主任。2006年5月至2011年6月任宝丰县政协党组书记。2007年4月在县政协八届一次会议上当选为宝丰县政协主席。2011年6月至2012年4月任宝丰县政协党组副书记、主席。2012年4月当选政协宝丰县第九届委员会常务委员，任县政协党组书记。

赵留成

赵留成，1951年10月生，宝丰县杨庄镇柳沟营村人，中共党员，大专学历。1971年8月在小店公社学校任教。1972年8月调商酒务公社工作。1977年7月至1980年8月任赵庄公社团委书记，1978年10月任赵庄公社党委委员，1980年8月任赵庄公社党委委员、党委秘书。1981年10月任小店公社党委秘书，1983年9月任小店公社管委会副主任。1983年12月任曹镇乡党委副书记、乡长。1984年6月任中共宝丰县纪检委常委。1985年10月任中共宝丰县委组织部副部长。1990年12月任征编工作领导组组长和编审，领导编纂出版《中共河南省宝丰县组织史资料》。1997年12月任县政协党组成员，1998年3月在县政协六届一次会议上当选为宝丰县政协副主席。2003年4月至2012年1月任宝丰县政协党组副书记。2003年4月在县政协七届一次会议上再次当选为县政协副主席。2007年4月在县政协八届一次会议上再次当选为县政协副主席。2011年5月任主编出版《宝丰县政协志》。2012年1月因病去世。

王杰士

王杰士，1967年11月生，宝丰县张八桥镇下河村人，大专学历。1994年8月，创办县第一家民营企业宝丰县福利洗煤焦化厂，任厂长。2000年7月，出资购买平顶山宇新建材有限公司，组建宝丰县洁石建材有限公司。2002年3月当选平顶山市政协委员；7月当选宝丰县工商业联合会会长。2003年1月当选河南省第九届政协委员；4月在县政协七届一次会议上当选为宝丰县政协副主席；7月组建宝丰县洁石绿诚食品有限公司，11月组建宝丰县洁石铁运公司，12月组建宝丰县洁石洗煤焦化有限公司。2004年4月被评为河南省劳动模范，并当选平顶山市八届人大代表，9月当选市人大农工委委员，10月当选平顶山市工商联副会长，11月当选平顶山市青年企业家协会副会长，12月当选河南省中小企业协会副会长。2006年4月任宝丰酒业有限公司董事长。2008年2月当选平顶山市工商联主席。2009年4月当选平顶山市人大常委会委员。2005年1月获河南省优秀中国特色社会主义事业建设者奖章。2007年4月在县政协八届一次会议上再次当选为县政协副主席。2007年5月被市委、市政府授予建市五十周年兴市模范。2008年12月获第六届中国经济十大创新人物称号。2009年1月被评为改革开放30周年推动豫酒发展杰出企业家称号；5月先后被评为平顶山市优秀民营企业家和河南省优秀民营企业家。2010年3月被评为2009年中国酒业年度人物；6月获平顶山市优秀中国特色社会主义事业建设者称号。2011年1月获首届（2010）河南经济年度人物创新奖；5月当选河南省酒业协会第八届理事会副会长；8月获平顶山市第二届“感动鹰城·十大光彩助学人物”称号。2012年7月当选河南省工商联副主席。先后获河南省光彩慈善公益杰出人物和鹰城十大经济人物称号。10月获和谐河南先进工作者称号。

丁　存

丁存，女，1953年2月生，宝丰县石桥镇高皇庙村人，大专学历，高级农艺师。1970年9月到宝丰县钢铁厂工作。1973年9月至1975年12月在百泉农专学习。1975年12月至2007年4月在宝丰县农业局工作。1995年3月至2007年4月任宝丰县人大常委会副主任。2007年4月至2012年4月任宝丰县政协副主席。先后获省、市、县科技成果奖励项目27项（次），其中《夏大豆病虫草鼠综合防治及开发应用》课题获河南省政府科技成果三等奖。所著《农业病虫草鼠防治大全》一书，1993年由北京科技出版社出版。先后发表论文200余篇，其中《小麦红蜘蛛防治技术研究》一文，1991年在《中国农业》杂志上发表，《农村农业人才与小康村建设》《农业科技成果推广过程中存在问题及对策》等论文，1997年6月获中国人才研究会优秀论文奖。获省、市、县先进20余次。1989~2007年连续被县委、县政府命名为专业技术优秀人才。

顾海萍

顾海萍，女，1963年10月生，河南省南阳市宛城区人，中共党员，本科学历。1980年9月考入南阳师专中文系学习。1983年7月毕业分配到七三四处工作。1985年5月调宝丰县委宣传部工作，历任副科级宣传员、党教理论科科长，1998年9月任宝丰县委宣传部副部长。2000年8月任城关镇党委副书记、镇长。2003年8月任李庄乡党委书记、人大主席。2004年、2006年、2007年分别被市委、市政府授予全市社会治安综合治理先进工作者称号。2007年在省纪委、省农业厅主办的第二届《村官论坛》征文活动中，撰写的论文《关于政务、村务、党务三务公开的实践与思考》获二等奖，撰写的《加快乡镇发展，构建和谐社会》党课教案获全省“加快中原崛起，构建和谐中原”主题党课活动三等奖。2008年撰写的《推行政务、村务、党务“三公开”，发展社会主义民主政治》党课教案获省委宣传部组织的全省学习贯彻中共“十七大”精神主题党课活动一等奖。当年获平顶山市“五一”劳动奖章。2009年6月被明确为副县级。2010年4月任中共宝丰县委政法委副书记、宝丰县信访局局长。2012年4月在政协宝丰县第九届委员会一次会议上当为选为县政协副主席，任县政协党组成员。

王书修

王书修，1963年10月生，宝丰县杨庄镇人，中共党员，大专学历。1982年9月考入中牟农业学校农学专业学习。1985年7月毕业分配到宝丰县政府办公室工作。1992年8月任宝丰县政府办公室副科级秘书，1992年9月任宝丰县政府办公室综合科科长。1993年7月任宝丰县政府办公室副主任。1995年2月调任县审计局党组书记、局长。1998年1月任商酒务镇党委书记、人大主席。2002年8月任宝丰县政府党组成员、办公室主任。2010年1月任县委组织部常务副部长。2012年4月在政协宝丰县第九届委员会第一次会议上当选为县政协副主席，任县政协党组成员。

其他副县级领导 共收录2012年1月至2013年6月在宝丰县各单位任职的副县级以上干部20人，其中县人武部部长2人，县法院院长1人，县检察院检察长2人，县公安局局长1人，县总工会主席1人，县委群工部部长1人，其他副县级干部12人。

桓贯超

桓贯超，1965年8月生，河南省许昌县榆林乡人，中共党员，本科学历。1982年11月入伍，任中国人民解放军陆军十六集团军47师140团班长。1985年9月至1987年7月在大连陆军学院学习。1987年8月任中国人民解放军47师140团四营16连排长，1990年1月任47师140团参谋，1993年1月任47师140团8连连长。1995年1月至1996年1月在中国人民解放军参谋学院学习。1996年1月任47师140团作训股长。1998年8月调任平顶山军分区教导队队长。2003年1月任平顶山军分区民兵训练基地主任。2008年1月调任宝丰县人民武装部部长。2013年4月调出。

吴红强

吴红强，1969年11月生，河南省郏县人，中共党员，大学学历。1986年9月至1989年7月在河南襄城师范学校学习。1989年8月毕业后任襄城县十里铺学校教师。1990年7月调郏县人民武装部工作，1996年4月任郏县人民武装部政工科副连职干事。6月调任平顶山军分区司令部副连职参谋，12月任平顶山军分区司令部正连职参谋。1997

年8月调任平顶山市湛河区人民武装部军事科正连职参谋。1997年9月至2000年6月在南京陆军指挥学院中级指挥函授本科班学习。1999年12月任平顶山市湛河区人民武装部军事科副营职参谋。2001年6月调任平顶山市卫东区人民武装部军事科副科长，2002年6月任平顶山市卫东区人民武装部军事科科长，2005年6月任平顶山市卫东区人民武装部军事科正营职参谋。2006年6月调任平顶山军分区司令部正营职参谋。2007年被济南军区评为“十五”期间国防工程建设与维护管理工作先进个人，被河南省军区评为岗位练兵先进个人和省铁路护路工作先进个人，并荣立三等功1次。2008年12月任平顶山军分区司令部副团职参谋。2008年被济南军区授予全面建设达标先进个人称号。2011年12月、2012年12月先后被河南省军区授予优秀参谋和兴武建功先进个人称号。2013年4月调任宝丰县人民武装部部长。

井慧宝

井慧宝，1965年10月生，河南省襄城县十里铺乡人，中共党员，研究生学历，法律硕士学位。1988年毕业于中南政法学院法律系，获法学学士学位，毕业后留校任教。1990年12月调中共平顶山市委政法委工作。1994年10月至1996年10月在襄城县孙祠堂乡挂职锻炼，先后任乡长助理、副乡长。1998年12月任平顶山市委政法委协调科副科长。2000年6月任市委政法委维护稳定工作科科长。2003年10月参加全国统一司法考试，取得法律职业资格证书。2004年5月，获郑州大学法律硕士学位，8月调任宝丰县人民法院党组书记、代院长，2005年4月任宝丰县人民法院党组书记、院长。2006年4月，在全国法院系统率先创设特困申请人救助金制度。2007年7月率先在全省法院系统成立民事调解庭，在全市法院系统第一个成立信访处理专职机构——涉诉信访局。2007年12月获全国法院涉诉信访工作先进个人称号。同年分别获全国“双百”信访先进个人、全省优秀法官称号。2008年专项调研课题《鉴定结论在民事诉讼运用中相关问题探讨》等论文，被平顶山市中级人民法院《调查与研究》采用。2012年在《平顶山法治》第6期上发表《升华核心价值观、文化建院创佳绩》。

王明文

王明文，1959年10月生，平顶山市卫东区人，中共党员，本科学历。1981年9月考入河南省政法干部学校学习。1983年8月毕业分配到平顶山市人民检察院工作，其间，1985年9月至1988年7月在中央电大法律专业学习。1988年7月始，先后任平顶山市人民检察院副科级检察员、办公室副主任、正科级检察员。1996年4月始，先后任平顶山市人民检察院检察技术处处长、民事行政检察处处长、检察委员会委员、副县级检察员，其间，1996年9月至1999年7月在解放军工程学院法律专业学习。2001年3月任汝州市人民检察院党组书记、检察长。2007年3月任宝丰县人民检察院党组书记、代检察长，4月任宝丰县检察院党组书记、检察长。2008年2月被平顶山市人民检察院记个人三等功1次。2012年3月调平顶山市检察院。

王建军

王建军，1963年12月生，河南省郏县人，中共党员，大学学历。1980年11月至1985年11月在部队服役。1985年11月转业到郏县景家洼煤矿办公室工作。1992年1月调郏县司法局工作。其间，1992年9月至1994年7月在省政

法干部学校学习。1997年4月调郏县检察院工作，先后任党组成员、纪检组长、副检察长等职。1997年6月通过自学考试毕业于郑州大学法律本科专业。2000年7月挂职任平顶山市检察院计划财务装备处副处长兼机关后勤服务中心主任。2002年12月任平顶山市检察院机关后勤服务中心主任。2005年1月任平顶山市检察院计划财务装备处处长。2007年3月任平顶山市石龙区检察院党组书记、检察长。2012年3月任宝丰县检察院党组书记、代理检察长，4月任宝丰县检察院党组书记、检察长。

郭鹏飞

郭鹏飞，1966年6月生，宝丰县张八桥镇马厂村人，中共党员，大学学历。1985年9月考入河南煤炭工业学校学习。1987年7月毕业分配到大营镇政府工作，任大营镇团委书记。1991年5月任共青团宝丰县委员会副书记，1994年7月任共青团宝丰县委员会书记。1998年1月任大营镇党委副书记、镇长。1998年12月至2002年4月在宝丰县清理整顿“两会一部”领导小组办公室工作。2002年4月任宝丰县信访局党组书记、副局长，8月任宝丰县信访局党组书记、局长。2003年10月至2007年9月兼任宝丰县人民政府办公室副主任。2007年7月任中共宝丰县委群众工作部部长（副县级）、县信访局党组书记，兼任县信访局局长至2010年4月。2012年3月任宝丰县总工会党组书记、主席。2012年4月当选宝丰县十四届人大常委会委员。

韩学孟

韩学孟，1965年5月生，河南省鄢陵县人，中共党员，本科学历。1984年8月任平顶山市公安局五科办事员，1994年9月任平顶山市公安局政治处科员。1996年10月任汝州市公安局副局长，2000年1月至2002年5月任汝州市公安局副局长（正科级）。2002年5月任叶县公安局政委（副县级）。2006年2月任石龙区公安局局长。2009年12月任宝丰县公安局党委书记、局长，副处级侦查员。2012年10月兼任宝丰县公安局督察长。

余西申

余西申，1957年2月生，宝丰县闹店镇闹店村人，中共党员，本科学历，高级工程师，政工师。1975年6月在宝丰县水电局工作。1977年11月至1979年3月在许昌电力职工大学电气专业学习。1979年4月任宝丰县电业局技术员，1984年7月始先后任宝丰电业局用电股副股长、股长。1990年10月任宝丰电厂副厂长、党总支委员，1994年7月任宝丰电厂厂长，1996年6月兼任宝丰电厂党委书记。1997年11月任宝丰县发电集团党委书记、董事长、总经理。1998年1月当选平顶山市第五次党代会代表，11月当选平顶山市七届人大代表。1996年1月，被河南省委评为河南省优秀共产党员。主持完成锅炉补充水由一级软化改为一级除盐制水系统应用研究1997

年获河南省星火计划三等奖，在省级以上刊物发表论文10余篇。1999年2月任宝丰县人民政府党组成员、县长助理，7月被平顶山市委、市政府命名为平顶山市第五批专业技术拔尖人才。2000年2月任平顶山市香山煤矿党委书记（副县级）。2001年10月任平顶山市香山煤业公司党委书记、董事长。2003年6月任宝丰县人民政府党组成员、中共宝丰县委委员。2004年4月当选平顶山市八届人大代表。2006年6月至2010年12月任宝丰县人民政府党组成员、县长助理。先后获河南省优秀青年企业家、河南省电力系统劳动模范、平顶山市30名优秀青年、平顶山市劳动模范、平顶山市十大杰出青年企业家、平顶山市“五一”劳动奖章、平顶山市兴市模范、平顶山市优秀共产党员等称号。

郜现营

郜现营，1970年8月生，宝丰县观音堂乡人，中共党员，研究生学历。1988年7月到宝丰县委办公室工作，1993年10月任县委办公室信息科科长，1998年9月任县委政策研究室主任。2001年12月任肖旗乡党委副书记、乡长，2002年8月任肖旗乡党委书记、人大主席。其间，2005年9月至2008年6月在河南省委党校在职研究生班政治学专业学习。2003年3月被市委、市政府授予道德建设先进个人称号。2004年3月被市委、市政府授予社会治安综合治理和平安建设先进工作者称号，6月被河南省委授予全省优秀共产党员称号。2005年4月被市委、市政府授予平顶山市（第七届）“十大”杰出青年称号。2008年、2009年分别被市委、市政府授予社会治安综合治理和平安建设先进工作者称号。2009年6月被明确为副县级。当年被平顶山市委授予平顶山市优秀党务工作者称号。2010年1月被市委、市政府授予信访工作先进个人称号，并记三等功1次。2010年3月至2012年4月任宝丰县文化改革发展试验区管委会副主任，2010年12月任宝丰县人民政府党组成员。

王忠贤

王忠贤，1963年11月生，河南省舞阳县吴城镇人，中共党员，大专学历，农艺师。1983年7月河南百泉农专园林系毕业，分配到宝丰县农牧局工作，先后任农业局园艺股副股长、园艺站站长、县农技推广中心主任、县农牧局党组成员等职务。1992年12月任赵庄乡党委副书记，1993年1月至1995年1月兼任赵庄乡企业委主任，1995年12月任赵庄乡人大副主席。1998年9月任前营乡党委副书记、乡长，2000年8月任前营乡党委书记、人大主席。2003年8月至2009年8月任大营镇党委书记、人大主席。2009年6月被明确为副县级。曾获全市信访稳定工作先进个人等称号。2010年3月任县政府党组成员、宝丰县安全委员会（领导小组）副主任（副组长）。2010年12月任宝丰县政协党组成员。2011年3月在政协宝丰县委员会八届三次会议上当选为县政协常委。2012年2月任中共宝丰县委群工部部长。

蒋三熠

蒋三熠，1965年11月生，宝丰县石桥镇高皇庙村人，中共党员，本科学历。1987年10月参加工作，任小店乡团委书记。1991年5月任小店乡副乡长，12月任杨庄镇副镇长。1994年9月任周主镇党委副书记兼企业委主任。1998年9月任中共宝丰县纪检委常委。2001年12月任闹店镇党委副书记、镇长，2003年1月任闹店镇

党委书记、人大主席。2006年4月获平顶山市“五一”劳动奖章，2007年6月获平顶山市党务工作先进个人称号。2009年6月被明确为副县级。2010年3月任宝丰县产业集聚区管理委员会副主任。2010年12月任县政府党组成员、县产业集聚区管委会副主任。2011年12月任县政府党组成员、县产业集聚区管委会主任。

李慧敏

李慧敏，女，1965年生，宝丰县周庄镇皮庄村人，中共党员，本科学历。1981年参加工作，1983年12月调李庄乡政府工作，先后任团委书记、计生办主任等职。1996年2月调任前营乡政府副乡长，1998年11月任前营乡党委副书记。2000年12月任前营乡党委副书记、乡长，2003年8月任前营乡党委书记、人大主席。先后被市委、市政府授予“九五”期间计划生育工作先进工作者、市社会治安综合治理工作先进工作者、市“三八”红旗手、市抗击“非典”工作先进工作者和全国第二次农业普查先进个人等称号。2009年6月被明确为副县级。2010年3月任宝丰县产业集聚区管理委员会副主任。2010年12月任县政府党组成员、县产业集聚区管委会副主任。

曲延辉

曲延辉，1970年10月生，平顶山市新华区薛庄镇夏店村人，中共党员，本科学历。1987年8月至1989年7月在郑州公安干校学习。

1989年7月毕业分配到汝州市公安局朝川派出所工作。1994年3月任共青团宝丰县委副书记。1995年12月任赵庄乡党委副书记，1999年1月任赵庄乡人大副主席（正科级）。其间，考入中国政法大学法学专业学习。2000年8月任赵庄乡党委副书记，12月任赵庄乡党委副书记、乡长，2004年8月任赵庄乡党委书记、人大主席。2006年3月被河南省委授予优秀思想政治工作者称号；5月被市委、市政府授予信访稳定和综治工作先进个人称号。2008年4月被评为平顶山市“十大”杰出青年。2009年6月被明确为副县级。2010年3月至2012年4月任宝丰县文化改革发展试验区管理委员会副主任，2010年12月任县政府党组成员。

申怀彬

申怀彬，1962年12月生，宝丰县商酒务镇商酒务村人，中共党员，本科学历。1983年7月到宝丰县三高任教。1987年1月调商酒务镇政府工作，1987年12月任商酒务镇政府秘书，1992年12月任商酒务镇党委委员、秘书，1995年1月任商酒务镇纪委书记。1995年12月调任李庄乡党委副书记，1998年8月任李庄乡党委副书记、乡长。2001年12月任杨庄镇党委副书记、镇长。2003年先后被市委、市政府授予抗击“非典”工作先进工作者和秸秆禁烧及综合利用先进工作者称号。2004年9月被河南省人民政府授予城乡基层政权和村民委员会建设优秀乡镇长称号。2005年、2006年连续被市委、市政府评为社会治安综合治理先进工作者。2006年12月被市委、市政府记三等功1次。2007年3月任杨庄镇党委书记、人大主席。2008年5月获平顶山市"五一"劳动奖章。2010年7月被明确为副县级,10月获河南省丹江口库区第一批移民迁安工作先进个人称号。2011年2月被平顶山市委、市政府授予平安建设先进工作者称号,5月被平顶山市人民政府授予移民工作先进个人称号。2012年3月任县政府党组成员、宝丰县产业集聚区管委会副主任。

王红旗

王红旗,1965年10月生,平顶山市湛河区曹镇乡陶寨村人,中共党员,本科学历。1982年10月到宝丰县人大常委会办公室工作。1995年2月调任张八桥镇党委委员、宣传委员。1995年12月任张八桥镇党委委员、党委秘书。1998年11月调任赵庄乡党委副书记。2001年12月调任石桥镇党委副书记、镇长,2006年9月任石桥镇党委书记、人大主席。2007年10月被河南省人民政府第二次农业普查小组办公室、省统计局授予全省农业普查先进个人称号。2008年5月获平顶山市优秀思想政治工作者称号。2009年9月被河南省爱卫会授予省级卫生乡镇书记奖。2010年1月被市委、市政府授予2009年度信访工作先进个人称号,2010年7月被明确为副县级。2011年3月调任宝丰县人大常委会党组成员,在县十三届人大五次会议上当选为县人大常委会委员。2012年4月任宝丰县人民政府党组成员。

朱文朝

朱文朝,1965年10月生,宝丰县肖旗乡乔庄村人,中共党员,本科学历。1986年7月平顶山师范高等专科学校毕业,分配到宝丰县第二高级中学任教。1991年7月调大营镇政府工作,先后任镇计生办主任、煤管站站长。1995年12月调任观

音堂乡党委秘书,1998年11月任观音堂乡党委副书记,1998年11月至2000年12月兼任观音堂乡纪委书记。2001年12月任大营镇党委副书记、镇长。2003年7月被市委、市政府授予抗击"非典"工作先进工作者称号。2004年3月被市委、市政府授予社会治安综合治理工作先进工作者称号。2009年9月任大营镇党委书记、人大主席。2010年7月被明确为副县级。2011年3月调任宝丰县人大常委会党组成员,在县十三届人大五次会议上当选为县人大常委会委员。2012年4月任宝丰县人民政府党组成员。

陈卫东

陈卫东,1967年3月生,平顶山市新华区滍阳镇人,中共党员,本科学历。1985年5月到宝丰县农业银行工作。1988年1月任赵庄乡政府秘书,1992年12月任赵庄乡党委委员、党委秘书。1995年1月任张八桥镇副镇长。1997年1月任商酒务镇副镇长,1998年12月任商酒务镇党委委员、副镇长。2002年3月任商酒务镇人大副主席,8月任商酒务镇党委副书记、镇长。2004年3月、2007年2月先后被市委、市政府授予全市社会治安综合治理工作先进个人称号。2008年11月任商酒务镇党委书记、镇长,2009年9月任商酒务镇党委书记、人大主席。2010年7月被明确为副县级。2011年2月被市委、市政府授予平安建设先进工作者称号,被市政府授予安全生产先进工作者称号。2013年3月任宝丰县人民政府党组成员。

亢鹏举

亢鹏举，1964年3月生，宝丰县石桥镇人，中共党员，工程师，研究生学历。1983年7月在宝丰县机械厂工作，1984年任机械厂技术科副科长。1984年7月调宝丰县经委工作，1991年5月任县经委党组成员。1993年5月任县经委副主任兼县经济信息中心（县政府发展研究中心）主任。1995年2月至2010年10月任宝丰县统计局党组书记、局长。2001年被国务院第二次基本单位普查领导小组办公室授予全国先进个人称号。2002年被国务院第五次人口普查领导小组办公室授予全国先进个人称号。2005年被国务院第一次经济普查领导小组办公室授予全国先进个人称号。2008年2月任县政府党组成员。2009年3月当选平顶山市九届人大代表。2009年被省人事厅、省统计局授予全省统计系统先进工作者称号。2010年4月被评为平顶山市劳动模范。2010年9月任国家统计局平顶山市调查队党组成员（副县级）、县统计局党组书记、局长。2010年10月至2012年5月任县政府党组成员、县统计局局长、党组副书记，2012年5月任县政府党组成员、县统计局党组书记。

李自钦

李自钦，1962年11月生，宝丰县张八桥镇孔庄村人，中共党员，本科学历。1983年7月毕业分配到团县委工作，1986年11月任团县委副书记。1990年8月调任宝丰铁路办副主任。1991年5月调任杨庄镇党委副书记。1995年1月调任石桥镇党委副书记，1996年任石桥镇党委副书记、镇长，1997年11月任石桥镇党委书记、人大主席。2003年10月任县民政局党组书记，2004年11月任县民政局党组书记、局长。2010年1月被市委、市政府授予平安建设先进工作者称号。2012年3月任平顶山市军事供应站党支部书记（副县级）、县民政局党组书记、局长。2012年4月任平顶山市军事供应站党支部书记、县民政局局长、党组副书记。

刘俊东

刘俊东，1968年2月生，河南省信阳市潢川县人，中共党员，本科学历，副主任医师。1991年7月河南医科大学医疗系毕业，分配到郑州铁路局宝丰铁路医院工作。先后任医院住院医师、内科主任、业务副院长。专业方向为心血管内科，擅长治疗高血压、冠心病等。2011年1月任平顶山市第二人民医院宝丰分院（原宝丰铁路医院）院长（副处级）。

【先进模范选介】收录2012年省级以上先进模范人物11人，分别为：马建才、边新义、李彩芹、李新安、宋海健、黄秀兰、王亚辉、要素红、朱正栩、陈艳果、吴艳艳。

马建才

马建才，1962年3月生，河南省淅川县盛湾镇马山根村人，中共党员，中专学历。宝丰县杨庄镇马山根移民新村党支部书记兼村主任。1978年9月至1980年7月在淅川县成人中专班学习。1980年8月至1995年12月任淅川县盛湾镇马山根村民兵连长、治保主任。1995年1月任村主任。2001年9月任村支部书记兼村主

任。面对全镇出了名的落后村，他带领两委班子转变工作作风，采取从自身做起，在“实”字上下功夫，以夯实两委工作效率为切入点，奖惩兑现，定岗定责，实行责任追究制，经过不懈努力，把昔日的落后村变成了先进村，连年被镇党委评为先进党支部。2008年南水北调搬迁工程启动，他带领村支部、村委会一班人，按照上级布置的工作步骤，迅速开展工作。从移民申报、登记到移民看点对接、选址建房、修路绿化等付出了巨大的努力和心血。2010年6月21日，马建才带领全村人舍小家、顾大家，从淅川县盛湾镇迁移到宝丰县杨庄镇马山根新村，任杨庄镇马山根移民新村党支部书记、村主任。搬迁后，又考虑到如何使群众稳得住，能致富，能发展，带领两委成员到全国最大的牛羊集散地山东嘉祥县实地考察学习，到新乡生猪养殖场学习参观，邀请农业技术人员对150余名村民进行为期1个月的技术培训。2012年筹建年产1500头的生猪养殖场。2012年5月被中共河南省委、省政府授予南水北调库区移民迁安工作模范移民称号。后又筹资建设100亩蔬菜种植大棚，安排50户群众从事种植业，逐步打造移民蔬菜种植基地。2013年马山根新村被宝丰县政府授予经济发展十快村称号。

边新义

边新义，1966年9月生，平顶山市新华区滍阳镇杨官营村人，中共党员，本科学历。1991年至1993年在平顶山师专实用班学习。1994年1月在宝丰县煤炭运销总公司工作。2003年调宝丰县水利局移民办工作。2004年任县水利局移民办综合科科长，2006年任移民办副主任。当年在全省移民后期扶持工作中被授予先进工作者称号。2010年在全市水库移民后期扶持工作中被评为先进个人，10月被省委、省政府授予全省南水北调丹江口库区第一批移民迁安工作先进个人称号。2012年5月被省委、省政府授予全省南水北调库区移民先进个人称号。

李彩芹

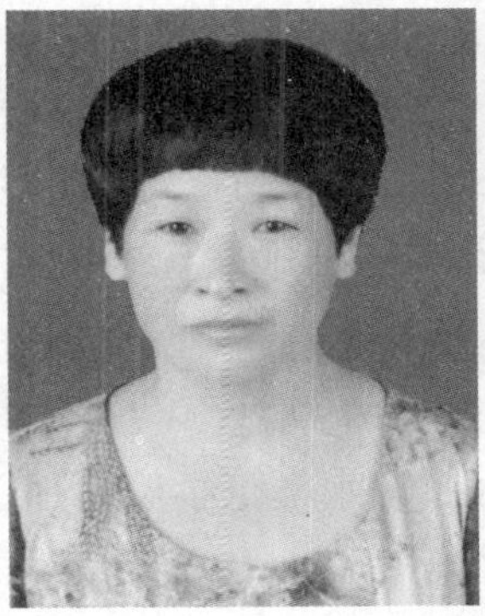

李彩芹，女，1969年12月生，宝丰县商酒务镇张庄村人，中共党员，大专学历。1994年4月在商酒务镇政府工作。2000年8月至2012年2月任商酒务镇政府安监办主任。2005年至2008年任商酒务镇政府宣传统战干事。2005年至2011年任商酒务镇非公有制发展办公室主任。2010年3月被平顶山市总工会评为女职工建功立业标兵；4月获平顶山市第二次全国经济普查工作先进个人称号；10月任商酒务镇工会主席。2011年6月被平顶山市总工会评为优秀工作者。2012年1月被国家安全生产监督管理局、国家煤矿安全监察局授予全国安全生产监管监察先进个人称号。

李新安

李新安，1970年6月生，宝丰县商酒务镇商酒务村人，中共党员，本科学历。1991年在宝丰县电厂工作。1994年调宝丰县交通局运输管理所工作。1999年调宝丰县水利局移民办工作。2003年9月至2005年6

月在河南省劳动干部学校学习。2004 年任移民办副主任。2007 年 12 月获全省水库移民后期扶持先进个人称号。2008 年 9 月至 2010 年 12 月在河南省委党校函授班法律专业学习。2009 年在全市移民后期扶持工作中被评为先进个人。2010 年获平顶山市水库移民后扶工作先进个人称号。2011 年 12 月被省政府移民办授予水库移民先进工作者称号。2012 年 5 月获全省南水北调库区移民迁安工作移民模范个人二等功。

宋海健

宋海健，1970 年 10 月生，河南省方城县博望镇包庄村人，中共党员，本科学历。1990 年 9 月至 1993 年 7 月在湖北省广水师范学校学习，毕业后在平顶山市第三职业中专任教。1997 年 12 月调宝丰县委老干部局工作。2005 年获全市关心下一代工作先进工作者称号。2007 年 9 月任宝丰县关心下一代工作委员会办公室主任，当年获全省老干部工作先进工作者称号。2009 年 8 月获全省关心下一代宣传工作先进工作者称号。2009 年 9 月至 2011 年 12 月在河南省委党校函授本科法律专业班学习。2010 年分别获全省、全市关心下一代工作先进工作者称号。2012 年 7 月被中国关工委、教育部关工委授予全国“中华魂”主题教育活动先进个人称号。

黄秀兰

黄秀兰，女，1973 年 9 月生，河南省南阳市卧龙区人，大专学历。1993 年 7 月毕业于湛江气象学校气象通讯专业，在宝丰县气象局从事地面气象观测工作。1999 年被宝丰县委、县政府授予“三八红旗手”称号。2002 年被平顶山市气象局授予测报质量标兵称号。2004 年取得

南京信息工程大学大气科学专科学历，2005 年 12 月取得工程师资格。2002 年至 2012 年共获得 11 个连续百班无错情。2012 年 4 月被中国气象局授予全国质量优秀测报员称号。

要素红

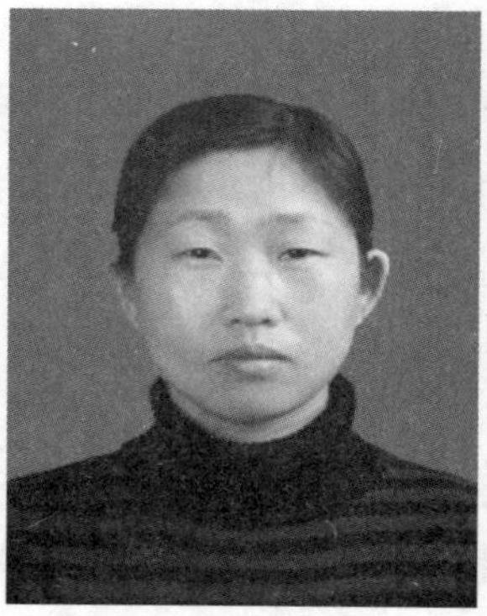

要素红，女，1974 年 9 月生，宝丰县城关镇西街人，中共党员，大专文化，会计师。1990 年 9 月至 1993 年 7 月在郑州水利学校财会专业学习。1993 年 8 月到宝丰县水利局财务股工作，期间历任主管会计、报账会计、股长。1995 年获河南省水利系统清产核资先进个人、宝丰县清产核资先进工作者称号。1997 年毕业于河南省委党校大专班。2001 年考取会计师职称。2003 年获宝丰县玉带河治理工程先进个人称号。2004 年获宝丰县新长征突击手称号。2005 年获平顶山市水利系统先进工作者称号。2008 年获河南省水利财会改革三十周年先进工作者、河南省水利会计与改革 30 周年纪念活动优秀论文评选三等奖、宝丰县优秀共产党员称号。2010 年获宝丰县巾帼建功标兵称号。2011 年获河南省病险水库除险加固建设管理先进个人称号。2012 年被国务院南水北调办公室授予南水北调系统资金管理工作先进个人称号。2012 年 10 月任宝丰县水利局党组成员、副局长。

朱正栩

朱正栩，女，1974 年 11 月生，宝丰县闹店镇肖营村人，中共党员，本科学历，法学学士学

位。宝丰县人民法院闹店人民法庭庭长。1993年7月在平顶山师范高等专科学校学习期间加入中国共产党，毕业分配到宝丰县教师进修学校工作。1995年1月经全省法院系统增编考试招录到宝丰县人民法院工作，任刑事审判庭书记员。1999年10月参加全国初任审判员资格考试，取得初任审判员资格。2000年2月任县法院研究室副主任，2004年1月任县法院民事审判一庭副庭长。2006年10月荣立个人三等功1次。2007年7月任县法院闹店人民法庭庭长。任宝丰法院闹店人民法庭庭长职务期间，在基层艰苦的工作环境中，在办案力量严重不足的情况下，克服重重困难，坚持以“促进一方和谐，服务一方百姓”为己任，在坚持秉公办案的同时，积极创新审判工作机制，独创了适合当地实际、符合群众司法需要的庭前“六步工作法”和“四点调解法”。2008年始连续4年平均办结案件在300件以上，年均调撤结案率93.8%，所办案件无一件错案，无一件引起信访，收到了良好的法律效果与社会效果。2008年3月被县总工会授予女职工建功立业标兵称号。2009年2月被平顶山市中级人民法院记个人三等功。2010年1月被平顶山市中级人民法院评为全市法院系统十大调解能手，并在河南省首届“调解之星”评选活动中，被评为“百佳调解之星”。2011年1月，被省政法委、省人保厅授予河南省人民满意的政法干警称号，被河南省人民政府维护妇女儿童合法权益暨平安家庭建设协调组评为河南省维护妇女儿童合法权益先进法官，被河南省高院评为全省法院优秀法官，同年10月被宝丰县人大常委会授予宝丰人民满意的法官称号。2011年11月28日，平顶山中院发出在全市法院开展向朱正栩学习的决定。2012年1月在河南省第二届“调解之星”评选活动中，被评为“金牌调解之星”；2月被平顶山市中级人民法院评为全市优秀人民法庭工作者。朱正栩的先进事迹先后被《人民法院报》、中国法院网、中国青年网、河南电视台、《河南法制报》《中华儿女》《平顶山日报》等各类媒体连续报道。河南省委常委、政法委书记毛超峰，河南省高级法院院长张立勇，平顶山市委书记赵顷霖，平顶山市委常委、政法委书记李永胜，平顶山市委常委、宣传部部长唐飞，平顶山市法院院长郭保振等领导分别作出了重要批示。2012年3月1日，宝丰县委作出《关于开展向朱正栩同志学习的决定》；3月15日，平顶山市委政法委下发《关于在全市政法系统开展向朱正栩同志学习活动的决定》，号召全市政法干警深入学习朱正栩的先进事迹；5月，获平顶山市“五一”劳动奖章；6月29日，省高级人民法院下发《关于为朱正栩同志记功的决定》，为朱正栩记个人一等功，并号召全省法院干警向朱正栩学习；6月，被中共河南省委授予全省争先创优优秀共产党员称号。2012年11月1日，平顶山市委作出决定，在全市开展向朱正栩学习活动。2013年2月26日，获全国优秀法官称号；2月27日，在河南省十二届人大一次会议第四次大会上当选为第十二届全国人大代表。

王亚辉

王亚辉，1975年1月生，宝丰县肖旗乡乔庄村人，中共党员，大专学历。1997年毕业于洛阳农专食用菌与蔬菜专业。毕业后一直从事食用菌种植推广工作。2004年3月被录用为第一批大学生村干部，现任肖旗乡张伍庄村党支部副书记、宝丰县大学生村干部创业联合会会长、宝丰县源泉生态农业开发有限公司经理。2008年他结合自己所学食用菌专业优势和15年的生产经验，在肖旗村建立了肖旗乡大学生村干部食用菌种植示范园，示范园占地面积60余亩，投资160余万元，年生产供应各类优质菌种20万袋（瓶），解决40余名留守人员就业，年生产木耳、平菇、香菇等干鲜品600余吨，辐射带动周边8个乡镇、600余户群众种植食用菌，产值2000余万元，户均增收1.5万元。为使群众在食用菌种植的道路上少走弯路，他先后摸索出了反季节栽培、划口出菇、开放式接种等技术,简化了种植程序，减轻了劳动强度，提高了种植效益。他先后到河南省农科院、四川省农科院向教授请教学习，引进了上海3号新种、781等木耳优良菌种，并改进种植配方。先后获河南省“百优”大学生村干部创业之星、河南省优秀农村实用人才、河南省首届创业大赛优秀项目带头人、河南省优秀科技特派员、全国第八届青年农村致富带头人等称号。

陈艳果

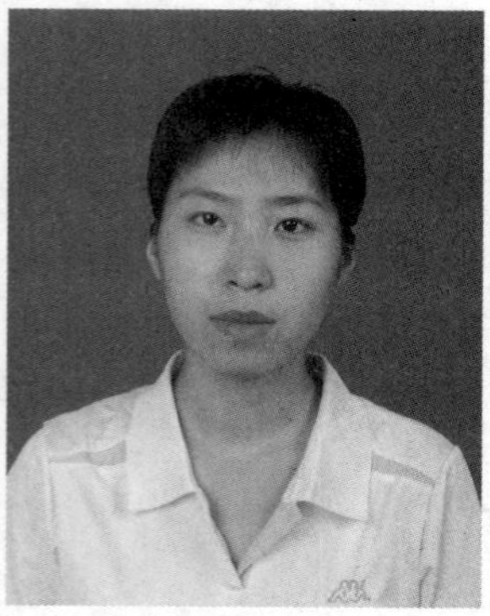

陈艳果，女，1982年2月生，平顶山市湛河区姚孟村人，中专学历。2002年7月参加工作，在宝丰县气象局从事地面气象观测工作。2012年获得3个河南省气象局连续百班无错情。在第三届河南省气象观测技能竞赛中，获得地面测报全能第三名，单项软件操作第一名。2012年4月被中国气象局授予全国质量优秀测报员称号，2013年1月被平顶山市气象局授予2012年全市气象宣传工作先进个人称号。

吴艳艳

吴艳艳，女，1983年5月生，河南省鲁山县人，本科学历。2007年7月到宝丰县气象局工作。2008年7月取得助理工程师资格。2009年被平顶山市气象局授予全市气象宣传工作先进个人称号。2009年从事地面气象观测工作。2011年6月获2个河南省气象局连续百班无错情。2012年4月被中国气象局授予全国质量优秀测报员称号。

【国家级会员选介】 收录2012年宝丰县国家级会员人物2人，分别为中国工艺美术学会会员马聚魁，中国书法家协会会员孙战生。

马聚魁

马聚魁，1957年12月生，宝丰县肖旗乡肖旗村人，大专学历，高级工艺美术师，高级工程师。市七届、八届人大代表。中国陶瓷工业协会理事，中国古陶瓷学会会员，中国工艺美术学会会员，中国民间文艺家协会会员，河南省陶瓷艺术大师，河南省民间艺术大师，河南省工艺美术大师，河南省古陶瓷研究会理事，河南省汝瓷烧制技艺非物质文化遗产传承人，河南省汝瓷工程研究中心主任，宝丰县汝瓷研究所所长，宝丰县汝瓷协会会长，宝丰汝瓷文化研究中心主任。1976年始，从事陶瓷工艺美术工作，研究宝丰紫砂陶工艺。后从事仿汝官瓷烧制，潜心研制汝官瓷制品。1998年仿制烧制成天青、粉青、卵青、月白、豆青、豆绿等8种釉色汝瓷工艺品。其成果《汝官瓷天青釉、月白釉的仿制研究与应用》，2000年通过省（部）级专家鉴定，填补了国内汝官瓷天青釉、月白釉仿制研究的空白，达到了国内同类研究的领先水平。先后获中华一绝奖和省科技进步三等奖。2003年4月获平顶山市“五一”劳动奖章，5月被河南省总工会等单位授予省百名一线英杰称号，7月加入中国民间文艺家协会会员，9月汝官瓷仿制产品获中国首届文物仿制品博览会银奖。2005年6月，被平顶山市政府授予仿古汝瓷突出贡献奖称号。2007年1月，汝瓷作品《三足洗》《弦纹樽》入选《义务教育课程标准实验教科书·九年级·美术》课本，11月"魁汝牌"汝瓷获河南省名牌产品，12月汝瓷《刻花樽瓶》《内雕花碗》被评为河南省工艺美术精品。2008年6月，作品《汝瓷荷花碗》被江苏宜兴陶瓷博物馆收藏，8月作品《魁汝北京奥运瓶》被英国珍宝博物馆收藏。2009年5月，汝瓷作品《魁汝莲花》获2009年中国工艺美术"百花奖"铜奖。2010年5月，汝瓷作品《北京奥运瓶》《魁汝莲花》《雕花斗笠瓶》等12件工艺品外观设计获中华人民共和国国家知识产权专利证书。11月，汝瓷作品《倒装壶》获河南省陶瓷博览会金奖。2011年6月，汝瓷作品《富贵盘》获中国工艺美术"百花奖"金奖；12月被平顶山市委、市政府命名为平顶山市第九批专业技术拔尖人才。2012年5月加入中国工艺美术学会会员，9月汝瓷作品《孩儿枕》获首届平顶山制造暨消费品博览会最受欢迎产品。

孙战生

孙战生，笔名占生、宝风，1962年6月生，宝丰县石桥镇东大庄村人，中共党员，研究生学历。中国书法家协会会员、中国楹联学会会员、平顶山市书法家协会理事、平顶山市诗词协会副主席、宝丰县书法家协会主席、宝丰县大香山书画院执行院长、中国红十字会特聘书法家。1980年7月至1982年7月在许昌商业干部学校学习。1982年8月分配到宝丰县商业局工作。1985年5月调宝丰县统计局工作。1989年10月调宝丰县委组织部，1990年任干部教育科科长。1995年始连续被宝丰县委、县政府授予宝丰县专业技术优秀人才称号。1996年3月调任宝丰县文化局副局长（正科级）。2000年9月调任宝丰县计生委副主任。2011年4月调任宝丰县政协提案委主任。孙战生自幼喜爱书法艺术，20世纪80年代先后就读长安书法函授学校、中国书法家函授大学平顶山分校。2000年7月参加中国书法家协会在北京市昌平区中国文联艺术学校举办的迎全国八届中青书法展览创作辅导班。2006年就读于北京师范大学艺术学院书法硕士研究生课程班。师从著名书法家张海、刘洪彪、张继、刘文华，尤擅隶书、行草。书法作品在全国书法大赛中获奖40余次。2000年始书法作品先后在中国书法家协会主办的展览中入展获奖15次，主要有全国第八届中青年书法展览、纪念邓小平诞辰100周年全国书法展览、"冼夫人奖"全国书法大赛作品展览、全国第九届书法篆刻展览、第六届全国新人新作书法展览、邓石如奖全国书法展览、贵州百里杜鹃全国书法展览、瘗鹤铭奖全国书法展览、王羲之奖全国书法展览、第三届全国隶书大展、"魏晋风度"新锐全国书法展览、"三苏奖"全国书法展览、"廉江红橙奖"全国书法展览、"农行杯"首届中国电视书法大赛作品展、全国首届书法临贴展览优秀奖等。2008年、2010年连续两届入选《书法》杂志全国中青年书法家百强榜。2006年12月《孙战生书法作品集》由华夏翰林出版社出版。2012年10月《锋发韵流·孙战生书法》由西泠印社出版。2012年5月加入中国书法家协会会员。

【其他人物选介】 收录宝丰县其他人物3人，分别为2013年马街书会书状元张高伟、组工干部优秀代表余建军、参加央视春晚演出的宝丰县农民魔术师丁德龙。

张高伟

张高伟，1972年4月生，郏县薛店镇张武楼村人，中共党员，本科学历。中国曲艺家协会会员、河南省曲艺家协会理事、河南省杂技家协会理事、河南省民间文艺家协会会员、平顶山市曲艺家协会会员。现任平顶山市交通局农村公路管理处群工办主任。2013年2月22日宝丰马街

书会上，以河南坠子《今天咱就唱唱法》拍出1.3万元的高价，获得2013年马街书会书状元。他取得的收获，与其父亲有着密切的关系。他的父亲张麦捞是一位老艺人，曾获得2000年马街书会书状元。张麦捞自幼家境贫寒，但天资聪慧爱学，少年时代对曲艺的痴迷和投入达到超乎常人的程度。他只有小学文化，也不识乐谱，学习说唱全靠摸索和死记硬背。后来成了远近闻名的民间艺人。张高伟是张麦捞的大儿子，从小就接受艺术的熏陶，耳濡目染，酷爱曲艺，常跟随父亲走街串巷卖艺。12岁时开始正式跟父亲学习，14岁便能自拉自唱，单独演出。16岁他被特招入伍，当业余文艺兵，在部队，张高伟没有把手艺丢下，一直在学习钻研。每年马街书会他都会回家和父亲一起上会。在部队先后4次荣立三等功，多次受到部队嘉奖。1997年、1999年分别获得郑州大学法律专业大专、北京师范大学行政管理专业本科学历。2004年退伍，2005年7月到平顶山市交通局农村公路管理处工作，任群工办主任。业余时间，张高伟组建了麦捞说唱团，2009~2013年，连续参加五届马街书会全国曲艺邀请赛，其中4次获得一等奖。2008年获河南省民间表演艺术家称号。2011年被团省委提名为十一届青联委员。2012年11月当选平顶山市第六届青年联合会常委。

余建军

余建军，1974年11月生，宝丰县闹店镇闹店村人，中共党员，本科学历。1993年7月参加工作，先后在宝丰二高、县体育局工作。2002年4月公选到前营乡政府任组织委员。2004年11月调县委组织部工作，先后任村官办副主任、主任等职。2012年3月9日因病去世。任职期间，宝丰县大学生村干部管理工作作为全省的先进典型，被中组部确定为河南省唯一的大学生村干部调研工作试点县，被中共平顶山市委授予大学生村干部管理工作先进县称号。宝丰县村官办人员少，任务重，尽管经常忙得不可开交，但是余建军每周都要挤出一定时间到乡村走访调查。在调研中，余建军发现乡镇村官管理工作简单粗放，大学生村官任务不清、责任不明，不知道干什么、怎样干，个别人甚至长时间脱岗。为此，在广泛征求意见的基础上，他先后主持制订了《关于对乡镇大学生村干部工作实行量化积分考评的意见》《关于加强大学生村干部日志管理的意见》《关于在全县大学生村干部中实施“干实事上项目、带群众寻富路”工程的意见》等文件，并实行工作任务公示制和末位淘汰制等制度，从而使全县大学生村官管理工作逐步走上规范化、制度化、科学化。多年来，宝丰县村官办严格执行日志管理制度，每季度都把全县近300名村官的日志调阅一次。每次调阅，余建军都一人不漏地详细翻阅。白天上班事多看不成，余建军就加班或利用晚上翻阅。2009年以来，全县共确定优等120人、差等28人，辞退5名因考评排在末位的大学生村干部。工作任务公示制和末位淘汰制等制度的实行，激发了村官们的工作活力、创业实践能力。全县大学生村干部帮助农村制定发展规划300余个，引导扶持群众选上致富项目1000余个，解决纠纷530余起，为群众办实事7000余件，代办证件2000余个。余建军在基层调查时发现，许多大学生村官满腔热情创业上项目，但是遇到问题和困难时，由于县乡村官办人员少、工作忙，难以及时帮助解决。此外，村官居住分散，各自为战，不好解决。为何不让大学生村干部联合创业、抱团发展，共同抵御市场风险？余建军经过多方考虑，决定在全市率先成立大学生村干部创业联合会。大学生村干部创业联合会成立后，先后发展会员216人。在余建军的具体指导、帮助下，联合会多次聘请教授、专家为村官和群众培训农业实用技术6000余人次，组织村官到叶县、郏县、鲁山和山东等地观摩学习，并在本县村官会员中组织相互观摩学习交流20余次。为把大学生村干部的创业产品推向市场，打出大学生村干部创业品牌，余建军决定成立宝丰县源泉生态农业开发有限公司。公司成立之初，由于所辖企业分布于13个乡（镇、林站），产品繁杂，打开市场有一定的难度。余建军动用一切可利用的条件和关系，帮助开拓市场，销售产品。几年来，宝丰县大学生村干部选上项目200余个，累计投入资金100余万元。2012年3月28日，县委作出在全县组工干部中开展向余建军学习的决定。《平顶山日报》等新闻媒体多次报道其先进事迹。

丁德龙

丁德龙，1981年10月生，宝丰县商酒务镇水牛里村人。中国杂技家协会会员，宝丰县政协委员。出生于魔术世家。1998年，高中毕业后随父亲丁发生外出表演魔术。经常表演的魔术节目有《牌技》《画中美人》《牌弄鬼》《电锯分身》《变跑车》《魔幻太空》《异形换位》《捉神弄鬼》等50余套。特别是魔术《牌技》，54张扑克牌可以变换出30余套，单手使6副扑克牌在手。2004年参加赵庄第二届民间魔术节开幕式，带领所在团队丁博洋摇滚艺术团演出，被省杂技家协会评为优秀团体奖。魔术《牌技》先后在2003年举办的“金像奖”全国魔术邀请赛上获金奖，在2006年10月举办的中国·宝丰第三届魔术文化节暨全国魔术比赛上获金奖，在2007年10月由中国文联、中国杂协举办的“金菊奖”全国魔术比赛上获铜奖，在2008年10月举办的中国·宝丰第四届魔术文化节暨全国魔术比赛上获银奖，在2009年8月举办的河南省第五届文学艺术优秀成果奖评奖比赛上获民间曲艺杂技作品类二等奖。2005年3月参加由中宣部、文化部选调进京慰问外来务工人员演出，《中国文化报》以《农民魔术师慰问农民工》进行专题报道。12月14日，丁博洋摇滚艺术团在全国服务农民服务基层文化工作先进集体表彰会上被中宣部、文化部授予全国先进民营文艺表演团体称号。2006年，被中宣部、文化部授予全国先进基层文艺工作者称号。2007年5月获建市五十周年兴市模范称号。2009年6~7月，在湖南卫视举办的“金牌魔术团”第一期选题007美国大片创作大型魔术舞台上，2秒钟内不用任何遮挡变出宝马跑车，获金牌；9月参加鹰城文化宝岛行魔术演出；10月组建丁氏魔术创意工作室。2010年，中央电视台七套《乡约》栏目组在宝丰拍摄时长50分钟的丁德龙专题片《超越父亲的梦想》。12月6日，凤凰卫视《鲁豫访谈》栏目对丁德龙进行45分钟的访谈。12月10日，入选央视二套《时尚中国》栏目2010年全国十大魔术师。2013年2月9日，在央视春节联欢晚会上成功表演绕身飞转360度牌技等魔术节目。

【历史人物选介】 收录宝丰县近代历史人物樊钟秀、张庆2人。

樊钟秀

樊钟秀(1888~1930)，字醒民，兄弟四人，钟秀第二，故外号“樊老二”，宝丰县城西夏庄(今属平顶山市西区)人，后迁居前营乡大连庄村。父名道隆，清末庠生，以教书行医为业，有地85亩，自己耕种。钟秀幼随父入塾，厌八股，喜任侠，重信义；13岁逃学至少林寺学习拳棒。后曾与同学李亚东、徐万年同游郑州、开封，南至小商桥，凭吊抗金英雄杨再兴墓，把酒痛饮，以当代豪杰自命。宣统三年(1911年)，钟秀应徐万年(武昌起义的炮队代表)之邀至武汉。民国元年(1912年)2月，参加豫军总司令李亚东组织的北伐军，次年，李军失败，樊遭豫督通缉；同时，宝丰韩庄杆首牛天祥强索其家白银百两，家庭破产，便与家人逃往陕西宜川县贺家沟开荒。

当地占据黄龙山的杆首黄某，常去樊家食宿并索要大烟。民国3年(1914年)春某晚，黄某等又去樊家抽大烟，樊佯装不识枪索看，乘机将其击毙。余匪敬佩，拥樊为首领。樊遂率100余人，活动于洛川、甘泉、富县一带。

民国5年(1916年)，樊受陕西督军陈树藩招抚，升任骑兵营长。民国7年（1918年)3月，胡景翼组建“靖国军”反段（祺瑞）讨陈（树藩)。樊遂离陈，于4月经张钫介绍参加“靖国军”，任第二路军司令。11月，在潼关与援陈的刘镇华军大战50余天，因主力马瑞旺降刘而败退洛南。未几，奉军许兰州与陈树藩争陕督，樊联许倒陈。被许编为第一支队。后随许返豫，被赵倜编入宏威军，任旅长，驻兰考。时国民党人刘承烈赴沪，樊托他向孙中山代陈向慕之诚。民国10年（1921年)，张福来督豫，樊归张节制，受其指派，参与收抚张庆（老洋人)。后任豫西剿匪司令。

民国12年(1923年)4月，粤军总司令陈炯明叛变革命，吴佩孚令樊援陈。由于樊对孙中山久已仰慕，大军至岳阳、吉安时，先后派表兄莫某和副官李肖庭、王鼎洛去广州见孙中山，孙亲笔回信，并颁赏10万元。樊接信，万分高兴。10月，突破蔡成勋、方本仁部包围，至赣粤边界大庾，通电全国，宣布就任广州政府委任的“豫军讨贼军总司令”之职。11月9日，击溃沈鸿英部三个师，占领南雄，继而进驻韶关，控制了广东的北方门户，传捷大元帅府。11月12日，孙中山即给樊贺电曰：“豫军讨贼军总司令樊钟秀，精诚爱国，首义赣南，诸部将官士卒，俱能深明大义，戮力同心，据览敷陈，至堪嘉许。”这时，广州形势危急，陈炯明叛军已占领石牌、白云山，将炮击大元帅府。樊奉令16日夜开抵黄沙车站，又率众徒步跑到广九车站。孙中山作动员后，樊即下令：“此次保卫广州作战，是奉孙大元帅命令，生死都极光荣，只准进，不准退，只准胜，不准败!谁要当孬种，我先毙了他。”并向孙中山表示：“不打退陈逆，誓不生还!”于是，樊部仍用吴军旗帜，四路冲杀，经一昼夜血战，陈部三个师溃退130余公里。12月2日，樊率部凯旋，孙中山让樊坐庆功会首席，并握手赞道：“好，好，好!好同志，真革命!”民国13年(1924年)1月，在广州召开国民党第一次全国代表大会，樊当选为候补中央监察委员。民国13年(1924年)4月，陈炯明再次叛乱，孙中山命樊为援东路作战军右路总指挥。樊军取海丰，攻龙岗、平湖，击败陈军，稳定了东江局势。9月，孙中山进驻韶关，誓师北伐。正面以谭延闿为总司令，侧翼以樊为总指挥，孙亲授“笃信三民主义，实行建国方略”军旗，委樊为建国豫军总司令。樊军于22日出师，破强敌、渡险关、浴血奋战，兼程前进，行军80余天，战斗50余次，转战五省，跋涉2500余公里，于12月19日抵达豫南。20日，发电给孙中山，报告北伐经过，民国14年(1925年)3月，孙中山病逝北京，樊闻讯嚎啕大哭，三天不食。

此后，憨玉琨进攻豫督胡景翼。樊协助胡击败憨，获得大批武器装备，部队扩编为四个路，樊将建国豫军改称建国军，分驻汝、鲁、宝、郏等县。5月，上海发生“五卅惨案”，樊通电全国：“钟秀誓将率将士，与我爱国志士同践卫民救国之天职，非达到废除租界，取消不平等条约，收回领事裁判权等全国一致之主张，决不与日、英弃仇修好。”并于6月20日捐款5000银元，支援上海工人运动。同年11月，樊攻山西阎锡山失败。民国15年（1926年）5月，樊军与张治功部在宝丰大营激战大胜。接着，又大败吴部对宝丰、南阳的围攻。7月，广州政府决定北伐，派李道源至南阳见樊，希出兵接应。樊亲率第一、二两军，潜绕直军后，连克柳林、武胜关，截断吴军后路，与北伐军会师武汉。

民国17年（1928年）3月，樊乘冯与奉军大战之机，率师北进，于4月初连下叶、宝、鲁、郏、襄及禹、密等县，又占临汝、偃师等地，进围郑州、逼洛阳。冯急调山东石友三、陕西宋哲元击樊。樊军败退于皖属涡阳、蒙城一带。为保存实力，樊通电下野，去上海住闲。民国19年（1930年）初，阎冯合作反蒋，蒋让樊回河南召旧部相助，委樊为豫陕边防军总指挥。樊回豫得旧部三个军，约4万人，司令部设在许昌。3月，冯委任樊为第八方面军总司令，并亲临许昌与樊商议合作。樊说："蒋介石叛变了革命，我正要打他。"这时，蒋也亲至许昌，以拨洋15万元的条件，请樊移防荆紫关，让开许昌，以便直取郑州冯部大本营。当樊拒绝蒋的收买后，蒋便令第五军团何成浚部徐源泉、上官云相等三个师攻临颍；樊军不支，退守许昌。冯虽多次派兵增援，但仍不能扭转战局。6月4日，樊到南关视察战况，回城至南门时，被蒋机炸伤而死，终年42岁。其灵柩运至北京，葬于西山碧云寺。

宝丰县史志办离休干部张显明著有《民国奇人樊钟秀传》，1999年11月中州古籍出版社出版。南阳市秦俊著有《奇侠樊钟秀》。

张 庆

张庆(1893～1924)，又名廷献、国信。因面白发黄，鼻高眼大，人称"老洋人"。出生于临汝县后张庄村，后迁宝丰县魔冢营村。

清宣统三年(1911年)秋，张庆随兄张林参加白朗义军，转战四年。义军失败后，投奔豫西镇守使丁香玲部当差，因受歧视，约9人携械出走，结伙拉杆。民国10年(1921年)，随王振被编入赵杰的宏威军，先后任排长、连长。次年5月，河南督军赵倜命赵杰进攻吴佩孚部失败，张庆率残部300余人南下攻开扶沟县城，经许昌回宝丰。于7月成立"河南自治军"。不久，张庆乘冯玉祥、吴佩孚矛盾加剧之机，率部西上，攻下陕县观音堂，俘获陇海铁路法籍工程师纳诺尔和希腊籍工程师米克尔，索赎身银洋3000元，手枪4支。再攻陷陕州，巡缉营统领丁保成投降。21日破灵宝，而后又攻临汝，掳雷登、福斯保两牧师。庆拥众达18000余人，声震豫西。

张庆的声威，引起驻洛的直鲁豫巡阅副使吴佩孚和河南督军冯玉祥的惊慌，他们商定分三路会剿，由冯任总指挥。10月下旬，张庆突围东进，越舞阳、郾城、西平，攻占上蔡县城，俘县知事方某，并杀掉三大劣绅。11月上旬，攻周口、占项城、陷沈丘，并入皖攻开重镇颍州府(今阜阳)，活捉县知事陈某，缴获步枪500余支，子弹200万发，机枪13挺，大炮数门，掳官员富商1000余人及教堂神女意大利人马福波。后，返豫南攻息县、正阳、遂平，掳美籍教士巴伯林及其子诺尔和英籍牧师贺尔门及苏敦斯之母。后又攻占豫西数县。张部攻城占地屡掳洋人的行动，引起帝国主义和北洋军阀极度惊恐，豫督张福来忙调大军四面会剿。11月中旬，在靳云鹗统率的各路大军围攻下，张部分三路退回鲁山、宝丰一带休整。12月，张福来一面集中14个团重兵攻张庆，一面利用樊钟秀与张庆的同乡关系，派往招抚。民国12年(1923年)1月，张庆为保存实力接受改编。靳云鹗将其部队改编为河南游击队，张庆被改名国信，为第一支队司令，张得胜被改名国威为第二支队司令，李鸣盛被改名保国为第三支队司令。4月，该部改编后，吴佩孚并不按约发放粮饷。张庆、张得胜为解决部队粮饷，移驻鹿邑一带。民国12年(1923年)秋，张庆接受孙中山的"河南第一师师长兼总司令"的委任，联孙反吴事泄。吴佩孚想借川军之手灭张，一面令其援川，一面调集4万大军进行包围。于是，张庆举行兵变，从豫东进军豫西、豫南，11月进入湖北，破郧阳，陷枣阳，俘美籍传教士启林、侯福夫妇，占老河口又枪杀比利时传教士亚齐尔。再次震惊了帝国主义在华势力，美使馆一面提出照会，一面派陆军参赞马克鲁德进行调查。曹锟也通电各省，悬赏1万银元缉拿张庆。

民国13年(1924年)1月初，豫省长李济臣亲率五个旅赴南阳督剿。张庆苦战多日，连连受挫，6日返鲁山、宝丰一带图存。豫西镇守使丁香玲严阵以待，豫南镇守使马志敏重兵紧追，8日，张庆被迫率残部200余人退至郏县境西北老爷顶，激战三昼夜，在1月11日夜突围中，被降将丁保成枪杀。时年31岁。

县史志办张显明、郑永安合著有《老洋人张国信传》，2003年2月中州古籍出版社出版。

人物名表

共收录2012年宝丰县获市(厅)级以上个人荣誉190余人次，副高级以上技术职务人员73人，中级技术职务人员234人。

【市级以上先进个人名表】 收录2012年获得的市(厅)级以上个人荣誉190余人次。

2012年宝丰县获市级以上个人荣誉

姓 名	性别	出生年月	学历	工作单位	荣誉称号	命名时间	命名单位
李彩芹	女	1969.12	大专	商酒务镇政府	安全生产监管监察先进个人	2012.1	国家安监局、国家煤矿安全监察局
李军虎	男	1973.9	大专	县气象局	河南省优秀县气象局局长	2012.1	省气象局
何军科	男	1974.1	本科	县委办公室	全省调查研究工作先进个人	2012.1	省委政研室
李晓峰	男	1977.12	本科	南水北调办公室	南水北调干线征迁工作先进个人	2012.1	省移民办
朱正栩	女	1974.11	本科	县法院	金牌调解之星	2012.1	省调解之星评选活动评审委员会等
张辉瑾	女	1969.3	本科	县法院	和谐巾帼调解标兵	2012.1	省调解之星评选活动评审委员会等
牛军跃	男	1967.4	本科	县法院	司法警务工作先进个人	2012.1	省高级人民法院
王 刚	男	1984.4	本科	县法院	最具说服力调解之星	2012.1	省高级人民法院
张小兵	男	1974.2	本科	大营镇政府	河南省冶金矿山行业管理先进工作者	2012.1	省冶金矿山管理办
裴亚伟	男	1962.5	本科	县工商局	工商行政管理系统"五个工商"建设先进个人	2012.1	河南省工商局
董相许	男	1978.1	本科	县电业局	河南省电力公司劳动模范	2012.1	省电力公司
罗明镜	男	1960.12	中专	县扶贫办	平顶山市扶贫开发先进个人	2012.1	市委、市政府
王亚民	男	1962.6	大专	县财政局	平顶山市扶贫开发先进个人	2012.1	市委、市政府
路冠中	男	1962.7	本科	县审计局	平顶山市扶贫开发先进个人	2012.1	市委、市政府
屈丙须	男	1948.11	高中	观音堂林站	平顶山市扶贫开发先进个人	2012.1	市委、市政府
阿卫国	男	1972.9	研究生	县政府办公室	平顶山市扶贫开发先进个人	2012.1	市委、市政府
戴德山	男	1970.11	本科	县水利局	南水北调干线征迁工作先进个人	2012.1	平顶山市政府
牛军跃	男	1967.4	本科	县法院	全省法院司法警务工作成绩突出个人	2012.2	省高级人民法院
叶 鹏	男	1972.4	本科	县法院	全省法院通联工作先进个人	2012.2	省高级人民法院
段励刚	男	1977.6	本科	县法院	全省行政审判工作先进个人	2012.2	省高级人民法院
江 松	男	1977.4	本科	县法院	全省法院系统案例指导工作先进个人	2012.2	省高级人民法院
李留阳	男	1966.6	大专	县煤炭工业局	全省矿山救护先进工作者	2012.2	省煤矿安全监察局
艾万营	男	1965.12	大专	县卫生监督所	全省卫生监督先进个人	2012.2	省卫生厅
张新杰	男	1962.7	中专	县公安局督察大队	公安机关网上追逃"清网行动"先进个人	2012.2	省公安厅
张国旗	男	1969.2	本科	县公安局石桥派出所	公安机关网上追逃"清网行动"先进个人	2012.2	省公安厅
牛军凯	男	1964.1	大专	县公安局治安大队	全省公安机关"平安杯"竞赛活动先进个人	2012.2	省公安厅
贾书浩	男	1970.9	本科	县公安局刑警大队	优秀中原卫士	2012.2	省公安厅
杜朋勋	男	1981.11	大专	县公安局城关派出所	中原卫士	2012.2	省公安厅
赵紫辉	男	1982.6	大专	县公安局刑警大队	中原卫士	2012.2	省公安厅
张留常	男	1965.12	本科	县电业局	省电力公司农电工作先进个人	2012.2	省电力公司
魏松涛	男	1973.7	本科	县农村公路管理所	全省农村公路好路杯竞赛先进个人	2012.2	省交通运输厅
宋学杰	男	1981.3	本科	县环保局	全市平安建设先进工作者	2012.2	市委、市政府
李宏伟	男	1978.2	本科	县委政法委	平安建设先进工作者	2012.2	市委、市政府
汤高磊	男	1986.11	大专	县综治办	平安建设先进工作者	2012.2	市委、市政府
郭国需	男	1972.8	大专	县巡防大队	平安建设先进工作者	2012.2	市委、市政府
曲 有	男	1952.10	大专	县法院	平安建设先进工作者	2012.2	市委、市政府

续表1

姓　名	性别	出生年月	学历	工作单位	荣誉称号	命名时间	命名单位
张艳峰	女	1974.9	本科	县检察院	平安建设先进工作者	2012.2	市委、市政府
宋晓冬	男	1974.5	本科	县公安局	平安建设先进工作者	2012.2	市委、市政府
牛军凯	男	1963.12	大专	县公安局治安大队	平安建设先进工作者	2012.2	市委、市政府
刘凤梅	女	1971.2	本科	县法律援助中心	平安建设先进工作者	2012.2	市委、市政府
师春雨	男	1983.6	本科	县住建局	平安建设先进工作者	2012.2	市委、市政府
王振有	男	1965.3	本科	县人社局	平安建设先进工作者	2012.2	市委、市政府
王俊鹏	男	1976.2	本科	县财政局	平安建设先进工作者	2012.2	市委、市政府
刘鹤文	男	1966.9	本科	杨庄镇政府	平安建设先进工作者	2012.2	市委、市政府
袁欧岭	男	1965.4	大专	城关镇政府	平安建设先进工作者	2012.2	市委、市政府
张华彪	男	1968.9	本科	周庄镇政府	平安建设先进工作者	2012.2	市委、市政府
宋向辉	男	1972.5	本科	前营乡政府	平安建设先进工作者	2012.2	市委、市政府
司二峰	男	1969.11	大专	县人口计生委	平安建设先进工作者	2012.2	市委、市政府
李留军	男	1965.12	本科	县政府	全市商务暨招商工作先进个人	2012.2	平顶山市政府
张国勇	男	1966.5	高中	县商务局	全市商务暨招商工作先进个人	2012.2	平顶山市政府
张留合	男	1974.9	本科	县招商局	全市商务暨招商工作先进个人	2012.2	平顶山市政府
王会甫	男	1977.2	本科	县商务局	全市商务暨招商工作先进个人	2012.2	平顶山市政府
李彦军	男	1962.12	本科	县煤炭工业局	全市安全生产先进工作者	2012.2	平顶山市政府
马胜昔	男	1968.5	本科	赵庄乡政府	粮食高产创建工作先进个人	2012.2	平顶山市政府
裴国锦	男	1970.8	大专	闹店镇政府	粮食高产创建工作先进个人	2012.2	平顶山市政府
关应召	男	1976.12	本科	县安监局	全市安全生产先进工作者	2012.2	平顶山市政府
李金辉	男	1978.8	本科	县环保局	全市行政执法先进个人	2012.2	平顶山市政府
刘自会	男	1980.5	本科	县行政服务中心	全市行政服务工作先进工作者	2012.2	平顶山市政府
李昺辉	男	1986.9	本科	县行政服务中心	全市行政服务工作先进工作者	2012.2	平顶山市政府
周晓乐	女	1974.12	大专	县住建局	全市行政服务工作优质服务标兵	2012.2	平顶山市政府
孙玉焕	女	1966.5	大专	县民政局	全市行政服务工作优质服务标兵	2012.2	平顶山市政府
刘东丽	女	1973.12	大专	县工商局	全市行政服务工作优质服务标兵	2012.2	平顶山市政府
肖会锋	男	1987.7	大专	县国税局	全市行政服务工作优质服务标兵	2012.2	平顶山市政府
刘伟刚	男	1968.10	本科	大营镇政府	农田水利基本建设工作三等功	2012.2	平顶山市政府
赵运堂	男	1966.12	大专	宝酒公司	全市消防工作先进个人	2012.2	平顶山市政府
张国勇	男	1966.5	高中	县商务局	省市场监测和商务预报工作先进个人	2012.3	省商务厅
张新宇	男	1962.5	大专	县国土资源局	2011年度信访工作先进工作者	2012.3	省国土资源厅
刘银燕	女	1974	大专	县国土资源局	“两整治一改革”工作先进个人	2012.3	省国土资源厅
白建鸿	男	1979.4	本科	商酒务农信社	2011年度先进工作者	2012.3	省农信社联合社
秦红伟	男	1967.10	本科	宝城信用社	2011年度先进工作者	2012.3	省农信社联合社
任桃花	女	1967.9	本科	联社营业部	2011年度先进工作者	2012.3	省农信社联合社
阿苗欣	男	1965.12	大专	杨庄信用社	2011年度先进工作者	2012.3	省农信社联合社
赵团利	男	1975.7	本科	大营镇政府	农田水利基本建设工作三等功	2012.2	平顶山市政府
王长和	男	1961.10	大学	县政府	2011年度保护消费者权益先进个人	2012.3	平顶山市政府
裴亚伟	男	1962.5	本科	县工商局	2011年度保护消费者权益先进个人	2012.3	平顶山市政府

续表 2

姓　名	性别	出生年月	学历	工作单位	荣誉称号	命名时间	命名单位
李召伟	男	1968.6	本科	县工商局	2011 年度保护消费者权益先进个人	2012.3	平顶山市政府
李军卿	男	1970.1	大专	县工商局	2012 年度保护消费者权益先进个人	2012.3	平顶山市政府
王向峰	男	1970.1	大专	县工商局	2012 年度保护消费者权益先进个人	2012.3	平顶山市政府
王亚旭	男	1978.3	本科	县公安局经侦大队	2012 年度保护消费者权益先进个人	2012.3	平顶山市政府
程秋丽	女	1964.8	中专	县财政局	全省淘汰落后产能工作先进个人	2012.3	省淘汰落后产能工作组
赵新水	男	1966.7	大专	县质监局	全省标准化工作先进个人	2012.3	省质监局
刘献华	男	1965.7	本科	县委办公室	省先进督查工作者	2012.3	省委办公厅
许　利	女	1963.6	高中	金岭牧业公司	河南省养殖女能手	2012.3	省妇联、省畜牧局
苗　红	女	1972.1	大专	源源乳业集团	河南省养殖女能手	2012.3	省妇联、省畜牧局
王俊哲	男	1974.5	本科	县委办公室	通联工作先进个人	2012.3	省委办公厅
孙长山	男	1967.12	本科	县委农办	2011 年度全省党委农办系统先进工作者	2012.4	中共河南省委农办
陈艳果	女	1982.2	中专	县气象局	全国优秀质量测报员	2012.4	中国气象局
吴艳艳	女	1983.5	本科	县气象局	全国优秀质量测报员	2012.4	中国气象局
黄秀兰	女	1973.9	大专	县气象局	全国优秀质量测报员	2012.4	中国气象局
赵宗汉	男	1959.11	大专	县招商局	2011 年度河南省招商引资标兵	2012.4	省对外开放领导小组
王若飞	男	1985.6	研究生	宝酒公司	河南省十大时代先锋模范人物	2012.4	团省委
孙磊磊	女	1983.5	本科	赵庄乡袁庄村	省党员干部现代远程教育优秀站点管理员	2012.4	省委组织部
张松涛	男	1964.11	本科	县公安局	全省“清剿火患”战役成绩突出个人	2012.4	省公安厅
付建兵	男	1971.10	本科	县国土资源局	全市信访工作先进个人	2012.4	市委、市政府
马亚榧	男	1979.5	本科	商酒务镇	全市信访工作先进个人	2012.4	市委、市政府
赵培浩	男	1975.11	本科	李庄乡政府	全市信访工作先进个人	2012.4	市委、市政府
郭亚民	男	1970.6	本科	县委群工部	全市信访工作先进个人	2012.4	市委、市政府
杨天照	男	1965.2	大专	县供销社	全市信访工作先进个人	2012.4	市委、市政府
韩远平	女	1971.4	本科	县进修学校	全市先进老干部工作者	2012.4	市委、市政府
王艳丽	女	1974.3	本科	县民政局	全市先进老干部工作者	2012.4	市委、市政府
景向阳	女	1978.5	大专	县委老干部局	老干部工作先进工作者	2012.4	市委、市政府
张俊辉	男	1978.11	本科	县住建局	老干部工作先进工作者	2012.4	市委、市政府
王天强	男	1976.6	本科	县卫生局	老干部工作先进工作者	2012.4	市委、市政府
郭清淮	男	1961.6	本科	宝丰一高	老干部工作先进工作者	2012.4	市委、市政府
马际正	男	1958.10	大专	县工信局	老干部工作先进工作者	2012.4	市委、市政府
曹雪燕	女	1975.11	本科	县公安局	老干部工作先进工作者	2012.4	市委、市政府
何素憬	女	1976.11	本科	县政府办	工农关系协调先进个人	2012.4	平顶山市政府
杨雁景	女	1961.6	本科	县纪委监察局	企业服务工作先进个人	2012.4	平顶山市政府
刘献华	男	1965.7	本科	县工信局	企业服务工作先进个人	2012.4	平顶山市政府
叶二伟	男	1972.5	大专	县纪委监察局	企业服务工作先进个人	2012.4	平顶山市政府
王永杰	男	1963.12	大学	县水利局	应急管理工作先进个人	2012.4	平顶山市政府
邢献国	男	1959.10	本科	县工信局	第二届中国郑州产业转移系列对接活动先进工作者	2012.4	平顶山市政府
周永刚	男	1972.12	本科	县工信局	第二届中国郑州产业转移系列对接活动先进工作者	2012.4	平顶山市政府
韩晓丹	女	1983.6	大专	县工信局	第二届中国郑州产业转移系列对接活动先进工作者	2012.4	平顶山市政府

续表3

姓　名	性别	出生年月	学历	工作单位	荣誉称号	命名时间	命名单位
刘书锋	男	1962.8	本科	宝丰县委	省南水北调库区移民先进个人	2012.5	省委、省政府
张庆一	男	1971.3	本科	宝丰县政府	省南水北调库区移民先进个人	2012.5	省委、省政府
边新义	男	1966.9	本科	县移民办	省南水北调库区移民先进个人	2012.5	省委、省政府
马建才	男	1962.3	中专	杨庄镇马山根村	省南水北调库区移民迁安工作移民模范	2012.5	省委、省政府
李新安	男	1970.6	本科	县移民办	省南水北调库区移民迁安工作移民模范个人二等功	2012.5	省委、省政府
刘鹤文	男	1966.9	本科	杨庄镇政府	南水北调总干渠征迁工作先进个人	2012.5	省移民办
丁心尧	男	1981.10	本科	杨庄镇政府	南水北调总干渠征迁工作先进个人	2012.5	省移民办
刘伟刚	男	1968.10	本科	大营镇政府	南水北调总干渠征迁工作先进个人	2012.5	省移民办
吕　辉	男	1975.10	本科	大营镇政府	南水北调总干渠征迁工作先进个人	2012.5	省移民办
戴德山	男	1970.11	大学	县水利局	南水北调总干渠征迁工作先进个人	2012.5	省移民办
李晓峰	男	1977.12	本科	县水利局	南水北调总干渠征迁工作先进个人	2012.5	省移民办
刘朝阳	男	1970.8	大学	县水利局	南水北调总干渠征迁工作先进个人	2012.5	省移民办
王　军	男	1966.6	大学	县水利局	南水北调总干渠征迁工作先进个人	2012.5	省移民办
王进博	男	1971.12	大学	县水利局	南水北调总干渠征迁工作先进个人	2012.5	省移民办
马志闯	男	1972.8	本科	观音堂林站	南水北调总干渠征迁工作先进个人	2012.5	省移民办
谢京华	男	1977.5	本科	团县委	省促进农村青年创业、就业工作先进个人	2012.5	团省委等
李延宾	男	1969.2	高中	康采恩养殖合作社	河南省农村青年致富带头人	2012.5	团省委等
冯　占	男	1968.2	大学	城关镇政府	河南省南水北调工作先进个人	2012.5	省政府移民办
马聚魁	男	1957.12	大专	县汝瓷研究所	《富贵瓶》获中国工艺美术百花奖金奖	2012.5	中国工艺美术学会等
马　铭	男	1989.5	本科	县汝瓷研究所	《弦纹樽》获中国工艺美术百花奖银奖	2012.5	中国工艺美术学会等
朱正栩	女	1974.11	本科	县法院	全省创先争优优秀共产党员	2012.6	中共河南省委
袁国华	男	1973.3	大专	县文广局	全省文化文物系统创先争优优秀共产党员	2012.6	省文化厅
孙磊磊	女	1983.5	本科	赵庄乡袁庄村	全省共青团系统优秀青年党员	2012.6	团省委等
王若飞	男	1985.6	研究生	宝酒公司	华夏酒文化传承人物	2012.6	省工信厅等
周亚夫	男	1979.11	本科	县中医院	全市创先争优优秀共产党员	2012.6	中共平顶山市委
赵宇杰	男	1964.12	本科	县一高	全市创先争优优秀共产党员	2012.6	中共平顶山市委
拓晓辉	女	1974.9	本科	县民政局	全市创先争优优秀共产党员	2012.6	中共平顶山市委
张　强	男	1970.10	高中	周庄镇政府	全市创先争优优秀共产党员	2012.6	中共平顶山市委
苏国映	男	1974.1	本科	县公安局大营派出所	全市创先争优优秀共产党员	2012.6	中共平顶山市委
李永耀	男	1968.3	高中	肖旗乡五里头村	全市创先争优优秀共产党员	2012.6	中共平顶山市委
贾金福	男	1967.9	高中	闹店镇贾寨村	全市创先争优优秀共产党员	2012.6	中共平顶山市委
袁廷水	男	1955.4	高中	城关镇友好社区	全市创先争优优秀共产党员	2012.6	中共平顶山市委
张红杰	男	1975.1	大专	前营乡岳坟沟村	全市创先争优优秀共产党员	2012.6	中共平顶山市委
陈全生	男	1972.5	大专	石桥镇政府	全市创先争优优秀共产党员	2012.6	中共平顶山市委
董志国	男	1962.1	高中	杨庄镇杨庄社区	全市创先争优优秀共产党员	2012.6	中共平顶山市委
马莲莲	女	1982.3	大专	平棉集团宝棉公司	全市创先争优优秀共产党员	2012.6	中共平顶山市委
卢振营	男	1956.12	大专	宝酒公司	平顶山市十大科技功臣	2012.6	平顶山市政府
王杰士	男	1967.11	大专	宝酒公司	河南省光彩慈善公益杰出人物	2012.7	省委统战部
宋海健	男	1970.10	本科	县委老干部局	全国“中华魂”主题教育活动先进个人	2012.7	中国关工委、教育部关工委
王团乐	男	1971.9	大专	县文广局	河南省第三次全国文物普查先进个人	2012.7	省人社厅

续表 4

姓　名	性别	出生年月	学历	工作单位	荣誉称号	命名时间	命名单位
张新杰	男	1962.7	中专	县公安局督查大队	2011 年度全省优秀人民警察	2012.7	省公安厅
亢永超	男	1969.1	本科	县公安局交警大队	2011 年度全省优秀人民警察	2012.7	省公安厅
王亚民	男	1962.6	大专	县财政局	创建全国双拥模范城工作先进个人	2012.7	市委、市政府
王俊鹏	男	1976.4	本科	县财政局	创建全国双拥模范城工作先进个人	2012.7	市委、市政府
孙会东	男	1973.12	本科	县民政局	创建全国双拥模范城工作先进个人	2012.7	市委、市政府
董国强	男	1974.4	本科	赵庄乡政府	创建全国双拥模范城工作先进个人	2012.7	市委、市政府
范红勋	男	1968.5	大专	杨庄镇民政所	创建全国双拥模范城工作先进个人	2012.7	市委、市政府
高伟民	男	1975.12	本科	县人武部	创建全国双拥模范城工作先进个人	2012.7	市委、市政府
冯　占	男	1968.2	大学	城关镇	卫生创建工作先进个人	2012.7	平顶山市政府
刘献华	男	1965.7	本科	县工信局	卫生创建工作先进个人	2012.7	平顶山市政府
李　松	男	1967.3	本科	县政府办	卫生创建工作先进个人	2012.7	平顶山市政府
李　松	男	1967.3	本科	县政府办	卫生整洁行动先进个人	2012.7	平顶山市政府
陈自伟	男	1967.9	本科	县卫生局	全市爱国卫生病媒生物防治工作先进个人	2012.7	平顶山市政府
步国旗	男	1975.11	本科	爱卫办	农村改厕工作先进个人	2012.7	平顶山市政府
陈晓艳	女	1975.11	本科	爱卫办	爱国卫生信息宣传工作先进个人	2012.7	平顶山市政府
谢富涛	男	1975.12	大专	爱卫办	农村改厕工作先进个人	2012.7	平顶山市政府
张广伟	男	1965.11	大专	闹店镇政府	农村改厕工作先进个人	2012.7	平顶山市政府
魏军锋	男	1972.11	大专	爱卫办	城乡环境整洁行动工作先进个人	2012.7	平顶山市政府
谢永立	男	1974.9	大专	县国土资源局	创先争优先进个人	2012.9	省国土资源厅
朱正栩	女	1974.11	本科	县法院闹店法庭	第六届河南省“杰出青年卫士”	2012.9	团省委等
王国防	男	1979.1	本科	宝丰一高	河南省优秀老师	2012.9	省人社厅
杨天顺	男	1970.11	本科	县电业局	河南省质量管理小组二等奖	2012.10	省总工会
唐英超	男	1967.2	本科	县电业局	河南省质量管理小组三等奖	2012.10	省总工会
李和平	男	1965.3	高中	县电业局	河南省质量管理小组三等奖	2012.10	省总工会
陈运正	男	1978.6	本科	县电业局	河南省质量管理小组二等奖	2012.10	省总工会
王杰士	男	1967.11	大专	宝丰酒业有限公司	和谐河南先进工作者	2012.10	省先进文化研究会
王若飞	男	1985.6	研究生	宝酒公司	优秀民营企业家	2012.10	市委、市政府
董发有	男	1968.4	大专	县宏发铁业公司	优秀民营企业家	2012.10	市委、市政府
王国鸿	男			河南海星化工公司	优秀民营企业家	2012.10	市委、市政府
张　彪	男	1984.8	本科	河南大地水泥集团	优秀民营企业家	2012.10	市委、市政府
孙磊磊	女	1983.5	本科	赵庄乡袁庄村	河南省优秀大学生村干部	2012.11	省委组织部
朱正栩	女	1974.11	本科	县法院	全国优秀法官	2012.12	最高人民法院
要素红	男	1974.9	大学	县水利局	南水北调系统资金管理工作先进个人	2012.12	南水北调建设委员会
孙秋宾	女	1982.8	本科	团县委	河南省志愿优秀服务个人	2012.12	省志愿服务领导小组
马秀恋	女	1950.8	初中	大营镇南街村	巾帼模范	2012.12	省民族事务会、省妇联
张中奇	男	1973.8	本科	县政府	第四届华合论坛先进个人	2012.12	市委、市政府
张庆宇	男	1974.10	本科	县招商局	第四届华合论坛先进个人	2012.12	市委、市政府
刘光要	男	1972.8	本科	县委统战部	第四届华合论坛先进个人	2012.12	市委、市政府

【副高级技术职务人员名表】 收录县人力资源和社会保障局提供的 2012 年获得的副高级以上专业技术职称人员 73 人。其中中学高级教师 61 人，高级畜牧师 2 人，副主任医师 2 人，高级农艺师、高级农经师、高级讲师、高级会计师、副主任中医师、副主任技师、副主任护师、副研究员各 1 人。

2012 年宝丰县副高级专业技术任职资格人员情况

姓　名	性　别	出生年月	申报专业	职 称 名 称	单 位 名 称
丁高远	男	1975.05	历史	中学高级教师	周庄镇初级中学
赵天申	男	1960.01	语文	中学高级教师	周庄镇初级中学
秦果娜	女	1977.12	语文	中学高级教师	周庄镇初级中学
聂会敏	女	1977.09	语文	中学高级教师	张八桥镇第一初级中学
陈志永	男	1970.07	生物	中学高级教师	张八桥镇第一初级中学
李昂婷	女	1973.10	语文	中学高级教师	张八桥镇第一初级中学
郭建华	男	1971.11	生物	中学高级教师	张八桥镇第一初级中学
肖红丽	女	1968.03	物理	中学高级教师	杨庄镇第一初级中学
杨　婵	女	1972.09	语文	中学高级教师	杨庄镇第一初级中学
刘亚辉	女	1974.02	英语	中学高级教师	杨庄镇第一初级中学
李二强	男	1969.12	数学	中学高级教师	杨庄镇第一初级中学
袁志高	男	1976.04	数学	中学高级教师	杨庄镇第二初级中学
刘国正	男	1974.01	语文	中学高级教师	杨庄镇第二初级中学
李杏丽	女	1974.04	化学	中学高级教师	杨庄镇第二初级中学
李艳辉	女	1972.12	语文	中学高级教师	杨庄镇第二初级中学
谷俊晓	男	1970.12	化学	中学高级教师	肖旗乡初级中学
张俊杰	男	1976.06	语文	中学高级教师	肖旗乡初级中学
杨振江	男	1969.04	政治	中学高级教师	石桥镇初级中学
王永堂	男	1968.07	语文	中学高级教师	石桥镇初级中学
周红旗	男	1971.06	语文	中学高级教师	石桥镇初级中学
陈　杰	男	1971.04	化学	中学高级教师	商酒务镇初级中学
徐争慧	女	1976.12	英语	中学高级教师	商酒务镇初级中学
徐红许	男	1976.04	语文	中学高级教师	前营乡初级中学
王晓红	女	1975.06	语文	中学高级教师	前营乡初级中学
何国印	男	1963.05	语文	中学高级教师	闹店镇初级中学
张建政	男	1956.01	政治	中学高级教师	闹店镇初级中学
李玉民	女	1967.08	语文	中学高级教师	李庄乡初级中学
贺红莲	女	1975.12	语文	中学高级教师	李庄乡初级中学
祁中豪	男	1969.10	语文	中学高级教师	李庄乡初级中学
陈春洁	女	1968.01	语文	中学高级教师	宝丰县教体局教学研究室
陈莲叶	女	1973.10	物理	中学高级教师	宝丰县红星学校
吕书娜	女	1976.03	英语	中学高级教师	观音堂初级中学
李君生	男	1958.05	生物	中学高级教师	观音堂初级中学
张剑镖	男	1973.03	物理	中学高级教师	宝丰县第一职业高级中学
周粉玲	女	1959.09	小学语文	中学高级教师	宝丰县第一实验小学

续表

姓　名	性　别	出生年月	申报专业	职 称 名 称	单 位 名 称
王增强	男	1972.06	美术	中学高级教师	宝丰县第一高级中学
杨云焱	男	1975.11	数学	中学高级教师	宝丰县第一高级中学
唐照明	男	1976.11	数学	中学高级教师	宝丰县第一高级中学
房敬军	男	1976.09	物理	中学高级教师	宝丰县第一高级中学
李永辉	男	1972.12	英语	中学高级教师	宝丰县第一高级中学
张素琴	女	1974.07	物理	中学高级教师	宝丰县第一高级中学
王呈伟	男	1976.11	政治	中学高级教师	宝丰县第一高级中学
魏清慧	女	1974.08	政治	中学高级教师	宝丰县第一初级中学
刘国飞	男	1970.09	语文	中学高级教师	宝丰县第一初级中学
高梅枝	女	1968.12	政治	中学高级教师	宝丰县第一初级中学
徐琳洁	女	1975.12	音乐	中学高级教师	宝丰县第一初级中学
白干杰	男	1972.09	语文	中学高级教师	宝丰县第三初级中学
李红黎	女	1971.03	语文	中学高级教师	宝丰县第三初级中学
马晓红	女	1964.11	语文	中学高级教师	宝丰县第三初级中学
赵晓晓	女	1972.10	英语	中学高级教师	宝丰县第三初级中学
靳雪生	男	1964.01	数学	中学高级教师	宝丰县第三初级中学
陈秋红	女	1969.10	数学	中学高级教师	宝丰县第二高级中学
侯素琪	女	1968.11	生物	中学高级教师	宝丰县第二高级中学
程小梅	女	1967.12	英语	中学高级教师	宝丰县第二高级中学
王俊丽	女	1968.01	语文	中学高级教师	宝丰县第二初级中学
王建强	男	1971.01	化学	中学高级教师	宝丰县第二初级中学
张秋锦	女	1976.07	语文	中学高级教师	宝丰县第二初级中学
王华周	男	1960.03	思想品德	中学高级教师	宝丰县第二初级中学
杨红军	女	1972.05	英语	中学高级教师	宝丰县第二初级中学
兰彩霞	女	1972.09	语文	中学高级教师	大营镇初级中学
梁芃芃	女	1960.02	小学数学	中学高级教师	城关镇第一小学
李建峰	男	1972.06	畜牧	高级畜牧师	宝丰县动物疫病预防控制中心
王红娜	女	1976.05	畜牧	高级畜牧师	宝丰县动物卫生监督所
石红霞	女	1969.07	农学	高级农艺师	宝丰县农业技术推广中心
张霄鹏	女	1962.12	农经	高级农经师	宝丰县农业技术推广中心
郑淑芳	女	1966.04	中文	高级讲师	宝丰县教师进修学校
张为民	女	1968.12	行政事业会计	高级会计师	宝丰县财政国库集中支付中心
王东海	男	1970.03	中医皮肤科	副主任中医师	宝丰县中医院
陈　朝	男	1970.11	西医消化内科	副主任医师	宝丰县人民医院
袁竹柳	男	1970.06	西医骨科	副主任医师	宝丰县人民医院
李延伟	男	1973.10	临床检验	副主任技师	宝丰县人民医院
周燕芳	女	1970.10	妇科护理	副主任护师	宝丰县妇幼保健院
王爱萍	女	1965.08	种植业	副研究员	宝丰县农业科学研究所

【中级技术职务人员名表】 2012年，全县通过评聘、考试获中级职称234人，其中中学一级教师99人，小学高级教师109人，工程师15人，农艺师4人，编辑3人，中专讲师、兽医师、工艺美术师、记者各1人。

2012年宝丰县中级专业技术任职资格人员情况

姓　名	性　别	出生年月	申报专业	职称名称	单位名称
李淑景	女	1971.05	语文	中学一级教师	周庄镇初级中学
张清月	女	1974.08	语文	中学一级教师	周庄镇初级中学
王亚香	女	1979.09	语文	中学一级教师	周庄镇初级中学
李晓丽	女	1978.05	语文	中学一级教师	周庄镇初级中学
明条枝	女	1974.10	数学	中学一级教师	周庄镇初级中学
王耀民	男	1974.01	物理	中学一级教师	周庄镇初级中学
任娟芳	女	1980.06	语文	中学一级教师	赵庄乡初级中学
任政伟	男	1976.08	语文	中学一级教师	赵庄乡初级中学
张淑慧	女	1979.09	语文	中学一级教师	张八桥镇第一初级中学
张红芳	女	1977.09	数学	中学一级教师	张八桥镇第一初级中学
唐永强	男	1982.01	音乐	中学一级教师	张八桥镇第一初级中学
陈立志	男	1974.02	体育	中学一级教师	张八桥镇第一初级中学
武晓艳	女	1978.10	音乐	中学一级教师	张八桥镇第一初级中学
王银华	女	1979.10	音乐	中学一级教师	张八桥镇第一初级中学
石蕊娜	女	1979.07	语文	中学一级教师	杨庄镇第一初级中学
房丽娜	女	1979.06	语文	中学一级教师	杨庄镇第一初级中学
史丰歌	女	1980.06	音乐	中学一级教师	杨庄镇第一初级中学
周永昌	男	1976.01	美术	中学一级教师	杨庄镇第一初级中学
郭东晓	女	1979.10	语文	中学一级教师	杨庄镇第二初级中学
李艳粉	女	1980.10	语文	中学一级教师	杨庄镇第二初级中学
郭丽娜	女	1980.08	语文	中学一级教师	杨庄镇第二初级中学
董晓琰	女	1976.06	语文	中学一级教师	杨庄镇第二初级中学
张小菲	女	1979.03	语文	中学一级教师	杨庄镇第二初级中学
张潇栩	男	1974.05	体育	中学一级教师	杨庄镇第二初级中学
张存法	男	1976.01	语文	中学一级教师	肖旗乡初级中学
徐克要	男	1975.05	语文	中学一级教师	肖旗乡初级中学
胡占锋	男	1974.10	物理	中学一级教师	肖旗乡初级中学
丁军锋	男	1977.12	音乐	中学一级教师	肖旗乡初级中学
杨军豪	男	1981.11	语文	中学一级教师	石桥镇初级中学
牛　琼	女	1979.11	语文	中学一级教师	石桥镇初级中学
范亚鹏	男	1980.06	语文	中学一级教师	石桥镇初级中学
赵　晓	女	1971.10	语文	中学一级教师	石桥镇初级中学
宋桂霞	女	1973.12	语文	中学一级教师	商酒务镇初级中学
石莲华	女	1982.07	美术	中学一级教师	商酒务镇初级中学
康要科	男	1980.03	英语	中学一级教师	商酒务镇初级中学
何向阳	男	1978.09	语文	中学一级教师	商酒务镇初级中学

续表 1

姓 名	性 别	出生年月	申报专业	职称名称	单位名称
贾爱平	女	1978.06	语文	中学一级教师	商酒务镇初级中学
潘爱轻	女	1962.08	语文	中学一级教师	前营乡初级中学
李文严	男	1979.02	语文	中学一级教师	前营乡初级中学
王晓川	女	1977.05	语文	中学一级教师	前营乡初级中学
娄小仓	男	1959.06	语文	中学一级教师	前营乡初级中学
王新跃	男	1961.06	语文	中学一级教师	前营乡初级中学
柴锋亚	女	1979.09	语文	中学一级教师	前营乡初级中学
谢广亮	男	1975.06	化学	中学一级教师	前营乡初级中学
宁会远	男	1978.02	英语	中学一级教师	前营乡初级中学
王汉伟	男	1976.10	英语	中学一级教师	前营乡初级中学
宋水利	男	1974.12	语文	中学一级教师	闹店镇初级中学
贺慧娜	女	1977.04	语文	中学一级教师	闹店镇初级中学
杨书克	男	1974.10	地理	中学一级教师	闹店镇初级中学
马立功	男	1973.01	语文	中学一级教师	李庄乡初级中学
谢松奎	男	1976.09	语文	中学一级教师	李庄乡初级中学
樊红旗	男	1975.10	语文	中学一级教师	李庄乡初级中学
李延杰	男	1976.03	地理	中学一级教师	李庄乡初级中学
马永前	男	1973.09	政治	中学一级教师	李庄乡初级中学
袁亚飞	女	1981.11	语文	中学一级教师	宝丰县红星学校
孙晓丽	女	1973.09	语文	中学一级教师	宝丰县第一职业高级中学
王拥军	男	1972.12	语文	中学一级教师	宝丰县第一职业高级中学
陈建名	男	1981.04	生物	中学一级教师	宝丰县第一高级中学
王瑞玲	女	1978.06	物理	中学一级教师	宝丰县第一高级中学
周利伟	男	1984.09	物理	中学一级教师	宝丰县第一高级中学
赵延涛	男	1980.01	物理	中学一级教师	宝丰县第一高级中学
孟彩丽	女	1983.12	语文	中学一级教师	宝丰县第一高级中学
刘桂花	女	1984.04	生物	中学一级教师	宝丰县第一高级中学
沈耀峰	男	1981.08	数学	中学一级教师	宝丰县第一高级中学
张素哲	女	1978.04	数学	中学一级教师	宝丰县第一高级中学
杨巧红	女	1980.12	物理	中学一级教师	宝丰县第一高级中学
张艳辉	男	1982.02	化学	中学一级教师	宝丰县第一高级中学
高永强	男	1980.10	化学	中学一级教师	宝丰县第一高级中学
范贯通	男	1980.09	英语	中学一级教师	宝丰县第一高级中学
孟军号	男	1977.06	体育	中学一级教师	宝丰县第一高级中学
宋 峰	男	1980.04	物理	中学一级教师	宝丰县第一高级中学
罗志伟	男	1983.07	化学	中学一级教师	宝丰县第一高级中学
赵华超	男	1969.01	美术	中学一级教师	宝丰县第一初级中学
马恒鼎	男	1975.10	语文	中学一级教师	宝丰县第三初级中学
吴晓丽	女	1978.02	语文	中学一级教师	宝丰县第三初级中学
关春民	男	1968.10	数学	中学一级教师	宝丰县第三初级中学

续表2

姓 名	性 别	出生年月	申报专业	职 称 名 称	单 位 名 称
李艳辉	女	1975.06	物理	中学一级教师	宝丰县第三初级中学
薛学红	男	1976.04	化学	中学一级教师	宝丰县第三初级中学
靳占国	男	1967.03	地理	中学一级教师	宝丰县第三初级中学
邢春红	女	1975.02	化学	中学一级教师	宝丰县第三初级中学
范海洋	男	1979.07	物理	中学一级教师	宝丰县第二高级中学
雷光辉	男	1981.09	语文	中学一级教师	宝丰县第二高级中学
柳 燕	女	1982.05	地理	中学一级教师	宝丰县第二高级中学
李晓丽	女	1982.10	语文	中学一级教师	宝丰县第二高级中学
王亚伟	男	1980.10	数学	中学一级教师	宝丰县第二高级中学
何梦鹤	女	1984.11	语文	中学一级教师	宝丰县第二高级中学
刘爱霞	女	1982.09	政治	中学一级教师	宝丰县第二高级中学
朱宁峰	男	1981.02	英语	中学一级教师	宝丰县第二高级中学
吴晓柯	女	1980.07	语文	中学一级教师	宝丰县第二初级中学
贺艳培	女	1975.12	数学	中学一级教师	宝丰县第二初级中学
贾艳艳	女	1976.02	语文	中学一级教师	宝丰县第二初级中学
谷朝阳	男	1975.12	语文	中学一级教师	宝丰县第二初级中学
尚薪乐	女	1980.12	语文	中学一级教师	宝丰县第二初级中学
姚朝峰	男	1975.12	音乐	中学一级教师	宝丰县第二初级中学
潘丽娟	女	1972.06	美术	中学一级教师	宝丰县第二初级中学
吴旭良	男	1976.06	体育	中学一级教师	大营镇初级中学
王胜利	男	1968.04	英语	中学一级教师	大营镇初级中学
许培红	女	1975.03	语文	中学一级教师	大营镇初级中学
石巧红	女	1973.10	语文	中学一级教师	大营镇初级中学
高占学	男	1957.08	数学	小学高级教师	周庄镇中和寨小学
陈红霞	女	1976.04	数学	小学高级教师	周庄镇余东学校
丁朝旺	男	1977.10	数学	小学高级教师	周庄镇王子孟学校
李建茹	女	1977.03	语文	小学高级教师	周庄镇实验小学
王林显	男	1965.07	数学	小学高级教师	周庄镇马川新村小学
周利娜	女	1981.01	语文	小学高级教师	周庄镇中心幼儿园
周海芳	女	1976.10	语文	小学高级教师	周庄镇中心小学
余自航	男	1980.03	语文	小学高级教师	周庄镇余西小学
王晓鸥	女	1977.06	数学	小学高级教师	周庄镇余东学校
崔赛丽	女	1979.08	语文	小学高级教师	周庄镇实验小学
丁景乐	女	1980.09	数学	小学高级教师	周庄镇上河学校
张国红	女	1982.08	美术	小学高级教师	赵庄乡任寨小学
李雪芳	女	1979.11	语文	小学高级教师	赵庄乡木中营学校
李爱琴	女	1962.06	语文	小学高级教师	赵庄乡大韩学校
孙黎莉	女	1977.09	语文	小学高级教师	张八桥镇姚店铺小学
张三乾	男	1965.09	语文	小学高级教师	张八桥镇下河小学

续表3

姓　名	性　别	出生年月	申报专业	职称名称	单位名称
高春样	女	1981.07	语文	小学高级教师	张八桥镇苗李小学
魏峰利	女	1977.10	语文	小学高级教师	张八桥镇孔庄小学
白红娟	女	1979.10	数学	小学高级教师	张八桥镇大刘小学
韩秀芳	女	1972.07	语文	小学高级教师	张八桥乡赵圪垱学校
潘晓燕	女	1981.07	语文	小学高级教师	张八桥乡赵圪垱学校
陈捧娇	女	1980.02	幼教	小学高级教师	宝丰县育英幼儿园
聂吉豫	女	1969.08	幼教	小学高级教师	宝丰县育英幼儿园
胡艳兵	女	1978.04	语文	小学高级教师	杨庄镇朱庄小学
秦亚丽	女	1980.10	数学	小学高级教师	杨庄镇杨庄小学
李俊杰	男	1979.03	语文	小学高级教师	杨庄镇杨庄小学
彭红妹	女	1975.10	数学	小学高级教师	杨庄镇小店小学
李冬梅	女	1978.12	数学	小学高级教师	杨庄镇小店小学
郭艳晓	女	1980.04	数学	小学高级教师	杨庄镇西彭庄小学
郭娜娜	女	1982.11	数学	小学高级教师	杨庄镇王铁庄小学
李亚杰	女	1982.02	语文	小学高级教师	杨庄镇仝岭小学
冯　华	女	1981.09	数学	小学高级教师	杨庄镇石灰窑小学
付晓贞	女	1981.01	语文	小学高级教师	杨庄镇东彭庄小学
唐会全	女	1981.06	语文	小学高级教师	杨庄镇移民新村小学
王金淼	女	1978.12	语文	小学高级教师	肖旗乡中心小学
李艳丽	女	1980.01	数学	小学高级教师	肖旗乡中心小学
皂会平	女	1979.10	语文	小学高级教师	肖旗乡韩店小学
赵翠丽	女	1977.02	数学	小学高级教师	肖旗乡白庄小学
薛向丽	女	1974.06	幼教	小学高级教师	宝丰县实验幼儿园
许克亚	男	1979.08	数学	小学高级教师	石桥镇田庄小学
丁文峰	男	1956.06	数学	小学高级教师	石桥镇石桥小学
王向英	男	1978.06	数学	小学高级教师	石桥镇李丰山小学
王　彩	女	1963.02	语文	小学高级教师	石桥镇高铁小学
贺素平	女	1968.07	语文	小学高级教师	石桥镇高皇小学
王俊峰	女	1973.04	数学	小学高级教师	石桥镇大牛小学
王月丽	女	1978.09	数学	小学高级教师	石桥镇初级中学小学部
申慧丽	女	1975.01	数学	小学高级教师	商酒务镇赵三小学
石瑞宾	男	1979.09	数学	小学高级教师	商酒务镇皂角树小学
孙淑丽	女	1974.06	语文	小学高级教师	商酒务镇孙官营小学
陈晓蕾	女	1980.07	语文	小学高级教师	商酒务镇实验小学
郭俊芳	女	1973.12	美术	小学高级教师	商酒务镇实验小学
兰彩娥	女	1979.06	语文	小学高级教师	商酒务镇焦楼小学
石俊梅	女	1978.10	美术	小学高级教师	商酒务镇韩庄小学
郭向红	女	1980.09	语文	小学高级教师	前营乡部湾小学
明红霞	女	1978.09	数学	小学高级教师	前营乡杨庄小学

续表 4

姓　名	性　别	出生年月	申报专业	职 称 名 称	单 位 名 称
兰留战	男	1962.04	语文	小学高级教师	前营乡小店头小学
崔培丽	女	1980.12	语文	小学高级教师	前营乡前营小学
王艳娜	女	1979.06	语文	小学高级教师	前营乡关帝庙小学
郭蜜甜	女	1980.04	语文	小学高级教师	前营乡店东小学
张丹丹	女	1982.02	数学	小学高级教师	前营乡大连庄小学
申鸿杰	男	1980.08	语文	小学高级教师	闹店镇周营小学
贾利娟	女	1979.03	音乐	小学高级教师	闹店镇中心小学
石晓亚	女	1978.10	美术	小学高级教师	闹店镇响潭营小学
赵　娜	女	1979.01	语文	小学高级教师	闹店镇连店小学
李俊阁	男	1977.04	语文	小学高级教师	闹店镇李官营小学
王国豪	男	1978.09	美术	小学高级教师	闹店镇贾寨小学
王书峰	女	1979.11	语文	小学高级教师	闹店镇火神庙小学
刘艳锋	女	1978.08	语文	小学高级教师	闹店镇户口小学
朱元明	男	1958.03	语文	小学高级教师	李庄乡杨庄小学
朱凌芬	女	1979.11	语文	小学高级教师	李庄乡南牛小学
李彩英	女	1976.05	语文	小学高级教师	李庄乡马庄小学
关会丽	女	1979.03	语文	小学高级教师	李庄乡马楼学校
赵会娜	女	1978.08	语文	小学高级教师	李庄乡初级中学小学部
贺凤娥	女	1961.06	数学	小学高级教师	李庄乡程庄小学
岳辉丽	女	1978.11	语文	小学高级教师	宝丰县红星学校
张香记	女	1979.04	语文	小学高级教师	观音堂乡中心小学
郭俊芳	女	1973.12	美术	小学高级教师	商酒务镇实验小学
吕豪杰	男	1979.07	语文	小学高级教师	观音堂乡中心小学
解红玄	女	1979.03	数学	小学高级教师	观音堂乡中心小学
陈广涛	男	1981.01	数学	小学高级教师	宝丰县第一实验小学
汤　枝	女	1964.02	语文	小学高级教师	宝丰县第一实验小学
徐彩俊	女	1979.08	语文	小学高级教师	宝丰县第一实验小学
朱军锋	男	1977.06	美术	小学高级教师	宝丰县第一实验小学
杨俊诺	女	1980.10	语文	小学高级教师	宝丰县第三实验小学
谷俊丽	女	1979.08	音乐	小学高级教师	宝丰县第三实验小学
钮艳丽	女	1974.02	语文	小学高级教师	宝丰县第三实验小学
王娟娟	女	1979.12	数学	小学高级教师	宝丰县第三实验小学
李林霞	女	1979.11	语文	小学高级教师	宝丰县第三实验小学
郭玉峰	女	1977.10	语文	小学高级教师	宝丰县第二实验小学
陈向红	女	1976.11	语文	小学高级教师	宝丰县第二实验小学
刘彩娟	女	1980.02	数学	小学高级教师	宝丰县第二实验小学
王丁丁	女	1980.08	语文	小学高级教师	大营镇中心小学
王慧锦	女	1971.10	语文	小学高级教师	大营镇新英小学
蒋月平	女	1982.01	语文	小学高级教师	大营镇小营小学
王俊涛	男	1979.12	语文	小学高级教师	大营镇小李庄小学

续表 5

姓　名	性　别	出生年月	申报专业	职称名称	单位名称
牛国胜	男	1959.12	语文	小学高级教师	大营镇宋坪学校
葛玉焕	女	1962.02	语文	小学高级教师	大营镇何庄学校
牛向丽	女	1975.11	数学	小学高级教师	大营镇段寨小学
周　莉	女	1979.05	语文	小学高级教师	大营镇第一小学
叶菲娜	女	1977.06	数学	小学高级教师	城关镇第一小学
赵玉涛	女	1982.06	语文	小学高级教师	城关镇第一小学
谢　娟	女	1983.07	语文	小学高级教师	城关镇第一小学
余改红	女	1975.04	数学	小学高级教师	城关镇第一小学
侯艳慧	女	1981.08	数学	小学高级教师	城关镇第一小学
杨　磊	男	1977.01	数学	小学高级教师	城关镇第三小学
余黎明	男	1980.11	语文	小学高级教师	城关镇第三小学
李　晓	女	1981.07	数学	小学高级教师	城关镇第三小学
张会玲	女	1979.03	语文	小学高级教师	城关镇第二小学
杨会举	女	1973.10	音乐	小学高级教师	城关镇第二小学
陈菲菲	女	1981.03	中文	中专讲师	宝丰县教师进修学校
张全法	男	1976.07	兽医	兽医师	宝丰县动物卫生监督所
李水莲	女	1974.04	农学	农艺师	宝丰县农业技术推广中心
陈峰旗	男	1979.06	农学	农艺师	宝丰县农业技术推广中心
岳素芳	女	1971.11	农学	农艺师	宝丰县农业技术推广中心
温小玲	女	1967.01	农学	农艺师	宝丰县农业技术推广中心
何五昌	男	1983.03	记者	记者	宝丰县广播电视局
马得原	男	1981.06	工艺美术	工艺美术师	宝丰县汝瓷研究所
龙中文	男	1967.12	交通	工程师	宝丰县农村公路管理所
魏松涛	男	1973.07	交通	工程师	宝丰县农村公路管理所
张俊辉	男	1976.11	城建	工程师	宝丰县建筑工程招标办公室
于梅娟	女	1979.03	城建	工程师	宝丰县建筑工程招标办公室
王俊垒	女	1976.08	城建	工程师	宝丰县建设工程质量监督站
周晓乐	女	1974.12	城建	工程师	宝丰县建设工程标准定额管理站
周爱玲	女	1973.06	环保	工程师	宝丰县环境保护局
李俊杰	女	1980.01	交通	工程师	宝丰县公路管理局
张晓红	女	1973.10	交通	工程师	宝丰县公路管理局
纪娅卓	女	1981.08	交通	工程师	宝丰县公路管理局
齐大奇	男	1971.10	交通	工程师	宝丰县公路管理局
魏清江	男	1964.04	交通	工程师	宝丰县公路管理局
郝　兵	男	1984.02	交通	工程师	宝丰县公路管理局
张艳红	女	1976.12	交通	工程师	宝丰县公路管理局
宋圣宾	男	1981.11	城建	工程师	宝丰县城市规划设计室
孙艳菊	女	1962.09	编辑	编辑	宝丰县广播电视局
赵　华	女	1973.06	编辑	编辑	宝丰县史志办
李晓红	女	1972.09	编辑	编辑	宝丰县史志办

中共宝丰县委

重要会议

【县委经济工作会议】 2012年1月14日，县委经济工作会议在宝丰人民会堂召开。刘书锋、张庆一、李杰、师建超等县四大班子领导出席会议。会议的主要任务是，学习贯彻中央和省委、市委经济工作会议精神，总结回顾宝丰县2011年经济工作，分析当前形势，安排部署2012年经济工作。县委书记刘书锋指出，2011年，县域经济保持了平稳较快的发展态势，各项重点工作取得了显著的成绩，我们要按照“建五宝，争百强，三化协调发展奔小康”的奋斗目标，开创科学发展新局面。一是要坚守一个信念，民生至上。二是要坚定一个信心，绿色统筹。三是要坚挺一个信任，勇于担当。刘书锋还就廉洁廉政工作提出了要求。县委副书记、代县长张庆一在讲话中总结了去年宝丰县的经济工作，研究分析了当前经济形势，并对今年的经济工作进行了部署。会议还表彰了2011年度责任目标工作先进单位。

【中国共产党宝丰县第十一届委员会第四次全体扩大会议】 2012年11月27日，中国共产党宝丰县第十一届委员会第四次全体扩大会议召开。县委书记刘书锋，县委常委刘景华、赵二成、郭群献、马丽、李留军、杨占杰、王森鹏、朱孝哲出席会议并在主席台就坐。出席会议的还有县委委员、县委候补委员。不是县委委员、候补委员的县级领导，县委办、县人大办、县政协办、县委各部委、各乡镇、县直各单位、重点企业等的主要负责人参加会议。会议的主要任务是，传达学习中共十八大会议精神，贯彻落实省委、市委全委扩大会议精神，组织动员全县各级党组织和广大党员、干部群众，把思想统一到十八大精神上来，把力量凝聚到落实十八大提出的各项任务上来，锐意进取，真抓实干，攻坚克难，努力开创全县科学发展新局面，为实现“建五宝，争百强，三化协调发展奔小康”目标不懈奋斗！

【县委常委会议】 2012年，宝丰县共召开县委十一届常委会议16次。

县委十一届2012年第1次常委会议 2012年1月12日上午，县委书记刘书锋在县委常委会议室主持召开十一届县委2012年第1次常委会议。会议听取了县发改委关于2012年国民经济和社会发展计划安排意见的汇报。会议对“五个宝丰”建设的规划提出了具体要求。会议研究确定了2012年全县国民经济和社会发展的主要指标。听取了县目标办关于2011年责任目标考核奖励意见的汇报。会议研究并原则同意责任目标奖励意见，决定在县委经济工作会议上进行隆重表彰和奖励。研究通过了2012年县委经济工作会议议程和主题报告，并对主题报告提出了进一步的修改意见。会议决定，2012年1月14日召开县委经济工作会议，由刘书锋同志主持，张庆一同志做主题报告。县委常委、宣传部部长马丽汇报了春节期间文体活动及马街书会节目的安排情况。会议原则通过春节期间群众性文体活动的安排意见和马街书会的节目策划及相关文化活动的安排意见。会议研究决定，由财政部下派干部林□同志担任县长助理，工作年限为一年。

县委十一届2012年第2次常委会议 2012年2月22日上午，县委书记刘书锋在县委常委会议室主持召开十一届县委2012年第2次常委会议。县委常委、县纪委书记刘景华汇报了县纪委十一届二次全会筹备情况，会议讨论并一致同意县纪委十一届二次全会工作报告。会议决定于2月24日下午召开县纪委十一届二次全会。县委常委、宣传部部长马丽汇报了“三八”节表彰情况。会议原则同意县委关于“三八”节表彰的决定，决定近期召开"三八"节表彰会议。会议听取并认真讨论了"五个宝丰"建设方案。

县委十一届2012年第3次常委会议 2012年4月1日下午，县委书记刘书锋在县委常委会议室主持召开十一届县委2012年第3次常委会议。会议听取了县人大常委会副主任郭殿水、刘怀振关于十四届人大一次会议筹备情况及相关事项的汇报。会议决定于2012年4月8日至13日在县城召开县十四届人大一次会议。会议听取了县政协主席师建超关于县政协九届一次会议筹备情况及相关事项的汇报，会议决定于2012年4月7日至12日在宝丰酒业公司五楼会议室召开县政协九届一次会议。会议对两会进一步提出了明确要求。会议听取了县政府办公室《政府工作报告》、听取了县发改委关于《2011年国民经济和社会发展计划执行情况及2012年计划（草案）的报告》、听取了县财政局关于《宝丰县2011年财政预算执行情况和2012年财政预算（草案）的报告》、听取了县法院关于《宝丰县人民法院工作报告》、听取了县检察院关于《宝丰县人民检察院工作报告》的汇报。会议听取了县委常委、组织部部长朱孝哲关于基层组织建设年会议筹备情况的汇报。会议原则同意，决定适时召开。会议听取了县委常委、宣传部部长马丽关于宣传思想工作会议的筹备情况汇报。会议审议并通过了《关于表彰2011年度宣传思想文化工作先进单位、先进个人的决定》等文件。会议原则同意，决定适时召开。听取了县委常委、政法委书记杨占杰关于县政法信访工作会议的汇报。会议原则同意，并决定于2012年4月6日下午召开县政法信访会议。会议讨论了全县人口和计划生育工作会议的有关事宜，决定于4月5日召开。会议听取了新农办关于新农村建设工作会议的筹备情况。会议审议并通过了《关于继续推进2012年新农村建设的意见》《关于表彰2011年度新农村建设工作先进单位和先进个人的决定》等文件。会议原则同意，并决定适时召开。

县委十一届2012年第4次常委会议 2012年5月11日下午，县委书记刘书锋在县委常委会议室主持召开十一届县委2012年第4次常委会议。会议讨论了"五个宝丰"建设工作实施方案，听取了"五个宝丰"建设领导小组各自工作的汇报。听取了县委常委、组织部部长朱孝哲关于《干部绩效积分制管理的意见》的汇报，会议认真讨论并提出了进一步修改意见。听取了县委常委、统战部部长王森鹏关于县工商联换届人事安排情况的说明，会议原则同意县工商联人事换届的意见。听取了县计生委关于公职人员违法生育专项治理动员会的筹备情况汇报，会议讨论通过了《宝丰县县直及相关单位已婚育龄妇女康检环节责任追究制》《宝丰县县直单位计划生育目标管理考核方案》《宝丰县县直单位计划生育工作考核计分办法》等文件，会议对4名违反计划生育政策的科级干部进行了处理。听取了县委老干部局关于县老干部双先表彰暨2012年老干部工作会议筹备情况的汇报，讨论通过了表彰的先进名单。听取了县委常委、县委办主任赵二成关于成立县六大支柱产业服务工作领导小组的汇报。

县委十一届2012年第5次常委会议 2012年6月20日下午，县委书记刘书锋在县委常委会议室主持召开十一届县委2012年第5次常委会议。县委常委、宣传部部长马丽传达学习了商城县信访工作先进材料《坚持"六个经常"，做好信访工作》。县委常委、统战部部长王森鹏传达学习了《目前国内招商引资的主要方式和方法》。会议听取了"五宝建设""三联三帮建五宝"工作汇报。听取了县委常委、县纪委书记刘景华关于公车治理情况的汇报。听取了县委常委、组织部部长朱孝哲关于推选科级干部工作的汇报。会议讨论并通过了《宝丰县推选科级年轻干部工作实施方案》，关于科级干部年度等级考核的原则汇报，会议讨论并通过了《关于科级干部年度等级考核原则》。听取了朱孝哲关于"七一"表彰工作的汇报。会议决定，6月27日上午，在宝丰迎宾馆召开宝丰县"七一"表彰大会，表彰在创先争优活动中涌现出来的先进基层党组织、优秀共产党员和优秀党务工作者。

县委十一届2012年第6次常委会议 2012年6月25日下午，县委书记刘书锋在宝丰迎宾馆主持召开十一届县委2012年第6次常委（扩大）会议。会议专题听取了宝丰县文化工作的汇报。听取了县文管委主任平亚锦关于文化创意产业园及演艺中心等建设工作的汇报。听取了县政府党组成员、县文管委副主任部现营关于汝瓷园建设的工作汇报。听取了县民宗局关于香山寺、白雀寺建设的汇报。听取了县委党史研究室关于红色遗址保护工作的汇报。听取了县委常委、宣传部部长马丽关于魔术休闲小镇规划建设工作的汇报。听取了县规划局关于老城保护的工作汇报。听取了县文化局关于马街书会工作的汇报。听取了县人大常委会主任梅玉三关于宝酒文化园建设工作的汇报。听取了观音堂林站关于尖山坡爱国主义教育基地建设工作的汇报。听取了县文物局关于父城遗址和杨家大院等保护和开发工作的汇报。听取了县住建局关于县城文化景观街道建设情况的汇报。

县委十一届2012年第7次常委会议 2012年7月2日上午，县委书记刘书锋在县委常委会议室主持召开十一届县委2012年第7次常委会议。会议听取了县文明办关于全国文明县城创建工作的汇报。重点对全国文明城市测评体系进行详细介绍,测评体系共分九大项,以及四项特色指标。创建活动计划分三个步骤,2012年7月为总结经验、全民动员阶段,2012年8月至2013年12月为提升质量、全面达标阶段,2014年1月至2014年7月为深化提高、申报迎检阶段。会议听取了县住建局关于创建国家生态园林城市的情况汇报。会议对县文明建设委员组成人员进行了调整。会议决定,即日起在全县启动全国文明县城、国家生态园林城市双城联创活动；成立双城联创指挥部,全国文明县城创建工作由县委常委、宣传部部长马丽牵头，国家生态园林城市创建工作由县委常委、组织部部长朱孝哲牵头;会议决定在近期内召开双城联创动员会,要求县文明办、县建设局、县环保局、县创建办等相关部门和单位做好会议筹备工作。

县委十一届2012年第8次常委会议 2012年7月23日上午,县委书记刘书锋在县委常委会议室主持召开十一届县委2012年第8次常委会议。会议先后听取了县统计局、发改委、财政局、工信局对上半年经济运行情况的汇报。会议分析研究了上半年宝丰县经济运行的特点。听取了县产业集聚区上半年的工作汇报。听取了县中心镇、新型农村社区建设工作的汇报。听取了县政府副县长魏学君关于招商选资工作的汇报。听取了县委常委、组织部部长朱孝哲关于“三联三帮建五宝”工作情况的汇报。

县委十一届2012年第9次常委会议 2012年8月6日下午，县委书记刘书锋在县委常委会议室主持召开十一届县委2012年第9次常委会议。县委常委、宣传部部长马丽传达学习了中共中央总书记胡锦涛同志7月23日在省部级主要领导干部专题研讨班开班仪式上的讲话《全党全国人民更加紧密团结起来，沿着中国特色社会主义伟大道路奋勇前进》。县委常委、县委办主任赵二成传达学习了中共中央总书记胡锦涛同志1月9日在中国共产党第十七届中央纪律检查委员会第七次全体会议上的讲话。会议集体学习了《河南日报》新九论《再论用领导方式转变加快发展方式转变》系列政论文章一至五的内容。听取了县委常委、政法委书记杨占杰关于当前宝丰县信访形势、“三联三帮建五宝”活动以来信访稳定工作的汇报。听取了县委常委、组织部部长朱孝哲关于全县绩效积分制管理工作进展情况的汇报。会议研究了马街书会持续传承曲艺文化常态化的问题。会议决定成立马街书会工作领导小组。

县委十一届2012年第10次常委会议 2012年9月4日下午，县委书记刘书锋在县委常委会议室主持召开十一届县委2012年第10次常委会议。会议听取了县委常委、政法委书记杨占杰关于当前信访工作形势和1至8月份宝丰县信访工作情况的汇报。听取了县委常委、组织部部长朱孝哲关于近期“三联三帮建五宝”活动进展情况的汇报。听取了关于28届教师节庆祝表彰大会筹备情况的汇报,同意表彰意见。会议决定,9月7日上午在宝丰迎宾馆召开28届教师节庆祝表彰大会。

县委十一届2012年第11次常委会议 2012年9月7日下午，县委书记刘书锋在县委常委会议室主持召开十一届县委2012年第11次常委会议。县委书记刘书锋主持召开了“讲政治、顾大局、守纪律”专题民主生活会。刘书锋带头进行了剖析,各位常委结合各自思想、工作进行了批评与自我批评。会议听取了宝丰县妇女第十二次代表大会筹备情况的汇报。会议决定,9月中旬召开宝丰县妇女第十二次代表大会。听取县委常委、组织部部长朱孝哲关于进一步规范党群系统人员调动工作意见的汇报。听取了关于“宝丰精神”表述语及创意说明的汇报。会议还对部分干部进行了调整。

县委十一届2012年第12次常委会议 2012年9月17日下午,县委书记刘书锋在宝丰迎宾馆主持召开十一届县委2012年第12次常委会议。会议研究了近期由钓鱼岛事件引发的抗日群众集会问题。听取并讨论了关于群众集会问题的预案,要求尽可能把发生的事情提前估计到,及时关注事情动态和相关信息,第一时间了解事情发展情况,发生紧急事项时,要采取果断措施进行处置。会议对人员违纪问题进行了研究处理。

县委十一届2012年第14次常委会议 2012年10月26日,县委书记刘书锋在县委常委会议室主持召开十一届县委2012年第14次常委会议。会议听取了县委常委、宣传部部长马丽关于宝丰县第十三个记者节有关活动安排意见的汇报。会议原则同意宝丰县新闻宣传工作表彰方案,在11月6日召开全县新闻宣传工作表彰大会。听取了县委常委、政法委书记杨占杰关于宝丰县近期信访工作的汇报。听取了县委常委、组织部部长朱孝哲关于“三联三帮建五宝”工作的汇报。会议对部分干部进行了调整。

县委十一届2012年第15次常委会议 2012年11月26日下午,县委书记刘书锋在县委常委会议室主持召开十一届县委2012年第15次常委会议。会议听取了县委常委、县委办主任赵二成关于学习宣传贯彻十八大精神工作的汇报,以及宝丰县委十一届第四次全体(扩大)会议筹备情况的汇报。会议决定,11月27日上午在宝丰迎宾馆召开十一届县委第四次全体(扩大)会,专题学习宣传十八大精神。同时,决定12月初召开全县“五宝”工作汇报会。听取了县纪委关于2012年民主评议涉企重点股室工作情况的汇报。会议决定,12月底召开县优化经济发展环境大会。听取了县委常委、政法委书记杨占杰关于十八大期间信访稳定工作的汇报。听取了县委常委、组织部部长朱孝哲关于完善绩效积分考核意见、规范表彰先进工作人员意见,以及第七届优秀专业技术人才评选情况的汇报。会议原则同意完善绩效积分考核的意见、规范表彰先进工作人员的意见和表彰第七届优秀专业人才评选决定。听取了县委宣传部关于建立农村宣传文化指导员队伍工作意见的汇报。会议原则同意在全县建立农村宣传文化指导员队伍。

县委十一届2012年第16次常委会议 2012年12月21日下午,县委书记刘书锋在县委常委会议室主持召开十一届县委2012年第16次常委会议。会议传达学习了全市领导干部工作会议精神。集中学习了习近平总书记在中央政治局会议上关于改进工作作风、密切联系群众的讲话和八项规定的有关文件。听取了县委常委、常务副县长李留军关于2011年经济工作表彰会议筹备的情况。会议通报了市委2011年经济工作表彰会情况,宝丰县在全市十个县(市)区综合评比中获第一名,市委奖励200万元。会议研究决定,把奖励的200万元全部用于奖励先进单位,经济工作表彰会与2013年县委经济工作会合并召开。听取了县委常委、县委办主任赵二成关于2013年县委经济工作会议筹备情况的汇报。会议研究决定,在2013年1月上旬召开2013年县委经济工作会议。听取了县委常委、政法委书记杨占杰关于老龙窝“三化”协调发展实验区工作表彰会议的汇报。听取了县人大常委会关于宝丰县十四届人大第二次会议筹备情况的汇报。听取了县政协关于宝丰县第九届政协第二次会议筹备情况的汇报。会议原则同意两会安排意见。会议对部分干部进行了调整。

重要文件

2012年,中共宝丰县委共下发宝发文件3个,宝文文件189个,县委办公室下发宝办文文件6个,县委办公室、县政府办公室联合或县委办公室单独下发宝办文件90个。

2012年宝丰县委部分文件(宝文)情况

文件号	文件名称	发文时间
1	中共宝丰县委、宝丰县人民政府关于表彰2006~2010年全县法治宣传教育和依法治理工作先进集体和先进个人的决定	2012.1.6
2	中共宝丰县委、宝丰县人民政府关于表彰2011年度责任目标工作先进单位的决定	2012.1.14
16	中共宝丰县委、宝丰县人民政府关于表彰"三八"红旗手、巾帼文明岗等先进集体和先进个人的决定	2012.3.1
20	中共宝丰县委关于开展向朱正栩同志学习的决定	2012.3.1
23	中共宝丰县委、宝丰县人民政府关于调整宝丰县产业集聚区管理委员会下设机构设置的通知	2012.1.7
29	中共宝丰县委、宝丰县人民政府关于成立宝丰县分类推进事业单位改革工作小组的通知	2012.3.8
55	中共宝丰县委、宝丰县人民政府进一步加强法人单位人口和计划生育工作管理的意见	2012.4.5
56	中共宝丰县委、宝丰县人民政府关于2011年度人口和计划生育工作奖惩的决定	2012.4.5
57	中共宝丰县委、宝丰县人民政府关于进一步加强信访工作的意见	2012.4.6
58	中共宝丰县委、宝丰县人民政府关于表彰2011年度信访工作先进集体和先进个人的决定	2012.4.6
61	中共宝丰县委、宝丰县人民政府关于表彰2011年度平安建设工作先进集体和先进工作者的决定	2012.4.6
62	中共宝丰县委关于建立中共宝丰县十四届人大一次会议政协九届一次会议临时委员会的通知	2012.4.8
67	中共宝丰县委关于表彰2011年度宣传思想工作先进单位和先进个人的决定	2012.4.13
68	中共宝丰县委、宝丰县人民政府关于表彰2011年度新农村建设工作先进单位和先进个人的决定	2012.4.11
74	中共宝丰县委、宝丰县人民政府关于表彰2011年度共青团工作先进集体和先进个人的决定	2012.4.28
81	中共宝丰县委、宝丰县人民政府关于成立县六大支柱产业支持保护服务工作领导小组的通知	2012.5.17
82	中共宝丰县委、宝丰县人民政府关于表彰老干部工作先进集体和先进个人的决定	2012.5.11
83	中共宝丰县委、宝丰县人民政府关于印发《宝丰县建设文化宝丰工作方案》的通知	2012.5.17
84	中共宝丰县委、宝丰县人民政府关于印发《宝丰县建设富强宝丰实施方案》的通知	2012.5.17
85	中共宝丰县委、宝丰县人民政府关于印发《宝丰县建设幸福宝丰实施方案》的通知	2012.5.17
86	中共宝丰县委、宝丰县人民政府关于印发《宝丰县建设生态宝丰实施方案》的通知	2012.5.17
87	中共宝丰县委、宝丰县人民政府关于印发《宝丰县建设和谐宝丰实施方案》的通知	2012.5.17
88	中共宝丰县委、宝丰县人民政府关于印发《宝丰县"三联三帮建五宝"活动实施方案》的通知	2012.5.17
89	中共宝丰县委关于实行干部绩效积分管理的意见(试行)	2012.5.17
90	中共宝丰县委关于表彰2011年度统战工作先进单位和先进工作者的决定	2012.5.17
91	中共宝丰县委、宝丰县人民政府关于加快宝丰县老龙窝"三化"协调发展实验区建设的实施意见	2012.5.15
92	中共宝丰县委、宝丰县人民政府关于开展党员干部公职人员违法生育专项治理的通知	2012.5.22
113	中共宝丰县委关于推荐2010~2012年全市创先争优先进基层党组织和优秀共产党员情况的报告	2012.6.20
114	中共宝丰县委关于印发《宝丰县推选科级优秀年轻干部工作实施方案》的通知	2012.6.20
116	中共宝丰县委关于表彰2010~2012年全县创先争优先进基层党组织、优秀共产党员、优秀党务工作者的决定	2012.6.25

续表

文件号	文件名称	发文时间
117	中共宝丰县委关于市管干部 2011 年度平时考核等次确定意见的报告	2012.7.5
124	中共宝丰县委关于对近期“三联三帮建五宝”活动开展情况的督查通报	2012.7.30
144	中共宝丰县委关于进一步规范党群系统人员调动工作的意见	2012.9.7
152	中共宝丰县委、宝丰县人民政府关于表彰 2012 年度新闻宣传工作先进单位和先进工作者的决定	2012.11.5
153	中共宝丰县委、宝丰县人民政府关于印发《十八大期间信访稳定工作责任追究办法》的通知	2012.10.31
154	中共宝丰县委关于“三联三帮建五宝”工作情况的通报	2012.11.8
167	中共宝丰县委关于印发《刘书锋同志在县委十一届四次全委扩大会议上的讲话》的通知	2012.11.27
169	中共宝丰县委、宝丰县人民政府关于规范县级表彰先进工作的意见	2012.11.26
170	中共宝丰县委关于表彰“十八大”期间全县信访稳定工作先进个人的决定	2012.11.27
171	中共宝丰县委、宝丰县人民政府关于命名第七届宝丰县优秀专业技术人才的决定	2012.11.26
172	中共宝丰县委关于成立宝丰县干部绩效管理工作领导小组的通知	2012.12.11

2012 年宝丰县委部分文件(宝办)情况

文件号	文件名称	发文时间
1	县委办公室关于调整县委政法委员会委员的通知	2012.1.4
2	县委办公室、县政府办公室关于 2012 年春节期间继续在全县城乡广泛开展"迎农运、促和谐、奔小康"全民健身系列活动的通知	2012.1.1
3	县委办公室、县政府办公室关于认真做好 2012 年度马街书会及春节文化活动的通知	2012.1.12
4	中共宝丰县委办公室关于认真学习宣传贯彻县委经济工作会议精神的通知	2012.1.18
5	县委办公室、县政府办公室关于印发《刘书锋同志在县委经济工作会议上的讲话》和《张庆一同志在县委经济工作会议上的讲话》的通知	2012.1.18
6	县委办公室、县政府办公室关于成立宝丰县清凉寺汝官窑遗址公园建设指挥部的通知	2012.2.1
7	县委办公室、县政府办公室关于调整宝丰县农村村务公开民主管理工作领导小组成员的通知	2012.2.15
8	县委办公室、县政府办公室关于认真开展 2012 年度全民义务植树活动的通知	2012.2.20
9	县委办公室、县政府办公室关于印发《刘书锋同志在宝丰县产业集聚区建设推进会上的讲话》的通知	2012.2.27
10	县委办公室、县政府办公室关于印发《宝丰县产业集聚区建设各项任务分解》的通知	2012.2.24
11	县委办公室、县政府办公室关于印发《刘书锋同志在党政联席座谈会上的讲话》的通知	2012.2.28
12	县委办公室、县政府办公室关于开展乡镇志、部门志编纂工作的通知	2012.2.28
13	县委办公室、县政府办公室关于做好 2012 年《宝丰年鉴》资料征编工作的通知	2012.2.28
14	县委办公室、县政府办公室关于印发《汝瓷志》征编工作方案的通知	2012.2.28
15	县委办公室、县政府办公室关于《平办[2012]3 号文件涉及宝丰县工作任务的分解意见》的报告	2012.3.31
17	县委办公室、县政府办公室关于印发《宝丰县计划生育村室建设攻坚活动实施方案》的通知	2012.4.5
18	县委办公室、县政府办公室关于明确 2012 年新农村建设任务和开展涉农项目资金整合工作的通知	2012.4.5
19	县委办公室、县政府办公室关于表彰 2012 年度马街书会及春节文化活动先进单位和先进个人的决定	2012.4.10
20	县委办公室、县政府办公室关于印发《宝丰县 2012 年招商选资工作方案》的通知	2012.4.16

续表 1

文件号	文件名称	发文时间
21	县委办公室、县政府办公室关于2012年针对主导产业品牌企业招商选资任务分解及有关问题的通知	2012.4.16
22	县委办公室、县政府办公室关于印发文化创意产业园区建设工作推进责任分解的通知	2012.3.28
23	县委办公室、县政府办公室关于印发《宝丰县2012年群众文化活动方案》的通知	2012.4.6
24	县委办公室、县政府办公室关于宝丰县委、县政府组织集中收听收看"十八谈"映像版——平顶山篇的报告	2012.4.12
25	县委办公室关于印发《刘书锋同志在招商选资工作汇报会上的讲话》的通知	2012.4.23
26	县委办公室、县政府办公室关于印发《宝丰县繁荣文学艺术事业的五年规划》的通知	2012.4.28
27	县委办公室、县政府办公室关于印发《宝丰县文学艺术优秀成果奖评奖实施方案》的通知	2012.4.28
28	县委办公室、县政府办公室关于印发《宝丰县关工委2012年工作要点》的通知	2012.5.8
29	县委办公室、县政府办公室关于申报2012年度评比达标表彰项目的申请报告	2012.4.28
30	县委办公室关于印发《2012年宝丰县党风廉政建设责任制工作意见》的通知	2012.5.10
31	中共宝丰县委办公室关于进一步优化产业集聚区经济发展环境工作的意见	2012.5.16
32	县委办公室、县政府办公室关于转发《市委办公室、市政府办公室关于加强廉政风险防控的意见》的通知	2012.5.10
33	县委办公室、县政府办公室关于印发《宝丰县廉政风险防控工作方案》的通知	2012.5.14
34	县委办公室、县政府办公室关于县政协专门委员会与县直有关部门建立经常性工作联系的通知	2012.5.17
35	县委办公室、县政府办公室关于印发《宝丰县县直单位计划生育目标管理考核方案》和《宝丰县县直单位计划生育工作考核记分办法》的通知	2012.5.22
36	县委办公室、县政府办公室关于进一步明确人口和计划生育工作有关部门职责的通知	2012.5.22
37	县委办公室、县政府办公室关于印发《刘书锋同志在全县"建五宝、争百强、三化协调发展奔小康"动员会上的讲话》的通知	2012.5.18
39	县委办公室、县政府办公室关于调整宝丰县李庄乡程寨沟灰场重大隐患应急指挥部成员的通知	2012.5.20
40	宝丰县委办公室、县人民政府办公室关于调整宝丰县防汛抗旱指挥部成员的通知	2012.5.28
41	中共宝丰县委办公室关于调整宝丰县国家安全领导小组成员的通知	2012.5.30
42	中共宝丰县委办公室关于调整县委维护稳定工作领导小组成员的通知	2012.5.30
43	县委办公室、县政府办公室关于调整宝丰县宝酒集团改制工作领导小组成员的通知	2012.6.11
44	县委办公室、县政府办公室关于调整县爱国卫生运动委员会成员的通知	2012.6.19
45	县委办公室、县政府办公室关于调整县创建指挥部成员的通知	2012.6.19
46	县委办公室、县政府办公室关于印发《宝丰县2012年城区环境卫生整洁行动实施方案》的通知	2012.6.19
47	县委办公室、县政府办公室关于印发《宝丰县组建农村商业银行工作实施方案》的通知	2012.6.19
48	县委办公室、县政府办公室关于印发《宝丰县清收农村信用社不良贷款依法打击逃废债务实施方案》的通知	2012.6.19
49	县委办公室、县政府办公室关于成立组建宝丰县农村商业银行暨不良贷款清收工作领导小组的通知	2012.6.19
50	县委办公室、县政府办公室关于印发《宝丰县城市社区基层组织换届选举工作实施方案》的通知	2012.6.15
51	县委办公室、县政府办公室关于印发2012年上半年责任目标考评工作实施方案的通知	2012.6.26
52	县委办公室、县政府办公室关于转发《在全县公务员中开展以"责随职走心随责走"为主题的职业道德教育培训实施方案》的通知	2012.6.20
53	县委办公室关于印发《刘书锋同志在全县庆祝建党91周年暨创先争优表彰大会上的讲话》的通知	2012.7.4
54	县委办公室关于转发《市委办公室关于深入学习贯彻河南日报大型政论文章'新九论'精神的通知》的通知	2012.7.10

续表 2

文件号	文件名称	发文时间
55	县委办公室、县政府办公室关于调整平安宝丰建设领导小组成员的通知	2012.7.12
56	县委办公室、县政府办公室关于调整宝丰县社会治安综合治理委员会组成人员的通知	2012.7.12
57	县委办公室、县政府办公室关于成立香山寺北区保护开发指挥部的通知	2012.7.26
58	县委办公室、县政府办公室关于成立白雀寺风景名胜区保护开发指挥部的通知	2012.7.26
59	县委办公室、县政府办公室关于开展第二届宝丰县十大孝星十大敬老模范评选活动的通知	2012.8.1
60	县委办公室、县政府办公室关于成立宝丰县新农村互助家园建设工作领导小组的通知	2012.8.1
61	县委办公室、县政府办公室关于调整宝丰县信息化工作领导小组成员的通知	2012.8.1
62	县委办公室、县政府办公室关于 2012 年度责任目标上半年考评情况的通报	2012.8.6
63	县委办公室、县政府办公室关于成立宝丰县马街书会文化景观建设领导小组的通知	2012.8.10
64	县委办公室、县政府办公室印发《关于做好党政机关执行人民法院生效判决和裁定专项积案清理工作实施方案》的通知	2012.8.27
65	县委办公室、县政府办公室关于调整宝丰县文明建设委员会组成人员的通知	2012.8.30
67	县委办公室、县政府办公室关于举办宝丰县首届新型农村社区运动会的通知	2012.9.12
68	县委办公室、县政府办公室关于印发《村村建体育运动队实施方案》的通知	2012.9.12
69	县委办公室、县政府办公室关于成立县评比达标表彰工作协调小组的通知	2012.9.12
70	县委办公室、县政府办公室关于印发《宝丰县违法建设行为集中整治工作方案》的通知	2012.9.10
71	县委办公室、县政府办公室印发《宝丰县关于规范和改进公务接待推行"公务灶"制度的实施意见》的通知	2012.9.3
72	县委办公室、县政府办公室关于成立信访工作责任追究工作组和依法处置工作组的通知	2012.9.19
73	县委办公室、县政府办公室关于成立宝丰县国家卫生县城复审工作领导小组的通知	2012.10.10
74	县委办公室、县政府办公室关于表彰第二届宝丰县十大孝星十大敬老模范的决定	2012.10.10
75	县委办公室关于调整宝丰县反腐败协调领导小组成员的通知	2012.10.8
76	县委办公室、县政府办公室关于对全县经济运行工作会议确定的重点工作进行分解安排的通知	2012.11.5
77	县委办公室、县政府办公室关于切实做好十八大期间信访稳定工作的通知	2012.10.31
78	县委办公室、县政府办公室关于调整宝丰县志(年鉴)编纂委员会成员的通知	2012.11.6
79	县委办公室、县政府办公室关于印发《2012 年宝丰县工程建设领域项目信息公开和诚信体系建设专项工作方案》的通知	2012.11.12
80	中共宝丰县委办公室关于转发《宝丰县创先争优活动领导小组关于深入开展创先争优活动的总结报告》的通知	2012.11.16
81	县委办公室、县政府办公室关于成立宝丰县年产 100 万吨不锈钢制品项目建设指挥部的通知	2012.11.20
82	县委办公室关于认真做好 2012 年工作总结和 2013 年工作安排的通知	2012.12.7
83	县委办公室、县政府办公室关于开展"送温暖献爱心"集中捐助活动的通知	2012.12.7
84	县委办公室、县政府办公室关于印发《宝丰县 2012 年度责任目标考评工作实施方案》的通知	2012.12.10
85	县委办公室、县政府办公室关于开展年度表彰先进工作的通知	2012.12.11
86	中共宝丰县委办公室关于举办宝丰县学习党的十八大精神电视知识竞赛的通知	2012.12.12
87	县委办公室、县政府办公室关于继续深入开展"心连心双联系"帮扶困难职工活动的通知	2012.12.25
88	县委办公室、县政府办公室关于做好 2013 年《宝丰年鉴》资料征编工作的通知	2012.12.28
89	县委办公室关于印发《宝丰县党内规范性文件清理工作方案》的通知	2012.12.31
90	县委办公室、县政府办公室印发《宝丰县党务政务公开领导小组关于在全县全面推行县委县政府权力公开透明运行工作实施方案》的通知	2012.12.26

2012年宝丰县委文件(宝办文)情况

文件号	文件名称	发文时间
1	县委办公室、县政府办公室关于召开乡镇及政府组成部门工作汇报会的通知	2012.1.31
2	中共宝丰县委办公室关于宝丰县党的机关文件改版工作情况报告	2012.3.14
3	县委办公室关于所属事业单位清理规范的报告	2012.3.29
4	县委办公室、县政府办公室关于组织集中收听收看“十八谈”映象版——平顶山篇的通知	2012.4.10
5	县委办公室关于做好2013年度党报党刊发行工作的通知	2012.11.5
6	县委办公室、县政府办公室关于做好2013年元旦、春节期间有关工作的通知	2012.12.26

2012年宝丰县委文件(宝发)情况

文件号	文件名称	发文时间
1	中共宝丰县委、宝丰县人民政府关于持续推进2012年新农村建设的意见	2012.4.8
2	中共宝丰县委关于认真落实在创先争优活动中开展基层组织建设年工作任务的意见	2012.4.16
3	中共宝丰县委关于认真学习宣传贯彻党的十八大精神的通知	2012.11.27

县委办工作

【综合协调工作】 2012年,县委办公室紧紧围绕县委中心工作和领导重要活动,协调服务马街书会、中国杂技金菊奖及第五届魔术节的筹备工作,库区移民安置、省级文明县城迎验、县委经济工作会议,建党91周年系列庆祝活动等多项重要工作。全年共接待国家有关部委、省、市及兄弟县(市)来宝调研视察700余批次,人员1万余人。办理各种会务320余场(次)。

【秘书工作】 全年办理县委、县委办文件300余份,完成公文交换10万余份,及时率100%;及时处理下级部门请示件30余份,报告件80余份,办结及时率100%,保证了县委及各部门工作的正常有序高效运转。

【督促查办工作】 2012年,先后对全县重点工程进展情况、书记大接访活动案件、新农村建设、植树造林、防汛、秸秆禁烧、安全生产、城市创建以及经济工作会议精神贯彻落实情况等进行专项督查,有力推进了县委重点工作的落实。全年共办理各级督办件174件,办结率99%(县定责任目标98%);对催办、查办县委、县政府决定事项督办事项,办结率100%;对交办的人大议案、政协提案办结率100%。

【信息调研工作】 注重发挥信息调研作用,确保县委领导及时掌握真实情况,了解社情民意。对全县各部门重要工作以及工作经验、成绩及时整理编辑上报。共编发《宝丰信息》60期,超额12期完成全年48期目标任务。共向省委、市委报送信息1000余篇,其中《宝丰县促进魔术产业发展》《宝丰县切实做好减轻农民负担工作》等被省委《工作情况交流》采用,被市委采月50余条信息。信息工作连续多年保持全市先进。

(吕跃红　张晓光)

组织工作

【概况】 中共宝丰县委组织部主要职责是研究和指导全县党组织的建立和管理,党员的发展、教育、管理,干部的培养、教育、选拔、任用、监督管理,领导班子的配备、管理及人才资源的开发和管理等。2012年,县委组织部内设机构有办公室、干部室、组织室、干部教育室、干部监督室、干部调配室、组织员办公室,下设党员电化教育中心,县委人才工作办公室、县大学生村干部管理工作办公室设在县委组织部,由县委组织部直接管理。有干部职工 32 人。

【创先争优活动】 2012 年,持续深化创先争优,打造群众满意工程,深入推进创先争优活动。认真组织好 2012 年公开承诺工作,指导基层党组织分行业对标提诺、公开承诺;结合村级换届实际,在全县村支部书记中开展“群众选我为什么、我为群众做什么”大讨论,提高承诺质量;健全台账管理、承诺销号、群众评诺等制度,督诺践诺。各级党组织和广大党员共作出承诺 2.57 万余项,践诺 1.47 万余项,占 57.3%。深入推进“下基层大走访”活动。组织党员干部下基层、访群众,解民忧、惠民生、促和谐。党群结成帮扶对子 416 个,解决困难群众实际问题 1760 件;化解各类矛盾纠纷 2586 个,调处信访积案 480 件。宝丰县在全市“下基层大走访活动”经验交流会上作典型发言。持续抓好窗口单位和服务行业为民服务。广泛开展“三争创一满意”活动,设立党员责任区 410 个,创建党员示范岗 375 个、党员先锋岗 363 个,评选党员服务标兵 50 名。县行政审批中心 2 个窗口获平顶山市优质服务窗口称号。建立创先争优常态化机制和典型培育长效机制,树立优秀法官朱正栩、组工干部余建军等身边的典型,学先进、见实效。推行干部绩效积分管理机制,以绩效评价、使用干部。完善联系服务基层机制,开展“三联三帮建五宝”工作,县级干部联乡、科级干部联村、一般干部联系重点户,帮经济发展,帮新农村建设,帮和谐稳定。中央创先争优活动简报先后 3 次刊登宝丰县典型做法。在创先争优活动群众满意度测评中,群众满意率 99.3%。宝丰县被省委授予全省创先争优先进县委称号。

【领导班子和干部队伍建设】 2012 年,着力巩固县乡换届成果,不断加强领导班子建设,配合完成县人大、政府换届工作,圆满完成乡镇人大、政府换届工作任务,整个换届过程风清气正;着力加强换届后领导班子思想政治建设,宝丰县加强领导班子制度建设的做法在全省座谈会上进行书面交流。加强制度建设,努力造就政治过硬、业务熟练、作风优良、服务规范的高素质干部队伍。完善干部选任制度。探索实行差额选任方式,运用干部绩效积分,采取“两推、两考、两票决”的方式,从具有全日制本科学历的 35 岁以下优秀年轻干部中公开推选 2 名正科级干部和 14 名副科级干部,优化了领导班子结构,树立了注重实绩、崇尚实干的良好导向。完善干部管理制度。出台《中共宝丰县委关于实行干部绩效积分制管理的意见》,设定争先进位、工作创新等加分项目和通报批评、一票否决等减分项目,定期对干部绩效进行考评,为干部建立绩效积分档案。完善干部培训制度。出台《宝丰县干部教育培训改革规划》,实施干部素质提升工程,县财政列支专项教育培训经费 50 万元,先后举办党务工作者培训班、换届后新任乡镇党委委员培训班、科级后备干部培训班和组工干部培训班等主题班次 11 个,培训各级干部 2720 人次。完善干部监督制度。出台《研究讨论干部任用前实行内部审核的暂行办法》,在干部考察之后、提请部务会研究之前,将拟提拔干部情况提交干部监督室审查把关,做到监督关口前移,防止干部“带病提拔”,全年对 84 名干部进行任前审核。

【非公有制企业党建工作】 2012 年,进一步加大非公有制企业党的建设工作力度,采取筹建同步筹备党建、招工同步引进党员、投产同步成立组织、运营同步开展活动“四同步”工作法,在 122 个非公有制经济组织单独建党组织 33 个,联合建 89 个,其中建立非公企业党委 6 个,共有党员 1575 名,实现党建全覆盖、工作全开展。宝丰县在全省非公有制经济组织党建工作推进会上作书面经验工作交流。

【农村基层党组织建设】 围绕引领新型农村社区建设,创新党组织设置模式,建立新型农村社区党委(总支)67 个;围绕推进农业产业化,建立产业党支部 13 个、党小组 897 个;围绕壮大发展文化产业,在外出演艺团体建立党支部 37 个。采取内选、外聘、回请、下派等方式,配强村党组织书记,健全村“两委”班子,“双强”党支部书记 264 名,达到 87%;大力实施“素质提升”工程,对 2291 名村“两委”成员全部轮训一遍。规范村干部队伍管理,对村级班子和村级干部推行绩效积分制管理,实行百分制考核,激发农村干部干事创业的活力。加强后进村整顿,实施“一村一策”计划,先后整顿后进村党组织 27 个。开展“党组织阵地提档升级”集中建设，实行分类定级、分类提档，新建村室41个，配套建设35个。加强对驻村任职第一书记的管理，党员干部驻村任职工作在全市推进会上作典型发言。6月，宝丰县驻村办被省委组织部授予全省党员干部驻村任职工作先进选派办称号。73个派驻村党支部有56个成为“五个好”党支部。全县794个基层党组织创建为“五个好”党组织，占86.3%。

【党员队伍建设】 2012年，突出高知识群体、生产一线、优秀青年农民等发展重点，共发展党员590名，其中农村党员410名。实行“县乡联动、分级负责”，集中培训基层党员1500余名，提高了党员队伍的整体素质。广泛开展党员公开承诺、无职党员设岗定责、党员志愿服务等活动，引导党员履职尽责、发挥作用，“五个好”党员达到79%。率先在全市建立困难党员帮扶基金，筹集基金27万余元，帮扶慰问困难党员62名，发放帮扶基金4.8万元。

【远程教育和党员电化教育工作】 2012年，宝丰县推动站点提档升级，按照“标示化的专门场所、标准化的设施配置、规范化的管理制度、专业化的指导队伍”的要求，新建中心站18个。加强站点管理维护，按照“站点信号畅通年”的要求，加大故障排除力度，269个站点信号畅通。全年选树学用示范员126个，培养讲解员106名，拍摄工作汇报片2部。宝丰县远程教育的有关做法在全市工作会上作经验交流。

【大学生村干部工作】 2012年，在全县大学生村干部中开展“问当初选村官为了什么，思初衷对不对；问当几年村官干了什么，思表现好不好；问继续留任村官还要干什么，思干劲足不足”为主要内容的“三问三思”大讨论活动。加强对大学生村干部的监督管理，全年入村查岗160余人次，电话查岗50余人次，调阅日志800余人次，开展谈心活动180余人次，协调解决问题56件，对3名大学生村干部进行诫勉谈话。积极做好大学生村干部典型培育工作，大学生村干部王亚辉、孙磊磊分别荣获全省首届创业大赛优秀项目带头人、省优秀青年共产党员称号，大学生村干部王亚辉被评为全国农村青年致富带头人。鼓励支持大学生村干部创业富民，大学生村干部新上创业项目19个，种植项目10个，引导扶持群众选上项目60余个。新华社调研组到宝丰县调研大学生村干部创业情况，对县大学生村干部创业工作给予肯定。

【人才工作】 2012年，积极贯彻落实《宝丰县中长期人才发展规划（2010-2020年）》《宝丰县中长期人才发展规划（2010-2020年）任务分工方案》及《关于构建人才工作责任体系，加强人才队伍建设的意见》等文件精神，把人才工作各项目标任务分解量化。完善联系服务机制，建立县级领导联系拔尖人才制度，每名县级领导联系1～2名拔尖人才；建立人才工作联席会议制度，每季度召开1次会议，研究解决人才工作和人才队伍建设中的重点难点问题；坚持“三级人才”岗位津贴制度和优秀人才管理特需经费制度，进一步提高发放标准，对不同层次人才增发岗位津贴和经济补助7万余元。

【信息、调研宣传工作】 实行组织信息调研工作全员参与制，推行信息点评制度，落实组工信息调研奖励措施，激发了机关干部写作热情。全年共撰写组工信息宣传稿件89篇、调研理论文章15篇，被省以上党建刊物采用10篇、市级采用27篇。其中省组工信息采用6篇、市组工信息采用14篇，平顶山党建采用13篇，《中国组织人事报》先后两次报道宝丰县的经验做法。

【队伍建设】 2012年，县委组织部以“一迎双争”为主题，坚持从严治部，从严带队伍，狠抓部门自身建设。深入开展了以“讲责任、讲作为、讲正气，提升素质、提升水平、提升形象”为主要内容的“三讲三提升”活动，不断深化组织系统“讲党性、重品行、作表率”和创先争优活动，在年初全市组工会上，宝丰县组织部门自身建设的有关做法在全市作典型发言。在部机关开展以“学理论、学业务，联系基层、联系群众，评作风、评业绩”为主要内容的“双学双联双评”活动和“远学李林森，近学余建军”学习活动，营造了学先进、赶先进、当先进的浓厚氛围。县委组织部获全省组织系统“讲党性、重品行、作表率”先进集体称号。

（张龙江）

宣传工作

【概况】 2012年,全县宣传思想文化工作紧紧围绕县委、县政府工作重点,主动服务大局,导向正确、特色突出、亮点频现,为全县经济社会又快又好发展营造了良好的舆论氛围。县委宣传部设有外宣办、办公室、新闻室、社会宣传室、文化教育室、党员教育干部理论室、网络室等7个职能室。有工作人员14人。

【理论教育】 全年组织县委中心组集中理论学习12次,举办了中心组学习秘书培训班。继续以科学理论进基层为载体,搞好理论普及工作,开展主题报告会、宣讲会50场次,受教育人数3万余人。全县各基层党校共举办各类培训班102期,培训党员干部和积极分子1万余人次。结合全县开展的"积极推进中原经济区文化建设"主题党课活动,全年共开展县级领导干部下基层讲党课46场次,科级领导讲党课63场。全面抓好基层党校开展创建工作,县国土资源局党校获省级先进基层党校称号,周庄镇、赵庄乡、亚坤集团党校获市级先进基层党校称号。

【思想教育工作】 2012年,深入开展社会主义核心价值体系建设,利用报告会、知识竞赛、演讲比赛、展版等多种形式,广泛开展《社会主义核心价值体系实施纲要》的学习宣传。在全县政法系统中开展政法干警核心价值观教育实践活动,并下发了《中共宝丰县委政法委关于深入开展政法干警核心价值观教育实践的实施方案》。积极组织"雷锋在我心中"学习实践活动,举办"学习雷锋立足本职,爱岗敬业"演讲比赛和学习雷锋主题读书教育、知识竞赛等一系列活动。弘扬孝道,发扬优秀传统,表彰并奖励了评选出的宝丰县"十大孝星"和"十大敬老模范"。加强爱国主义教育基地建设。举办了"中华魂"主题读书教育活动。开展迎接党的十八大"科学发展、辉煌成就"形势政策教育活动,在全县巡回举办"喜迎十八大"劳模先进事迹报告会。认真组织开展学习宣传"三平"精神典型活动。在全市、全省推出了闹店法庭庭长朱正栩、大学生村干部管理工作办公室主任余建军和城关镇司法所所长韩水3个典型,县委分别下发了《关于开展向朱正栩同志学习的决定》和《关于开展向余建军同志学习的决定》。

【新闻宣传】 2012年,围绕"十八谈平顶山篇"录制了县委书记刘书锋访谈和各单位收听收看"十八谈平顶山篇"的情况,并在河南电视台卫星频道《新闻联播》、平顶山电视台《平顶山新闻》等媒体播出。策划重大宣传报道活动,在《平顶山日报》刊发头版头题《宝丰县:"华合论坛"签约项目建设顺利》。2012年马街书会期间,40余家120名新闻媒体记者到宝丰采风采访,在中央电视台等中央、省、市新闻媒体刊发120篇新闻报道。11月29日,河南省"学习贯彻十八大"大型主题采访团17家新闻媒体的20余名新闻记者莅临宝丰采访。基层法官朱正栩、大学生村官办公室主任余建军、城关镇司法所所长韩水、魔术师丁德龙典型事迹在《人民日报》、央视、《河南日报》等多家媒体刊播。3月26日、30日分别在《平顶山日报》《河南日报(农村版)》相继刊发了《燃尽芳华写忠诚》、推出系列报道《大学生村干部的贴心人》《开拓创新的探索》《甘于奉献的好党员》;10月31日,在《平顶山日报》头版刊发了《调解路上爱如水》。全年在市级以上新闻媒体刊发300字以上新闻稿件1590篇(条)。在《平顶山日报》推出9个宝丰新闻专版和4个专版。宝丰县为全市在央视1套《新闻联播》发稿最多的县(市)。2月4日,马街书会的繁荣盛况在央视1套《新闻联播》播出。11月20日中央电视台新闻频道《新闻直播间》播出题为《舞动幸福、玩出财富》的新闻。中央电视台新闻频道《新闻30分》播发题为《让群众享受公共文化的阳光》。宝丰县群众文化生活在11月21日中央电视台1套以题为《胡春香快快乐乐学跳舞》进行播发。6月14日,《人民日报》刊发文章《马街:七百年不散的书会》;《光明日报》9月27日在七版刊发《河南宝丰县大力发展农村特色文化产业》;中宣部刊发评论员文章《特色文化产业助推农村发展》;《河南日报》11月14日18版刊登了《宝丰百姓的幸福密码》。11月6日,召开全县新闻宣传工作表彰会、全县第13个记者节座谈会、慰问新闻媒体活动、庆祝第13个记者节文化专场晚会,表彰、奖励了一批新闻宣传先进单位和个人。全年举办通讯员培训班4期。

【省级以上新闻媒体发稿】 2012年,宝丰县在省级以上新闻单位发稿560余篇。其中,在《人民日报》、新华社(含新华每日电讯)、中央人民广播电台、中央电视台、《光明日报》等中央主流新闻媒体发稿50余篇;在《河南日报》、河南人民广播电台、河南电视台卫星频道等省级主流新闻媒体刊发新闻稿件40余篇(条)。(参见附录400页)。

【外宣工作】 2012年,继续抓好“采访线工程”建设,确定了四条采访线、八个采访点。及时更新外宣图片资料库,收集整理图片资料2000余幅,并精选有代表性的工业、农业、城市建设、魅力文化、风景名胜图片63幅,超额完成全年40幅报送任务。制定了《宝丰县新闻发布会管理制度》,在全县确定86个新闻发言人,建立全县对外宣传人员管理队伍,确定了55个重点外宣单位。认真做好3月22日至28日省台办组织举办的“探寻中原文化、传承华夏文明”——两岸三地记者联合采访中原民间文化艺术活动和10月15日台湾旺旺中时传媒集团“大陆魅力城市”采访团一行10余人到宝丰的采访工作。高质量制作了第八届中国杂技金菊奖第五次全国魔术比赛暨中国·宝丰第五届魔术文化节宣传画册、宣传光盘。印制了《宝丰县文化产业对外合作项目》宣传画册。制作了别具特色的魔术道具。重点推出了宝丰汝瓷、宝丰酒和魔术道具精品外宣品。

【网络引导】 2012年,建立《宝丰县网络舆情应急处理机制》,加大网上监控力度,编发了《宝丰县网络舆情快报》。建立了“父城天地”和“宝丰网络在线”QQ群。与新华网建立合作关系,将宝丰县政府信息网站成功链接到新华网首页。建立和完善了网上评论员队伍管理机制。制定下发《宝丰县关于开展清理整治网上低俗之风暨文明上网、文明办网活动的通知》,组织县文广局、公安局、工商局、网络运营商、文化市场行业管理协会等单位对全县网络文化市场进行清理整顿。举办网络管理工作和网评员培训班,认真做好十八大精神网络宣传工作。全年共在省级以上网络新闻媒体发稿1600篇,上报网上评论文章523篇。

【文艺工作】 2012年6月15日,中共中央政治局常委李长春莅临宝丰县考察文化工作,举办了高规格的农民魔术节目汇演。7月8日,宝丰农民魔术师靳全亮在《我要上春晚》节目进行了首期录制,7月27日晚在央视综艺频道(CCTV--3)播出;7月26日宝丰农民魔术师丁德龙父子录制的《父与子的较量》在央视综艺频道(CCTV--3)《魔幻七月 见证奇迹》栏目播出。青年农民魔术师丁德龙喜登2013年蛇年央视春晚舞台,录制了宝丰农民魔术师专场。7月12日晚在央视综艺频道(CCTV--3)播出。开展“袁庄杯”民间艺术擂台赛、戏迷擂台赛、青年歌手大赛、迎新年健步走、民间艺术大赛、电影放映周和图书阅览服务月等系列文化活动,参与群众15万人次,受益群众30万人次。举办“宝丰县学习朱正栩巾帼展风采 维护消费权文明树新风”文艺汇演,举办“七一”“八一”、记者节等大型主题文艺专场演出10余场。在“欢乐中原·唱响鹰城”文化活动中,宝丰县委宣传部获全省先进单位称号,县教体局的歌伴舞《欢天喜地》获省级优秀节目。县内业余作家潘运明的长篇小说《从蹚将到将军》9月份出版。宝丰县文联魏红朝创作的河南坠子《宝丰文化大发展》获全国曲艺邀请赛金奖,创作的歌曲《观音故乡》获中国大众音乐协会举办的2012音乐中国杯第三届全国歌曲、歌手、乐手大型音乐展演赛作曲银奖。宝丰县参加2012年第八届深圳文博会和第七届中国北京文化创意创业博览会,宝丰文化产业园项目进展顺利。完成省市规划的文化体制改革,宝丰县获全省文化体制改革工作先进地区称号;县电影放映公司获全省文化体制改革工作先进单位称号。

【信息工作】 全年编发手机宣传信息48期。上报市级以上信息200余篇,调研文章50余篇。其中被中宣部采用3条,被《河南宣传信息》采用25篇,被《平顶山宣传信息》采用30篇。调研文章在市级以上刊物发表13篇,其中《农民创造文化、文化造福农民》和《宝丰建立魔术发展基金促进魔术产业发展》被中宣部《决策参考》刊发,省委常委、宣传部部长赵素萍对该文做出重要批示。《河南宣传信息》采用25篇,《平顶山宣传信息》采用27篇,超额完成全年任务,发稿总量位居全市各县(市)区第一。

【调研工作】 全年上报调研文章36篇,其中配合市委宣传部专题调研3次,在《平顶山宣传》发稿7篇。在《光明日报》《河南宣传》《平顶山日报》《求索》《工作与研究》《平顶山宣传》等市级以上报刊、杂志上发稿13篇,超额完成任务。

【队伍建设】 2012年,认真开展党性党风党纪教育活动,健全了宣传干部人才信息库。规范了部机关各项管理制度,细化工作任务,狠抓工作落实。加强全县宣传文化系统党风廉政建设工作和全县宣传文化系统干部培训计划工作力度,全年举办宣传干部培训班2次,全县宣传文化系统干部素养得到有效提升。（连艳霞）

精神文明建设

【概况】 2012年,宝丰县精神文明建设工作以创建国家级文明县城为主线,大力巩固省级文明县城创建成果,深入开展群众性精神文明创建活动,持续提升公民文明素质和社会文明程度,培育良好风尚,为全县经济社会又好又快发展,提供强大的精神动力、思想保证和智力支持。县文明办有工作人员6人。

【文明单位创建】 2012年,县财政局、县检察院、县地税局、县质监局4个单位创建成省级文明单位;县人社局、住建局、统计局、人民医院、移动公司、金叶烟草有限责任公司6个单位创建成市级文明单位;杨庄镇姜湾社区居委会、周庄镇陈营社区居委会创建成市级文明社区。表彰市级精神文明建设先进个人3人。

【市民素质教育】 2012年,在全县组织开展一系列市民文明素质教育活动。开展"春节健步走"活动,有1000余人参加;举办"万村千乡农民篮球赛",13个乡镇30余个村队参加,近3万人观看。4月,举办第五套广播体操展演比赛,全县100余个单位1000余人参加。5月,启动"关爱空巢老人"志愿服务活动,县人社局、民政局、卫生局、总工会等单位的志愿者为150名空巢老人送去面粉、油、洗涤用品等价值万元的礼物,并为他们做健康体检。"六一"节,为全县500余名留守儿童圆梦,送去梦想礼物。爱心妈妈编织爱心毛衣100余件,为贫困儿童送去冬日温暖。组织爱心人士与75名农村贫困儿童"一对一"帮扶,资助他们完成学业。组织协调有关单位为观音堂山区儿童送去40套夏凉被、凉席、风扇等物品。"七一""十一"期间,开展"向国旗敬礼,做一个有道德的人"网上签名寄语活动,有3000余名中小学生参与此项活动。9月,评出全县第二届"十大孝星""十大敬老模范"并隆重表彰;在全县开展全市首届道德模范评选活动,全县1万余人参与投票。"知心庭长"朱正栩被评为市首届道德模范,曹二虎获市首届道德模范提名奖。组织开展"12·2文明宣传周"活动,举办安全教育课10场,发放宣传资料1万余份,在步行街设立宣传一条街,出动宣传车辆20辆,受教育群众3万余人次。出台《宝丰县弘扬雷锋精神开展志愿服务行动实施方案》《宝丰县"四关爱"志愿服务行动方案》《宝丰县关爱空巢老人志愿服务方案》等文件,成立一支由40余人组成的网络文明志愿者宣传队。广泛征集"宝丰精神"表述语,收到来稿50余条,从中精选出3条获奖作品,并提炼出5条。

【未成年人思想道德教育】 2012年,在全县组织开展了一系列未成年人思想道德教育活动。开展未成年人"三理"知识教育活动,共发放各类相关书籍4000余册,受教育未成年人7000余人。在青少年中开展"美德少年"评选活动,共推出10名市级美德少年。协调资金40万元,建乡村学校少年宫2所。开展"我们的节日"主题活动,弘扬传统文化,激发爱国主义热情;清明节组织千余名师生祭奠烈士陵园;端午节、中秋节在中小学开展"中华魂"中华经典朗诵比赛,通过"中华魂"读书活动,激发了青少年为中华民族复兴而努力学习的志向。

【农村精神文明建设】 2012年,县文明办联合县科协、县人口计生委、县司法局、县农业局、县广电局、县卫生局、县教体局、县文广局、县妇联、团县委等部门开展文化科技卫生"三下乡"活动,发放科普书籍2000册,宣传资料1万余份,普法宣传单3000余份,普法宣传册6000份,计生用品1000余份,播放普法宣传片200余集,开展义诊

13次,3000余名群众受益。抽调一支30余人组成的精干队伍下乡支农。送电影下乡3000余场次,建农村书屋300余个,丰富了群众文化生活。开展“好婆婆”“好媳妇”“文明家庭”评选活动。开展“四进社区”活动,组织律师进社区、企业、乡村活动。协调有关部门培训农村健身舞人员500余人,广场舞骨干60余人。为赵庄乡周营村安装变压器1台,路灯27盏。依托新农村建设,完成5个乡镇、67个中心村的村镇规划。深入开展“清洁家园行动”,有2个乡1个村获省级先进,宝丰县获市级先进。闹店镇、商酒务镇、赵庄乡大黄村、张八桥镇姚店铺村、杨庄镇姜湾社区居委会、周庄镇陈营社区居委会6个村镇创建成市级文明村镇。

（鲍振邦）

统战工作

【概况】 2012年，全县统战工作突出大团结、大联合两大主题,围绕中心,服务大局,突出重点,狠抓难点,发挥优势,凝心聚力,积极开展各个领域的统战工作。县委统战部先后获全省基层统战宣传先进单位、2012年度全市统战工作先进单位、全市统战网站宣传工作先进单位、全市统战理论文章优秀成果二等奖、对台经济工作先进单位等称号。县委统战部内设机构有办公室、理论宣传室、经济联络室、民族宗教室、党外干部室。有干部职工17人(含台办、台联)。

【统战工作呈现新格局】 2012年，宝丰县统战工作以主动工作提地位，以优质服务促工作,以创新务实求发展为重点,努力构建党委重视、政府支持、部门配合的大统战工作新格局。制定出台《宝丰县关于进一步加强对统一战线工作的意见》,在加强领导、党外干部培养选拔、经费保证等方面作了明确规定。宝丰县在全市率先把统战工作纳入全县竞争激励机制目标考核体系。建立定期汇报、定期检查等制度,坚持每周五统战系统学习例会制度,形成了由统战部牵头的协调机制,及时沟通解决统战工作中存在的矛盾和问题,安排下一步统战工作,推动全县统战工作的深入开展。在健全各乡镇党委统战工作领导小组的基础上,会同县委组织部、县委宣传部共同协商考核,在12个乡镇配备了专职宣统员,在全县统战系统实行目标管理,量化细化统战系统各单位以及部机关各科室工作任务,定期督导检查,确保统战各项工作扎实有效开展。

【民主政治建设】 2012年,对全县各个单位的党外科级干部进行调查更新,全县有党外科级干部34人,涉及国土、煤炭、环保等各个部门。对全县党外科级后备干部进行清查,在全县各单位和各乡镇共摸排推荐出党外后备干部122人,充实完善了党外后备干部人才库。新提拔调整1名县级、3名科级党外领导干部。对十四届人大代表和第九届政协委员中的党外代表和委员进行摸排调研,就年龄结构、知识结构、民族成分等进行全面分析调研,全县199名政协委员全部顺利产生,圆满完成县政协换届工作。对全县党外干部60余人进行为期3天的培训，全面提高党外干部整体素质。

【经济领域统战】 牢牢把握经济建设这个工作中心,不断加强非公有制经济主渠道建设,转变经济发展方式,为构建富强宝丰做出积极贡献。

“双百双千”工程 按照县委、县政府和市工商联的要求,年初宝丰县工商联对“双百双千”工程进行安排部署,制定工作方案,落实分管人员跟踪服务,建立台账,一月一汇报,一年一总结。在“百企帮百村”工作中,继续巩固扩大村企结对覆盖面,以中心村、中心镇为帮扶重点,加强基础设施建设,搞好产业对接,实施农民万元增收计划,典型引路,示范带动。袁庄、清凉寺、张八桥3个重点村帮扶工作成为新农村帮扶亮点。在重点帮扶的同时,县工商联把老龙窝三化协调发展实验区作为新的支撑点,引导老龙窝实业公司进行综合开发,投入资金2500万元,开工建设青城社区,与农民签订土地流转协议,发展高效农业,创办新型工业,进行土地项目整理,初步奠定老龙窝实验区前期发展基础。

招商选资工作 2012年,到洛阳、佛山等地开展招商工作,为县招商选资办公室提供有关信息等。在第四届华合论坛会上,宝丰县成功签约6个项目,签约资金63亿元,受到市委、市政府表扬。在光彩助学工作中，共募集善款近30万元，救助70余名贫困学子，由亚坤集团支持冠名的亚坤班在全市高中教育中产生深远影响。特别是海宝集团冰箱出口非洲和北美工作，开创了平顶山市家电出口创汇先河。

商会建设　县工商联在百货食品、商业联盟、农资协会3个商会登记注册的基础上，逐步把外来企业协会、建筑协会等民办非公企业组织纳入管理。在异地商会建设中，协助市工商联筹建北京商会，宝丰县民营企业家王腾飞被推选为北京商会副会长。在乡镇商会建设上，全县12个乡镇相继建立商会，特别是宝丰县成立的十大民营企业集团，旗下子公司个数倍增，成为宝丰工商联企业会员的新特点。10月中旬，由县工商联党组书记带队组织的10余名企业家，到平顶山宾馆参加市工商联举办的国学讲座。

【理论宣传】　2012年，县委统战部成立了以统战部部长为组长的统战宣传信息工作领导小组，除配备3名专职宣传员外，从社会各界聘请8名热爱统战工作、政治文化素质高、写作能力强的人员为兼职报道员，健全了统战宣传信息网络队伍。充分利用非公有制经济研讨例会的机会，加大对非公有制经济人士的宣传力度。以民营企业党建工作为中心，在非公有制企业中广泛宣传统战理论、方针、政策。全年在《中国统一战线》上发表文章3篇，其中1篇为简讯；在《河南省统战工作》上发表文章1篇；在《河南日报》上发表文章11篇；在《平顶山日报》上发表文章37篇，其中5篇是专版。

【海外统战工作】　2012年，宝丰县充分发挥台办、侨联、台联、海外联谊会的作用，积极做好海外统战工作。

对台工作　2012年3月27日，“探寻中原文化，传承华夏文明”两岸三地记者采访团28家媒体35人莅宝采访魔术产业；10月15日，由台湾旺旺中时传媒集团组成的“大陆魅力城市”采访团一行10人到宝丰县采访，先后到宝丰县清凉寺汝官窑遗址、大宋汝瓷公司、赵庄乡周营村进行拍摄采访报道。做好纪念“九二共识”20周年书画展活动。共征集书画稿件40余幅，上报参展作品10幅，其中9幅获奖。

侨务工作　2012年9月19日，由香港爱国同胞陈国威先生、陈徐风兰女士捐资80万元捐建的宝丰县国威侨心小学，在李庄乡翟西村开工建设。学校占地7138平方米，总投资120万元，县政府配套40万元。计划建3层45间教学楼，建筑面积1211.5平方米，设置为6级12班双轨寄宿制中心学校，可容纳600名学生，解决周边6个行政村的学生上学问题。2012年，全县共有3名高中毕业生被印尼总统大学免费录取。“双节”期间慰问在县境居住的侨台胞属。利用重大节日，向海内外宝丰籍代表人士发送贺卡、手机短信、电子邮件等500余封次。

【队伍建设】　2012年，以开展“学先进、比创新、看实效”与“创先争优”活动相结合，以活动推动工作，以工作深化活动，保证了学习实践活动取得扎实效果，使全县统战干部队伍整体素质明显提高。在“三联三帮”活动中，分派两名副部长、两名科级干部驻村帮联。帮助处理各种矛盾纠纷10起，慰问贫困户26户，帮建的两个农村新型社区工程进展顺利，实现土地流转2000余亩。协调宋庆龄基金会宝丰办事处出资32.8万元向全县774名贫困群众发放公益医保卡。为全县1200名残疾人、218名留守儿童进行爱心体检。向全县8名贫困大学生每人捐助3000元。向观音堂中心小学捐助课桌椅50套。

【全市统一战线“百企帮百村”观摩团莅宝观摩】　2012年5月8日，市委常委、统战部部长段君海带领全市统一战线“百企帮百村”观摩团莅宝观摩。县长张庆一，县委常委、县委办公室主任赵二成，县人大常委会副主任娄文聚，县政府党组成员、正县级干部许全根陪同观摩。段君海一行先后到张八桥镇张八桥中心社区、大营镇清凉寺中心社区实地察看，听取汇报，详细了解情况。观摩团成员一致认为，让企业与村庄结成帮扶对子，实施项目带动，有效地推动了新农村建设步伐，带动了农村经济的发展，实现了共同富裕。

【平顶山市“同心助教”活动宝丰县中小学校长培训班举行】　2012年8月11日，平顶山市

"同心助教"活动宝丰县中小学校长培训班在宝丰人民会堂举行。全国人大常委、民进中央副主席兼秘书长、中国教育学会副会长朱永新，省政协常委、民进河南省委主委、省工信厅副厅长张震宇，省政协常委、民进河南省委专职副主委邬恺夫，市委常委、统战部部长段君海，市人大常委会副主任王金山，市政协副主席、民进市委主委马四海，县领导张庆一、梅玉三等出席开班仪式。仪式上，邬恺夫代表民进河南省委向阳光书屋代表单位捐赠图书。朱永新作了题为《过一种幸福完整的教育生活》的报告。

【海峡两岸文化交流活动】 2012年9月2日，台北师范学院教授高双印和台湾宜兰大学通识教育中心教授吴秀玉夫妇二人回宝丰进行文化交流。高双印祖籍河南宝丰，1935年出生，1947年离开宝丰，1949年到达台湾。高双印、吴秀玉夫妇此次回平顶山的主要内容是参加第二届《歧路灯》海峡两岸学术研讨会。在县台办、县史志办负责人的陪同下，高双印、吴秀玉夫妇参观了平山市博物馆和宝丰县的白雀寺、擂鼓台山等地。在县政府二楼会议室同县文化界人士进行文化交流。县政府党组成员、副县级干部郜现营主持交流会，并与高双印教授互赠文化书籍。高双印教授在文化交流中说到，亲不亲宝丰人，美不美家乡水。今天能回到宝丰老家非常激动，看到家乡的建设日新月异，感到很高兴，特别是宝丰作为一个文化大县，亮点很多，希望通过两岸文化交流，为促进两岸和平统一尽一份绵薄之力。

【全省县级工商联暨商会建设工作会议参会人员莅宝观摩】 2012年11月6日，省政协副主席、省工商联主席梁静带领全省县级工商联暨商会建设工作会议参会人员到宝丰县观摩，并参观了宝丰酒业有限公司。市、县领导黄祥利、史正廉、刘书锋、铁干卿、赵二成、王森鹏、王杰士等陪同观摩。通过现场观摩，梁静一行对县委、县政府关心支持工商联建设和发展所做的工作给予高度赞誉。

（徐兴杰）

政法委工作

【概况】 2012年，宝丰县的政法稳定工作围绕全县工作大局，以科学发展观为统领，深入开展和谐宝丰建设，严厉打击刑事犯罪，扎实开展综合治理，稳步推进队伍建设；全县政法各部门团结协作，锐意进取，严格执法，公正司法；综治委成员单位充分发挥作用，积极参与综治工作，全力维护了大局稳定，为县域经济社会又好又快发展创造了和谐稳定的社会环境。宝丰县先后被授予全国平安铁路示范县，全省平安建设工作显著进步县、全省"五五"普法和依法治理工作先进县、全省信访工作成效显著县、全省铁路护路工作先进县，全市平安建设先进县、全市信访工作先进县等称号。

【平安建设】 2012年，把平安建设纳入全县整体规划。认真落实《平安宝丰建设实施纲要》《关于强化平安建设工作责任制的意见》等一系列文件，制订出台了《宝丰县2012年度政法工作任务分解意见》《宝丰县深入开展平安和谐创建活动实施意见》。确定2012年度全县政法工作各项目标任务，并明确了责任单位、责任人和工作时限，形成了一个完整的工作体系。各乡镇、各单位积极参与平安创建工作，各乡镇开展"平安和谐乡镇""平安和谐村(社区)"创建，县妇联开展"平安和谐家庭"创建，卫生系统开展"平安和谐医院"创建，教育系统开展"平安和谐校园"创建，县工信局牵头开展"平安和谐企业"创建等行业平安和谐创建活动，形成了全县上下齐动、单位互动、齐抓共管的平安创建局面。

【严打整治活动】 2012年，以深入开展"一打击两整治"专项行动为带动，始终保持严打高压态势，打击犯罪、震慑犯罪、挤压空间，降低发案率、提高破案率，全力推进专项行动的深入开展。全县共破获刑事案件655起，抓获各类犯罪嫌疑人1138人，刑拘385人，逮捕223人，起诉481人，治安拘留478人，追捕各类逃犯48名，命案发2破2，并破获命案积案4起、外省命案2起，打掉恶势力团伙2个，涉案14人。根据市公安局民意调查中心调查结果显示，宝丰县群众安全感指数为94.25%，名列全市第一。

【矛盾纠纷排查化解】 2012年5月始，宝丰县为确保社会大局和谐稳定，变群众上访为干部下访，组织开展了以县级干部联系乡镇、科级干部联系行政村、一般党员干部联系重点户，帮经济发展、帮新农村建设、帮和谐稳定为主要内容的“三联三帮建五宝”活动。45名县级干部分别联系14个乡(镇、办)，帮助乡镇加大矛盾纠纷排查调处，协调解决重大矛盾纠纷和信访积案；324名科级干部联系324个行政村，帮助联系行政村化解矛盾纠纷、解决信访积案；244名一般党员干部联系244个重点户，随时掌握重点户动态，及时做好思想工作，帮助解决合理诉求，妥善化解矛盾纠纷。县委书记刘书锋高度重视这项工作，先后到全县14个乡镇调研指导“三联三帮建五宝”活动，坚持每周走访2户重点户，帮助解决他们思想和生产生活中的实际问题。活动开展至年底，全县共妥善解决信访积案202件，解决合理诉求和联系户生产生活中的问题900余个，化解各种矛盾纠纷300余起，有力促进了社会稳定。同时，完善县、乡、村情报信息网络，对全县各乡镇、县直相关单位的信息员队伍进一步充实，从原有的200余人扩充到700余人。坚持做到村、部门二级机构每周排查1次，乡镇、部门每半月排查1次，县每月排查1次，重点排查征地拆迁、企业改制、拖欠农民工工资、环境污染、涉法涉诉、特殊群体及城镇公共服务与管理方面的问题和隐患，对重大信访问题和群众反映强烈的可能引发群体性事件的热点、难点问题，及时发现、及时报告、及时化解。对排查出的矛盾纠纷按照“四定”原则(定责任单位、定责任人、定责任领导、定办结时限)，分级负责，归口办理，及时化解，将问题解决在基层，消除在萌芽状态。对6个乡镇(单位)进行了通报，对11人进行了责任追究，十八大期间对4个乡镇（单位)和9人进行责任查究，有力促进了排查化解工作的落实。为更好地发挥人民调解在化解社会矛盾纠纷中的基础性作用，出台了《宝丰县关于进一步推进行业性人民调解委员会建设的实施意见》，在医疗、教育、土地、劳动人事争议、城市建设、交通事故等行业建立行业性人民调解委员会，组织相关部门联调、联控、联处，及时有效解决重大矛盾纠纷和不稳定问题。

【社会治安重点地区排查整治】 坚持把开展社会治安重点地区排查整治工作作为一项日常工作，做到抓经常，经常抓。按照《宝丰县社会治安重点地区排查整治工作制度》和《宝丰县社会治安重点地区确定标准》，坚持每半月排查1次，按照乡镇不漏村、村不漏户的要求，逐村逐户进行地毯式排查，并结合“一打击两整治”行动，重点对宾馆、酒店、网吧等娱乐场所及学校周边、城乡结合部等重点部位进行重点排查。对排查工作严格实行工作责任制，有问题报问题，无问题零报告。对于弄虚作假、排查不实、存在问题隐瞒不报的，坚决追究有关责任人的责任。

【涉法涉诉信访】 按照“分级负责，归口管理”和“谁办理、谁负责”的原则，采取全面排查、领导包案、政法部门联合接访、重点督办、双重稳控等措施，对涉法涉诉信访案件逐案落实包案领导、承办单位和责任人，逐案制定解决方案，建立工作台账，并实行严格的责任追究制，做到目标、任务、责任明确，集中化解了一批涉法涉诉信访案件。先后组织开展了春季攻坚活动，涉法涉诉信访重点人员排查化解稳控专项活动，“执法能力、效率、责任心”大检查活动，案件评查等一系列活动。在春季攻坚活动中，上级交办宝丰县的37起涉法涉诉信访案件全部办结息诉；在涉法涉诉信访重点人员排查化解稳控专项活动中，共排查出33个涉法涉诉信访重点案件和重点人员，案件全部化解，人员全部稳控；在“执法能力、效率、责任心”大检查活动中，共排查案件682起，排查出存在问题案件15起，已全部整改到位。

【治安防控体系建设】 2012年，县财政出资组建500人的专职巡防队伍，其中县级巡防队150人，乡镇按地域大小不低于20人，为县平安巡防大队配备2台面包车和30辆摩托车，为每个乡镇配备10辆摩托车，提高了应急反应能力。全面加强县、乡重要路口、路段、部位的巡逻密度，在全县形成分级负责、覆盖全县的大巡防、网格化治安防控格局。投资80万元在主要出、入城口和城区繁华地段、公共复杂场所建设治安卡点、警亭6个,提高了对重点部位的防范控制能力。对全县技防建设进行科学规划,全县共建成视频监控平台163个,安装摄像头1893个,城区、乡镇、内部单位、复杂场所视频监控网“四网”建设初见成效,城区视频监控网与110指挥中心、巡防队联勤联动,提高了快速反应能力,有效预防和减少了各类案件的发生。投入630余万元,建成全省一流的集电子警察、治安卡点为一体的县级道路交通监控系统。加强农村技防建设,出台《宝丰县农村治安科技防范工作方案》和《关于进一步深化农村平安建设的意见》,至年底,全县295个行政村安装了平安互助网和平安大喇叭。积极推进视频技防村建设,正建设的新型农村社区和新农村全部规划设计了视频监控系统,周庄镇陈营社区、杨庄镇姜湾社区、石桥镇石桥社区、赵庄乡赵庄村等建成了视频监控设施,全县技防村覆盖率90%,入网农户89862户,技防农户占全县总农户的93.6%。

【政法宣传】 2012年,宝丰政法系统宣传工作围绕“政法干警核心价值观”活动,大力开展宣传工作,积极主动地向新闻媒体提供政法工作、队伍建设等方面的新闻信息,对政法工作、队伍建设和改革创新中涌现出的好做法、好经验、好成效进行宣传,拓宽宣传工作渠道,占领宣传工作主阵地,做到报纸上有名、电视里有影、广播里有声。全年下发《宝丰政法工作简报》54期。

【队伍建设】 2012年,全县政法各部门深入开展“忠诚、为民、公正、廉洁”政法干警核心价值观教育实践活动,全县政法干警的大局意识、责任意识、民生意识进一步增强,涌现了一批像“亲民爱民”法官朱正栩和全国模范人民调解员韩水一样的典型,特别是朱正栩的事迹先后得到了省委常委、政法委书记毛超峰,省高院院长张立勇,市委书记赵顷霖等领导的批示,入选“感动中原”十大年度人物、首届“平安河南”十大年度人物及全省十大优秀法官候选人,《人民日报》《中华儿女》杂志、《人民法院报》、河南电视台、《河南法制报》《平顶山日报》等媒体相继刊发和播出了朱正栩的先进事迹,省高院,市委、市委政法委和县委分别作出了向朱正栩同志学习的决定,通过典型带动,政法队伍的整体素质和综合能力得到不断提高,进一步增强了干警的政治意识、大局意识和为民意识。政法各部门向社会公开承诺2012年要办的实事,其中公安机关8项、检察机关10项、法院10项、司法机关5项,并将责任落实到部门、到人。坚持从严治警,从优待警,进一步健全规范政法干警的执法行为,对政法干警的执法活动进行监督,对全县政法各部门在职副科级以上实职领导干部全部建立个人廉政档案,进一步完善政法系统干部管理监督机制,增强干警廉洁自律、依法办案意识,从源头上防止干警违法违纪案(事)件的发生。加强党对政法工作的领导。全面贯彻落实县委《关于进一步加强党对政法工作领导的意见》,支持、监督和保障政法部门依法行使职权。严格落实民主集中制,在加强政法委班子建设的同时,不断增强政法各部门班子的凝聚力、战斗力。加强政法委机关自身建设,提出建立学习型、服务型政法委机关的工作目标。强化机关管理,建立健全一整套的学习、考勤、请销假等制度,并严格贯彻执行;规范各科室的工作职责,明确工作责任。全体人员切实加强自身修养,提高整体素质,增强了做好政法工作的能力。

(练国方　王黎扬)

老干部工作

【概况】 2012年,县委老干部局设有办公室、老干部学校办公室2个股级机构;县老干部休养所、县老干部活动中心、县关心下一代工作委员会办公室3个副科级机构;另有老干部巡视组、联络组、老促会、医保办、老年体协、门球协会、象棋协会、书画协会等组织。有干部职工28人。

【政治待遇】 2012年,县委老干部局组织离退休干部参加政治理论学习35次,情况通报8次,参观工农业生产6次。全县建立老干部党支部48个,党小组5个。5月,召开全县老干部工作先进集体和先进个人表彰大会。9月,在县老干部学校举办全县离退休干部党支部书记培训班。县委老干部局出资为全县48个离退休党支部订阅《学习参考》刊物。离休干部杨松华、丁金水两家庭被平顶山市委组织部、市委老干部局评为第三届“三型”家庭。在全市老干部工作“双先”表彰会上,宝丰县6个基层老干部集体、9个老干部工作者受到表彰。利用多种形式,做好《老人春秋》杂志征订发行工作,全年征订《老人春秋》双月刊5000余份。

【生活待遇】 2012年,由老干部医保办专人专户对财政全供离休干部和原县级老干部医药费进行专项管理。为全县167名离休干部增发一个月的基本离休费。为参加社会统筹的35名离休干部补发一个月的基本离休费及每人每年60元取暖费和年终福利费。进一步规范离休干部医药费的报销渠道,协调县财政对离休干部的医药费及时实报实销,拨付离休干部医药费资金612万元。

【发挥作用】 宝丰县结合县情成立具有宝丰特色的老干部巡视组。分行业搞好对各单位工作的巡视和指导,对县直、乡镇和特困企业进行巡视、检查,及时上报县委、县政府,帮助县委、县政府督导各项方针政策在基层的贯彻落实。积极参政议政,认真听取县政府工作报告,并展开讨论,认真审议。视察基层工作,积极建言献策。巡视组先后到县交通运输局视察公路建设工作,并深入到东五环、金孟线、西二环等地察看。到民间演艺中心建设工地察看,听取中原解放纪念馆设计的情况,并对纪念馆选址、设计风格等提出意见和建议。关注民生,实地调研。巡视组参观了南水北调工程的施工情况。4月,巡视组到广西桂林、百色等地参观考察。加强联络沟通,促进和谐稳定。联络组坚持每月15日召开例会,组织学习上级有关政策,每月向县委、县政府主要领导或县委常委会汇报。先后到县住建局、县水利局等单位视察指导工作。到信阳南湾湖、南阳内乡县衙、丹江大观园等地参观考察。联络组积极发挥“五大员”作用(党的政策的宣传员、民情民意的调研员、化解矛盾的协调员、下情上达的信息员、工作落实的督导员),认真开展“三二一”活动(三节:传统节日开展纪念活动,重阳节开展参观考察活动,春节开展走访慰问活动;两查:参与全县老干部工作大检查,参与城乡建设督查;一会:每月15日例会),联络组工作受到了省市领导的肯定。扎实开展关心下一代工作,全县共建立517个关工委组织,3600余名“五老”加入到关心下一代工作中来。认真开展帮困助学活动。全县各级关工委组织参加了“金秋助学”“光彩助学”“爱心助学”等活动,共筹集80余万元,救助278名大中小学生。宝丰县关工委在“中华魂”主题教育活动中获全国先进集体,宋海健获全国先进个人称号。组织老干部开展文体活动,全年举办大型门球赛10次,参加大型技术交流赛8次,举办月赛、季赛共4次,167场比赛。县门球队赴韩国学习交流。2012年4月老干部学校被县委、县政府评为宝丰县老干部工作先进集体。老干部学校注册学员580人。组织全市老促会会长座谈会在宝丰县召开。争取老区扶贫专项资金13万元,对大营镇李文驿村一条600余米的主要街道进行整修硬化。

【队伍建设】 2012年,县委老干部局深入开展创先争优活动,按照“学先进、比创新、看实效”的要求,结合工作实际,推动科学发展、促进社会和谐、服务广大离退休干部。全年先后向《中国老年报》《省老干部工作》《老人春秋》、河南老干部网和《平顶山老干部工作信息》《宝丰快报》等媒体投稿80余篇,在市级以上刊物发表30余篇。在全县老干部工作“双先”表彰会后,聘请11位原县级老干部组成编辑委员会,选编80余篇先进集体和先进个人典型事例,编辑出版《夕阳颂》一书。4月,宝丰县老干部工作被市委、市政府授予2012年全市老干部工作先进单位称号。

【全县老干部工作会议】 2012年5月18日,全县老干部工作先进集体和先进个人表彰暨2012年工作会议在宝丰迎宾馆召开。会议回顾总结2011年的老干部工作,安排部署2012年的工作任务,并对20个老干部工作先进集体、20名先进工作者、10个离退休干部先进党支部、50名离退休干部发挥作用先进个人、20个离退休干部“学习型、健康型、和睦型”家庭进行表彰。

(景向阳)

县直党务工作

【概况】 县委县直机关工作委员会是县委的派出机构，受县委委托领导县直机关党的工作。2012年，县直机关工委下属机关党委1个，基层党总支19个，基层党支部229个，共有党员4328名。2月，宝丰县直工委被中共河南省直工委授予先进县(市、区)直工委称号。

【理论学习】 2012年，全县各级党组织重点开展了学习党的十八大、社会主义核心价值体系学习教育、学习型党组织建设活动等。十八大闭幕后，县直机关各级党组织首先把学习贯彻党的十八大精神作为机关党的工作的重大政治任务来抓，通过党组中心组学习、全体党员专题学习等多种形式，深入研究在机关党的工作中贯彻落实党的十八大精神的思路和重点。在广大党员干部中深入开展社会主义核心价值体系学习教育。深入开展坚定理想信念主题教育，加强形势政策教育、国情教育和革命传统教育，引导党员干部真正保持对马克思主义的坚定信仰和对中国特色社会主义的坚定信念，大力弘扬以爱国主义为核心的民族精神和以改革创新为核心的时代精神。扎实推进学习型党组织建设活动。县直机关各级党组织围绕宝丰“十二五”规划和单位中心工作，借鉴学习“一文九论十八谈”的经验，创新学习内容、学习载体和学习方法，建立健全学习制度，把改进学风贯穿到学习型党组织建设的各个方面，更好地做到学以致用。

【机关党组织建设】 2012年，县直机关各级党组织通过举办报告会、主题演讲等形式，开展“我身边的共产党员”“党徽在岗位闪光”等活动，进一步发挥先进典型的示范引领作用。深化“五好”基层党组织创建活动。县直工委制定下发《2012年县直机关党建工作安排意见》，对机关党建工作做出全面部署。实行工委、总支、支部层层签订目标管理责任书的管理制度。严格基层党的组织生活制度，落实“三会一课”、党员领导干部参加双重组织生活、民主评议党员等基本制度。全年共发展新党员126名，审批预备党员转正62名。完善党内激励、关怀、帮扶机制。响应县委号召，动员县直机关党员干部共向县党员救助基金捐款5万余元。同时各级党组织在春节、“七一”和中秋节前夕共慰问困难党员150余人次，发放救助金2万余元。

【入党积极分子培训】 2012年4月14日至4月18日，在县委党校举办县直第32期入党积极分子培训班，培训入党积极分子218名。主要学习内容为中共十七大精神、《党章》、邓小平理论、“三个代表”重要思想和科学发展观。

【县直机关党的工作会议】 2012年4月27日，县直机关党的工作会议在县地税局五楼会议室召开。会议主要内容是总结2011年县直机关党的工作，安排部署2012年县直机关党的工作任务。会议对2011年度县直机关党的工作中涌现出的“五好”基层党组织、优秀党务工作者、优秀共产党员进行表彰，并与各基层党组织签订2012年度党建目标管理责任书。

（张耀伟）

党校教育

【概况】 2012年，中共宝丰县委党校设有办公室、教研室、行管科3个科室。有教职员工16人，其中专兼职教师6人。本科学历4人，研究生学历2人，均具有中级以上职称。县委党校设总支书记、常务副校长1名，副校长2名，总支委员1名。由常务副校长主持日常工作。

【教职工理论学习】 围绕年初确定的“质量提高年”主题，坚持每周二、五集中政治理论学习制度，把学习作为一种政治责任。坚持教研工作例会制度。每周三由主管教学工作的副校长组织教师及相关人员，讨论一个时期党校教学工作的重点、中心，交流学习心得，理清教学工作思路，明确教研工作、教学工作重点，教学人员相互帮助，提高教研教学水平。完善备课、说课、评课制度。利用教师每周三教学教研活动制度，组织教师进行理论学习、专题学习和教学研讨，安排资深教师进行业务工作辅导；坚持岗位练兵制度，围绕新形势、新情况以及县委、县政府的中心工作,分专题组织教师集中备课、说课、评课,实现人人写讲稿,人人登讲台;在教学方式上,推行研讨式、案例式、模拟式、体验式等新的教学方法,逐步提高教师们的讲课水平和教学能力。2012年,共组织业务例会30次,备出新党课12讲,并有2个专题在2012年度全市县(市、区)委党校主体班教学中分别被评为市优质课一等奖、二等奖。坚持教学人员培训制度。为提升教师素质,组织教学人员参加不同形式的党校教师培训。3~4月,常务副校长张留安参加平顶山市第36期优秀中青年干部培训班学习;9~10月,张留安参加省委党校举办的全省县级党校校长培训班。同时,先后组织教学人员参加全市第一期县级干部十八大精神专题培训班的跟班学习和全市十八大精神宣讲团的培训,提高了教学人员的理论水平。

【干部培训】 2012年,共举办各类主题班、研修班、培训班15期主体培训班次,参训人员2700余人次;入党积极分子培训班6期,培训1200余人次。党的十八大召开前后,县委党校把对全县党员干部十八大精神的专题培训作为首要政治任务,组织教学人员深入学习和理解十八大精神,明确主题,安排备课,先后备出十八大精神专题课5讲。成立以县委党校骨干教师为主体组成的宝丰县十八大精神宣讲团,到基层开展十八大精神的宣讲。4月中旬至5月中旬,配合县委组织部,先后分5期对全县1078名入党积极分子进行培训。5月下旬及9月中旬,配合县委组织部分两期举办农村基层党支部书记培训班,对全县327名农村党支部书记进行为期一周的培训。6月4~24日,由县委组织部、县委党校联合举办的2012年全县优秀中青年干部培训班在宝丰县委党校举行,全县118名优秀中青年干部参加培训。6月25~29日,由县委组织部、县委党校、县妇联联合举办的宝丰县第九期优秀中青年妇女干部培训班开班,全县各乡镇及县直单位的66名优秀中青年妇女干部参加培训。9月10~30日,县委组织部、县委党校联合举办宝丰县新提拔科级干部培训班,全县2010年10月以来新提拔的112名科级干部参加培训。邀请市委党校教授、县直部门有经验的领导,特聘兼职教师及党校教师上课。同时,深入到县老干部学校、县安监局等单位宣讲十七届六中全会、十八大精神,参加培训人员300余人次。组织教员深入乡镇、县直单位上党课10余场,接受党课教育人数1100余人次。

【党校办学体制改革】 2012年,县委党校在创新教学理念,注重教学效果的基础上,加强与市委党校"六统筹"办公室的联系与沟通,积极上报教学计划及计划完成情况,完善教学统筹工作机制。按照市"六统筹"办公室下达的教学计划,充分发挥主观能动性,确保每年至少举办2期不少于20天的培训班次。同时就县委党校与市委党校同步建设,同一校区办公,资源共享这一思路,积极做好新校区项目规划、建设用地征收、群众土地补偿等群众工作的各项服务工作。

【党校函授教育终止】 2012年12月,宝丰党校2010级省函授法律本科52名学员通过全部科目考试,圆满毕业。自此,宝丰党校自1984年开办中专、大专、本科学历教育的历史使命全部完成。近30年来,宝丰县委党校函授学历教育先后举办中专学历班9届,毕业学员360人;大专学历班13届,毕业学员1508人;本科学历班16届,毕业学员2014人。

【党校"三联三帮建五宝"活动】 围绕县委确定的"建五宝,争百强,三化协调发展奔小康"目标,2012年5月,县委党校选派4名领导班子成员参加"三联三帮建五宝"活动,分别到赵庄乡官衙村、马辛庄村、岳寨村做联村联户工作。通过活动的开展,转变了党员干部的工作作风、历练了干部的能力。

(郭会展)

县委县政府机关事务工作

【概况】 中共宝丰县委宝丰县人民政府外事接待办公室、中共宝丰县委宝丰县人民政府机关事务管理办公室是两块牌子合署办公的正科级单位,设有综合股、安全卫生股和水暖后勤保障股,县公共机构节能减排工作办公室设在县机关事务管理办。有工作人员26人。2012年12月分设。

【**公共机构节能减排**】 2012年,县委县政府机关事务管理的公共机构有82个,办公用建筑面积754855平方米,用能人数10730人,公车数量632辆。

【**全省公共机构节能工作经验交流暨现场观摩会在宝丰县召开**】 2012年3月7~8日,河南省公共机构节能工作经验交流暨现场观摩会在宝丰县召开。省委、省政府机关事务管理局副局长张忠义,市委常委、常务副市长王丽,县领导张庆一、赵二成等以及来自各市、县(区)的有关负责人参加会议。与会人员进行了经验交流,观看了宝丰县公共机构节能专题片,先后到县三中、县第三实验小学、县人民医院、肖旗乡敬老院、商酒务镇赵官营中心村、赵庄乡中心小学、赵庄乡卫生院观摩了节能项目建设情况。 (王永伟)

新农村建设

【**概况**】 2006年5月成立宝丰县社会主义新农村建设工作领导小组,2010年6月领导小组办公室由县农业局调整到县委机关办公。2011年7月成立宝丰县委农村工作办公室,内设综合室、农村改革和规划建设室、农村经济室,有工作人员6人。至2012年底,全县累计投资7.56亿元,累计启动新型农村社区49个,累计建成新民居4273套。宝丰县委农办先后获2011年度全市新型农村社区建设先进单位和2011年度全省党委农办系统信息工作先进单位称号。

【**领导视察新型农村社区建设**】 2012年6月15日,中共中央政治局常委李长春在省、市领导卢展工、郭庚茂、叶冬松、刘春良、赵素萍、曹维新、赵顷霖、陈建生等陪同下,到商酒务镇赵官营社区,实地考察新型农村社区建设情况。5月6日,中共中央政治局原委员、中央军委原副主席、原国务委员、国防部原部长曹刚川在市、县领导赵顷霖、陈建生、张庆一等陪同下到商酒务镇赵官营社区进行考察,详细了解新型农村建设、发展规划等情况。

【**新型农村社区建设**】 全县共规划67个新型农村社区。2012年,全县投入资金3.86亿元,启动新型农村社区16个,启动社区比上年增长23%;建成新民居2301套,建成数量比上年增长104.5%;建成100户以上规模社区16个;具备入住条件1800户,实现入住农户1150户。2010年和2011年共建成新民居1972套,2012年建成新民居数量比前两年总数多329套。基础设施建设资金投入6521万元,整合涉农项目资金2441万元。共硬化道路26.5公里,种植风景树4280棵,完成绿化带6490米,建成供水管网10820米,建成文体广场3个,安装健身器材509件,安装太阳能路灯1964盏,建成幼儿园6个,治理河道1000米。

【**完善修编社区规划**】 2012年,全县按照省住建厅《新型农村社区规划建设导则》颁布的新标准,高起点修编社区建设规划,突出“文化、生态、宜居、特色”理念,投入资金1000余万元,聘请北京都坊规划设计有限公司、南京博来城市规划设计研究有限公司、北京东方畅想建筑设计有限公司、河南省豫建设计院、河南华苏园林工程有限公司等乙级资质以上规划设计单位,对新启动的社区和部分已启动的社区重新编制规划。全县启动的49个社区中,有30个重新编制社区建设规划。经甲级规划设计单位北京都坊规划设计有限公司规划设计的社区有龙泉寺、段寨、焦楼、姚店铺、上高庄、赵官营等6个村。经乙级规划设计单位郑州华苏园林工程有限公司规划设计的社区有东大庄、邢庄、皂角树、牛庄、大沈河、大营、关帝庙、大店头、周营、大黄、袁庄、南牛、闹店、贾寨、西火山等15个村;由河南省豫建设计院规划设计的社区有李庄、杨庄、程庄、范寨、鲁庄等5个村;由南京博来城市规划设计研究有限公司规划设计的社区有王子孟村;其他乙级规划设计单位设计的社区有交马岭、清凉寺、张八桥等3个村。

【**三条建设示范带**】 2012年初,将沿南(丰)石(龙区)线宝丰段、金(坡)孟(楼)线宝丰段和宝(丰)赵(庄)线上的新型农村社区确定为全县新型农村社区建设重点示范工程,打造三条沿线新型农村社区建设示范带。至年底,三条新型农村社区建设示范带上的社区全部启动,其中赵官营、袁庄、高铁炉、石桥、龙泉寺、清凉寺社区建设规模大、布局合理、功能齐全、示范带动作用强，成为全县新型农村社区建设的排头兵。新型农村社区示范带延伸至宝丰县老龙窝“三化”协调发展实验区，有效推动了实验区建设工作持续开展。

【产业发展】 全县坚持新型农村社区建设与产业发展相结合，实现在新型农村社区建设上与高效农业示范园、畜牧养殖园、农副产品加工等农村相关产业的对接，增加农民收入。2012年，全县流转土地1.5万亩，培训农民23820人次。登记注册农民专业合作社57家，累计169家，新增注册资金15901万元，累计35036.66万元。农民专业合作社发挥组织作用，带动养殖、种植、农副产品加工等产业的进一步发展壮大，已成为农民增收的有效载体。

【财政扶持】 2012年，全县继续落实新型农村社区100万元财政扶持资金和建房户5000元建房补贴政策。兑现2011年建房补贴每户2000元和县财政每启动1个社区50万元配套费用，对2011年新民居建设规模达到50户的社区奖励该社区所在乡镇30万元，对2011年度新农村建设综合排名前三名的乡镇分别给予30万元、20万元、10万元的奖励，对综合排名前八名的赵官营、清凉寺、石桥、商酒务、高铁炉、大黄、龙泉寺、张八桥等社区分别给予10万元的奖励，表彰了6个先进县直单位和23名先进个人。制订更加优惠的政策，除落实市政府配套补贴外，规定对新增建房规模达到100套以上的社区，再增加基础设施建设资金50万元，县本级基础设施建设资金累计达到100万元；对年度观摩评比前三名的乡镇分别给予5万元、4万元、3万元的奖励；对当年启动且建房规模达到50套以上的社区分别扶持100万元。

【督查问效】 2012年，宝丰县将新型农村社区建设作为全县23项重点工作之一进行督查，县委农办具体负责。工作进度一月一检查，两月一通报，一季度一奖励。全年协调召开新农村建设专题会议26次，组织实施新型农村社区建设观摩2次，以县委、县政府正式文件形式对全县新型农村社区建设情况通报2次，对排名前三名的乡镇给予通报表扬，对排名后三名的乡镇给予通报批评。

【涉农资金整合】 2012年，全县整合涉农资金2441万元，累计整合涉农项目资金7815万元。按照“用途不变、渠道不乱、集中使用、各计其功”的原则，把危房改造、路灯、幼儿园、体育健身设施、有线电视等涉农项目资金集中投向已启动的社区，大力支持社区的基础设施建设。其中，县教体局筹措资金1230万元，建成6个幼儿园，安装健身器材509件；县住建局安排资金1029万元，把513户农村危房改造补贴对象安置在新型农村社区中，安装路灯1810盏，绿化道路2公里；县交通局争取资金50万元，硬化道路2.6公里；县广电总台协调资金7万元，安装有线电视274户。

【社区党委工作】 2012年，全县已建立的41个社区党委把“四议两公开”工作法贯穿新型农村社区建设始终，认真研究新型农村社区建设规划、制订和完善村规民约、集体土地承包租赁、集体经济收益使用、户型设计方案、平方造价、土地调整、宅基地划分等重大事项，充分调动群众参与建设新型农村社区的积极性和主动性，形成党群干群齐心协力建设的良好局面。

【媒体宣传】 2012年，宝丰县继续大力宣传新农村建设方针政策，报道新农村建设工作中的先进人物和典型事迹，全面深入报道李长春、曹刚川、卢展工、郭庚茂、赵顷霖、陈建生等领导到宝丰县调研新型农村社区情况。河南电视台采编播放新农村建设个人专访2期；市级新闻媒体采用信息36篇；宝丰电视台《宝丰瞭望》栏目采编播放新农村建设专题片1期；《宝丰快报》采用信息40篇；印发简报36期；协助县纪委、县政协、县委政研室完成新型农村社区专题调研各1篇。组织平顶山市摄影家协会到新型农村社区进行采风活动，拍摄宣传新型农村社区图片1000余张。

【帮扶工作】 参与帮扶的老龙窝三化公司、大宋汝窑瓷业有限公司、洁石集团等27家民营企业，按照工作要求，深入落实“百企帮百村”活动精神，全力支持所帮村新型农村社区建设。2012年投入帮扶资金1600万元，累计投入帮扶资金4600万元。全县选派45名县级干部、324名科级干部、244名一般干部深入基层，开展“三联三帮建五宝”活动，协调解决新型农村社区建设过程中的具体问题，从而推进全县新型农村社区建设。从县直单位中选派67名干部任新型农村社区第一书记，开展驻村任职工作。

【全县新农村工作会议】 2012年4月17日，全县新农村建设工作会议在宝丰迎宾馆召开。县领导刘书锋、张庆一、赵二成、马丽、杨占杰、王森鹏、朱孝哲、娄文聚、许全根、顾海萍出席会议。县直各单位负责人，县委各部委常务副职，各乡镇党政负责人、分管新农村建设的副职，各中心村党委(党总支)书记、县直单位驻村第一书记参加会议。会议全面总结全县2011年新农村建设工作，表彰先进，安排部署2012年新农村建设工作。会上印发了《中共宝丰县委、宝丰县人民政府关于持续推进2012年新农村建设的意见》《中共宝丰县委、宝丰县人民政府关于表彰2011年度新农村建设工作先进单位和先进个人的决定》《县委办公室、县政府办公室关于明确2012年新农村建设任务和开展涉农项目资金整合工作的通知》等一系列指导全县新农村建设的重要文件。会议对2011年度在新农村建设工作中做出突出成绩的商酒务、赵庄、石桥等3个乡镇和赵官营、清凉寺、石桥、商酒务、高铁炉、大黄、龙泉寺、张八桥等8个新型社区分别进行现金奖励，其中对商酒务镇重奖30万元。表彰了在新农村建设中做出突出贡献的先进个人15名，以及关心支持新农村建设的先进县直单位6个和县直单位先进个人8名。 (李国防 张少豪)

纪检 监察

【概况】 2012年，县纪委、监察局机关内设有办公室、宣传教育室、党风廉政建设室、案件检查室、案件审理室、执法监察室、控申室、综合室、案件管理室、廉洁自律室、纠风室、案件检查二室、干部管理室、农村基层党风廉政建设室、勤政投诉中心、效能监察室、第一纪工委(监察分局)、第二纪工委(监察分局)、第三纪工委(监察分局)、第四纪工委(监察分局)、东部办案协作区、中部办案协作区、西部办案协作区，下设党风廉政宣传教育中心。有干部职工53人。

【中共宝丰县第十一届纪律检查委员会第二次全体(扩大)会议】 2012年2月24日，中共宝丰县第十一届纪律检查委员会第二次全体(扩大)会议召开。县委各部委副职，各乡镇党委书记、纪委书记，县直局委一把手、纪委书记(纪检组长)，重点企业党委书记、纪委书记参加会议。会议的中心议题是深入贯彻十七届中纪委七次全会、九届省纪委二次全会、八届市纪委二次全会和县第十一次党代会精神，总结2011年全县党风廉政建设和反腐败工作，研究部署2012年的工作任务。2012年，全县党风廉政建设和反腐败工作总体要求是：认真贯彻中纪委七次全会，省、市纪委二次全会和县十一次党代会精神，以邓小平理论和“三个代表”重要思想为指导，深入贯彻落实科学发展观，坚持反腐倡廉方针，坚持“四个重在”实践要领，坚持学先进、比创新、看实效，坚持站位全局、坚持执纪为民、坚持绩效求实，严明党的纪律，强力推进惩治和预防腐败体系建设，不断提高反腐倡廉建设科学化水平，着力解决反腐倡廉建设中人民群众反映强烈的突出问题，为宝丰县“建五宝，争百强，三化协调发展奔小康”奋斗目标的实现提供坚强的政治和纪律保证。县纪委书记刘景华代表县纪委常委会向全会作题为《服务大局、务实创新，扎实推进党风廉政建设和反腐败斗争》的工作报告。

【领导干部廉洁自律】 2012年，印发了《宝丰县廉政风险防控工作方案》，组织各单位对依法确定的职权进行梳理，编制权力清单，制定职权目录，有针对性地制定防控措施，对可能存在的廉政风险点早发现、早预防、早纠正、早处理。全县共梳理出各项职权2065项，绘制《权力运行流程图》465张，排查出科级干部风险点1625个，有针对性地制定科级干部风险防控措施1292项。积极开展任中检查工作。继续重点抓好关键岗位、关键人员特别是党政一把手的监督，对全县任职满3年以上的党政正职进行任中检查，重点检查“三重一大”集体决策情况、《党政领导干部选拔任用工作条例》贯彻执行情况、人财物管理使用以及领导干部廉洁自律等情况，起到了防微杜渐、防控风险的作用。先后对8名党政正职进行任中检查，共查出各类问题13项，提出合理化建议22项。积极推行公务灶制度。把推行“公务灶”制度作为改进和规范公务接待、遏制公款吃喝、转变干部作风的一个重要举措，在全县全方位实行“三定两统一”公务灶运行管理模式。要求凡公务来客确需就餐的，一律实行“三定”，即定点用餐，一律安排在公务灶用餐；定额支出，每人每餐一律不超过25元；定员陪同，一律实行对口接待，尽量减少陪餐人数。来客接待按统一流程办理就餐审批手续，统一建立机关公务灶台账。至12月底，全县有11个乡镇机关、15个县直单位、7个企业、30个基层站所建成“公务灶”，全县招待费同比降低22.5%。

【案件查办】 2012年，把查办案件放在更加突出位置，重点查办滥用职权、贪污贿赂、失职渎职等典型案件，保持了惩治腐败的高压态势。全县各级纪检监察机关共接受群众来信、来访、电话等各类信访举报95件，初核案件43件，立案154件，其中办理贪污贿赂案件9件。党政纪处分184人，其中党纪处分83人，政纪处分131人，双重处分30人，处分科级干部17人。在查处大案要案的同时，坚持重心下移，紧盯基层，对涉案人员职级不高但数额巨大、影响恶劣的案件，以及发生在群众身边的腐败案件进行严肃处理。对2人给予开除党籍处分。同时，注重发挥查办案件的治本功能。在查处县人保局、财政局、水利局有关人员的违纪违法案件后，及时组织案发单位有关人员召开座谈会，全面剖析案件发生的原因，查找廉政风险点，建章立制，堵塞漏洞，防止类似问题的再次发生。

【纠风治乱】 2012年，深入开展专项治理，解决反腐倡廉建设中人民群众反映强烈的突出问题。通过开展危房改造有关问题专项治理，对9名责任人进行党政纪处分和组织处理。通过开展公务用车问题专项治理，清理出违规车辆37辆，对超编车辆进行报废或公开拍卖。通过开展银行业金融机构乱收费专项治理，先后查处商业银行违规收费项目3个，涉及金额311.69万元，全部进行了处理和纠正。坚决纠正损害群众利益的不正之风，维护人民群众的合法权益。民主评议政风行风工作扎实开展，对40个涉企股室和237个基层站所进行民主测评，通过评议，使各政府职能部门和公共服务行业的服务意识进一步增强，服务质量进一步提高，执法行为更加规范。对全县22所医院、新农合办、财政局等相关单位进行专项检查，发现有超标准收费、过度医疗等违规行为，违规资金40余万元，对2名责任人进行党政纪处理。共查出骗取经济适用房和廉租补贴114户，对涉及的36名公职人员和6名责任人进行党政纪处理，并对违纪资金进行了纠正。先后查处了县运管所、县交警大队不规范罚款案件，9名责任人受到党政纪处理。认真开展春期和秋期教育收费检查，共查出违规收费、办班资金1.72万元。

【执法监察】 围绕党中央、国务院和省、市、县委、政府重大决策部署认真开展监督检查，及时发现和纠正工作中存在的问题，有效地预防和减少腐败现象的发生。加强对节能减排和环境保护政策措施落实情况的监督检查。深入开展“整治违法排污企业保障群众健康环保专项行动”，督促大地水泥等16家企业开展清洁生产工作，完成康龙养殖公司等3个企业减排工作目标任务，对2012年出现秸秆焚烧现象的2个乡镇主要负责人进行责任追究。加强对水利改革发展政策措施落实情况的监督检查。对全县2010年以来7个工程建设项目水利建设资金管理使用以及农村安全饮水工程、大型灌区续建配套与节水改造等工程建设情况进行监督检查，针对检查中发现的问题，要求限期整改到位。对科技项目实施及经费管理使用情况进行监督检查。共排查项目210个，资金1410万元，发现有问题项目18个，涉及资金103.3万元。开展囤地圈地、违规用地、土地闲置浪费等突出问题专项治理。对2006～2010年期间土地征用、划拨、出让国有建设用地情况进行详细清查，共查出各类土地违纪问题19起，补交土地出让金1483万元。加强对安全生产法律法规落实情况的监督检查。深入矿区及涉煤企业、乡镇督导检查30余次,下发监察建议书1份,发布通报3次。对大营镇胜荣铸造有限公司"11·8"事故相关责任人进行处理,给予行政记过3人,党内警告处分1人,诫勉谈话1人。加大对工程建设领域项目信息公开和诚信体系建设工作的落实力度,对县发改委、县国土局、县水利局等第一批试点的10家单位进行督促检查,至12月底,全县公开工程建设项目信息和信用信息共422条。

【源头治腐】 深入开展反腐败抓源头工作,组织协调反腐败。各牵头部门继续深化行政审批制度、财政管理体制和干部人事制度三项改革,进一步拓宽从源头上防治腐败工作领域。认真抓好国库集中收付工作,进一步强化财务监管。2012年,县国库支付中心共拒付不合规票据33笔,涉及金额287万元;全县政府采购预算金额34195万元,实付29750万元,节约4445万元,节约率13%。充分发挥县行政服务中心、乡镇便民服务中心和村级为民服务全程代办站的职能,县、乡、村三级为民服务全程代理网络共受理各类群众证照办理事项108963件,全部办结,办结率100%。深化干部人事制度改革,实行干部绩效积分管理制度,将全县107个企事业单位、13个乡镇及县直机关的所有干部纳入考核范围,实行百分制积分管理。重点抓好领导干部任期经济责任审计工作,先后对26个单位的科级干部进行离任经济审计,查出违规资金225.5万元,全部进行纠正处理。进一步加大公务公开工作力度,明确党务、政务、厂务、村务等公开工作以及权力公开透明运行的公开内容和形式,印发公务公开工作实施办法,逐步规范公务公开工作。全县86个县直单位,14个乡(镇、办事处、林站)全部建立公务公开专门工作机构,制订基层党务公开指导意见及公开目录,基层党组织实行党务公开数886个,公开率100%。

【优化经济发展环境(效能监察)】 2012年,宝丰县以服务县产业集聚区企业发展为重点,出台《关于进一步优化产业集聚区经济发展环境工作的意见》,先后建立完善了建设项目并联审批、改过免罚等13项制度。在产业集聚区成立纪工委,设立专项效能监察办公室,成立新型建材、食品加工等六大产业支持保护服务工作领导小组,县纪委书记担任领导小组组长,纪委副书记、常委分别担任各领导小组副组长,分包3个产业集群和集聚区20个重点企业,督促协调企地关系,了解和帮助解决企业在生产经营中遇到的困难和问题。全年共走访企业230余家(次),相继为企业协调解决各类问题36个。创新诉求渠道,强化政府与社会公众的沟通对话。对已连续开办5年的《政风行风面对面》栏目进行改版升级,每期确定一个与群众生产生活关系密切的热点问题作为讨论议题,与社会各界面对面交流、心贴心服务,使节目主题更加贴近群众;开设《本期话题》《热点扫描》《难点追踪》《百姓声音》《信息反馈》等子栏目,邀请职能部门负责人和嘉宾走进演播室,使节目形式更加灵活生动;县纪委、监察局、县政府纠风办与县广电总台建立联动互动机制,实行主管部门负责制和限时办结制,使节目实施更加规范有序;成立节目协调领导小组,建立答复回访制度、责任落实制度和信息反馈制度,加强对节目实施的管理考核,使节目质量更加保障有力。栏目已制作播出4期,社会各界人士通过手机短信、热线电话、邮箱等不同形式提出意见和建议35条,接受各类投诉14个。创新评议方式,优化经济发展环境。为准确掌握涉企重点股室作风建设、服务质量、办事效率、优化环境等情况,2012年9～11月,在全县开展民主评议涉企重点股室活动,评议对象为40个涉企单位的股室及二级机构。评议采取电话访问、网络投票、重点企业和个体商户问卷投票、县四大班子领导综合评价等多种形式,电话访问93户,《宝丰快报》问卷调查50份,网络投票1598人(次)参与,重点企业和个体工商户投票600家,四大班子评价46人(次)。结合平时开展的其他各项专项评议结果,对被评单位进行综合排名,由县政府向社会公布评议结果。对于评议排名前六名的,以县委、县政府名义进行表彰;对排名后三名的予以通报批评。同时,建立长效工作机制,研究出台《关于开展民主评议涉企部门、进一步优化经济发展环境的意见》,将民主评议涉企股室活动,通过建立评议、排名、奖惩的长效机制,督促和引导各部门和各行业将着力点放在规范执法行为、提高服务质量、增强服务意识上，切实为企业办实事、办好事、解难事，为县域经济发展提供一个良好环境。市纠风办以《工作简报》的形式，对宝丰县的做法进行专期刊发。

【反腐倡廉教育】 坚持“大宣教”格局，综合运用示范教育、警示教育、岗位廉政教育等多种形式，建立分类分层次教育机制，着力增强教育的实效性和针对性。结合身边事例，在全县党员干部中开展“算好人生七笔帐”大讨论活动，通过收看警示教育片、庭审现场旁听以及党员领导干部讲党课等多种形式，提升党员干部的廉洁从政意识，增强各级干部的拒腐防变能力。8月10日，县委书记刘书锋撰稿，带头作题为《公务员、公权、公事》的党课报告，带动了全县各级领导干部党课活动的深入开展。充分发挥“魔术之乡”“曲艺之乡”的优势，深入挖掘“宝丰文化现象”中的廉政元素，组织创作了一系列诗词楹联等文艺作品，编纂印发了《宝丰县廉政诗词楹联集》；借助马街书会开展宣传教育活动，组织廉政曲目演出两棚，《中国纪检监察报》对此进行了专题报道；举行了“弘扬清风正气、构建和谐宝丰”万人签字活动，展出廉政版面20块，发放传单5000份，受教育群众万余人；打造了以弘扬雷锋精神为核心的城关一小、以国学教育为重点的县国土资源局、以传统忠孝文化为特色的张八桥镇姚店铺村等一批廉政文化“六进”示范点。继续加大新闻外宣工作力度，在《人民日报》《中国纪检监察报》等国家级报刊上发稿15篇，在《河南日报》等省级报刊上发稿16篇，在《人民网·强国论坛》《新华网论坛》等主流网站论坛发表网评文章360余篇。

【党风廉政建设责任制】 2012年，研究制定《2012年宝丰县党风廉政建设责任制工作安排意见》，重申了县委、县政府党政领导干部党风廉政建设岗位职责，进一步明确了县委、县政府领导成员的党风廉政建设责任。县委、县政府与各乡镇党委、政府签订了目标责任书。建立“三位一体”的责任追究体系，将县党风廉政建设和反腐败斗争领导小组、查办大要案协调小组和纠正部门行业不正之风领导小组的职责与落实党风廉政建设责任制、严格责任追究结合起来，把责任制的落实与县委对反腐败三项任务的领导融为一体，定期研究统一布置。同时，县委、县政府组织对全县各乡镇、县直各单位2012年党风廉政建设责任制落实情况进行年度考核，对考核情况，记入乡科级领导干部廉政档案并作为调整使用干部的依据，切实起到了激励先进、鞭策后进的作用。

【农村党风廉政建设】 2012年，宝丰县以乡镇为单位，对各村两委干部进行轮训。加大强农惠农政策的宣传力度，会同县广电总台制作了《惠农政策暖人心》电影专题片，利用为农村“免费送电影”时机，广泛宣传惠农项目、资金补贴标准等，增强了惠农政策的透明度，全年放映电影300余场次。强化对涉农补贴资金发放情况的监督检查，通过查阅账目、实地察看、走访群众等办法，对涉农部门和乡镇进行重点检查，对检查中发现的截留、挪用和账目管理混乱等问题进行严肃处理。严肃查处农村党员干部违纪违法案件，先后对25名基层党员干部给予党政纪处分。

【队伍建设】 2012年，县纪委、监察系统扎实开展“提升素质，规范执纪，端正作风，树立形象”主题教育活动，组织机关全体干部结合思想和工作实际，查摆剖析、理清思路、积极整改，努力提升纪检监察干部的整体素质。坚持每月开展一次“读好书”活动，机关人员每月读一本与业务有关的书籍，并写出心得体会在全体会上交流。坚持每月召开一次工作点评会，通过各室汇报当月工作开展情况和领导点评，在机关内部形成相互学习、争先创优的氛围。强化干部教育培训，举办基层纪检监察干部培训班，组织纪检监察干部分期分批到中纪委、省纪委学习培训，提高纪检监察干部的履职能力。

（李光辉　叶二伟）

宝丰县人民代表大会

代表大会及常委会

【概况】 宝丰县第十四届人民代表大会常务委员会紧紧围绕全县工作大局,依法履行宪法和法律赋予的职权,充分发挥地方权力机关的作用,为推动全县经济社会发展,促进民生改善,构建社会和谐,实现发展新跨越做出了贡献。县人大常委会内设机构有办公室、选举任免代表联络工作委员会、农村工作委员会、教科文卫工作委员会、法制工作委员会、财政经济工作委员会、调查研究办公室、环境与资源保护工作委员会和信访办公室。常委会组成人员25人。机关干部职工41人。

【第十四届人民代表大会第一次会议】 2012年4月9～13日,宝丰县第十四届人民代表大会第一次会议在宝丰人民会堂召开。4月9日上午,大会举行开幕式,并召开第一次全体会议。主席团常务主席刘书锋、李杰、梅玉三、郭殿水、崔建利、娄文聚、刘怀振、王延辉出席会议。大会应到代表210人,实到代表208人,请假2人。副县长、代理县长张庆一代表县政府向大会做工作报告。大会书面印发了《宝丰县2011年国民经济与社会发展计划执行情况和2012年计划(草案)的报告》《宝丰县2011年财政预算执行情况和2012年财政预算(草案)的报告》。4月11日,大会召开第二次全体会议。会议听取了县人大常委会工作报告、县人民法院工作报告、县人民检察院工作报告,审议通过了本次大会选举办法。4月13日,大会举行第三次全体会议。以无记名投票方式选举梅玉三为县人大常委会主任;崔建利、娄文聚、刘怀振、王延辉为县人大常委会副主任;李杰、郭鹏飞、周爱萍、陈军政、温建林、褚广仁、司锋、白红兵、赵春来、张伟、陶红星、张怀平、曹二虎、王甘忞、岳仲良、申学生、袁军国、董发有、杨占会、刘顺为县人大常委会委员;选举张庆一为县政府县长,李留军、王长和、胡进栓、董伟领、魏学君、姬翠红为县政府副县长;选举井慧宝为县法院院长,王建军为县检察院检察长。会议听取了《关于议案和建议、批评、意见审查情况的报告》,审查通过了《关于宝丰县人民政府工作报告的决议》《关于宝丰县人大常委会工作报告的决议》《关于宝丰县2011年国民经济与社会发展计划执行情况和2012年计划报告的决议》《关于宝丰县2011年财政预算执行情况和2012年财政预算报告的决议》《关于宝丰县人民法院工作报告的决议》《关于宝丰县人民检察院工作报告的决议》。之后大会闭幕。

【人大常委会会议】 2012年,县十三届人大常委会共召开常委会议4次,县十四届人大常委会共召开常委会议5次。

十三届人大常委会第35次会议 2012年1月17日,县十三届人大常委会第35次会议在宝丰迎宾馆二楼会议室召开。县人大常委会主任李杰,副主任郭殿水、石素月、娄文聚、刘怀振等18名常委会组成人员出席会议。县政府副县长魏学君,县法院院长井慧宝等列席会议。会议通过了关于侯培芳同志辞去平顶山市九届人大代表职务的决定。以无记名投票方式,选举刘书锋、张庆一为平顶山市第九届人民代表大会代表。

十三届人大常委会第36次会议 2012年2月17日,县十三届人大常委会第36次会议在宝丰迎宾馆二楼会议室召开。县人大常委会主任李杰,副主任郭殿水、石素月、娄文聚、刘怀振等19名常委会组成人员出席会议。县政府副县长姬翠红,县法院院长井慧宝,县检察院检察长王明文等列席会议。会议免去朱修科宝丰县人民法院执行局局长职务;郑坤强宝丰县人民法院民事审判庭庭长职务；马占西宝丰县人民法院刑事审判庭庭长职务；徐长星宝丰县人民法院行政审判庭庭长职务；张建立宝丰县人民法院审判监督庭庭长职务；周炳炎宝丰县人民法院大营法庭庭长职务。任命高素芳为宝丰县人民法院副院长；曹蕊为宝丰县人民法院审判员、审判委员会委员、副院长；马占西为宝丰县人民法院执行局局长；李应敏、王晓芬、徐烨晗为宝丰县人民法院审判员；谷英格、程晓萌、杨国豪为宝丰县人民检察院检察员。

十三届人大常委会第37次会议 2012年3月18日，县十三届人大常委会第37次会议在宝丰迎宾馆二楼会议室召开。县人大常委会主任李杰，副主任郭殿水、娄文聚、刘怀振等17名常委会组成人员出席会议。县委副书记、代理县长张庆一，县委常委、组织部部长朱孝哲等列席会议。会议通过了宝丰县人大常委会关于调整宝丰县县乡两级人民代表大会代表选举日的决定；关于召开县十四届人大一次会议的决定；关于接受石素月同志辞去宝丰县人大常委会副主任职务的请求；关于接受王明文同志辞去宝丰县人民检察院检察长职务的请求。决定任命胡进栓为宝丰县人民政府副县长。任命王建军为宝丰县人民检察院代理检察长。

十三届人大常委会第38次会议 2012年4月7日，县十三届人大常委会第38次会议在宝丰迎宾馆召开。县人大常委会主任李杰，副主任郭殿水、娄文聚、刘怀振等17名常委会组成人员出席会议。县政府副县长董伟领，县法院院长井慧宝等列席会议。会议通过了县十四届人大一次会议议程（草案）、县十四届人大一次会议日程（草案）、县十四届人大一次会议主席团成员和秘书长名单（草案）、县十四届人大一次会议主席团常务主席名单（草案）、县十四届人大一次会议执行主席名单（草案）、县十四届人大一次会议执行主席值日名单（草案）、县十四届人大一次会议副秘书长名单（草案）、县人大常委会代表资格审查委员会关于代表资格审查情况的报告（草案）、县十四届人大一次会议代表团组建意见和正、副团长名单（草案）、县十四届人大一次会议计划、财政预算审查委员会组成人员名单（草案）、县十四届人大一次会议议案审查委员会组成人员名单（草案）、县十四届人大一次会议选举办法（草案）、县十四届人大一次会议列席人员范围（草案）、宝丰县第十四届人民代表大会第一次会议关于征集代表议案和建议、批评、意见办法（草案）、县人大常委会工作报告（草稿）。通过了关于许可宝丰县人民检察院对郭长征采取刑事拘留强制措施的决定。

十四届人大常委会第1次会议 2012年5月16日，县第十四届人大常委会第1次会议在裕昌源大酒店三楼会议室举行。县人大常委会主任梅玉三，党组书记李杰，副主任崔建利、娄文聚、刘怀振、王延辉等24名常委会组成人员出席会议。县政府副县长魏学君，县法院院长井慧宝，县检察院检察长王建军等列席会议。会议通过了县人大常委会各项规定、办法和工作制度；县人大常委会2012年工作要点；县人大常委会代表资格审查委员会和各工作委员会聘任委员名单。听取了宝丰县县乡两级人大换届选举工作报告。

十四届人大常委会第2次会议 2012年5月30日，县十四届人大常委会第2次会议在裕昌源大酒店三楼会议室召开。县人大常委会主任梅玉三，党组书记李杰，副主任崔建利、娄文聚、刘怀振、王延辉等25名常委会组成人员出席会议。县政府县长张庆一，县委常委、组织部部长朱孝哲，县法院院长井慧宝，县检察院检察长王建军等列席会议。会议决定任命吴建刚为宝丰县人民政府副县长；林卫星为宝丰县人民政府办公室主任；张幸春为宝丰县发展和改革委员会主任；黄国民为宝丰县教育体育局局长；刘献华为宝丰县工业和信息化局局长；韩学孟为宝丰县公安局局长；杨雁景为宝丰县监察局局长；李自钦为宝丰县民政局局长；刘振奇为宝丰县司法局局长；王亚民为宝丰县财政局局长；张山坡为宝丰县人力资源和社会保障局局长；张新宇为宝丰县国土资源局局长；步金杰为宝丰县环境保护局局长；王文杰为宝丰县住房和城乡建设局局长；商金生为宝丰县交通运输局局长；戴德山为宝丰县水利局局长；连国发为宝丰县农业局局长；常占民为宝丰县林业局局长；张国强为宝丰县商务局局长；吕才营为宝丰县文化广电局局长；程广州为宝丰县卫生局局长；余廷军为宝丰县人口和计划生育委员会主任；路冠中为宝丰县审计局局长；孙占国为宝丰县统计局局长；李海洋为宝丰县煤炭工业局局长。免去朱旭升宝丰县人民法院立案庭副庭长职务；张新放、岳海水、樊建勋宝丰县人民法院执行局副局长职务；张俊杰宝丰县人民法院大营人民法庭副庭长职务；张跃勇宝丰县人民法院审判监督庭副庭长职务；牛克横、张冬梅宝丰县人民法院刑事审判庭副庭长职务；王亚超宝丰县人民法院民事调解庭副庭长职务。任命牛克横为宝丰县人民法院审判委员会委员；杨学宽、韩红光、张跃勇、张俊杰为宝丰县人民法院执行局副局长；李庆东为宝丰县人民法院刑事审判庭庭长；杨晓娜为宝丰县人民法院刑事审判庭副庭长；张冬梅为宝丰县人民法院少年审判庭庭长；陈锐峰为宝丰县人民法院少年审判庭副庭长；段励刚为宝丰县人民法院行政审判庭庭长；李应敏为宝丰县人民法院行政审判庭副庭长；樊建勋为宝丰县人民法院审判监督庭庭长；王亚超为宝丰县人民法院大营人民法庭庭长；谢新伟为宝丰县人民法院大营人民法庭副庭长。通过了《宝丰县人大常委会关于暂停马来执行代表职务，许可宝丰县人民检察院对其采取刑事强制措施的决定》。

十四届人大常委会第3次会议 2012年8月9～10日，县十四届人大常委会第3次会议在宝丰迎宾馆召开。县人大常委会主任梅玉三，党组书记李杰，副主任崔建利、娄文聚、刘怀振、王延辉等22名常委会组成人员出席会议。县委常委、常务副县长李留军，正县级干部许全根，县法院院长井慧宝，县检察院检察长王建军等列席会议。会议审议通过了县政府《关于2011年财政决算和2012年1至6月份预算执行情况的报告》、县政府《关于2012年1至6月份国民经济和社会发展计划执行情况的报告》、县政府《关于2011年县本级预算执行和其他财政收支情况的审计工作报告》、县国税局《关于2012年1至6月份国税收入完成情况的报告》、县地税局《关于2012年1至6月份地税收入完成情况的报告》。任命兰运强、李留和、陶娜、杨新民、马亚博、崔海涛、赵运堂、邢天明、徐海套、郭亚民、张龙江、王延奇、王怀欣、马振邦、裴新央、周校睿、秦利柯、潘恒超、周淑慧、兰建立、郜军利、王梓羽、李自钦、朱鹏飞、马延风、王薇、刘艳平、程广洲、魏铁汉、李东军、王忠贤、王德朝、薛智猷、史学峰、牛景涛、兰建文、王世荷、王亚民、畅英才、王文杰、武斌、张国彬、崔泉发、王玉良、贾跃辉、李军安、侯国欣为人民陪审员。通过了宝丰县人民代表大会常务委员会审议意见交办和办理办法、宝丰县人民代表大会常务委员会人大代表辞职的暂行规定、宝丰县人大常委会《关于宝丰县2011年县本级财政决算的决议》、宝丰县人大常委会《关于终止郑书欣宝丰县第十四届人民代表大会代表资格的决定》。

十四届人大常委会第4次会议 2012年10月24～25日，县十四届人大常委会第4次会议在裕昌源大酒店三楼会议室召开。县人大常委会主任梅玉三，党组书记李杰，副主任崔建利、娄文聚、刘怀振、王延辉等22名常委会组成人员出席会议。县政府副县长董伟领，县法院院长井慧宝，县检察院检察长王建军，县政府党组成员郜现营、蒋三熠、王红旗等列席会议。会议审议通过了县政府关于文化产业发展情况的报告；县政府关于产业集聚区建设情况的报告；县检察院关于民事行政检察工作情况的报告；县卫生局、药监局、工商局、畜牧局、商务局、农业局6个部门关于《中华人民共和国食品安全法》贯彻执行情况的报告。县质监局关于《中华人民共和国食品安全法》贯彻执行情况的报告经表决获赞成票数不足半数，未获通过。经研究，会议对县政府关于农业综合开发工作情况的报告不予表决。任命朱修科为宝丰县人民法院副院长；蔡怀洲为宝丰县人民法院审判委员会委员；颜世深为宝丰县人民法院闹店人民法庭副庭长。通过了县人大常委会《关于批准申学生辞去宝丰县第十四届人民代表大会代表、县人大常委会委员职务的决定》。

十四届人大常委会第5次会议 2012年12月13日，县十四届人大常委会第5次会议在裕昌源大酒店三楼会议室召开。县人大常委会主任梅玉三，党组书记李杰，副主任崔建利、娄文聚、刘怀振、王延辉等24名常委会组成人员出席会议。县委常委、常务副县长李留军，副县长王长和、姬翠红，县法院院长井慧宝，县检察院检察长王建军等列席会议。会议审议通过了县人大常委会关于同意将人民路东延及高速路口改建工程BT回购资金列入县本级财政年度预算计划的决定；县人大常委会关于同意将产业集聚区污水处理厂工程BT回购资金列入县本级财政年度预算计划的决定。审议通过了县政府关于县十四届人大一次会议代表建议、批评和意见办理情况的报告；县政府关于农村五保、医疗救助、自然灾害、临时生活困难救助工作情况的专项报告；县政府关于《中华人民共和国城乡规划法》贯彻执行情况的整改报告；县政府关于公安经济犯罪侦查工作情况的专项报告。通过了县质量技术监督局关于《中华人民共和国食品安全法》贯彻执行情况的整改报告。

县人大常委会工作

【工作监督】 2012年，县人大常委会紧抓事关全县改革发展稳定大局的重点工作和群众关心的热点难点问题开展工作监督，听取和审议了县政府关于2012年1至6月份计划、预算执行情况的报告和审计工作报告，县国税局、地税局关于1至6月份税收完成情况的报告，县政府关于产业集聚区建设情况的报告，县政府关于公安经侦工作情况的报告，县政府关于文化产业发展情况的报告，县政府关于农业综合开发工作情况的报告，县政府关于社会救助情况的报告等专项工作报告，提出了改进工作的意见、建议，促进了各项工作的落实。

【法律监督】 2012年，县人大常委会组织执法检查组对《中华人民共和国城乡规划法》《中华人民共和国食品安全法》等法律法规的实施情况开展了执法检查。听取和审议了县政府关于《中华人民共和国城乡规划法》贯彻执行情况的报告；县政府及工商、质监、农业、药监、卫生、畜牧、商务等7个职能部门关于《中华人民共和国食品安全法》贯彻执行情况的报告；县人民检察院关于民事行政检察工作情况的报告；并根据检查调研中发现的问题提出审议意见，督促县政府及有关部门积极改进工作，提升了执法水平。

【重大事项决定】 2012年，县人大常委会依法行使重大事项决定权，根据法律规定和县政府的提请，听取、审议了县政府《关于人民路东延及高速口改建工程BT回购资金列入县本级财政年度预算计划的报告》和《关于宝丰县产业集聚区污水处理厂工程BT回购资金列入县本级财政年度预算计划的报告》，并批准了这两个报告，要求县政府及有关部门依法履行职能，加强财政投资评审，提高财政投资效益，强化项目资金使用和工程质量监管，确保项目建设顺利进行。

【县乡人大换届】 按照省、市对县、乡两级人大换届选举工作的安排，县人大常委会依法决定成立县选举委员会，主持县乡人大换届选举工作，同时做出成立乡镇选举委员会的决定，依法任命各乡镇和县直各系统选举工作指导组和选区选举工作领导小组，具体指导或领导本乡镇、本系统和本选区的选举工作。从2011年12月19日开始，经过准备、宣传发动、选民登记、提名推荐、酝酿协商确定代表候选人和投票选举5个阶段的工作，到2012年4月6日顺利选举产生了县十四届人大代表、乡镇十五届人大代表。此次县乡人大换届选举中，全县共登记选民388532人，占总人口的76.4%，共划分县人大代表选区126个，乡镇人大代表选区352个，分配县人大代表名额211人，乡镇人大代表名额774人。实际参加选举的选民为361718人，参选率93%。共选出县十四届人大代表210人，其中妇女代表43人，占20.5%；非中共党员代表68人，占32.4%。共选出乡镇十五届人大代表758人，其中妇女代表192人，占25.3%；非中共党员代表267人，占35.2%。在代表构成中，工人、农民、知识分子和少数民族代表都有适当比例。代表文化素质较往届有较大提高，县人大代表中大学以上学历 80 人，占 38.1%；大专 51 人，占 24.2%；中专及高中 69 人，占 32.9%；初中及以下 10 人，占 4.8%。乡人大代表中大学以上学历 99 人，占 13%；大专 124 人，占 16.4%；中专及高中 269 人，占 35.5%；初中及以下 266 人，占 35.1%。代表年龄趋于年轻化，县人大代表中 35 岁以下的 14 人，占 6.7%；36 岁至 55 岁的 189 人，占 90%；56 岁以上 7 人，占 3.3%。乡人大代表中 35 岁以下的 76 人，占 10%；36 岁至 55 岁的 587 人，占 77.5%；56 岁以上的 95 人，占 12.5%。人大代表选举产生后，县十四届人大一次会议于 2012 年 4 月 9 日至 13 日举行，听取和审议了“一府两院”及人大常委会工作报告，听取和审议了财政、计划报告，做出了相应决议。依法选举产生了县人大常委会主任 1 人，副主任 4 人，委员 20 人；县政府县长 1 人，副县长 6 人，法院院长 1 人，检察院检察长 1 人。全县 12 个乡镇于 2012 年 4 月底前先后召开了十五届人大一次会议，听取和审议了乡镇政府工作报告、乡镇人大主席团工作报告，做出了相应决议。选举产生了新一届人大主席、副主席、人大主席团组成人员，乡镇政府乡镇长、副乡镇长。各乡镇人大主席均由党委书记兼任，设专职副主席，主席团成员以 9～11 人配置，设专职人大秘书。

【选举任免】 2012 年，县人大常委会补选平顶山市第九届人民代表大会代表 2 名，接受 1 名平顶山市第九届人民代表大会代表、1 名宝丰县第十四届人民代表大会代表、1 名县政府副县长、1 名县人大常委会委员的辞职，决定暂停 1 名宝丰县第十四届人民代表大会代表职务。任免“一府两院”工作人员 65 人次，人民陪审员 47 人，县人大常委会各工作委员会组成人员 48 人次，保证了地方国家机关的正常有效运转。

【督办代表建议】 县十四届人大一次会议共征集代表建议 129 件，全部及时转交“一府两院”办理。县人大常委会将代表建议名称、办理时限、承办单位等内容进行公示，并由县人大常委会各委室对口负责督办，增强了督办工作的针对性和效果。2012 年 11 月 25 日，县人大常委会组织部分人大代表进行实地视察，听取工作汇报，就代表建议办理工作提出具体的意见建议。县十四届人大常委会第 5 次会议专门听取、审议了县政府关于代表建议办理情况的报告，针对办理工作中存在的部分单位重视不够、重答复轻办理、部分建议办理不到位等问题，建议县政府对办理工作进行一次回头看，对办理不彻底或办理效果不明显的代表建议，督促有关单位进一步认真办理，确保代表建议办理工作取得实效，代表满意率进一步提高。

【代表活动】 2012 年，县人大常委会指导各乡镇人大主席团和各代表小组广泛开展视察、调研和检查活动。组织人大代表先后对农业技术推广、城市自来水管网建设、农村公路建设、法律援助、涉诉信访、公安消防、残疾人保障等工作和重点企业发展情况进行视察调研，推动有关部门加强和改进工作。开展“我为中原经济区建设献良策、办实事、做贡献”特色主题实践活动，通过人大代表“集中调研月”和“集中视察月”等载体，动员、组织各级人大代表为经济社会发展建言献策，为群众办实事、解难事、做好事。活动期间，各级人大代表共撰写调研文章 35 篇，提出意见建议 258 条，为群众办实事、办好事 200 余件。县人大常委会对活动中涌现出来的先进典型进行了表彰。

【信访工作】 2012 年，县人大常委会共接待群众来信来访 168 起、420 人次，其中集体访 8 起，省、市人大常委会批转案件 21 起，全部办理完毕，维护了群众利益，促进了社会和谐稳定。对信访案件中反映出来的突出问题、倾向性问题，县人大常委会研究分析后，作为听取专项报告、开展执法检查、组织代表视察活动的重要依据。

【宣传工作】 2012 年，共编发人大《信息与调研》26 期，在各级报刊杂志发稿 70 余篇，其中在《人民代表报》发稿 6 篇。在省人大组织的“莲花温泉杯”我为中原经济区建设献良策、办实事、做贡献有奖征文活动中，县人大常委会选送的《中原经济区建设竞风流》一文荣获二等奖。

【视察调研】 2012 年，县人大常委会组织常委会组成人员和人大代表开展多种形式的视察、检查、调研活动，督促县政府和有关部门依法行政，改进工作。8月8日，县人大常委会副主任刘怀振带领法工委工作人员和部分人大代表到县消防大队视察消防工作。8月17日，县人大常委会副主任娄文聚带领部分县人大代表对《中华人民共和国农业技术推广法》实施情况进行调研。调研组先后到红英农业科技示范园、宝丰县玉米万亩高产创建示范方及县土壤肥料检测中心和农村土地流转服务中心，对农业科技推广和服务情况进行现场调查了解。8月28日，县人大常委会主任梅玉三，副主任崔建利、娄文聚、刘怀振、王延辉到大地集团视察。梅玉三一行先后深入到生产车间和中控室仔细察看，听取大地水泥新型干法水泥生产技术、纯低温余热发电技术的技术优势和近期生产经营情况。9月4日，县人大常委会副主任娄文聚带领部分人大代表对县农村公路建设工作进行视察，并对十四届人大一次会议代表建议办理情况进行督导。县人大视察组先后到县城东五环路、县道X030韩店村至北二环路段等公路建设现场进行实地察看，并听取县交通运输局关于代表建议办理暨农村公路建设情况的汇报。9月11日，县人大常委会副主任刘怀振带领部分人大代表到县检察院调研民事行政检察工作。10月15日，县人大常委会副主任娄文聚带领驻会县人大常委会委员、部分人大代表视察县农业综合开发项目实施情况。10月17日，县人大常委会副主任崔建利带队到县产业集聚区视察建设情况，县政府党组成员、县产业集聚区管委会主任蒋三熠陪同视察。视察组先后到恒基伟业、亿盛光伏材料股份有限公司、浙江电器装备制造基地、宝视达国际视光产业园、海宝集团等企业及产业集聚区公租房小区工地进行察看。之后听取了关于产业集聚区建设情况的报告。10月18日，县人大常委会副主任王延辉带领部分县人大常委会委员、人大代表对县文化产业发展情况进行视察。县政府党组成员、副县级干部郜现营及县文广局、县委党研室等部门负责人陪同。视察组先后到肖旗乡大白庄中原大学旧址、赵庄乡刘顺魔术道具展厅及魔韵茶楼、商酒务镇赵官营村中原局旧址、柳林村中原军区政治部旧址、大营镇清凉寺村清凉寺汝官窑遗址公园建设现场、宝丰县宋宫汝瓷有限公司、宝丰县大宋汝窑瓷业有限公司、杨庄镇杨家大院（豫西行政干校旧址）、马街村马街书会文化景观建设现场及县城文化创意园区建设工地进行视察、参观。11月9日和15日，县人大常委会副主任娄文聚分别带领县人大相关委室负责人及部分人大代表对县水利局、农业局、农科所、国土局、住建局、环保局办理十四届人大一次会议代表建议情况进行督查。12月18日，县人大常委会副主任刘怀振带领视察组对县法律援助工作进行视察，副县长胡进栓陪同视察。12月25日，县人大常委会副主任刘怀振带队视察县残疾人工作。视察组看望了城关镇大寺社区残疾人焦枝、县特殊教育学校师生，到残疾人扶贫开发基地兆瑞彩钢复合板有限公司、平顶山市聋儿语训学校宝丰语训部、县残疾人培训中心等处视察。

（赵培浩）

宝丰县人民政府

重要会议

【县第十四届人民政府第一次全体(扩大)会议】 2012年8月8日,县长张庆一主持召开第十四届县政府第一次全体会议。县委常委、常务副县长李留军,县人武部部长桓贯超,正县级干部许全根、张平,副县长王长和、胡进栓、董伟领、魏学君、吴建刚、姬翠红出席会议。会议的主要任务是分析上半年形势,安排部署下半年工作,进一步动员全县政府系统统一思想,坚定信心,认清差距,研究部署针对性措施,确保圆满完成年

2012年8月8日,十四届县政府第一次全体会议召开

初确定的各项目标任务。县人大常委会副主任崔建利,县政协副主席王书修应邀参加会议。张庆一在讲话中深刻分析了上半年全县的经济形势。张庆一指出,下半年,稳增长促发展要突出抓好六项工作:一是把稳企业作为稳增长的当务之急;二是把扩投资作为稳增长的关键举措;三是把促转型作为稳增长的治本之策;四是把加快新型城镇化作为稳增长的最大潜力;五是把做好"三农"工作作为稳增长的重要基础;六是把保障和改善民生作为稳增长的根本目的。张庆一特别强调了做好安全度汛、安全生产、信访工作。会上,李留军通报了全县上半年经济运行和市定责任目标完成情况。

【县政府常务会议】 2012年,共召开县第十三届政府常务会议2次,第十四届政府常务会议5次。

县政府十三届第60次常务会议 2012年2月27日下午,代县长张庆一在县政府二楼会议室主持召开县十三届政府第60次常务会议。各位副县长和政府党组成员出席会议,县政府办、法制办、发改委、财政局、住建局、工信局、人社局、交通局、质监局、卫生局、民政局、人民法院、消防大队等单位的有关负责人列席会议。会议就工业集聚区项目建设,演艺中心、汝瓷大道、城中村改造项目,艾滋病防治、成立法院执法大队和工信局小额贷款公司及为县地税局记三等功等事宜进行研究和部署。

县政府十三届第61次常务会议 2012年3月29日下午,代县长张庆一在县政府二楼会议室主持召开县十三届政府第61次常务会议。各位副县长和政府党组成员出席会议,县政府办、法制办、财政局、发改委、民政局、监察局、新农办、住建局、水利局、计生委、体育局、县志办等单位的负责人列席会议。会议就县十四届人大一次会议审议的《政府工作报告》等3个报告、香山路改造及宝酒文化园建设、北环路改造、人民路西延、统计工作、2012年村村通自来水等事项以及当前工作进行研究和部署。

县政府十四届第1次常务会议 2012年5月29日上午,县长张庆一在县政府二楼会议室主持召开县十四届政府第1次常务会议。各位副县长和政府党组成员出席会议,县政府办、法制办、发改委、财政局、住建局、工信局、人社局、人口计生委、文广局、卫生局、安监局、水利局、农业局、农机局、粮食局等单位的负责人列席会议。会

议就支持房地产企业和小微企业、城中村改造、旧城保护、“三夏”生产、安全生产、防汛工作、酒厂改制、计划生育、乡镇财政体制改革、政府采购、老年乡村医生补助、送戏下乡及政府工作报告中重点工作分解等事宜进行研究和部署。

县政府十四届第2次常务会议 2012年8月2日上午，县长张庆一在县政府二楼会议室主持召开县十四届政府第2次常务会议。各位副县长和政府党组成员出席会议，县政府办、法制办、发改委、财政局、住建局、公安局、国土资源局、科技局等单位的有关负责人列席会议。会议就建设石洼新型社区、陈营社区三角绿地建设、促进经济稳定增长措施、治理工程建设领域突出问题、人民路东延、整治违法建设、新建垃圾处理场等事项以及当前工作进行研究和部署。

县政府十四届第3次常务会议 2012年9月10日下午，县长张庆一在县政府二楼会议室主持召开县十四届政府第3次常务会议。各位副县长和部分政府党组成员出席会议，县政府办、法院、国土资源局等单位的有关负责人列席会议。会议就收回原宝酒集团划拨土地使用权、收回宝丰洗煤厂和煤炭专线货站土地使用权以及其他工作进行研究和部署。

县政府十四届第4次常务会议 2012年10月9日下午，受县长张庆一委托，常务副县长李留军在县政府二楼会议室主持召开县十四届政府第4次常务会议。各位副县长和政府党组成员出席会议，县政府办、法制办、发改委、财政局、住建局、人社局、农信社等单位的有关负责人列席会议。会议就组建农商行暨不良贷款清收、北环路拆迁安置、宝酒文化园及人民路东延等事宜以及近期工作等进行研究和部署。

县政府十四届第5次常务会议 2012年12月17日下午，县长张庆一在县政府二楼会议室主持召开县十四届政府第5次常务会议。各位副县长和政府党组成员出席会议，县政府办、法制办、发改委、财政局、住建局、人社局、统计局、编办、卫生局、妇联等单位的有关负责人列席会议。会议就县级公立医院综合试点改革、县规划局单设升格等事宜以及近期工作等进行研究和部署。

（郭金光）

县政府办公室工作

【概况】 2012年，县政府办公室围绕全县的中心工作，求真务实，开拓进取，充分发挥参谋助手、督促检查、综合协调作用，全面履行各项职责，圆满完成了各项工作任务，取得了显著成绩。

【文字综合工作】 全年共办理各种文件235件，其中，宝政22件，宝政文168件，宝政办94件，常务会议纪要7件，县长办公会议纪要19件，宝政函27件，准确率、及时率100%。

【政务信息工作】 全年上报省政务信息500余条，上报市政务信息530余条，共编发《政务信息》48期。

【政务督查工作】 全年共编发县政府及政府办公室红头文件6份，《政务督查通报》22期、《督查情况报告》26期，印发《督查通知书》25期；办理领导批示件75份，其中市级领导批示件15份，县级领导批示件60份；办理市长信箱件63件；办理人民网网民留言件14件；办理建议提案295件，其中，市建议、提案10件，县建议、提案283件。3月25日，在2011年全市政府系统建议、提案交办会上，宝丰县获全市政务督查先进单位称号。

【县长热线工作】 2012年，县政府办公室共接到300个市长热线工作单，按时办结率100%，群众满意率100%，有10个月办理的工作单，群众满意率连续为100%；共接到群众的热线电话1300余个，对于群众通过热线电话反映的问题，通过直接交办、下发县长热线交办单、提请分管副县长批示3种形式交由市长热线三级网络单位认真办理，均做到了“事事有着落，件件有回音”，按时办结率100%，群众满意率98%。

【机要文电工作】 建立健全档案、文件的使用、管理制度，及时签收、登记、分发、送批、整理、归档。全年累计整理各种文电1117件。其中，国家、省、市级文件580件，县级文件235件，收发明传电报260件，办理下级部门请示件、报告件0件，均做到了准确、及时、安全。 （郭金光）

重要文件

2012年，宝丰县政府以文件形式作出决定，下发或发出通知、意见，共印发文件303个，其中宝政22个，宝政文187个，宝政办94个。

2012年宝丰县政府部分文件（宝政文）情况

文号	文件名称	发文时间
1	关于申报平顶山宝丰张八桥矿区矿山地质环境治理示范工程国家财政项目的报告	2012.1.6
2	关于成立闹店镇等3个乡镇土地整理项目指挥部和项目管理监管小组的通知	2012.1.6
3	关于成立利用县老年公寓扩建县人民医院工作领导小组的通知	2012.1.12
5	关于平顶山市政府下达宝丰县2011年度责任目标完成情况的自查报告	2012.1.10
7	关于设立宝丰县特殊教育学校的批复	2012.1.11
8	关于调整宝丰县土地综合整治领导小组的通知	2012.1.19
9	关于提高宝丰县直机关津贴补贴水平的通知	2012.2.7
10	关于委派股东代表的通知	2012.2.7
12	关于调整宝丰县企业服务工作领导小组的通知	2012.2.8
13	关于加强水资源管理工作的通知	2012.2.7
14	关于调整宝丰县住房委员会的通知	2012.1.12
15	关于建立特色商业区联席会议制度的通知	2012.2.21
16	关于成立宝丰县服务业发展领导小组的通知	2012.2.21
17	关于表彰2011年度全县先进卫生工作新农合工作先进乡镇和先进工作者的通报	2012.2.29
18	关于表彰2011年度消防安全工作先进单位和先进个人的通报	2012.2.29
19	关于印发宝丰县2012年度消防工作意见的通知	2012.3.1
20	关于加强房地产税收管理的通知	2012.3.1
21	关于成立宝丰县服务圣光集团在宝建设项目领导小组的通知	2012.3.5
22	关于为县地税局记集体三等功和为魏聪民同志记个人三等功的决定	2012.3.10
24	关于印发2012年宝丰县环境综合整治实施方案的通知	2012.3.26
26	关于北汝河河道采砂规划的批复	2012.3.21
27	关于表彰全县史志工作先进单位的通报	2012.3.30
28	关于成立宝丰县加快推进农村集体土地确权登记发证工作领导小组的通知	2012.3.30
29	关于给县体育局记集体三等功和给毕志伟同志记个人三等功的决定	2012.3.30
30	关于表彰宝丰县在平顶山市第八届运动会暨首届农民健身大会做出突出贡献的集体和个人的通报	2012.3.30
31	关于成立社区教育和建设学习型城市指导委员会的通知	2012.3.31
32	关于做好河南省豫资城乡发展有限责任公司融资工作的通知	2012.3.30

续表 1

文号	文　件　名　称	发文时间
33	关于表彰 2011 年依法行政先进单位和先进个人的通报	2012.4.3
34	关于平政办[2012]9 号涉及宝丰县市重点工作第一季度进展情况的报告	2012.4.3
35	关于成立夕阳红社区学院和县艺术社区学校的通知	2012.3.31
36	关于河南省大地水泥有限公司日产 4500 吨熟料新型干法水泥生产线二期扩建工程有关情况的报告	2012.4.9
38	关于承担小额贷款公司监督管理风险防范和处置责任的报告	2012.4.9
39	关于宝丰县 2006~2010 年批而未征土地清查的工作报告	2012.4.12
41	关于调整宝丰县土地储备管理委员会组成人员的通知	2012.4.1
42	关于印发宝丰县高龄老人生活津贴发放方案的通知	2012.4.10
43	关于做好新农村互助家园试点工作的意见	2012.4.16
47	关于成立宝丰县土地利用总体规划与二调数据对接和规划数据库建设工作领导小组的通知	2012.4.13
48	关于切实做好 65 周岁以上乡村医生生活补助发放工作的通知	2012.4.19
49	关于宝丰县非煤矿山资源整合有关情况的报告	2012.4.26
50	关于表彰 2011 年度安全生产先进单位和先进工作者的决定	2012.4.26
51	关于表彰 2011 年度优化经济发展环境工作纠风先进单位和先进个人的决定	2012.4.26
52	关于印发宝丰县创建省级药品安全示范县实施方案的通知	2012.4.28
54	关于承担宝丰县融葆投资担保有限公司风险处置的报告	2012.4.27
55	关于表彰 2011 年度全县行政服务工作先进单位和优质服务标兵的通报	2012.4.26
56	关于调整宝丰县依法行政工作领导小组的通知	2012.4.27
57	关于做好 2013 年烟叶生产工作的意见	2012.5.3
58	关于表彰 2011 年度县长质量奖获奖单位的通知	2012.5.3
59	关于表彰 2011 年度实施标准化战略工作的通知	2012.5.3
60	关于化解清理政法机关基础设施建设债务的通知	2012.5.9
61	关于表彰 2011 年度环境保护工作先进单位和先进个人的通报	2012.5.11
62	关于对 2011 年度农作物秸秆禁烧及综合利用工作进行表彰的通报	2012.5.11
63	关于表彰 2011 年度省级生态乡镇及省市县级生态村的决定	2012.5.10
64	关于设立三个基督教宗教活动场所的批复	2012.5.10
66	关于印发宝丰县行政事业单位国有资产配置管理办法的通知	2012.5.11
67	关于印发宝丰县 2012 年农业机械购置补贴实施方案的通知	2012.5.14
68	关于分解下达十二五节能目标的通知	2012.5.11
69	关于认真做好 2012 年人大代表建议政协委员提案办理工作的通知	2012.5.11
70	关于印发宝丰县农村集体土地确权登记发证工作实施方案的通知	2012.5.14
71	关于对 2011 年度烟叶工作先进单位先进村和先进工作者进行表彰的决定	2012.5.15

续表2

文号	文件名称	发文时间
73	关于印发安全宝丰创建2012年行动计划的通知	2012.5.21
74	关于印发宝丰县集中开展安全生产领域打非治违专项行动实施方案的通知	2012.5.21
76	关于设立中华人民共和国政区大典河南分卷宝丰篇编纂委员会的通知	2012.5.23
77	关于调整宝丰县招生委员会成员的通知	2012.5.29
78	关于调整残疾人工作委员会成员的通知	2012.5.28
86	关于进一步改进和加强统计工作的通知	2012.5.31
87	关于推进统计四大工程建设的通知	2012.5.31
88	关于表彰第六次全国人口普查先进单位和先进个人的决定	2012.6.4
89	关于表彰2011年统计工作先进单位和先进个人的通报	2012.6.4
90	关于成立宝丰县政法基础设施建设工作领导小组的通知	2012.6.4
92	关于印发宝丰县十二五节能工作方案的通知	2012.6.4
93	关于印发宝丰县2012年加快产业集聚区建设工作计划的通知	2012.6.4
94	关于印发宝丰县2012年汛期地质灾害防治方案的通知	2012.6.5
96	关于印发宝丰县乡镇财政管理体制实施方案的通知	2012.6.9
101	关于印发宝丰县落实服务期满特岗教师工作岗位实施方案的通知	2012.6.13
103	关于分解市政府下达我县2012年度责任目标的通知	2012.6.18
104	关于推进2012年蔬菜产业发展的意见	2012.6.19
105	关于做好2012年面向农村医疗卫生机构选拔高等医学院校毕业生工作的通知	2012.6.19
113	关于印发平西火车站广场改造拆迁安置方案的通知	2012.7.2
115	关于做好2012年地质灾害防治工作的通知	2012.7.9
116	关于调整宝丰县食品药品安全委员会成员的通知	2012.7.11
119	关于印发县政府2012年上半年工作总结下半年工作安排的通知	2012.7.25
121	关于印发宝丰县2012年农村危房改造工作实施方案的通知	2012.7.26
122	关于成立宝丰县国土资源节约集约模范县创建工作领导小组的通知	2012.7.31
125	关于印发宝丰县药品和医疗器械安全突出事件应急预案的通知	2012.7.31
126	关于对科技创新工作成效显著企业进行资助的决定	2012.6.17
127	关于对科技创新成效显著单位及个人进行奖励的决定	2012.8.17
128	关于调整现代农业生产发展资金畜牧产业类奶牛发展项目领导小组的通知	2012.8.7
129	关于通令嘉奖县公安局的决定	2012.8.10
134	关于调整宝丰县地质灾害防治工作领导小组的通知	2012.8.28
135	关于调整宝丰县深化医疗卫生体制改革工作领导小组的通知	2012.8.20
136	关于印发宝丰县传染病疫应急预案的通知	2012.8.20

续表 3

文号	文件名称	发文时间
138	关于表彰教育系统先进集体优秀教师和先进教育工作者的通知	2012.9.5
139	关于成立宝丰县道路交通事故社会救助基金管理领导小组的通知	2012.9.10
140	关于成立宝丰县对外开放工作领导小组的通知	2012.9.11
143	关于成立宝丰县城镇土地级别和基准地价更新调整工作领导小组的通知	2012.10.9
145	关于印发宝丰县 2012~2013 年度农田水利基本建设实施方案的通知	2012.10.15
148	关于成立宝丰县三网融合工作协调小组的通知	2012.10.29
154	关于成立宝丰县烟草定额援建水源工程项目建设领导小组的通知	2012.11.9
155	关于成立宝丰县污水处理厂二期扩建工程建设指挥部的通知	2012.11.4
161	关于印发河南宝丰县农村信用合作社不良贷款处置工作方案的通知	2012.10.20
164	关于举办首届中国宝丰国家级非物质文化遗产曲艺展演暨中国马街书会活动的报告	2012.11.27
166	关于调整宝丰县投入产出调查领导小组成员的通知	2012.12.3
170	关于调整宝丰县县长热线工作领导小组的通知	2012.8.17
171	关于调整宝丰县突发公共事件应急委员会组成人员的通知	2012.9.16
172	关于宝丰县与鲁山县行政区域界线联合检查情况的报告	2012.6.24
173	关于宝丰县与卫东区行政区域界线联合检查情况的报告	2012.12.31
174	关于调整宝丰县人民政府质量兴县工作领导小组成员的通知	2012.12.21
185	关于印发宝丰县打击取缔非法经营加油站点液化气站点及烟花爆竹非法生产经营储存窝点专项整治工作方案的通知	2012.12.27
187	关于公布宝丰县第二批县级非物质文化遗产代表性传承人名单的通知	2012.6.15

2012 年宝丰县政府部分文件(宝政办)情况

文号	文件名称	发文时间
1	关于印发宝丰县 2012 年公开招聘幼儿教育工作人员方案的通知	2012.1.6
2	关于非煤矿山企业春节期间停产放假检修及节后复工验收工作有关事项的通知	2012.1.9
3	关于对宝政〔2010〕1 号文件规定进行补充的通知	2012.1.13
4	关于印发 2012 年春运工作方案的通知	2012.1.9
5	关于转发平顶山市人民政府《关于实施旅游惠民工程发行旅游年票的通知》的通知	2012.1.8
6	关于表彰县政府办公室先进科室优秀党员先进工作者的通报	2012.1.31
7	关于加强我县犬类管理控制狂犬病疫情的通知	2012.2.8
8	关于印发宝丰县参加第七届中国河南国际投资贸易洽谈会工作方案的通知	2012.2.16
10	关于印发宝丰县打击非法集资防范金融风险排查工作方案的通知	2012.2.18
11	关于成立宝丰县煤矿安全监管工作领导小组的通知	2012.2.29

续表 1

文号	文　件　名　称	发文时间
12	关于 2011 年全县消防工作情况的通报	2012.3.1
13	关于印发宝丰县应用房地产评估技术加强存量房交易税收征管工作方案的通知	2012.3.1
14	关于在全县统一开展春季灭鼠工作的通知	2012.3.14
15	关于印发宝丰县 2012 年农村及城镇居民大病统筹制度实施方案补充意见的通知	2012.2.10
16	关于所属事业单位清理规范的意见	2012.3.23
17	关于成立宝丰县农村环境连片综合整治工作领导小组的通知	2012.3.20
18	转发河南省人民政府关于贯彻落实国发〔2011〕20 号文件精神加强地质灾害防治工作意见的通知	2012.3.29
19	关于印发宝丰县 2012 年依法行政工作要点的通知	2012.3.29
20	关于印发宝丰县社区教育和建设学习型城市工作实施方案的通知	2012.3.21
21	关于调整宝丰县防火安全委员会成员的通知	2012.4.1
22	关于深入贯彻实施《中华人民共和国行政强制法》的通知	2012.4.19
23	关于印发宝丰县 2012 年村村通自来水工程实施方案的通知	2012.4.19
25	关于印发宝丰县清理化解政法机关基础设施建设债务工作实施方案的通知	2012.4.25
26	关于启用印章的通知	2012.4.27
27	关于妇委会换届结果的报告	2012.4.27
28	关于印发中华人民共和国政区大典河南分卷宝丰篇编纂工作实施方案的通知	2012.5.11
29	关于印发宝丰县社会救助和保障标准与物价上涨挂钩联动机制实施方案的通知	2012.5.14
30	关于成立宝丰县耕地地力评价工作领导小组的通知	2012.5.17
31	关于印发宝丰县传统村落调查工作实施方案的通知	2012.5.22
32	关于印发宝丰县兼并重组小煤矿回头看活动方案的通知	2012.5.23
33	关于印发宝丰县规范整顿幼儿园(学前班)工作方案的通知	2012.5.28
34	关于印发宝丰县开展 2011 年度土地卫片执法检查暨违法违规用地专项整治工作实施方案的通知	2012.5.27
35	关于明确政府工作报告提出 2012 年重点工作的通知	2012.5.30
36	关于印发 2012 年农村沼气建设方案的通知	2012.5.30
37	关于成立宝丰县村级公益事业一事一议财政奖补工作领导小组的通知	2012.5.30
38	关于印发李庄乡程寨沟居委会突发地质灾害专项防灾预案的通知	2012.6.5
39	关于调整千户农民进城计划实施程序的通知	2012.6.6
40	关于印发宝丰县开展打击非法违法勘查开采矿产资源专项行动实施方案的通知	2012.6.11
41	关于调整宝丰县 2012 年农村及城镇居民大病统筹制度实施方案的通知	2012.6.13
42	关于调整新农合住院费用补偿比例的通知	2012.6.13
43	关于认真做好上半年工作总结和责任目标自查自评工作的通知	2012.6.20
44	关于修改宝政文〔2012〕13 号文件的通知	2012.7.3

续表 2

文号	文　　件　　名　　称	发文时间
47	关于成立宝丰县石河治理工程建设管理领导小组的通知	2012.7.9
48	关于印发 2012 年宝丰县食品安全工作要点的通知	2012.7.10
49	关于转发解决农村药品两员工作经费意见的通知	2012.7.10
50	关于印发宝丰县实施食品安全四大放心工程工作方案的通知	2012.7.10
51	关于县直其他事业单位绩效工资实施意见	2012.7.14
52	关于印发宝丰县消防安全网格化管理实施意见的通知	2012.7.15
53	关于印发宝丰县党的十八大消防安全保卫战实施方案的通知	2012.7.24
54	关于转发河南省 2012 年农业保险工作方案通知	2012.7.30
55	关于成立宝丰县气象防灾减灾工作领导小组的通知	2012.8.7
56	关于调整宝丰县人工影响天气领导小组成员的通知	2012.8.7
57	关于印发宝丰县 2012 年居民营养与健康状况监测工作实施方案的通知	2012.8.31
58	关于印发宝丰县 2012 年度农田水利建设财政涉农资金整合工作实施方案的通知	2012.8.29
60	关于印发宝丰县 2012 年农村义务教育特设岗位教师面试工作实施方案的通知	2012.8.13
61	关于转发 2012 年河南省农村危房改造工作实施方案的通知	2012.8.16
62	关于加强全县企业法人单位名录库管理的通知	2012.8.23
63	关于转发进一步明确创建国家森林城市目标任务和完成时间的通知	2012.8.24
64	关于印发宝丰县治理超限超载运输秋风行动方案的通知	2012.9.10
65	关于成立宝丰县车辆超限超载治理秋风行动领导小组的通知	2012.9.10
66	关于印发宝丰县 2012 年节能工作方案的通知	2012.8.31
67	关于印发宝丰县 2012 年农民购置特定农业机械奖补实施方案的通知	2012.9.18
68	关于印发宝丰县城市精细化管理工作实施方案的通知	2012.9.19
69	关于成立无线电台站核查领导小组的通知	2012.7.24
70	关于切实做好中秋国庆双节及十八大期间安全生产工作的通知	2012.9.24
71	关于印发宝丰县县级公立医院综合改革试点工作实施方案的通知	2012.12.19
72	关于印发宝丰县校车安全管理联席会议制度和宝丰县校车安全管理联席会议成员单位职责的通知	2012.12.29
73	转发平顶山市公路管理局关于印发干线公路两侧非法加水点专项治理工作实施方案的通知	2012.9.28
74	关于宝丰县人民政府常务会议纪要【2012】5 号有关事宜的通知	2012.10.9
75	关于设立周庄新型农村社区的批复	2012.10.16
76	关于对全县 2010~2011 年土地流转申报奖补面积验收的通知	2012.10.15
77	关于印发宝丰县处置非法集资突发事件应急预案的通知	2012.9.21
78	关于对 2012 年大面积造林林业生态村建设通道绿化百里绿色长廊检查验收的通知	2012.10.18
80	关于调整宝丰县县长质量奖评审委员会成员的通知	2012.10.18
81	关于开展房屋租赁业和饮食业税收专项检查的通知	2012.10.26

续表 3

文号	文　　件　　名　　称	发文时间
83	关于印发宝丰县 2012 年度违法违规用地专项整治工作实施方案的通知	2012.11.13
85	关于做好全县参加医保人员季节性流感疫苗预防接种工作的通知	2012.11.16
86	关于组织参加河南省第五届“万村千乡”农民篮球赛平顶山市宝丰赛区比赛的通知	2012.11.19
87	关于调整宝丰县病媒生物防治领导小组的通知	2012.11.21
88	关于调整县健康教育宣传领导小组成员名单的通知	2012.11.23
89	关于做好创建药品安全示范县乡镇目标管理和绩效考核工作的通知	2012.12.3
90	关于印发实行建设工程担保制度的意见的通知	2012.12.8
91	关于进一步加强艾滋病防治和涉艾信访稳定工作的通知	2012.12.12
92	关于申报 2013 年宝丰县产业集聚区公共租赁房住房二期项目建设计划的请示	2012.12.10
93	关于做好 2012 年统计年报工作的通知	2012.12.16
94	关于开展城乡住户一体化调查工作的通知	2012.12.16

2012 年宝丰县政府部分文件(宝政)情况

文号	文　　件　　名　　称	发文时间
1	关于 2012 年林业生态建设工作的实施意见	2012.3.2
2	关于印发宝丰县义务教育学校办学条件标准化建设规划 2011—2015 的通知	2012.3.19
3	关于印发宝丰县户外广告设置管理暂行办法的通知	2012.6.19
4	关于印发宝丰县重大林业有害生物灾害应急预案的通知	2012.8.17
5	关于印发宝丰县道路交通事故社会救助基金管理试行办法的通知	2012.8.28
6	关于当前促进经济稳定增长若干措施的通知	2012.8.6
7	关于进一步加强安全生产工作的通知	2012.9.6
8	关于认真做好全县人口与城镇化抽样调查工作的通知	2012.10.22
9	关于表彰 2011 年度支持县域经济发展金融工作先进个人的决定	2012.10.22
10	关于对 2011 年度金融机构支持县域经济发展进行表彰奖励的决定	2012.10.22
11	关于对县金融办、人行宝丰县支行、平顶山银监分局宝丰办事处的嘉奖令	2012.10.22
12	关于认真贯彻平政〔2012〕50 号文件精神切实加强改进消防工作的实施意见	2012.11.19
13	关于印发宝丰县重大动物疫情控制应急预案的通知	2012.11.1
14	关于印发宝丰县气象台站探测环境保护专项规划的通知	2012.11.9
15	关于颁发宝丰县首届文学艺术优秀成果奖的决定	2012.11.22
16	关于印发宝丰县金属非金属矿山专项整治工作方案的通知	2012.11.23
17	关于印发宝丰县网吧和娱乐场所专项整治方案的通知	2012.12.28
18	关于印发宝丰县清理化解乡村垫交税费债务实施方案的通知	2012.12.29
19	关于开展全县投入产出调查工作的通知	2012.12.3
20	关于做好出租汽车经营权管理工作的意见	2012.12.8
21	关于表彰宝丰县实施妇女儿童发展规划先进集体和先进个人的决定	2012.12.21
22	关于印发宝丰县妇女发展规划和宝丰县儿童发展规划的通知	2012.12.21

法制工作

【概况】 2012年,县政府法制办内设机构有综合股、行政执法监督股和行政复议股,有工作人员5人。县政府被评为2012年度平顶山市依法行政目标管理先进单位。

【法制审查】 积极开展规范性文件审查工作。全年县政府法制办共组织审查县政府拟发布的规范性文件45件,审核通过41件,不予通过4件,修改后通过2件,提出修改意见160余条,从源头上预防违法和不适当的行政行为发生。充分发挥法制机构作为政府的法律顾问、参谋、助手作用。围绕政府中心工作和重点工作,积极收集相关政策和法律信息,在调整出租汽车营运机制、规范客运市场秩序、环城北路改造、人民路东延等工作中,提出法制机构建议30余条。积极开展对政府拟签订合同的审查,就合同约定双方的权利义务是否公平以及是否违反相关政策等提出审查意见50余条,并在县政府拟签订合同中推行仲裁制度,经审核的县政府签订的合同中均加入仲裁条款。做好规范性文件备案工作。在所有规范性文件经法制机构审核并全部向市政府备案的同时,积极开展各乡镇、县政府各部门规范性文件备案审查,并予以通报。审查各单位报送的11份规范性文件,准予备案规范性文件9件。

【行政监督】 2012年,开展文明执法规范执法活动,深入推进法治诚信服务型政府建设,10月15日始,在全县范围内开展严格执法文明执法专项活动,进一步强化行政机关执法为民理念,确保严格执法、公正执法、文明执法,全面提升行政执法机关及其行政执法人员依法行政水平,树立行政执法机关良好形象。开展行政强制主体和强制措施清理工作,51个单位的行政强制清理初步梳理完成。进一步规范行政处罚裁量制度。县依法行政领导小组办公室下发了《关于深入推进2012年规范行政处罚裁量权工作的通知》,并于10月15日至23日,对县工商局、县地税局、县质监局、县药监局及县住建局、县国土局等20个单位进行抽查并就相关情况进行通报。全年共审查各单位报送的重大行政处罚15件。收到行政复议申请20件,受理5起,审结5件,不予受理15件。通过行政复议案件的审理,纠正违法或不当的违法行为,维护了人民群众合法权益。

【法制培训】 2012年,积极开展领导干部学法,提升依法行政意识和能力。县政府法制办先后组织5次常务会议学法活动,学习了《人民调解法》《招投标法》及其实施条例、《校车管理条例》等法律、法规;县普法办先后举办全县科级干部主题法制讲座2期,提高领导干部学法、用法的意识和能力。积极开展行政执法人员学习培训活动。6月29日,在宝丰人民会堂举办宝丰县《行政强制法》培训班,培训班邀请市政府法制办有关领导对《行政强制法》的主要内容以及行政执法过程中存在的问题进行详细的讲解。全县各乡镇、各部门行政执法人员1200余人参加学习培训并进行了考试。组织县政府各部门对行政执法人员进行依法行政知识培训。县交通运输局结合治理超载超限的具体工作对执法人员进行为期7天的行政执法集中培训。县质监局、县人口计生委、县国土资源局、县安监局等单位结合日常执法工作中存在的问题对全体执法人员进行集中培训。组织开展行政强制法知识竞赛活动。县依法行政领导小组办公室下发《关于开展＜中华人民共和国行政强制法＞知识竞赛活动的通知》,在全市举行的行政强制法笔试闭卷竞赛中,宝丰县获得团体成绩第一名,在全市行政强制法电视知识竞赛中,获二等奖。同时,宝丰县积极组织全县1000余名行政执法人员参加省政府网上行政强制法知识竞赛活动。

【法制宣传】 2012年,深入开展法律宣传活动。组织县政府各部门利用3·15消费者权益日、3·19矿产资源法宣传日、3·26安全日等重要法制宣传节日和宝丰正月十三马街书会,广泛开展形式多样的法制宣传教育活动。做好法制信息上报工作。向市政府法制办报送信息52篇,在省、市政府法制网站及新闻媒体上发布信息39份。

【依法行政经验交流】 2012年11月21日,县政府法制办组织各乡镇、县政府各部门在县政府会议室召开经验交流活动。县物价局、县人口计生委、县水利局、县审计局、县国土资源局、县地税局、县工商局、县药监局等8个单位做了经验介绍。

【行政执法案卷评查工作】 2012年7月，县政府法制办公室在全县范围内开展对2011年9月1日至2012年7月1日间办结行政执法案卷评查活动，从全县26个单位报送参评的1162卷行政执法案卷目录中随机抽取行政处罚卷60卷，行政许可案卷5卷，行政确认案卷5卷，进行认真评查，根据案卷评查情况进行了通报。

【全县依法行政工作会议】 2012年4月20日，全县依法行政工作会议召开。县人大常委会副主任刘怀振、正县级干部许全根、县政协副主席王书修等出席会议并讲话，各乡镇乡镇长和县政府各部门分管领导、法制机构负责人参加会议。会上对评选出的10个依法行政先进单位、8个行政执法先进集体和5名依法行政先进工作者代表进行了表彰。会上下发了《宝丰县2012年依法行政工作要点》《宝丰县2012年度政府法制宣传要点》《关于进一步推进仲裁工作的通知》《关于深入贯彻落实中华人民共和国行政强制法的通知》等文件。县政府与各乡镇、县直有关职能部门签订了2012年度依法行政目标管理责任书。

（刘森飞）

行政审批

【概况】 宝丰县行政服务中心以“便民、高效、廉洁、规范”为宗旨，以改革审批方式、规范审批行为、优化便民服务为重点，以“打造一流中心，建设一流队伍，争创一流服务”为目标，大力推行“一站式办公、一条龙服务、一个窗口对外”的服务模式，建立健全审批事项分类管理制、代办服务制、服务承诺制、责任追究制等相关制度。在规范审批行为、转变政府职能、服务招商引资和优化经济发展环境等方面发挥了重要作用。2012年，中心内设有办公室、业务室、督查室3个科室。进驻单位32个，分别为县国税局、工商局、住建局、质监局、国土资源局、卫生局、环保局、房产局、司法局、林业局、气象局、科技局、地税局、烟草局、民政局、文广局、消防队、商务局、畜牧局、人社局、发改委、物价局、残联、交通运输局、药监局、规划局、教体局、安监局、水利局、民宗局、人防办、农业局。窗口工作人员86名，办理各类行政审批、行政许可和行政服务事项329项。与市行政审批服务中心同步安装了行政审批网络数据交换平台和电子监察系统，大部分办件实现网络化管理。2月，宝丰县被评为全市行政服务工作先进单位，行政服务中心国税局窗口、工商局窗口被评为优质服务窗口，住建局窗口周晓乐、民政局窗口孙玉焕、工商局窗口刘东丽、国税局窗口肖会锋被评为优质服务标兵，中心刘自会、李長辉被评为先进工作者。

【办件情况】 2012年，县行政服务中心加强各窗口网上办件管理，把网上办公作为一项重点工作，注重网上办件与纸质报件的同步进行。除工商、税务、质监、烟草、残联等有专网的窗口，其他窗口实现了收件、办件网上同步办理。全年共办理各类行政审批、行政许可、行政服务事项150697件，其中即办件138384件，承诺件12313件。即办件占办件总数的91.8%，按时办结率100%。

【中心管理】 2012年，中心加大工作纪律及服务水平督查力度，下发《关于加强窗口工作纪律及服务水平督查的通知》，加强考勤和对AB岗制度的落实，做到每天四签到两查岗，每月通报工作人员纪律情况。通过不断完善日检查、月通报、年总评的考核体系，在大厅设立值班台、投诉箱，安排中心管理人员轮流值班，每天负责对工作纪律和服务情况进行监督检查，及时纠正违规现象，保证了服务工作高效运转。

【特色服务】 2012年，中心除开展“三评三比”（评单位，评窗口，评人员；比事项进驻、职能整合、授权到位、人员进驻、措施落实，比规范办理、优质服务、办事效率，比遵规守纪、爱岗敬业、良好形象）活动外，积极推进代办服务、预约服务、延时服务、陪伴服务、上门服务、网络服务等优质服务，让群众和企业享受更方便、更高效、更亲切、更人性化的服务。为了鼓励各窗口开展特色服务，提高窗口工作人员开展优质服务的积极性，中心每月向窗口发放特色服务和信息报送登记表。按时进行登记汇总，将其作为年度考核加分因素和评定市、县优质服务窗口的重要依据。全年有21个窗口开展延时服务、上门服务、预约服务、陪伴服务共290余次,收到办事群众锦旗10余面。

【方便群众】 2012年,中心购置了电子触摸屏,丰富政务公开内容,实现了通过触摸屏同步察看办件进度。重新制作了监督台,公开了中心管理人员和窗口负责人及联系方式,方便群众监督。开设活动园地,公开窗口服务承诺,开展“向社会承诺、让人民满意”活动。设置群众评议箱,评议窗口办事效率、服务态度、咨询答复和上班纪律。针对部分窗口办事人多的情况,增购转椅,方便群众等候时休息。购置报纸架,摆放报纸和书刊,供办事群众翻阅。设置人性化指向牌,每天指定一名中心管理人员负责值班导引。

【乡镇便民服务中心管理】 2012年2月,宝丰县将乡镇网上办件、电子监察等内容纳入纪检工作考核内容。从3月份开始,中心每月统计乡镇便民服务中心办件量。在网络技术上分组每次由2名工作人员到乡镇现场培训,处理网上办件遇到的难题,并及时与市网管科联系,规范乡镇网络办件。6月,全县行政服务工作会议对乡镇便民服务中心建设做出新的安排部署,进一步加强各乡镇便民服务工作。要求各乡镇明确一名领导分管,有工作经费;便民服务中心要做到“五有”(有机构、有场地、有项目、有人员、有制度);实现市、县、乡三级同网办公、规范运行,并接受市、县中心电子监察系统监督。全县13个乡镇便民服务中心全部联网,加入市、县电子监察系统,规范运行。

【分中心建设】 2012年,宝丰县根据中心面积不足的现状,创新工作,将人社局的新农保、医保、社保,卫生局的新农合和民政局的婚姻登记中心纳入县服务中心管理,中心为各分大厅统一印制项目告知单、安装电子监控系统,各分中心制定完善相关制度,按时报送每月办件。并与县纪委、优化办不定期到各分中心进行抽查、督查,做到与进驻窗口单位同监督、同检查、同考评。

【服务产业集聚区】 2012年,中心着力于优化经济发展环境,努力打造“亲民、亲企、亲商”的投资环境,把优质高效的服务贯穿于企业发展全过程。中心与其他职能部门密切配合,制订了《关于做好产业集聚区行政服务工作的方案》《宝丰县产业集聚区建设项目并联审批实施方案》,全力支持产业集聚区的办证工作。在办理产业集聚区项目时,按照“一窗受理、提前介入、分段实施、同步审批、限时办结”和特事特办的原则,在个别审批环节上采取“先通过后批办”的办理方式,优化审批流程,以达到缩短审批时限、降低审批成本、强化审批监督的目的。

【队伍建设】 2012年,中心把业务培训、理论学习、团队建设作为一项日常工作,以提升工作人员素质,增强中心凝聚力。全年共开展集中理论学习活动21次,组织观看爱国主义影片3部,撰写向朱正栩、余建军同志学习心得体会65篇,工作计划24篇,组织观看《有效沟通》系列讲座6期,开展年中年末理论学习考试2次。编发各类信息28篇,简报16期。与县妇联、县移动公司举行“庆三八”趣味运动会,举办“三讲三提升”主题演讲比赛、岗位大练兵、百日优质服务竞赛等一系列活动。组织参加市行政服务中心10周年庆典,获知识竞赛第一名,征文比赛三等奖,书法比赛三等奖。为了增强中心集体荣誉感和团体意识,中心制作了荣誉墙和活动宣传栏。通过文化引领和各项活动的开展使中心工作人员在团队凝聚、微笑服务、一次性告知、灵活服务、遵章收费、网络净化等方面有了较大提升。

【全县行政服务工作会议】 2012年6月6日,全县行政服务工作会议召开。县委常委、纪委

2012年6月6日,全县行政监察暨行政服务工作会议召开

书记刘景华,县人大常委会副主任崔建利,副县长魏学君,县政协副主席顾海萍参加会议。会议对

2011年行政服务工作做了全面总结，并提出下一步要做好的六项工作：进一步规范行政审批行为；进一步推进行政服务公开；进一步提升行政服务水平；进一步健全行政服务机制；进一步拓宽服务范围，加强分大厅的建设；加强领导，强化督查，确保各项服务措施落到实处。（刘自会）

民族宗教工作

【概况】 2012年，宝丰县民族宗教局内设有办公室、民族股、宗教股。有工作人员10人。先后获全市民族宗教工作先进单位、省宗教工作先进单位称号，在全市创建“和谐寺观教堂安全年”活动中，宝丰县的1个爱国宗教团体、6处宗教活动场所、5名宗教界人士分别获先进集体和先进个人称号。

【宗教团体和宗教活动场所】 2012年，全县有佛教、道教、基督教、伊斯兰教和天主教5个教派。成立的爱国宗教团体有佛教协会、道教协会、基督教协会、基督教“三自”爱国运动委员会、伊斯兰教协会。全县有宗教教职人员179人，信教群众7.1万余人，约占全县总人口的14.2%。经政府批准开放的宗教活动场所61处。天主教全县有信教群众21人，人员少，且居住分散，没有设立爱国宗教团体和宗教活动场所。

【宗教政策法规宣传】 2012年，宝丰县认真宣传贯彻党和国家的宗教信仰政策、法律法规及“两条例”。在世纪广场举办宗教政策法规宣传活动，共刷写固定标语8条、悬挂横幅68幅、制作宣传版面43块、发放宣传资料1000余份。全年共印发国务院《宗教事务条例》220余册、《河南省宗教事务条例》240余册、各种宣传资料1600余份。加强宗教“三支队伍”培训，举办各类培训班36期次，培训人员800余人次。抵御境外利用宗教进行的渗透活动。完成宗教教职人员的认定备案和社会保障。制止乱建寺庙和滥塑宗教造像，依法治理基督教私设聚会点。

【创建“和谐寺观教堂安全年”活动】 2012年，继续开展“和谐寺观教堂安全年”创建活动，制订《宝丰县和谐寺观教堂“安全年”创建活动实施方案》及验收标准，成立宝丰县和谐寺观教堂“安全年”创建活动领导组，并与县公安消防大队、县房产管理局、县文物局联合下发有关文件。进一步健全和完善乡镇、村宗教工作管理网络。落实属地管理的要求，乡镇成立了分管领导牵头，综治、公安和宗教工作干部参加的领导小组，行政村和社区有分管村干部、有宗教工作信息员，定期分析本区域内的宗教工作形势，层层落实安全责任制。深入排查，消除宗教工作不安全隐患。抓好场所安全、活动安全和人员安全等，严防各种宗教安全事故的发生。6～8月为宗教安全大排查阶段，完善各类安全措施。同时把小庙小庵等一些民间信仰点纳入安全管理范围，对不符合安全条件的予以取缔。坚持依法管理宗教，周密细致地组织各项宗教活动。结合6月份宗教法规政策学习月活动，广泛宣传宗教法律法规。县和乡镇每月、宗教场所每周进行安全检查1次，保证创建安全年取得扎实成效。

【民族团结进步促进基层工作】 2012年，全县共举办民族工作干部和少数民族干部培训班2期，举办阿訇、寺管会主任培训班2期，基层以会代训6期，培训县、乡、村干部200余人，极大地提高了民族工作干部的自身素质。充分发挥县、乡（镇）、村民族工作三级网络和基层“民促会”的作用，解决存在的问题，化解各类涉及少数民族的矛盾和纠纷6起。开展民族团结友好村创建工作。全县9个少数民族聚居村分别与相邻的汉族村建立了友好村，签订了民族团结友好协议书，进一步加强了民族团结，促进经济共同发展。

【开展“宗教慈善周”活动】 2012年9月21日，宝丰县在县特殊学校举行“宗教慈善周”启动仪式。全县各宗教团体负责人以及宗教场所负责人、部分信教群众参加启动仪式。在启动现场，各宗教场所和信教群众积极捐款捐物。佛教协会现场将档案柜、饮水机、保温桶、36套校服、36套书包文具等价值1万元的物品捐赠给特殊学校；道教协会带着面粉、食用油、月饼等价值5000元的物品到杨庄敬老院慰问；基督教协会带着9000余元的慰问品分别到前营敬老院和商酒务敬老院进行慰问；伊斯兰教协会开展了“尊老敬老爱心行动”。

【发展少数民族经济，促进民族团结】 2012年，完成李庄乡闪庄回民村的道路维修工程上报工作，争取到市级项目资金8万元，全部资金到位后可开工建设。为3名少数民族考生出具身份证明信，更改民族成分4人，为少数民族计生家庭申请二胎准生证8个，为少数民族群众协调小额贷款218万余元。对流动少数民族人员进行管理，并登记造册，帮助解决各种困难。依法规范清真食品生产经营秩序和群众食品市场，全县共发放各类型的清真食品信誉牌240块，收缴非法清真牌照3个，责令停业整顿3家，批评教育1家，有效遏制了委托、转让、伪造、仿制清真牌证的现象，进一步规范了县清真食品市场秩序。

【观音文化园区及白雀寺扩建工程建设】 2012年，筹资200万元对宝丰县观音文化主题公园进行总体规划和施工图设计，请苏州园林设计院和湖北黄石古建筑设计院对白雀寺提档升级项目进行规划设计。通过招商引资筹集资金4200万元，在香山寺北区进行规划设计，将建设一座以观音文化为主题，以进寺台阶、广场、牌楼、商业街、停车场、水景和绿化区为主要内容的宝丰县观音文化主题公园。白雀寺风景区建设主要内容包括寺内绿化、道路铺设、景观建造及念佛堂、东西厢房的建设，总投资400余万元。

（徐肖金）

信访工作

【概况】 2012年，县委群工部（县信访局）内设机构有办公室、接访科、办信科、查办科；宝丰县人民群众来访接待服务中心，为信访局事业单位，机构规格为股级；宝丰县联席会议办公室、宝丰县复查复核办公室设在信访局。有干部职工19人。

【落实信访工作制度】 2012年，县委常委会、县政府常务会、县委信访领导小组会议、全县信访工作会议共研究部署信访工作38次，解决疑难信访问题102案。为进一步完善信访工作长效机制，县委、县政府出台了《关于进一步加强信访工作的意见》，县委信访领导小组出台了《关于深入推进领导干部接待群众来访的通知》，对领导干部接访下访工作制定了具体的工作制度。十八大期间县委信访领导小组印发了《关于切实做好十八大期间信访稳定工作的通知》《关于十八大期间信访稳定工作责任追究办法》《关于进一步做好十八大期间信访重点人员稳控工作的紧急通知》等文件，对406起重点信访案件及重点人员，全部明确包案县领导，各责任单位责任到人，制定并落实稳控措施，确保实现“两个确保，一个杜绝”的工作目标。实现了十八大期间“零进京访”。

【接访及办信工作】 每个工作日都安排县领导在县信访接待中心公开挂牌接待来访群众，每周三由县四大班子主要领导轮流接访，由纪检监察、公安局、法院、住建局、国土资源局、人社局、财政局、政法委、司法局、群工部等10个单位陪同接访。全年县委书记刘书锋共接访13次，接待来访群众247起1046人，其中立案交办89起，现场解决和答复158起。县长张庆一每月一次的接访日，不安排其他工作，坚持全天候接待来访群众，共接访6次（下半年外出学习），接待来访群众119起532人。县委常委、政法委书记杨占杰每周三都要了解领导干部接访情况，所有来县集体上访，都亲自参加现场接访。其他县级领导也都按照要求，坚持按时接待来访群众，共坚持接待来访群众201次，大量的信访问题通过接访领导现场答复或协调有关单位及时得到处理。全年共接待来县上访1110起5842人，其中集体访300批4671人，个访810起1171人。受理网上信访58案66件，已结案53案；受理群众来信30案35件，结案28案。

【积案化解】 2012年5月下旬开始，县委、县政府在全县开展以县级干部联系乡镇、科级干部联系行政村、一般党员干部联系重点户，帮经济发展、帮新农村建设、帮和谐稳定为主要内容的“三联三帮建五宝”活动，县委信访领导小组将全县排查出的286起不稳定因素和信访积案进行集中交办，全体党员干部真正下基层、进乡村、到农户，解决信访问题，化解矛盾纠纷，消除信访隐患。两个多月时间里，化解 256 起，办结率 90%，满意率 83%。

【矛盾排查】 2012 年，宝丰县坚持县级每月、乡镇每旬、村组每周、调处中心每天排查的要求，对群众反映强烈、社会影响面大的矛盾纠纷进行全面排查、集中梳理。全县共排查矛盾纠纷 1060 余起，落实县、乡两级领导包案 869 起，化解率达 92%。

【责任追究】 2012 年，县委、县政府对信访问题突出的 6 个责任单位通报批评，对 3 个责任单位和 10 名直接责任人进行责任追究，对 6 个单位的 12 名主要领导及责任人员进行诫勉谈话。依照有关法律法规，对 10 名非访人员进行了训诫，行政拘留 3 人，逮捕后判刑 1 人。

【信访接访大厅建设】 2012 年，县信访接待场所 16 间，内设来访登记室、侯访大厅、交流谈心室、接谈室，配备有空调、电视机、饮水机、打气筒、雨伞、老花镜等便民设施。 （罗书涵）

招商引资

【概况】 2012 年，宝丰县招商选资工作贯彻落实省、市招商选资工作会议精神，进一步解放思想、转变招商观念、创新招商方式、拓宽招商渠道，取得了较好的成绩。至年底，共新上项目 67 个，项目总投资 204.2 亿元，利用市外资金 162.6 亿元；实际到位市外资金 163.6 亿元，占全年目标任务 130 亿元的 114.6%，其中省外资金 125.3 亿元，占全年目标任务 115 亿元的 109%，被县委、县政府命名为 2012 年度招商选资工作先进单位。宝丰县招商局内设办公室、招商项目股、外资外商投资服务全程代办中心 3 个股（室）。有干部职工 13 人。

【补链招商】 2012 年，围绕宝丰县确定的以新能源产业、现代制造业等为代表的支柱产业重点产业，依托已经入驻的项目、企业，加快完善产业链条、壮大产业规模、提升产业层次、增强带动能力。在光伏产业方面，结合县产业集聚区光伏产业园的实际情况，通过与河北英利、保利协鑫、安阳凤凰等光伏企业的深入对接，着力引进一批硅片切片项目和发电系统应用项目，在进一步完善光伏产业链条的同时，优化产业结构，使产业链上、中、下游合理布局，协调发展。在现代装备制造业方面，为中原电气城项目建设搞好服务；通过旭原不锈钢有限公司，加紧与上海地区的重工机械企业进行有效沟通，使双方重工机械产业园项目的合作意向尽快由“纸面”落到“地面”；加大与一汽、二汽、创维等制造业巨头企业的沟通力度，从而进一步优化产业结构，促进县域经济发展。食品工业方面，一方面积极与南京雨润集团继续沟通，使已签约项目早日落地；另一方面寻求与康师傅、统一、今麦郎等知名食品工业企业的合作。

【以商招商】 利用宝丰县外来投资企业协会这一平台，举办各种形式的座谈、联谊活动，加强与会员单位的交流沟通，增进与会员单位的了解及感情；组织他们参加各类招商选资活动，用实际行动解决会员单位在项目建设、企业发展中遇到的困难，用真诚的服务增强会员单位在宝丰发展事业的信心，充分调动他们的积极性，激发他们宣传宝丰、动员亲朋到宝丰投资兴业的热情。

【以情招商】 利用各种渠道，采取丰富手段，广泛宣传招商选资工作，使“人人都是招商主体”的观念深入人心，坚持全县招商一盘棋，深入挖掘全民招商潜力；坚持宝丰籍在外成功人士联系制度，定期走访，更新信息，想方设法增进与他们之间的感情，充分利用他们的社会关系，发挥他们的桥梁作用，大力开展“亲情”“乡情”“友情”招商，争取宝丰籍在外成功人士为县招商选资工作牵线搭桥或回乡投资兴业。

【网络招商】 充分发挥网络传播速度快、运行成本低的优点，将县招商选资项目信息、产业政策、优惠措施、工作动态、县情介绍等及时发布并做好更新维护；逐步将招商网站与其他网站进行链接，扩大宝丰招商网的知名度与影响力；精心挑选一批符合县境优势条件和产业规划的项目，经论证后重点推介；提高网站管理人员的业务素质，及时、合理的处理互动信息，使网站高水准运行，并及时将获取的信息进行筛选、汇总，形成对招商选资工作有益的指导性意见。

【充实大招商项目库】 以县产业规划为前提，向各乡镇征求意见，搜集整理一批符合县境实际、产业前景好、带动能力强的项目，充实项目库储备的“量”；对重点项目做好可行性研究、专家论证和个性化包装，增加项目的吸引力，确保项目库储备项目的“质”。使项目库储备项目总数达到150～200个，总投资达到300亿～600亿元；在重点项目的包装推介上精心策划，包装一批具有代表性的优势项目，延续招商选资项目“投产一批、续建一批、开工一批、储备一批”的良性发展格局。

【品牌招商】 围绕六大主导产业，以世界500强和行业龙头企业为目标，积极走出去、请进来，开展品牌招商，对全县68个单位共分解品牌企业173家，任务分解后，各单位均积极的收集目标企业信息，采取多种方法积极与目标企业对接。通过对接洽谈，成功引进了一批投资规模大、科技含量高、带动能力强的优势项目。总投资20亿元的中再生集团不锈钢回收再利用项目；投资2500万美元的韩国西方技术株式会社现代电器制造项目；总投资26亿元的广东中投保税物流园项目；总投资2.6亿元的东风井关农机生产制造项目；总投资3.2亿元的安徽雪雨卫浴高档陶瓷卫浴项目；总投资10亿元的中国水电顾问集团风电项目等一大批项目的成功签约，进一步拉长了县重点产业的产业链条。

【项目建设落地年活动】 2012年，宝丰县以项目落地年为载体，积极做好重大招商选资项目的跟踪服务工作，坚持“在谈项目抓签约，签约项目保落地，落地项目促开工”，确保招商选资工作取得扎实成效。每月至少深入各乡镇或项目单位3次以上，帮助完善备案手续，对大唐风电、亿盛光伏、中原电气城、贝利德太阳能电池组件等重点招商项目成立了项目服务队，确定专人“一对一”全程上门跟踪服务，及时协调解决项目建设过程中遇到的困难和问题，确保项目顺利进展。投资6.8亿元的年产1000平方米高档石材加工项目、投资5亿元的年产5万吨不锈钢加工项目、投资3亿元的亿盛光伏刃料项目、投资4.7亿元的年产150万台海尔冰箱生产基地、投资5亿元的恒瑞光伏刃料项目建成投产。总投资17亿元的中原电气城项目、总投资16亿元的佳瑞年产800兆瓦太阳能晶体硅片切片项目、投资28亿元的年产800兆瓦超薄晶体硅太阳能电池生产线、投资7.5亿元的大香山物流城项目、总投资3亿元的京宝新奥新能源有限公司焦炉气制液化天然气项目、总投资6亿元的宝视达眼镜有限公司中部国际视光产业园项目、总投资16亿元的不锈钢产业园项目正在建设。

（张　帅）

政协宝丰县委员会

政协全委会及常委会

【概况】 2012年，县政协内设有办公室、提案工作委员会、文教卫生工作委员会、经济科技工作委员会、民主法制工作委员会、学习文史工作委员会。有工作人员43人。

【政协宝丰县九届一次会议】 2012年4月7~12日，政协宝丰县九届一次会议在宝酒公司五楼会议室召开。会议期间，委员们听取和审议了《政府工作报告》及其他报告，以界别分组讨论的形式，围绕对经济社会发展具有全局性影响、对转变发展方式具有决定性作用、对保障和改善民生具有切实效果的重大问题，建言献策，提出了许多建设性的意见和建议。县委书记刘书锋、县长张庆一等县领导亲自参加委员小组讨论，与委员面对面交流，听取委员的意见和建议，收到良好的参政议政效果。会议选举铁干卿为政协宝丰县第九届委员会主席，王杰士、顾海萍、王书修为副主席，石振国为秘书长（办公室主任），选举师建超、杨雁景、马聚魁、毋新明、王延宾、田洪勋、冯桥显、孙战生、孙自平、李国安、肖玉春、张更、张延伟、张巍、张胜军、张恒星、杨永权、余艳艳、步金杰、赵运堂、岳葆菲、娄红宾、胡绍坡、钱秀霞、袁红勋、贾玉平、商金生、董国范、薛建志为政协宝丰县第九届委员会常务委员会委员。

【常务委员会议】 2012年，县政协共召开九届常委会3次。

政协九届一次常委会 2012年5月16日，县政协九届一次常委会在县政协会议室召开。县政协主席铁干卿，副主席王杰士、顾海萍、王书修，县政协九届常委会组成人员出席会议。县政协机关各委主任、办公室副主任及有关人员列席会议。会议审议通过了政协宝丰县委员会《常务委员会议事规则(草案)》《关于加强委员管理的办法（草案）》《专门委员会通则（草案）》《关于认真开展视察、调查活动的意见（草案）》《关于成立各专门工作委员会的决定(草案)》《关于提高提案工作质量的意见(草案)》《关于县政协专门委员会与县直有关部门建立经常性工作联系的报告（草案)》和《政协宝丰县委员会2012年工作要点（草案)》。

政协九届二次常委会 2012年8月20日，县政协九届二次常委会议在宝丰迎宾馆召开。县政协党组书记师建超，县政协副主席顾海萍、王书修出席会议。县委常委、常务副县长李留军，以及政府部门、相关局委负责人出席会议。会议学习了中央办公厅、国务院办公厅《关于进一步加强人民政协提案办理工作的意见》；听取了县政府《关于上半年全县经济运行情况的通报》；听取了县产业集聚区《关于上半年项目建设情况的通报》；听取了县政府《关于上半年重点项目建设情况的通报》；听取了县政府《关于上半年财政预算执行情况的通报》。师建超回顾了九届政协上半年的工作，就做好县政协下半年的工作进行安排。

政协九届三次常委会 2012年12月31日，政协宝丰县九届三次常委会在裕昌源大酒店会议室召开。县政协主席铁干卿，党组书记师建超，副主席王杰士、顾海萍、王书修及九届政协常委会组成人员参加会议。县委常委、常务副县长李留军应邀出席会议。县政府办有关负责人，政协机关各委室主任、办公室副主任等相关人员列席会议。会议听取了县政府关于九届一次会议以来提案办理情况的通报；听取了县政协各专委会2012年度工作情况汇报；审议通过了政协九届二次会议议程、日程草案等有关文件。

县政协工作

【专题协商】 2012年，政协主席会议、常委会议紧紧抓住县委、县政府亟待解决、群众普遍关注的问题，有计划、有重点地开展专题协商，进一步拓宽了协商领域，增强了协商实效。在九届一次、二次、三次常委会议上，分别就2012年上半年全县经济运行情况、重点项目建设进展情况、县产业集聚区项目建设情况、政府提案办理落实情况、政协各专委会年度工作情况，进行了专题协商讨论。

【对口协商】 政协各专委会加强同相关职能部门的联系，开展对口协商，全年共开展对口协商活动30余次，以界别为依托召开界别委员座谈会20余次。政协委员通过各种形式，结合经济建设和社会发展实际，就新农村建设拆旧问题、土地流转、小产权房整治、农民医疗保障、项目建设、城镇化建设、农产品质量安全等方面，以对口协商形式与相关部门开展协商讨论，共提出意见、建议60余条，绝大多数意见和建议在县委、县政府的工作部署中得到体现。

【委员视察】 2012年，县政协先后组织部分政协委员视察了全县防汛及水利工作、林业生态建设工作、残联工作、创建和爱国卫生工作、检察院工作、民族宗教工作、卫生工作、食品安全工作，通过现场视察和座谈交流，形成视察报告8篇。县政协高度重视医疗卫生工作，组织部分政协委员对县卫生工作情况进行视察，并从“加大卫生经费投入力度，加强卫生人才队伍建设，提升卫生服务能力”等方面提出了具有针对性和可操作性的意见建议，促进了全县卫生事业的健康发展。组织政协委员适时对创建工作进行视察，针对发现的问题提出意见和建议。视察后有关部门及时进行了整改，对占道经营严重的农贸市场和平西火车站区域内乱搭乱建的简易棚和简易房进行了拆除，对县创建工作起到了很好的促进作用。2012年11月，县检察院邀请县政协视察检察工作，主动接受政协民主监督，专题向政协委员通报工作情况，认真听取委员们的意见和建议。委员们提出了“进一步提升法律监督能力，加强检察队伍建设，深入查办和预防职务犯罪”等建设性意见和建议，得到了县检察院的高度重视和采纳，并以内部刊物形式进行转发，对提高检察工作公平、公正执法发挥了作用。

【提案征办】 2012年，县政协以提高提案办理质量为切入点，探索和健全提案工作机制，通过印发相关资料，提供参考选题和提案线索等方式，引导委员围绕全县改革发展稳定大局和人民群众关注的问题，撰写高质量的提案。在政协九届一次会议上，共收到委员提案172件，经审查立案163件。这些提案得到县委、县政府领导的高度重视，县委书记刘书锋、县长张庆一在全会现场签发5份重点督办委员提案，责成承办单位尽快办理。对一些关系全局、影响较大、政策性较强的提案，县政协领导亲自过问、亲自部署。县政协加强与县委、县政府办公室的联系和沟通，采取召开提案交办会、座谈会等形式办理委员提案，使提案办理实现由数量型向质量型转变，由答复型向落实型转变。至年底，县政协九届一次会议立案的提案全部办复，办复率100%，委员满意率100%。

【专题调研】 2012年，围绕全县中心工作，以专委会为依托，由分管副主席牵头，共组织各类各层次的调研活动10余次，形成调研报告10余篇。县政协组织委员通过走访座谈、听取汇报和问卷调查，对在建企业、工业企业、建筑企业和第三产业等20余家企业的经济发展环境进行专题调研，形成《关于我县经济发展环境的调研报告》，提出“构筑六大平台”等建议，促进了全县经济环境的优化提升。县政协组织委员深入乡镇、进村入户、走访调研，分别撰写了《关于我县中心镇规划建设的调研报告》《关于新型农村社区建设后旧村拆除和土地复垦的调研报告》，为县委、县政府决策提供了参考依据。针对全县在学前教育资源、经费投入等方面的不足和发展不平衡的状况，7月，在调研的基础上，形成《关于我县学前教育的调研报告》，引起了主管部门的关注与重视。县政协组织部分政协委员及相关部门，就推进魔术曲艺进校园课题进行调研，提出“实施魔术曲艺进校园的人才培养战略”的建议，为魔术曲艺文化后继有人，演艺队伍充满生机和活力局面的形成发挥了积极作用。

【文史征编】 县政协高度重视文史资料征编工作。2012年，完成第十六辑《宝丰文史资料》的征编出版工作。其中，九届政协全会专辑、白朗起义百年纪念、寺庙探古以及《李长春莅宝调研宝丰文化产业》等新的栏目设置和专题文章为文史资料增添新内容。相继刻制电子版文史资料150余万字，为筹建宝丰文史资料网站奠定了坚实基础。此外，向市政协报送《追忆我的祖父阎凤岗》《记民国时期宝丰第一任女子校长》《解放宝丰亲历记》等6篇文史稿件。

【参与中心工作】 2012年，按照县委的统一安排，各位主席、副主席积极参与县城北环路改造工程、汝官窑遗址公园建设、马街书会文化景观工程建设等重点工作，确保了所联系重点工作按时、保质、有序推进。县政协领导班子成员和机关工作人员积极参加县委开展的“三联三帮建五宝”活动，为帮扶乡镇、村和联系户理思路、筹资金、解难题、办实事，取得了良好的社会效果。

【发挥委员作用】 2012年，广大政协委员立足岗位做贡献，委员主体作用得到有效发挥。县政协副主席王杰士，新建成年产50万吨中铝球生产线，所建综合性大驰商业广场引领了县城购物新时尚；政协常委、亚坤集团实业集团总裁田洪勋，坚持以科技创新为突破口，公司相继获得国家新型专利技术2项和申报发明专利4项，所生产的“山菊”牌挂面通过国家绿色食品认证；政协常委岳葆菲，组织企业研发高新技术产品，为县产业集聚区晋升为省级高新技术开发区做出了贡献；政协常委商金生，全年共组织用于交通基础设施建设资金2.4亿元，并主动向上级争取政策性项目资金4600万元，促使县交通运输服务保障能力显著提升；政协常委马聚魁，研制的汝瓷作品《富贵盘》获全国工艺美术“百花奖”金奖，并获“汝瓷烧造技艺”河南省非物质文化遗产传承人称号；政协委员、联社主任钱秀霞，扶持小微企业，支持了县域经济健康发展；政协委员、县体育局局长毕志伟，努力争取上级体育部门项目，丰富了全县人民群众的体育生活；政协委员韩艳伟，投资创办星光艺术学校，并晋升为中国人民解放军某部艺术人才培训基地；政协常委张更，支持政协大香山书画院建设，无偿提供了300平方米的办公场所；政协委员金俊臣，筹资15万元为全县1500余名特困人群进行爱心体检；政协委员张冠斌，在“三联三帮建五宝”活动中，动真情，解民难，终使十五年上访积案得到解决。

【筹建政协大香山书画院】 按照县委建设“文化宝丰”的要求，县政协筹建了政协大香山书画院。全年接待县外书法名家和团体交流6次。建军节前夕，与解放军预备役某部共同举行书画创作基地揭牌仪式。10月，与宝丰县农村信用联合社共同举办“喜迎十八大农信杯”书画展。12月20日，举行宝丰县大香山书画院成立仪式暨“宝酒杯·墨韵宝丰”中国当代书画名家作品邀请展开幕式，县委书记刘书锋亲自为大香山书画院揭牌，来自全国各地的书画艺术家300多名参加活动。

【交流联谊】 县政协以增强联谊为纽带，以团结为基础，多渠道多形式开展联谊活动，不断加强与市政协和兄弟县区政协之间的联系。参加市政协召开的各种会议和组织的各项活动，配合市政协各专委会组织的视察调研。组织驻县的市政协委员赴鲁山县进行异地视察。成功接待了省政协视察组到宝丰县视察农村医疗卫生体系建设、市政协视察县乡镇卫生院规范化建设工作、鲁山县政协莅宝考察产业集聚区工作等视察活动，有力地推动了交流联谊工作。

（赵战士 徐建胜 王延普）

新闻出版保密规定

第一章　总 则

第一条　为在新闻出版工作中保守国家秘密，根据《中华人民共和国保守国家秘密法》第二十条，制定本规定。

第二条　本规定适用于报刊、新闻电讯、书籍、地图、图文资料、声像制品的出版和发行以及广播节目、电视节目、电影的制作和播放。

第三条　新闻出版的保密工作，坚持贯彻既保守国家秘密又有利于新闻出版工作正常进行的方针。

第四条　新闻出版单位及其采编人员和提供信息单位及其有关人员应当加强联系，协调配合，执行保密法规，遵守保密制度，共同做好新闻出版的保密工作。

第二章　保密制度

第五条　新闻出版单位和提供信息的单位，应当根据国家保密法规，建立健全新闻出版保密审查制度。

第六条　新闻出版保密审查实行自审与送审相结合的制度。

第七条　新闻出版单位和提供信息的单位，对拟公开出版、报道的信息，应当按照有关的保密规定进行自审；对是否涉及国家秘密界限不清的信息，应当送交有关主管部门或其上级机关、单位审定。

第八条　新闻出版单位及其采编人员需向有关部门反映或通报的涉及国家秘密的信息，应当通过内部途径进行，并对反映或通报的信息按照有关规定作出国家秘密的标志。

第九条　被采访单位、被采访人向新闻出版单位的采编人员提供有关信息时，对其中因工作需要而有涉及国家秘密的事项，应当事先按照有关规定的程序批准，并向采编人员申明；新闻出版单位及其采编人员对被采访单位、被采访人申明属于国家秘密的事项，不得公开报道、出版。对涉及国家秘密但确需公开报道、出版的信息，新闻出版单位应当向有关主管部门建议解密或采取删节、改编、隐去等保密措施，并经有关主管部门审定。

第十条　新闻出版单位采访涉及国家秘密的会议或其它活动，应当经主办单位批准。主办单位应当验明采访人员的工作身份，指明哪些内容不得公开报道、出版，并对拟公开报道、出版的内容进行审定。

第十一条　为了防止泄露国家秘密又有利于新闻出版工作的正常进行，中央国家机关各部门和其他有关单位，应当根据各自业务工作的性质，加强与新闻出版单位的联系，建立提供信息的正常渠道，健全新闻发布制度，适时通报宣传口径。

第十二条　有关机关、单位应当指定有权代表本机关、单位的审稿机构和审稿人，负责对新闻出版单位送审的稿件是否涉及国家秘密进行审定。对是否涉及国家秘密界限不清的内容，应当报请上级机关、单位审定；涉及其他单位工作中国家秘密的，应当负责征求有关单位的意见。

第十三条　有关机关、单位审定送审的稿件时，应当满足新闻出版单位提出的审定时限的要求，遇到特殊情况不能在所要求的时限内完成审定的，应当及时向送审稿件的新闻出版单位说明，并共同商量解决办法。

第十四条　个人拟向新闻出版单位提供公开报道、出版的信息，凡涉及本系统、本单位业务工作的或对是否涉及国家秘密界限不清的，应当事先经本单位或其上级机关、单位审定。

第十五条　个人拟向境外新闻出版机构提供报道、出版涉及国家政治、经济、外交、科技、军事方面内容的，应当事先经过本单位或其上级机关、单位审定。向境外投寄稿件，应当按照国家有关规定办理。

第三章　泄密的查处

第十六条　国家工作人员或其他公民发现国家秘密被非法报道、出版时，应当及时报告有关机关、单位或保密工作部门。泄密事件所涉及的新闻出版单位和有关单位，应当主动联系，共同采取补救措施。

第十七条　新闻出版活动中发生的泄密事件，由有关责任单位负责及时调查；责任暂时不清的，由有关保密工作部门决定自行调查或者指定有关单位调查。

第十八条　对泄露国家秘密的责任单位、责任人，应当按照有关法律的规定严肃处理。

第十九条　新闻出版工作中因泄密问题需要对出版物停发、停办或者收缴以及由此造成的经济损失，应当按照有关主管部门的规定处理。新闻出版单位及其采编人员和提供信息的单位及其有关人员因泄露国家秘密所获得的非法收入，应当依法没收并上缴国家财政。

第四章　附 则

第二十条　新闻出版工作中，各有关单位因有关信息是否属于国家秘密问题发生争执的，由保密工作部门会同有关主管部门依据保密法规确定。

第二十一条　本规定所称的“信息”可以语言、文字、符号、图表、图像等形式表现。

第二十二条　本规定由国家保密局负责解释。

第二十三条　本规定自1992年10月1日起施行。

社会团体

县总工会

【概况】 2012年，宝丰县总工会内设机构有办公室、财务部、组织民管部、社会保障部、女职工部、生产保护部、宣传部、信访法律办公室，下设工会经费审查委员会、女职工委员会，所属9个事业单位有宝丰县职工学校、宝丰县工人俱乐部、宝丰县工交工会、轻纺工会、教科文卫体工会、财贸工会、建设工会、地方煤矿工会、宝丰县困难职工帮扶中心。有工作人员36人。县总工会先后获省级卫生先进单位、省级示范性职工书屋等称号。

【组织建设】 2012年，全县新组建企业130家，占市总年度目标任务85家的153%；新发展会员1600人，占年度任务1050人的152%，其中发展农民工会员1520人，占发展会员总数的95%。5月8日，成立由县总工会、县教体局、县卫生局、县文广局、县科技局相关人员组成的宝丰县教科文卫体工会工作委员会。同时，通过全国总工会《非公有制企业法人数据库应用管理软件》提供的信息，开展建会工作，非公有制企业数据库建会率100%。继续在全县各乡镇和企事业单位工会中深入开展创建“六好”基层工会活动，全县共有769家基层工会开展争创“六好”基层工会活动，争创比例96%。李庄乡工会被省总工会授予河南省“六好”乡镇工会称号。全面加强基层工会组织规范化建设，在已建会的企业中建成合格职工之家286家，其中，亚坤实业集团工会被中华全国总工会授予全国模范职工之家称号。全县共有496家企业开展“双亮”活动。

【帮扶困难职工】 2012年，在困难职工小额借款工作中，受理下岗失业职工申请15人，经过调查落实，对其中符合创业条件的12人进行小额借款帮扶，共发放小额借款12万元，帮助12人自主创业，创业者共带动50人就业。加强帮扶工作制度、档案资料、帮扶网络、财务管理等方面的规范化建设，提高帮扶中心工作人员业务素质和服务水平，进一步推动帮扶中心在帮扶资金、工作职能、工作机制、帮扶实效等方面规范化发展，6月13日，市总工会保障部一行4人对宝丰县困难职工帮扶工作进行调研，并给予高度评价。

【职工就业培训】 2012年，全县共举办各类技能培训班20余期，培训1560余人，其中，县总工会举办下岗职工(含农民工)技能培训班4期，培训技术工人200人，共为下岗职工及农民工提供就业信息1560人次，成功介绍就业650余人。

【实施“送温暖”工程】 2012年，在“双节”送温暖工作中，共救助困难职工1592人，发放救助金30.34万元。建立困难职工(含农民工)电子档案和纸质档案。联系44家县直单位继续开展“心连心、双联系”帮扶困难职工活动，44家县直单位同105名特困职工结成帮扶对子，对他们进行帮扶慰问。共发放慰问金5.25万元、面粉5250公斤、食用油1210斤、棉被100余床。

【开展“金秋爱心助学”活动】 2012年，在“金秋爱心助学”活动中，县总工会共筹集助学资金17万余元。8月24日，在县总工会举行助学金发放仪式，救助58名考上大学的困难职工子女及农民工子女。9月19日，联合县邮政局在红星学校举行助学金发放仪式，对新升入高中的30名困难职工子女进行救助，共发放1.5万元。

【劳动竞赛】 在全县耗能大户、排污大户中组织开展“五比一创”、节能减排竞赛活动。在全县企业重点项目中组织开展“保安全、保质量、保工期、讲文明、讲协作”为主要内容的“三保两讲”竞赛活动，恒瑞新材料有限公司被评为河南省重点工程建设项目优秀参建单位。组织开展多工种的技术比赛，为广大职工搭建建功立业的平台，参与竞赛企业增加7%。选派3名选手参加平顶山市第四届职工技术运动会计算机大赛，获全市第七名。

【劳动保护】 2012年，在全县120家企业中深入开展“安康杯”竞赛，继续推广应用“一法三卡”，运用科学手段进行劳动安全卫生监督检查。加强宣传《职业病防治法》，对616人建立职业卫生健康档案。在526家企业推行工会劳动保护检查员队伍建设，建立健全企业、车间、班组劳动保护组织，各类企业劳动保护检查人员651人。开展

2012年，县总工会为施工工地送去消暑降温物品

“送清凉”活动，把防暑降温工作落实到每个工地、每个企业、每个班组、每个高温岗位，活动共投入资金5.2万元。

【劳模工作】 2012年，完成市“五一”劳动奖章、奖状、工人先锋号的评选推荐工作。朱正栩等5人获平顶山市“五一”劳动奖章，河南伊利乳业有限公司、县中医院脑病科分别被授予平顶山市“五一”劳动奖状、工人先锋号称号。对全县所有市级以上劳模进行入户调查。在摸底调查的基础上，于春节前夕，对10名省级以上劳模和12名市级困难劳模进行慰问。

【职工民主管理】 2012年3月，开展企业工资集体协商集中“要约行动月”活动，共有539家企业进行工资集体协商要约，签订率97%。共有903家企事业单位开展创建劳动关系和谐活动，占应开展企事业单位的95%，覆盖职工69560人。在推行厂务公开工作的基础上，在全县企事业单位中进一步完善职代会制度，有259家非公有制企业建立职代会制度，建制率90%。配合县纪委、县监察局联合下发《关于在全县企业深入实行厂务公开的实施方案》，4月下旬和5月上旬由县总工会牵头对全县金融部门和部分企业进行企业党务、厂务公开工作情况检查。协助市总工会完成对湛河区、郏县民主管理工作互检任务。参与全市民主管理论文征集活动，组织全县各级工会干部开展民主管理理论创新工作，共向市总工会报送优秀论文38篇。

【维护职工合法权益】 2012年3月，依托县法院成立劳动争议审判庭，建立仲裁、审判、调处三方协作职工维权工作新机制，共接待职工来信、来访、来电、法律咨询27起，法律援助2起，参与仲裁案件20余起，三方协作调处信访劳动争议案件5起。成立了宝丰县总工会劳动法律监督委员会，印发《关于在工会干部和职工中开展宝丰县法制宣传教育和依法治会第六个五年规划》，健全了工会劳动争议调解组织网络，完善了一系列调解程序、机制和制度，全县有79家基层工会建立工会劳动争议调解组织。

【女职工工作】 2012年，宝丰县全面落实工会女职工组建“三同时”全覆盖及建档备案工作，推进女职工组织建设全覆盖，累计在女职工人数10人以上的单位建立工会女职工组织495个，其中，企业独立工会女职工组织467个，联合工会女职工组织28个，涵盖企业372个，占应建率的100%。继续推行女职工专项集体合同工作，新签（续签）合同39份，覆盖女职工780人，签订率98%以上。“三八”节、“六一”节期间，县总工会班子成员对7个困难家庭进行帮扶，共发放慰问品及慰问金4748元。开展“两癌”检查医疗帮扶活动。完成市总工会下达的131名在档困难女职工“两癌”检查任务。聘请国家二级心理咨询师组织举办《放飞心灵，我的幸福我做主》庆“三八”女职工心理健康知识讲座培训活动。

【宣传教育】 2012年，全面推进县域重点企事业单位及农民工较为集中的乡镇“职工书屋”建设工作，有5个单位分别被授予全国、省级、市级职工书屋称号。6月份建成宝丰县总工会职工书屋，并投入使用，8月获省级示范性职工书屋称号。全市职工职业道德建设“双十佳”评选活动中，县中医院的杨友军、县移动公司，分别被授予“十

佳职工”和先进单位称号。“五一”节前夕，在宝丰电台、宝丰电视台、《宝丰快报》开辟《劳模风采》专栏，对9个具有行业性、代表性的先进个人及集体的先进事迹进行宣传、报导，起到典型示范带头作用。全年共在各级新闻媒体发表有关“三工”信息255篇，其中省级以上49篇、市级206篇。在全县工会系统组织开展“喜迎十八大，百场宣讲、电影进企业、车间、社区”活动。全县共举办篮球、自行车赛事、戏曲擂台、劳模事迹报告会、法律法规宣讲、电影放映、技能比赛等各类活动230余场。

【队伍建设】 2012年，县总工会修订《制度汇编》，完善机关学习制度，重新修订《机关财务管理工作制度》，加大各项表彰活动中工会经费的审查力度。全县工会经费收缴率大幅提升。缴费单位由2011年的63家提高到175家，同比增长197%。开展“走访职工听民声，深入基层解难题”活动。共走访企业31家，走访职工2016人，帮助解决难题305件，投入资金10.5万元。撰写高质量的调研报告3篇报送市总工会，并提出了工作建议。同时，结合县委开展的“三联三帮建五宝”活动，深化工会服务职工在基层活动。针对所分包的村、农户，每位包村联户干部都能做到多次进村入户，掌握实际情况，解决实际问题。 （陈春奇）

共青团宝丰县委

【概况】 2012年，全县有基层乡镇团委12个和林站团委1个，县直学校团组织12个和县直单位团组织37个。团县委有工作人员4人。

【青少年思想教育】 2012年3月，以“雷锋精神闪耀动人青春，志愿品牌添彩魅力宝丰”为主题，在全县青少年中集中开展各类学雷锋志愿服务活动。16日，在宝丰人民会堂承办“学习朱正栩巾帼展风采维护消费权文明树新风”文艺汇演。31日，组织县消防中队和武警中队官兵，县一高、杨庄一中、杨庄二中、县第一实验小学、县第二实验小学的团员和青少年学生等5000余人，到县烈士陵园举行清明扫墓活动。4月11日，在宝丰人民会堂承办庆两会建五宝争百强“福彩杯”文艺汇演。5月，联合县关工委开展“中华魂理想点亮人生路”主题教育活动，并为基层团组织免费赠送3000本图书，为广大青少年提供学习教育的平台。5月4日，在宝丰迎宾馆八楼会议室，召开宝丰县纪念建团90周年暨“五四”表彰大会，对2011年共青团工作中涌现出的先进集体和先进个人进行表彰。5月10日，在宝丰人民会堂承办庆“五四”“卫生杯”文艺汇演，县委书记刘书锋和广大青年一同观看了演出。8月，参与庆“八一”军民鱼水情文艺汇演。12月27日，参与讴歌“十八大”放歌“建五宝”学习贯彻党的十八大文艺汇演，团县委组织了30人的诗朗诵《向祖国汇报》。

【青年就业创业工作】 2011年7月至2012年3月，团县委联合县广电总台在宝丰新闻在线栏目开辟《青年创业之星风采》专题栏目，对县境初具规模、产生一定社会效益的35岁以下青年创业者进行专题宣传报道。7月，开展技能培训，提

2012年8月，团县委组织举办青年就业创业培训班

高青年综合素质。结合青年农民的需要和青年发展的需要，全县各基层团组织共举办农村青年创业技能培训班15期，培训青年750人。8月，在闹店镇等举办青年就业创业培训班。10月，组织全县30余名创业青年参加在郑州举办的为期10天的青年种植养殖培训班，提高青年就业创业技能。

【希望工程】 2012年六一儿童节，联合县义工站在观音堂滴水崖小学开展情暖夏日“一助一”结对救助活动，76名城市家庭与滴水崖村76户农村家庭“一助一”结对子。11月，在前营乡中心村小学开展情暖冬日“一助一”结对救助活动，36名城市家庭为前营乡中心村36名小学生送去300元钱和学习用品。12月，争取团市委希望工程

物资,为前营乡部湾村小学送去50套羽绒服、100套帽子、围巾、手套、棉门帘等生活用品,在生活和学习上给予农村孩子帮助。

【青年志愿者活动】 2012年2月4日是传统马街书会,组织65名青年志愿者在马街书会为河南省青少年曲艺大赛服务。3月6日,组织县人民医院、县中医院青年志愿者医疗服务队到部分乡镇、农村、学校、企业开展医疗义诊活动,并为患者免费发放上千元的药品,服务群众1600人次。3月12日植树节,组织百余名青年志愿者在文笔山开展义务植树活动,县委常委、宣传部部长马丽和广大青年志愿者共同植下共青纪念林。

【青年文明号活动】 2012年,联合县创先争优办在全县52个窗口单位和服务行业开展争创"青年文明号""争当青年岗位能手"活动,全县广大青年集体和青年职工结合各自工作岗位实际,以"立足岗位比贡献、创先争优做示范"为主题,开展"双争"活动,涌现出一大批先进集体和个人,评选出先进集体15个和青年岗位能手20名。7月17日,举行全县青年文明号和青年岗位能手命名表彰会,县委常委、宣传部部长马丽和县委组织部领导出席会议,并为先进集体授牌。

【团组织建设】 2012年5月,团县委对乡镇、县直单位60余名团干部进行为期1天的以会代训形式的培训。6月,组织全县6名团干部参加在省团校举办的团干部培训班。7月,组织1名少先队辅导员参加2012年度全省少先队辅导员培训班。8月,组织1名中学团委书记参加第四期全省中学中职团干部培训班。9月,组织全县30余名团干部在洛阳素质拓展基地,举办为期3天的素质拓展训练,通过多种形式的培训,不断提高基层团干部的业务和综合素质。10月,乡镇实体化大团委工作在全县铺开,团中央要求用半年时间完成任务,团县委利用1个月时间在全市率先完成了一个乡镇新建不少于30个直属团组织的任务。全县完成新建直属团组织433个,完成率103%。

【"一融三同"活动】 2012年6月13日,团市委书记王玉娟一行13人到宝丰县开展"一融三同"活动,先后到宝酒公司、河南亚坤实业集团生产车间等一线与青年员工一起劳动,体验劳动的辛苦,在职工餐厅与青年员工共进午餐,一起谈感受、聊生活、话发展。

【全市青年农民专业合作社联合会成立】 2012年12月31日,全市青年农民专业合作社联合会成立大会在宝丰召开,全市各县(市、区)的220名青年农民专业合作社会员参加,团市委书记王玉娟,市农信办副主任付少敏,市委农办副主任张山林,市农科院副院长尹守恒出席会议。会议审议通过了《平顶山市青年农民专业合作社联合会章程》《平顶山市青年农民专业合作社联合会第一次会员代表大会选举办法》,选举产生了平顶山市青年农民专业合作社联合会第一届理事会理事、常委理事、秘书长、副会长、会长。团市委书记王玉娟与市农科院副院长尹守恒签署了支农战略合作协议。会上对宝丰县绿色农业专业合作社等30个合作社进行了表彰。 (孙秋宾)

县妇女联合会

【概况】 2012年,县妇联内设机构有办公室、组织部、宣传部、城乡部、维权部、儿童部、妇儿工委办公室,有干部职工7人。全县13个乡(镇、林站)有妇女干部39人,县直单位建立健全妇委会72个,农村建立健全村级妇代会303个,社区(居委会)妇女组织24个。

【参与构建和谐社会】 2012年1月6日,在县爱心救助超市举行"送温暖 献爱心"捐赠活动仪式,为帮助贫困群众和贫困家庭温暖过冬,县妇联向全县各级妇联组织发出开展扶贫济困送温暖活动的倡议。共收到全县37家单位妇委会捐赠的衣物2000余件。1月12日,县妇联组织县人民医院的志愿者在杨庄镇敬老院举行"巾帼志愿者健康义诊行"免费义诊活动。县领导张庆一等给予了充分肯定。此项活动在《中国劳动保障报》上予以报道。3月12日,为倡导广大妇女树立"植绿、护绿、爱绿"的文明意识和生态环保意识,县妇联组织巾帼志愿者在文笔山举行义务植树活动。共植树600余棵。母亲节前夕,县妇联在全县开展评选"感动父城优秀母亲"活动,共有10位母亲获得

“感动父城优秀母亲”称号。寇彩云荣获市“十佳优秀母亲”称号。县妇联在全县妇联组织和妇女干部中开展学习朱正栩活动，并于3月15日联合县委宣传部举办了“学习朱正栩 巾帼展风采”文艺汇演，县四大班子领导和县直单位干部职工一起观看了演出。5月10日，县委常委、宣传部部长马丽在县妇联负责人的陪同下慰问“感动鹰城十佳母亲”彭玉书、崔三妮。5月29日，县妇联在赵庄乡大黄村互助家园举行“关爱空巢老人”志愿服务活动启动仪式，县领导马丽等参加启动仪式。50余名志愿者给互助家园的老人送去了米、面、油、毛巾、肥皂等生活用品，并为空巢老人免费体检。8月份，县妇联在全县发起“恒爱行动——寻找爱心妈妈为贫困、孤残儿童编织爱心毛衣”大型公益活动。全县有100余名爱心妈妈参加此项活动，共收到爱心毛衣127件，11月8日，举行了“恒爱行动”爱心毛衣发放仪式。12月4日，在第27个“12·5国际志愿者日”到来之际，县妇联组织巾帼志愿者带着慰问品和志愿者们自备的戏曲节目到商酒务镇互助家园进行慰问，以实际行动表达了对空巢老人的关怀。

【巾帼建功活动】 2012年，为激发广大城镇女职工爱岗敬业、争先创优、积极进取、拼搏向上的良好氛围，县医院、县国土局、县财政局、亚坤集团等单位积极组织单位女职工开展岗位练兵，争创巾帼文明岗。至2012年，全县有全国巾帼文明岗1个，省级巾帼文明岗3个，市级巾帼文明岗9个，县级巾帼文明岗25个。

【妇女参政】 2012年2月15日，县妇联召开十一届十次执委会议。会议总结2011年全县妇女工作情况，安排部署2012年妇女工作任务，与各乡镇妇联签订了年度目标责任书。6月26日，县妇联与县委组织部联合举办宝丰县第九期优秀中青年妇女干部培训班。培训班着重加强了政治理论、领导艺术以及婚姻家庭、社交礼仪等知识的培训。为做好县乡妇联换届工作，县妇联于8月16日在前营乡召开乡镇换届试点会，在县妇联的具体指导下，13个乡镇妇联全部顺利换届，选出乡镇妇联主席13人、副主席26人，各乡镇妇联执委89名，选齐配强了乡镇妇联班子。村“两委”换届选举结束后，对新当选的村“两委”女干部和妇代会主任全部进行妇女工作业务知识和妇女维权知识的培训，培训率100%。县妇联积极开展妇女之家创建工作，实现“妇女之家”建设挂牌全覆盖。前营乡前营村、石桥镇吕寨村、周庄镇陈营社区荣获全国妇联基层组织建设示范村(社区)称号。

【县妇联十二次代表大会】 2012年9月20～21日，宝丰县妇女第十二次代表大会在宝丰迎宾馆召开，大会选举产生了29位执委、9位常委并选举产生了主席张玲玲，副主席金巧红、王薇新一届领导班子。

【留守儿童关爱工程】 2012年1月9日，县妇联组织巾帼志愿者在观音堂中心小学举办“关爱留守子女.共建美好家园”救助特困留守儿童活动，为每个特困留守儿童送去了书包、台灯、学习课本和200元压岁钱的新年爱心大礼包，这一活动在《人民教育报》、新华网、人民网等媒体上刊发。“六一”节前夕，县妇联在全县开展“心系留守儿童.圆梦行动”。活动共征集到心愿卡513张，募集到价值5万余元的圆梦礼物，为513名留守儿童实现了愿望。县妇联在加强对已建留守儿童亲情家园管理的基础上，在大营镇和周庄镇新建2所留守儿童亲情家园，并为70余名留守儿童找到了编外家长，使这些孩子们不仅生活上有人帮，在心灵上也有人助。5月28日，县妇联联合县委宣传部、县教体局承办“童心灿烂 拥抱未来”庆“六一”文艺汇演，县四大班子领导及千余名群众观看了演出。6月1日，县委书记刘书锋带领县四大班子领导在县妇联负责人的陪同下，看望慰问少年儿童，并为他们送去学习、体育用品。随后，县妇联

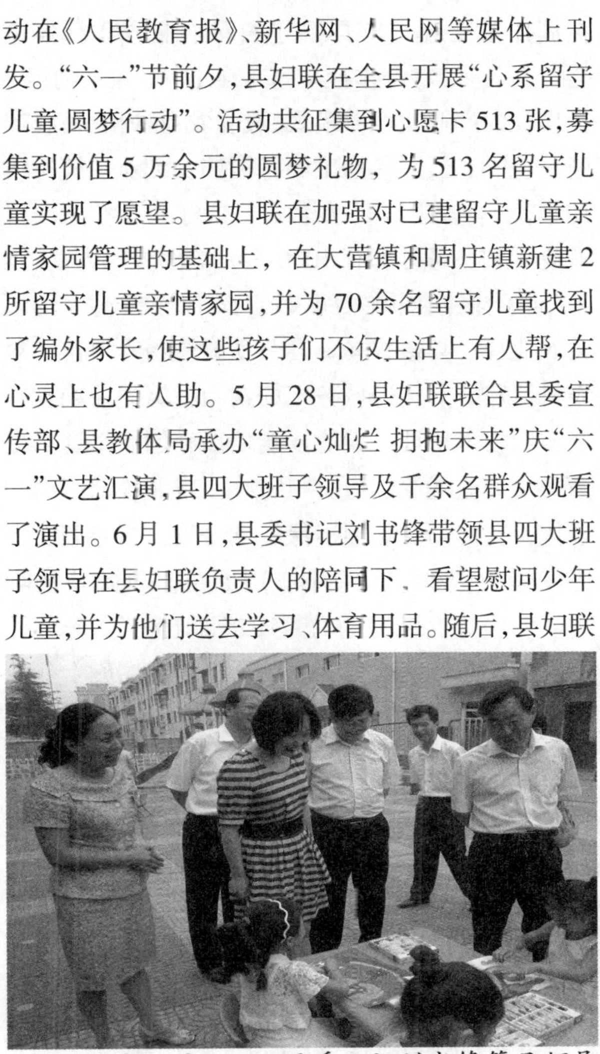

2012年6月1日，县委书记刘书锋等县领导看望慰问少年儿童

负责人与杨庄镇有关领导一起看望了杨庄镇贫困儿童，为他们送去了学习用品及现金。

【儿童教育】 2012年，全县共举办家庭教育讲座17期。9月17～18日，县妇联联合县教体局邀请全国家庭教育讲师团高级讲师王榆平到县实验三小、县二中、红星学校，讲授《关注孩子主动生活的能力》的家庭教育知识讲座。11月11日，县妇联在红星学校举行“吟诵国学 书香校园”为主题的《弟子规》诵读比赛。展现了“孝悌”“谨信”“爱众”“亲仁”等中华民族传统美德的恒久魅力和重大现实意义。通过诵读《弟子规》活动，不仅让学生从中华传统文化里汲取精华，吸取智慧，也使其思想受到熏陶、行为得以规范。红星学校小学部37个班级的学生参加了诵读比赛，分别评出一等奖3名、二等奖6名和优秀奖10名。

【巾帼科技星火工程】 2012年7月19日，在周庄镇召开宝丰县留守妇女创业合作社推进会。全县采取“合作社＋基地＋农户”和互助组＋合作社的产业化经营模式，成立农业种植、畜牧养殖、丝毯加工、服装加工等各类妇女创业经济实体108个，使全县1万多名农村留守妇女在家门口就业、创业，每月都有1000多元的额外收入，实现了“居家挣钱、照顾家庭、教育孩子”的梦想。协调县农业局、县畜牧局、县劳动就业局等单位，对农村留守妇女、进城务工妇女和城镇失业妇女开展实用技术培训、就业技能培训和创业培训，提高妇女创业就业能力。与财政、就业等部门密切合作，宣传妇女小额担保贷款政策，指导妇女大力发展投资少、风险小、周期短、见效快的项目。实施“女性劳动力素质培训工程”，开办计算机、家政、餐饮等各类培训班，提高妇女就业创业的能力。2012年，共举办巾帼科技星火工程培训班89期，培训妇女9000人(次)，为3000余名妇女提供了创业、就业岗位。全年为450名妇女申请小额担保贷款1350万元。3月，许利、苗红被省妇联、省畜牧局评为河南省养殖女能手。金岭牧业被省妇联命名为河南省科技养殖示范基地。县“十佳”巾帼创业明星、观音堂乡宋沟村史珍芳的事迹在《河南日报》(农村版)刊登。

【妇女儿童维权】 2012年2月4日，县妇联牵头组织公、检、法、司等20余个单位的巾帼法律志愿者，在马街书会现场摆放咨询台、发放宣传资料，向过往群众讲解在工作、生活中遇到的维权问题，共发放宣传资料3000份，赠送普法书籍500余册，解答咨询200余人。3月8日，县妇联组织法律、心理咨询师等10余名巾帼志愿者到县公安局看守所，在女性监室内与在押的女性人员开展帮教活动，并向她们赠送了生活用品和百余本《妇女生活》、法律法规等杂志刊物。6月26日，县妇联、县禁毒办在县公安局门前开展以“关注青少年，不让合成毒品进我家”为主题的宣传咨询活动，县委常委、政法委书记杨占杰参加宣传活动。县妇联、县公安局工作人员现场为群众讲解毒品的危害及县禁毒工作形势。同时，县妇联组织巾帼法律志愿者及禁毒办干警到杨庄镇姜湾村，用真实的案例为大家讲解毒品的危害，向群众宣传《禁毒法》，组织现场300余名群众进行禁毒宣誓并在宣传条幅上签名。此次活动共展出版面20块，发放宣传资料3000余份(册)。6月份，县妇联与县综治办联合下发文件，对平安家庭创建和“和谐家庭、幸福家庭”的评选作出具体要求，并与各乡镇签订“平安家庭”创建工作目标责任书。在县直各单位、各乡镇妇女组织中开展“千万妇女学法律，户户平安促和谐”为主题的“妇女法律宣传行”活动。先后在商酒务镇、县国土局等乡镇和单位举办普法宣传活动5场。全县共表彰命名商酒务镇赵官营社区、周庄镇陈营社区、赵庄乡袁庄中心村、杨庄镇姜湾社区、张八桥镇姚店铺村等一批“平安家庭”建设示范村(社区)。抓好“廉政文化进家庭”工作，创建了张八桥镇姚店铺村、石桥镇石桥村两个示范点，以发放宣传手册、自编戏曲唱段等形式对广大妇女进行宣传教育4次。2012年，全县各级妇联共接待来信来访来电43件(次)，解答咨询29起，通过电话或上门的形式调解18件，结案率100%。

【妇儿工委工作】 2012年6月21日，宝丰县召开妇女儿童发展新规划编制工作会议。来自县政府妇儿工委各成员单位的主管领导及联络员60余人参加会议。县政府副县长、县政府妇儿工委主任姬翠红参加会议并做重要讲话。要求各部门要按照《中国妇女儿童发展纲要(2011-2020年)》《河南省妇女儿童发展规划(2011—2020年)》《平顶山市妇女儿童发展规划(2011—2020年)》的总体目标和要求,制定新一轮妇女儿童发展规划。12月25日,宝丰县组织召开2001~2010年实施妇女儿童发展规划总结表彰会。宝丰县政府妇儿工委主任、副县长姬翠红出席会议,宝丰县政府妇女儿童工作委员会成员单位的分管领导、联络员、各乡镇妇联主席以及受表彰的先进集体和先进个人代表等100余人参加会议。

【宣传工作】 全年向报刊和网站投送稿件90余篇。其中,在《中国妇女报》上发表3篇,在新华网和其他网站、报刊上发表31篇,在河南省妇女网发表3篇,在平顶山妇女网发表61篇,在《河南日报》(农村版)发表5篇,在《平顶山日报》发表7篇,及时反映了县妇联工作的特色和成功经验,提升了妇联组织的影响力。县妇联先后获河南省"三八"红旗集体、河南省节能减排工作先进妇联组织、河南省妇女创先争优先进集体等称号。

【"三联三帮"活动】 2012年,县妇联为贯彻落实"三联三帮建五宝"会议精神,增强妇联活力,县妇联主席张玲玲包村到张八桥镇草场村,副主席周平丽包户到张八桥镇白塔营村,副主任科员郭林红到张八桥镇苗李村任第一书记。通过下村入户,调查走访,从经济发展、社会稳定、家庭和谐的角度,帮助所包村、户理清发展思路,看望慰问贫困妇女儿童。中秋节前夕,协调民政部门为15户困难群众每户解决生活补助200元,共3000元。通过"三联三帮"活动,密切了干群关系,树立了妇联干部的良好形象。 (郭林红)

县科学技术协会

【概况】 2012年,宝丰县科协紧紧围绕县委、县政府的中心工作,切实履行"三服务一加强"职能,组织开展了科普宣传、科技推广及青少年科技创新大赛,实施科普惠农兴村计划等工作,为实现"建五宝,争百强,三化协调发展奔小康"的奋斗目标做出了应有的贡献。县科协内设机构有办公室,普及工作部、学会工作部、咨询工作部4个部室,有干部职工20人。全县有县级学会、协会、研究会63个,拥有会员7600余人。2012年10月宝丰县科协被河南省科协授予农村科普宣传工作先进集体称号。

【科普宣传】 2012年,县科协组织全县有关学会、协会、研究会,借助传统集会,在县城及部分乡镇和行政村举行科普宣传活动。县科协购买科普宣传画50余套,科普书籍2.4万余元,印制了数千副反邪教扑克,用于"科技之春""科技之夏""全国科普日"等一系列科普宣传活动。共举办宣传活动20余场(次),参加学会、协会20余个,展出版面400余块(次),宣传画3000余套(张),发放科普宣传资料5万余份。县科协及乡镇利用宣传橱窗、宣传栏广泛进行科普知识宣传。围绕2012年"食品安全与公众健康"科普宣传主题,8月下旬,与县食品安全管理办公室联合在全县食品生产、经营企业、学校等单位联合开展《全国食品安全科普知识竞赛》和《河南省四大放心工程科普知识竞赛》,发放答卷1000份,收回980份。

【送科技下乡】 2012年,与涉农部门,涉农学会(协会、研究会)联合开展送科技下乡活动,多次组织专业技术人员到田间地头、养殖场进行现场指导,传授农作物高产技术和病虫害防治技术以及猪、牛、兰、鸡的饲养和防疫技术,受教育者2000余人次。

【建立健全技术推广网络】 至2012年,全县有乡镇科协12个,县级学会、协会、研究会63个,有会员7600余人。基本形成了以县科协为枢纽,县级学会为依托,乡镇科协和基层农技协为基础,科技示范户及能工巧匠为骨干的群众性科技推广网络。10月,与县民政局配合,利用一周的时间对县境的社会团体进行星级评定,共评出3个4A级,5个3A级,其中县科协下属的宝丰县农业科学技术研究会、宝丰县养兔协会、宝丰县花椒协会3个单位被县民政局评为3A级协会。

【科普示范基地建设】 2012年,县科协围绕农村经济发展现状,开展科普示范基地创建工作,团结和动员全县广大科技工作者,以城乡经济统筹发展为原则,以农业增效、农民增收和农村经济发展为落脚点,努力调整农业产业结构,依靠科普示范基地的示范带头及辐射作用推广先进技术,示范种植优良品种,带动更多的农户发家致富,推动农村经济发展。县科协申报了宝丰县养兔协会、宝丰县农业技术研究会2个省级和巨霸牧业生态养殖基地、宝丰县养蜂协会2个市级科普示范基地。

【实用技术培训推广】 2012年,县科协精选符合县境实际的种植养殖技术10余项,投资2万余元,印发实用技术小手册2万本,发放到农民手中。免费为兼任村级科普宣传员的全县大学生村官订阅《农家参谋》260份,供他们向农民朋友宣传先进的实用技术。与中国科协声像中心合作,认真办好《科普大篷车》下乡活动。全年共接收并下发相关音像制品50余套,各农技协刻录复制500余次,向农民及种植、养殖户播放。组织县种植养殖专家和县级学会、协会、研究会的专业技术人员,深入乡镇、村庄、农户举办种植、养殖技术培训班,培养了一批专业技术人员。

【青少年科技创新大赛】 2012年,县科协联合县教体局,组织中小学生参加平顶山市第二十五届青少年科技创新大赛,共获奖261项。其中,获优秀科技创新成果二等奖3项,三等奖2项;获优秀科学幻想作文一等奖46项,二等奖20项,三等奖69项,四等奖33项;获青少年生物和环境科学小论文一等奖3项,二等奖4项,三等奖10项;获科技辅导员科教创新成果一等奖2项,二等奖5项,三等奖11项;获优秀科技实践活动方案1项;获优秀科技实践活动和青少年科学DV一等奖1项,二等奖1项;获优秀科学幻想绘画一等奖20项,二等奖15项,三等奖15项。县科协荣获优秀组织单位奖。

【科普惠农兴村计划项目】 2012年,县科协分两次向上级科协推荐申报科普惠农兴村计划项目4个,其中宝丰县蔬菜协会被中国科协、财政部评为科普惠农兴村计划先进集体,其他3个作为2013年储备项目,已通过市科协验收。

【队伍建设】 县科协领导重视机关干部的政治思想建设,坚持每星期二、五下午集中学习,主要学习邓小平理论、江泽民文选和胡锦涛、习近平等领导的主要讲话,学习上级科协的文件和会议精神。根据县委统一部署,组织机关干部开展“深入学习实践科学发展观”活动。通过学习、活动,增强机关党支部的凝聚力和战斗力,提升机关干部的政治业务素质,建立完善各项规章制度,推动机关工作规范化。

（李朝辉）

县残疾人联合会

【概况】 宝丰县残疾人联合会内设机构有办公室、组织联络部、康复部、教育就业部、维权部,下设盲人协会、聋人协会、肢残人协会和智力、精神残疾人及亲友协会4个专门协会。有工作人员12人。县残联先后获全国白内障无障碍县、创建全国残疾人工作示范城市先进单位、2012年河南省残疾人就业保障金征收工作先进单位、2012年河南省残疾人就业培训工程先进集体、2012年河南省残疾人社区康复示范县、2012年河南省档案工作规范管理先进单位、2012年全市残疾人工作先进县、市级文明单位等称号。全县有残疾人3.56万人,占总人口的7.1%。

【残疾人康复工作】 2012年,对5名孤独症残疾儿童实施救助,补贴康复训练经费每人每月50元。免费为115名贫困肢体残疾人安装假肢。康复训练聋儿65名,有46名进入普通学校学习;共验配助听器122台;完成肢残(脑瘫)康复训练23名,智残儿童训练14名。加强残疾人康复专业人才队伍建设,培养50名康复专业技术人员和200名村(社区)康复协调员。

【残疾人维权工作】 2012年,县残联在扶贫、城乡最低生活保障、新型农村合作医疗、贫困残疾学生、贫困残疾人子女救助等方面形成以县残联为主体,乡镇残联为骨干、村(社区)残协为基础的三级网络,提升为残疾人服务水平。实施残疾人“安居工程”,改善150户农村贫困残疾人家庭居住条件。建立残疾学生和贫困残疾人子女定期发放学费和生活费补助制度。提高残疾人社会福利水平,对一户多残、老残一体等特殊困难家庭和低收入残疾人家庭优先实施临时救助。

【残疾人保障金征收和就业培训】 2012年,

县残联在就业保障金征收工作中，及时总结经验，采取有效措施，完成市残联下达的就业保障金征收任务。县残联不断加大对残疾人的职业技能和种植、养殖技术培训，推荐80余名残疾人参加省、市残联组织的电脑班、盲人按摩班、电动车维修培训班。同时，县残联针对农村不同类型的残疾人，聘请专业技术人员根据残疾人的需要采取多种形式，对780余名残疾人进行培训，从而拓宽了残疾人就业的方式。在肖旗乡枣庄村建立养殖扶贫基地，养牛专业户王顺兴饲养肉牛21头，年收入2万余元；养鸡户常宽养鸡1万只，年获利5万余元。在县残联残疾人就业服务中心的帮助下，全县用人单位安排残疾人就业236人，福利企业安排就业429人，个体就业2594人。

【第二十二次全国“助残日”活动】 2012年5月20日是第二十二次法定全国助残日，其主题是“加强残疾人文化服务，保障残疾人文化权益”。5月22日，宝丰县第二十二次全国助残日活动暨残疾人工作会议在宝丰迎宾馆会议室召开，会议总结了2011年全县残疾人工作，安排2012年全国助残日活动和残疾人工作。下发了宝丰县《关于在助残日期间开展“爱心助残”专项募捐活动》的通知。县领导和残联有关人员带着慰问品和慰问金对贫困残疾人和乡（镇）村残疾人专职委员进行慰问。助残日期间，宝丰电视台、宝丰广播电台和《宝丰快报》等新闻媒体对助残日活动进行全面报道。

【残疾人乒乓球比赛】 2012年10月19日，县残联承办并参加平顶山市第四届残疾人乒乓球比赛暨首届残联系统乒乓球比赛。比赛共有11个代表队，80余名运动员参赛。其中残疾人运动员35名，5个组别进行了137场激烈角逐，当天下午闭幕。

【县乡残联换届工作】 2012年12月14日，县残联召开县、乡残联换届工作会议。会议安排部署第五次代表大会，做好换届工作，按照时间要求，乡镇残联换届工作将在2012年年底前完成，县残联换届工作将在2013年3月底前完成。

（王鹏丹）

县工商业联合会

【概况】 2012年，宝丰县工商联发挥工商联的统战性、经济性、民间性职能，依靠工商联（商会）组织，团结帮助，教育引导，确保了非公经济和人士的健康发展，在经济联络、组织宣传、基层建设、会员服务等方面取得了一定成绩。县工商联合会内设有办公室、组宣室、经联室3个工作部门，有工作人员10人，会长1人，党组书记1人，驻会副会长1人，秘书长1人。下辖12个乡镇分会，6个行业商会。

【基层组织建设】 2012年，县工商联新增企业会员20个，共80个；个体会员1684个；团体会员17个。12个乡镇分会中商酒务商会、肖旗商会已注册。有6个行业商会。

【组织培训】 2012年10月中旬，由县工商联党组书记带队组织的10余名企业家，到平顶山宾馆参加市工商联举办的国学讲座。在会员培训中，采取以会代训、外出考察等形式，引导民营企业家走出去，开展商会交流和经贸活动，特别是海宝集团冰箱出口非洲和北美工作，开创了平顶山市家电出口创汇先河。

【服务企业】 2012年，县工商联在服务招商单位的同时，积极参与县招商选资工作，并选定招商目标企业，分别到洛阳一拖、佛山陶瓷厂等地开展招商工作。在第四届华合论坛会上，宝丰县成功签约六大项目，签约资金63亿元。在服务民企工作方面，与农信部门联系帮助企业贷款的同时，建立小额贷款公司，优惠为会员企业发放贷款3000余万元。与县司法局联系，成立法律服务中心，及时解决企业发展中出现的资金、法律服务、劳动关系等问题，确保民营经济的平稳健康发展。

【宣传教育】 在非公有制经济典型宣传方面，通过宝丰电视台、报纸等媒体，全方位多层次宣传。特别是宝酒公司通过科技创新抢占转型高地的报道，在市县媒体引起高度关注。企业文化建设有新突破。6月，中共中央政治局常委李长春专程到宝丰调研民营企业魔术文化发展，引起社会各界强烈关注。在引导民营企业自觉履行社会责任方面，洁石集团、大地集团、亚坤集团、康龙集团等通过招聘员工、承办市场建设等多种形式，促进公益事业深入开展。

【行业商会建设】 2012年，宝丰县在百货食品、商业联盟、农资协会3个商会登记注册的基础上，成立外来企业协会和建筑协会，把民办非公企业组织纳入管理。并充分发挥商会作用，在征订《中华工商时报》、协助政府慰问乡敬老院、学校等方面取得较好成效。在异地商会建设中，协助市工商联筹建北京商会，宝丰县民营企业家王腾飞被推选为北京商会副会长。全县12个乡镇相继建立商会，肖旗乡商会主动联姻宁波老乡，开展商会交流合作。在企业会员和团体会员发展方面，宝丰县成立的十大民营企业集团，旗下子公司个数倍增，成为宝丰工商联企业会员的新特点。

【百企帮百村】 2012年，县委、县政府把老龙窝作为“三化”协调发展的实验区，县工商联积极促成河南宇隆集团与其结对，成立老龙窝三化实业公司，加速推进老龙窝青城社区和农业产业化发展步伐，企业已投入资金4000万元，开工建设400套新型民居和主干道，流转土地3000余亩。张八桥、清凉寺、袁庄3个帮扶新村已初具规模。至年底，宝丰县百企帮百村已累计投入帮扶资金超亿元，参与帮扶的民营企业达到36个。

【光彩事业】 2012年，在光彩助学工作中，县工商联早安排，早落实，出台实施方案，将光彩助学与光彩文化发展巧妙融合。在2011年光彩基金的基础上，洁石集团、亚坤集团又捐款20余万元。县委统战部领导和工商联领导带领部分企业家下乡进户，把学费亲自送到贫困学生手中，使73名贫困学子顺利走入高校大门。光彩助学工作还以秋季救助贫困大学生入学为切入点，广泛动员，多渠道筹措资金，确保每一位大学生不因贫困而辍学。同时开展经常性光彩助学活动，引导非公有制经济人士与贫困家庭结对帮扶。河南亚坤集团在县一高开设亚坤班，从高一到高三每级挑选90名优秀贫困中学生进行救助，年投入光彩助学资金近30万元。在红色旅游扶持方面，民营企业家商根生投资2000余万元，在尖山坡筹建劳模纪念馆和观音堂日本大屠杀纪念馆，扩大荒山面积3200亩，新造梯田1500亩，被确立为省级爱国主义教育基地，尖山坡逐渐形成了一个红色文化旅游景点。

（王毅傲）

县文学艺术界联合会

【概况】 2012年，县文联下属有作家协会、音乐舞蹈家协会、书法家协会、美术家协会、曲艺家协会、杂技家协会、摄影家协会、诗词楹联协会、老年书画家协会、炎黄文化研究会10个文艺家协会和书画研究院与文学研究会，会员总数1000余人。其中，国家级会员10人，省级会员100余人，县级会员900余人。当年全县有12名文艺工作者成为省级会员，2名被申报为国家级会员。3月，县文联被河南省文联授予2010~2011年度先进集体称号。县文联有干部职工5人。

【文学创作】 2012年3月，文学研究会在闹店火神庙村组织召开小型散文创作会，周边村庄有作者7人参加；5月23日，为庆祝《在延安文艺座谈会上的讲话》发表70周年，组织10名文学爱好者进行座谈和交流，认定“生活是文学创作唯一源泉”这一主题；7月，组织部分文学爱好者举办庆祝建党节小型诗会；10月，组织文化研讨，重点研讨语言与文学的发展，总结出“文学要以人为本，要抵制低俗”。2012年，全县作家共创作并在市级以上刊物发表作品100余篇(首)。9月潘运明创作的长篇小说《从蹚将到将军》由中国言实出版社出版；10月报告文学《在汝瓷时空里执着远行》(记河南省陶瓷艺术大师宝丰大宋汝窑瓷业有限公司总经理王学锋)，在《中国信息报》上刊登；报告文学《用赤诚孝心诠释好儿子、好女婿》(记宝丰县“十大孝星”之吴跃进)，在《平顶山日报》上刊登；孙鹰波创作的中篇小说《司马贵入党》，在市文联主办的2012年第5期《三月》杂志上刊登。李民强、范军朝、韩世奇等创作了一批纪实文学、小说、散文、诗歌等散见于省内外报刊。

【曲艺工作】 2012年，全年接待曲艺艺人100余人次，新发展县级曲协会员36名。曲协先后参加了正月十三马街书会计划生育政策宣传、土地法宣传等活动。8月15日,曲协一行10余人赴市夕阳红老年公寓为孤寡老人慰问演出;9月18日,应邀参加市残联举办的国庆晚会;9月29日,参加在宝丰人民会堂门前广场举办的宝丰县曲艺家协会迎双节文艺晚会,台上老中青三代演员20余人为群众献上一场文化大餐;10月23日,是传统农历的九月九日重阳节,曲协应邀到洛阳市演出3天。同时组织传统文化艺术进高校展演,将三弦书、大鼓书等非遗文化节目带进校园。曲艺创作方面,魏红朝创作的河南坠子《宝丰文化大发展》获中国曲协、河南省文联2012年河南宝丰马街书会曲艺邀请赛一等奖。黄海燕自创自演的小品《领奖奇遇》《假孕》、相声《计划生育好》在2012年的马街书会上参加县计生委主办的计生展演活动;改编的相声《恰同学少年》、相声《芝麻开门》在省粮食厅进行录制。除为大型活动专门创作的6篇曲艺唱段外,曲协鼓励大家在日常工作中进行曲艺创作。曲协主席王剑侠创作的坠子《歌唱好党员》、快板《谁说婆媳是冤家》、坠子小品《劝闺女》,副主席李春迎自创的三弦书《新农村更比天堂美》,金素珍自创自演的三弦书《咱把计生国策来宣传》、三弦书《少生优生好处大》,副秘书长贾磙子创作的大调曲子《洪桥会》、天津快板《计生正气歌》、坠子《俩笼头》《刘根接生》、三弦书《祭拜三皇》《佛教十拜香》、清唱《歌唱党的十八大》、小品《串亲戚》《小戏劝夫戒赌》,理事扬水自创自演的三弦书《党的政策好》、坠子《独生子女好》等17篇曲艺唱段在各种舞台上演唱。曲协主席王剑侠筹资建起110平方米的曲艺排练厅,免费招收学员20余名,利用节假日时间办起曲艺培训中心。其中学员黄海燕于2012年10月获河南省"群星奖"大赛一等奖。

【红姐宣传队】 2012年,县民族宗教局退休干部金素珍组建的"红姐宣传队"义务在街头、广场演出,通过组织参加重大节日宣传活动、送戏下乡宣传活动和举办家庭演唱会三种形式把文化大餐送到城乡千家万户。全年受教育城乡群众10余万人次,获市、县荣誉6项。2012年11月金素珍被选为宝丰县曲协副主席。河南老干部网以《曲艺之花金素珍》,《老人春秋》第1期以《金素珍和"红姐宣传队"》为题报道她热爱文艺戏曲事业,退而不休,勤奋学习,发挥余热的先进事迹。正月十三马街书会上,表演的"三句半"《咱把计生政策来宣传》剧照在《农民日报》发表,演唱的大调曲《游击超生害处多》剧照在《河南科技报》发表。组织宣传队、离退休干部及观众百余人举行迎"七一"演唱会和庆"七一"军民鱼水情演唱会等,合唱《东方红》《没有共产党就没有新中国》,豫剧《祖国的大建设一日千里》,剧照分别在中国新闻图片网、人民网发表。深入乡村开展送戏下乡宣传活动。组织宣传队送戏到前营乡大连庄村、周庄镇马川移民新村,为群众演唱《朝阳沟》《傻子串亲》等节目。消夏时节,先后到李庄乡白雀寺、张八桥镇庙会、县城公园、大地集团等为群众义务演出曲剧、豫剧,传统戏、现代戏等节目。经常举办家庭演唱会,组织离退休人员传播先进文化。11月4日,举办"喜迎党的十八大"演唱会,邀请40余名离退休老同志及亲朋好友共同高唱革命歌曲,表达大家对党的热爱之情。12月参加讴歌十八大,放歌"建五宝"演唱会,组织宣传队,演唱三弦书《十八大精神放光芒》。

【魔术活动】 为落实中央领导李长春"宝丰魔术要上春晚"的指示精神,7月26日,宝丰县成立了宝丰魔术上春晚领导组,领导组由县委常委、宣传部部长马丽任组长,县人大副主任王延辉任副组长,县文联副主席魏红朝等为专职工作人员,制定工作计划和筹备方案,并按计划推进工作。8月1日,央视《欢乐一家亲》制片人、导演一行莅宝对刘顺、靳全亮、张本周3个魔术师家庭进行指导,并确定按照魏红朝的《动感游乐场》、连艳霞的《魔幻餐厅》、吴红召的《农家乐》3个魔术剧本认真排练,从而使县魔术节目提档升级。为迎接《我要上春晚》导演组到宝丰挑选魔术节目,8月13日,县委常委、宣传部部长马丽在商酒务星光艺术学校主持召开宝丰魔术上春晚座谈会,工作组成员和来自赵庄、肖旗、商酒务3个乡镇主管领导及40余名魔术师们齐聚一堂,围绕宝丰魔术上春晚进行了座谈。会议结束后,组织40余名魔术师于8月13日至17日在星光艺术学校进行为期5天的集中培训。8月17日下午,工作组组织了28个魔术节目在赵庄乡魔术大观园进行演出，央视《我要上春晚》导演组进行了指导。9月16日，宝丰县选送农民魔术师王献坡、洪非凡、赵孟月参加全国农民运动会开幕式等演出。9月25日，丁德龙在北京参加《我要上春晚》魔术节目的录制，并于10月2日晚在央视综艺频道（CCTV-3）播出。

【摄影活动】 2012年1月，县摄影协会组织摄影会员在裕昌源大酒店开展摄影作品评展及联欢活动，对全县20余名摄影作者200余幅摄影作品进行点评。2月，摄影协会利用马街书会这一文化阵地，向全国发出了马街书会全国摄影大赛的征稿启事。活动共征集摄影作品1600余幅。于8月份邀请国家级会员开展评奖活动，共评出一等奖1名，二等奖2名，三等奖6名，优秀奖30名。4月、6月和国庆节期间，摄影协会先后组织和倡导会员到大营林果园、香山寺景区和其它景点开展摄影采风活动；5~8月，摄影协会和县民政局先后3次组织会员30余人次，深入到全县13个敬老院，为五保老人拍摄老年幸福照；9月，全县600余名五保老人得到了自己的晚年照片，省、市电视台对摄影协会的做法进行了报道。全年开办摄影学术讲座3次，参加会员上百人次。

【书法活动】 2012年，全县新加入河南省书法家协会会员9人。县书协先后组织承办了平顶山市第五届刻字展培训班，出版了2012年挂历1000余册，在河南首届“侨光艺术奖”评选活动中获专业组优秀奖15人，获少儿组“侨光”艺术新苗奖7人。1月1日，组织书法协会作者参加平顶山市廉洁从政书法展，赵封君获奖、会员9人入展，孙战生作品受到特邀；1月13日，县纪委、县文联组织县书协的10余名书法家在石桥镇举行送廉政春联下乡活动，当天为石桥镇群众写下1000余副廉政春联；1月31日（农历正月初九），组织会员参加宝丰·襄城迎新春十三马街书会书画联展，展出书画作品80余幅；5月，组织参加河南省第二十一届群众书展，宝丰县参加30人，其中17人获奖；6月8日，组织参加平顶山市“中国观音文化之乡”挂牌仪式；7月15日，组织县书协参加市“九二共识”书法作品展览，宝丰县8名会员作品入展；7月26日，宝丰县前营乡书画协会成立；8月10日，县书协、县美协与县计生委联合举办宝丰县独生子女“光荣节”书画展览，共展出书法作品70余件；10月17日，宝丰县喜迎十八大“农信杯”书画大赛颁奖仪式暨作品展览开幕式在县农村信用合作联社举行。共展出书法作品56件；10月23日，举办宝丰县喜迎十八大“环保杯”九九重阳老年书画展，共展出书画作品70余件；10月25日，孙战生、赵封君作品入展江西省书协主办的“品质东乡”全国书法展。

【美术工作】 2012年，全县新增河南省美术家协会会员2人。4月，参加平顶山市观音文化节书画展，入展作品6幅，其中4幅作品被书画爱好者以每幅1000元的价格收藏。5月，组织美术家协会主席团成员观摩学习由平顶山市文联承办的鹰城墨缘——马国强水墨人物画展；参加河南省人大举办的“迎接党的十八大、助推中原经济区建设”书画展，共组织创作书画作品26幅；参加省侨联组织举办的全国书画展，有3人美术作品获优秀奖。6月，组织参加市台联举办的纪念“九二共识”20周年书画展，3件获优秀奖。7月，县美术家协会与县书画院联合举办翰墨寄深情喜迎十八大创作研讨会。8月，与书协共同举办宝丰县计生杯书画展，选送作品8件。9月，组织作品参加迎接十八大平顶山中国画精品展，选送作品6件，其中4件精品被收入平顶山中国画精品集，市博物馆收集1幅。10月，迎接党的十八大胜利召开公益书画展，赵顺兴选送的《新春大吉图》获金奖；在宝丰县政府首届文学艺术优秀成果奖评奖中，组织选送作品15件，工笔人物《禅》获二等奖、2件获青年鼓励奖、国画《秋寒》《家山记意》获入选奖。11月，参加由河南省美术家协会举办的河南省第17届新人新作展，共选送6件美术作品参展。

【音乐舞蹈】 2012年，全县共培养艺术类学生1000余人，获奖30余人。魏红朝创作的歌曲《观音故乡》获中国大众音乐协会举办的“2012音乐·中国杯第三届全国优秀歌曲、歌手、乐手大型音乐展演赛”作曲银奖；何清怀为亚坤集团筹备、组织、导演迎“中秋”文艺晚会；于彩虹组织导演庆“三八”、庆“七一”、迎中秋等文艺演出12场，导演的建党91周年文艺晚会《红歌献给党》获平顶山市电视协会一等奖，导演制作的MTV《越变越美》获河南省电视协会二等奖。金素珍每周六举办文艺小演唱活动，全年共举办40余场，其中组织人员慰问敬老院6场。温宝成每月在大地水泥集团举办文艺活动，全年举办活动12场以上。

【古父城诗书画研究会】 2012年5月1日，古父城诗书画研究会举办迎“五一”诗词书画展，收到诗词类50余篇，文史类7篇，书法48幅。举办迎“十一”书画展，收到诗词50余篇，书法78幅。喜迎十八大书画展共展出书画70余幅。

【宝丰县美术家协会成立】 2012年4月25日，宝丰县美术家协会成立大会在宝丰书画研究院举行。市文联副主席范大岭，市文联纪检组长张翔宇，市美协主席彭善喜、常务副主席李春生，县政府党组成员郜现营、县文联主席赵民强等相关领导应邀到会。大会选举郭建国为宝丰县美协主席，张松坡、何清怀、张振伟为副主席，王军培为秘书长，席晓彤、王巾为副秘书长。

【宝丰县老年书画家协会】 2012年6月16日，宝丰县老年书画家协会第一次会员代表会议在宝丰书画研究院会议室召开，全县30余名协会会员代表参加会议，会议选举马玉瑶为宝丰县老年书画家协会主席，李树春、梁铭心、畅天欣、王俊民、宋克斌、朱毅艇、程全德为副主席，李树春兼秘书长，朱毅艇、徐长立为副秘书长。

【宝丰县炎黄文化研究会成立】 2012年8月22日，宝丰县炎黄文化研究会成立大会在宝丰迎宾馆召开。县政府党组成员郜现营、县政协原主席胡成义出席会议。省炎黄文化研究会会长王仁民，市炎黄文化研究会名誉会长段松会、会长梁尤平等应邀出席会议。会议选举产生了第一届常务理事会组成人员和决定常务理事会员分工；胡成义当选为第一届宝丰县炎黄文化研究会会长。

【宝丰县曲艺家协会换届】 2012年11月15日，宝丰县曲艺家协会第三次会员代表大会在县商务局会议室召开。市曲艺家协会主席崔银龙，县人大常委会副主任王延辉，县政协副主席王书修和全县50余名曲艺家协会会员参加会议。会议选举王剑侠为曲协主席，邢玉秋、李春迎、常志强、王俊平、金素珍为副主席，周春梅为秘书长，孙同勋、贾磙子、陈焕成为副秘书长。

【宝丰县首届文学艺术优秀成果奖评选活动】 宝丰县首届文学艺术优秀成果奖评选活动5月10日启动，至8月底，共有14个门类，67人，155件艺术作品入围评选活动。评选出文学艺术优秀成果奖33件，6人为终身荣誉奖，4人为特殊贡献奖，6人为青年鼓励奖，9个单位获组织奖。

【河南省民俗经典马街书会座谈会】 2012年2月3日（农历正月十二），由省民间文艺家协会，市文联，宝丰县委、宝丰县政府共同举办，县委宣传部、县文联承办的“2012年河南省民俗经典马街书会座谈会”在宝丰迎宾馆二楼会议室举行。座谈会上，河南省民协副主席、河南省非遗保护委员会委员乔台山，郑州大学新闻与传播学院教授汪振军，许昌市文联主席刘平，河南省曲协副主席、河南省歌舞剧院编导室主任、曲艺作家、曲艺理论家李广宇，河南艺术研究院研究员马紫晨，中国曲协河南坠子艺术委员会主任宋爱华等专家学者和说唱艺人纷纷发言。发言中，河南省艺术研究院研究员马紫晨的论文《马街书会寻根》引起与会专家的重视，他的“以马街书会为代表的几个大型书会的历史应为北南宋之交的靖康元年至绍兴七年（1126年—1173年）之间”的论点得到与会专家的一致认同。至此，马街书会的起源向前推进了180余年。该会议收到专家级论文近20篇。

【平顶山市诗词协会宝丰分会、平顶山市三苏诗社宝丰分社成立】 2012年2月23日，平顶山市诗词协会宝丰分会、平顶山市三苏诗社宝丰分社成立。当年先后参加了海内外“名誉杯”华文诗词大奖赛活动；平顶山市三苏诗社组织的“大江东去杯”全国诗歌大赛活动；平顶山市诗词协会组织的《鹰城当代诗词选》征文活动。参与31人，参赛诗词216篇（首），获一等奖1人，二等奖3人，优秀奖20人。

【书法作品选登】 全县有全国书法家协会会员1人，省级书法家协会会员50余人，其中收录宝丰籍部分省级以上书法家协会会员作品35幅，宝丰籍在外人员王泉水、张振钦书画作品各1幅。 （魏红朝）

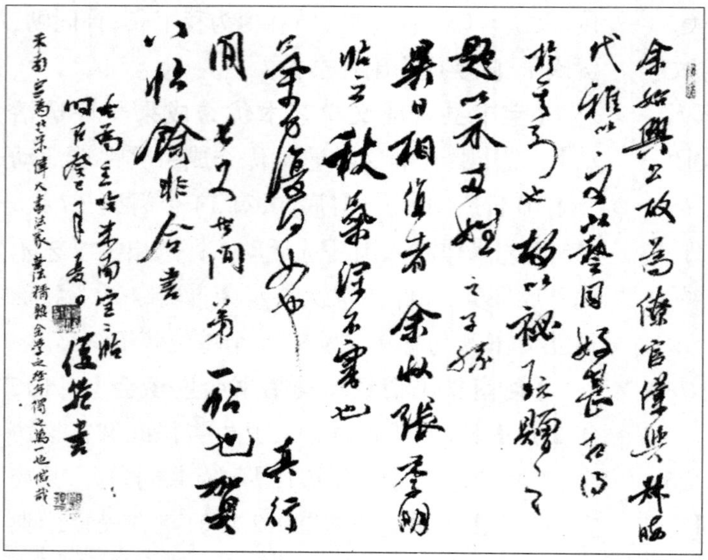

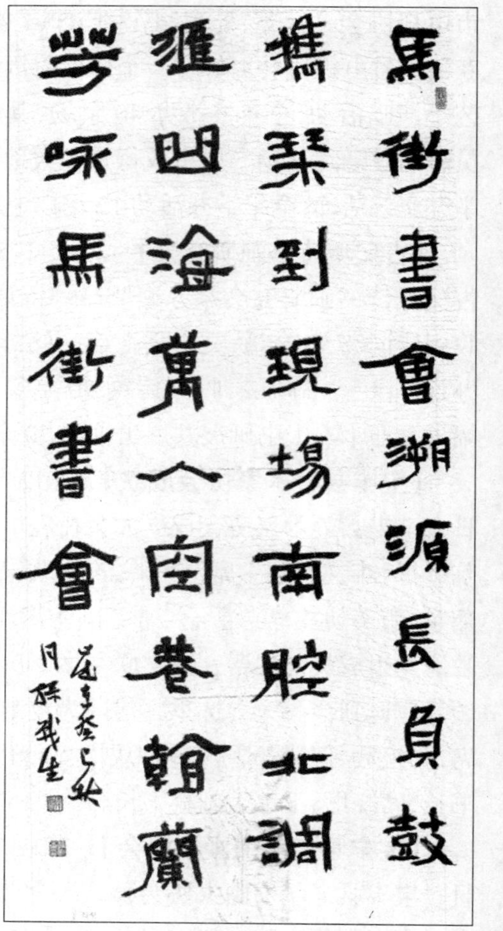

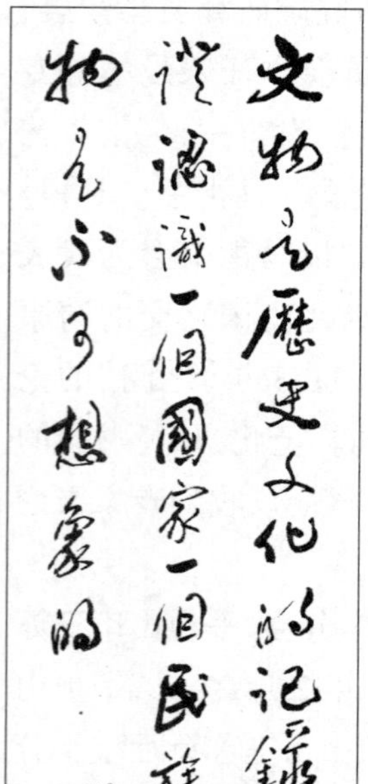

姚俊乾 书
40×50

刘昆阳 书
135×58

孙战生 书
135×65

刘玉柱 书
135×35

宋新正 书
65×65

赵丰军 书
130×65

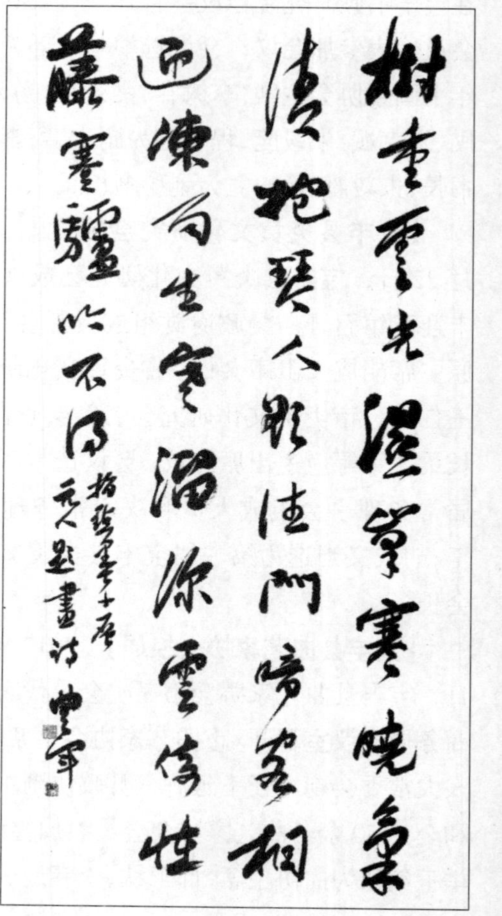

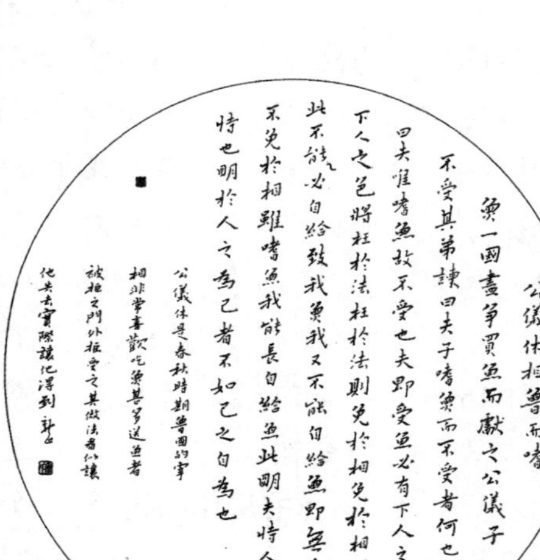

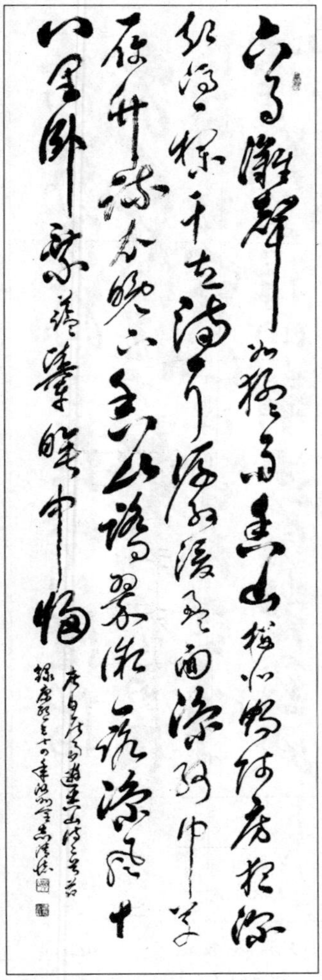

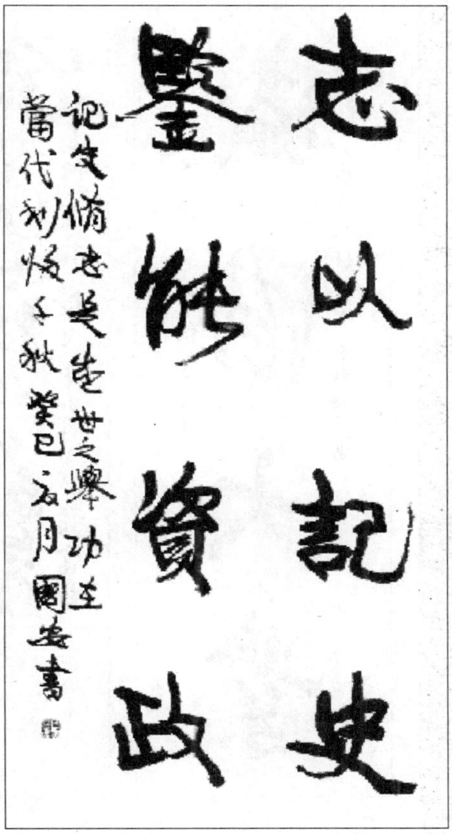

何清怀 书 178×53	徐国安 书 135×60	陈高强 书 135×63
黄凯阳 书 138×57	张会领 书 128×50	宋克斌 书 135×65

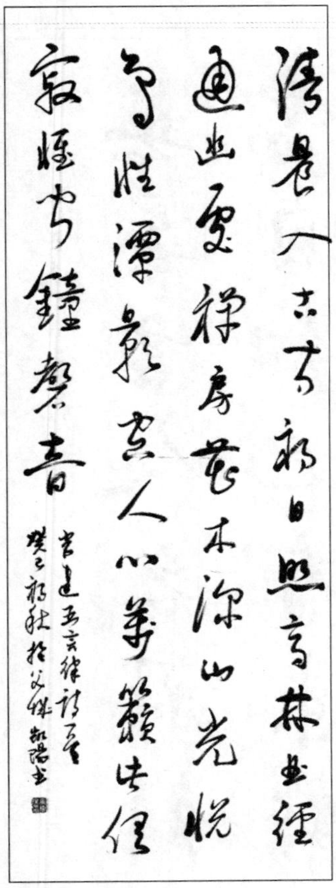

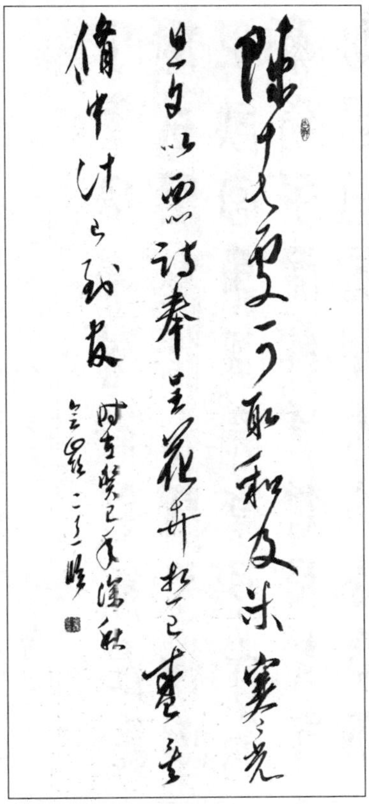

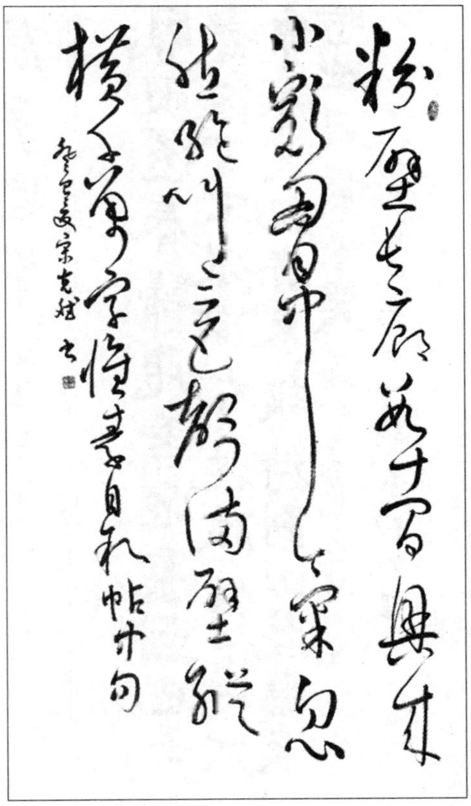

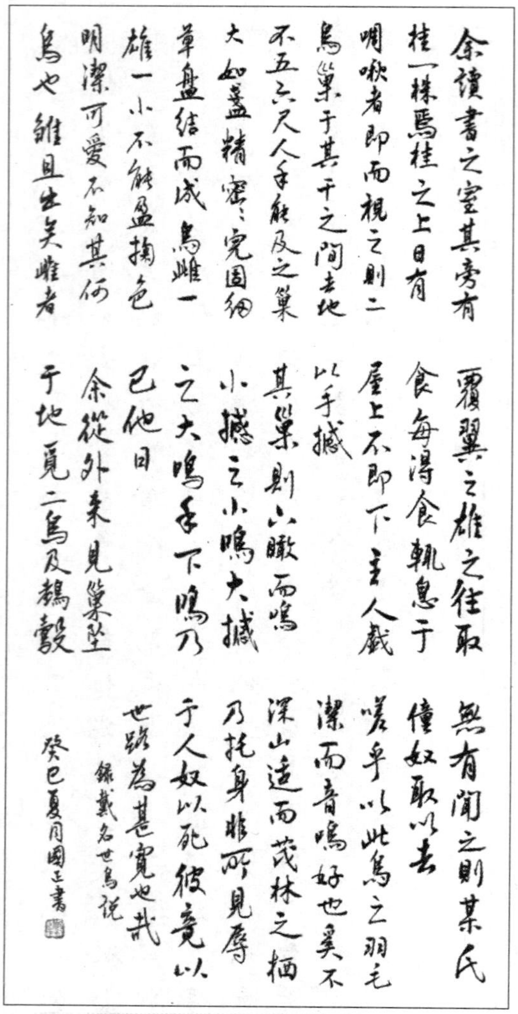

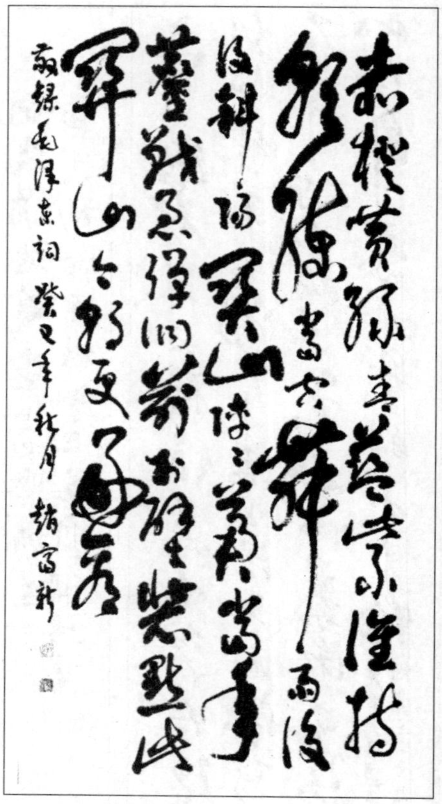

郭国正 书 135×68	李冠钰 书 135×35	赵富新 书 138×68
朱毅艇 书 135×60	王智芳 书 135×65	朱茂林 书 133×67

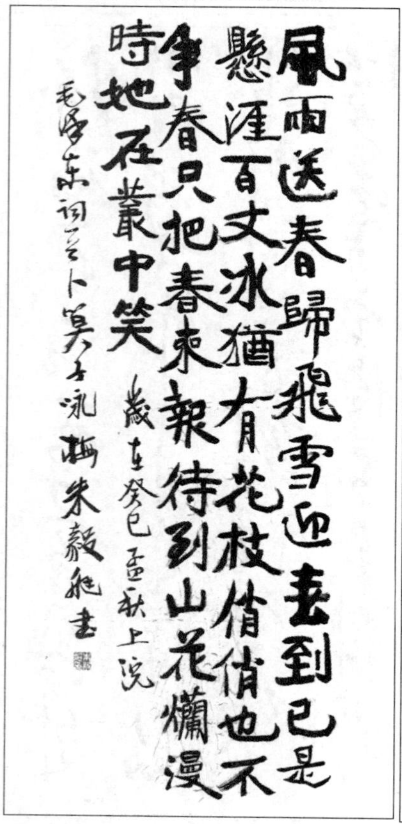

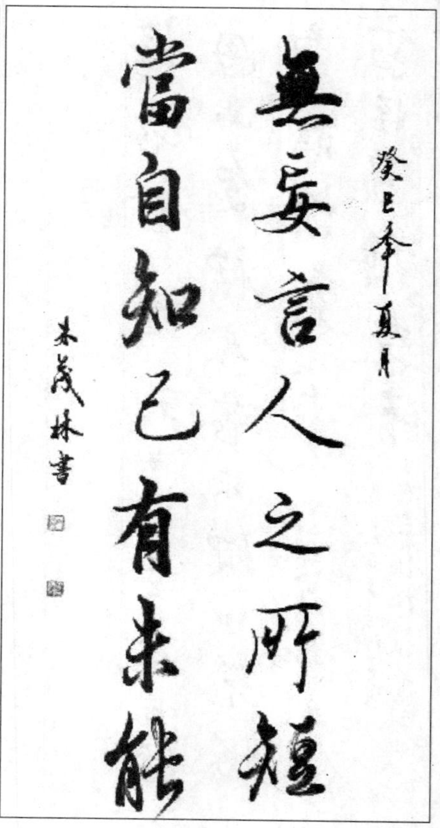

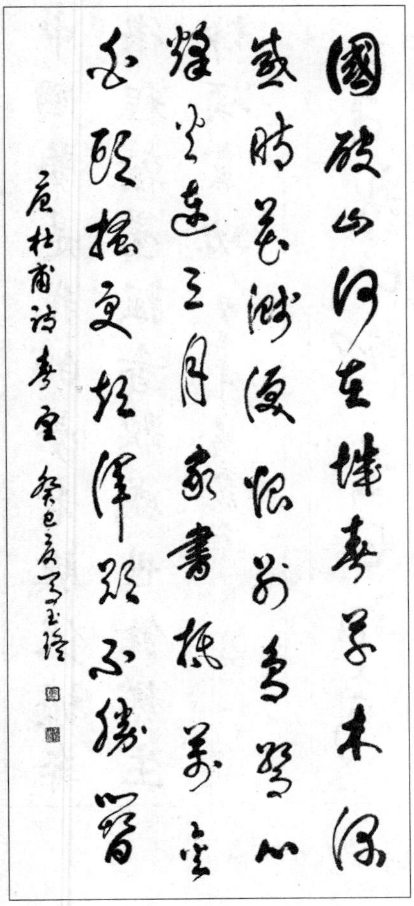

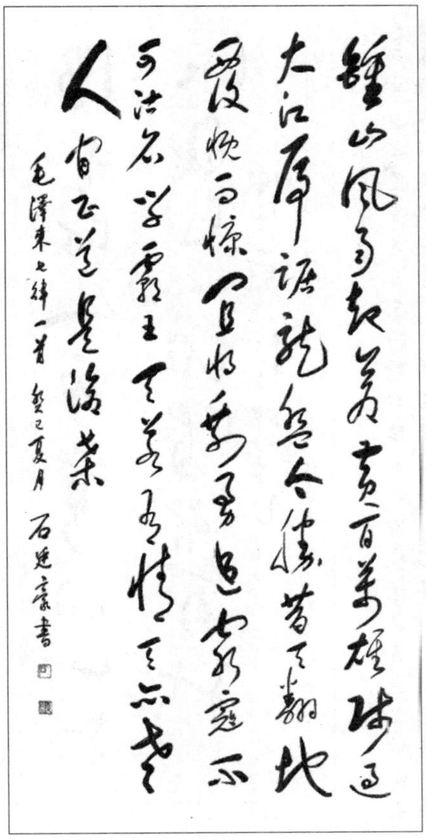

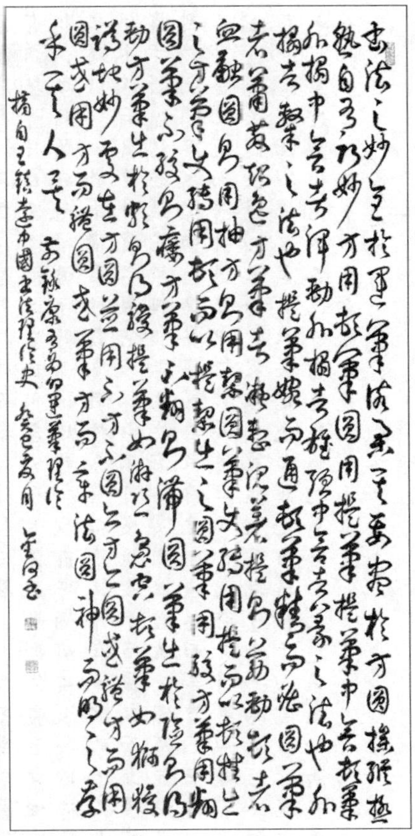

马玉瑶 书	石廷豪 书	韩金河 书
120×55	135×65	135×65
史军 书	杜景昌 书	李永禄 书
138×68	135×65	135×65

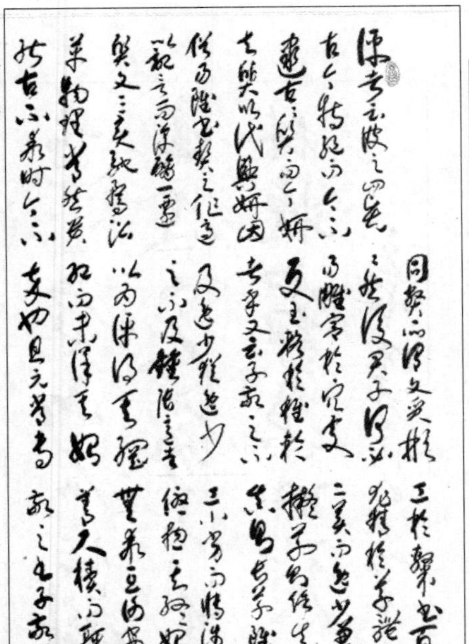

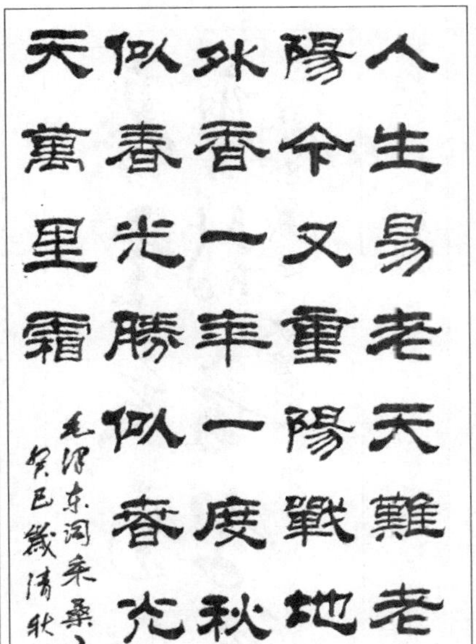

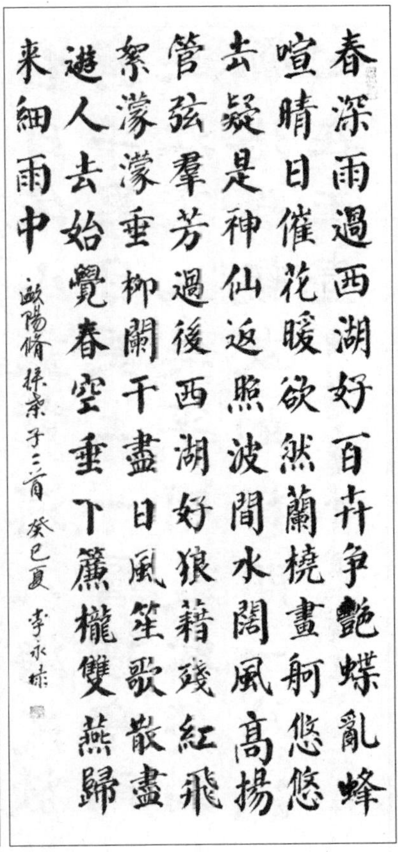

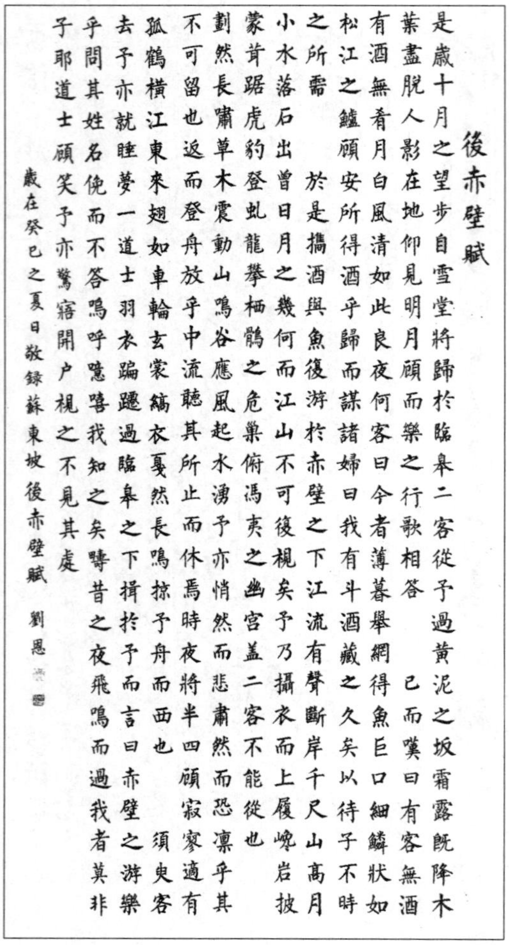

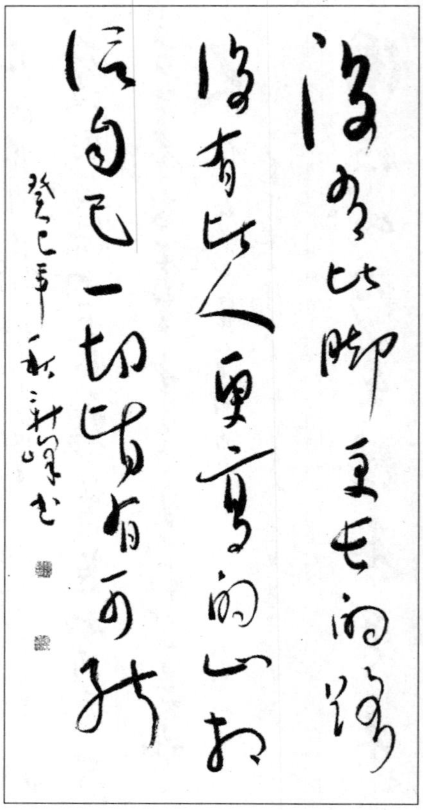

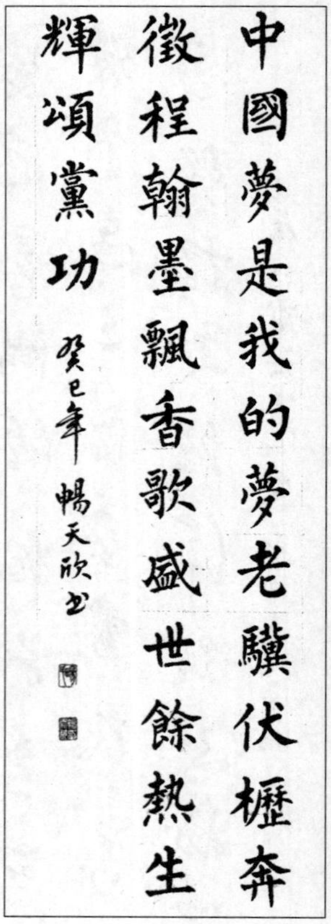

刘恩 书	赵新峰 书	畅天欣 书
180×105	135×65	100×35
徐长立 书	张秋海 书	李治明 书
135×65	135×35	135×65

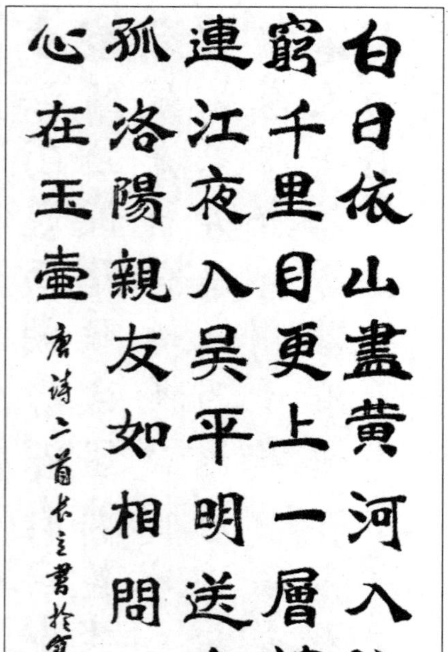

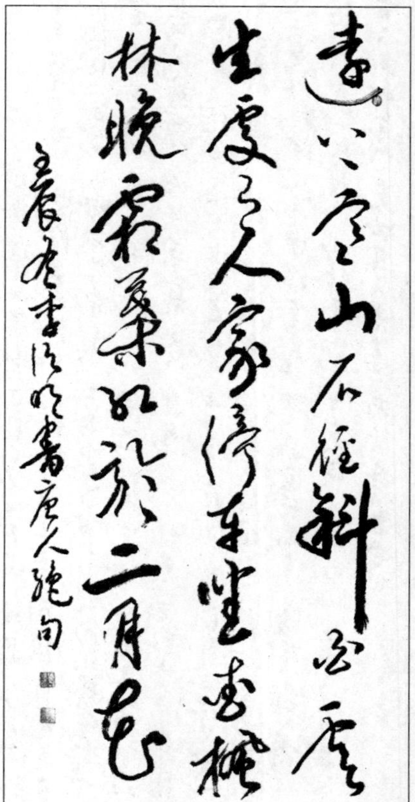

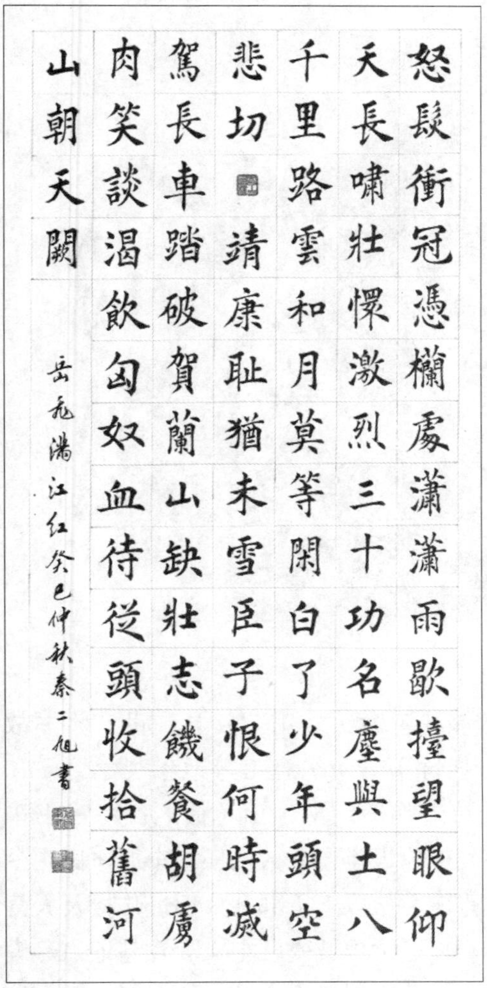

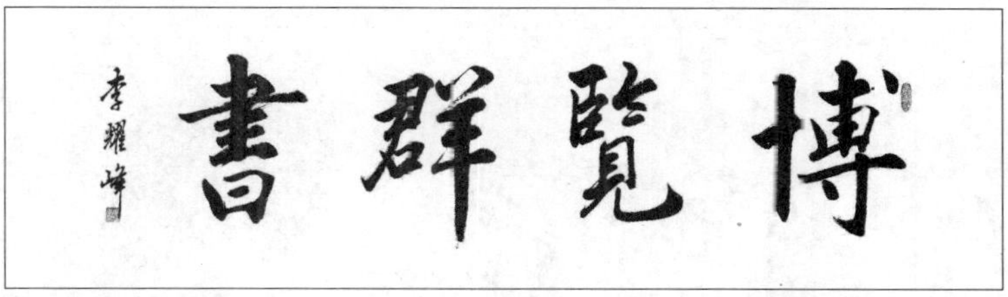

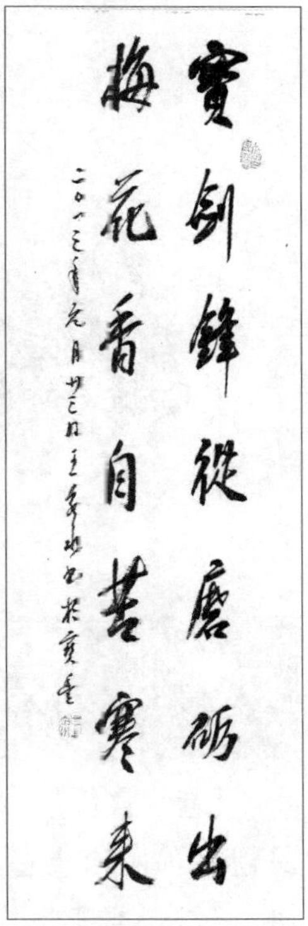

李耀峰 书
135×35

秦二旭 书 140×70　闫春晓 书 135×35　陈云昌 书 135×65　王泉水 书 98×25

牛松峰 书　165×35×8

张振钦作品《喜报富贵》

县老区建设促进会

【老区宣传】 2012年，邀请市政协副主席、民盟平顶山市委主委潘民中及市老促会、市作协、相关大学教授参加潘运明“蹚将刀客身影系列”作品研讨会。与县委宣传部、县广播电视总台、县委党史研究室、县信息中心联合举办为期1个月的“老区行”宣传活动。围绕“建五宝，争百强，三化协调发展奔小康”主题，在追忆宝丰红色革命史的同时，集中采访报道在老区建设中涌现出的先进人物和先进事迹，并对老区的新农村建设和新变化、新面貌进行重点报道。在国家级媒体《中国特产报》《中国信息报》发稿2篇，在省级媒体发稿7篇、市级发稿5篇，县级发稿20余篇。县老促会会长朱福生书写的《井冈山组诗》7篇，在《河南省老区建设》连续刊发，并获中共中央组织部、《老人春秋》杂志社举办的建党90周年征文二等奖。县老促会先后获中国老区建设促进会宣传工作三等奖、市老促会老区宣传工作三等奖，潘运明获平顶山老区宣传工作先进个人。

【调研调查】 2012年，县老促会组织各乡镇老促会会长、秘书长赴革命老区湖北红安县及信阳市豫鄂皖革命纪念馆、新县许世友将军故里、确山县竹沟革命纪念馆等地参观学习。10月，配合市老促会《平顶山革命老区》一书采写，先后到中原大学旧址大白庄、中原军区司令部旧址北张庄、旅以上干部会议旧址焦楼及大营镇清凉寺新村、尖山坡爱国主义教育基地（劳模纪念馆、观音堂大屠杀纪念馆、常春树）及金岭牧业科技养殖有限公司等进行调研和拍摄。接待国家老促会农工委王秋平等2人对大宋汝窑瓷业有限公司、冯异醋业有限公司、观音堂林站等申报的革命老区珍奇名优土特产的调研活动。根据省领导批示，省委政研室、省委农办、省扶贫办、省老促会等单位开展对全省老区进行调研活动，及时组织调查，写出调查报告，上报市老促会，为上级党委、政府决策提供依据。

【为老区办实事】 2012年，全年争取老区扶贫专项资金13万元，对大营镇李文驿村的主要街道进行整修硬化。同县委党史研究室有关人员，慰问了商酒务镇皂角树村的薛勉及肖旗乡肖旗村的何套、白庄村的吉文、李长安家属楚妮、楚山里，韩庄村的杜建、杜炳炎，史渡洼村曹子俊的后人曹聚宝等。他们都是在抗日战争、解放战争中为革命事业做出杰出贡献的老党员、老干部、老同志。 （潘运明）

军　事

县人武部

【概况】 2012年，县人武部按照军分区党委关于加强班子建设一系列重要指示和要求，以学习贯彻科学发展观为核心，采取有效措施，使人武部整体建设不断得到巩固和加强。

【党委班子建设】 党委一班人坚持把思想作风建设作为班子建设重点，抓班子带队伍，有效促进了团队建设科学发展。坚持把抓落实的出发点放在为党负责、为单位长远发展负责上，坚持把落实的重点放在立足现实、着眼长远、打好基础上，坚持瞄着问题做工作，盯着问题抓落实。具体有五个方面特点：一是注重理论学习，政治上清醒坚定。坚持把学习科学发展观和胡锦涛主席“七一”讲话做为党委班子建设的第一任务，系统学习抓深化、把握精髓抓内化、学以致用抓转化，党委班子理论水平有较大的提高。二是坚持集体领导，凝聚力、战斗力不断增强。认真贯彻民主集中制这一根本制度，重大问题集体研究，重大决策集体酝酿，博采众长、集思广益，有效地保证了决策的民主化和科学化。三是认真落实《规范》，工作标准不断提高。认真组织学习《规范》，切实做到用《规范》指导工作的开展，开拓进取精神强。四是坚持廉洁从政，内外风气纯正。坚持廉洁从政，坚持公平公正公开处理热点敏感事务，是贯彻落实上级廉洁自律规定及要求的主要举措。五是夯实工作作风，弘扬求真务实风气。坚持把抓落实的出发点放在为党负责、为单位长远发展负责上，坚持把落实的重点放在立足现实、着眼长远、打好基础上，坚持瞄着问题做工作，盯着问题抓落实。

【认真落实党管武装工作制度】 坚持党管武装工作制度，认真落实党委议军会议、第一书记述职、军事日等制度。县委书记、县长定期到人武部现场办公，了解武装工作开展情况，及时研究解决武装工作遇到的矛盾和问题。在专武干部的培养、选拔和使用上，严格落实有关文件精神，配齐配强专武干部队伍，16名武装部长全部进入同级党（工）委。坚持做到尊重和服从地方党委、政府的领导，坚持向县委、政府主要领导多请示、常汇报，促进了武装工作与地方经济建设协调发展。

【征兵工作】 为确保圆满完成征兵任务，县人武部协调宝丰电视台设立国防教育专栏，定期与宝丰电视台联合制作国防教育专题片，在热点时段在全县进行播放。联合县委宣传部门在全县主要街道、道路和公共场所制作设立宣传标语牌，营造国防教育宣传氛围。搞好兵员潜力调查，联合县公安局、县教体局提供相对准确的测算数据，摸清核算年度兵员潜力。搞好国防动员，确保把优秀的青年征入部队。抓好国防教育，提高全民国防观念。

【安全工作】 县人武部严格按照条令条例和上级关于从严治军的要求和规定，结合自身特点，认真抓好安全管理工作。坚持每月一次安全形势分析，每月一次安全教育，每月一次安全检查，每周一次安全工作讲评。部领导坚持利用交班会和各类集会等时机，讲安全、讲管理、强化法纪观念，提高安全意识，不断增强安全防范能力。健全管理机制。制订人员管理、值班室管理、办公秩序、保密用印、车辆管理、门卫值班等11项具体规定，汇编成册，下发干部职工人手一册，做到各项行为都有具体制度去规范，每个人都有制度去约束。解决了执行条令条例随意性大，作风纪律松散，规章制度不落实等问题。狠抓安全制度落实。始终把人、车、密做为安全管理工作的重点。副部长每日检查涉密计算机和移动存储介质情况。严格落实车辆派遣审批制度、封存车辆和节假日司机交钥匙制度。坚持对仓库职工和涉密人员每半年进行一次政审，确保政治合格。

（范李珺）

公安消防

【概况】 2012年，宝丰县公安消防大队以贯彻落实《国务院关于加强和改进消防工作的意见》为主线，以“打非治违”“清剿火患”战役和党的十八大消防安全保卫战为载体，以确保“两个稳定”的目标，加压奋进、扎实工作，不断提高部队战斗力和社会火灾防控能力，努力实现消防工作和部队建设全面协调可持续发展。各项目标任务扎实推进，社会火灾形势持续稳定，消防工作和部队建设呈现出快速向上的发展态势，为推动“平安宝丰”创建和谐社会建设提供了强有力的消防安全保障。实现了全县火灾形势和部队内部“两个稳定”。

【消防安全环境】 2012年，全县以消防安全“五大活动”为载体，围绕易燃易爆、人员密集场所、公共娱乐场所、九小场所、城中村、社会福利机构等火灾防控重点，开展“打非治违”、十八大安全保卫战。行动期间，各部门联合执法、铁腕整治，先后组织召开行业火灾隐患专项治理会议4次，组织公安、安监、城建、工商、文化等部门大规模清查整治6次，形成“上下联动、齐抓共管”的良好工作格局。十八大消防安全保卫战中，消防、治安、法制、督察、派出所等部门，坚持每日一查、集中夜查、加班加点，不断加大执法频次和力度，严格落实省厅“九个决不允许”“九个一律”硬性措施，整治一大批火灾隐患、查处一大批消防违法行为，震慑一批消防安全违法人。4月，被公安部评为全国“清剿火患”战役成绩突出公安消防大队，2人被省公安厅评为“清剿火患”战役成绩突出个人。县消防大队在利用广播、电视播放公益消防片、消防温馨提示、发送短信等传统宣传方式基础上，拓宽宣传渠道，创新宣传形式，借助“重大节日、重点时段”，深入乡镇、街道、社区、广场开展宣传，讲解消防法律常识、分析重大火灾案例，开展警示教育，利用户外视频、电子屏、沿街店铺悬挂条幅创建消防宣传氛围，设置固定消防橱窗、宣传栏150余块，万寿步行街、鑫都财富广场分别建成消防安全示范街和消防宣传示范街。同时，制定了行业系统、乡镇、农村消防安全培训计划，重点加强对乡镇长、村两委、巡防队员等人员的培训，累计培训6000余人次。全年共检查单位1073个次，发现各类隐患2046处，依法监督整改2004处，责令“三停”单位17家，行政拘留20人。大队连续3年被省消防总队评为先进大队。

【灭火救援】 消防大队坚持以打造消防铁军中队为目标，紧贴实战需求，紧盯“四个环节”，扎实做好灭火救援准备工作。在基础训练、熟悉训练、预案修订和实战演练上下功夫，在应知应会、战术措施和实战能力上务求实效，部队“灭大火、打大仗、抢大险”的能力进一步增强。全年共接警出动220次，其中火灾167起，抢险救援53起，共出动车辆252台次，出动警力1733人次，营救遇险群众78人，抢救和保护财产价值355万元，无人员伤亡和较大以上火灾事故发生。

【消防社会化进程推进】 全年先后提请政府召开联席会议2次，分析消防安全形势，研究部署消防工作，推动行业、系统主管部门将消防工作纳入目标管理，严格落实消防安全责任制和重特大火灾及亡人火灾事故问责制。联合安监、质检、工商、教育、劳动等部门共同参与消防安全管理，开展联合执法，初步形成了机制健全、责任明晰、力量整合、齐抓共管的火灾防控工作格局，大队采用以会代训的方式全员轮训重点单位管理人员，相继帮助指导15个场所建成宣传样板单位，针对机关、企业、事业、社会单位先后开展“四个能力”建设推进会2次，增强各种场所工作人员的消防安全防范意识。免费发放自制“四个能力”小卡片2000余张、消防宣传标语2000余份和温馨提示台签600余个，促进了消防宣传的模式化、常态化。在全县建成4个不同类型“四个能力”示范单位，通过现场观摩、直观学习标示标牌制作、软件档案管理和灭火演练流程，使“四个能力”建设形象直观、入心入脑。十八大安全保卫战行动期间，各部门联合执法，先后组织召开行业火灾隐患专项治理会议4次，组织公安、安监、城建、工商、文化等部门大规模清查整治6次。

【宝丰县消防二中队】 宝丰县消防二中队位于县北部煤炭经济循环区，占地面积22.75亩，主体4层，局部5层，建筑面积4675平方米。2012年12月中旬主体工程完工。

【全县消防工作会议】 2012年4月5日，2012年度全县消防工作会议在宝丰迎宾馆八楼会议室召开。县政府副县长胡进栓出席会议。县防安全委员会成员单位负责人，各乡镇人民政府主管消防工作的领导、各派出所主管消防工作副所长、县属消防安全重点单位负责人共160余人参加会议。会议总结了全县2011年度消防工作，对2012年度消防工作进行部署。与13个乡镇办事处、17个防委成员单位和28个消防安全重点单位签订《2012年度消防安全工作目标责任保证书》，落实了消防安全责任制和目标考评机制。县公安局与14个基层派出所签订了目标责任保证书。会议指出，全县消防工作要紧紧围绕确保火灾形势稳定目标，以贯彻落实《国务院关于加强和改进消防工作的意见》主线，深入推进消防安全网格精细化管理，持续深化依法防控、重点防控、基础防控、全民防控“四大防控”体系建设，全面加强火灾防控和综合应急救援能力建设，坚决预防和遏制亡人火灾，坚决杜绝重特大群死群伤火灾，确保全县火灾形势持续平稳，为党的十八大胜利召开创造良好的消防安全环境。

【开展“双节”前消防安全检查】 2012年1月12日，县政府副县长范文涛带领公安、消防、安监、工商、文广、卫生等部门的负责人深入单位开展节前消防安全检查。先后检查了今生今世KTV、城关镇敬老院、宝丰宾馆、春丰购物广场、大市场鞭炮店等6个单位。每到一个单位，范文涛等首先详细察看单位的安全出口、疏散楼梯、通道是否畅通，值班人员是否在岗在位，防火巡查制度是否落实，建筑消防设施是否正常运行等，对存在的问题提出整改意见，并要求各部门跟踪复查，消除火灾隐患。

【党的十八大消防安全保卫战动员大会】 2012年7月20日，宝丰县党的十八大消防安全保卫战动员大会在宝丰迎宾馆八楼会议室召开。县政府副县长胡进栓、县公安局党委委员岳民、消防大队教导员董伟民、大队长龙小明出席会议，各乡镇三管副乡镇长、县防委成员单位负责人、各派出所所长和社会单位代表共150余人参加会议。会上传达了《宝丰县党的十八大消防安全保卫战实施方案》，对党的十八大消防安全保卫工作目标任务进行了安排部署；宣读了《宝丰县十八大消防安全保卫战“人人参与、共创平安”消防宣传专项行动方案》；城关镇人民政府、商酒务派出所代表分别作表态发言；各乡镇主管领导向副县长胡进栓递交了十八大消防安保工作目标责任保证书。胡进栓就如何做好党的十八大消防安全保卫工作提出了具体要求。

【省消防总队副总队长刘明智莅宝督查】 2012年7月12日，省消防总队党委委员、副总队长刘明智率督导组一行3人在支队长赵东峰等陪同下莅临宝丰，对宝丰大队十八大消防安全保卫工作进行督查指导。县长张庆一、副县长胡进栓，县公安局局长韩学孟、政委张松涛等参加汇报会。宝丰大队教导员董伟民汇报了关于宝丰县

2012年7月12日，省消防中队副总队长刘明智莅宝检查消防安全工作

基本情况、消防执法、灭火救援、后勤保障等方面的工作。汇报会后，刘明智一行在县政府副县长胡进栓等的陪同下，深入宝丰酒业有限公司、

金三角霞光购物广场进行检查，对各单位的安全出口、疏散通道、自动消防设施、室内消火栓、灭火器，以及电气线路敷设等情况进行详细检查，现场提问员工“四个能力”和防火巡查、灭火等消防知识，察看了消防控制室，并对单位的消防管理档案进行检查，针对检查中发现的问题，能当场整改的，要求单位立即整改，不能当场整改的，责成大队下发《责令改正通知》，限期整改。

【市人大安全生产调研组莅宝调研】 2012年6月13日，平顶山市人大常委会副主任张坤子在副市长王宏景等的陪同下，带领市安监、教育、卫生、消防、煤炭等部门组成的市人大安全生产调研组莅临宝丰县开展安全生产工作专项调研。县人大常委会主任梅玉三，县长张庆一，县人大常委会副主任崔建利、王延辉，县政府副县长吴建刚，县政府党组成员曲延辉，县安监、煤炭、公安、教育、消防大队等相关部门负责人陪同调研。调研组一行深入春丰购物广场、河南省大地水泥有限公司、宝丰县红星学校进行实地察看，详细了解宝丰县的安全生产工作情况。在宝丰迎宾馆二楼会议室召开汇报会，副县长吴建刚就2012年上半年全县安全生产工作进行了汇报，教育、安监、消防等部门进行了专题汇报。调研组对宝丰县安全、消防、教育等方面生产工作给予了高度评价和充分肯定，一致认为宝丰县委、县政府对安全生产工作高度重视，做了大量具体的工作，成绩显著。

【市政府督查组莅宝督查消防工作】 2012年9月20日，市政府督查组莅临宝丰，对宝丰县十八大消防安全保卫暨全年消防工作目标完成情况进行督察指导。县政府副县长胡进栓等陪同检查。在宝丰大队党委会议室，督查组听取了大队教导员董伟民就宝丰县十八大消防安全保卫工作、全年消防工作目标落实情况和当前部队执勤战备情况的汇报。县政府副县长胡进栓对全县十八大消防安保工作进行了重点汇报。督查组查阅了相关文件和档案资料，并深入库室场所察看消防车辆和器材装备，中队战士现场演示了逃生气垫等器材装备。督查组一行深入到周庄镇陈营社区和新东方生活广场等社会单位，检查消防网格精细化管理及人员密集场所消防安全管理情况，在对商场、市场等社会单位的检查中，对安全出口、疏散通道、自动消防设施、室内消火栓、灭火器，以及电气线路敷设等情况进行了详细的检查，现场提问员工“四个能力”和防火巡查、灭火等消防知识，并对单位的消防管理档案进行了详细的检查。督查组对宝丰县十八大消防安全保卫和全年消防工作目标的完成情况给予高度肯定，并要求宝丰县政府要按照工作部署组织相关部门持续开展消防安全排查整治活动，保持火灾形势持续稳定，为党的十八大胜利召开创造良好的消防安全环境。

【消防官兵救援被困人员】 2012年5月16日5时15分，宝丰县消防大队接到报警称：在宝丰县石桥镇发生一起交通事故，一辆小货车与一辆重型货车相撞，小货车内两人被困，重型货车一人被困，情况紧急。接到报警后，宝丰县消防大队迅速调集13名官兵、1辆抢险救援车和1辆水罐消防车赶往事故现场。经过侦察，指挥员发现小货车正副驾驶两名人员均无法动弹，其中一人已经昏迷，重型货车内驾驶员右腿被卡住，无法取出。情况危急，指挥员果断下达命令，第一组负责警戒，配合交警清理无关人员，维护救援现场秩序。第二组和第三组分别对小货车和重型货车被困人员同时实施救援。参战官兵迅速利用撬杠、液压扩张器、剪切钳等破拆工具，对车门、座椅等部位进行破拆，同时安抚被困人员的情绪，使其配合救援。经过近一个小时的奋战，

2012年5月16日，消防官兵在石桥镇境救援被困人员

3名被困人员相继救出，被迅速抬至等候在旁边的120救护车。大队官兵英勇顽强的救援行动赢得了在场群众的一致好评，树立了消防部队的良好形象。

【重卡相撞宝丰消防急救援】 2012年7月16日19时许，宝丰中队接到110报警称：宝丰县商酒务镇赵官营路口发生一起车祸，两辆重型货车相撞，情况十分紧急。接到报警后，宝丰中队立即出动7名消防官兵、1辆抢险救援车火速赶赴车祸现场。指挥员经过侦查，发现两辆大货车已严重变形，一辆大货车司机的腿死死的卡在了车里，指挥员果断下令：战斗一组携带液压剪扩器、撬杠等对被困司机进行救援，第二组战斗员负责对现场进行警戒，由于车辆的严重变形，救援空间狭小，营救起来十分困难，指挥员一边全力营救被困人员，一边对被困司机进行安慰。经过半个小时的紧张救援，被困司机被成功救出。

【红星学校师生体验火场逃生自救】 2012年5月15日，宝丰大队组织红星学校师生开展了一场消防知识培训及应急疏散逃生演练活动，全校1000余名师生共同参与活动。15时30分，红星学校高中部宿舍楼三楼发生“火灾”，有人员“被困”，情况十分紧急，一时间，急促的消防电铃声和电台广播员提示疏散逃生的话音突然在学校内响起。师生们并没有慌乱，而是在“前来救援”的消防队员和老师的指挥下，或是用水打湿毛巾，或是用身上衣物掩住口鼻，有序的撤离“火场”。与此同时，宝丰消防大队利用登高平台消防车对被“浓烟”围困的两名“被困”学生实施救援，15时41分，人员全部被疏散到安全地点。在疏散过程中，未发生拥挤、踩踏现象，达到了预期效果。在随后的培训中，大队宣传人员结合学校实际，针对学生日常关注的问题，采取喜闻乐见、通俗易懂的讲解方式，结合发生在身边的火灾案例对消防基础知识、日常防火、灭火、报警、逃生等技能进行了言传身教，以真实、生动的案例向学生们讲述了在如何有效预防火灾和在火灾来临时如何最大限度地保护自我等消防安全知识。在会上，大队宣传人员回答了师生对有关消防知识的提问。消防官兵还向同学们展示了各种消防器材，并为同学们介绍各类逃生救援器材的名称和用法，让同学们亲身体验各种消防器材操作。最后，大队宣传人员为同学们集中讲解了扑救初起火灾的办法，并让老师和同学们利用灭火器实际灭火演练。

消防官兵为红星学校学生讲解消防知识

【宝丰县书法家协会慰问消防官兵】 2012年11月4日，宝丰大队特别邀请县书法家协会多位知名书法家，莅临消防大队挥毫泼墨慰问消防官兵。书法家代表首先参观了宝丰大队车辆装备、营区营貌，并详细了解了官兵的工作训练生活情况。在大队会议室进行座谈交流。大队教导员董伟民就消防部队的工作性质、为宝丰经济社会发展所做出的贡献，以及大队加强警营文化建设的基本情况进行了介绍。随后，在三楼会议室书法家创作了多幅作品赠送给消防大队官兵，以表达对消防官兵的敬意。

【消防大队开展冬季消防安全培训】 2012年12月27日，宝丰消防大队组织消防宣传人员深入前营乡开展教育培训，前营乡全体机关干部、村“两委”负责人以及新调整重点单位安全负责人参加培训。会上，消防大队参谋王豪珂结合乡镇农村消防安全形势以及冬季防火安全工作要求开展了有针对性的教育培训。培训结束后，大队宣传员向参训学员发放了“消防安全知识二十条”“家庭防火常识”等宣传彩页共800余份，充分发挥乡镇、村“两委”作为农村消防管理工作的“纽带”作用，进一步增强广大农村群众的消防安全素质，掀起人人参与冬季消防安全宣传的热潮。

【消防大队开展防灾减灾日宣传活动】 2012年5月12日是全国第四个“防灾减灾日”，活动当日，县应急办联合公安、消防、气象、民政、卫生等部门在县政府门口开展宣传咨询活动。县政府副县长胡进栓参加活动。活动的主题是“弘扬防灾减灾文化，提高防灾减灾意识”，消防大队宣传人员搭台设点，开展宣传活动。并走进商场、市场以及沿街门店，发放宣传彩页、讲解防火常识。活动当日，共发放传单500余份，接受群众咨询百余条。

【2012年“119”消防宣传月启动仪式】 2012年11月9日，宝丰县2012年“119”消防宣传月启动仪式在宝丰人民会堂广场举行。主题为“人人参与消防、共创平安和谐”。县委常委、政法委书记杨占杰，副县长胡进栓等领导以及县财政局、县民政局、县教体局等防委会成员单位和县消防安全重点单位的主管领导，乡镇、学校、企业、商场市场、公共娱乐场所、新闻单位的代表共500余人参加启动仪式。副县长胡进栓宣读了《关于表彰2012年度全县“十佳消防宣传工作者”的通报》，为“十佳消防宣传工作者”颁发荣誉证书；“2012年度十佳消防宣传工作者”代表周庄镇副镇长马建军发言；县委常委、政法委书记杨占杰做了重要讲话，并宣布2012年宝丰县“119”消防宣传月正式启动。现场观摩了特勤车辆装备器材展示、消防宣传图版、举高车救人、灭火消防演习等。消防官兵利用实验模拟装置，现场演示了家庭厨房火灾事故处置方法，并现场指导群众进行学习和尝试。通过共同参与，使群众真正学到了灭火常识，切实提高了防御火灾的能力。

（王拥超）

人防建设

【人防警报建设】 2012年，全面做好人防应急准备，结合县人防工作实际，制定《宝丰县防空应急预案》，保证战时24小时人员全部到位。完成对警报器的检修和维护工作。新增警报器1台，城区内8台警报器全部实现统控。结合“试鸣日”进行防空警报试鸣，8台警报器工作正常，警报音响覆盖率90%以上，完好率、鸣响率均达到100%。

【人防知识宣传教育】 2012年，继续深化普及人防宣传教育“五进”（进学校、进社区、进企业、进党校、进网络）经验做法，县红星学校、钰丰尊邸社区在“五进”工作验收中被省人防办命名为人民防空教育示范单位。河南旭原不锈钢有限公司通过验收被命名为示范企业。开通宝丰县人防网站，对网站的内容进行不断更新。在“试鸣日”期间走上街头为群众发放宣传单2万余份，设置宣传版面5个，发放人防教育读本2000余册。

【人防工程建设】 2012年，共批复“结建”人防工程面积29246.43平方米，开工建设“结建”人防工程面积25073.97平方米，完成“结建”人防工程面积15676.27平方米，累计完成38384.95平方米，超额完成市办下达的人防工程任务。

（郭全光）

公安　司法

公　安

【概况】 2012年，宝丰县公安局以维护社会政治稳定和治安大局平稳为中心，以提升群众安全感和满意度为根本，以九十天严打集中行动、“中原卫士杯”竞赛活动、“反盗抢”专项行动和打击“酒驾”违法犯罪专项行动为主线，不断提高防控能力和综合打击效能，维护了全县社会治安大局的持续稳定。县公安局内设有政治处、指挥中心、办公室、督察大队、纪检委、户政科、宣传科、法制科、行财科、控申科、通信科、出入境管理科、刑侦大队、禁毒大队、交警大队、治安大队、经侦大队、网监大队、国保大队、特巡警大队、看守所、拘留所等22个直属单位，继续保留1个临时单位便衣队，下设12个乡镇派出所以及车站派出所、观音堂派出所、峙山派出所和矿区、国土、城建、公路、电业、国税、地税、烟草、工商、质检等11个专业派出所(治安室)，业务领导消防大队、武警中队、森林公安分局、县巡防大队等4个单位。有人员381人。“中原卫士杯”竞赛、“反盗抢”专项行动和重点工作绩效考评成绩均名列全市先进位次。蝉联全省优秀公安局、全省公安工作先进县(市)公安局三连冠。

【打击刑事犯罪】 2012年，县公安局以命案攻坚、打黑除恶、打击“两抢一盗”、打拐、追捕逃犯为工作重点，组织全县公安机关深入开展了九十天严打集中行动、“中原卫士杯”竞赛活动、“反盗抢”专项行动等，集中优势警力，采取切实可行的措施，沉重打击了犯罪分子的嚣张气焰。全年共破获各类刑事案件655起，打掉黑社会性质犯罪组织1个涉案10人，打掉恶势力团伙2个涉案14人。抓获各类违法犯罪嫌疑人1138人，其中刑拘385人、逮捕223人、移送起诉481人、社区戒毒8人、强制戒毒5人、劳动教养5人、治安拘留478人、抓获各类网上逃犯48名。9月4日，市公安局发贺电，对宝丰县公安局提前实现移送起诉百警百人的目标予以肯定。

【命案攻坚】 全县公安机关牢固树立“命案必破、发一破一”的信念，更加重视快速反应、紧急处置、多警联动、整体作战机制的落实，继续实行重奖激励和专案侦查机制。2012年，现行命案发2破2，破案率100%，命案发案数与连年平均10起左右相比大幅下降。破获命案积案4起、外省命案2起。其中破获的1991年4月5日前营乡部湾村王某杀人灭门案件，省公安厅于6月4日发贺电表示祝贺。

【打黑除恶】 县公安局坚持“打早打小、除恶务尽”的指导思想，组织基层派出所深入辖区，全面摸排涉黑涉恶线索，并采取有奖举报措施，动员广大人民群众积极举报线索，及早发现黑恶犯罪线索，坚决予以严厉打击。2012年，打掉黑社会性质犯罪组织1个涉案10人，打掉恶势力团伙2个涉案14人。

【打击“两抢一盗”】 宝丰县公安局对盗抢等侵财性犯罪始终坚持严打的方针，以刑侦大队为主力军，组织各警种整体作战，定期对刑事发案情况进行研判，实行专案侦查机制，向多发性侵财犯罪发起攻势。同时，对成绩突出的单位和个人不仅在物质上进行奖励，而且对成绩突出的民警予以提拔重用，鼓舞了士气，促进了工作开展。全年共破获盗抢案件344起，抓获盗抢违法犯罪嫌疑人241人，其中刑拘148人，逮捕103人，起诉168人，行政拘留73人。

【“打拐”专项行动】 县公安局坚持有案必立、有线必查，及时立案、及时采血、及时录入的指导思想，转变工作思路，强化工作措施，组织全县公安民警按照“村不漏户，户不漏人”的原则，展开地毯式排查，清查辖区内被拐卖妇女儿童、失踪儿童、来历不明、疑似被拐卖的妇女儿童，深挖线索来源，全面开展“打拐”行动。全年共破获拐卖儿童案件24起，抓获犯罪嫌疑人23人。

【网上追逃】 县公安局按照上级公安机关的统一部署，立足实际，综合施策，在全县公安机关中开展以命案逃犯、历年逃犯、外省逃犯等为重点的追逃活动，采取蹲点守候、突击捂窝、规劝投案、特情贴靠等有效措施，扎实开展追逃竞赛活动。全年抓获各类网上逃犯48名。

【维护社会政治稳定】 2012年，县公安局高度重视维护社会政治稳定工作，大力加强情报信息网络建设，不断强化情报信息的收集、研判，及时获取预警性、内幕性、深层次的情报信息，并及时整理上报。密切关注境内外敌对势力、敌对分子和“法轮功”等邪教组织的捣乱、破坏活动，采取有效措施予以及时发现、控制和严厉打击。坚持防范为先、预警在前的思路，进一步建立健全矛盾排查调处工作机制，深入开展矛盾纠纷排查调处工作，及时化解社会矛盾，消除隐患，减少案件发生。成立领导组织，制定工作方案，明确各单位责任分工，加强对节假日和周末全县公共聚集场所的巡逻防控，确保了“六四”“十一”、十八大和全国性反日串联游行期间全县社会政治大局的平稳。全年共收集各类情报信息178条，整理上报市局97条，上报县委、县政府8条，上报的情报信息中，敌情81条、政社情16条。

【治安管理】 2012年，按照“打防结合、以防为主”的指导思想，结合全县社会治安实际，通过强化社会面防控、推进社区警务建设、切实做好内保工作等，不断强化社会治安防控工作。严密社会面治安防控。在深入推进严打斗争的基础上，通过合理部署警力，科学划分责任区域，充分发挥特巡警大队、便衣队、巡防大队的作用，采取警车与徒步相结合、定点与流动相结合、武装巡逻与便衣守候相结合以及设卡盘查的模式，突出重点时段、区域和路段，对县城实行严密的全天候巡逻防范，各派出所加强对乡镇巡防中队和群众巡逻队伍的业务指导，认真做好重点区域、重点路段的巡逻防控工作。进一步完善警务室建设。相继组织开展了“警务室开放日”“咨询服务日”等一系列贴近民生的“警民相约警务室”活动，充分发挥警务室“保卫一方平安，加强社会管理，服务人民群众”的功能，进一步密切了警民关系，有效防范了违法犯罪的发生。县公安局多方筹措资金，为全县49个警务室一次性配备40余万元的警务装备。切实做好内部单位治安保卫工作。督促治安部门不断强化对内部单位安全保卫工作的监督指导，加强对内部单位的安全检查，认真落实内部单位治保工作责任制，配齐配强保卫力量，特别是加强党政机关、金融部门、大型企业等重点要害部门的值班守护力量，严格落实各项安全保卫制度和防火、防盗、防事故等工作措施。深入开展“平安杯”社会治安防控体系建设竞赛活动。坚持以“发案少、秩序好、社会稳定、群众满意”为目标，深入组织开展“平安杯”社会治安防控体系建设竞赛活动，着力健全社会治安防控“六张网”，不断加强街面巡逻防控网、城乡社区村庄防控网、单位和行业场所防控网、区域警务协作网、技术视频防控网、虚拟社会防控网建设。建立完善社会治安防控体系运行机制，按照“全面设防、一体运作、精确指导、有效管控”的要求，建立完善情报信息研判、扁平化指挥、社会治安等级防控、治安防控整体作战、重大突发案事件处置、绩效考评六项运行机制，确保“六张网”有机衔接、高效运行。发挥整体效能，将社会治安防控触角拓展到出租房屋和流动人口服务管理，延伸到街面巡查、卡口检查、视频监控等重要环节，对人员、车辆、互联网、通信信息活动轨迹等实施多轨联控、动态管控，不断提升社会治安防控能力。

【涉爆危险物品管理】 2012年，县公安局深入开展缉枪治爆专项行动，扎实推进清查收缴、隐患排查等专项工作。全年共收缴雷管7509枚，子弹588发，枪支2支，弩1支，手榴弹1枚，榴弹炮头1个。以派出所为单位，协同所在乡镇党委、政府，对辖区村庄、农户、场院等开展全方位排查，做到乡不漏村，村不漏房。严格排查检查涉爆涉枪单位，组织警力对停产、关闭矿点和其他涉爆涉枪单位进行全面摸底调查，先后排查煤矿8家，非煤矿山9家，其他爆破作业单位3家，民爆公司1家、烟花爆竹仓库2个，排查涉枪单位5家。对涉爆重点人员进行过筛排查。将涉爆涉枪单位业主、从业人员和涉爆涉枪违法犯罪人员作为重点，先后排查涉爆涉枪重点人员12人，对所有重点人员进行集中法制教育，签订无非法爆炸物品的保证书，并针对不同情况，落实监控措施。加强制度建设，严管涉爆涉枪单位。组织人员对所有涉爆涉枪单位逐一排查，重点检查爆炸物品销售、运输、储存、使用过程中的管理情况，严格落实枪支安全管理制度，并逐一签订涉爆涉枪安全责任书。使用测爆仪进行重点排查。明确4台测爆仪的使用时间和范围，规定测爆仪实行统一管理，明确专人负责，分片分时段使用，确保每月对辖区所有村庄、涉爆单位、重点地区开展一次滚动检测。强化网上治理，在网上全面开展清查、封堵删除涉枪涉爆有害信息，开辟“网上灭枪”新阵地。

【打击经济违法犯罪】 县公安局始终坚持公安工作服务经济建设，服务社会发展稳定、服务人民群众的需要，充分发挥经侦职能作用，严厉打击经济犯罪，整顿和规范市场经济秩序。2012年，经侦大队共受理各类经济犯罪案件52起，立案18起，破获13起，刑拘22人，逮捕17人，移送起诉16人，取保候审5人，抓获网上逃犯3人。

【道路交通管理】 2012年，强化校园及周边交通安全管理。继续开展校园及周边交通秩序整治，全面排查校车及其驾驶人情况，进一步完善校园周边交通设施，切实保障广大师生的交通安全。强化农村道路交通安全集中整治。对农用车、拖拉机违法载人、摩托车无证驾驶、酒后驾驶等违法行为进行重点查处。强化辖区路面巡逻管控。采取定点检查与流动巡逻、严厉查处与宣传教育相结合的方式，严查各类交通违法行为。强化事故隐患路段排查整治。全年共出动警力20198人(次)，警车4902车(次)，发放宣传资料8.5万余份，查处各类交通违法行为5.3万余起，抓获违法犯罪嫌疑378人，刑拘94人，行政拘留284人，有效预防和减少了重特大交通事故的发生，确保了全县道路交通安全畅通。

【消防管理】 以“打非治违”“清剿大患”战役为载体，加压奋进、扎实工作，不断提高社会火灾防控能力和灭火救援能力，确保了全县火灾形势的持续平稳。2012年全县共排查、查封单位、场所992个，整改消除火灾隐患1914处，查封单位20家，责令停产停业、停止使用14家，治安拘留19人，处置火灾49起，抢救和保护财产价值295万余元，全县未发生亡人等大的火灾事故。

【信访工作】 县公安局坚持以领导接访、矛盾排查、积案化解、重点稳控为主线，严格落实局长接待日、政法部门联合接访以及各办案单位“一把手”接访制度和信访责任倒查追究制度等，实行领导包案工作责任制，认真排查化解重点信访案件，妥善解决群众合理诉求。组织开展社会矛盾排查活动、集中处理涉法涉诉信访案件和“重点信访积案当事人”大走访活动，集中时间、集中力量，认真解决了一批疑难重点信访案件。全年共接到上级交办各类信访案件170起，办结164起，办结率96%，先后刑拘非访人员2人，治安拘留非访人员3人，有力维护了全县的信访稳定形势。

【户政管理】 2012年，围绕“常住人口管得准，流动人口管得活，高危人群管得住，重点人口管得严”的目标，逐步改进创新，不断推进由常住人口管理向实有人口管理的转变，提高实有人口的管理水平。全年共换发二代证29799个，办理临时身份证3705个，其中为残疾人办证113个，为孤寡老人及困难家属办证818个。共登记暂住流动人口847人，录入847人，办证847人。

【出入境管理】 出入境部门坚持以执法为民为核心，以改革创新为动力，以文明服务、依法管理、快捷高效、方便往来为原则，以开展出入境文明窗口建设为重点，坚持抓基层、打基础、苦练基本功，为维护国家安全和社会政治稳定，服务经济和社会发展创造了良好的出入境秩序。全年共受理出国(境)申请1339起1964人，涉及21个国家和地区。

【110接处警工作】 坚持“快速灵敏、高效权

威、严格执法、热情服务”的基本方针，进一步完善和优化接处警指挥系统功能，逐步建立以110报警服务台为依托的实战指挥平台，强化快速反应紧急处置机制建设，提高对突发性群体事件、突发性暴力犯罪案件等突发性事件的反应速度。完善110接处警工作机制，严格接处警和指挥调度程序，确保各个环节的工作衔接有序、科学规范，保障警令的畅通。进一步强化情报信息的收集、研判，切实提高预警能力，为基层单位调整打防工作思路，领导决策提供了基础信息。全年共受理有效报警求助14289起，及时处置14289起，处置率100%。

【宣传工作】 宣传工作以服务公安中心工作为目标，坚持“宣传先行，舆论开道”的思路，牢牢把握正确舆论导向，抓住典型公安工作和公安队伍建设亮点，全方位开展宣传报道。全年发稿313篇，其中国家级42篇，省级85篇，市级49篇，县级137篇。

【机要通信和网监工作】 通信部门严格按照上级公安机关的要求，切实做好公安通信保障工作，并做好明传电报和机要文件的收发，做到保密意识强，服务质量高。2012年共收明传电报107份，发3份，收密码电报142份，发118份，准确率100%。网监工作，切实加强网吧管理长效机制建设，确保了“二代读卡器”在线率100%。全年共配合刑侦等部门办理刑事案件49起，抓获犯罪嫌疑人37人，主侦刑事案件1起、行政案件2起，刑拘1人、治安拘留2人，查处违规营业网吧16家，有效维护了全县良好的网吧秩序。

【队伍建设】 2012年，县公安局继续深入开展大练兵工作。除认真组织民警参加省厅举办的所队长培训班和警衔晋升培训班外，把市局组织的封闭轮训作为宝丰县公安局民警培训的重点，确保民警足额、准时参加培训。全年共组织民警参加省厅、市局各类培训19期135人。开展核心价值观教育实践活动。组织全县公安机关深入开展以“忠诚、为民、公正、廉洁”为主要内容的政法干警核心价值观教育实践活动，成立领导小组，制定活动方案，召开会议进行部署。同时，组织民警对照正反两方面的典型，联系自身工作和思想实际，举一反三，“以身边事教育身边人”，深刻领悟人民警察核心价值观的本质要求，提高了民警公正廉洁执法的自觉性。加强宣传表彰工作，激励斗志，弘扬正气。围绕全局中心工作，面向基层、面向一线，全面加强立功创模工作，对在工作中成绩突出的单位和民警，实行奖励机制，先后有46个单位和97名民警受到县级以上表彰。从优待警，积极为民警办实事办好事。坚持从政治上关心民警、精神上鼓励民警、工作上爱护民警、生活上体恤民警的原则，认真落实从优待警九项措施，特别是落实民警年休假、体检制度和民警子女升学奖励制度等，尽可能地为广大民警办实事、办好事，调动广大民警的工作积极性和主动性。

【重大案件与典型案例】 2012年，县公安局成功破获了杀人案件、抢夺案件等一系列影响社会安定的案件，严厉打击了各类违法犯罪活动，确保了全县社会治安大局持续平稳，提升了群众对社会治安环境的满意度。

破获故意杀人命案 2012年5月29日，县公安局经过5个多月的深入摸排，抽丝剥茧，查寻潜址，终于在辽宁省沈阳市成功抓获潜逃21年、背负4条人命的故意杀人逃犯王某某，告破宝丰县前营乡“1991.5.17”特大杀人案。

打掉一盗运销一条龙犯罪团伙 2012年，杨庄镇辖区盗窃通信电缆案件时有发生。根据发案特点，杨庄派出所专门召开会议进行研究，决定在案件高发区域和重点路段组织夜间治安巡逻。8月8日凌晨4时许，民警马强、王少轲等4人正在巡逻，突然接到110指令：杨庄物交会场西边的通信电缆被盗。他们立即以最快速度赶赴现场，当场将正在盗窃通信电缆的犯罪嫌疑人潘某某、刘某某抓获。杨庄派出所所长何志亮得此情况后，迅速指派马强等得力干警对犯罪嫌疑人进行突审。在民警强大的心理攻势下，两嫌疑人很快交代了作案过程，根据供述，潘、刘两人盗窃通信电缆得手后，先将电缆进行焚烧剥掉胶皮，然后乘坐季某某驾驶的出租车将铜线运至温某某的废品收购站销赃，4人已合伙作案多次。一直关注着审讯进展的所长何志亮得知这一消息后，亲自带领民警进行调查取证,并采取秘密手段,于当天晚上22时许,将另外2名犯罪嫌疑人季某某、温某某抓捕归案。一个多月以来,犯罪嫌疑人潘某某、刘某某等人先后在宝丰县杨庄镇和城关镇辖区疯狂实施盗窃通信电缆犯罪,作案20余起,涉案金额5万余元。

成功打掉一“两抢”犯罪团伙　2012年10月5日,县公安局刑侦大队城区中队抓住战机,及时收网,成功打掉一“两抢”犯罪团伙,抓获犯罪嫌疑人3名,破获“两抢”案件17起。2月15日19时许,110指挥中心接到受害人王某报警称:刚才在南大街五条路口处被两名骑摩托车的男子将脖子上戴的14克金项链抢走。接警后,刑侦大队城区中队抽调精干警力实行“六专”(专案、专人、专款、专车、专室、专报)办案机制,一方面调取视频资料,圈定侦查范围,一方面走访群众,进行全面线索摸排,寻找侦查突破点,并充分利用秘密力量和秘密手段,开展全面侦查。侦查民警几个月来放弃节假日休息时间，开展了大量艰苦的摸排侦查工作,终于成功锁定犯罪嫌疑人解某某、王某某。之后，侦查民警辗转多地，摸排掌握他们的活动轨迹、落脚点等。经耐心细致的工作,10月5日,收网时机成熟，在局主要领导和刑侦领导的组织指挥下，抓捕民警分别在县城皮庄高速路口将正欲坐车逃往苏州的犯罪嫌疑人解某某抓获，在县城环城北路将犯罪嫌疑人王某某抓获;同时,将涉嫌掩饰犯罪所得的嫌疑人张某某抓获。犯罪嫌疑人供述了2012年驾驶摩托车在宝丰、鲁山、郏县、汝州、襄县、漯河市等地疯狂实施抢劫、抢夺作案17起的犯罪事实。犯罪嫌疑人张某某供述了在明知是赃物的情况下,多次收购犯罪嫌疑人解某某、王某某等人抢来的黄金项链的犯罪事实。

打掉一驾驶摩托车抢夺犯罪团伙　7月19日,县公安局经过秘密摸排、蹲点守候,成功打掉一驾驶摩托车抢夺的犯罪团伙，抓获犯罪嫌疑人2名,破获抢夺案件5起。2012年6月12日晚8时许,县公安局接到石桥镇大牛庄村牛某报警称:其和妻子边某骑电动车在石桥镇李丰山路口被两名驾驶摩托车的男子将包抢走，包内有现金等物品。接警后,县公安局高度重视,立即抽调巡防大队大队长郭国需、第一责任区刑警队副中队长马金矿、民警孙亮亮等人成立专案组,实行“六专”(专案、专人、专款、专车、专室、专报)办案机制,进行强力攻坚。专案组成立后,认真研究分析案情,圈定侦查范围,进行走访摸排线索,寻找侦查突破点。经过专案组民警一个多月的艰苦努力,终于锁定犯罪嫌疑人王某某、娄某某。之后,专案组民警进行蹲点守候,秘密侦查,最终在郏县一网吧内将犯罪嫌疑人抓获。犯罪嫌疑人如实供述了2012年驾驶摩托车伙同李某在县境石桥镇、李庄乡和郏县等地抢夺作案5起的犯罪事实。

(赵东红)

司法行政

【概况】　2012年1月,县司法局依法治县办公室被县委、县政府授予全县“五五”普法依法治理先进单位称号。2月,宝丰县被平顶山市司法局评为全市司法行政工作优秀县。3月,城关司法所被评为省级规范化司法所，商酒务司法所被评为市级规范化司法所。县司法局机关内设机构有办公室、基层股、普法办、法律援助中心、宣教股、律师股、财务股、公证处、司法鉴定股9个股室。有干部职工87人。

【普法依法治理】　2012年,利用马街书会平台,组织依法治县各成员单位,农历正月十三在马街书会主会场开展大型法制宣传教育活动。当天共出动宣传车43辆,摆放各类法制宣传版面180余块,设立咨询台42个,宣传各类相关法律20余部,受教育群众20余万人次。深入开展“深化法律六进,服务科学发展”活动。围绕人民群众关心、关注的热点问题,深入学习宣传相关法律法规,不断满足广大人民群众对法治文化产品的需求。7月16日晚,举办了“平安宝丰、法治宝丰”法制宣传大型戏曲晚会暨全县法治文艺汇演。在宝丰电视台开通《法治时空》《调解进行时》《公民与法》《律师说法》等栏目,在《宝丰快报》开辟法制专版,在互联网开通“宝丰普法网”,为群众搭建了快捷实用的法制信息平台。继续深入开展“12·4”全国法制日法律宣传活动。12月4日，组织全县各乡镇、县直各单位、各大中型企业在县城人民路开展集中宣传活动。推出一批群众喜闻乐见的法制魔术、法制小品、法制灯谜等节目。

【人民调解】 2012年，县司法局以人民调解全覆盖为抓手，按照“调防结合，以防为主”的工作方针，重点排查和治理因各种因素引发的多发性、易激化矛盾纠纷。坚持重大矛盾纠纷和不稳定因素日报制度和重大矛盾纠纷信息预警处置工作机制，预防矛盾纠纷激化。成立专业性的人民调解小组，对轻微刑事案件主动进行调处。成立专门领导小组，整合律师、基层法律服务者，积极开展人民调解矛盾纠纷专项攻坚活动。全年共举办村级调解员培训4次，培训人民调解员和其他人员共1200余人次。全县各级调解组织共排查纠纷11次，调处各类矛盾纠纷384起。

【安置帮教】 2012年，县司法局进一步健全安置帮教机构建设，完善村(居委会、社区)帮教组织网络，发展巩固帮教队伍。落实刑释解教人员定期排查制度，做好刑满释放、解除劳教人员的衔接、建档、帮教、定期回访等工作。同时加强刑释解教人员的就业指导和技能培训，加强安置帮教实体及基地建设，多渠道、多形式地做好安置工作。全年在辖区内开展排查工作2次，接收刑满释放人员97人，解除劳教4人，无重新犯罪现象发生。

【社区矫正】 2012年，宝丰县成立了社区矫正领导机构，对矫正对象进行逐个登记，入册管理。采用“三结合”的方式提高日常教育工作水平。全年累计接收社区矫正对象143人，解除矫正12人，正在监管矫正对象131人，其中被宣告缓刑123人，被暂予监外执行4人，被裁定假释4人。

【法律援助】 利用马街书会、春节、麦收农忙季节等外出人员返乡高峰期，深入农村、社区、车站、广场开展宣传活动。利用律师“进社区、进乡村”大型法律援助宣传咨询，深入全县156个行政村开展宣传咨询活动。积极参与政府涉法信访接待，在全县设立15个基层法律援助受理点，建立法律援助联络员队伍，把法律援助工作延伸到弱势群体的身边。全年中心共接待来访咨询人员1700余人(次)，接听解答咨询电话500余个，代写法律文书300余份，受理指派援助案件369起，提前完成全年的任务量。

【律师和法律服务】 县司法局积极开展学习教育活动，提高律师和法律服务工作者的执业理念、服务意识。加强基层法律服务工作，强化对基层法律服务工作的指导管理。2012年，律师事务所担任法律顾问125家，办理诉讼案件280件，非诉讼案件463件，法律援助案件9件，解答法律咨询2873人次。

【公证工作】 2012年，加强公证员队伍建设，提高公证人员业务素质。大力拓展公证业务领域，规范执业行为。积极开展公证服务社会承诺事项，加强行风建设。全年共办理各类公证3660件，接待来访2300余人次，解答公证咨询600余人次，发放宣传单700余份，利用宝丰马街书会举办宣传活动1次，其他形式法制宣传5次，进农村社区宣传2次。

【全国模范人民调解员韩水】 2012年10月31日《平顶山日报》第一版刊登了《调解路上爱如水——记全国模范人民调解员韩水》的宣传报道；12月10日《平顶山日报》第一版刊登了《做“第一道防线”的守门人——宝丰县司法局城关司法所、全国模范人民调解员韩水》的系列报道。韩水，1961年10月出生，宝丰县张八桥镇张八桥村人，中共党员，大专学历。2002年任城关司法所所长。长期从事基层司法和人民调解工作，28年来共调解民事纠纷960件，成功调处915件，调成率95%，其中防止民事纠纷转化为刑事案件21件。先后获全国模范人民调解员、全省优秀司法所长、全省模范司法所长等30余项荣誉称号。

(娄军垒)

检察　审判

检　察

【概况】 宝丰县人民检察院内设机构有办公室、政治处、反贪污贿赂局、反渎职侵权局、侦查监督科、公诉科、控申科、监所科、职务犯罪预防科、民行科、纪检监察科、人民监督员办公室、法警大队、技术科、信息化建设管理中心、未成年人刑事检察科、案件监督管理中心、机关服务中心、计划财务装备科。全院有干警85人，其中，具有检察官资格的43人，占全体干警的51%；具有本科以上学历的70人，占全体干警的82%。

【刑事检察】 2012年，共受理公安机关提请批准逮捕252件320人，经审查，依法批准逮捕188件235人，不批捕64件85人。共受理移送审查起诉330件424人，经审查，依法提起公诉305件393人，依法抗诉3件3人。提起公诉的案件，法院均作有罪判决。检察环节无超期羁押。在打击严重刑事犯罪的同时，对轻微刑事案件实行非羁押诉讼机制、检调对接机制、附条件不起诉机制和不捕、不诉说理机制，把化解社会矛盾、促进社会和谐的理念落实到执法办案的全过程。全年对涉嫌犯罪但无逮捕必要的犯罪嫌疑人，依法不予批准逮捕74人；对犯罪情节轻微、社会危害较小的被告人，依法不起诉29人；对犯罪嫌疑人、被告人积极悔过、赔偿损失的轻微刑事案件，促成刑事和解60件。为破解职务犯罪案件立案难、诉讼慢、判决少、积案多的难题，探索建立侦诉联动机制、限时办理机制等自侦案件快速办理机制，有效解决了自侦案件办理周期长的问题，提高了办案效率。县检察院办理的自侦案件从立案侦查到提起公诉案均时限不足一个月。这两项工作经验被省院转发推广。为解决公诉工作“案多人少”的矛盾，探索建立“转变、分流、协调、简化”机制，转变工作观念，创新办案模式，整合办案资源，有效提升了办案质量和效率。该工作经验先后被省检察院和最高人民检察院转发推广。建立“检医联动机制”，确保涉案人员突发疾病或可能出现的人身损伤，能得到及时有效的救治。全年为8起案件的犯罪嫌疑人进行身体状况鉴定，对经鉴定确实不适于羁押的犯罪嫌疑人，采取非羁押方式移送审查起诉。此做法被省院推广。

【反贪污贿赂检察】 2012年，重点查办发生在群众身边、损害群众利益、损害国家利益、社会影响恶劣的案件。全年共立案侦查贪污贿赂案件12件16人，侦查终结移送起诉9件13人，全部为有罪判决；全年共办理贪污贿赂重大案件9件13人，大案率81.25%，为国家挽回经济损失150余万元。全年处理往年积存案件5件6人，对于和公诉部门有分歧的案件，加强与公诉部门的沟通协调，同时加强补充调查；共对4起案件的犯罪嫌疑人进行身体状况鉴定，其中3起案件为往年积存案件，4起案件全部移送审查起诉，其中1起已经得到有罪判决。

【反渎职侵权检察】 全年共办理各类渎职侵权案件8件9人，其中大要案7件8人，占总数的85.6%，已起诉11件12人，法院一审已作出有罪判决9件9人。在办案中讲究侦查方式，注重侦查策略，突出打击重点，注重办案效果。突出查办了一批国土、城建部门人员的渎职案件，有效遏制了土地、房地产领域混乱的局面，并通过办案为国家挽回经济损失700余万元。

【预防职务犯罪】 以预防调查为手段，对支农惠农专项资金的使用、国家重点项目资金的投放、农村土地流转情况和职务犯罪多发、易发领域开展预防调查4件。针对调查中发现的问题，及时向县委、县政府提出建议，县委书记在县检察院检察建议上作了重要批示。组织业务骨干到行政执法机关、重点企业上警示教育课16次，听课人数达2000余人,有效预防和减少了职务犯罪的发生。

【诉讼监督】 2012年，对该立案而未立案的案件，监督公安机关立案10件11人，对侦查机关另案处理、遗漏移送批捕、起诉依法进行追捕、追诉，追捕11人，追诉漏犯32人。

【信访工作】 2012年，以开展“举报宣传周”活动为契机，加大法律宣传力度，继续推行点名接访制度，加大首访接待处理力度，切实解决涉检信访热点、难点问题。全年共处理来访107件297人次，其中个访95件136人，集体访12件161人；办理赔偿案件3件；收到市院批办的举报线索24件，均分流到有关部门，全年没有发生一起涉检赴省进京上访案事件。及时办结上级交办、督办的信访案件10件；认真落实市委政法委组织的联合接访活动；做好十八大期间的矛盾排查及稳控工作；完成举报线索管理专项检查活动工作，有效维护了全县社会大局稳定。

【民事行政检察】 2012年，共立案审查民行申诉案件37件，提请市检察院抗诉14件，市检察院决定抗诉11件。坚持抗诉与息诉并重，对法院正确的判决和裁定，做好当事人的释法说理工作，成功息诉16件。推行全程和解机制，促成申诉人达成和解协议7件。

【监所检察】 2012年，监所工作坚持强化监管与保障人权并重，查办监管场所职务犯罪案件2人，监督看守所进行安全大检查21次，办理监外执行人员再犯罪案件5人，对监管场所及发案单位存在的违法问题提出检察建议8次，依法纠正刑罚执行和监管改造工作中的违法行为16件，保障了法律在刑罚执行和监管改造活动中的正确实施。

【队伍建设】 2012年，在队伍建设方面注重班子的表率作用，用“正气”凝聚人心。充分发挥班子成员在干事创业、顾全大局、开拓进取、求真务实、廉洁自律五个方面的表率作用。倡导“有为才有位”的工作理念，为部分优秀干警解决职级待遇，用正确的用人导向树正气；改建机关食堂、单身干警公寓楼和文体健身活动中心，适时开展文体比赛和娱乐活动；定期为干警体检，建立个人健康档案；关爱留守儿童，为留

2012年,县检察院人员为留守儿童送学习用品

守儿童送去书包等学习用品；弘扬政法干警核心价值观，用“忠诚”铸就检魂。以政法干警核心价值观教育活动为载体，结合“执法能力、效率、责任心”大检查、“学先进、找差距、创佳绩”活动、学习朱正栩、马俊欣先进事迹等主题教育活动，以科室为单位，每周五下午组织干警认真学习中共十八大精神。 （张钢强）

审　判

【概况】 2012年，受理各类案件2485件，审、执结2239件，结案率90.1%。在平顶山市法院系统2012年度绩效考核中，县法院再获第一名，连续四次在全市法院绩效考核中名列第一名；在全省基层法院两次群众满意度测评中，均排名全市第一；2012年度荣立集体二等功，被最高法院表彰为“立案信访窗口”建设工作先进集体；先后获省级文明单位、省级卫生单位、省级园林单位称号，社会法庭、调研宣传等单项工作累计受到市级以上表彰12项（次），干警个人累计受到市级以上表彰18人（次）。县法院内设有办公室、立案庭、刑事审判庭、民事调解庭、

民事审判庭、行政审判庭、审判监督庭、执行局、政治处、信访局、法警大队、研究室、纪检监察室，下设大营人民法庭、闹店人民法庭两个派出人民法庭，共有干警101人。

【刑事审判】 在刑事审判工作中，坚持严打方针，突出打击重点，依法严惩危害国家安全、严重危害社会治安类犯罪；推行量刑规范化工作，努力实现量刑公开和公正；开展刑事和解工作，刑事附带民事调解结案22件，最大限度消除不稳定、不和谐因素；学习刑事法律，提高干警司法能力。先后组织刑事审判法官对《刑法修正案》（八）进行集中学习、培训10余次。全年受理各类刑事案件316件,审结268件，判处犯罪分子309人。

【民事审判】 在民商事审判工作中，积极落实《关于服务和保障中原经济区建设的实施意见》，继续开展"调解年"活动，在确保案件质量的前提下，加大调解力度，讲究调解方法，提高调解技能，尽最大努力化解矛盾，努力实现案结事了人和，共以调撤方式结案986件，调撤率83%，同比增长8.6%；实施精品案件工程，推行严格的案件质量评查和裁判文书评查制度，促使民事审判法官认真、及时、公正地审理好每一起案件，增强裁判的公信力，提高服判息诉率，新收民事案件服判率92.6%。全年受理民事案件1388件，审结1198件，结案率86.31%。

【行政审判】 行政审判工作中，从促进依法行政和维护社会稳定的大局出发，积极做好疏导和协调工作，在坚持依法审判的同时，加强与行政机关的沟通与协调，努力以和谐方式解决行政机关与行政相对人之间的行政争议，共以协调方式审结行政诉讼案件304件，调撤率97%。认真把握监督和支持的平衡点，针对行政机关执法过程中存在的问题向相关单位发出司法建议书50份，以完善行政案件协调工作机制为重点，加强行政审判工作的延伸，充分发挥"行政协调委员会"的作用，在案件受理前主动与行政机关沟通，让行政机关对有瑕疵的行政行为及时采取补救措施，努力将"官民矛盾"化解在诉前。全年受理行政诉讼案件318件，审结314件,结案率98.74%。

【执行工作】 在执行工作中，推进执行威慑和联动机制建设，发挥联动单位的作用，做到以法院为主，各方参与，协同配合抓好执行工作，共通过执行联动威慑机制执结案件25件。创新执行机制，强化诉前保全和诉讼保全措施的使用，有效地防止了在判决、裁定生效后败诉方当事人隐藏、转移、变卖财产，保证了案件顺利得以执结。2012年，共采取诉前保全和诉讼保全措施130次。讲究执行方法，坚持思想疏导与强制执行、严肃执法与文明执行、法律效果与社会效果"三结合"，强化法制宣传教育和思想工作，促使当事人自动履行义务，共以执行和解方式执结案件375件，执行和解率77%。强化执行监督，推行执行工作周分析月通报、执行进展告知、重大执行案件听证制度，实现内部监管动态化、当事人监督即时化、社会监督公开化。全年受理执行案件462件，执结458件，执结率99.13%，执结标的3355万元。

【涉诉信访工作】 坚持以群众工作法统揽信访工作，畅通群众维权渠道，支持合法诉求。坚持两手抓，一手抓源头治理，提高办案质量，预防新生信访案件；一手抓积案化解。继续深化矛盾排查、院长接访、"四定一包"等信访工作机制，协调有关部门妥善解决群众在信访中反映的突出问题和实际困难，坚持依法纠错和维持法院正确判决相结合，引导当事人正确主张诉求。2012年，上级机关共交办44起，全部办结。在涉诉信访工作中，领导高度重视、完善工作制度。党组多次召开党组会、院务会，制订出具体工作方案，确定工作目标和任务，从人员、车辆、经费上为彻底解决交办案件办理工作提供保障，院长亲自过问每起交办案件、研究案情，亲自制定工作措施，协调各方面工作。实行领导带案下访见面制。每起案件的包案领导必须亲自到上访人所在村委会、街道办事处与基层负责人联系，共商解决上访人具体问题。加大对初访案件的排查工作力度，切实摸清底数。通过各部门每天对各自信访情况进行排查，发现苗头，立即化解，保证"小事不出庭，大事不出院、矛盾不上交”，从源头上杜绝信访。

【司法便民工作】 加强立案窗口建设。坚持“以人为本，科学发展”这一主线，创新机制，大胆实践，倾力开展“立案文明窗口”建设。将审判工作重心向立案窗口前移，强化诉讼引导、诉前调解、判后答疑等职能，推广电话、信函、传真等预约立案方式，为群众依法维护自身权益提供便利服务。加强立案指导和诉讼风险提示工作，每起案件都对当事人进行诉讼风险和权利义务告知，使当事人理智地认识到可能承受的诉讼风险，确保当事人能有效地运用司法手段维护自身权益。对“三养”、劳动报酬、工伤等案件中经济困难的当事人积极给予司法救助，共减、免、缓交诉讼费 59621.57 元，确保经济有困难的群众打得起官司。进一步加强诉讼指导、诉中释法、判后答疑工作，特别是为文化程度相对较低的农村当事人，提供必要的法律帮助，指导其完成各项诉讼活动。继续开展为人民群众办理“十件实事”活动，通过新闻媒体公布具体内容和监督电话。加大巡回审判工作力度，共开展巡回审判 286 次，真正让群众感受到方便、温暖和公正。2012 年新建大营法庭投入使用，优化了办公条件，为当事人提供了便利服务。认真开展示范化和特色化社会法庭建设工作。全年拿出 12.24 万元为全体常驻社会法官发放办案补助，对法院委托社会法庭调解的案件每案补助 100 元，解决了社会法官的“经费”之忧。制定下发《2012 年社会法庭工作意见》，对示范化和特色化社会法庭建设标准，委托案件和司法确认工作提出明确要求，保证了工作有序开展。社会法庭共办结婚姻家庭、赡养、相邻关系等传统民事纠纷 578 件。

【党风廉政建设】 2012 年，县法院党风廉政建设工作在全市法院年终绩效考核中位居前列。通过聘请廉政监督员、发放廉政监督卡、设立举报电话和电子邮箱等方式，加强对审判权、执行权等关键岗位的监督。继续实行《无违法违纪保证金制度》，通过对保证金的缴纳，努力构建干警不愿为、不敢为、不能为、不必为的“四不为”机制，在全院确定 15 名廉政监察员，对外聘请 10 名廉政监督员，对审判执行工作实行交叉监督。

【队伍建设】 积极开展案件质量评查、法律文书评比、庭审观摩等活动，提高法官驾驭庭审、采信证据、认定事实、适用法律、制作文书等能力。围绕“学有所长、学有所成、学有所用”目标，进一步强化县法院学习小组每周定期集中学习制度，以系统、持续地学习强素质、增能力，营造良好的学风。对各部门和法官绩效考核办法进行修订，层层分解目标任务，把审判质量、效率和效果的要求落实到每个部门、每个岗位和每个责任人。完善流程管理制度，对立案、开庭、裁判、执行、归档等各个流程节点，明确

2012 年 3 月 24 日，市委书记赵顷霖等领导到闹店法庭看望朱正栩

其工作内容、时间要求，强化实时监控。加强院长、庭长和庭务会、合议庭对案件质量的审查把关职责，健全合议制落实情况考评机制，确保合议庭全体成员负责任地平等参与案件的审理、评议和裁判，激励法官树立起严格司法、公正司法、文明司法的理念。开展学习朱正栩先进事迹教育活动。市委书记赵顷霖、市中院院长郭保振等领导先后到闹店法庭看望朱正栩。　（刘 娜）

工 业

工业综述

2012年，面对国际、国内市场需求疲软的严峻形势，宝丰县工业经济增长乏力。但县委、县政府采取积极的应对措施，进一步加大对企业的服务协调和督促力度，各职能部门各司其职、齐心协力、多措并举，克服各种不利因素，保障了工业企业的正常生产和经营秩序，全年工业经济运行情况呈现出回升态势。至年底，全县纳入名录库规模以上工业企业共96家，正常生产37家，停产企业59家，停产率达56.3%。停产的59家企业中，涉煤企业54家(煤矿9家、洗煤43家、焦炭1家、煤化工1家)，占全部停产企业的91.53%，农产品加工业3家，其他加工业2家。规模以上工业企业总产值全年完成317.19亿元，同比增长22.8%。规模以上工业企业增加值全年完成119.58亿元，同比增长18%。2012年，全县原煤累计生产100.1万吨，同比下降20.9%；洗煤生产1502.93万吨，同比增长5.7%；乳制品生产7.25万吨，同比增长3.5%；白酒生产18327千升，同比增长7.9%；烟叶复烤生产20526吨，同比增长20.7%；棉纱生产15783吨，同比下降14.1%；焦炭生产96.32万吨，同比增长8.4%；水泥生产335.08万吨，同比增长11.9%；烧结砖生产165162万块，同比增长34.7%；石墨及碳素制品生产33403吨，同比增长1.5%；钢材生产12.94万吨，同比增长393.4%，家用电冰箱生产47.37万台。

2012年，全县规模以上工业经济运行平稳，但五大行业发展呈现不平衡势态，新能源、新材料和现代制造业发展势头迅猛，涉煤产业依然处于低谷，焦化企业持续萎缩，洗煤企业多数未复产，正在生产的洗煤企业也因价格、市场等原因未能达产、满产，其他制造业和农产品加工业出现严重下滑。至年底，五大行业共91家企业，完成总产值3035049万元，同比增长20.72%，占全部规模以上工业企业总产值的95.69%。

食品工业进入规上企业库的农产品加工业共8家，除停产停报1家外，其他7家生产经营状况基本正常。食品业累计完成总产值313585万元，同比增长6.27%，占全县规上工业企业总产值的9.89%。主导产品主要有面粉和白酒，吨价格分别为：面粉每吨3000元左右，较去年同期吨上涨600元左右，白酒每吨4.8万～6.5万元，与去年同期基本持平。

建材行业进入规上企业库的建材企业共8家，全部正常生产。建材业累计完成总产值380181万元，同比增长5.8%，占全县规上工业企业总产值的11.99%。主导产品主要有水泥、烧结砖和墙地砖等，其价格分别为：水泥每吨240～260元，较去年同期吨下降80～100元；烧结砖每块0.56元、墙地砖每平方15～25元，均与去年同期基本持平。

新材料、新能源共11家，累计完成总产值207721万元，同比增长188.18%，占全县规上工业企业总产值的6.55%。主导产品主要有光伏刃料和石墨，其价格分别为：光伏刃料每吨1.3万～1.7万元，较去年同期吨下降5000元左右；石墨每吨2万元左右，较去年同期吨下降1万元以上。

现代制造业共7家，累计完成总产值263850万元，同比增长369.81%，占全县规上工业企业总产值的8.31%。主导产品主要有不锈钢和家用冰箱，其价格分别为：不锈钢每吨1.4万元，较去年同期吨提高1000元左右；家用冰箱每台2000～2400元，与去年同期基本持平。

煤、化工行业中煤炭行业的下滑，直接影响全县规上工业企业产值增速。59家涉煤企业累计完成总产值1869361万元，同比增长12.31%，占全部规上工业企总产值的58.94%。主导产品主要有原煤、洗精煤、焦炭和焦油等，其价格分别为：原煤价格每吨750元左右（本地煤价每吨450～550元，外省到厂价格每吨1000元左右），比上年同期每吨下降近100元；精煤价格主焦煤每吨1150～1200元、1/3主焦煤每吨1100～1130元、次精煤950～1100元，比上年同期下降20%；焦炭价格每吨1400～1550元，比上年同期每吨下降340～350元；焦油价格每吨2750元，比上年同期每吨下降450元左右。

（于亚渊）

产业集聚区

【概况】 宝丰县产业集聚区管委会管理四个园区，规划总面积33.6平方公里，含六大主导产业。其中：省级产业集聚区位于县城南部，规划面积12.1平方公里，以新能源光电、现代制造和现代物流为主导产业；宝丰县工业园区位于县城西部，规划面积12.5平方公里，以新型建材为主导产业；宝丰县煤炭循环经济产业园位于县城北部，规划面积6平方公里，以煤化工循环产业为主导产业；宝丰县农产品加工产业园位于县城东部，规划面积3平方公里，以农产品加工为主导产业。2012年六大主导产业累计完成固定资产投资92.5亿元，实现主营业务收入111.4亿元，税收2.53亿元，分别占全县比重的51.6%、42.1%和42.2%。

新能源光电产业 县产业集聚区入驻恒基伟业、亿盛光伏、恒瑞新材料等亿元项目8个，总投资75.6亿元，建成亿元项目3个。其中2012年开工的4个。储备项目2个，总投资30亿元。2012年完成固定资产投资17亿元，实现主营业务收入15.3亿元，产生税收0.15亿元，分别占全县比重的9.49%、5.78%和2.5%。

现代制造业 县产业集聚区入驻浙江电气、旭原不锈钢等亿元项目22个，总投资160.7亿元，已建成 6 个。其中2012年开工的项目16个，建成项目2个，试车生产项目2个。储备项目3个，总投资56.7亿元。2012年完成固定资产投资49.1亿元，实现主营业务收入41.2亿元，产生税收0.65亿元，分别占全县比重的27.4%、15.6%和10.8%。

现代物流业 县产业集聚区入驻亿元项目1个，储备项目2个，总投资29亿元。2012年完成固定资产投资0.2亿元。

新型建材业 县产业集聚区入驻大地水泥、洁石建材等项目。储备项目4个，总投资17.8亿元。2012年完成固定资产投资5.6亿元，实现主营业务收入28.6亿元，产生税收1.24亿元，分别占全县比重的3.1%、10.8%和20.7%。

煤化工循环产业 县产业集聚区入驻京宝焦化、海星化工等项目8个，总投资32.6亿元，建成项目4个。储备项目2个，总投资15.7亿元。2012年完成固定资产投资16.5亿元，实现主营业务收入18.5亿元，产生税收0.38亿元，分别占全县比重的9.2%、7%和6.3%。

农产品加工业 县产业集聚区入驻河南伊利、红英农业等项目5个，建成项目3个。储备项目2个，总投资8.2亿元。2012年完成固定资产投资4.2亿元，实现主营业务收入7.8亿元，产生税收0.11亿元，分别占全县比重的2.3%、2.9%和1.8%。

【经济指标实现新增长】 省级产业集聚区全年完成固定资产投资81.66亿元，同比增长18.8%；实现主营业务收入72.2亿元，同比增长51.1%。综合实力排名全市第一位。工业园区完成固定资产投资12.8亿元，实现主营业务收入28.6亿元，煤炭循环经济产业园完成固定资产投资16.5亿元，实现主营业务收入22.5亿元。

【项目建设实现新突破】 省级产业集聚区于2012年2月和7月两次作为全市项目集中开工主会场，开工工业项目15个，总投资84.8亿元，在建工业项目26个，总投资161亿元。恒基伟业、宝视达、浙江电气、河南航瑞、大香山物流等5个项目即将建成投产，海宝二期、宝隆不锈钢、超纯材料、智能机箱等5个项目一期厂房基本建成。工业园区开工中石油成品油库、没梁庙货站等2个亿元项目；建成大地集团矿渣微粉生产、粉煤灰选粉等2个亿元项目。煤炭循环经济产业园开工众鑫120万吨选煤项目;建成京宝焦化一期、新奥新能源、宇隆石材等3个亿元项目;年产100万吨热轧不锈钢制品项目正在完善各项前期工作，即将开工建设。

【配套功能实现新提升】 省级产业集聚区完成110千伏文峰变电站建设及35千伏旭原变电站配套电网建设；完成集聚区通往污水处理厂管网工程;完成集聚区内路网延伸工程,新修道路8公里;一期10栋17层公租房主体基本封顶;开工了第二污水处理厂、石洼新型社区;完成了曲艺休闲小镇和总部经济园初步规划；工业园区建成大地集团铁路专用线；完成西二环绿化及配套设施建设;煤炭循环经济产业园完成企业供水工程。

【招商选资取得新成效】 围绕三大产业园区主导产业,加强与东风股份、中再集团、广东中投等大集团、大企业的对接联系。省级产业集聚区共签约恒基伟业单晶铸锭、宝隆不锈钢、汽车涡轮、中投保税物流园等亿元以上项目25个，总投资153.2亿元,已落地建设15个,具备开工条件即将落地的3个,正在积极洽谈对接的12个。工业园区签约中石油成品油库、雪雨卫浴、欧亚达等3个项目,总投资21.3亿元。煤炭循环经济产业园签约热轧不锈钢制品、众鑫选煤等项目2个,总投资37.2亿元。三大产业园区签约项目的数量、质量以及品牌影响力,均为历年最好,为培育壮大主导产业起到了积极的推动作用。

【体制机制取得新成果】 完成管委会内设机构调整,明确了各部门负责人,并与原单位组织关系实现脱离；制定完善了产业集聚区招商选资优惠政策;制定了项目入驻管理办法,健全了项目分包责任制、项目月例会制度、项目前期评估制度,有力地推动了项目科学化、规划化建设。建立项目推出机制,结合产业形势,劝退2个亿元项目;设立产业集聚区基础设施补助基金，全年累计发放补助资金1580万元；建立科技人才引进激励机制,成功引进“千人计划”,特聘专家朱强博士等一批高层次人才;健全产业集聚区失地农民医疗、养老等保障体系,启动石洼新型社区建设;在区域环评、区域文物勘探方面均作了积极有益地探索。

【生产要素保障取得新进展】 结合省级产业集聚区快速发展的局面,加强与省市发改、国土、建设、环保等部门的对接协调,成功将产业集聚区规划面积由7.2平方公里扩大到12.1平方公里。全年累计储备土地3920亩，上报土地报件2362亩,批回土地指标443亩。成功举办“金融超市”进集聚区活动,帮助企业融资、贷款6.4亿元。主动与国家发展银行对接，积极为产业集聚区公租房融资2.15亿元。加快科技研发平台建设,成功引进汽车压叶轮博士工作站。工业园区完成260亩土地储备及上报工作，批回土地指标110亩。煤炭循环经济产业园完成1123亩土地收储及上报工作,批回土地指标900亩,有力地保障了项目建设。

2012年6月26日金融超市进集聚区调研活动

【省级产业集聚区】 位于县域南部，规划面积12.1平方公里,2008年12月批准设立,2009年开始规划并启动基础设施建设,2010年开始入驻项目,2012年2月经省政府批准，晋升为省级高新技术产业开发区。至2012年,初步形成“一心两轴三组团”的发展布局(“一心”即综合服务中

快速发展中的宝丰县高新技术产业开发区

心,“两轴”即长安大道和豫02线,“三组团”即光电产业组团、现代制造产业组团和现代物流产业组团)。入驻项目83个,累计完成固定资产投资194.6亿元,实现了区内配套功能全覆盖。2012年完成固定资产投资81.67亿元,实现主营业务收入72.2亿元。先后被评为河南省十快产业集聚区、河南省新型工业化产业示范基地、中原经济区100张名片等称号。

【宝丰县工业园区】 位于县城西部,规划面积12.5平方公里,主导产业为新型建材。2005年开始建设,区内道路、供水、排水、供电等配套设施齐全,入驻企业18家,形成了水泥——余热发电和煤化工——墙地砖小循环经济产业链。主要入驻企业有:河南大地集团日产1万吨水泥熟料生产线、洁石建材年产4200万平方米高档墙地砖生产线、洁石焦化年产90万吨捣固焦项目、五星石墨年产1万吨高纯石墨项目等。

【宝丰县煤炭循环经济产业园】 位于县城西北部,总规划面积6平方公里,以新型煤化工为主导产业。区内水、电、路等基础设施完善。建成项目主要有海星化工30万吨煤焦油深加工、中平能化260万吨捣固焦、博翔碳素2.65万吨超高功率石墨电极等8个项目。在建项目主要有海星化工10万吨针状焦、京宝新奥新能源LNG项目等。宝丰县煤炭循环经济产业园循环发展优势突出,依托宝丰丰富的煤资源建设规模化的煤炭洗选基地;利用洗选出来的优质煤发展焦化项目;利用焦化项目产生的煤焦油为煤焦油深加工项目提供原料;利用煤焦油深加工项目产生的沥青和焦化项目产生的废渣为碳素项目提供原料。同时,焦化项目产生的气体50%(氢气)为己内酰胺项目提供原料,27%(甲烷)的气体用于京宝新奥清洁新能源项目,从而延伸产业链条,达到煤炭资源就地消化,实现资源的最大效益。

【宝丰县农产品加工产业园】 农产品加工产业园是宝丰县大力发展农产品加工产业,利用宝丰县石桥镇粮食产量高、土地肥沃的优势建设的专业园区,规划面积3平方公里。宝丰县食品工业园立足于农产品资源的开发利用,突出“农”字号特色,为农业产业化项目发展提供平台。园区建成入驻河南伊利、红英农业、汝源奶业、宝粮深加工、骨胶原蛋白等项目8个,2012年实现销售收入7.8亿元,税收1100万元。 (李相军)

河南伊利乳业有限公司

公司成立于2006年11月,是伊利集团130多家企业之一。公司位于宝丰县食品工业园,占地150亩,日处理生鲜牛奶300吨,年生产能力10万吨,拥有员工400人,年产值5亿元。河南伊利乳业有限公司是目前河南省酸奶生产自动化程度最高、灌装设备最齐全、技术最先进的酸奶产品生产基地。以“为消费者提供100%健康、100%安全的优质产品”为理念。拥有14条生产线,生产出的酸奶系列产品供给湖南、湖北、江西、陕西等周边市场。先后获得平顶山市重点服务企业、河南省食品工业50家高成长企业、平顶山市农业产业化重点龙头企业、平顶山市食品生产示范企业等称号。在河南伊利的带动下,平顶山市辖范围新建优质奶牛养殖基地6座,其中千头牧场5个;漯河新建优质奶牛养殖牧场2座,其中千头牧场1个;许昌新建优质奶牛养殖牧场2座。新增奶牛近9000头,新增就业岗位700个。有效使玉米秸秆变废为宝,牧场每年收购4万余亩秸秆,使当地农民增收近400万元。

河南红英农业科技有限公司

公司成立于2011年3月,是一家集现代农业科研、生产、农产品加工销售为一体的大型农业高科技企业。主要从事农产品种植、加工、销售及出口;绿色有机蔬菜、优质实用菌、温室无土栽培等现代农业技术成果的示范和推广。由其投资建设的现代农业示范园项目,总投资4.65亿元。红英现代农业示范园共有两部分组成,其中核心示范区选址在宝丰县食品工业园,占地512亩,重点以种植反季节蔬菜、有机蔬菜、优质食用菌和开展现代农业科技示范为主;加工物流中心选址在宝丰

红英农业科技示范园蔬菜基地

县产业聚集区内，占地300亩，重点以农产品检测、加工、仓储、展示、销售、物流配送、农业新技术新品种研发、新型农民培训、现代生态循环农业推广为一体。河南红英农业科技有限公司与中国农科院、河南农科院、上海农业科学院、以色列国家农业科技院等众多科研单位建立了技术合作关系，通过国内外先进的生物工程、设施栽培、节水灌溉、智能管理等技术引入，促进农业科技成果的推广和应用。最终形成“公司+现代农业核心示范区+养殖厂+农民合作社+农户+加工物流中心”的农业产业化模式，实现产销一体化和大型立体生态农业生产格局。

企业改革服务中心

【概况】 2012年，县企业改革服务中心积极巩固企业改制成果，开创全县国有、集体企业改制工作新局面，企业改制工作取得重大进展。县企改中心内设有党委办、办公室、企业改制股、信访股、企业职工管理股、计生办、财务股、离退休管理股、商贸服务股、轻化服务股、综治办、安全保卫股、团委等13个股室，有工作人员35人。

【深入开展创先争优活动】 加大党员、干部的素质教育，全面提高党员干部素质，重点加强组织建设工作。加强理论学习，组织党员干部学习党的各项方针、政策，让全体党员在不断教育中不断提高理论素养，永葆共产党员的先进性。注重党员队伍建设，高规格、严要求，严把党员入口关。根据《党章》和《发展党员细则》规定，始终按照坚持标准、慎重发展的原则，成熟一个发展一个，严把入口关。全年订阅党报党刊3万元。积极参加各种形式的文体活动，丰富了干部职工的文化生活，宣传了党的政策，增强了凝聚力。

【国有集体企业改制】 根据县企业改制工作整体情况，着重解决关系企业职工切身利益的问题，进行依法改制，同步开展全县国有集体企业改制工作。至2012年，全县有9家企业改制、破产终结，职工得到安置，2家企业租赁经营，3家企业正在积极商讨改制措施，逐步解决存在的困难和问题，积极推进企业改制。

【宝酒集团改制】 2012年，宝酒集团改制工作领导小组调整到位，办公室设在企业改革服务中心，负责宝酒集团改制日常事务。累计为职工发放各种资金383万元，其中，缴纳医疗金200万元、代收代交职工医疗保险金个人部分30多万元，支付职工养老金57万元，发放内退人员生活补助62万元，无岗长休困难人员生活费55万元，病退人员生活费9万元。原定的宝酒集团破产资产评估以2003年12月24日为评估基准日，为了保障破产资产不流失，重新将宝酒集团资产评估基准日确定为2012年11月30日；对于确定评估机构等关键问题，由宝酒集团破产资产管理人会同县法院、群工部、工会、监察局、法制办、企业改革服务中心等单位，邀请县人大代表和政协委员参与，依法依规选定1家有资质的省级评估机构，报宝酒集团改制工作领导小组同意，由宝酒集团破产资产管理人和改制工作领导小组办公室负责向宝酒集团职工进行通报；对职工反映较强的承租人改扩建问题，由宝酒集团破产资产管理人负责与承租人协商，按照宝酒集团改制工作领导小组确定的评估基准日，由同一家评估机构对承包人改扩建部分与宝酒集团资产共同评估。依法依规按照“公开、公平、公正”的原则进行企业改制。

【职工管理和信访稳定工作】 热情为企业职工提供人事管理咨询服务，关注国家对企业职工的各项政策、福利等信息，确保应退休职工年龄准确无误，积极协调解决免缴养老保险金滞纳金问题，落实上报企业伤病人员情况，宣传劳动法规；经常性地逐一摸底排查，加强源头信访治理，围绕信访工作重点，强化排查和化解矛盾纠纷。全年接受信访政策咨询 30 起，受理信访案件 13 起，结案率 100%，满意率 100%。变上访为下访，深入职工家中讲解政策、宣传法规、慰问职工，取得了职工对破产改制的政策法规和一些工作的理解，成功劝阻个访 32 起、集体访 11 起，没有赴京、赴省上访案件发生。

【老干部各项待遇落实】 中心党委始终把老干部工作作为重点，党委书记亲自抓，定期召开党委会专题研究老干部工作，成立了老干部工作领导小组、老干部党支部，从政治上、经济上、车辆使用上优先保证，对老干部两个待遇的落实上给予最大照顾。全年召开老干部座谈会 4 次，成立了老年门球队，增设了图书室、乒乓球室、棋牌娱乐室。春节期间安排人员到老干部家中进行慰问，组织老干部到长江三峡参观旅游和参加 2012 年宝丰县“张洛庄”杯农民门球赛，在张洛庄新建门球场 2 个，把门球训练基地定在张洛庄，定期组织老干部参观张洛庄的新农村建设。

【计生管理】 根据党委的工作安排，认真学习计生部门关于计生人口的统一部署，狠抓落实，签订计划生育目标责任书，男女职工全部建立了电子台账和信息通报单，对本单位管理的住宅楼纳入规范管理，建立了家属楼台账，政策生育率、康检率、避孕节育措施率、统计准确率、个案信息准确率、流动人口管理到位率均达 100%。以提高妇女文明素质为重点、以保障妇女权益为基础，建立多层次医疗保险体系，参加了女工“团体特病保险”。三八妇女节期间为女工发放节日慰问品，筛选了 19 名生活困难的女职工进行帮扶。组织 20 名女职工参加“宝丰县喜迎十八大”英模事迹报告会，真正把妇工委的工作做到实处。

【安全综治工作】 认真贯彻执行“安全第一、打防结合、预防为主、综合治理”的方针，健全了安全组织机构，配备充实了管理人员，拟定了社会治安综合治理、安全生产工作意见、创安工作规划等，实行全员岗位安全责任制。加强制度化建设、排查消除矛盾纠纷，防患于未然，落实资金、加大投入，添置有关安全的设施配件，加固防范设施，各种隐患得到治理。

【万村千乡市场工程】 县境构建以城区店为龙头、乡级店为骨干、村级店为基础的县、乡、村三级商品流通网络，满足了农民的消费需求。全县共新建和改造农家店 363 家、农资店 97 家、直营店 2 家、乡级商业中心 1 个。受市商务局的委托，对新华区境内的 9 家农家店实行代管，进行了升级改造。对全县部分经营信誉好的农家店安装永久性门头，发放了 2010 年发展的农家店补贴资金。

（何文枫）

宝丰酒业公司

【概况】 2012 年，宝丰酒业有限公司坚持以市场销售为主导，以技术改造及创新、新产品开发为重点，严格目标责任管理，圆满完成了年度目标责任任务。全年完成工业总产值、实现销售收入、实现利税，分别较上年增长 9.2%、8.0%和 18.4%。公司先后获全国酒类行业最佳企业营销奖、河南市场最具创造力企业、河南省十大时代先锋模范单位、河南省园林单位、平顶山市农业产业化重点龙头企业、平顶山市食品工业 10 强企业、平顶山市食品生产示范企业等称号，并顺利通过出口食品卫生注册认证、“C”标志认证、产品质量等级认证和国家安全标准化二级企业达标验收。研制开发的 52 度国色清香至尊级 20 年宝丰酒，以感官质量和酒体设计报告、理化检验报告评审总分前十名、清香型白酒第一名的优异成绩获中国白酒酒体设计奖。研究发明的《利用水温影响和调控白酒发酵温度的方法及设备》，获国家知识产权局颁发的发明专利证书。董事长王杰士先后被授予河南省光彩慈善公益人物、和谐河南先进工作者、平顶山市首届鹰城十大经济人物等称号。总经理卢振营被授予平顶山市十大科技功臣称号。执行董事兼营销总公司董事长王若飞被授予河南省十大时代先锋模范人物称号。

【技术改造】 2012年，宝丰酒业有限公司继续加大技术改造力度，在充分发挥现有资源最大效能的基础上，新建一批投资少、技术含量高、经济和社会效益好的项目。投资300余万元，完成对白酒企业ERP的建设和使用，将销售公司、仓管部、供应部、财务部及各生产车间的基本工作集成在一个系统里，实现了对企业内部供应链的电子化管理及各个环节作业信息的实时对接；投资210万元，新增清香型实验班地缸480个，增加酿酒蒸馏设备1套，年设计生产能力100吨；投资200万元，增加盛酒容器，延长了成品酒的稳定期与结合期，增加了年份酒储量，从而使宝丰酒的酒体更加丰满，口感更加柔和；投资300余万元，对装酒车间及勾调中心所用的各种管道进行改造，全部更换为不锈钢材质管道，达到了安全可靠、提高原酒出酒率和酒质的目的。完成装酒车间刷瓶工艺的改进，采用纯净水刷瓶，有效地解决了悬浮、沉淀问题；投资40万元，购进气相色谱仪、原子吸收仪、液相色谱仪等精密仪器，进一步提高了质检科研中心的色谱分析室、仪器室、中心化验室、微生物实验室、培养室、品酒室等的检测分析和科研装备；邀请国内著名白酒专家王元太现场指导，完成对宝丰酒生产工艺的完善和提高。改进曲粮粉碎系统，先后完成对粉粮磨、压曲机等的改造，曲块变大、变薄，较好地解决了窝水问题。在酿造过程中，确定了红心曲、后火曲和清茬曲的投入使用比例，提高了出酒率和优级品率；投资400余万元，新建宝丰酒展销中心及现代化购物中心；投资600余万元对裕昌源大酒店进行扩建改造升级。

【国色清香宝丰酒获中国白酒酒体设计奖】 2012年6月5～7日，中国食品工业协会白酒专业委员会2012年度白酒国家评委年会在江苏省苏州市召开。会上，经国家评委对参评的72个国家名优酒样进行品评鉴定，宝丰酒业有限公司研制开发的52度国色清香至尊级20年宝丰酒以感官质量和酒体设计报告、理化检验报告评审总分前十名、清香型白酒第一名的成绩获2012年度中国白酒酒体设计奖。

【宝酒公司获酒类行业最佳企业营销奖】 2012年11月14～16日，由中国酒类流通协会联合各省市酒类流通（行业）协会共同主办的“2012第三届全国酒类优秀营销商（企业）代表大会”在上海市光大会展中心国际大酒店召开。会议表彰了2012年度表现卓越的“酒类行业杰出贡献奖”“酒类行业最佳企业营销奖”“酒类最具影响力企业”“酒类行业最具创新力企业”和“酒类行业最佳企业营销奖”各10名。宝丰酒业有限公司获酒类行业最佳企业营销奖称号。

【宝酒公司一项目获市科技进步特等奖】 2012年6月20日，在平顶山市自主创新工作会议上，宝丰酒业有限公司完成的科研项目《功能菌在清香型宝丰酒生产工艺中的应用研究》获平顶山市科技进步特等奖。

【宝酒公司首获发明专利】 2012年7月25日，宝酒公司研究发明的《利用水温影响和调控白酒发酵温度的方法及设备》，获国家知识产权局颁发的发明专利证书，这是宝酒公司继获9项外观设计专利之后获得的又一项专利，也是首次获得发明专利证书。该项发明涉及一种利用水温影响和调控白酒发酵温度的方法及设备，将井水预存到储水箱中，在发酵地缸四周设有水泥层、石子层和黄土层，将井水引入石子层，各个地缸之间的石子层相互贯通，并通过管道与注水口和抽水口相通，通过注水或抽水来影响和调控发酵温度，从而达到提高原酒出酒率和优级品率的目的。

【宝酒公司通过出口食品卫生注册换证审核】 2012年3月14日，河南省出入境检验检疫局专家组一行到宝丰酒业有限公司进行出口食品卫生注册现场审核。依据《出口食品生产企业卫生注册登记管理规定》，专家组召开了见面会，然后进入厂区和车间进行严格的现场审核。最后，专家组成员一致认为，宝丰酒业有限公司目前状况完全满足出口食品卫生注册要求，有资格直接进行出口食品的生产和销售。此标志着公司顺利通过出口卫生注册换证审核，将再次获得证书。

【宝酒公司通过“C”标志认证】 2012年8月7日，宝丰酒业有限公司顺利通过由河南省质量技术监督局组织的“C”标志管理现场监督审核验收。专家审核组通过现场考评，一致认为宝丰酒业的计量管理状况规范，酿酒、灌装、检验等环节的过程控制严格，完全具备计量保证能力，所生产的成品酒符合C标志的相关要求，顺利通过审核验收。

【宝酒公司通过生产许可证现场审核】 2012年8月19日，由河南省质监局组成的审核专家组对宝丰酒业有限公司白酒生产许可证进行换证现场审核。审核专家组对宝丰酒业公司的制曲车间、酿造车间、装酒车间、勾调中心、质检科研中心等生产场所进行现场巡视，并抽查了相关记录和证明材料。通过核查公司生产场所、审核相关材料，专家组一致认为，宝丰酒业有限公司白酒生产许可证现场审核结果符合国家相关要求，通过审核。

【宝酒公司通过国家二级企业达标验收】 2012年11月13～14日，河南省安全标准化达标考核验收专家组对宝丰酒业有限公司安全标准化工作进行考核验收，经过现场考核评分，最终一致通过了该公司“国家安全标准化二级企业”达标验收，成为河南省白酒行业、平顶山市第一家通过“国家安全标准化二级企业”达标验收的企业。

（王占春　付鹏里）

煤　炭

【概况】 2012年，县煤炭工业局以落实安全生产监管主体责任为重点，狠抓停工停产期间的煤矿安全监管，坚定不移地推进煤矿兼并重组和关闭退出，继续深入开展“安全生产年”活动，强化隐患排查治理和“打非治违”，不断深化安全生产“三项行动”和“三项建设”，全县煤矿无发生灾害事故，无发生伤亡事故。县煤炭局内设有安全检查科、行业管理科、机电装备科、政策法规科、经济运行科、综合科，办公室、纪检监察室、安全生产调度室、娘娘山煤管站、赵庄煤管站、张八桥煤管站6科3室3站和煤矿执法大队、矿区派出所，下设培训中心、救护队两个事业性服务单位。有干部职工338人。

【落实责任】 2012年，继续实行目标管理，把与县政府签订的责任目标细化、量化，进行横到边、竖到底的分解，逐级签订目标管理责任书。对落实情况周汇报、月分析、季总结、半年考评、年终总评。实行局领导下矿督查巡查责任制，严格安全例会制度。坚持每月召开1次全县煤矿安全工作会，每半月召开1次局长安全办公会，每周召开1次总结安排安全工作的班子会，及时传达上级关于煤矿安全工作的会议文件精神和领导指示要求，研究解决安全工作中存在的问题，安排部署好全县煤矿安全工作；实行责任追究制度。制定并认真落实各级监管人员失职失查的行政处分和行政处罚措施，增强各级安全监管人员的事业心、责任感。

【煤矿监督管理】 2012年，下发《宝丰县煤炭局关于加强兼并重组期间安全监管的通知》，下设3个巡查组。巡查组负责对分包矿区煤矿的停工停产整顿、人员值班、驻矿监管人员在岗等情况进行巡查，并认真填写督查表，确保巡查不留死角、不走过场。认真落实班子成员包片、中层干部包矿、驻矿人员24小时在矿严防死守等煤矿安全监管制度。各煤管站每周至少进行检查两遍，局成立4个巡查组、1个督查组，分别由班子成员带队进行不定时巡查和有重点的抽查，通过增加检查次数，缩小常规检查间隔以及远程视频技术实施监控等措施，不给煤矿违法违规留机会。严格安全执法，严格责任追究。执法队、派出所、法规科组成联合执法组，不间断进行执法检查，发现违法违规煤矿按照国务院《特别规定》顶格上限处罚。同时，对失职失查的安全监管人员，视情节予以罚款、待岗、撤职、开除等经济、行政处理，并对直管和分管领导问责，促使安全监管人员不敢懈怠，盯死看牢，严防死守。

【煤矿安全检查】 坚持把及时排查和消除隐患作为煤矿安全生产治理行动的具体内容，作为杜绝煤矿安全事故发生的重要手段。搞好地面安全隐患排查工作，借助春季、夏季安全生产大检查，围绕9个重点、17项内容对全县煤矿地面设施等进行安全检查，发现隐患严格按“五定”原则落实整改。以煤管站为单位对煤矿瓦斯监测监控系统、井田范围内非法井口等方面进行细致检查，对传感器失效、探头安装不到位的及时进行处理和纠正，发现私自挪动探头、故意关闭探头或切断视频探头电源的，按故意破坏生产设施进行处理。发现非法井口坚决关闭充填，予以严厉打击。认真进行防汛隐患排查，扎实做好雨季“三防”工作。坚持汛期班子成员带班制度，24小时值班，对各矿防汛预案制订、防汛物资储备、防汛队伍组建、地面沟渠清挖、地表裂缝充填、排水设备运转等情况进行全面检查。搞好涉爆物品排查，防止发生涉爆物品事故。全年共查处各类隐患135条，全部按“五定”原则整改落实到位。

【特殊时期安全稳定工作】 为确保元旦、春节、“五一”“十一”和党的重大会议，国家、省、市、县“两会”期间的煤矿安全稳定，在重大节日、重大会议前对全县煤矿进行安全隐患及涉爆物品排查，及时发现和消除隐患。认真做好值班工作，实行班子成员带班，调度室等关键岗位值班制度。进一步加强对各矿主要部位的远程视频监控。全县煤矿实现在重大节日、重大会议期间安全稳定无事故。

【煤矿兼并重组和关闭退出】 2012年，宝丰县煤矿兼并重组和关闭退出工作继续做好政策宣传和思想引导工作，使煤矿企业进一步提高认识、端正态度、丢掉幻想、坚定信心，积极投入到兼并重组工作中去。做好协调服务工作，加强与兼并主体和兼并煤矿的沟通、联系，对双方意见及时进行传递反馈，为双方求同消异服好务。做好兼并重组煤矿证件变更督促工作，督促、指导企业整理准备相关材料、资料，并在第一时间整理上报。做好兼并主体变更煤矿手续交接的协调工作，并加强移交期间的安全监管工作，防止监管断挡缺位，出现安全问题。及时收集、汇总并上报全县煤矿兼并重组工作进展情况，为领导决策提供可靠依据。做好煤矿的劝退工作，通过动员会、座谈会、个别交谈等深入宣传上级的关闭补偿优惠政策，使企业明确利弊、下定决心，主动退出和自行关闭。全县保留的10座煤矿中，5座煤矿已与主体企业签订安全生产主体责任移交协议，交中平能化集团，进行正常的重组推进。省煤层气公司组合的泓畅、兴盛、苗李等3座煤矿已按省政府要求转交给中平能化集团，并签订了安全责任移交协议；省煤层气公司组合的盛源煤矿已转交给郑煤集团。

【矿山救护】 2012年，救护队坚持从难从严从实战出发，进行体能训练和应急演练，全年进行应急演练5次，其中综合演练3次，专项演练1次，桌面演练1次，通过演练，提高了业务技术水平。出动人员4次，圆满完成非法开采井下调查取证、井下火灾处理、违法开采井下技术鉴定和井口启封配合等井下险难工作。

（孙宇飞）

电　力

【概况】 2012年，宝丰县电业局全年完成购电量5.79亿千瓦时，同期相比减少6.31%；完成售电量5.2亿千瓦时，同期相比减少10.03%；综合线损10.13%，主营业务收入净额27828万元，购电成本24861万元，上交各种税款728万元，实现利润9.8万元。县电业局内设机构有局长工作部、企业管理部、人力资源部、财务部、生产技术部、安全保卫部、政治工作部、纪检监察部、工会委员会、物资供应部、新闻中心11个职能部门。下设调度通信中心、输变电运行部、市场营销部、农网办4个二级机构；局属电业局服务公司、三环制杆厂、宝电纯净水厂3个多经企业实体，13个乡（镇）供电所，48个供电班，聘用农村电工240人，有路灯管理所1个、电力派出所1个。有职工500人，其中主业298人，三产人员202人。

【安全生产】 2012年，县电业局借力“安全年”活动的开展，以提升电网安全水平为目标，层层签订安全责任状，各部门联动，扎实开

县电业局人员在机房检测光端机上有关数据

展电网建设、隐患排查、基础管理、安全保障及安全用电宣传等系列活动，有效规范了农电安全管理，坚持“安全第一、预防为主，综合治理”的方针，切实把防止电网大面积停电事故作为首要任务。坚持进行事故预想、反事故演习以及安全运行分析活动，有效杜绝了习惯性违章。共加固电杆163基，校正电杆15基，修复拉线137条，治理变压器渗漏油7台，维修配电柜60台，维修台区跌落保险62处，更换计量箱4处，更新针式瓶105个，维修总部13台、家保250个，10千伏避雷针16组，更换35千伏避雷针2组，更换跌落保险底座1处。至2012年12月31日，连续安全生产7276天。

【电网建设】 宝丰县农网改造升级工程总投资1270万元，其中35千伏项目工程1项，投资690万元；10千伏及以下项目工程45项，投资580万元。其中，35千伏李庄输变电工程，总投资690万元，新增主变1台，容量10兆伏安，新建改造35千伏输电线路1.4千米；新建改造10千伏线路29.41千米；新建改造配变台区40台，其中农田机井通电工程20个，容量6.92兆伏安。农网改造升级工程完成各项前期准备工作，已经开工建设。

【多种经营】 2012年，多营公司实现收入1127万元、利税37万元；三环制杆厂设备更新改造后，实现销售收入99万元，上缴税金25万元；水厂年生产2万余桶纯净水，售水点10余个，上缴税金万余元。

【行政管理】 按照新修订和完善的《宝丰县电业局百分制考核办法》，进一步加大对各部门的考核、奖惩力度，业绩目标考核全年共奖励34.8万元，处罚29.5万元。经市公司同意择优录用3名大学生充实人才队伍，接受退伍兵7名，按照三年素质提升工作要求和年初制定的员工教育培训计划，对相关岗位人员进行培训。2012年，共组织各类培训34次，涉及人员5571人次，各类考试10次，参加考试人员731人次，全年全员培训率完成91.3%。

【队伍建设】 2012年，县电业局开展“查问题、转作风、强执行、做表率”专项整顿活动。局党委获县委“先进党委”称号，顺利通过省级文明单位复验，有4名职工获市公司表彰，1名职工获省公司优秀共产党员称号，营业室获得市级青年文明号称号。按照反腐倡廉工作要求，纪检监察部坚持标本兼治、综合治理、惩防并举、注重落实党风廉政建设责任制，建立“四不为”机制，培育“一要干事，二要干净”理念，做到抓好廉政促生产。6月，县电业局组织

2012年6月21日，县电业局“青年志愿者服务队”在杨庄镇小李庄村帮助群众灌溉玉米苗

团员青年成立抗旱保苗青年志愿者服务队，深入到乡镇田间地头，开展抗旱保苗活动。2012年，投诉举报工作实现市级以上零投诉的目标。新闻中心进一步建立和完善了新闻宣传工作激励机制，在国家、省、市级新闻媒体发表新闻稿件346篇。获《河南电力报》新闻报道先进单位称号。

（马学志）

农　业

种植业

【概况】 2012年，县农业局按照“稳粮、强菜、优果、重扶”的工作思路，围绕“农业增效、农民增收”中心任务，实行“三化”同步，加快农业结构调整步伐，促进农业经济形势健康发展。被平顶山市人民政府授予2012年粮食高产创建先进单位称号。县农业局内设机构有办公室、人事股、财务审计股、农村经济体制与经济管理股、农业股5个职能股(室)，下辖农业技术推广中心、执法大队、原种场、渔政执法4个二级机构，其中农业技术推广中心为副科级单位。全系统有干部职工232人，其中高级职称18人，中级职称43人。

【农作物生产】 2012年，全县农作物种植面积97万亩次，其中粮食作物播种面积82.9万亩次。粮食总产26.01万吨，同比增长1.34万吨。其中，夏收面积40.67万亩，平均单产359公斤，小麦总产14.6万吨，较上年增0.9万吨，增长6.6%；单产335公斤，较上年增24公斤，增长7.1%。秋收面积42.2万亩，其中，玉米38.7万亩，红薯1.2万亩，大豆1.9万亩，小杂粮0.4万亩。秋粮总产量11.41万吨，较上年总产10.97万吨增0.44万吨，单产270.3公斤，分别同比增长4%、3.9%。

【玉米、小麦高产创建】 搞好玉米高产创建工作。建成整体推进乡1个，面积5.1万亩；万亩方4个，面积4.7万亩；千亩方13个，面积1.36万亩；百亩方319个，面积3.26万亩。秋粮生产中，百、千、万示范方平均单产均在610公斤以上，其中百亩方最高单产达659.6公斤。抓好小麦高产创建工作，小麦高产创建万亩示范方3个，面积3.6万亩，分别位于石桥镇、闹店镇；千亩示范方13个，每个乡镇1个，其中重点千亩方2个，分别位于石桥镇东大庄村和闹店镇闹店村；百亩方319个，每个行政村1个，其中重点百亩方2个，分别位于石桥镇寺门村和邱楼村；小麦品种博览田1个，种植有周麦22、平安8号等18个小麦品种；小麦高产纪录田3个，每个纪录田面积达到5亩以上；建设小麦高产创建整体推进示范乡(镇)1个，涉及石桥镇28个行政村，面积5.1万亩。

【推进农业产业化】 全县有市级以上重点农业龙头企业23家，其中，国家级龙头企业源源乳业集团、源源乳业集团有限公司2家，省级河南康龙实业集团、冯异醋业有限公司2家，市级金硕种业有限公司、金牛专业种植合作社等19家，年实现销售收入12.8亿元，带动农户4.12万户。全县共备案农民专业合作社74家，其中，省级3家，市级59家，县级12家。农村市场化程度不断提高。依托河南亚坤农业公司、河南九子山农业公司，发展新型现代农业。规划建设乳品和酒品产业化集群、养殖和肉品产业化集群、蔬菜和高效农业产业化集群、面品产业化集群、调味品产业化集群、农产品物流产业化集群等六大产业集群。全力推进投资6.2亿元的大香山农副产品交易中心项目、投资6.1亿元的河南康龙集团城乡蔬菜保障体系建设项目、投资5.7亿元的河南红英农业科技示范区等项目建设。

【促进土地流转】 2012年，宝丰县成立了由县长任组长，农业、司法、国土等部门和各乡镇负责人为成员的土地流转工作领导小组，出台《关于促进农村土地流转实施意见》等文件，制订《土地承包经营权流转合同》，按照“政府引导、农户流转、规范合同、依法鉴证”的流转办法，把重点放在维护农民土地承包经营权、明确流转双方责、权、利上，鼓励农民按照规划，把土地向种、养专业大户、优势产业集中。县政府出台《关于促进农村土地使用权流转的实施意见》，对集中连片流转土地面积500亩以上，签订规范土地流转合同且流转期限2年以上的,县财政按每亩50元的标准给予流入方一次性奖补;对土地流转面积达到1000亩以上的,县财政按每亩100元标准给予流入方一次性奖补。全年县财政拿出280万元对种植大户进行奖补。引导金融机构加大对经营大户的信贷支持,对有条件承担农业项目的经营大户优先安排,重点培育高效农业规模生产经营主体,充分发挥农业龙头企业的辐射带动作用,加速全县土地流转。至年底,全县500亩以上的种植大户24家。全县农村实行家庭承包经营的农户11.7万户,承包耕地面积48.2万亩。新增土地流转面积1.5万亩,累计土地流转总面积9万亩,占耕地面积比重20%。

【调整优化种植业结构】 2012年,县农业局编制规划了宝丰县农业六大集群建设方案,依托农业公司、农业合作社,极力招商引资。全县新增农业特色产业基地面积1.6万亩,累计总面积11.8万亩,蔬菜年产29万吨。新建温室大棚271座,塑料大棚350座。认证无公害农产品基地7个,绿色食品基地1个,发放绿色通行证15个。重点推广优质中筋、强筋小麦,力求全县优质专用小麦达到35万亩。抓好瓜果蔬菜生产,出台《宝丰县人民政府关于推进2012年蔬菜产业发展的意见》,张八桥镇发展大棚200余座,赵庄乡发展露地蔬菜300余亩,周庄镇马川新村建大棚73座,石桥镇农业示范园区投入生产。

【农村劳动力转移】 2012年,实施"千名科技人员包千村"行动计划,分包全县319个行政村。深入开展农业科技培训,举办培训班200余次,完成阳光培训农民630余人次,开展农村实用技术人才培训1400余人,培训新型农民2万余人次,发放资料4万余册,落实退耕还林村农民培训375人次。全县外出务工劳动力6万人,同比增长2%,劳务经济收入1亿元以上,农民人均纯收入9023元,同比增长14.5%。

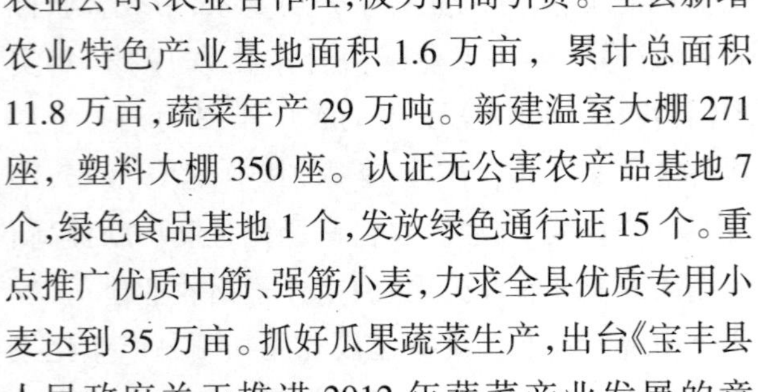

2012年举办的基层农技推广技术培训班

【落实支农惠农政策】 2012年,全县享受"双直补"农户11万户,补贴资金47099.8万元,全部通过"一卡通"存入农户手中。审批"一事一议"筹资筹劳财政补贴资金1615万余元,在全县263个行政村实施村级基础设施建设。农村沼气建设民生项目完成1000口,市、县投资60万元,完成总投资230万元,占全年任务的100%。完成小麦、玉米、棉花良种补贴面积83.66万亩,发放补贴资金836.6万元,全县11万余农户受益。全县检疫备案种子经营企业216家,办理小麦产地合格证26份,出具调运检疫合格证31份,种子合格107.398万公斤,合格率95%。

【强化农业安全措施】 2012年,推进农作物病虫害防治工作,县农业局筹集资金10余万元,购买了全蚀净、敌委丹、甲戊福美双种衣剂等农药,无偿发放到各乡镇高产创建示范方内,并指导农民进行药剂拌种。争取"一喷三防"资金190万元,全县开展小麦吸浆虫、蚜虫专项防治面积21万亩,"一喷三防"面积达30万亩。成立植保服务专业合作社13家,在小麦生长后期开展统防统治,有效地减轻了小麦病虫害的危害成度。实施测土配方施肥,围绕"测土、配方、配肥、供肥、施肥指导"五个环节,开展野外调查,采样测试,田间试验,配方设计等11项工作,完成土样采集与整理,搞好田间试验工作,推广配方施肥20万亩次。县农业局农业执法大队开展秋季农资市场治理专项行动,执法人员到各农资批发和零售企业进行检查,严防假劣农资产品进入流通市场,下发种子整改通知16份,立案12起。

【宝丰粮食深加工产业园项目在石桥镇开工建设】 2012年,宝丰粮食深加工产业园项目在石桥镇开工建设。该项目由河南宝粮集团、广西鑫粮集团及河南和佳置业有限公司共同投资1.68亿元,对宝丰国家粮食储备库实施"退城进郊"工程,建设现代粮食产业化、集约化、全产业链深加工园区。主要建设8项工程:10万亩优质粮食生产基地;5万吨标准粮储备库; 年处理小麦15万吨专用面粉项目;等级粉生产项目;年产2万吨低温高档挂面生产项目; 年产2万吨速冻食品生产项目;小包装食用油生产线和纯净水生产项目。建成后,将形成集优质粮生产、储备、深加工、物流和市场营销等于一体的综合性的农业产业化龙头企业集团。

【宝丰县在平顶山制造暨消费品博览会上获佳绩】 2012年9月8~9日,首届平顶山制造暨消费品博览会在平顶山鹰城广场举行。博览会上参展范围涉及衣、食、住、行、用五大行业,100余家企业参展。宝丰县近20家企业参展,产品涉及酒、醋、肉、花椒、蜂蜜、挂面、汝瓷等近50种产品。其中宝丰酒业有限公司、宝丰县洁石建材有限公司、宝丰金麦穗面业有限公司、海宝集团有限公司获首届平顶山制造暨消费品博览会金奖; 宝丰大宋汝窑瓷业有限公司、宝丰县康采恩养殖专业合作社获银奖;宝丰县人和新型建材有限公司、宝丰县源生农业开发有限公司、宝丰县八骏实业集团有限公司获优胜奖; 宝丰县冯异醋业有限公司、宝丰县久月农业开发有限公司、宝丰县汝瓷研究所获最受群众欢迎奖。

【市委书记赵顷霖莅宝调研“三秋”生产】 2012年10月10日,市委书记赵顷霖到宝丰县调研“三秋”生产。市委常委、秘书长张遂兴,副市长李俊峰,市政协副主席、市发改委主任张弓参加调研。县领导刘书锋等陪同调研。赵顷霖到石桥镇小麦万亩示范方, 详细询问万亩方的管理、生产情况。赵顷霖强调,要积极探索农民土地使用权参股组建农业合作组织,引导土地规模经营,发展现代农业,转变农业生产方式,促进“三化”协调发展。

【县委书记刘书锋察看“三夏”生产情况】 2012年6月4日,县委书记刘书锋深入部分乡镇察看“三夏”生产情况。县委常委、办公室主任赵二成,副县长董伟领及农业、水利、农机、粮食等相关部门负责人陪同察看。刘书锋先后到闹店镇军营村、闹店村及石桥镇实地察看小麦长势、收割、现代农业发展等情况。刘书锋指出,土地流转是加快发展规模农业、促进农民增收的重要途径。相关部门要解放思想,转变观念,积极引导广大农民群众走土地流转、土地托管集约化的道路,降低农业种植成本,提高土地使用率,增加农民的收入,实现粮食增产增收。发展高效农业一定要规模化,使其形成品牌效益,实现土地经济效益的最大化。

【2012年度全县农民负担情况调查】 2012年10月下旬,县农监办会同县纠风、财政等农监委成员单位,分为4个组,采取查账表、访农户、学生和服务对象等方式,深入12个乡镇及观音堂林站, 对40个村及10个乡镇站所落实减负和支农惠农政策情况进行明察暗访。通过检查发现,大部分乡镇支农惠农政策落实比较到位,减轻农民负担工作成效显著,农民群众反映较好。但也存在着个别乡镇、村减负和支农惠农政策落实不够到位、认识有偏差等一些不容忽视的问题,县农监办对存在问题的乡镇进行了意见反馈,并要求乡镇对发现的问题抓好整改,同时开展一次全面自查自纠。　(常俊阳　金禹竹)

林　业

【概况】 2012年, 全县完成大面积造林23756亩,完成四旁植树150万棵,中幼林抚育2万亩,低质低效林改造7000亩,建设林业生态村30个,全县林木覆盖率达22%,林业总产值2.18亿元。县林业局内设机构有办公室、计财股、资源林政股、植树造林股、绿化办、退耕办、林业案件举报中心、行政审批服务中心林业办事处、林木管护巡逻大队和林政稽查队10个行政职能股室,下设宝丰县林业技术推广中心、宝丰县木材检查站、宝丰县森林公安分局、森防站、宝丰县笔山森林公园管理处、宝丰县森林防火办公室,宝丰县林业科学研究所、林业规划设计室和国营宝丰县苗圃9个事业单位。有职工203人。

【“十大”林业生态工程】 2012年,宝丰县以石河、北汝河、水库周边为重点,发展水源涵养林;在闹店、李庄、张八桥、大营、观音堂林站建设以刺槐、油桐为主的生态能源林和水土保持林, 面积10331亩。对“百里绿色长廊”缺株断档地段进行补植补造,打造生态景观绿色廊道,完成生态廊道网络建设工程造林，面积2500亩。结合新农村建设，充分利用路、河、沟、渠、房前屋后等空闲地广植树木，完成村镇绿化工程造林300亩。在北汝河、石河沿岸立地条件较好的沙滩地、低洼地营造以杨树为主的用材林1500亩；在立地条件较好的丘岭区，发展以核桃、柿子、大枣、杏等为主的经济林，完成建设工程1200亩。对2008年以来造林保存率在41%～84%之间的造林地块进行补植补造，完成补植补造工程4000亩。以张八桥、商酒务、前营3个乡镇农业综合开发项目为重点，大力推进农田林网的新建和完善工作，完成农田防护林体系改扩建工程1000亩。充分利用县城郊区和乡镇附近及主干道两侧的区位优势，大力发展林木种苗和花卉苗木，完成园林绿化苗木花卉工程2925亩，中幼林抚育工程2万亩，低质低效林改造工程7000亩。

【林地保护利用规划编制】 编制县级林地保护利用规划，是实现省委、省政府提出的到2020年全省森林覆盖率达到24%以上目标的有效措施。为确保此项工作的顺利完成，县政府成立了以分管副县长为组长，各乡镇和有关单位负责人为成员的林地保护利用规划编制工作领导组。县林业局组织4个林地边界定位勘查工作组，经过60个工作日，深入全县13个乡镇321个村级单位，完成全县林地保护利用规划工作，实现全国林地分布“一张图”、中央和地方监测工作“一盘棋”、森林资源“一套数”，为林地管理由“以数管地”向“以图管地”转变提供准确数据。在林地保护利用编制规划工作中，重点对山区乡镇严把林地与非林地标准关，通过严格界定林地与非林地的划分，杜绝出现打擦边球等非法占用林地的行为，对林地资源实行应划尽划，确保林地不流失。县林地保护利用规划林地落界工作已初步通过省厅检查验收。

2012年，县林业局人员勘查林地保护利用规划编制情况

【退耕还林】 2012年，宝丰县及时调整退耕还林地块。依据退耕还林地块调整占一补一的相关规定，认真调查，严格筛选，对符合退耕还林条件的地块，及时研究上报，经平顶山市林业局实地抽查，下发同意调整的批复文件后实施调整。及时兑付2011年剩余的退耕还林补助资金。组织人员对2012年到期的2000亩退耕还林地造林进行自查。6月13日，国家林业局委派华东设计院专家对宝丰县退耕还林工程进行核查，共抽查林地面积1024.5亩，核查结果显示造林面积保存率和合格率均为100%。为巩固退耕还林成果，对全县林下经济的现状进行摸底排查，编制了宝丰县2012～2015年林下经济发展规划。

【全民义务植树】 县委、县政府下发《关于认真开展2012年度全民义务活动的通知》，把任务和责任落实到112个县直及驻宝各单位和各重点企业，推动了全民义务植树活动的顺利开展。按照市委、市政府对大香山景区绿化的总体要求，2012年义务植树点安排在闹店镇小龙山。县林业局历时半个多月对大香山景区全面踏查，按照适地适树的原则，因地制宜，科学规划，选用五角枫、大叶女贞、火炬松、白腊、侧柏、刺槐、国槐等树种，认真点坑放线，确保植树活动顺利开展。小龙山义务植树点共完成造林面积450亩，植树4.3万棵。为提高香山景区冬季的观赏效果，对闹店镇贾寨村蜘蛛山义务植树基地补植大叶女贞4000余株。3月12日，由县委宣传部牵头，县林业局、团县委、县妇联、县财政局等相关单位在文笔山栽植了本地乡土树种国槐、刺槐、白腊、椿树、楝树、女贞等3000余株，并对“五四青年林”和“巾帼英雄林”举行挂牌仪式，进一步提高全民绿化意识。对笔山森林公园绿化升级，栽植了广玉兰、大叶女贞、碧桃、竹子、红叶石楠、红继木、北海道黄杨、小叶女贞、雪松等树木3万余株，栽植麦冬草坪1.2万平方米，有效提升了文笔山森林公园的绿化水平。组织人员对义务植树点内杂草进行全面清除，并对文笔山普浇5遍透水、香山景区普浇2遍透水，新栽苗木成活率95%以上。

【林业育苗】 随着全县城乡绿化档次的提升和创建国家森林城市的开展，林木种苗需求量大，全县苗木基地面积在50亩以上9处，100亩以上5处，完成育苗面积2925亩，预计产苗量877.5万棵。林科所引进20余种优良树种，近10万余棵，建立了金叶水杉、金叶复叶槭、月香桂、玫瑰红紫薇等苗木繁育基地，带动了周庄、闹店、石桥等乡镇育苗户30余家。国营苗圃在搞好现有绿化苗圃地的同时，在文笔山培育了黄连木、苦楝、臭椿、女贞、白腊、栾树等乡土树种120万株，面积200余亩。

【林业资金投入】 2012年，县财政拿出专项资金1200余万元，对2012年度林业生态建设进行补助。对新栽植面积在1亩以上的植苗造林，每亩一次性补助200元；点播造林每亩一次性补助100元；50亩以上的大面积造林，除县财政补助外，利用省、市项目资金每亩再补助100元。对新栽植50亩以上的桃、杏、李子、柿子、苹果、枣树、葡萄等经济林，每亩补助200元，连补3年。对2012年新建合格的林业生态村，每村补助5万元。造林结束后，由县政府牵头，组织财政局及各乡镇等单位，组成验收组，对通道绿化、百里绿色长廊、2012年大面积造林、2012新建林业生态村进行验收。验收合格后，县财政局将补助资金拨入乡镇政府财政账户，由乡镇政府按照验收的底册进行兑付。

【森林病虫害防治】 每月上、中、下旬对全县22个固定样地进行病虫害监测，做到早发现，早防治。针对病虫害发生情况，县林业局于7月12日和7月27日，重点对笔山森林公园和郑尧、宁洛高速全线和汝河（宝丰段）沿岸利用飞机洒药进行防治，防治面积3.2万亩，有效地遏制了病虫害的蔓延和传播。

【森林防火】 2012年，进一步加强林区火源的管理，提请县政府与乡镇签订森林防火责任书，强化各级领导的责任。县林业局防火办人员坚持24小时值班，及时掌握火灾情况，消除火灾隐患。全年发生火灾7起，由于预警措施得力，扑救及时，火灾未造成林木损失。

【森林资源管护】 2012年，宝丰县广泛开展《森林法》《野生动物保护法》宣传活动，让广大群众知法懂法守法。公布了举报电话和举报信箱，形成了全民参与保护森林资源的良好局面。创新管护机制，建立森林资源管理体系，健全了县、乡、村三级林木管护组织。各乡镇成立了30人以上、各村6～8人的林木管护队伍，在全县范围内加强巡逻。加大打击力度，采取“打防结合，以防为主，标本兼治，重点治本”的森林资源保护方针，严打重罚。全年共查处林业行政案件45起，刑事案件5起，处理47人次。严格执行森林采伐限额制度，从源头上控制林木的过量采伐。全县审批林木采伐总量4506立方米，做到了有序采伐。依法加强林地和木材运输管理力度。对非法侵占林地、开矿、采石、建厂、架高压线及非法运输等行为，及时组织力量予以查处，全年共查处违法占用林地10起，违法运输10起。（李沛娟）

水　利

【概况】 2012年，宝丰县以“民生水利、生态水利、安全水利”为工作目标，共开工项目10个，投资1.37亿元，新争取国家项目6个，资金4.3亿元，完成和争取资金两项共5.67亿元。县水利局内设机构有办公室、财务股、农水股、人事股、业务股5个股室。下设县防汛办、南水北调中线宝丰段管理办公室2个正科级单位；节水办、自来水公司、灌溉处、净肠河管理处、移民办5个副科级单位；水保站、打井队、龙兴寺水库管理所、河陈水库管理所、北汝河管理所、水泥制品厂、玉带河管理所、抗旱办8个股级事业单位。有职工492人。

【农村安全饮水工程】 2012年，完成农村“村村通”自来水工程57个，共解决10.09万人的吃水问题。国家投资部分分两批实施，共投资3306万元。第一批投资1756万元，解决3.1万名群众、7200名师生吃水问题，已全部完工。第二批投资1540万元，解决2.67万名群众、4100名师生的吃水问题，已完成总工量的50%。县投资部分，共解决23个村，4万名群众吃水问题，完成投资

1600 万元。

【小型农田水利重点县建设】 2012 年度宝丰县小型农田水利工程总投资 1940.17 万元，其中申请中央财政投资 800 万元，省级财政投资 800 万元，市级财政投资 160 万元，县财政投资 160 万元，受益群众投工投劳折资 20.17 万元。小型农田水利重点县项目建设地点为石桥镇、肖旗乡、赵庄乡 3 个乡镇，包括石桥镇的交马岭村、小颜湾村、邢庄村、田庄村、水泉村 5 个行政村和肖旗乡的潘庄村、贺岭村、丁岭村、柴庄村、岭湾村、

2012 年农田水利工程施工现场

枣庄村 6 个行政村以及赵庄乡的赵庄村、泥河村、军营村、张庄村、魔家营村、范庄村、岳寨村 7 个行政村，项目建设规模 3.47 万亩，其中石桥镇、肖旗乡为 2.69 亩，为昭平台灌区北干渠一分三支渠末级渠系改造工程，规划布置支渠 1 条，斗渠 9 条，农渠 29 条，渠系建筑物 303 座；赵庄乡为井灌区，灌溉耕地 7790 亩。规划新打机井 98 眼，维修配套旧井 8 眼，配套水泵 106 眼，地埋电缆 3.18 万米，铺设低压输水管道 6.76 万米。至年底，项目累计完成投资 1581.96 万元，共新打机井 85 眼，铺设地埋管道 5.81 万米，土石方 16.58 万立方米，砌石 1.81 万立方米，混凝土及钢筋 1.06 万立方米，完成总工程量的 82%。

【石河治理工程】 石河治理段地处宝丰县境，起点位于石桥镇的宝郏公路桥，终点位于石河与净肠河交汇口，总长 5.35 千米。石河治理工程主要包括河道疏浚 5.35 千米，两岸干、支流堤防加固 10.655 千米，左岸防汛道路建设 4.97 千米，拆除重建生产桥 2 座，治理险工段护岸 6 处，排水涵管 4 处。总投资 1574 万元，其中，中央补助 756 万元，省配套资金 189 万元，市配套资金 252 万元，县配套资金 189 万元。至年底，完成投资 945 万元，完成任务量的 70%。

【水库除险加固工程】 2012 年，全县小Ⅱ型水库除险加固工程总投资 1700 万元，分别为张八桥镇的袁店、河湾水库，观音堂林站的栗树庙、宋

2012 年水库除险加固工程施工现场

沟、兰沟、石板河水库，赵庄乡的官衙水库。已完成投资 1230 万元，占总投资的 72%。

【县城供水项目】 2012 年，由于干旱少雨，龙兴寺水库水位下降至历史新低，水厂取水受到严重影响，安全供水形式严峻。为确保安全供水，县水利局筹措资金 260 余万元，采用引昭平台水库水入城、对自来水公司所属的第一水厂进行技术改造和干渠清淤等办法，保证城市供水的正常运行。投资 966 万元，新建配水管网工程 16 公里，实施产业集聚区自来水工程。年底全部完工，有效解决集聚区发展用水问题。南水北调配套水厂，以世行贷款为主，争取国家资金和单位自筹为辅。争取世行 5000 万元贷款各项手续已通过县财政局报省财政厅国际债务处待批；县城供水规划已完成，正在做科研、环评、选址和土地征用工作，为全面开工建设打好了基础。

【防汛工作】 2012 年 5 月中旬，对全县 13 个乡镇境内的河道、水库、桥涵等度汛工程进行汛前隐患排查，共查出各类防汛隐患 108 处，其中水库隐患 20 处，河道隐患 58 处。针对查出的隐患，逐一登记，限期整改。全县中小型水库的预案在 2011 年预案的基础上进一步完善和修订。全县共准备麻袋 8.9 万条，编织袋 30.79 万条，编织布 5760 平方米，桩材 12150 根，铁丝 33.83 吨，救生

衣1220件，车辆574辆，建立各级防汛抢险队伍21350人。严格实行防汛工作24小时值班制度，保证汛情上传下达及时准确。全年汛期没有发生人员伤亡事故。

【抗旱工作】 2012年，投入抗旱资金200万元，调水6000万立方米，日出动劳动力近万人，调用各种抗旱工具2600台(套)。全县37.5万亩小麦普浇一遍返青水，为全县的粮食持续增长夯实了基础。

【水资源管理】 全年办理行政审批项目27件，其中，河道采砂许可申请13件，水土保持方案2件，取水许可申请12件。查处各类水事违法案件15起，限期改正12起，处罚3起，罚款11万元，结案率100%。

【水库移民帮扶工作】 2012年，投资250万元，建成宋湾移民新村养猪场1个，占地50亩，年出栏生猪5000头；投资150万元，建成马山根移民新村养猪场1个，占地30亩，年出栏生猪3000头。全年培训移民2期800人次。争取资金451万元，完成修路项目32个，总长16.68公里，打配机井项目3个，打配机井6眼。完成县境1.58万人老库区移民每年每人600元补贴工作。

【南水北调工程】 2012年，基本完成县境内南水北调19座桥梁引桥的封闭围挡、附属物清理、土地移交等工作；完成焦柳线铁路桥、平西货场线铁路桥征迁移交工作；完成南水北调中线工程强夯、爆破影响处理调查及补偿方案的落实；基本完成总干渠征迁扫尾工作；完成新增临时取土场的调查、勘测工作，部分用地已移交；完成五岳生态公园土方堆砌工作。

【五岳生态公园建设】 南水北调净肠河弃渣场位于宝丰县城北，净肠河两岸，占地面积945亩，规划建设五岳生态公园。共规划堆山5座，分别是南岳衡山、西岳华山、东岳泰山、北岳恒山、中岳嵩山。规划土方量550万立方米，2011年3月堆山工作正式开始实施。至2012年底，五岳生态公园建设已完成投资2200万元，五座山的修山、整形已完成，净肠河南岸华山、衡山乔木植树已完成；完成福地洞天广场基础工程，净肠河南岸华山5米、7米道路沙砾石已全部铺设完毕，南岸园区计划于2013年5月开园。

【水土保持工作】 全年成功申报项目4个，一是尖山坡小流域综合治理项目，该项目申请省补助资金20万元，计划治理水土流失面积5平方公里；二是郝沟小流域补偿费返还治理项目，该项目申请省水土保持补偿费返还资金30万元，计划治理水土流失面积0.3平方公里；三是老龙窝小流域综合治理项目，该项目申请中央财政40万元；四是应河小流域综合治理项目，该项目申请省级返还水土保持补偿费15万元。

【净肠河下游治理工程】 工程位于县城东北部，西起橡皮坝，东至香山路，全长2018米。项目规划红线内面积244160平方米，其中，河道水域面积62160平方米，景观设计面积182000平方米。施工内容及数量为硬质铺装22666平方米，绿化种植155748平方米，建筑物占地4586平方米。项目建设分类主要包括硬质铺设、栈桥台榭、亭廊构筑、景石小品、景观照明、给水排水、绿化种植工程。总投资约3800万元。2011年12月30日举行开工典礼，2012年3月24日，开始对山河路至香山路段580米的河道进行施工。至年底，完成项目投资约860万元，完成部分占总工量的90%。

【山洪灾害避险及应急抢险演练】 2012年6月1日，宝丰县应急抢险救援演练在李庄乡程寨沟灰场大坝西岸举行。县领导张庆一、胡进栓、吴建刚、王杰士、桓贯超、曲延辉，市、县相关部门负责人观摩应急演练。参加演练的人员150余人，各个应急抢险工作小组开展现场抢险、灾情险情评估、医疗救治、现场治安、灾民安置、交通保障等工作。随后，在李庄乡召开会议，县长张庆一就程寨沟灰场安全度汛工作进行强调。一要落实好预案，县、乡、村都要落实好预案，搞好组织，提高防范意识；二是乡政府要加强和气象、水利等部门的沟通联系，时刻关注天气和汛期情况，做好预测预报，做到警钟长鸣；三是加强督查力度，搞好临时演练，常态化做好督查工作，确保各项措施落到实处，确保安全度汛。

【防汛抢险应急演练】 2012年8月3日，宝丰县举行抢险突击队员北汝河实兵抢险演练。县长张庆一，县人武部部长桓贯超，县人大常委会副主任娄文聚，县政府党组成员、副县级干部曲延辉及相关部门负责人观看应急演练。由民兵预备役组成的4支抢险突击队共150余人，在北汝河河滩上展开防汛调度、水情侦察、封堵决口、群众转移、医疗救护等课目的演练。

【国务院南水北调办公室副主任于幼军莅宝调研】 2012年8月8日，国务院南水北调办公室副主任于幼军莅宝调研南水北调中线工程宝郏段建设工作。省南水北调办公室主任王小平，县长张庆一，县政府党组成员、副县级干部曲延辉及市县有关部门负责人陪同调研。于幼军一行到南水北调中线工程宝郏段第二、第三、第四标段等多个标段察看，仔细询问有关工程进展情况以及遇到的困难和问题，并现场办公解决工作推进的各项问题。

【省民政厅厅长冯昕莅宝调研移民帮扶工作】 2012年7月26日，省民政厅党组书记、厅长冯昕，副巡视员高小科，带领省民政厅包县帮扶工作组到宝丰县调研丹江口库区宝丰移民帮扶工作。副市长王富兴，县长张庆一等市县领导陪同调研并参加座谈会。冯昕一行到杨庄镇马山根新村、宋湾新村实地察看了移民的生产生活情况，听取了宝丰县丹江口库区移民安置工作的情况汇报和省民政厅对宝丰县移民安置工作的支持帮扶工作情况。冯昕指出，省民政厅对宝丰县移民群众的后期帮扶工作已经制定了方案，希望结合宝丰的实际，通过帮助移民村发展集体经济、建立互助家园、建设文化娱乐设施和帮助困难群众等载体，切实为移民群众解决实际困难，帮助移民群众发家致富。

（曹世举　李晋哲）

畜牧业

【概况】 2012年，县畜牧局内设有办公室、计划财务股、畜牧股、兽医股、医政药政股5个股室，下设宝丰县动物卫生监督所、宝丰县动物疫病预防控制中心、宝丰县兽医院、家畜改良站4个二级机构。有干部职工81人，其中高级专业技术人员14人（正高级1人），中级专业技术人员30人。

【畜牧业生产】 至2012年底，全县生猪存栏43.28万头，出栏44.53万头；大牲畜存栏10.84万头，出栏4.34万头；奶牛存栏2.81万头；羊存栏6.65万只，出栏6.47万只；禽存栏206.4万只，出栏215.84万只。肉、蛋、奶产量分别达到4.25万吨、1.82万吨和8.62万吨，同比分别增长8.9%、4.5%、16%。牧业产值占农林牧渔业总产值比重比上年同期增加2个百分点。

【规模化和标准化发展】 2012年，县境规模养殖发展迅速，养猪业和奶业已经成为县主导产业。改造升级及新建奶牛养殖小区3个，其他标准化规模场、小区14个。全县各类规模养殖场户347个，养殖小区91个，其中，年出栏万头以上猪场9座，年出栏5000头以上猪场15座，万只以上蛋鸡场25个，千头以上奶牛场3个。

【畜牧养殖合作组织】 2012年，宝丰县大力发展以协会、合作社为主要形式的组织化合作经营，建立县、乡、村三级现代畜牧养殖协会、畜牧养殖合作社和畜牧养殖分社，建立政府与各专业协会、各专业合作社和各专业合作分社的协调机制，以及他们与金融部门、科研院所、企业之间的联结机制。全县已发展各类畜牧经合组织56个，制定了畜牧合作社发展规划，成立了生猪经纪人协会，实现了网上生猪交易平台。

【畜牧科技推广】 宝丰县大力推进科学养殖，实施标准化工程。全年举办各类培训班10期次，下发专业技术资料1万余份。实施良种化工程，全县建成标准化人工授精站点21个，新建人工授精站点5家，人工授精普及率80%以上。生猪、奶牛、蛋鸡良种覆盖率分别达95%、98%、89%以上。全年完成猪人工授精5万头、肉牛冷配1.8万头、推广奶牛冻精细管1.5万支、推广奶牛性空技术1000例，从业人员持证上岗率100%。

【畜产品质量安全】 2012年，宝丰县通过建立畜产品质量安全责任体系，采取各种措施，加大专项整顿活动力度，确保了县境畜产品质量安全。建立畜产品质量安全责任体系，各级政府将畜产品质量安全管理工作列入重要议事日程，进一步强化责任意识，实行目标管理，建立畜产品责任体系和可追溯体系，按照“谁主管、谁负责”的原则，层层建立畜产品质量安全责任制，畜牧局对各股、站、各乡镇签订责任书。动物防检站对检疫员、防疫员签订责任书，把防疫员分片包干到村、到场、到户，对养殖场发放告知书，同时养殖场和防疫员均对上一级签订承诺书，承诺不使用违禁药品，保证依法经营。

加强"瘦肉精"监管　全年开展打击非法使用禁用添加剂专项整顿活动12次，共出动执法人员1200余人次，深入到兽药、饲料经营门店及养殖场开展排查工作，并定期对养殖场抽检尿样进行瘦肉精检测，抽取尿样6000余份，没有检测出瘦肉精。县畜牧局印制食品动物禁止使用的兽药和饲料添加剂宣传单，发放到经营门店和养殖场，从源头上保障畜产品质量安全。

加强动物检疫监管　2012年，以推行动物产地检疫签约式管理试点为突破口，狠抓产地检疫和屠宰检疫，加大对动物及其产品经营、加工户的监督力度。检疫猪40.6万头，牛羊16.8万头(只)、禽180万只，产地检疫率96%以上，规模饲养场产地检疫率100%；检疫肉品4000余吨，屠宰动物受检率、上市肉品检疫率、检疫合格率、检疫持证率、经营持证率均达100%。

开展畜产品及畜牧业投入品及瘦肉精清查收缴专项整治行动　认真落实《乳品质量安全监督管理条例》，加强奶站整顿与监督管理，确保生鲜乳三聚氰胺等违禁物质检验合格率100%。定期开展畜产品专项整治，每月对全县畜产品准入企业和市场肉品进行检测1次，严厉打击影响饲料、兽药质量安全的违法行为，严防三聚氰胺、"瘦肉精"等违禁药物流入养殖环节。全年出动执法人员478人次，检查企业392家次，对违反规定经营伪劣饲料、饲料添加剂的10个饲料经营企业依法进行处理。在兽药市场专项整治工作中，共出动400余人次，检查兽药经营门店220余家次，规模养殖企业500余家次，查处违规产品8个，货值6000余元，立案查处8起，对经营伪劣药品、非法经营兽药和超范围经营者视其情节和态度依法进行不同的处理和处罚。及时组织人员，全面开展"瘦肉精"清查收缴工作。印发清查收缴工作公告1000份，出动宣传车12辆次，设立咨询台14台次，接受咨询500余人次，解答问题600余条，悬挂横幅21条，散发传单2000余份。送达养殖场238个、经纪人48个、屠宰企业13个、兽药、饲料经营企业136个，公共场所张贴458份；印制《宝丰县牲畜规模化养殖场瘦肉精排查表》和《宝丰县农村牲畜散养户瘦肉精排查表》分发到各个中心站，挨场挨户进行排查。累计排查散养户8870户，抽检0.2万头，排查规模牛羊养殖户214个，累计抽检0.07万头(只)，没有发现有盐酸克伦特罗、莱克多巴胺和沙丁胺醇的疑似阳性数和确认阳性数。

建立双备案制度　对养猪场和农村散养户的用品、用料、防疫、出售等饲养行为实行纸质和电子档案双备案，定期或不定期检查，规范养殖行为。

病死猪无害化处理补助工作　宝丰县采取有效措施实施对全县年出栏50头以上的生猪规模化养殖场(小区)无害化处理补助工作，为确保实施无害化处理病死猪的真实性，制订了具体措施，要求养殖企业必须有完整的纸质档案记录和电子上传信息，具有"五个一"；要严格申报审核程序，畜主应向当地动物区域防检中心站报告，中心站决定上报或派责任人到现场审核；审核人到现场进行审核时，应查验免疫耳标、养殖档案、电子信息上传情况、拍照、监督畜主对病死猪进行无害化处理、填写有关表格等；病死猪处理实行死亡生猪照片、耳标照片、无害化处理场景照片及纸质与网络备案对照制度；全面落实责任制，实行谁审核谁负责的办法来保证病死猪无害化处理补助工作的真实性。

完成网上信息上报工作　全县共有规模养殖场116家，其中，猪场99家，牛、羊养殖场8家、鸡场7家、鸽子场2家，兽药经营企业39家、饲料销售企业40家，全部能够自行上传信息。同时完成规模企业和种畜禽企业及畜牧兽医工作机构的卫星定位信息化工作。全县有屠宰场13个、经纪人25个、报检点50个、交易市场13个、无害化处理井18个、饲料经营门店40个、兽药门店39个、养殖企业116个及县乡畜牧兽医机构全部进行卫星定位。

【重大动物疫病防控】　2012年，县畜牧局层层签订责任目标,将防控责任分解落实到单位,落实到个人，落实到基层防疫一线，形成了上下联动、分工明确、职责清晰的防控工作格局。按照“预防为主,防重于治”的方针,下发《2012 年度高致病性禽流感口蹄疫等主要动物疫病春季集中免疫方案》,以集中免疫工作为重点,积极做好免疫用苗的订购和分发工作，扎实推进春季集中免疫工作。全县发放使用高致病性禽流感疫苗 300 万毫升、猪口蹄疫疫苗 120 万毫升、猪瘟疫苗 180 万头份、高致病性猪蓝耳病疫苗 70 万毫升,牛、羊口蹄疫疫苗 30 万毫升,畜禽免疫密度 100%。对高致病性禽流感、口蹄疫等重大动物疫病建立流行病学调查、实验室日常监测和集中监测相结合的工作制度,下发《宝丰县 2012 年高致病性禽流感、口蹄疫等主要动物疫病监测方案》和《口蹄疫、高致病性禽流感等主要动物疫病流行病学调查方案》,设立免疫效果及疫情监测三级监测点 103 个，村级散养监测点 316 个，建成全面覆盖的疫情监测网络。实验室共完成血清学样品监测 20324 份,检测样品涉及 205 家规模养殖场（户）,1321 个散养户,其中监测口蹄疫抗体 4142 份,合格 3802 份,免疫合格率 84.12%;监测猪瘟抗体 2290 份,合格 2135 份,免疫合格率 87.98%;监测高致病性猪蓝耳病抗体 6826 份，合格 6320 份，免疫合格率 86.77%；监测高致病性禽流感抗体 Re-4 株 2933 份，合格 2696 份，免疫合格率 87.73%,Re-5 株 2893 份,合格 2624 份,免疫合格率 85.79%;监测鸡新城疫 2858 份，合格 2521 份，免疫合格率 81.86%。病原学检测送样 O 型口蹄疫 120 份,猪瘟 240 份,高致病性猪蓝耳病 240 份,高致病性禽流感 200 份,鸡新城疫 100 份,结果均为阴性。奶牛布氏杆菌病检测 2182 份，奶牛结核病监测 1240 份,均未发现阳性。成立 3 个防疫督导组,重大动物疫情现场诊断专家组,采取分片包干,监督春季集中免疫工作的开展。通过查看纸质和电子免疫档案、二维码耳标,督促免疫进度,对散养户和规模场进行抗体监测,评估免疫效果。对免疫抗体不合格的,限期补免补防。春防期间,县重大动物疫情应急指挥部共开展督导 2 次，检查验收 1 次,并根据督导和检查情况,编发简报、快报,进行全县通报。加大资金投入力度，完善动物疫病诊断、监测体系的基本建设，县化验室达到考核要求,通过省级示范化验室验收。

【秸秆青贮】 2012 年，全县累计种草面积 200 亩，新建青贮池 6 万立方米，新购铡草机 18 台,青贮玉米秸秆 37 万吨。 （武国旗）

农业综合开发

【概况】 2012 年,宝丰县农业综合开发工作积极贯彻落实党在农村的各项改革发展精神,完善制度,强化监管,推动农业综合开发、扶贫开发制度化、规范化。县农业综合开发(扶贫开发)领导小组办公室内设机构有综合股(办公室)、农业综合开发股、扶贫开发股,有职工 20 人。

【土地治理项目】 2012 年，完成商酒务镇 1 万亩土地治理项目。项目涉及犁湾沟、郜辛庄、梁庄、大王庄、张洛庄 5 个行政村,投资 964 万元,治理面积 1 万亩。新打机井 80 眼,埋设地埋管道 28 公里，埋设地埋线 19.4 公里，修筑机耕路 28 公里,开挖疏浚渠道 84 公里,新建桥涵 310 座,植树 5 万株。示范推广高产小麦、玉米 1800 亩。

【开发经营项目】 2012 年,完成农业综合开发经营项目 2 个。完成 500 亩中农短枝核桃种植基地扩建项目建设任务，项目由宝丰县朝阳植保合作社实施,总投资 183 万元,其中,财政资金 56 万元,合作社自筹 127 万元。完成农业综合开发产业化贷款贴息项目，为河南源源乳业集团有限公司争取中央财政贴息 96 万元。

【扶贫开发】 2012 年,共完成脱贫人口 4150 人,占责任目标任务的 119%。完成省扶贫办安排的“两项制度”有效衔接贫困户建档立卡工作。确定并完成“两项制度”有效衔接贫困村 44 个(其中省定贫困村 41 个)。确定录入新上报低收入贫困农户 22798 户 38897 人。争取和完成整村推进村 3 个,完成省财政扶贫投资 194 万元,县财政配套 30 万元。完成市级财政扶贫项目 7 个,完成市本级财政扶贫投资 48 万元。完成“雨露计划”培训 428 人，完成省、市办安排的富士康招工任务 21

人。争取省级科技扶贫项目1个,财政投资15万元,计划引进推广优质花生300亩,培训农民800人次。为宝丰县民悦新型建材有限公司争取扶贫贴息款40万元,直接带动贫困村9个,带动贫困户50户。争取省财政“到户增收”项目1个,财政资金35万元,扶持到户建档立卡农户160户。

（路延涛　潘运明）

烟　草

【概况】 2012年，全县烟叶种植面积2万亩，收购烟叶263万公斤，烟农增收5812万元，实现烟叶特产税1280万元。宝丰县烟叶办公室内设生产股和秘书股。有干部职工19人。

【种烟政策宣传】 2012年，组织人员深入各乡镇，先后出动烟叶生产宣传车60余台次；刷写、张贴烟叶生产宣传标语180余幅；发放科学种烟宣传资料3500余份。并多次通过新闻媒体，专题宣传报道烟叶生产收购形势、种烟优惠政策、介绍种烟大户的种植经验和收益情况，激发群众的种烟积极性。全县共落实烟田面积2万亩，其中连片面积达到1.5万亩，烟叶规模化种植水平进一步提高。种烟面积4000亩以上的乡镇2个；种烟500亩以上的大村8个，其中1000亩以上的大村3个；100亩以上的种烟大户65户。

【推动现代烟草农业发展】 2012年，县烟办利用县政府出台的土地流转奖励政策，引导群众流转土地，发展烟叶生产，规划发展周庄镇王子孟村，肖旗乡磁矶岭村、潘庄村等千亩大方3个，以点带面，辐射全县，规划落实现代烟草农业基地1.2万亩。鼓励发展烟叶生产专业化合作组织。协调有关单位和乡镇，以烟农大户为基础，建成肖旗乡磁矶岭金马种植业合作社等烟叶生产合作组织3个；鼓励“三户”（育苗专业户、种植专业户、烘烤专业户）发展，组建“三队”（移栽服务队、植保服务队、分拣服务队）组织，烟叶生产专业化程度进一步提高，强度进一步下降，烟农种烟效益进一步增加。全县烟田共新打灌溉机井57眼，新修主干渠1条1500米、排水渠2条7500米，修复提灌站1座，新修烟叶生产路1500米，配套烟用农机90台(套)，新建密集型烤房170座，有效提高了烟叶生产抵御自然灾害的能力。

【全县烟叶生产工作会议】 2012年5月25日，全县2012年烟叶生产工作会议在宝丰迎宾馆三楼会议室召开。县人大常委会副主任娄文聚，县政协副主席顾海萍，县政府党组成员曲延辉出席会议。县烟办、县烟草公司主要负责人，各乡镇乡镇长、烟草系统干部职工参加会议。会议总结2011年的烟叶生产工作，对2012年至2013年烟叶生产工作进行安排部署。会上对石桥镇等4个烟叶生产先进单位、肖旗乡潘庄村等3个种烟先进村、张广伟等18名先进工作者进行表彰奖励。

（严耿超）

农　机

【概况】 2012年，宝丰县农机局深入贯彻执行《中华人民共和国农业机械化促进法》和《河南省农业机械化促进条例》等法律法规，加快提高农业生产机械化水平，进一步优化农机装备结构，建立和完善农机服务组织，加强农机安全监理，积极创建平安农机，充分发挥农业机械化在农业生产中的重要作用。全县农机总动力44.7万千瓦。机耕面积29030公顷，机播面积47120公顷，机电灌溉面积13100公顷，机械植保面积36000公顷，机收面积38000公顷。县农机局内设机构有办公室、计财股、农机管理股、科技教育股、农机市场监管股、农机推广站，下设农机安全监理站、农机化学校、农机服务队3个二级机构。有干部职工82人。

【农机装备】 2012年，全县拖拉机拥有量14442辆，拖拉机配套农具38451部，排灌动力机械7621台，农用水泵12950台，联合收获机械782台，秸秆粉碎还田机1249台，秸秆捡拾打捆机30台，机动脱粒机956台，畜牧养殖机械1299台，农用运输车2668辆，农田基本建设机械118台。

【农机安全监理】 2012年，县农机局按照《农业机械安全监督管理条例》，依法行政，规范管理，严格按照规定和程序进行农机办证上牌、检审。全年共检验拖拉机350辆，新办拖拉机驾驶证122人，车辆新入户230辆。积极开展“平安农机”创建和“为民服务创先争优”示范窗口创建活动，着力构建农业安全监理长效机制。深入乡村、围绕农业、贴近农户、方便农民，提高行政执法效果和公共服务水平，让广大农民群众享受到创先争优带来的实惠，全力把农机安全监理“为民服务创先争优”示范窗口活动打造成农民群众满意工程，并加强自身能力建设，努力改善农机监理技术装备，提高检验、考试工作的科学性和准确性，不断推进农机安全监理法制化、规范化、科学化和信息化，实现了全年无重特大农机事故发生。

【农机购置补贴】 县农机局积极协调，努力争取扩大农机购置补贴资金规模，使更多农民受益，加快农业机械化发展。不断完善办法，严格规范管理，千方百计抓好农机购置补贴政策实施，确保政策实惠全部落实到农民手中。为进一步优化农机装备结构，提高农业综合生产能力，2012年，按照总体上执行不超过30%的补贴比例政策，对特定农机在原补贴30%的基础上进行累加补贴。全县共发放各级农机购置补贴资金879万元，受益农户448户，带动民间投资近3000万元。共补贴农机具756台（套），其中，动力机械221台，收获机械170台，耕整地机械、种植施肥机械及其他农业机械365台。

【农机新技术推广】 2012年，全县重点推广保护性耕作技术，推广新增保护性耕作机械15台，夏秋两季共实施保护性耕作示范田4万亩，并对示范田进行作业补贴。推广新增玉米收获机20台，全县保有量达到224台，实现玉米机收面积17.9万亩，除倒伏外占应机收面积的80%。

【秸秆还田】 农作物秸秆还田既能够改良土壤增加肥效，又能减少环境污染。2012年，全县新增秸秆还田机120台，夏秋两季还田面积47万亩。

【“三夏”生产】 2012年“三夏”来临之前，宝丰县积极组织农机人员深入乡村，对参加“三夏”作业的农机进行全面检审，并搞好技术指导。与中石化公司协商，落实安排对“三夏”农机用油实施价格优惠的政策。积极做好联合收割机的引进和外出作业工作，共引进收割机72台，组织外出跨区作业132台，参加县“三夏”机收会战机具达到750台，保障了全县43万亩小麦丰产丰收，机收率95%。

【农机新技术培训】 2012年，结合国家阳光工程项目，培训农机服务人员150人次，拖拉机驾驶员122人次，保护性耕作技术、玉米机收、农机维修、保养等1600余人次。

【农机专业合作社建设】 通过组织领导和政策落实，指导农机合作社建立健全各项制度，加强农机合作社规范建设，促进规范运作，提高服务能力。2012年，为支持全县21家农机合作社做大做强，更好发挥示范带动作用，积极申报国家级农机合作社示范社1个并获得通过。县政府投资20万元，对省级示范农机专业合作社优先奖励，促进农机专业合作社提档升级。

（郑永锋）

交通　邮政

公路交通

【概况】 宝丰县交通运输局内设机构有办公室、法制室、财务室、会计工作站、审计室、劳资股、女工委、计生办、公路股、运输股、综治办、纪检监察室、交通战备办公室，有干部职工75人。2012年10月，县交通路政管理大队成立。下属单位有县公路管理局、交通路政大队、公路运输管理所、农村公路管理所(县乡公路管理所)、宝丰长途汽车站、中心汽车站(一运公司)、运输公司、地方海事处、公路派出所。全系统有干部职工1560人。先后获2011年度宝丰县科学发展金杯奖、全市交通运输系统先进单位、全市2011年度依法行政工作先进单位、全市2011年度平安建设先进单位等称号。

【干线公路建设】 2012年，宝丰县干线公路建设包括2011年续建工程和2012年新建工程。其中，2011年续建工程完工全长5.7公里、总投资3700万元的东五环新建工程和全长14.7公里、总投资3840万元的省道S231金孟线宝郏路大修工程。2012年新建工程完工全长6公里、总投资5000万元的南部工业园区路网建设工程。省道绿化工程完成全长7公里、总投资450万元的北二环绿化工程；全长12公里、总投资1150万元的南石线绿化工程以及全长7.5公里、总投资140万元的西二环绿化工程。完成总投资150万元的县城迎宾大道与龙兴路"十字"平交道口改造工程。筹资300万元先后完成县城五线桥、龙兴路北段、北环路与西环路交叉口近800米铺油任务和县城前进路、平宝路的挖补、罩面等20条城区背街小巷道路罩油工程。宝丰至石龙区快速通道新建工程全长14.5公里，估算投资1.85亿元，已完成工程立项工作。平郏快速通道工程全长10.3公里，估算投资6180万元，正在进行立项工作。宁洛高速出入口改迁工程，人民路东延作为出入口改迁后的引线工程同时进行建设，两项工程估算投资1.3亿元。出入口改迁工程总投资8000万元，已完成《项目可行性研究报告》编制工作。人民路东延工程全长2.5公里，总投资5000万元，于4月26日开工建设。中华汝瓷大道新建工程全长6.5公里，估算投资6400万元，已完成施工图设计。2月，县公路局被平顶山市交通运输局授予2011年度全市交通运输系统先进集体称号；5月，宝丰县被平顶山市政府授予2011年度干线公路建设突出贡献奖称号。

【农村公路建设】 2012年，全县总投资7753万元，新改建县乡公路建设项目7个33.8公里，投资6318万元。已完成17.2公里，占目标任务的51%。中桥改造项目6座300延米，投资987万元。完成连通公路建设项目12个17.3公里，投资448万元。2月，县农村公路管理所被平顶山农村公路管理处授予2011年度全市农村公路工程建设工作先进单位称号。

【公路养护】 2012年，干线公路养护管理全年共投入养护资金465万元，小修保养工作累计完成路面保洁69468千平方米，整修路肩边坡21.16万平方米，清理疏通排水系统2.1万米，处理沉陷6860平方米，处理网龟裂3406平方米，处理坑槽6264平方米，优良路率指标79%。自筹资金对国道G207锡海线、省道S329南石线宝丰境的病害严重路段进行中修挖补，共计中修里程1.8公里。县农村公路养护，共投入养护资金318万元，整修路肩11.5万平方米，疏通边沟9.3万余延米，边沟硬化治理6公里，刷油灌缝17公里，路沿石刷白44公里，路树刷白4.8万余棵。埋设路沿石6公里，公里碑52个，百米桩468根，设立线路管养公示牌10处，新设标志标牌33处，修复47

处，划标志标线110公里，设置限载标志牌6处。补栽绿化树7500余棵，完成农村公路绿化工程50公里。过境干线公路和县道公路达到了“畅、洁、绿、美、安、舒”公路通行环境的养护质量要求。

【路政管理】 全年印发各类通告4000余份，组织大型清障3次，拆除各类占道棚屋13处，制止利用公路打场晒粮460起，清除各类占道堆积物861处、面积7800余平方米，清除占道摊点22处，拆除非公路标志牌3处，规范整改加水洗车点10处，取缔非法加水洗车点14处，办理各类侵占破坏公路路产路权案件14起、各类路政许可案件3起，发放违法行为通知书134份，事故查处率100%。2月，县公路局、沥青拌和站、机械化道班分别获全市公路系统先进单位；县农村公路管理所获2011年度全市农村公路路政管理工作先进单位称号。

【运输市场管理】 2012年，全县道路运输完成客运量1061万人次，旅客周转量27450万人公里；完成货运量908万吨，货物周转量123100万吨公里。与上年同期相比分别增长30.02%、30.1%、30.09%、30.12%。完成春运、清明、“五一”、端午节、中秋、国庆等重点节假日时段的道路运输保障任务。

【车辆超限超载治理】 2012年，宝丰县出台《全县治理车辆超限超载运输工作方案》，超限超载运输违法行为得到有效遏制。筹资58万元购置流动治超车1台，在县境重点地区、重点路段集中开展超限超载车辆治理工作。县交通路政大队采取流动治理模式，推进了治理超限超载运输工作向纵深开展。规范超限站管理，严格按照“五不准”规定开展治超工作。坚持“科学检测、卸载放行”的人性化管理原则，杨庄超限超载检测站开展了“动静”结合式的集中整治。通过开展治超“秋风行动”，加大在重点地区和路段的查处力度，重点对车货总重超过55吨的非法超限超载车辆进行整治，在县城周边的停车场、修理改装场所和货运装载点进行源头整治和管理。全县共检测车辆2000余台次，查处超限车辆1200余台，卸载198台，卸载货物1900余吨。

【运输经营】 2012年，宝丰长途汽车站全年安全运送旅客152万人次，完成客运周转量8530万人公里，实现综合收入187万元。县运输公司固定资产原值550万元，净值218万元。实现客货运输和装卸总收入459万元，占全年计划430万元的106%，上缴税金及各种规费15万元。2月，被市交通运输局授予2011年度全市交通运输系统先进集体称号。县中心汽车站全年安全运送旅客97万人次，完成客运周转量2100万人公里，完成综合收入110万元。

【依法治交】 2012年，县交通运输局继续以“法律六进”活动为抓手，全年召集党组中心组理论学习4次，举办执法骨干培训班2期，治超“秋风行动”专题培训班1期，轮训和复训执法人员210人次，培训率100%。举办从业人员专项培训班6期，培训和复训客车司机90余人次、乘务员83人次、站务服务员40人次。坚持依法行政，认真执行行政处罚自由裁量权制度、行政处罚法律审核制度、行政处罚预先告知制度、案件主办人制度，被县委、县政府授予全县“五五”法制教育和依法治理工作先进单位称号。

【文明创建】 2012年，县交通运输局在做好日常保洁的同时，着重做好环城路等重点路段的清扫保洁和绿化工作，配置扫地机2台、铲车1台和运输车3辆，对沿路垃圾进行经常性清扫与清运。对公路轮廓标、路缘石、路树等进行刷新、刷白。投资1300万元对全长7公里的北二环和全长12公里的南石线宝丰段进行高标准绿化，打造省道南石线贯穿全县东西的绿色长廊。投资150万元实施迎宾大道与龙兴路转盘改造工程和20条背街小巷实施道路罩油工程。顺利通过市级文明单位的复验。先后被县委授予2012年度马街书会及春节文化活动先进单位、第八届中国杂技金菊奖第五次全国魔术比赛先进单位称号。

【“廉政文化坐上客车”宣传活动】 2012年8月22日，县纪委、县交通运输局联合开展“廉政文化坐上客车”宣传教育活动。通过为全县客运车辆张贴廉政宣传画，在车载屏幕上播放廉政文化教育内容等形式，使“廉政文化”走进城乡、走进千家万户。8月23日《人民网》《光明网》相继刊发有关内容。

（尤明阳）

铁 路 运 输

【概况】 平顶山西站位于河南省宝丰县城西南2.5公里处，在路网上衔接3个方向，北抵焦作，南达柳州，东至孟庙站与京广铁路连接，平顶山矿务局专用铁路自东西两端引入本站，具有区域性交通枢纽的地位，车站布置为横列式一级二场，分别为到发场和调车场，是全路客货兼办的二等区段站。车站中心里程位于焦柳线自焦作站起241千米+355米，孟平线自孟庙站起99千米+528米处，隶属郑州铁路局南阳车务段。行政机构设综合办公室和业务室，下设运转、客运、货运、装卸4个主业车间，13个班组，另有集经、多经、旅服、综合服务部4个经营部门。有干部职工333人，其中运转人员134人，客运人员75人，货运人员45人，装卸人员21人，其他人员58人。党群组织设党总支、工会和团总支，下设党支部8个（综合、运转、客运、货装、集经、经营、旅服、退休），党小组14个；工会下设工会小组4个（机关、运转、客运、货运）；团总支下设团支部2个。除办理客货运业务外，还办理列车接发；部分货物列车技术作业：技术检修、货运检查、更换本务机车和乘务组等；货物列车编组、解体及补减轴；货物列车始发、运休及摘挂作业；货场、北货场、材料厂、集资货场、洗煤厂、洛阳供电段宝丰供电车间、郑州北车辆段平顶山西运用车间、洛阳机务段平顶山西机务折返段及中国平煤神马能源化工集团责任有限公司铁路运输处专用铁路等线路的取送作业。2012年，平顶山西站获郑州铁路局安全生产先进集体、路风建设先进集体、模范工会之家等称号。

【技术设备】 焦柳线为双线双向自动闭塞区段，计算机微机联锁设备（ZPW-2000A型），电力牵引；孟平线对余官营方向为单线半自动闭塞区段（64D型），平顶山西站至平顶山东站间为内燃机车牵引。车站有正线3条、到发线8条，调车线6条，简易驼峰1座，调车机1台，与车站接轨的专用铁道1条，专用线8条，段管线6条，旅客站台2座，面积9116平方米，风雨棚2个，旅客地道1座，货场2个。

【安全生产】 2012年，平顶山西站坚持稳中求进的工作思路，以稳为主，从基层、基础、基本功抓起，整合岗位职责、作业指导书、现场揭挂揭示和基础台账体系，通过车站风险管理综合信息系统，实现技术规章动态更新、实时查询，方便现场职工对照执行；依托“日学习、周演练、月考试，季度对抗赛，年度大比武”职工培训体系和干部学习制度，加强作业标准学习和应急预案演练，不断提高干部职工应对非正常情况的能力。通过安全大检查、季度评估和日常检查，深入查找现场存在问题，认真剖析和解决技术规章、职工素质、结合部管理等方面存在的不足，减少和堵塞安全生产的漏洞，形成持续改进、循环提升的过程。把抓落实作为保安全的主要途径，修订安全管理人员月度考核办法，建立车站安全风险档案，健全干部包保、流动检查、值班巡视、节假日查岗、视频监控网络，督促现场职工认真执行规章制度和作业标准，督促各级干部发现和解决问题，确保安全生产的平稳有序，实现了安全年。

【运输经营】 主要办理旅客发送、行包托运以及散堆装货物和成件货物的整车发运业务，负责焦柳线和孟平线部分货物列车的解体改编，以及旅客列车的供水工作。2012年，车站每天接发图定旅客列车28对，主要通往北京、上海、广州、哈尔滨、天津、成都、重庆、南昌、攀枝花、济南、西安、太原、贵州、厦门、湛江、海口、银川等方向。积极实施客货营销战略，主动沟通协调，加强营销宣传，稳健推进运输经营工作。深入开展“服务旅客创先争优”活动，不断优化服务环境，突出抓好基本服务，认真落实服务标准。积极实施“稳黑增白抓延伸”战略，努力推进货运组织改革，发展首山焦化、中鸿焦化、红星洗煤厂等新客户，稳定煤炭运输；紧紧抓住春运、暑运、“十一”、调图等有利时机，强化客运营销，进一步扩充客票销售网络，提高客票代售率，至年底客票代售点达到5个。同时，坚持以货补客、客货共赢的营销策略，内挖潜力、外抢市场，力克时艰，较好地完成了各项经营任务。2012年完成发送旅客49.50万人，实现装车26911车，货物发送量177.06万吨，实现运输收入18053.50万元。

【党群工作】 以十八大精神为指引，以创先争优活动为主线，以党建品牌为抓手，建立健全党员“政治生日”、联系点慰问、创先争优、主题谈心等长效机制，不断加强两级班子建设，深入开展“岗位成才、实现价值，适应转变、再创一流”“三无一创”等主题教育实践活动，大力选树“文明职工标兵”“标准化作业标兵”等先进典型，积极构建大宣传工作格局，为中心工作营造氛围。加强廉政建设，拒腐防变能力明显提升；规范干部管理，深入开展“抓标准、抓落实，严两纪、严考核”活动，干部作风明显转变，骨干作用充分发挥。

【职工生活】 积极组织开展各类文体活动，认真落实“三不让”承诺，千方百计为职工群众办实事。先后组织了元宵节灯谜、春季百人健步走、职工篮球赛、外出参观学习等活动，坚持开展“冬送温暖、夏送清凉、日常送健康”活动，深入开展金秋助学、扶贫帮困和送温暖活动，成立爱心“110”帮扶队，帮助职工解决生产生活中的困难，把温暖传递到职工心里，为保安全、保稳定提供动力。深化厂务公开和民主管理，和谐企业、和谐劳动关系、和谐发展环境建设步伐加快，全站的向心力、职工的归属感明显增强。 （余胜利）

平顶山西站旅客列车到开时刻表

2013 年 7 月 1 日施行

方向	车次	始发时	区　间	终到时	本站到开时	站停(分)	停　　车　　站
往南	K15	7:08	济南—重庆北	11:17	19:12—19:18	6	南阳、邓州、襄阳、十堰、安康、万源、宣汉、达州、广安、重庆北
	K49	13:15	北京西—恩施	12:35	2:05—2:25	20	南阳、邓州、襄阳、荆门、当阳、宜昌东、巴东、建始、恩施
	K117	11:10	北京西—攀枝花	5:00	23:23—23:29	6	南阳、襄阳、十堰、安康 、宣汉、达州、营山、南充、遂宁、成都、眉山、峨眉、汉源、普雄、西昌、米易、攀枝花
	K183	12:40	北京西—南阳	6:08	3:48—4:26	38	鲁山、南召、南阳
	K205	16:42	青岛—成都	8:32	9:40—9:43	3	南阳、邓州、襄阳、谷城、武当山、十堰、安康、西乡、汉中、广元、江油、绵阳、德阳、成都
	K257	16:42	天津—成都	5:58	7:44—7:49	5	南阳、襄阳、十堰、白河东、旬阳、安康、汉阴、西乡、城固、汉中、勉县、广元、江油、绵阳、德阳、成都
	K261	17:48	北京西—汉中	19:35	6:41—7:10	29	南阳、襄阳、十堰、白河东、旬阳、安康、石泉县、西乡、汉中
	K267	13:20	北京—怀化	15:00	1:42—1:50	8	南阳、襄阳、荆门、澧县、石门县北、慈利、张家界、吉首、怀化
	K279	16:43	北京西—十堰	11:59	5:44—6:05	21	鲁山、南阳、襄阳、谷城、武当山、十堰
	K283	20:32	上海—成都	11:40	12:30—12:33	3	鲁山、南召、南阳、邓州、襄阳、武当山、十堰、白河东、安康、汉中、广元、江油、绵阳、成都
	K507	21:35	北京西—贵阳	11:28	9:03—9:06	3	南召、南阳、邓州、襄阳、武当山、十堰、安康、万源、宣汉、达州、渠县、广安、重庆北、桐梓、遵义、息烽、贵阳
	K589	10:35	北京西—重庆北	17:19	23:37—23:42	5	南阳、襄阳、谷城、武当山、十堰、安康、紫阳、万源、宣汉、达州、渠县、广安、重庆北
	K627	8:50	西安—宜昌东	23:38	17:10—17:15	5	南召、南阳、邓州、襄阳、荆门、当阳、宜昌东
	K647	16:10	西安—广州	20:21	0:27—0:30	3	南阳、邓州、襄阳、荆门、澧县、石门县北、常德、益阳、长沙、株洲、衡阳、郴州、韶关东、广州
	K745	17:02	郑州—成都东	17:24	21:03—21:23	20	鲁山、南召、南阳、邓州、襄阳、荆门、宜昌东、恩施、利川、万州、开江、达州、蓬安、南充、遂宁、成都东
	K755	15:18	洛阳—广州	.13:56	17:17—17:22	5	鲁山、南召、南阳、邓州、襄阳、随州、安陆、武昌、岳阳、长沙、衡阳、郴州、韶关东、广州
	K903	11:48	太原—厦门	5:40	0:04—0:06	2	鲁山、南阳、邓州、襄阳、随州、武昌、鄂州、黄石、阳新、庐山、南昌、向塘、吉安、泰和、赣州、于都、瑞金、长汀 、冠豸山、龙岩、漳州、厦门
	K909	13:57	郑州—重庆北	10:53	18:33—18:53	20	鲁山、南召、南阳、邓州、襄阳、谷城、十堰、安康、万源、达州、渠县、广安、重庆北
	K1063	14:58	哈尔滨—重庆北	14:52	23:06—23:09	3	南阳、襄阳、武当山、十堰、旬阳、安康、万源、达州、渠县、广安、重庆北
	K1167	13:33	西安—海口	8:13	21:04—21:06	2	南阳、襄阳、随州、武昌、咸宁、赤壁、岳阳、长沙、株洲、衡阳、郴州、韶关东、广州、佛山、肇庆、茂名东、徐闻、海口
	K1211	17:35	郑州—贵阳	23:05	21:39—21:59	20	鲁山、南阳、邓州、襄阳、荆门、当阳、石门县北、慈利、张家界、吉首、麻阳、怀化、新晃、玉屏、镇远、施秉、凯里、福泉、贵定、贵阳
	K1295	12:00	银川—广州	8:15	9:13—9:16	3	南召、南阳、邓州、襄阳、随州、武昌、咸宁、赤壁、岳阳、长沙、株洲、衡阳、郴州、韶关东、广州
	1165	12:55	太原—宜昌东	9:56	2:55—3:09	14	南召、南阳、邓州、襄阳、宜城、荆门、当阳、宜昌东
	1805	17:27	洛阳—湛江	5:15	19:28—9:52	24	鲁山、南召、南阳、邓州、襄阳、荆门、当阳、松滋、澧县、石门县、慈利、张家界、吉首、麻阳、怀化、会同、靖州、牙屯堡、融安、融水、柳州、贵港、玉林、陆川、河唇、廉江、湛江
	k1951	13:07	新乡—南阳	21:00	18:47—19:07	20	鲁山、南召、南阳
	4731	7:27	洛阳—南阳	11:55	9:50—9:58	8	鲁山 、南召、南阳

续表

方向	车次	始发时	区　间	终到时	本站到开时	站停(分)	停　　车　　站
往北	K16	12:29	重庆北—济南	15:13	2:42—2:45	3	郑州、开封、民权、商丘、砀山、徐州、枣庄西、滕州、兖州、泰山、济南
	K83	17:20	广州—西安	21:31	13:45—13:51	6	汝州、洛阳、义马、三门峡西、潼关、华山、渭南、西安
	K118	12:01	攀枝花—北京西	5:18	17:18—17:23	5	汝州、巩义、郑州、新乡、安阳、邯郸、邢台、石家庄、保定、北京西
	K206	17:40	成都—青岛	8:43	15:32—15:37	5	汝州、郑州、开封、商丘、徐州、滕州、兖州、泰山、济南、淄博、潍坊、青岛
	K238	17:30	深圳西—太原	6:41	16:52—17:02	10	洛阳、义马、三门峡、华山、风陵渡、运城、侯马、临汾、霍州、介休、榆次、太原
	K258	13:55	成都—天津	5:58	12:08—12:11	3	郑州、新乡、卫辉、鹤壁、汤阴、安阳、邯郸、邢台、石家庄、晋州、辛集、衡水、德州、泊头、沧州、青县、静海、杨柳青、天津
	K268	9:13	怀化—北京	11:47	22:27—22:29	2	关林、郑州、邯郸、邢台、石家庄、定州、保定、北京
	K284	18:30	成都—上海	7:57	16:10—16:12	2	郑州、开封、商丘、徐州、蚌埠、南京、上海
	K508	19:40	贵阳—北京西	15:31	1:51—1:56	5	汝州、关林、郑州、新乡、鹤壁、安阳、邯郸、邢台、石家庄、定州、保定、高碑店、涿州、北京西
	K590	23:36	重庆北—北京西	5:12	16:22—16:24	2	汝州、关林、济源、月山、焦作、新乡、安阳、邯郸、邢台、石家庄、保定、北京西
	K628	15:50	宜昌东—西安	7:20	23:12—23:15	3	汝州、洛阳、渭南、西安
	K648	10:52	广州—西安	14:20	6:36—6:39	3	洛阳、三门峡、灵宝、华山、渭南、西安
	K756	19:10	广州—洛阳	19:14	15:58—16:00	2	汝州、汝阳、洛阳东、洛阳
	K790	18:48	南昌—西安	15:08	7:21—7:33	12	汝州、洛阳东、洛阳、渑池、三门峡、灵宝、潼关、华山、渭南、西安
	K904	13:25	厦门—太原	5:36	17:06—17:09	3	汝州、关林、济源、月山、晋城、高平、长治、长治北、沁县、榆社、榆次、太原
	K1064	21:57	重庆北—哈尔滨	22:00	14:40—14:46	6	汝州、关林、郑州、开封、兰考、商丘、菏泽、聊城、青河城、衡水、任丘、天津、唐山、山海关、葫芦岛、锦州、大虎山、沈阳北、铁岭、昌图、四平、公主岭、长春、德惠、扶余、哈尔滨
	K1168	20:38	海口—西安	12:11	4:52—4:55	3	洛阳、三门峡、华山、渭南、西安
	K1296	19:16	广州—银川	16:19	17:37—17:40	3	汝州、洛阳东、洛阳、新安、三门峡、灵宝、西安、平凉、固原、同心、中卫、中宁、青铜峡、银川
	1166	11:26	宜昌东—太原	7:56	18:06—18:08	2	洛阳、新安、三门峡、灵宝、华山、永济、运城、侯马、临汾、霍州、介休、平遥、榆次、太原
	1806	20:40	湛江—洛阳	4:49	2:34—2:36	2	汝州、洛阳
	4706	9:22	南阳—洛阳	15:14	11:27—11:32	5	汝州、汝阳、洛阳东、洛阳
	4732	11:37	南阳—洛阳	16:02	13:35—13:38	3	汝州、汝阳、洛阳东、洛阳
往东	K50	12:00	恩施—北京西	11:50	21:51—22:13	22	平顶山、漯河、郑州、安阳、邯郸、邢台、石家庄、定州、保定、北京西
	K84	10:05	西安—广州	14:08	17:33—17:39	6	平顶山、漯河、驻马店、确山、信阳、武昌、岳阳、长沙、株洲、衡阳、郴州、韶关东、广州
	K184	19:32	南阳—北京西	11:25	21:20—21:42	22	平顶山、郑州、新乡、安阳、邯郸、邢台、石家庄、定州、保定、北京西
	K240	23:36	太原—深圳西	12:50	13:35—13:47	12	平顶山、漯河、驻马店、确山、信阳、广水、武昌、岳阳、长沙、株洲、衡阳、郴州、韶关东、广州东、深圳西
	K262	14:03	汉中—北京西	16:31	3:04—3:24	20	平顶山、漯河、许昌、郑州、新乡、鹤壁、安阳、邯郸、邢台、石家庄、保定、高碑店、北京西
	K280	16:40	十堰—北京西	15:20	23:31—23:51	20	平顶山、漯河、郑州、安阳、邯郸、沙河市、邢台、石家庄、定州、保定、高碑店、涿州、北京西
	K746	18:24	成都东—郑州	21:00	16:35—16:55	20	平顶山、漯河、许昌、郑州
	K792	16:45	西安—南昌	12:25	0:18—0:38	20	平顶山、漯河、驻马店、信阳、孝感、武昌、鄂州、黄石、瑞昌、庐山、德安、南昌
	K910	13:36	重庆北—郑州	11:28	5:39—5:59	20	平顶山、漯河、临颍、许昌、长葛、郑州
	K1952	10:20	南阳—新乡	17:53	12:20—12:40	20	平顶山、许昌、长葛、郑州、新乡
	K1212	10:50	贵阳—郑州	16:18	11:06—11:26	20	平顶山、漯河、郑州

邮　政

【概况】 2012 年,宝丰县邮政局内设机构有综合办公室、财务室、视察室、机要室、市场部、函件局、代理保险公司、集邮公司、发行局、物流局、电子商务局、金融业务局 12 个职能和专业管理机构,下设人民路支局、龙兴路支局、车站支局、西街支局、大营支局、前营支局、赵庄支局、石桥支局、闹店支局、肖旗所、周庄所、观音堂所、李庄所、张八桥所、商酒务所、高庄所、大庄所、南顾庄所 18 个支局所。有储蓄网点 9 个,有员工 179 人。

【业务发展】 2012 年,宝丰县邮政局累计实现收入 3255.32 万元,完成计划的 79.2%。邮务类业务实现收入 1055.48 万元,占总收入的 32%;金融类业务实现收入 2042.13 万元, 占总收入的 63%; 速递物流类业务实现收入 156.49 万元,占总收入的 5 %。企业邮储余额规模 9.38 亿元,实现收入 1586.87 万元。代理保险保费 9160.66 万元,实现收入 455.26 万元。

【代理金融业务】 2012 年,企业邮储余额达 9.38 亿元,全年累计净增 1.83 亿元,完成全年净增计划的 96.4%。新增活期比为 36.5%,实现收入 1586.87 万元。

【电子商务】 全年累计加办包年短信 16201 条,平均加办率 9.41%,扣费成功率 75.03%;全年累计发展航空机票 315 张,航意险 133 张;自邮一族发展 161 户。

【报刊发行】 2013 年报刊大收订完成流转额 603.66 万元,完成计划的 101.28%,全面完成党报党刊征订计划。成功续签宝酒公司 8000 份、大地集团 3000 份全年期形象期刊, 共 1.1 万份,完成计划的 275%。

【报刊零售】 利用灵活的政策和营销方法,组织投递人员营销《大学新生》418 套,实现销售额 1.09 万元, 与校园教辅市场开发共完成收入 13.78 万元。

【函件业务】 2013 年贺卡完成 150 万元报批计划,其中签订惠游定向 2000 本。实现收入 18 万元, 定向贺卡收入 41.55 万元, 公众贺卡收入 90.45 万元。

【集邮业务】 在 2012 年的邮品销售中,宝丰邮政局共销售生肖邮品 38 万元, 中秋邮品 31 万元,销售《千手观音》系列邮品 80 万元,《喜迎十八大》系列邮品 52 万元。第二季度、第四季度在全局开展集邮品营销竞赛活动,完成收入 140 万元。

【期刊业务】 2012 年,宝丰县邮政局积极融入地方经济建设,突出抓好形象期刊业务,实现报刊发行专业的转型创新发展。开发全年期形象期刊 1.1 万份,完成流转额 66 万元。其中开发宝酒公司全年期《特别关注》8000 份, 实现流转额 48 万元;开发大地水泥集团全年期《特别关注》3000 份,实现流转额 18 万元。

【基础设施建设】 2012 年,先后完成对邮政局机关、赵庄支局的装修改造,完成杨庄支局的搬迁,完善杨庄支局、闹店支局、肖旗所职工之家,有力地支撑了经营发展。

【村邮站连锁超市和便民服务站建设】 全县 13 个乡镇建成村邮站连锁超市 317 个, 直营店 1 个,三农服务站 64 个。建成县、乡、村三级“三农”服务网络, 形成了惠民便民的现代农村邮政物流综合服务体系。

【投递综合服务平台建设】 2012 年,县邮政局认真贯彻落实省公司《关于加快河南邮政投递综合经营管理平台建设的指导意见》文件精神,扎实推进投递服务平台建设, 不断拓展商品流通市场, 充分调动投递员对加盟店访销及维护工作积极性。全年访销累计 18.4 万元。

【“邮政金秋爱心助学金”发放】 2012 年 9 月 20 日,宝丰县邮政局和县总工会在红星学校举行“邮政金秋爱心助学金”发放仪式。仪式上有 30 名品学兼优、家庭贫困的应届高中新生得到宝丰县邮政局的资助。

【家庭理财主题讲座】 2012 年 12 月 12 日,县邮政局在宝丰迎宾馆举办 “做智慧父母让爱回家”家庭理财主题讲座,邀请清华大学心理学教授李林羲面对宝丰邮政新老客户现场授课。

(王赛博)

信息产业

移动

【概况】 2012年，宝丰移动公司内设有综合支撑室、营销室、集团客户室3大部室，下设12个乡镇营业部。有员工88人。公司先后获省级卫生先进单位、平顶山市保护消费者合法权益先进单位、平顶山市职工职业道德建设先进单位、平顶山市分公司2012年度先进团支部等称号。龙兴路营业厅获平顶山市巾帼文明岗、东城区营业厅获全省优秀基层站所评议先进单位称号。

【业务发展】 2012年，宝丰移动公司移动卡品除全球通、神州行、动感地带三大品牌外，重点推出神州行畅聊卡，无月租，最低消费9元，本地主叫每分钟0.22元，本地被叫免费，国内长途每分钟0.6元(不含港澳台)，国内漫游主叫每分钟0.6元，国内漫游被叫每分钟0.4元。神州行家园卡，无月租，最低消费15元，小区内本地主叫每分钟0.12元，小区外本地主叫每分钟0.25元，本地接听免费；小区内本地长途主叫每分钟0.27元，小区外本地长途主叫每分钟0.4元；国内漫游主叫每分钟0.6元，国内漫游被叫每分钟0.4元。全球通商旅(本地)套餐2012版，无论是否叠加其他数据流量可选包，超出套餐外移动数据流量均按照每兆0.5元收取；可视电话国内主叫国内每分钟0.6元，全国接听免费。国内主叫国内包含本地主叫本地、本地主叫国内长途和漫游主叫，其中国内不含港澳台地区。

【经营范围】 主要经营移动通信业务(包括语音、数据、多媒体等)，IP电话及互联网接入业务；从事移动通信、IP电话互联网等网络的设计、投资和建设；移动通信、IP电话和互联网等设施的安装、工程施工和维修；经营与移动通信IP电话和互联网业务相关的系统集成、漫游结算、技术开发、技术服务、设备销售等；出售、出租移动电话终端设备、IP电话设备、互联网设备及其零配件，并提供售后服务。

【经营规模】 2012年，城区自建营业厅2个，城区代办店47个，城区专营店50个，乡镇自建营业厅12个，农村专营店43个，农村代办店284个。全年业务收入1.3亿元，累计移动用户数255231户。

【服务质量】 公司始终把改善服务态度、提升服务质量、规范服务管理放在首要位置。2012年，宝丰移动公司围绕客户满意度，持续改善综合服务营销能力；围绕客户关注点，不断提升客户投诉受理解决能力。强化厅内软硬件服务能力，综合运用多种手段督导服务提升。视频监控对营业厅服务随时进行监督，结合营业厅实地检查，发现营业厅服务过程中出现的问题，加以督促提高营业厅服务质量。短板热点问题集中培训、常规业务定期抽测，提高对外形象感知。加强各级渠道业务培训力度，对涉及社会渠道的各项业务传真及时传达、及时培训。加大客户经理进集团拜访频次，并跟踪客户经理拜访客户满意度。

【助力当地经济发展】 宝丰移动公司在快速发展的同时，秉承“正德厚生 臻于至善”的企业文化理念，勇于承担社会责任，积极配合上级部门

宝丰移动公司在马街书会现场宣传

安排的各项活动,在马街书会、魔术文化艺术节等重大活动中调动应急通信车,保障网络畅通无阻。同时,先后开展“爱心助残”“送温暖、献爱心”等一系列捐助活动，充分彰显了宝丰移动公司的社会责任。

【网络覆盖】 至2012年底，TD(3G)基站达到57个，GSM(2G)基站达到161个,直放站62台,实现城乡GSM网络信号全覆盖。

（丁小慧）

联　通

【概况】 2012年,宝丰联通公司内设有综合部、营销服务中心、集团客户服务中心、中小企业服务中心、渠道中心、建设维护中心,下设11个乡镇营业部。公司党组织设立党总支,下辖机关党支部、生产经营党支部、农村营销党支部、离退休党支部4个党支部。党员总数35人。有员工108人。2012年3月,被平顶山市政府授予保护消费者合法权益先进单位称号。

【联通品牌】 新联通品牌整合后为世界风、如意通、新势力、沃3G、宽带我世界五大品牌。宝丰联通公司本着“新联通,全业务”的全新理念,致力于成为“信息生活的创新服务领导者”,为广大人民群众提供工作、社会生活、商务、社交、娱乐等全方位信息服务。沃3G率先推出全国单向收费,无漫游费，无论在哪儿，市话、长途每分钟0.15元,接听全免。9分卡不区分网内、网外,拨打全国联通、移动、电信、铁通用户每分钟仅9分钱。融合业务推出3G、宽带融合产品,全面提供10兆光网宽带。“1+1”“2+1”宽带分别低至每年480元、240元,“3+1”宽带费用全免。

【业务运营】 2012年,3G网升级至HSPA+(3.5G),手机上网速率快至21Mbit/S,全县基站达到142个。3G网络从县城延伸覆盖至所有乡镇、县内高速、国道、省道及70%的行政村。宽带业务全面响应国务院、工信部光网提速国家战略,积极推进本地宽带网络光纤化改造。新建FTTH光纤到户小区25个,达到41个;新建FTTH光纤到村56个,达到108个。光纤到户覆盖县城70%以上区域。宽带网速由4 Mbit/s免费提升至10Mbit/s。

【业务收入及用户增长】 2012年,宝丰联通公司总体收入累计完成3126.7万元，同比增幅12.17%,用户总规模达到15.19万户。

【智慧城市】 2012年12月19日,平顶山市人民政府与河南联通公司签订“智慧平顶山”战略合作协议。“智慧平顶山”是平顶山市委市政府主导、河南联通公司着力建设实施的城市创新发展模式,它包含智慧政务、智慧农业、智慧企业、智慧医疗、智慧文教、智慧交通、智慧物流、智慧环境、智慧市政等信息化应用。宝丰联通公司已实施智慧医疗、智慧企业等信息化项目,为推进本地信息化建设做出了一定贡献。

【社会责任与服务提升】 宝丰联通公司秉承“为客户提供周到的综合电信服务;为股东,实现持续的资本增值回报;为员工,营造良好的职业发展空间;为社会,增添强劲的信息文明动力”的理念,以卓越3G、极速光网宽带、信息化应用等手段,积极参与宝丰经济与社会发展、民生改善,不断降低资费、持续改善网络承载能力和服务水平。推出宽带“480”服务,即城区4小时修障、8小时装机、0装机盲区。推出宽带专家热线96480,为客户提供全方位、优质可靠的宽带服务。承担马街书会、魔术文化艺术节、各类大型会议的应急保障,担负党员远程教育、抗旱防汛通讯保障、新农村网络建设等重大社会义务。

（颜红旗）

建设　环保

城乡建设

【概况】 2012年，宝丰县加快基础设施建设，实施路、桥、河、照明等20余项城市重点工程建设，完善城市功能，提升城市品位，促进人居环境的改善。县住建局内设有办公室、劳资股、建筑与开发企业管理股、设计审批股、法制宣教股、城市基础设施配套费征收管理办公室、安全节能股、公共事业管理股，下属副科级单位有城建监察大队、规划局、园林局、市政处、环卫处、房管局、综合执法局。有墙改办、污水处理费征管办、定额站、招标办、质监站、客运站、检测室、一方设计有限公司、智诚招标代理有限公司、监理公司、安居物业公司、环卫保洁站、绿化公司、建筑公司、卫生所、建设工程有限公司、装饰公司、液化气公司、劳动服务公司、出租车公司等二级机构。有干部职工713人。

【城乡规划】 2012年，宝丰县以新型城镇化为引领，科学编制城市规划，完成宝丰县总体规划编制，宝丰县旧城保护修建性详细规划，北环路、香山路、特色商业街发展规划编制；完成南北大街立面改造、文庙大成殿、贾复庙、宝丰县煤炭循环经济发展园空间发展规划并通过评审。完成5个中心镇的总体规划、赵庄魔术休闲小镇规划、张八桥镇塌陷区安置规划。

【城市建设】 2012年，宝丰县加快基础设施建设，完成迎宾大道西延工程，为民路北延玉带河桥建设工程，源丰路、前进路、龙兴路、父城路等5条路段的罩油及23条背街小巷路面的整修工程。投资52万元，实施垃圾处理雨污分流工程。投资80余万元，新建2座垃圾中转站、公厕。完成石桥镇高铁炉新村、西苑小区、周庄游园、豫02线绿化工程。

【重点建设工程】 2012年，宝丰县投资2.3亿元，完成5项重点工程：净肠河滨河公园，总投资7400万元，总面积12.5万平方米，绿化面积7.5万平方米，投资1277万元；前进路东段，建设

2012年治理后的净肠河下游段

长度590米，混凝土路面7080平方米，砌渠约6600立方米，投资4300万元；五岳生态公园，利用南水北调干渠废弃的土方，改造成五座土山，设计有广场、河岸景观、桥梁等，投资6000万元；净肠河下游治理，长2.12公里，通过景观建设，形成河道水域面积6.2万平方米，景观面积18.2万平方米，投资约3600万元；东湖公园，面积200亩，内容有龙耀广场、盘龙广场、人工湖、暖度晚乡栈道、枫桥玉影、园林小品、园路铺装、绿化、仿古亭、喷泉、停车场等，投资2000余万元。

【村镇建设】 2012年，宝丰县重点发展中心镇，提升区域经济的凝聚力，增强中心区域的辐射力，促进城乡经济协调发展。完成商酒务、大营、石桥、闹店、赵庄5个中心镇的总体规划编制工作。5个中心镇累计投资近1亿元，完成镇区道路、绿化、太阳能路灯安装工程。一般乡镇完成教育设施投资2300万元，基础设施投资1900万元。全县乡镇新增绿化面积8万余平方米，新建

健身广场5000平方米。新农村基础道路修建2万余米。新增路灯986盏。

【建筑业管理】 2012年，宝丰县贯彻建筑质量、安全方面的法律法规，以“集中治理”和“集中清查”两项活动为抓手，严格基本建设程序和环节，进一步规范参建各方主体行为。全年受理行政审批事项120余件。完成施工项目图审查合格书登记备案12项；办理发承包合同备案13项、社会保障费缴纳手续15项、安全文明施工措施考评15项，出具考评报告15份；完成工程建设招投标项目监管22项，总面积15.57万平方米，总造价1.96亿元，应公开招标工程实际公开招标率100%；征缴墙改基金267.62万元，全年生产新型墙体材料5.4亿标块，规划区内新墙材应用率100%。减排废气排放756.28吨。深入开展建筑施工、燃气行业安全生产工作，严格安全监管制度，采取日常检查和拉网式排查相结合的办法，及时排查并消除安全隐患，全年开展建设工程安全大检查10次、专项检查2次，检查在建工程52项，下发建筑施工安全整改通知书30余份，开展燃气行业安全检查4次，下发违法通知11份，整改通知12份，取缔非法充气点2处，全县建筑市场和燃气市场均未发生安全事故。

【工程质量监管】 2012年，宝丰县开展监督工程128项，面积98.5万平方米。开展工程质量大检查3次，检查工程128项，建筑面积98.5万平方米，发出整改通知500份，收回整改反馈单500份，所监督工程主体结构合格率100%，竣工工程合格率100%。全县新建建筑施工图设计节能标准执行率、审查合格率、备案率及节能信息公示率均达100%。

【房屋征收与补偿工作】 2012年，宝丰县办理商品房预售许可证22本，办理房产交易93宗，查处未申报装饰装修企业及个人87起，办理《房屋租赁证》475本，完成商品房过户447起，办理房地产抵押143起，商品房按揭360起，完成商品房面积测绘65万平方米。维修直管公房73间，完成各项收费185万元，配合征缴房地产交易契税1089万元。开工建设产业集聚区公共租赁房，总面积10万平方米，1950套。实施千户农民进城计划，办理农民进城购房补贴572户，提供住房补贴1144万元。争取上级危房改造资金1413万元，1813户危改户实施危房改造。

【宝丰县被命名为国家园林县城】 2012年2月20日，宝丰县被国家住房和城乡建设部命名为国家园林县城。宝丰县从2009年开始了旨在提高居民幸福指数的国家园林县城创建活动，先后投资2亿元完善基础设施，使城市道路实施贯通，县城形成主干道五横八纵和城区300多条街巷交叉而成的交通网络。通过实施道路亮化、城市绿化美化、城市水环境治理三大工程，城区构筑了人与自然平衡、人与自然和谐的城市生态系统。宝丰县已创建省级绿化达标道路8条、省级园林单位19家、市级园林单位46家、省级园林小区4家、市级园林小区8家。城区绿地总面积578.84公顷，其中公园绿地143.66公顷，绿化覆盖率40.18%，绿地率37.32%，人均公共绿地面积9.91平方米，各项绿化指标均超过国家园林县城标准。 （李民强）

城市综合执法

【概况】 2012年，宝丰县城市管理综合执法局内设机构有办公室、执法监督室、街面市容管理4个中队和城建监察大队及宝丰县城市客运站。其中，街面市容管理分为3个街面中队，1个机动中队，监察大队分为3个城建监察中队，有干部职工86人；客运站分为2个中队，有职工33人。

【市容管理】 2012年，共开展集中整治执法活动130余次，对城区人民路、南北大街、龙兴路、为民路及城关镇、杨庄镇、周庄镇等城乡结合部的店外经营、流动摊点、乱堆乱放行为进行治理，清除乱摆摊点400余个，处理违章600余次，规范非机动车4000余辆。4月，会同公安、工商、交通、卫生、市场中心、住建局等相关创建职能部门对县城人民路、为民路、龙兴路、平宝路、中兴路等主次干道的“三乱”（夜市大排挡、露天烧烤、早餐摊点）行为进行专项整治，出动执法人员300人次，车辆80余辆次，清理夜市摊点18处，露天烧烤21处，早餐摊点48处。为迎接省级文明城市验收，对城区人民路、南北大街、龙兴路、为民路、站前路、平宝路、兴宝路、永明路等主次干道及城乡结合部的违章摊点和违章行为进行全面清理。

【违章案件查处】 2012年，对全县规划区内所有在建工程是否办理建设工程施工许可证进行检查，受环卫、园林、市政、食品安全等部门的委托，对全县所有市容环境卫生违法行为、占用绿地、城市道路和食品安全违法案件查处，下达各类整改通知书40余份，为市民创造了优美整洁的生活环境。

【违章车辆查处】 2012年，共查处违章出租车31辆，下达责令违法行为通知书31份，行政处罚事先告知书31份。 （李二凡）

环境保护

【概况】 宝丰县环保局内设机构有办公室、法制监察股、环境管理股，下设宝丰县环境监察大队、环境监察一中队、环境监察二中队、环境监察三中队、环境监察四中队、环境监察五中队、环境监察六中队、宝丰县环境监测站、宝丰县环境科研所、宝丰县环境举报投诉中心、宝丰县环境稽查中队、宝丰县宣传教育办公室、污染物排放总量控制办公室、污染防治办公室、自然生态保护中心15个事业科室。有干部职工213人。

【环境管理】 2012年，平顶山市政府对宝丰县下达的减排目标任务为COD排放总量7850吨，二氧化硫排放总量3350吨。全年实际COD排放7600吨，二氧化硫排放总量3300吨，完成年度总量控制计划。

【环保项目审批】 2012年，宝丰县在建设项目管理方面，严把政策及环保审批关，所有新改扩建项目严格执行“环评”及环保“三同时”制度。共受理建设项目31起，审批30起，市环保局审批1起，审批率100%；环保“三同时”验收4个，验收率100%。

【生态创建工作】 2012年，根据国务院《关于加强农村环境保护工作的意见》和省政府《关于进一步加强农村环保工作支持农村改革发展的意见》，积极做好省、市级生态村创建和农村环境保护工作。帮助指导赵庄乡完成省级生态乡镇创建工作和大营镇、商酒务镇完成省级生态乡镇规划编制工作；上报2013年省级生态乡镇创建对象周庄镇。完成4个省级生态村、7个市级生态村创建任务；对达到县级生态村标准的16个行政村授予县级生态文明村称号。宝丰县2个农村环境连片整治项目通过国家、省、市、县环保、财政部门的验收，石桥镇农村环境连片整治项目被评为优秀工程。申报2013年农村环境连片整治项目4个，已上报省环保厅待审批。优化畜禽养殖业结构，减轻畜禽养殖业污染。完成并通过龙兴寺水库水源地环境规划编制工作。

【环境统计】 2012年，宝丰县落实环境统计经费15万元，环境统计对象103个，其中，工业源160个，农业源55个，集中处理设施3个，调查全县重点污染源排放企业45家。按照国家、省环保统计要求，宝丰县环境统计数据审核、录入、汇总工作全面完成，按时完成数据终报、数据分析和环境统计档案的建立。

【辐射管理】 2012年年初，宝丰县制定下发《2012年辐射安全监督执法专项活动实施方案》和《关于对全县辐射工作进行安全检查的通知》。对4家放射源使用单位（共计16枚放射源）和16家医院射线装置进行全面监测检查，加强对放射性同位素、射线装置安全和防护的监督管理，确保废源安全处置，送贮率100%。全年没有发生一起辐射事故。2012年是全市危险废物规范化管理年，县环保局制定下发《关于开展全县危险废物规范化管理年工作实施方案》，对全县危险废物产生单位进行了全面检查，并对宝丰县5个产生持久性有机污染物的单位进行调查统计，全面完成宝丰县持久性有机污染物的调查工作。

【环境监察】 2012年，县环保局进一步强化环境监察执法力度，严格执行申报、核定与征收工作两条线原则，切实做到申报规范，核定准确，征收及时足额。开展环保专项行动，保障人民群众身体健康，维护群众环境权益。开展“整治违法排污企业、保障群众健康”，涉铅蓄电池、其它重金属行业、减排重点企业、规模经营畜禽养殖业等环保专项行动,深入整治重点区域、重点行业、重点企业污染问题,严查违法排污、违法建设及严重污染环境和破坏生态的行为,对群众反映强烈、严重违法的企业,实行挂牌督办;开展环境安全百日大检查活动,提升环境风险防范水平,督促企业开展环境应急预案的制定、评估、备案和演练。对泓利焦化、垃圾填埋场、晟昌实业、洁石建材等公司环境违法情况进行现场监察,针对存在的问题提出整改要求。对八骏建材、民悦建材、三源建材等17家企业下达环境监察通知书。严查“十五小土”企业,防止死灰复燃。3月、9月分别组织两次行动,对张八桥辖区内的土法烧制铝矾土窑进行强行取缔,共出动挖掘机8台次、执法人员200余人次、取缔铝石窑150余座。进一步完善环境信访责任制,建立快速反应机制,并认真做好环境大接访活动,积极处理群众举报投诉。共接待群众来信来访及上级部门批转件79起,信访案件处理回复率100%。

【环境监测】 按照《2012年全市环境监测任务的通知》要求,按时完成辖区3条主要河流、5个监测断面监测3次,3个市控责任监测面监测12次,龙兴寺水库地表饮用水源地监测3次,城区4个地下水监测井2次,县城8条主要交通干线噪声监测1次的工作任务。完成对省控重点污染源河南大地水泥有限公司Ⅰ生产线废气监督监测和CEMS在线比对监测各4次,保德利医疗废物处置有限公司废气监测2次,县污水处理厂在线比对监测和监督监测各4次的工作任务。

社会服务监测 县环保局在完成各项监测任务的同时,积极为社会服务,全年完成石桥镇石桥村及赵庄乡赵庄村等生活污水人工湿地工程项目环境保护验收监测;接受委托对宝丰恒瑞新材料有限公司年产5万吨光伏刃料一期工程3万吨项目、河南旭原不锈钢有限公司年产10万吨冷轧不锈钢及配套管材生产线工程项目、河南亿盛光伏材料股份有限公司年产5万吨单晶硅多晶硅切割废料回收再利用工程项目、宝丰县人和新型建材有限公司年产6000万标块煤矸石烧结文化装饰饰品项目等十多家企业进行“三同时”验收监测;对平顶山天安煤业股份有限公司八矿等8家锅炉进行了年检监测;各类污染纠纷监测19次。

水质自动监测 县环保局定期对自动站进行标样核查和水样对比实验以及省站统一发放标准考核样试验,全年上报比对实验报告4次,出境水平均达到四类水质标准。

空气质量自动监测 县环保局严格按照《河南省环境空气质量自动监测系统技术规定》和《河南省环境空气质量日报技术暂行规定》的要求,按时准确完成环境空气质量自动监测站的数据采集工作,并按照技术规定进行了及时校准及维护,保证了监测系统的正常运行和数据的及时上报,真实、客观的反映了宝丰县的环境空气质量状况。2012年,经环境空气自动监控站监测,Ⅰ级(优)的天数为65天,Ⅱ级(良)的天数为252天,优良天数占监测天数的86.8%。

【环境执法】 2012年,按照《平顶山市行政机关规范性文件制定程序规定》的要求,对于每起立案查处的案件依照法定程序和期限,做到一案一卷,结案一起,归档一起。全年共受理环保违法案件10起,立案2起,结案2起,重大具体行政行为法制审核率100%,规范性文件法制审核率100%,向县政府备案率100%,全年无违法或不当的规范性文件出台。完成《收费许可证》和《执收公务证》的审验工作。全年共举办法制培训班4期,收到人大、政协提案各1件。

【环保宣传教育】 2012年,县环保局在《中国环境报》《河南法制报》、央视网、中国环境网、中国新闻网、河南环保网、宝丰电视台、《宝丰快报》等媒体播发环保工作新闻、报导环保工作动态。在国家级、省级、市级发表28篇,在县级媒体上发表140余篇环保信息。开展“环境大接访”活动,在县环保局门口,悬挂横幅,制做宣传版面,设置咨询台,发放宣传单,掀起环境保护宣传高潮,在活动期间,没有接到一起环境投诉案件。

(魏艳晓　宋慧娟)

贸　易　业

商　贸

【概况】 2012年,县商务局内设机构有办公室、对外贸易股、市场体系建设股、商贸服务管理股、对外开放服务股、市场秩序股、生猪定点屠宰办公室、节能减排办公室、综合执法大队、商务举报投诉服务中心、宝丰县商务局团总支和财务室。有工作人员67人。县商务局先后获河南省家电下乡工作先进单位、河南省商务预报先进单位、河南省开展农村商务信息服务工作先进单位和平顶山市家电下乡工作先进单位称号。

【社会消费品零售总额】 2012年,全县社会消费品零售总额实现32.9亿元,同比增长17.8%。

【数据统计工作】 重点做好限额以上企业普查,将应纳入名录库的企业,逐个帮助完善手续及时入库。确保批发零售、住宿餐饮行业数据能够准确反映全县经济发展水平。新入库限上企业6家。

【外贸出口】 2012年,全县具备出口资格的企业累计54家,已经有产品出口的企业4家。11月22日,海宝集团举行家电出口北美洲、非洲首发仪式,首批出口2000余台。全年对外出口实现379万元,同比增长24.5%。为企业办理出口补贴2起。

【经贸洽谈活动】 2012年,先后组织参加第七届中部博览会、第十六届中国国际投资贸易洽谈会、河南省承接长三角、珠三角、京津冀区域产业转移对接洽谈会等活动,签订亿元以上项目4个,总投资19.4亿元。主要通过邀请省内知名商贸企业到宝丰实地考察洽谈,吸引项目入驻宝丰。全年开展邀商活动2次,促成苏宁电器、九头崖、德信泉、金逸影院等项目入驻宝丰。牵头组织麦当劳、法国家乐福、泰国易初莲花三家连锁企业到宝丰考察,分别与大香山物流、大驰商业广场、新百汇购物中心进行对接洽谈。

【商务信息服务】 全年组织农产品新农村商网对接2次,累计发布信息900余条,成交1000余万元,全市排名第一。

【农村流通网络建设】 指导帮助闹店镇多方筹资115万元,新建闹店镇农贸市场,新增营业面积1.5万平方米。

【商务执法】 2012年,重点围绕“放心肉”“放心酒”和成品油市场专项治理。投资5万元在城关屠宰场安装全省联网的屠宰监管技术系统,各乡镇屠宰场均投资20余万元对设备提档升级。全年查处私屠滥宰案件3起,县城定点屠宰率100%,乡镇98%以上,定点屠宰场累计处理病理肉1300余公斤;累计查获涉嫌销售假冒伪劣酒287箱,酒类随附单违规案件3起,暂扣涉案酒220箱;查处成品油案件13起。　(张琪琛)

2012年,县商务局执法人员对酒类市场进行执法检查

粮油购销

【概况】 2012年,全县粮食购销企业实现利润41.5万元,占目标任务40万元的104%。完成收购粮食57000吨,占目标任务51000吨的

112%；完成销售55000吨，占目标任务48000吨的115%。全县仓储“四无”率98%以上。新增城镇连锁经营及农村服务网点3个，占目标任务的100%。县粮食局内设机构有办公室、党委办公室、人事股、储运股、调控股、财审股、基建股、行业政策法规股，下设宝粮集团、宝粒粮食购销有限公司、石桥豫仓粮食购销有限公司、闹店金禾粮食购销有限公司、商酒务恒宝粮食购销有限公司、大营桓丰粮食购销有限公司、河南宝丰国家粮食储备库。全系统有职工200余人。

【粮食收购】 2012年，根据《2012年小麦最低收购价执行预案》，执行全省统一出台的托市小麦收购价格，全县确定东环库、石桥豫仓公司、宝粮集团杨庄分公司3家企业为托市粮收购点。为确保收购粮食数量真实、质量良好、储存安全、有效降低损耗，县粮食局与3家委托收储单位负责人及相关人员签订粮食收购保管责任书，明确奖惩措施，确保托市小麦收购工作顺利进行。全年共收购最低收购价小麦14550吨。

【粮食销售】 2012年，在粮食销售工作上，指导国有粮食企业开展以购代销、边购边销、薄利多销等多种形式的粮食促销活动。发挥宝粮集团、宝粒公司两家企业与广西柳州储备库、湖南常德金健米业、湖南永州湘君面业等公司及四川、山西等地客户长期合作的优势，加大销售力度，全年共销售粮食55000吨，实现利润41.5万元。

【粮食行政执法】 2012年，粮食稽查队、质检中心、监督检查股等相关股室组成联合执法队，定期、不定期开展对全县涉粮企业、粮食经营户和县级地方储备粮检查。重点检查全县从事粮油食品加工、经营者所生产、销售的粮油食品质量和卫生状况，确保全县粮油食品的质量卫生安全。全年检查涉粮企业、粮食经营户97家，依法取缔无证非法经营商户9家，新办理《粮食收购许可证》商户18家。县粮食局被省粮食局确定为省粮食流通监督检查示范单位。

【行业服务体系建设】 县粮食局运用市场手段，引导鼓励和支持龙头企业与农民共建农村经济合作组织，开展“放心粮油进农村、进社区”活动，共发展服务网点3个。

【企业改革】 针对大营绿康面粉有限公司机械老化、工艺落后、生产量小、不能满足消费者需求等情况，县粮食局积极协助筹措资金，对原生产设备进行提升改造。新投入资金80余万元，使生产工艺、面粉质量得以明显改善，日产面粉60吨。改造后的机组以低速低温精研细磨小麦，最大限度保留小麦各种营养物质。

【安全储粮】 2012年，坚持科学保粮措施，严格执行各项储粮保管制度。与各储备粮承储企业签订《储备粮管理责任书》，明确责任，强化管理，保证各级储备粮账账相符，账实相符，质量良好。适时组织开展春、夏、秋、冬四季粮食安全大普查，及时发现和消除各种储粮隐患。及时对库存储备粮实施薄膜覆盖密闭、磷化氢气体环流薰蒸、机械通风，实行“三低”保管，做到科学储粮、绿色保管，延缓粮食品质陈化，确保储备粮安全储存。

【项目开发建设】 宝粮粮食深加工产业园项目建设为2012年县政府86项重点工作之一。县粮食局投入资金200余万元，产业园“三通一平”工作已完成。

【地方储备粮体系建设】 为有效发挥县储粮在粮食应急供应、稳定粮食市场中的作用，在确保原县储粮储存安全的前提下，2012年新增2000吨县储粮储备指标，使县级储备粮总量达到7000吨。

（李延珉）

供销合作

【概况】 2012年，县供销社全年完成购进总额8.7亿元，销售总额10.5亿元，实现利税1120万元。县供销合作社内设有办公室、业务协调股、人事教育股、计划和财务审计股、系统工会、股金管理中心、安全统筹服务中心，下辖12个基层社，9个直属企业。有职工28人。

【新网工程建设】 2012年，宝丰县农资现代流通服务网络分别以“中国农资”为龙头，以市农资公司为依托，重新在县内整合恢复以各级供销社为主营的农资经营业务，并充分利用社内职工的现有网点，合理布局新的农资经营网络。在全县初步建成商酒务镇、观音堂林站、大营镇、张八桥镇、李庄乡5个乡镇级农资配送中心。在全县行政村和较大自然村均设立1个农资连锁销售点。依托“城郊供销合作社商贸物流配送中心升级改造项目”的50万元专项资金,正在组建乡镇级日用消费品物流配送中心3个,分别为观音堂林站、张八桥镇、李庄乡。与市土产公司协商,利用市土产公司现有的《烟花炮竹经营许可证》、仓库,以及供销社系统网点或供销社职工个体经营网点逐步建立起烟花炮竹经营网络。同县裕辉烟花炮竹经营门店合作,全面恢复以供销社为主的烟花炮竹传统经营业务,兼并了县物资公司所属的金祥烟花爆竹公司,通过资格审批全县共设立专营门店54个。至年底,全系统新建、恢复“新网工程”网点828个,覆盖全县所有的行政村和较大的自然村,初步形成了遍布全县的新农村现代流通服务网络。

【规范发展农民专业合作社】 立足本县优势资源和特色产业,利用系统人才、网络、设施等条件,积极引导、领办专业合作社35个,联结农户

观音堂供销社日用消费品配送中心

11529家。2012年,以观音堂供销社为依托组建观音堂花椒加工专业合作社,以大营供销社为依托组建大营粉条加工专业合作社。2个农民专业合作社,吸收农户58户,年加工红薯粉条1万余公斤、花椒750余公斤,帮助农民实现增收2万余元。

【创建农资高产开发试验基地】 与平顶山市农资公司联手在商酒务镇商酒务村流转土地2000亩,建立农资高产试验基地。基地统一使用“中国农资”新出品的肥料做试验,通过测土配方,最后选定效果好、适合县境土壤的化肥推向全县市场,主动承担试验风险。同时组织农民到基地参观,起到试验引路的作用,真正做到惠及“三农”、服务“三农”。

【制度建设】 2012年,制定完善了各项管理制度。包括党组议事制度、考勤制度、工作制度、学习制度、卫生制度、信访接待制度、财务管理制度、用印制度、用车制度、来客招待制度等。明确机关各科室的岗位责任制,下发《宝丰县供销社各科室工作目标及考核办法》,把34项重点工作逐一分解落实到机关的每一位工作人员,出台了《宝丰县供销社关于进一步加强信息宣传工作的意见》,把加强信息宣传报道工作纳入重要议事日程。县供销合作社联合社获全市供销合作社系统综合业绩考核特等奖、系统统计工作先进单位等称号,在2012年全省供销社系统132个县级社综合业绩考核排名第29位,较上年上升12位。下属的城郊供销社获全省供销合作社系统50强基层社;大营供销社、张八桥供销社获全市供销合作社系统先进基层单位称号。

（王世永）

物资流通

【概况】 2012年,宝丰县物资行业改革发展服务中心内设办公室、综合治理办公室、信访办公室、老干部托管中心、计划生育办公室、财务室。有工作人员13人。

【企业改制】 县物资中心前身为县物资总公司,下属公司6家,干部职工总数356人。根据宝丰县国有企业改制工作精神,于2006年4月申请立案进入破产程序,同时成立宝丰县物资行业改革发展服务中心,配合宝丰县破产清算组开展资产清算、土地房产处置和下岗职工的安置等工作,给予下属各公司职工经济补偿和补交社保统筹金后解除劳动合同。

【发展经济】 2012年,投资2200余万元建16层住宅楼1座,解决杨庄车站广场扩建工程物资系统拆迁户和无房职工的居住问题。

【下岗职工工作管理】 针对下岗职工多,工作生活困难等情况，县物资中心抽调专人负责了解、掌握、协调解决各公司下岗职工反映的问题,开展社保统筹金、医保金的代收代缴工作,多方筹措资金，每年为困难职工发放生活补助费3万余元。加强对下岗职工的联系,形成上下支持、左右配合、齐抓共管的良好工作局面。采取典型引路和党员干部与下岗职工结对子的方法，帮助下岗职工自谋职业55人，转岗和外出务工170余人,下岗职工再就业率65%。同时积极做好下岗职工的养老金、医疗保险金和城镇居民医疗保险金的收缴工作。

【离退休干部管理】 县物资中心有离退休干部职工72人,其中改制前离退58人(离休2人)。中心成立了老干部领导小组和党支部，定期召开座谈会,对老干部、老职工统一管理,统一服务。特别是58名离退人员医保金资金没有固定来源,中心每年都要多方筹措10万余元为他们及时缴纳医保金,保证了老同志有病能医,真正把老干部的待遇落到实处。

【信访工作】 2012年,县物资中心按照《信访条例》要求,制定了《物资中心信访工作制度》,按照"谁主管、谁负责"的管理原则,全面推行信访工作责任制,并把信访工作纳入年度管理考核。调整了信访领导小组和信访接待室，实行一把手负总责,分管领导具体抓,班子成员轮流值班接访,实行首访负责制、限时办结制、信访包案制和案件跟踪制。对重点疑难案件,由党委书记亲自督办,亲自接访,亲自调处,拍板定案,促使问题及时得到化解。聘请老干部、老党员、复退军人为维稳信息员,定期下访,定期排查,以便及时发现信访苗头,制定针对性措施,将矛盾纠纷化解在基层。同时加强与县信访办、维稳办、纪检、监察等有关部门的密切联系。 （贾鸿亮）

食 盐

【概况】 2012年，平顶山市盐业管理局宝丰分局以"盐业形象有新提升、食盐销量有新突破、职工工资有新增长"为目标，不断强化盐业市场监管，扩大食盐销售，提高职工幸福指数。先后获全市2012年度食盐专营先进单位、全市盐业系统目标管理优秀单位等称号。内设机构有办公室、财务股、稽查队、开票室、销售科、食盐分装组6个科室。有干部职工42人。

【食盐购销】 全年食盐购进2152吨，占年计划的100%；食盐销售2152吨，占年计划的100%。完成纸箱使用8.3万只，小包装袋（含防伪）414万只，占年计划的133%。盐款、小包装款和纸箱款、工业盐款按时上交，资金结算率100%。费用控制在核定的指标之内。上缴税金28万元，占年计划的175%。

【盐政稽查】 2012年，利用"5·15全国碘缺乏病宣传日"等宣传活动，盐政执法人员在宝酒公司大门前展出咨询台，悬挂横幅，向群众发放绿色盐宣传单，讲解如何辨别真假食盐的方法，县盐业局先后6次组织执法人员对全县边界村庄网络店，中小型饭店、学校（公寓）食堂、早餐、夜市等进行拉网式排查。入村进户检查老百姓的"盐罐子"。在节假日期间开展食盐市场专项整治活动，在执法过程中，稽查队依法办案，保证了案件查处的公平、公正、公开。6月，查获大营镇兰某私盐243公斤，罚款700元。全年共查处盐业违法案件29起，查获违法盐品1.69吨，罚款9400元；立案8起，结案8起，严厉打击了盐业违法行为，合格食盐市场占有率99.3%以上。盐政执法人员持证上岗、亮证执法率100%，盐政案件结案率100%，全年没有发生行政案件和复议案件。

【扩大绿色盐销售】 2011年发生食盐抢购风波之后，食盐销售量同比一度下降。为按时完成销售任务，县盐业局班子成员分组带领销售人员通过到网络户中调查，了解到主要原因：一是由于发生食盐抢购期间，商户和群众库存较大；二是全县有10万多外出务工人员，消费人群明显减少；三是网络户销售绿色盐利润低、库存量减小等。为扩大绿色盐销售市场，县盐业局结合实际情况，制定有效措施，进一步加大市场监管力度，防止私盐流入县境食盐市场。出台优惠政策，促进网络户增加库存量，食盐销售逐步走上正常销量。

【完善网络建设】 2012年，县盐业局进一步完善网络建设，规范管理，提高服务质量。对全县12家销量大且符合条件的商户新增为网络户，对336家网络户换发《食盐零售许可证》；建立客户经理制，客户经理经常保持与网络户沟通，加强联系和交流，建立商户档案，定期回访，随时掌握网络户的购、销、存情况，充分发挥网络终端销售作用；建立适应市场的薪酬分配机制，责任、任务到每个销售组，工资和效益挂钩，提高了职工的销售积极性，增加了收入；提高配送能力，通过合理安排配送人员，精心规划配送路线，科学划分配送周期，不断增强配送能力，提高配送效率。 （商艳斐）

石 油

【概况】 中国石油化工股份有限公司河南平顶山宝丰石油分公司（简称中石化宝丰石油分公司），经营范围涉及汽油、柴油、煤油、润滑油等。2012年，拥有加油站点18座，增设非油品服务的易捷便利店6个，从业人员90人。获市公司“三夏”保供服务先进单位称号，宝丰第一加油站被市公司授予创先争优群众满意窗口样板站称号，宝丰第二加油站被评为宝丰县青年文明号。全年共夺得市分公司比学赶帮超活动红旗8面。

【成品油市场供应】 全年销售成品油3.7万吨，销售总量占宝丰成品油需求总量的60%以上；销售收入2.96亿元；非油品销售320万元，同比增加103万元，增幅47.46%。发挥有限资源的作用，确保重点站、大站、要站以及重点行业、重点用户的供应，加油站主动配送率100%。严格按照国家发改委规定的成品油批发零售价格供应。

【加油IC卡发行】 加油卡销售服务业务的扩展体现了“一卡在手，各地加油”的便捷服务模式。2012年，中石化宝丰石油分公司设有加油IC卡发卡充值网点4个，IC卡加油业务联网站占在营站点80%以上。持卡消费比例38%。

【石油保供】 2012年“三夏”期间，公司累计向农机手发放加油大礼包1000份，投入“三夏”农业用油8000吨，让利优惠47万元；设立“三夏农机保供站”7座，免费司机休息室5座。

【市长陈建生视察中石化宝丰分公司】 2012年6月6日，市长陈建生带领有关部门领导视察中石化宝丰石油分公司“三夏”保供服务。陈建生一行对青年志愿者送油服务给予高度赞扬，对公司采取的“三夏”服务措施给予充分肯定，高度评价中石化讲政治、顾大局、负责任的企业精神。

【安全与数质量管理】 在安全管理上，开展消防演练，培养实战能力，公司综合演练2次，基层单位集中演练130余次。公司集中开展安全培训2次，培训员工180人次。在数质量管理

2012年，宝丰石油分公司加油站进行消防预案演练

上，加强加油机、流量表的强检和铅封管理，完善加油站损溢管理流程，实现油品数质量全过程有效控制。结合运行实际，修订完善使用固定标尺进行油品交接管理实施办法、配送罐车铅封管理办法、汽车油罐车计量管理办法，积极开展“3·15”消费者活动日和质量月活动，主动接受社会监督。

【队伍建设】 中石化宝丰石油分公司大力实施“以人为本、诚信经营”的发展战略，把加快人才培养和技术进步作为推进公司发展的重要手

段，努力构筑“高品质、高智能、高水平”的企业文化平台，造就高素质的员工队伍，塑造“创新和谐，永争第一”的企业形象，全面推动企业的和谐、健康发展。公司从关爱员工入手，通过开展加油站“五小建设”、重视员工技能培训和打通人才晋升通道，激发了员工爱岗敬业、无私奉献的积极性。中石化宝丰分公司热心公益事业，积极开展帮扶和救助活动。2012 年，公司为考上大学的职工子女发放“爱心救助求学金”。12 月，宝丰部分地区遭受雪灾，公司积极组织干部员工捐款支援。（秦新丽）

药品购销

【概况】 宝丰县药业有限公司设有药品批发部 1 个，药品零售药店 58 个，药品销售遍布全县城乡。公司设有办公室、企管部、质检部、财务部、业务部、采购部、后勤部、安检部等科室。公司是宝丰县唯一一家通过 GSP 认证的药品经营企业。注册资金 353.8 万元。有员工 266 人。

【经营业务】 公司主要经营中药材、中成药、中药饮片、化学药制剂、抗生素、生化药品、生物制品（除疫苗）、医疗器械、日用化妆品批发及家用小电器、日用百货、日用杂品零售和保健品、预包装食品。2012 年，全年实现商品总购进额 946.6 万元，商品销售额 1048.09 万元，总利税 175.97 万元。

【证照换发及年检】 2012 年，年检营业执照 54 份。因经营需要，对四店、二十二店、四十一店变更质量负责人。

【创建省级药品安全示范县】 根据《关于宝丰县创建省级药品安全示范县工作实施方案》的精神，2012 年 4 月，县药业公司召开创建工作动员会，对此项工作进行安排部署。按照创建考核标准，组织公司及各药店开展电子监管网络建设，公司仓库配备电子扫描器 4 个，配备电子扫描员 2 名，并及时参加培训。对 42 家药店配备电脑、扫描器、打印机等电子监管设备，并安排专人进行调试，对操作人员进行实地讲解、示范操作。要求扫描人员严格按照药品电子监管工作的相关规定应做到见码必扫，及时上传数据、处理预警信息，按时完成创建药品安全示范县的工作目标。

【规范含麻黄碱复方制剂经营秩序】 根据国家食品药品监督管理局、公安部、卫生部《关于加强含麻黄碱类复方制剂管理有关事宜的通知》及《宝丰县食品药品监督管理局药品类易制毒化学品专项整治行动实施方案》的精神，公司及时发放“加强药品类易制毒化学品监管、防止含麻黄碱类复方制剂流失”宣传画，11 月 30 日之前药店完成宣传画张贴工作，为强化含麻黄碱类复方制剂的管理创造了良好的外部环境，各药店对此类药品实行专柜和专人管理。销售含麻黄碱类复方制剂时采取查验身份证件，实行专册登记，登记内容包括药品名称、规格、销售数量、生产企业、生产批号、购买人姓名、身份证号码。防止了此类药品从正常药用渠道流失，维护了社会安定和公众身体健康。

【“毒胶囊”事件处置】 2012 年 4 月，铬超标药用胶囊事件发生后，公司及时与供货单位及厂家取得联系,及时回应社会关注，组织人员对公司及各药店进行排查，及时控制问题产品，切实维护群众健康权益。经过 1 个多月的工作，对 13 个厂家 35 个品种的药品进行下架、暂停销售，由厂家召回，最大限度地保障了公众用药安全。

【队伍建设】 2012 年，公司深入开展“创先争优”活动，组织全体党员深入学习贯彻、落实党的十八大精神，深刻领会科学发展观的内涵，在全体职工中开展“比学习、比奉献、比业绩、争当优秀员工”活动，以求真务实的工作作风，强烈的事业心和责任感，团结合作，脚踏实地开展“创先争优”活动。按期转正预备党员 5 名，新发展预备党员 2 名，组织参加积极分子培训班 2 名。（张彩红

财政　税务

财　政

【概况】 2012年，宝丰县财政局内设机构有办公室、人事教育股、预算股、国库股、行政政法股、教科文股、基本建设股、农业股、社会保障股、税政条法股、工业交通股、商贸金融股、行政事业资产管理股（挂绩效评价股牌子）、县非税收入管理局、县政府采购办公室、县农业综合开发办公室16个股室，下设宝丰县农村财政管理局、宝丰县国有资产管理局、宝丰县人民政府控购办、宝丰县会计管理局、宝丰县技术资金改造办公室、宝丰县财政监督检查局、宝丰县城市建设投资开发中心、宝丰县会计函授站、宝丰县财政局干部教育中心、宝丰县财政投资评审中心10个局属单位及12个财政所。全系统在职干部职工236人，其中，本科学历76人，大专学历87人，中专及以下学历73人；高级职称8人，注册会计师2人，注册税务师3人，注册评估师1人，注册工程师1人，会计师、经济师58人，助理会计师29人。

【财政收入】 2012年，全县财政收入完成16亿元，同比增收2.92亿元，增长22.33%。其中公共财政预算收入完成9.24亿元，同比增收1.21亿元，增长15.1%。公共财政预算收入中，税收完成5.98亿元，占公共财政预算收入的64.71%。全年实现非税收入3.26亿元，同比增收1.25亿元，增长62%。基金预算收入完成6.76亿元。宝丰县财政收入规模在全市6县（市）中排名第一。公共财政预算收入规模在全市6县（市）中排名第二，增幅在全市6县（市）中排名第四。在全省108个县（市）中，公共财政预算收入规模排名第23位，公共财政预算收入增速在全省前50个县（市）中排名第36位。

【财政支出】 2012年，全县财政支出完成26.95亿元，同比增支5.61亿元，增长26.3%。其中，公共财政预算支出完成19.44亿元，基金预算支出完成7.51亿元。在公共财政预算支出中，县本级支出完成18.37亿元，乡镇级支出完成1.07亿元。一般公共服务支出39160万元，公共安全支出6035万元，文化体育与传媒支出4491万元，社会保障与就业支出18179万元，医疗卫生支出16445万元，节能环保支出6220万元，城乡社区事务支出1985万元，交通运输支出4772万元，住房保障支出7855万元。三项法定支出增长均高于县经常性财政收入的增长幅度。其中，农业支出2.81亿元，同比增支7200万元，增长34.45%；科学技术支出5250万元，同比增支408万元，增长8.43%；教育支出4.96亿元，同比增支1.31亿元，增长35.89%。

【民生保障】 2012年，全县民生支出13.63亿元，占公共财政预算支出的70.09%。

【教育支出】 2012年，完成教育支出4.96亿元，占公共财政预算支出的25.51%。落实义务教育阶段“两免一补”资金4045万元，其中拨付免费教科书资金589.40万元，惠及全县中小学生55861人，惠及率100%；拨付义务教育学校公用经费2865.94万元，惠及全县中小学165所；拨付义务教育贫困寄宿生生活费补助资金589.40万元，减轻了贫困学生家庭负担。全年争取义务教育薄弱学校改造资金1048万元，为学校购置图书、教育教学仪器设备、多媒体设备和校舍扩容改造。累计投资6000万元，为40所学校42个校区建设降温取暖工程，并及时安排专项运行经费，解决了32100名师生的冬季取暖问题。拨付396万元对农村中小学校舍进行维修改造，建筑面积5630平方米，竣工验收4所。

投入资金890万元，在全省率先实施“学前教育三年行动计划”，东城幼儿园和商酒务、周庄两个乡镇中心幼儿园建成并投入使用。争取资金1700万元，建设县一高、二高太阳能发电项目。筹措资金484.5万元，对467名宝丰籍在读研究生发放生活补助。

【科技支出】 2012年，科学技术支出5250万元。先后对全县18家科技创新企业给予340万元资金支持，对冯异醋业等23个自主创新优秀企业和15名先进个人给予108.95万元的奖励。

【农业支出】 2012年，农业支出2.81亿元，为农业增效，农民增收以及新型城镇化建设提供了资金保障。投入建设资金4590.30万元，开工新建新型农村社区16个，建成新民居2301套，100户以上规模社区16个。发放粮食直补及农资综合直补资金4710万元，良种补贴资金837万元，生猪良种补贴资金140万元。发放家电下乡、家电以旧换新及摩托车下乡补贴资金3928万元，其中审核补贴摩托车2168辆。投入农机购置补贴资金879万元，补贴农机具756台(套)，受益农户448户。投入小麦、玉米“百千万”高产创建项目资金236.50万元，在石桥、闹店镇建3个万亩方，李庄、闹店等12个乡镇建13个千亩方。拨付资金89万元，大力推进土地流转，充分发挥农业龙头企业的辐射带动作用，土地流转面积9万亩，占全县耕地面积的20%。投入资金884.6万元支持通道绿化、大面积造林、百里绿色长廊、林业生态村和小龙山义务植树点造林等生态宝丰项目建设。投资500万元，支持村村通路灯工程。投资1605万元建设村村通自来水工程，解决23个村4万人的吃水问题。投资1490万元支持小型农田水利重点县项目，新增灌溉面积2.80万亩，受益人口2万人。补助500万元，支持正源奶牛养殖公司、河南源源乳业集团公司等6家奶牛养殖企业发展现代畜牧产业类奶牛项目，新建和改造标准化奶牛场6个，牛舍5.77万平方米，宝丰县成为省级奶牛养殖大县。投资1500万元，重点支持老龙窝“三化”实验区建设。

【社保支出】 2012年，社会保障和就业支出1.82亿元。分别为7089名城市低保、2万名农村低保补助对象支付低保金1466万元和2397万元。提高农村五保供养标准，集中供养提高至年人均2860元，分散供养提高至年人均1500元。自2012年5月开始，为全县90岁以上老人发放高龄生活津贴，90~99岁老人每月100元，百岁老人每月200元。提高义务兵优待金标准，农村义务兵优待金由人均3300元调高至6590元，全年发放义务兵优待金358.43万元。拨付100万元，保障“新农村老年互助家园”正常运转。加强保障房建设资金的投入，争取上级保障房建设资金1亿多元，在建经济适用房540套，在建公租房1710套。医疗卫生支出1.64亿元。全年拨付医改资金2143万元，支持药品零差价等医药卫生体制改革。投资1.1亿元，提高医疗保险财政补助标准，新农合和城镇居民基本医疗保险财政补助由2011年的每人200元提高到240元。投入300万元专项资金补充大病统筹基金，为370人实行救助，补助金额513.94万元。投资1300万元。争取中央大遗址保护资金1800万元，全力支持汝瓷文化产业园建设及保护工作。拨付农村电影放映补贴资金72.96万元，为全县321个行政村免费放映电影3660场。拨付农家书屋建设资金152万元，为76个行政村建农家书屋。投资4200万元，支持县民间演艺中心建设。先期投入500万元，支持马街书会广场、雕塑群和展览馆建设。

【公共安全支出】 2012年公共安全支出6035万元，维护社会稳定，增强人民群众安全感和满意度。拨付消防二中队建设资金300万元，投入400余万元在全市县级首家购置53米消防登高车。投资600余万元，支持交通卡口建设，新建视频监控平台163个，安装摄像头1893个，城区、乡镇、单位和复杂场所视频监控网“四网”建设初见成效，社会治安环境进一步优化，公众安全指数逐年提升。

【城建交通环保支出】 2012年，在城市建设方面重点支持了净肠河上下游治理、迎宾大道西延、西二环——北二环——东五环环线、平西火车站广场改造、东湖公园和特色商业区规划等项目建设。拨付交通建设资金1850万元，支持农村公路及桥梁建设，新修道路84.10公里，桥梁6座。拨付环保节能项目资金4551万元，支持农村环境综合整治和淘汰落后产能等项目建设。争取项目资金3540万元，支持县污水深度处理及中水回用、管网建设等项目。

【财政改革】 2012年制定实施了《宝丰县预算支出管理实施细则》《宝丰县政策性项目资金管理办法》及《宝丰县财政拨款支付方式管理暂行办法》。完善国库集中收付，加强对财政支出的精细化管理，提高国库直接支付占公共财政预算支出的比例，优化财政资源配置，提高财政资金使用效率。规范"一卡通"业务，降低发放成本，简化发放程序。逐步推行"公务卡"结算制度，减少现金支付，利用信息手段，实现公务消费动态监管。制定《宝丰县财政局关于清理整顿财政专户的整改意见》，清理整顿财政专户，撤销账户16个，实现财政专户管理精简、统一、规范和高效。完善农村综合改革。继续推行村级公益事业建设"一事一议"财政奖补制度，促进农村公益事业发展。做好清理化解乡村垫交税费债务工作，印发《宝丰县清理化解乡村垫交税费债务实施方案》和《宝丰县清理化解乡村垫交税费债务审核认定实施细则》,清理化解乡村垫交税费债务，减轻农村债务负担，促进农村经济发展。加强和完善"三资"代理监管，搞好财政所"双基"建设，提高服务效能，推进县标准化财政所建设和管理。加强非税收支管理，制定《宝丰县非税收支预算管理办法》，规范收支行为，实现非税收支管理精细化。

【财政监督】 2012年，建立财政大监督机制，开展预算编制、预算执行绩效监督检查，重点对会计信息质量、专项资金、财政供养人员、遗属补助人员和财政专户进行检查，查处各类违规资金1078万元。强化工程预结算管理，全年评审工程结算29项，审减造价5895万元，审减率29.60%。规范政府采购，全年实际采购资金2.98亿元,节约资金4445万元，节约率13%。加强公务用车管理，配合有关部门，对全县178个行政事业单位公务用车开展清查，依法收缴拍卖21辆超编车辆，减少公务用车开支。在加强财政内部资金管控的同时，接受上级审计部门和县审计部门对社会保障资金、保障性住房资金、财政预算执行情况等方面的监督检查，确保财政资金的高效安全。严格按照《预算法》，对预算超收收入的安排和使用情况及时报请县人大常委会批准。

【会计管理】 成立宝丰县会计领军人才工作领导组，促进全县会计工作整体水平不断提高。对全县国家机关、事业单位、国有及国有控股的大中型企业会计基础工作开展全面检查，使会计基础工作全面走向规范化。组织全县86名小企业会计人员进行《小企业会计准则》相关培训，促进小企业可持续发展。

【队伍建设】 2012年，围绕建立"作风优良、业务精干、廉洁高效、能打硬仗"的要求，努力打造财政精兵强将，营造财政系统廉政勤政、风清气正的良好氛围。通过加强财政干部学习、培训，提高财政干部服务改革与发展大局的观念，加强廉政建设和职业道德教育，进一步健

县财政局开展的"每周一课"讲座

全内部监督约束机制。开展"每周一课"活动，全年开办讲座80余场，受益1万余人次。结合财政工作实际，贯彻学习"十八大"精神，做好新时期财政工作。参加"三联三帮建五宝"活动。对联帮村村室建设、村内道路修建、农田水利、新型农村社区建设等项目进行支持，切实解决联帮村（户）实际困难。举办2012年秋季运动会和书画摄影比赛，陶冶情操、启迪智慧、激

发干部职工的工作热情，增强集体凝聚力和战斗力。开展两个《条例》学习教育活动，组织演讲

2012 年，县财政局秋季运动会拔河比赛

比赛，坚持把反腐倡廉贯穿于财政工作大局之中，做到廉洁从政。升级宝丰财政信息网，宣传财政政策，以民生财政为主题，加大宣传财政对强农惠农、社会保障、医疗卫生、教育科技以及县重点工程等各项工作的落实情况。继续保持省级文明单位和省级卫生先进单位称号，获河南省家电下乡工作先进单位、财政总决算工作先进单位、国有资产管理工作先进单位和责任目标工作科学发展银杯奖等荣誉 40 余项。（魏洋磊）

国家税务

【概况】 2012 年，县国税局内设有办公室、计会科、税政科、征管科、纳税服务科、政策法规科、监察室、人事教育科、信息中心、机关党办、征收服务厅 11 个科室，下设税务稽查局、城区、张八桥、大营、周庄、石桥 5 个税务分局。有工作人员 117 人。县国税局全年管理的 10 项征管指标在平顶山市各县（市）区局中名列前茅，一般申报入库率、一般纳税人零负申报率、未达起征点率在全市国税系统保持前三名。

【国税收入】 2012 年，外部宏观经济形势持续下滑，以煤炭为主的支柱性产业，市场低迷，产品价格下降。电力、水泥、白酒等重点税源企业增收乏力，内部产业结构调整落后，组织税收收入工作面临很大的困难和压力。县国税局围绕组织收入中心，牢牢把握组织收入原则，坚持应收尽收，强化税收分析，按月下达收入目标，切实加大税源监控、专项评估和税务稽查力度，挖潜增收。全年组织入库税收收入 24206 万元，其中地方级税收 5540 万元，按全口径计算，全年组织税收收入 30739 万元。

【税源管理】 县国税局把税收困难作为提高税收征管质量的契机，连续组织税源清查 3 次，理清税源底子，查找薄弱环节，夯实征管基础；继续深化税源专业化改革，加强重点税源企业和行业的管理。全年重点税源企业共完成税收任务 13554 万元，占组织税收收入总量的 42.2%。

【纳税评估和税务稽查】 2012 年，加强风险管理，深化纳税评估，堵漏增收。对省局下派的 16 户企业及自行选取的涉农、商贸行业，进行重点评估，共评估入库税款 540 万元。持续强化以查促管，发挥稽查效能，全年累计查补入库税款 360 万元。

【税种管理】 2012 年，管理所得税总户数 313 户，预交入库所得税 3121.4 万元，通过 2011 年度所得税汇算清缴调增应税所得净额 9721 万元，催缴入库所得税 530 万元，有力支持了税收增长。

【纳税服务】 2012 年，县国税局实施深化企业服务年活动，制定支持产业集聚区建设工作方案，开展了服务产业集聚区税收宣传活动；深入定点联系企业开展税收政策辅导；坚持办税服务厅领导带班制度，现场为纳税人解疑答惑，解决实际问题；进一步加强办税服务厅标准化建设，严格按照“窗口受理、内部流转、限时办结、窗口出件”的要求，继续推行“一站式”服务，建立“统一受理、内部流转、限时办结、集中回复”的服务模式，有效地解决纳税人“多头找、来回跑”的问题；健全纳税服务考评制度，通过每月“服务明星”的评选活动，形成争先比先的工作局面；全面推广税库银联网电子缴税系统，推进网上申报纳税一体化制度；全面落实好资源综合利用、支持小型微利企业、蔬菜流通环节免征增值税、个体户增值税起征点调整、固定资产进项税抵扣等各项税收优惠政策。全年共办理各种减免退税 6629 万元，较同期 3956 万元多

退2673万元，办理固定资产留抵税款1318万元，有力地支持了企业发展壮大和地方经济社会发展。

【廉政建设】 严格落实党风廉政建设责任制，认真执行“一岗双责”，进一步强化两权监督；坚持每周五集中学习制度，深入学习贯彻《税收违法违纪行为处分规定》，进一步提高干部职工的廉洁自律意识、大局意识、责任意识、服务意识，促进工作效能的提升；全面上线运行《税收风险内控系统》，着重防范重点岗位、重点人员执法风险；大力推行“公务灶”，规范公务接待；加强政风行风建设，及时召开政风行风评议动员会，积极开展税务人员面向纳税人述职述廉活动。加大举报案件查处力度，全年没有发生一起被县纪委或司法机关立案查处的案件。

【队伍建设】 2012年，县国税局加强干部队伍学习培训，通过远程教育学习、组织业务骨干讲课、参加业务考试等形式，进一步提高干部队伍素质，单位2名人员在全市组织的所得税考试中取得优异成绩，并代表市局到省局参加考试。加强离退休人员管理，认真落实老干部的两个待遇；根据《党员干部选拔任用条例》规定，选拔任用2名副股级干部。创先争优，加强基层党组织建设，成立党员志愿者服务队，开展基层大走访活动，组织班子成员和中层干部，认真落实县委、县政府部署的“三联三帮”工作，定点帮扶困难对象。认真落实信访工作制度，切实做好平安建设、舆情监控等工作。

（桂召召）

地方税务

【概况】 2012年，宝丰县地方税务局内设机构有办公室、计划财务科、人事教育科、政策法规科、征管和科技发展科、监察审计室、税政科、发票管理所8个科室，下设稽查分局、城关税务分局、杨庄中心税务所、周庄中心税务所、大营中心税务所、商酒务中心税务所、办税服务厅、两税所8个基层征收管理单位。有干部职工77人（93人）。先后被省委、省政府授予省级文明单位和省级卫生先进单位称号，被市地税局评为目标管理优秀单位，被县委、县政府授予特别贡献奖荣誉称号。2012年度工作受到县委书记刘书锋、县长张庆一批示表扬。

【税收税种】 2012年，县地税局征收13个税费，分别为：营业税、企业所得税、个人所得税、城市建设维护税、车船使用税、土地使用税、土地增值税、房产税、印花税、烟叶税、教育费附加、契税和耕地占用税。同时还征收工会经费、残疾人就业保障金，文化事业建设费。

【税收收入】 2012年，受煤矿停工整顿影响，洗煤、道路货运和餐饮服务等行业产生连锁反应，遭受重大打击，税收形势十分严峻，面对艰巨而繁重的税收任务，县地税局牢固树立税收中心意识，把“创先争优”“月领导方式转变加快发展方式转变”等主题教育活动和组织收入工作紧密结合起来，充分发挥党员模范带头作用，激发广大干部职工的工作热情，严格奖惩兑现。对税收工作早动手、早安排，合理分配收入计划，将税收任务层层分解，实行目标管理，建立激励机制，按季考核，有效调动了大力组织税收的积极性。全年组织各项收入61128万元。其中组织公共财政预算收入55778万元，同比增收676万元，增长1.23%，占全县公共财政预算收入92409万元的60.36%。教育费附加1514万元，地方教育费附加1102万元，工会经费346万元，残保金164万元，文化事业建设费25万元，罚没收入2万元。

【税收管理】 县地税局税收征收管理包括税务登记，账簿、凭证管理，发票管理，纳税申报，税务检查以及法律责任。县地税局从实际出发，积极探索和掌握征管规律，运用现代管理方法和信息化手段，提高税收管理的质量和效率。以国家税务总局提出的“以申报纳税和优化服务为基础，以计算机网络为依托，集中征收，重点稽查，强化管理”的34字税收征管模式为标准，逐步改进以前大而化之的粗放式管理，按照精确、细致、深入的要求，在紧、细、实上下工夫，科学化、精细化管理税源，建立了工作任务明确、管理责任细化的岗责管理体系。推行税源管理质量考核机制。按照“属地管理、条块结合、统一规范、有效控管”的原则，明确责任人，报县局批准备案，建立三级征管责任区，一级对一级严格监督负责。制定《纳税评估操作规程》，针对各基层单位税收征管工作的特点和重点，有选择的在建筑、房地产等部分行业中实施纳税评估，坚持“一季一核一定”原则。按照“抓重点税源促收入、抓零散税收促规范”的管理原则，针对不同行业特点，深入调研，查找根源，分行业科学化、精细化管理税源。针对县境洗煤业、房地产业的税收征管现状和存在的问题，与各职能部门沟通联系，搭建信息共享平台，建立工作联系制度，完善工作协作机制，强化措施，形成合力。抓大不放小，坚决杜绝“跑、冒、滴、漏”。以强化征管为突破口，坚持进行不间断的税源清查,重点清理非主要街道和城乡结合部的征管死角。把纳税检查作为强化征管的重要措施，充分发挥稽查的拳头作用，以查办案件的深度、打击偷逃抗税的力度、震慑违法犯罪的程度作为评价稽查工作优劣的标准。按照“始于纳税人需求、基于纳税人满意、终于纳税人遵从”的目标，积极探索为纳税人服务的途径和方法，梳理办税流程，精简办税环节，纳税服务体系逐步完善。加大检查力度，规范税收执法。同时，加强与国税沟通，实现信息共享，做好增值税、消费税信息接收和利用，认真进行“两税”信息比对，发现问题、解决问题、堵塞漏洞，提高管理质量。同时，每月按时进行执法考核通报。

【廉政建设】 2012 年，县地税局研究制定了《宝丰县地税局 2012 年度党风廉政建设实施方案》，将廉政建设责任目标进行分解，明确党组每个成员的具体责任和分管单位的工作目标和任务要求。每季与税收业务工作进行一次考评，半年总结通报，并把检查情况与年度工作目标考核、公务员年度考核有机结合起来。坚持从思想教育入手，注重源头治腐，强化防范意识，充分利用党组中心组学习和政治业务集中学习的时机，有针对性地开展一系列廉政教育活动。把纠风工作与纳税服务有机结合起来，结合实际确定纠风治理重点，加大纠正、查处和追究力度。按照“规范用权、公开示权、合理分权、追究制权”的工作思路，进一步加强对“人、财、物”等重点部位的监督，着重对大额经费审批、基本建设等环节强化监督，防止以权谋私、贪污贿赂等问题的发生。（王禄洲）

金　融　业

银 监 办

【概况】 中国银行业监督管理委员会平顶山监管分局宝丰办事处（简称宝丰银监办）是平顶山银监分局的派出机构，在分局的统一管理、授权和集中调度下，履行对辖区银行业金融机构的监督管理职责，担负着维护县域银行业稳定、推进银行业改革发展和支持地方经济发展的重要责任。2012年有工作人员4人。

【支持经济发展】 2012年，宝丰银监办以维护银行业稳定、推动银行业改革发展和促进地方经济发展为己任，充分发挥管理服务职能，紧紧围绕县委、县政府确立的“建五宝，争百强，三化协调发展奔小康”战略目标，通过实施小微企业贷款“双百”带动计划和小微企业贷款“双培”（培育培训）计划、金融信贷服务“进千家”计划、“双创”“小巨人”“金融超市进产业集聚区集中调研”等系列活动，发挥监管引领作用，争取贷款规模，持续增加信贷投放，为宝丰经济科学快速发展提供了强有力的资金支持。至2012年底，全县银行业金融机构各项存款余额90.72亿元，比年初增加17.49亿元，增长23.88%；各项贷款余额43.45亿元，比年初增加7.85亿元，增长22.03%。贷款增量创历史新高。

【现场检查工作】 2012年，宝丰银监办实施了对辖区相关银行业金融机构2011年度监管评级、贷款五级分类真实性、安全保卫工作、高管人员2011年履职情况、2011年现场检查发现问题整改落实情况、公司治理有效性及内控制度建设执行情况、豫丰村镇银行全面业务经营等10项现场检查。同时，选派人员参加河南银监局组织的对省内村镇银行的现场检查和对大型银行地市级分行规范经营情况的现场检查。

【非现场监管】 2012年，宝丰监管办针对日常监管中发现的有关银行业金融机构经营管理中存在的问题，及时与有关银行业机构班子进行审慎监管会，指出该机构经营管理中值得关注的问题和风险点，提出组织骨干人员学习推进银行业改革政策法规、持续提升员工素质、严格案件防控工作管理、狠抓不良贷款双降、努力化解贷款集中度风险、及时防范信托业务风险、完善合规建设长效机制等10多项监管意见，非现场监管风险预警作用得到充分发挥。

【督导达标升级】 2012年，宝丰银监办把推进宝丰联社组达标升级作为重点工作。配合政府加大不良贷款清收力度，全年累计清收不良贷款1909笔、金额2720.26万元；开展土地确权，完成宝丰联社的26宗、面积35285.5平方米的营业用地的初步确权；推进不良贷款置换。七项主要监管指标基本实现达标：不良占比2.74个百分点，资本充足率11.82个百分点，核心资本充足率8.47个百分点，拨备覆盖率171.92%，贷款损失准备充足率667.02%，贷款损失专项准备缺口为零，投资股金额2.1亿元，实现4558万元。

【合规提升年活动】 2012年，宝丰银监办抓住合规建设主线，借助现场检查和非现场监管，积极宣传和引导银行业金融机构认真组织开展合规建设提升年活动。组织明察暗访，进行督查，丰富合规建设提升年活动内涵，使合规成为银行业的自觉。在“合规建设提升年”活动中，全县各银行业机构共建立合规建议奖励制度10余项，梳理内控制度135项，与员工签订《合规责任与承诺书》856份，全面提高了银行业风险管控能力，促进了银行业持续健康快速发展。

【案件防控维稳】 2012年，宝丰银监办按照“不敢、不能、不想”的案防工作思路，进一步加强平安金融建设和案件防控工作。严格贯彻落实银监会、省局、分局案件治理工作有关会议精神，积极督促辖区银行业机构严格执行“十三条”铁律，扎实落实案件安全防范的各项措施，认真抓好案件防控治理和年度安全检查工作，实现了全年零发案。同时，积极抓好信访维稳工作，强化与9家金融机构一把手的沟通协调，提出明确要求。尤其是在国庆、春节、十八大等关键时段，发出通知，安排部署，搞好排查，针对重点单位、重点人员，采取具体措施。配合县政府成功处置和化解赵庄邮政局集中退保事件，确保了辖区金融平安和社会大局稳定。

【队伍建设】 2012年，宝丰银监办坚持抓学习、强素质、履职责、树形象，思想政治工作和业务工作两手抓，做到监管与学习两不误、两促进，持续提升员工队伍整体综合素质，推进各项工作顺利开展。加强政治理论学习。深入学习科学发展观、党中央国务院重大决策部署、金融方针政策，提高政治理论水平和分析解决问题能力。加强监管法律法规学习。进一步学习银监法规，增强依法行政、依法监管的思想意识。学习贯彻上级会议精神。深刻领会上级会议精神实质，准确把握精髓要义，把各级会议对监管工作的要求落到实处。加强业务学习。结合现场检查和银监会新员工监管知识培训，掌握最新业务知识，拓宽知识面，提高依法履职工作能力。加强廉政教育。系统学习中纪委和银监会廉洁自律有关规定，树立正确的世界观、人生观和价值观，构筑牢固的道德防线，保持公正执法，廉洁奉公，维护了良好的行业形象。（薛军民）

人民银行

【概况】 2012年，中国人民银行宝丰县支行内设有办公室、综合业务部、调查信息部、纪检监察室。有职工27人。

【贯彻执行货币政策】 2012年，县人行贯彻执行稳健的货币政策。配合国家产业政策调整，加强信贷投向引导，促进信贷结构调整，支持地方经济健康协调发展。至年底，各项存款余额91.22亿元，比年初增加16亿元，其中储蓄存款余额72.68亿元，比年初增加15.97亿元;各项贷款余额43.44亿元，比年初增加7.84亿元。

【优化信贷结构】 2012年，出台《宝丰县金融支持地方经济发展信贷指导意见》，引导金融机构加强对县域中小企业、优势产业及产业集聚区的信贷投放。加强对宝丰县经济金融形势的监测和货币政策的贯彻实施效果分析，有针对性地对农信社和村镇银行进行“窗口指导”和风险提示，提醒其合理把握贷款投放进度和节奏，不断优化资金配置。引导金融机构加大对创业类贷款的支持力度。至年底，宝丰联社累计放贷支持2717名创业者，金额7967万元。

【再贷款、再贴现货币政策运用】 2012年，宝丰县不断壮大县域法人金融机构的资金实力，充分发挥再贷款、再贴现政策工具对县域国家信贷政策支持产业和中小企业的扶持作用。至年底，宝丰县累计投放支农再贷款3.26亿元，再贴现9170万元。

【创新金融服务，支持地方经济发展】 根据政府年初工作目标要求，按季对金融机构进行检查督导，半年进行考核、通报。对目标完成差距较大的金融机构主要负责人，实行约见谈话，确保目标任务的完成。以各项活动为载体，增加信贷有效投放。6月，组织宝丰县“金融超市”进集聚区集中调研活动，使金融机构深入现场了解企业，提高信贷投放的针对性。及时调整“小巨人”企业后备库，在县工信局协助下对“小巨人”企业后备库进行补充，由原来的6家企业增加到30家。11月，组织全县规模以上企业80余家、金融机构9家及相关经济部门共170余人参加宝丰县金融大讲堂培训讲座，通过培训，企业、金融机构及相关部门人员丰富了金融知识、拓宽了企业的融资思路。

【中央银行票据兑付】 2012年，县人行认真贯彻落实《河南省农村信用社改革试点专项中央银行票据兑付后续监测考核实施细则》的各项要求，准确把握监测考核的政策依据、标准和要求、操作程序，每季及时采集农村信用社财务数据，严格监测各项指标，做到上报及时、数据准确，确保监测考核工作的质量和效率。配合上级行对农村信用社改革试点专项中央银行票据兑付后续监测考核的现场检查工作。

【维护金融稳定】 2012年，县人行深入推进“两综合、两管理”工作。贯彻落实《宝丰县金融机构综合评价实施办法》《宝丰县金融机构重大事项报告制度》，积极探索维护辖区金融稳定的有效措施。密切关注影响辖区内金融稳定事件，维护辖区金融稳定。8月，宝丰县邮政局赵庄支局非正常退保情况发生后，支行领导及工作人员深入现场掌握第一手材料，及时向上级行上报日报、调查报告等各种信息，协助政府及相关部门作好平息事件的各项工作。

【履行国库职责】 2012年，修订完善国库内控制度，加强内部管理制度落实。主要采取合理设置国库会计核算岗位、落实国库会计重要岗位人员强制休假制度及对账制度。夯实国库账务基础核算，提高国库会计核算水平。严格按照内控制度的要求，照章办事，规范业务操作程序，使国库会计账务差错控制在最低限度内。按照“两综合两管理”的要求，通过柜面监督加强对税票、拨款凭证、退库凭证等原始凭证的监督，对凭证要素齐全、印签正确、符合要求的给予办理，并履行必要签收手续；对不符合原因的说明原因后退付。建立风险防范关口，设立凭证审查关、账务复核关、事后监督关、内外对账关，规范账务管理，确保国库资金的安全。至年底，共办理预算收入55900笔，一般预算收入92387万元，同比增加12125万元，增长15%；办理各项支出13224笔，金额271738万元，同比增支64291万元，增长31%。

【加强账户管理及农村支付环境建设】 利用多种形式广泛开展银行卡助农取款宣传活动。成立宣传小分队，利用庙会、集市出动宣传车辆开展集中宣传；通过设立咨询台、悬挂横幅、发放宣传单等形式开展广泛宣传。县邮政储蓄银行累计安装机具103部，县农行累计安装机具83部，助农取款网点覆盖行政村136个。做好银行存量账户核实工作。召集县联社、平顶山银行宝丰支行、豫丰村镇银行相关部门负责人对此项工作进行具体安排部署，要求各单位认真清理核实，并按时上报工作进度和各项报表。加强账户管理。严格按规定开立撤销银行结算账户。全年设立账户415户，销户172户。

【征信管理】 严格贷款卡发放及年审工作，全年共发放贷款卡55张，年审贷款卡163张。采取多种措施组织辖区9家银行业机构开展机构信用代码推广工作，共开立基本账户1833个，发放机构信用代码证1833张。全年共组织对中小企业培训及宣传12次，对社会宣传2次。

【规范人民币管理及反假宣传】 2012年，对反假货币宣传工作进行统一部署,制定《宝丰县2012年反假货币宣传月活动实施方案》。通过组织特色宣传、常态宣传、集中宣传的形式，在宣传点悬挂宣传横幅，散发宣传资料，讲解真假实物对比知识，现场解答群众疑惑。全年共设立咨询台18台次、宣传横幅20余条、群众咨询万余人次、发放宣传资料1万余份，金融机构编写反假货币短信96条。加大柜台假币收缴力度，防止假币二次流入社会。采取实地检查、走访，及时掌握假币的收缴情况，全年通过柜台收缴假币11165元。加强人民币管理，维护人民币信誉。以开展“千乡助农”残损币兑换服务工作的形式，分别在县农行、农村信用联社、邮政储蓄银行建立28个残损币兑换服务点，提高农村地区货币整洁度。并加强对人民币收付业务重点检查、机具配置及使用情况调查和客户对商业银行满意度调查。

【反洗钱工作】 2012年，县人行制定完善本系统反洗钱的内控制度和办法，设立反洗钱工作机构，金融机构对反洗钱工作的重视程度普遍提高。反洗钱工作制度得到有效落实。督导辖区内金融机构开通联网核查公民身份信息系统，提高个人客户基本信息的数据质量。及时对有关业务人员进行理论知识培训与上机操作指导，加强对联网核查系统的监测，使客户身份识别落实到位。并通过对金融机构的非现场监管，规范县辖区人行反洗钱非现场监管报表收集和上报工作。采取多种形式宣传《反洗钱法》等相关法律、反洗钱的相关知识、反洗钱工作的重要意义。11月20日，县人行组织金融机构开展“警惕网络洗钱陷阱增强反洗钱意识”集中宣传活动。参加

2012年11月20日，人行宝丰支行组织开展“警惕网络洗钱陷阱 增强反洗钱意识”集中宣传活动

宣传的有县农业发展银行、四家国有商业银行、邮政储蓄银行、平顶山银行宝丰县支行、豫丰村镇银行、财产保险公司、人寿保险公司等12家机构，共出动宣传人员50余人，悬挂横幅12条，宣传版面24块，设立咨询台12个，散发宣传折页3000余份，咨询人员1000余人。同时，利用营业网点开展日常性宣传，在营业厅内发放宣传材料，值班经理现场解答客户有关反洗钱方面知识。利用宝丰县马街书会组织金融机构到书会现场，通过悬挂横幅、设立咨询台、发放宣传折页、答疑解惑等多种形式，对《反洗钱法》《金融机构反洗钱规定》《金融机构大额交易和可疑交易报告办法》以及“洗钱”活动的基本特征、公民反洗钱义务等内容进行重点宣传。提高了社会公众的反洗钱意识和知识水平。

（刘许娜）

中国银行

【概况】 2012年，中国银行股份有限公司宝丰支行加快推进战略转型和经营机制转换，深化业务结构调整，获得了较好的经营绩效和社会效益，风险管理和内部控制工作取得新成效。至年底，宝丰中行人民币存款余额45226万元，较上年增加12265万元；外币存款余额14万美元，较上年下降持平；消费贷款余额6012万元，较上年上升1682万元；公司贷款余额17710万元，比上年增16010万元；贴现1700万元；实现净收入554万元，较上年末增加766万元，实现利润-93万元（上存资金收入未在中行账面反映）。内设1个营业部，有工作人员23人（不含内退9人），劳务派遣用工人员3人。

【经营管理】 2012年，宝丰中行注重效益优先，加快推进战略结构调整和增长方式转变。大力发展中小企业授信业务、票据贴现业务、住房按揭贷款等业务，根据市场发展和需求的变化，调整战略结构，推动中间业务贡献度的增长，并提升宝丰资源配置效率。注重市场和客户的导向作用，促进市场竞争力的持续增强。个人金融业务转型步伐加快。进一步加强网点建设，强化转型网点经营管理，促进网点向利润、产品销售和客户维护服务平台的转变。完善客户理财管理，巩固、拓展高端客户市场。注重依法合规经营，强化内控建设。严格按照省、市行和银行业监管部门要求，坚持依法合规经营，狠抓各项内控建设工作的落实。

【存款业务】 2012年，宝丰中行各项人民币存款余额45226万元，比上年增加12265万元；各项外币存款余额17万美元，与上年持平。

【贷款业务】 2012年，宝丰中行消费贷款余额6012万元，较上年上升1682万元；公司贷款余额17710万元，较上年新增16010万元。宝丰中行贷款主要为消费类贷款和中小企业流资贷款，贴现1700万元。

【理财业务】 2012年，宝丰中行以客户需求为切入点，细分市场，加快产品创新。重点推出“中银结构性理财系列”“中银资产管理类理财系列”和“代客境外理财产品系列”等系列产品。

【银行卡业务】 2012年，宝丰中行坚持发卡与收单业务并重的方针，开展形式多样的宣传和营销活动，扩大发卡规模，提高市场占有率。银行卡产品主要有长城人民币信用卡（准贷记卡）、中银信用卡（贷记卡）、长城国际信用卡（贷记卡）、长城借记卡（借记卡）4种。各类卡产品的风险指标均控制在中总行规定范围之内。

【电子银行业务】 2012年，宝丰中行电子银行业务以“打基础、防风险、促发展、推进各项工作”为主基调，在严格风险控制和合规运营管理的前提下，推进网上银行BOCNET3.0工作。充分发挥优势产品功能，夯实客户基础。把网上银行产品向重点企业进行推介，先后与多家企业建立银企对接项目。加强电子银行业务制度建设，提高风险防范能力。对辖内电子银行业务从业人员进行培训和考试，提高业务人员的合规经营意识和操作能力。积极推进渠道建设，提高服务层次，提升品牌形象。

【内控案防工作】 2012年，宝丰中行强化岗位责任落实，加大违规责任追究力度，坚持预防与治理并举，遏制重大案件与事故发生。深化内控体系建设，不断推进内控体系的改善和优化。加强风险内控管理检查，不断提高检查的质量和效力。

（裴亚辉）

农业发展银行

【概况】 2012年，中国农业发展银行宝丰县支行内设有计划信贷部、会计出纳部、办公室。有职工16人。至年底，实现各项收入1052万元，各项支出753万元，账面盈利299万元，资产利润率1.66%，中间业务收入27.3万元，收入成本率32.09%。无不良贷款。

【贷款结构】 2012年，宝丰农发行各项贷款余额19768万元，比年初上升3881万元，全部为正常贷款。其中，粮食收购贷款比年初上升1750万元，中长期贷款比年初下降2000万元，商业性贷款比年初下降800万元。

【经营指标】 2012年，宝丰农发行完成中间业务收入27.3万元，占全年任务27万元的101%；实现利润299万元。

【新业务】 2012年，深入市场调查，优选支持对象。优化支行客户经理组合，集中时间，深入企业开展调查摸底，主动争取地方政府的重视和支持，着力加强部门协调配合，积极创建“政府推荐优质项目、农发行自主审贷、双方联合监管”的客户营销模式，认真抓好贷款项目库建设。立足优势产业和龙头企业，积极拓展业务发展空间。在分析客户资源和产业资源的基础上，坚持稳定优质客户，延伸支持深度，培育行业龙头，着力打造精品名牌。重点支持的以源源乳业集团为龙头的奶牛养殖企业，支持的深度、广度进一步提高；大香山物流园8000万元项目贷款已经报批实施。支持了县境产业化龙头企业的有效可持续发展。

【财会规范化管理】 2012年，通过对整个财会工作的自查、抽查和上级行检查，及时纠正财会管理中存在的问题，规范了财会管理行为。充分利用“三位一体”会计监督体系，切实发挥事前、事中、事后监督作用，加强日常监控和检查辅导。每月定期组织监控回看，有效防范操作风险，确保现金、结算资金、重要工具的安全。认真落实岗位职责，实施主动管理和考核制度，严格按照操作流程规范操作，强化日常业务授权管理，确保系统安全稳定运行。强化固定资产管理，优化配置，盘活存量。根据以账找物、以簿对物、以物核账的原则，对全行的固定资产、低值易耗品进行了清理、盘点、核实。共清理固定资产23件，原值172850元，累计折旧164207.10元，净值8642.90元，已请示市分行进行报废处理。对符合转让年限的车辆1台，已请示省分行统一进行拍卖转让。

【反洗钱工作】 组织开展“反洗钱账户管理”自查，清理和完善了一批问题账户，充实完善账户信息，对久悬不决、无余额、无积数、长期不发生业务的账户进行清理，做到开户资料真实、准确、完整、连续有效。提高反洗钱工作责任意识，举办客户培训和宣传活动，大力宣传洗钱犯罪的社会危害性，杜绝洗钱活动的发生。

【强化内部管理】 宝丰农发行以开展“合规建设提升年’活动为契机，狠抓各项制度的严格落实。开展了自下而上主动承诺、自上而下层层签订责任与承诺书。对各项内部管理制度和业务操作流程开展全面清理并按时形成清理工作报告。强化制度执行，在实际工作中，各岗位、各环节业务流程的操作都能严格规范在制度的要求之下，杜绝了赶熟路、凭经验、抱侥幸心理的做法，降低了差错的发生率。加强检查监督，通过开展不同形式的监督检查，验证了合规理念的效果，规范了操作，降低了风险，为业务健康发展夯实了基础。2012年,全行实现经营安全无事故。

【创新营销策略】 采取扩大宣传层面、扩充项目载体、精选贷款对象、优化人员配置等方式，客户营销呈现出良好发展势头。广泛宣传推介,为新业务发展营造宽松氛围。农发行结合本地特点，采取宣传到户和依托《宝丰快报》等方式宣传业务，把农发行新的信贷政策和业务范围调整情况呈送到地方政府主要领导案头，传达到涉农企业家手中。着力寻求将农发行政策性支农资金与县域农村经济发展的重点项目相结合的道路，拓宽了银政合作范围,增进了银企沟通。灵活开展客户营销,找准新业务发展的突破口。由于粮食市场走向市场化,传统业务逐年萎缩,结合宝丰境内粮食资源丰富、推进现代农业发展中农村基础设施建设资金需求旺盛的实际,农发行坚持“两条腿”走路,在确保粮油收购资金供应和管理的前提下,以政府关注、财政支持的低风险财政垫付性农村基础设施贷款为营销重点，对符合农发行信贷政策的项目积极营销。在项目选择上，坚持抓大不放小,做到有的放矢;在贷款结构上,坚持“长短”结合,防止规模大起大落;在不同发展区域,坚持分类指导,体现个性特色。

【存款组织工作】 针对农发行存款工作面临的客户结构多元化、存款品种多样化、资金筹措市场化等新形势,及早开展各种形式的思想教育,提高干部员工牢固树立存款是立行之本,经营之基,效益之源的经营理念;帮助员工克服畏难情绪,让员工各司其职、挑战自我,创造性地去开展工作,充分利用一切人脉资源,采取有效措施,下大力气营销,完成组织存款工作任务。抓贷款企业回笼货款归行。多方位创新,扭转贷款体外循环;在改善服务、创新服务上动真格、下苦功。抓非贷款企业、机关事业开户对公工作。行领导带头组织员工积极走出去,多调查、协调进行存款营销。抓同业定期存款重点客户营销。在往年的基础上,更进一步的和农村信用联社搞好关系，继续做好和巩固同业存款以往取得的成绩,并争取有更大的突破。抓维护服务,把贷款黄金客户、非贷款企业大户和同业定期存款户作为重点客户,信贷、财会主管与有关客户经理组成重点客户维护小组，采取主动上门办理存款手续、上门对账、简化工作流程、定期联络沟通、加强资金调度、保证重点客户资金结算需求等服务措施。（李　刚）

建设银行

【概况】 2012年,中国建设银行宝丰支行内设有综合业务部、营业部。营业大厅设有窗口服务区、个人理财服务区、贵宾客户服务区、自助银行区。自助银行区配备有自动取款机1台、自动存取款机2台、多媒体终端2台。因业务发展需要,为有效分流客户,提高服务档次,在县城人民路宝酒公司大门西侧安装离行式自助银行设备自动存取款机2台。

【存款业务】 2012年末,县建行一般性存款余额52868万元,其中,企业存款23610万元,较年初下降178万元（按考核基数新增460万元),计划完成率102%;个人存款29258万元,较年初新增6569万元,计划完成率105%。

【贷款业务】 2012年,县建行进一步加大对中小企业的扶持力度,通过“速贷通”和“成长之路”小企业业务品牌,为中小企业融资提供快速通道。为宝丰县宏发铁业有限公司、宝丰县人和新型建材有限公司两个企业发放小企业流资贷款2100万元;为河南旭源不锈钢有限公司发放固定资产购置贷款2500万元。通过推进资产及保理业务,带动负债业务上新台阶,经县建行推荐,通过上下联动模式，为宝丰县人民医院做信用评级认定工作,发放流动资金贷款1500万元;为河南亚坤集团办理保理业务7000万元,同时办理全额保证金承兑1960万元。全年累计发放按揭贷款5400万元,沉淀资金约1200万元。

【经营管理】 2012年,县建行贯彻落实省分行提出的“五个关注”(关注可持续发展、关注长久性合作、关注结构调整、关注系统性风险、关注区域性风险)、“七个紧盯”(紧盯目标、紧盯同业、紧盯客户、紧盯速度、紧盯转型、紧盯风险、紧盯安全),围绕年度考核指标,紧盯市分行计划,紧盯市

场份额，紧盯系统位次，采取有效措施，狠抓落实，强化执行。（胡淑红）

工商银行

【概况】 2012年，中国工商银行股份有限公司宝丰支行以省行党委“实施提升工程，构建优秀分行”和加快推进县支行崛起战略为指导，各项业务实现了健康快速发展。内设综合保障部，下设支行营业部和宝丰工行车站分理处，有两个在行式自助银行。有员工34人。

【存贷款业务】 2012年末，宝丰工行各项存款余额70124万元，较年初新增存款7753万元；各项贷款余额11476万元，较年初新增贷款5719万元，其中个人贷款余额9486万元，较年初新增3729万元。

【中间业务】 2012年，宝丰工行把中间业务作为核心业务，以“产品、营销、收入、管理”为主线，形成了个人理财收入、结算业务收入、资产业务收入等多点支撑、多维度增收的格局，全年实现中间业务收入916万元。

【支持地方经济建设】 2012年，面对全球经济下行等复杂宏观环境，抓住中原经济区建设的政策机遇和宝丰县产业聚集区蓬勃发展的大好形势，制定“做透大型客户，做强中小客户，做大个人客户”的发展思路，积极履行金融部门应有职能，支持地方经济发展。全年支持不锈钢加工企业、碳素加工企业共8户企业信贷资金7390万元，其中当年新支持中小企业7户。积极发放个人按揭贷款、个人经营贷款和个人消费贷款，支持居民购房和私营业主发展。

【行风建设】 2012年，宝丰工行深入开展“合规建设提升年”活动，根据上级行的要求扎实开展“管理品质提升年”活动，同时开展员工行为规范教育活动、创建最安全银行活动，促进各项管理更趋规范，当年基层行内部控制评价晋升为一级。深入开展创建“群众满意的基层站所”活动，继续实行每月“神秘客户”服务监测机制，树立金融机构良好的社会形象。（杨新廷　李红卫）

农业银行

【概况】 2012年，中国农业银行股份有限公司宝丰县支行坚持科学发展观统揽全局，紧紧围绕“建五宝，争百强，三化协调发展奔小康”奋斗目标，探索支持“三农”和全县经济发展新模式，较好地完成了各项工作任务。截止2012年底，各项存款余额138904万元，各项贷款余额11391万元，委托资产处置收入127万元，账面利润2295万元。宝丰县支行内设机构有综合管理部、工会委员会办公室，客户部、三农金融部，财会运营部、信贷管理部4个，下设支行营业部、龙兴分理处、城区分理处、城关镇分理处、南大街分理处、城郊分理处、大营分理处、石龙支行8个营业单位。有员工111人。

【存贷款业务】 止2012年底，全行各项存款余额138904万元，较年初下降18460万元。其中储蓄存款余额121256万元，较年初上升5067万元；对公存款余额17648万元，较年初下降23527万元；同业存款余额2027万元，较年初上升1740万元。各项贷款余额11391万元，较年初上升1837万元。其中农户小额贷款余额5094万元，较年初下降1755万元；个人贷款2042万元，较年初净增1372万元。全年实现委托资产处置127万元。实现各项收入3590万元，各项支出1233万元，收支轧差实现利润2357万元。

【银行卡及电子银行业务】 2012年，贷记卡累计发卡5129张，较年初新增1383张；借记卡累计发卡102382张，较年初新增17149张；个人网银18760户，新增2220户；企业网银271户，新增140户；智付通727台，新增177台；POS机68部，新增22部；惠农卡16194张，新增1086张；第三方存管780户，新增531户。实现代理保险手续费收入187.05万元。

【业务经营】 2012年，制订出台了《综合绩效考评实施细则》《规范化服务奖惩实施细则》《运营主管（副主管）经营业绩考评实施细则》《财会监管员管理实施细则》《贵宾客户管理办法》等一系列制度办法，把业务发展纳入制度化、规范化轨道。不断加大督导力度。班子成员每天过问各单位任务进度，县行设立了业务发展“红黑榜”，对各单位计划完成情况张榜公布，增强了干部员工危急感和紧迫感。组织开展农户小额贷款集中清收活动、“金E顺 赢头彩”电子银行扫街行动、激情仲夏业务竞赛活动等多种形式的业务竞赛活动。想方设法挤出资源加大奖励力度，有力地促进了中间业务的快速发展，使员工真正分享到业务发展带来的好处。认真做好客户“双扩”工程。紧紧抓住近年来全县新上项目较多的有利时机，由班子成员带队分别攻关、积极营销。切实做好PCRM系统、CFE系统等的管理维护工作，加强与贵宾客户的沟通服务；全面推行“三分营销”模式，优化柜员劳动组合，提高了柜面业务处理效率。

【资产营销】 按照面向“三农”的市场定位，不断加大农户小额贷款投放力度。与县委组织部、团县委、村官办密切合作，联合开展“金融支持大学生村干部创业”活动。加大对公客户营销力度。密切关注全县新上项目情况，加大对产业集聚区建设支持力度，对符合贷款条件企业积极协调，实施了五星石墨2800万元流资贷款项目、人和新型建材600万元贷款项目。积极投放个人助业贷款。2012年已准入5家房地产开发企业，主要为宝丰县盈瑞房地产开发有限公司开发的盈瑞之家小区；河南金大陆房地产开发有限公司开发的新城名郡住宅小区；河南万豪金典置业有限公司开发的为民小区楼盘项目；宝丰县龙博工贸有限公司开发的龙博小区项目；河南顺都置业集团有限公司开发的东城之星住宅小区。对这些楼盘上报贷款支持额度约6300万元，截止年底已投放500余万元。开展助农提款业务专项活动，主要针对小微企业，为其提供电子机具，让商户足不出户、农民足不出村就可以享受到金融服务。全年办理助农取款92户，覆盖全县10个乡镇73个村庄。被平顶山市政府授予企业服务先进单位称号，被市委宣传部等12家单位联合授予农村青年创业致富先进集体称号。

【中间业务发展】 依托营业网点、科技网络优势，加大柜台产品营销力度；依托人员优势，开展全员营销；依托客户资源，加大对客户深度营销力度。同时，做好其他代理业务，利用农行优势，作好黄金销售、基金销售、本外币理财、电子银行等中间业务，中间业务收入快速增加。

【内控管理】 2012年，宝丰农行继续加强贷后管理和精细化管理，提升信贷管理水平，全年没有发放一笔违规贷款，新增贷款不良率基本控制在上级行要求比例之内。抓好对分理处主任和运营主管教育培训，把住关键岗位、关键人员，认真落实岗位轮换、行为排查和干部员工出辖区报告制度等，没有出现重大风险和案件隐患。督促各职能部门认真开展自律监管活动，对检查中发现的问题采取果断措施进行纠正，切实把问题隐患消除在萌芽状态。狠抓安全保卫不放松。更换消防器材，为全辖ATM机室安装了自动喷淋设施和防盗抢自动报警系统，保证自助设备安全运行。严格执行干部选拔任用制度，切实加强员工行为管理。积极开展“合规建设提升年活动”、“三化三铁创建活动”等多种教育活动和开展反假币、反洗钱宣传活动、个人金融信息保护宣传月活动。被市人行、市财政局、市国税局、市地税局联合授予“优胜国库经收处”称号。在市农行举办的业务技术比赛中，获得第一名。

【党建和党风廉政建设】 2012年，县农行构建“四好班子”，不断提高党组织凝聚力、战斗力、向心力。坚持实事求是、求真务实工作作风。工作安排坚持在“实”字上做文章。完善党委议事和决策机制，开好民主生活会、党委会，上好党课，实现了党建工作和业务经营良性互动。建立健全党风廉政建设制度体系，及时分层次签订党风廉政建设目标责任书，定期发放廉政建设提示函，加大从源头上治理腐败工作力度。教育全行党员干部自觉养成良好的生活作风、工作作风。树正气，干正事，切实把主要精力用到业务发展上，全行没有发生违反党风廉政建设的现象。

【企业文化建设】 2012年，制定出台了《宝丰县支行规范化服务奖惩实施细则》，实行文明标准服务一把手负责制，按季开展文明标准服务“争先创优”活动，对优胜单位发放流动红旗，对规范化服务标兵张榜表彰和物质奖励。及时配足配齐便民服务设施。为各单位统一购买了饮水机、报刊夹,规范了营业时间牌;配合省市分行更换了各单位的门头,使全行网点硬件水平大幅提升。加强明察暗访力度,对违反文明标准服务规定的单位和人员严肃处理,有效杜绝服务中的不文明现象。及时组织全行员工和老干部进行体检,为全行在职员工购买团体险,加强农村网点“五小”建设,做好困难员工、困难党员帮抚工作,保持了系统和谐稳定良好局面。

【市分行行长申松标等莅宝调研】 2012 年 6 月 29 日,市分行党委书记、行长申松标,党委委员、副行长李晓等到宝丰县有关企业进行调研,并与宝丰县党政主要领导进行座谈。在宝丰县五星石墨公司,申松标一行深入到公司粉磨间、压制间、锻烧房、成品库等进行察看,详细了解石墨电极的工艺技术、生产流程、产品用途等,并听取了公司董事长赵俊一关于企业现状及未来发展情况的汇报。在河南大地集团公司总生产控制室,申松标一行详细了解公司干法水泥生产线的运行、控制情况,听取公司董事长张怀平关于建材行业形势及水泥销售情况的汇报。现场调研结束后,在大地集团公司会议室,申松标一行与县长张庆一,县委常委、县纪委书记刘景华,以及金融办、公安局的负责人就金融支持地方经济发展问题进行座谈。

【市分行副行长李晓莅宝调研金融超市】 2012 年 6 月 26 日,市分行副行长李晓等一行,到宝丰县参加金融超市进产业集聚区集中调研活动。在产业集聚区会议室,李晓一行详细了解宝丰县产业集聚区的规划建设与入驻企业情况,并与市金融办、宝丰县有关领导就金融支持产业集聚区发展情况进行沟通交流。为进一步做大做强资产业务,加大对产业集聚区建设力度,宝丰县支行分别与旭原不锈钢公司、五星石墨公司、海星化工公司签订了银企合作协议书,协议贷款金额 1.2 亿元。随后,李晓一行分别到旭原不锈钢公司、五星石墨公司实地调研。 (刘艳委)

平顶山银行宝丰支行

【概况】 平顶山银行股份有限公司宝丰支行(简称平顶山银行宝丰支行),内设营业部、信贷部、综合部,有员工 15 人。2012 年,平顶山银行宝丰支行被共青团宝丰县委授予“青年文明号”称号;被共青团河南省委授予全省共青团系统创先争优活动先进基层团组织称号。

【存贷款业务】 2012 年末,平顶山银行宝丰支行各项存款余额 17002 万元,较年初增长 5542 万元。其中,储蓄存款余额 9057 万元,较年初增加 6376 万元,对公存款余额 7945 万元,较年初减少 834 万元。各项贷款余额 34372 万元,较年初增加 2945 万元,其中,个人贷款 442 万元,较年初增加 15 万元,企业贷款 33930 万元,较年初增加 2930 万元。

【经营利润】 全年共实现各项收入 4047 万元,缴纳各项税款 213 万元。

【支持地方经济建设】 2012 年,平顶山银行宝丰支行新增贷款 18668 万元,超额完成既定的目标任务。投放的贷款中,河南大地水泥有限公司、河南源源乳业集团有限公司、河南康龙实业集团有限公司等企业贷款占比较高。同时,大力支持县域“三农”事业的发展,共投放涉农贷款 8150 万元。

【反假币宣传】 2012 年 2 月 4 日、6 月 19 日,平顶山银行宝丰支行组织员工开展以“反假货币,人人有责,根除假币,利国利民”为主题的反假货币宣传活动。活动现场悬挂宣传横幅 5 条,散发宣传材料 5000 余份,为群众重点讲解了第五套人民币防伪特征及识别方法。

(许霖飞)

农村信用联社

【概况】 2012 年,宝丰县农村信用合作联社辖 10 个基层信用社,1 个营业部,机关内设 16 个部门,有营业网点 29 个,职工 396 人。

【农村商业银行改革】 2012 年,宝丰联社按照组建农村商业银行改革的要求,在达标升级工作中,积极主动向宝丰县委、县政府进行专题汇报,成立以县长为组长,四大班子主要领导为副组长的领导小组,进村入户,逐一进行清收不良贷款。针对宝丰联社营业用地无核发土地使用权证，造成权属不明晰这一问题，联社抽调专人，配合土地管理部门在最短的时间内备齐资料并完成丈量。宝丰联社的26宗营业用地全部完成确权，并获得了政府返还的确权税费地方留成部分5446万元，用于置换不良资产。在县委、县政府的协调下，联社购置了位于宝丰县产业集聚区的197亩土地，用于建设金融服务中心及金融超市。至年底，宝丰联社资本充足率11.82%，不良贷款占比2.74%，年末呆账准备金余额13599万元，拨备覆盖率171.92%，各项指标均达到组建农商行标准。

【存款业务】 2012年，全县农村信用社加大组织资金工作力度，对存款考核方式进行调整，至年底，全辖各项存款余额412440万元，较年初净增44514万元，占全县市场份额的46%，位居全县金融业之首。

【贷款业务】 2012年末，全县农村信用社各项贷款余额288169万元，比年初增加17891万元，累计投放实体贷款205018万元。农业贷款余额占比为99.13%，占全县金融机构各项贷款总额的66.33%。

【中小企业贷款】 2012年，宝丰联社围绕中小企业贷款，以县三大产业园区建设为营销重点，不断加大贷款投放力度。至年底，投放企业贷款15.37亿元，共为全县176家企业提供了金融服务。被县委、县政府授予科学发展突出贡献奖和金融机构支持地方经济发展奖称号。

【创业贷款】 2012年，宝丰联社继续加大对青年创业、下岗职工、返乡农民工、巾帼创业、大学生创业贷款项目的融资支持，累计为640名下岗失业人员，提供再就业贷款2560万元。

【中间业务】 2012年，宝丰联社通过加大金燕卡业务宣传，增加POS机、自动取款机布放，增加中间业务收入。至年底，中间业务收入1085万元，较上年增加993万元，中间业务收入占各项收入的3.34%。

【经营效益】 宝丰联社围绕经营效益提升，坚持审慎经营的原则，在把传统业务做优做好的基础上调整信贷结构，向优势产业、优质产品、优良客户倾斜，提高贷款质量，提升贷款收益率，积极稳妥地开展中间业务、信托业务。2012年，实现各项收入32211万元，净利润4557.81万元，同比增盈3307.93万元；经营利润11788.76万元，同比增盈1693.7万元，完成年度计划9500万元的124.09%。

【清收不良贷款】 2012年，宝丰联社联合公、检、法等部门加大清收力度，同时加大对信贷人员违规、失职、过失造成贷款风险的责任追究力度，针对不良贷款清收遇到的问题，及时研究并出台了清收不良贷款的一系列政策措施，使信贷资产质量不断改善，资本充足率明显提高。至年底，全辖不良贷款占比由年初的6.74%下降到2.74%，下降4个百分点，资本充足率由8.95%提高到11.82%，抵御风险的能力明显增强。

【企业文化建设】 2012年，宝丰联社先后开展了“创先争优”活动、“靠正气实干”活动，“队伍建设年”活动，组织开展会计、信贷、卡业务等各类培训20余次，组织开展“合规建设演讲”等各项活动，成功通过省级文明单位复审。为提升服务水平，联社对赵庄信用社进行装修改造，对迎宾分社进行升级搬迁，增设了服务窗口，安装了自动柜员机、多媒体终端等自助设备，有效提高了联社的支付结算功能，树立了农信社的品牌。

（司景扬）

宝丰豫丰村镇银行

【概况】 2012年，宝丰豫丰村镇银行立足县域、面向三农，主体业务实现较快发展。6月19日，《平顶山日报》在版头刊发长篇通讯《创新金融服务，打造精品银行——宝丰豫丰村镇银行支农纪实》。7月16日，宝丰县委书记刘书锋批示：“县金融办要认真总结豫丰村镇银行创新服务支持县域经济发展的好经验好做法，在各种媒体上进行宣传”。被县委、县政府授予宝丰县2012年度发展县域经济先进金融单位称号。

【功能建设】 2012年，宝丰豫丰村镇银行与全国商业银行资金清算中心签定合作协议，3月1日开通网上银行。因不收开户费、送账户动态短信提醒等服务，吸引众多企事业单位和个人开通网上银行账户。

【资产负债】 2012年，资产总额40106万元,其中各项贷款28678万元,无不良贷款。存放同业及人民银行超额准备金3347万元,流动性比率253.75%;负债总额29037万元,其中各项存款余额23417万元。

【实现利税】 2012年,缴纳各种税费及附加349万元，实现利润1224万元；资本充足率43.04%。

【支持县域经济发展】 累计投放贷款59856万元,主要有三大客户群:中小微企业、城镇商户、农村生产经营户。全年累计为132个客户办理贷款227笔、金额59865万元。其中为39家企业累计发放贷款45860万元。 (刘中乾)

财产保险

【概况】 2012年，中国人保财险股份有限公司宝丰支公司坚持“忠诚服务、笃守信誉”的原则，主动、迅速、准确、合理的进行理赔服务。公司内设科室有办公室、综合科、财务科、业务一部、业务二部、渠道发展部，新增乡所营销部4个。

【保费收入及理赔】 2012年度，人保财险宝丰支公司保费收入1900万元，理赔1300余万元，报案2000余起。

【政策性小麦保险】 2012年，为农村经济社会发展提供有力保障，公司建立4个乡镇保险服务部，为农民提供了一定的风险保障，促进“三农”政策性保 险工作顺利开展。

【交强险投保】 2012年，交强险投保保费收入1500万元，处理交强险案件1320起，及时赔付率达95%以上。

【社会贡献】 2012年，人保财险宝丰支公司继续资助观音堂林站家庭贫困学生2名，其中一名已考入大学，已资助6年，每年资助金额不低于3000元。

【队伍建设】 2012年，人保财险宝丰支公司在抓业务发展的同时，紧紧围绕“服务、平台、队伍”三个重点，不断夯实客户服务基础，加快理赔处理速度，开拓服务思路。每周开展员工培训工作，学习《保险合同法》，制定《宝丰人保财险案件防范工作计划》，签订《加强党风廉政建设，领导干部廉政从业承诺书》，被县政府授予中国人保财险宝丰支公司营业部民主评议基层站所活动优秀单位称号。 (宋红艳)

人寿保险

【概况】 2012年，中国人寿宝丰支公司内设有办公室、财务科、业务处理中心、团险服务部、农村业务部、中介代理部、收展部等7个部室。保险营销员持证人数300余人。

【保费收入及理赔】 2012年，个险渠道目标800万元，实现850万元，完成目标的106%。中介渠道目标6300万元，实际完成6350万元，完成目标的100.79%。团险渠道目标200万元，实际完成180万元，完成目标的90%。全年续收保费率95%以上。全年各类赔案180余起，支付赔款2000余万元。

【队伍建设】 2012年，公司制定第一企划劳动方案，组织全体员工深入学习省公司提出的“思想大解放、作风大转变、业务大发展”的总体要求，加强内部素质教育。在业务发展的同时，组织学习新的保险基本法，提升业务人员职级和素质教育。公司每周五加强学习，每位员工带牌上岗，并树立对客户来有应声，走有送声的微笑服务理念。公司始终把增员扩大队伍建设作为公司持续经营健康发展的生命线，坚持每月都增员，月月都送新人培训。营销队伍300余人，持证率90%。 (买留义)

地方综合年鉴编纂出版规定(试行)

第一章 总则

第一条 为了规范地方综合年鉴编纂出版,提高质量,发挥地方综合年鉴在促进经济社会发展中的作用,根据国务院《地方志工作条例》,制定本规定。

第二条 本规定所称地方综合年鉴,是指系统记述本行政区域自然、政治、经济、文化、社会等方面情况的年度资料性文献。

第三条 本规定适用于以县级以上(含县级)行政区域名称冠名的地方综合年鉴(以下简称"年鉴")。

第四条 年鉴编纂出版坚持以马克思列宁主义、毛泽东思想、邓小平理论和"三个代表"重要思想为指导,全面贯彻落实科学发展观。

第五条 年鉴编纂出版应遵守国家关于保密、著作权、出版、广告等方面的法律、法规或规章,遵守党和国家关于民族、宗教和对外关系等方面的法规或政策,维护国家利益、民族团结和社会稳定。

第六条 年鉴编纂出版应做到:观点正确,框架科学,资料翔实,记述准确,编写规范,编辑出版符合国家标准。

第二章 框架

第七条 年鉴框架应涵盖年度内本行政区域的基本情况。

第八条 年鉴框架应做到:分类科学,层次清晰,领属得当,编排有序。

第九条 年鉴框架应突出年度特点和地方特色。

第十条 年鉴框架应相对稳定,同时依据年度特点和事物变化情况作适当调整,以体现稳定和创新的有机统一。

第十一条 年鉴分类可参照国民经济行业分类标准,并结合社会实际分工和本行政区域特点进行。

第十二条 年鉴框架各层次标题应简洁、准确、规范。

第三章 资料

第十三条 年鉴主要辑录反映本行政区域自然、政治、经济、文化、社会等方面的基本情况,以及与本行政区域密切相关的资料。

第十四条 年鉴主要辑录年度性资料,一般不上溯下延。第十五条 年鉴资料应突出时代性、年度性和地方性,具有为现实服务的价值和存史的价值。

第十六条 年鉴资料应具有连续性和可比性,能正确反映事物发展的脉络和轨迹。

第十七条 年鉴资料应真实,人名、地名、时间、事实、数据、图片、引文等应准确。

第十八条 年鉴采用的数据应以统计部门提供的为准,未列入统计范围的,以业务主管部门的为准。数据不一致时,应加以说明。

第十九条 年鉴编纂单位应拓宽资料搜集渠道,资料除依靠各供稿单位提供外,还要通过查阅档案、报刊和提炼网络信息,以及调查访问等方式进行搜集。

第四章 内容

第二十条 年鉴内容应存真求实,客观反映经济社会发展中取得的成绩和存在的问题。

第二十一条 年鉴内容记述应综合运用多种形式,其主要形式是条目,条目分为综合性条目和单一性条目等类型。

第二十二条 条目。条目编写应做到:

(一)选题选材注重有效性、完整性和新颖、准确、系统。(二)综合性条目反映年度内各个领域发展变化的总体情况和主要特点,具有高度的概括性;单一性条目一事一条,基本要素齐全。(三)信息含量大,避免空洞无物和简单重复。(四)坚持述而不论,寓观点于记述之中。(五)标题中心词突出,题文相符。(六)条目排列有序。

第二十三条 大事记。选录大事要得当,做到重要事项不漏,记述要素齐备。可将编年体和纪事本末体相结合。

第二十四条 图片。图片选用注重典型性、资料性,突出反映重大事件、重要成果和热点问题。图片要清晰、美观;文字说明应简洁、准确、要素齐全。地图选用和绘制应遵守国家关于地图管理的法规和有关规定、办法。

第二十五条 表。表格包括表题、表体以及必要的表注等。表格内容要准确,设计要规范。

第二十六条 附录。附录内容应具有参考性、实用性和便览性。

第二十七条 其他形式。年度内具有特殊意义的资料可采用特载、特辑、专文、专记或其他形式集中汇辑。

第二十八条 人物记述可采用简介、名录、表等形式,入鉴人物应严格掌握标准,人物记述应做到客观、准确、公允。

第二十九条 年鉴应设编辑说明,主要介绍年鉴编纂的指导思想、记述的时空范围、栏目的设置情况、资料的来源等事项。

第三十条 年鉴具有工具书性质,应有完备的检索系统。年鉴应编制中文、英文目录;中文目录详至条目。索引应提供丰富的检索信息,名称概念清晰,标目符合主题原意,标引准确。

第三十一条 年鉴内容记述应减少交叉重复,多处记述同一事物的应各有侧重。

第三十二条 年鉴使用记叙文、说明文等文体,文风要朴实,记述要流畅。

第三十三条 年鉴使用规范、统一的简称和缩略语,名称、时间、地点、事实、数据、计量单位、术语等的表述前后要一致。

第五章 出版

第三十四条 年鉴编纂应建立健全审读、审核和校对制度,以确保质量。

第三十五条 语言文字、标点符号、汉语拼音、数字、计量单位使用和索引编制、图片选用等,应符合国家有关法律、法规和规章、规定。

第三十六条 编辑校对应符合国家出版物质量管理的规定,差错率不超过万分之一。

第三十七条 封面设计应庄重大方,年鉴名称、卷号要醒目。

第三十八条 版式设计应疏密得当,留白页少,字体、字号选择要既能区别结构层次,又有较好的视觉效果。

第三十九条 版权页刊载版本记录应完整。

第四十条 采用16开本(889×1194mm),文字横排。

第四十一条 印刷、装帧应符合国家出版物质量标准。

第四十二条 制作出版电子版年鉴,应遵守国家关于电子出版物管理的规定。

第四十三条 年鉴应逐年编纂,做到在出版年度的上半年内出版。

第六章 附则

第四十四条 各省、自治区、直辖市地方志工作机构可根据本规定,结合本地区实际,制定实施细则。

第四十五条 专业年鉴可参照本规定执行。

第四十六条 本规定由中国地方志指导小组办公室负责解释。

(2012年7月13日中国地方志指导小组四届三次会议通过)

经济管理

发展和改革

【概况】 2012年,县发改委内设机构有办公室、综合规划股、固定资产投资股、对外经济及产业政策股、财金商贸地区经济发展股、农村经济股、工业高新技术股、基础产业股、社会发展股、经济体制改革综合股、价格调控股、价格管理股、收费管理股、经济运行调节办公室14个股室,下设大项目办公室、经济信息中心、汝瓷研究所、工业技校、电力办公室5个二级机构。有工作人员31人。

【年度计划编制】 编制实施年度国民经济和社会发展计划,《宝丰县2011年国民经济和社会发展计划执行情况与2012年计划(草案)的报告》在县十四届人大会议上审议并通过,向人大常委会提交《宝丰县2012年上半年国民经济和社会发展计划执行情况的报告》。2012年,全县GDP完成226.8亿元,增长13.2%,二三产业占GDP的比重为92.7%;全社会固定资产投资完成178.9亿元,增长24%;城镇化率比上年提高2个百分点;万元GDP能耗较上年下降4%。

【发展规划编制】 推进特色商业区及香山路改造等工作。特色商业区发展规划编制完成,顺利通过省"两区"办专家评审。总规划面积1.93平方公里,在空间布局上沿香山路两侧形成"一带两片两心"的布局结构,推进人民路及香山路改造工作。完成43家企业和商户的政策宣传、普查登记和评估流程方案工作,对特色商业区内现有的八骏棉纺、宏发铁业等企业进行搬迁资产损失评估;人民路东延及高速口改建工程已经开工建设,规划区内的宝酒文化产业园、新型社区等项目建设征地及施工设计等前期工作已完成。

【重点项目建设】 全年共审批核准城建和社会事业投资项目33个,总投资26.56亿元,备案项目37个,总投资63.27亿元。全年1000万元以上项目完成投资175亿元,占年度计划的106.1%,建成1000万元以上项目80个,其中亿元以上项目16个,总投资50.7亿元。

【国债和财政性资金】 2012年,全县共争取到上级政策性资金11.5亿元,同比净增1000万元。由县发改委牵头争取到上级政策性资金项目39个,全年争取政策性资金1.2亿元,较上年增长20%,招商选资引进投资3亿元的年产100万件数控机箱项目在县产业集聚区开工建设。

【节能减排】 2012年,完善节能减排工作机制,起草印发十二五和2012年节能减排工作方案,开展全县"节能宣传月"活动,分别与各乡镇等20家企业签订节能目标责任书。

(亢鹏程　辛文化)

工业和信息化

【概况】 2012年,宝丰县规模以上企业总产值全年完成317.19亿元,同比增长22.8%。规模以上工业企业增加值全年完成125.18亿元,同比增长18.8%。规模以上工业企业营业收入完成263.4亿元,同比增长12.97%。规模以上工业企业利润总额完成31.96亿元,同比下降3.29%。规模以上工业企业税收完成17.04亿元,同比下降13.07%。县工业和信息化局内设机构有办公室、政策法规股、科技股、工业经济运行股、工业综合股、融资股6个股室,中小企业信用担保服务中心、信息管理中心2个中心。宝丰县中小企业投资担保公司,隶属县工信局。

【经济运行】 2012年,宝丰县每月召开一次由各乡(镇)主管副职、工业统计员参加的工业经济运行例会，每月牵头组织召开一次由县分管领导和县工信、发改、统计、金融等相关部门主要负责人参加的全县工业经济运行分析联席会。局班子成员结合工作职责不定期带领科室人员深入各乡(镇)和重点规模以上工业企业调研督导经济运行情况，对企业在生产经营过程中遇到的困难和问题,有针对性地帮助协调解决。在充分调研的基础上，每月撰写一份工业经济运行分析报告上报县主管领导和有关部门。每周编发一期《工信快报》,共印发30期,及时向四大班子领导和有关部门通报全县工业经济发展的有关情况，为领导决策提供依据。举办由各乡镇主管领导、企业办统计、重点企业统计参加的工业统计业务知识培训班2期。5月,县工信局被评为2011年度全市工业运行监测工作先进单位。

【小微企业】 全年组织开展小微型企业发展调研5次,组织召开小微型企业发展座谈会10余次，出台了《关于加快小微型企业发展的十条意见》,对促进全县小微企业发展起到的推动作用。

【信息化建设】 2012年,县工信局配合县纪检监察部门，搞好工程建设领域项目信息公开和诚信体系建设工作，调整了宝丰县信息化工作领导小组,与县纪委联合出台《宝丰县工程建设领域项目信息公开责任追究办法》,组织开展了实施工程建设领域项目信息公开和诚信体系建设单位主管领导和联络员培训。先后组织召开工程建设领域项目信息公开和诚信体系建设工作会议3次，与宝丰电信公司联合出台支持老龙窝“三化”协调发展实验区建设信息支撑初步方案。县政府办等37个单位参加了工程建设领域项目信息公开和诚信体系建设工作，全县已公开工程建设领域2012年项目信息和信用信息585条。同时,认真办好中国中小企业宝丰分网站,2012年报送信息863条，被中国中小企业河南网采用信息条数在全省167个分网站中保持领先位次。

【工业企业安全生产】 2012年,全年召开安全生产工作会议8次,下发了《安全生产网格化管理九定方案》《百日安全生产攻坚活动方案》等文件,指导企业做好安全生产工作。落实安全管理规定,建立安全生产责任制,组织开展了一年四季安全生产督导、安全型企业创建、网格化企业监管、“打非治违”及安全生产年活动等工作。积极配合环保、国土等部门做好小铸造、小炼油等“五小”企业的关闭工作,组织人员对大地水泥、京宝焦化、海星化工、洁石建材、天使宝棉等企业开展安全检查50余次,下发整改通知书37份,提出整改意见105条,企业整改105条,整改率100%,确保了企业安全生产。

【招商选资】 2012年6月上旬和7月下旬,县工信局组成招商选资小分队分别赴山东潍坊潍柴控股集团有限公司和杭州诺贝尔集团有限公司对接招商项目考察活动，向企业详尽介绍宝丰县的招商优惠政策和区位优势。

【企业服务】 2012年,积极参与县产业集聚区申报2012年度国家新型工业化产业示范基地,为企业申报各类政策性扶持资金项目24个,申报金额2.6亿元,目前已到位资金770万元。牵线搭桥,构筑平台,为企业搞好融资服务。组织县规模以上企业参加各类金融知识培训班。为推动小额贷款公司合规经营,规范运作,配合省、市主管部门每月组织开展一次小额贷款公司合规经营情况检查,严禁注册资金之外的吸储放贷经营活动,确保公司健康有序发展。县中小企业投资担保有限公司投入试运营，已为2家中小微企业担保贷款金额170万元。先后3次组织50余家重点企业、部分小额贷款公司和担保公司负责人参加2012年中小企业金融超市活动和“小巨人”企业信贷培训,组织开展银企合作和银企对接活动10次。组织全县13个乡(镇)长、乡镇主管经济的副职、工业办主任(统计员)和10个县直部门、9家商业银行、80家企业的负责人共180人参加宝丰县金融大讲堂活动。内引外联,助力企业,组织搞好产业转移等各类经贸活动。组织县20余家重点企业参加平顶山市首届制造暨消费品博览会，宝丰县获金奖产品4个,银奖产品2个,优秀奖6个。组织参加2012中国(郑州)产业转移系列对接活动,宝丰县签约项目2个,合同金额23亿元。期间布置主题展览版6个，制作展台2个，展示工业产品22种。组织企业申报科研成果,有2个项目分别获省工信系统科技成果二等奖和三等奖。

【工业行业管理】 县工信局每月上报市局14个工业重点产业行动计划项目建设进度报表、平顶山市2012年工业和信息化项目汇总表、河南省承接产业转移成果统计报表(包括汇总表、在建、新签约、投产、活动情况),联合大地水泥公司上报水泥企业产品质量月报。组织县高新区公共服务平台进行项目入库申报,在技术改造项目库中补充宝丰县海宝电器有限公司、宝丰海宝空调有限公司、宝丰县宝隆不锈钢制品有限公司、河南宝视达投资有限公司。为冯异醋业、中大碳素、宝隆不锈钢、大通实业、巨坤实业、海宝洗衣机及小家电、海宝空调7个项目备案。做好国家、省、市相关专项资金的推荐上报以及检查督导工作,并帮助企业完善相关材料。做好关于进一步促进经济平稳发展财政支持钢铁行业奖励资金申报的工作,按要求组织旭原不锈钢公司进行申报;做好2012年市工业企业技术改造项目申报工作,组织禧丰酒业、洁石建材进行申报;组织禧丰酒业进行2013年工业中小企业技术改造中央投资项目申报工作申报;组织宇隆建材进行2013年产业振兴和技术改造专项申报工作申报。对宝丰县涉及"瘦肉精"和含"瘦肉精"饲料企业进行摸底调查,并上报调查报告;开展工业明胶生产企业产品流向的摸底调查和上报。组织大地水泥集团做好全国建材行业先进集体、先进工作者和劳动模范的申报;组织大地、亚坤等10余家企业参加中小企业金融超市活动工作;组织企业参加2012中国(郑州)产业转移系列对接活动;组织海宝、旭原等企业迎接省承接产业转移项目观摩督导。

【参与活动】 2012年,成立了"建五宝,争百强,三化协调发展奔小康"领导小组。协调县移动、网通、电信、县广电总台等单位为前营乡张旗营村、郭湾村解决通有线电视、宽带等问题。协调电力部门为商酒务镇石岗营村东因高温用电量大烧坏的变压器进行维修和重新安装。2012年国庆、中秋双节,县工信局出资近3000元,分别到前营乡张旗营村、郭湾村,商酒务镇皂角树村、石岗营村、郜辛庄村等5个村的贫困老党员和困难群众家中,看望慰问贫困老党员和困难群众。

(于亚渊 许腾飞)

统计调查

【概况】 2012年,宝丰县统计局内设机构有办公室、人事教育股、综合核算股、政策法规股、农业股、贸易社会科技股、能源股、纪检(监察)室和经济社会调查局、城市社会经济调查队、农村社会经济调查队、执法监察大队、政府普查中心5个事业单位,其中城调队、经济社会调查局、农调队为副科级单位。有干部职工46人。

【统计年报、定报工作】 2012年,宝丰县按照国家统计报表制度和新要求,认真组织做好2011年年报和2012年定期统计报表工作,及时完成统计年报、定报任务,全面、客观反映全县"十二五"期间的经济社会发展情况。按照GDP核算方案,做好季度GDP核算的基础资料提供以及试算工作,加强对要素指标的审核把关,进一步完善GDP审核评估制度,规范GDP试算和发布程序,提高其科学性和准确性。对2012年度各乡镇的GDP分行业、现价、可比价、速度进行细致的核算并及时发布。

【统计服务】 根据县委、县政府确立的"建五宝、争百强、三化协调发展奔小康"的目标,针对"五宝"涉及的55个目标体系,结合统计部门相对应的专业,进行相应的分组,分别由县统计局主管领导牵头配合县里的"五宝"分组,分季度做好统计监测,实行跟踪、督查、问政,搞好统计服务。定期编发《统计信息》,共印发《统计信息》12期,具有内参性质的《统计报告》7期,就国民经济的运行情况以及存在的问题及时向县委、县政府领导通报,为领导科学决策提供信息支撑。

【统计制度方法改革】 2012年,县统计局认真抓好基本单位名录库维护。根据市统计局的安排,对"三下"企业进行认真摸底排查,掌握一批"小变大"企业的基本情况,为部分"三下"企业进入"三上"企业名录库创造了条件。会同县工信局、县商务局等在全县辖区内开展"三上"企业的摸底、核查与调研工作,确保"三上"企业及时纳入名录库。2012年"三上"单位共新增申报10家,其中工业企业4家,批发零售住宿餐饮业6家。

【基本单位名录库管理】 2012年,县统计局在召开基本单位名录库管理工作会议的基础上,出台了《宝丰县基本单位名录库质量控制办法》。一是加强名录库的组织管理。二是加强名录库质量控制。三是加强基本单位名录库的审核工作。四是部门联动,推行优惠政策。五是加强数据质量抽查工作。真正实现"先有库,后有数,先有库,后报表"。

【人口和城镇化抽样调查工作】 县政府下发通知,成立以常务副县长李留军为组长的宝丰县人口和城镇化抽样调查领导小组。9~10月,通

2012年11月22日,统计人员深入乡镇开展调查工作

过召开动员会、业务培训会议,对全县人口抽样调查工作安排部署。认真做好经济普查前期准备工作。

【统计执法】 2012年,宝丰县积极推进以"企业一套表"为主线的"四大工程"建设,保障统计制度和联网直报工作顺利实施,不断提高统计基础建设和质量,在全县范围内开展统计执法大检查。分4个检查组,对"三上"企业、县直有关单位、各乡镇以及服务业企业进行全面系统的检查。通过检查,维护了统计工作秩序、提高了统计数据质量。

【统计数据联网直报】 2012年,针对宝丰县"三上"企业的联网直报工作,对全县涉及联网直报单位的统计人员在进行集中培训的基础上,有专业人员一对一进行上机操作指导,确保上报报表的质量。按照要求,规模以上工业企业、服务业、贸餐业固定资产投资等专业纳入联网直报行列。联网直报的实施极大程度上提高了统计的工作效率,有效地消除企业数据在上报过程中可能出现数据失真的现象。

【社情民意调查】 2012年,县社情民意调查中心围绕县委、县政府中心工作,承担县委、县政府及党政有关部门委托的社情民意调查项目。9月,受县纪委和县优化办的委托,查找社会经济发展环境中存在的问题,利用电话访问的形式,向社会各界进行调查,对全县有关单位40个职能股室进行系统评价。通过对电访结果的汇总、分析,撰写出调查报告,为县委、县政府决策提供了依据。11月,受县政法委的委托,为进一步了解全县人民对社会治安状况以及对政法系统工作的满意度,对全县平安建设工作进行电话访问调查,并把调查结果及时向县委政法委进行汇报。

【全省统计年鉴和统计资料编辑工作会议在宝丰县召开】 2012年5月17~19日,全省统计年鉴和统计资料编辑工作会议在宝丰县召开。省统计局党组成员、总统计师王作成,市委常委、常务副市长王丽,县长张庆一,市统计局局长牛继庆,县政府党组成员亢鹏举等出席会议。会议传达了全国地方统计年鉴工作会议精神,总结交流2011年全省统计年鉴和资料编辑工作,安排部署2012年全省统计年鉴和资料编辑工作,同时对全省统计年鉴和资料编辑工作提出要求。

(王京苑)

审　计

【概况】 宝丰县审计局内设机构有办公室、经济责任股、财政金融股、行政事业股、经贸股、基建投资中心、三个农村财务中心审计所和法制室10个股室、所。有干部职工67人,其中本科学历10人,大专学历23人;审计师5人,经济师7人,会计师3人,咨询师3人。2012年先后获省级文明单位、省级卫生先进单位、全省社会保障资金审计先进集体等称号。

【财政审计】 2012年,围绕财政资金的收支与管理使用,对县财政局进行预算收支审计,并对42个财政预算单位进行财政收支审计,揭示了存

在的问题，对查处的问题依照有关法律法规进行了处理，及时向县人大常委会作出专题报告，并提出相关建议，为促进财政预算管理规范化、制度化和法制化建设发挥了作用。

【经济责任审计】 开展对领导干部任期经济责任审计是从机制和源头上预防和治理腐败的一项有效措施。2012年，按照县委组织部的安排，组织人员对29名领导干部进行经济责任审计，查出违纪、违规资金5788.07万元，并依法进行了处理。同时，为组织和纪检监察机关提供较为详实的情况，使审计结果切实变成干部任用、奖惩等全面考核的依据，为逐步完善干部考核、评价打下坚实的基础。

【固定资金投资审计】 按照县政府56次常务会议对政府投资50万元以上的项目实行必审制度以及不经审计工程款不得拨付的要求，2012年，完成41个政府投资项目审计，投资项目送审金额22147.9万元，审定金额21436.7万元，审减711.2万元，为国家节约资金711.2万元。通过审计，查清建设资金来源、工程造价和项目建设等方面的管理情况及有关政策的执行情况，并针对存在的问题提出建议，揭露和处理存在的违规、违纪问题，促进了项目法人加强各项管理，提高投资效益。

【专项审计】 2012年，县审计局结合预算执行审计，注重开展农业综合开发项目、社保资金、政府保障性住房、人防工程建设项目、城市和农村最低生活保障等专项资金使用情况进行审计。特别是完成了南阳市新野县的异地社保资金审计和周口市民权县保障房建设资金审计。审计过程中，揭露和纠正了专项资金管理中存在的问题，提出了较为切实可行的审计意见和建议，确保了专项资金的安全使用和使用效益。

【审计监督】 2012年，县审计局坚持实行"两公开三监督"制度，不断完善审计回访制度，通过回访，收到被审计单位提出的意见和建议47条，针对提出的意见和建议，认真研究，并采取措施，加强行业作风建设，防止了以审计讲和，增进了与被审单位的关系。 （杨少东）

工商行政管理

【概况】 2012年，宝丰县工商局内设有办公室、财务股、法制股、人教股、监管股、注册股、消保股、12315投诉中心、监察室等9个股(室)，下辖1个经检大队、9个工商所，下挂消费者协会和个体私营经济协会。有工作人员124人。2月13日，获全国文明单位称号。先后被河南省工商局授予2012年全省工商行政管理系统"五个工商"建设先进单位、全省工商行政管理系统打击侵犯知识产权和制售假冒伪劣商品专项行动先进集体、全市工商系统中原红盾行动集中整治"五个周边"市场工作先进单位称号；城关工商所被省工商局授予2012年全省工商行政管理系统"五个工商"建设先进工商所称号;城关工商所、杨庄工商所、赵庄工商所、东城工商所分别被授予全市工商系统中原红盾行动集中整治"五个周边"市场工作先进集体称号;赵庄工商所、12315投诉中心分别被平顶山市工商局授予2012年度全市工商行政管理系统"五个工商"建设先进集体称号;连续两年被市政府授予行政服务工作优秀单位称号，连续三年获县科学发展突出贡献奖。

【登记注册】 2012年，全年新增各类企业222户，专业合作社52个，个体工商户1671户，企业集团1家。全县共有企业集团12家，冠市级名称企业99家，冠省级名称企业63家，冠国家名称企业2家。

【网吧、传销和商标广告的监督管理】 深入开展"打击传销"专项斗争，开展争创"无传销县"活动。2012年，把城区及城乡结合部等列入监控重点，密切关注流动人员动向，并不断加大宣传力度，散发宣传资料3000份，在宝丰电视台播放防止"传销和变相传销"警示6天，发送手机短信1200条。查办商标侵权、虚假宣传及其他案件414起，下达行政指导书42份，清理户外广告1000余处，规范其他广告100余处；先后组织网吧专项整治4次，规范有照网吧34家，断绝信号并取缔"黑网吧"16家，没收设备53套，罚款4.47万元。

【食品安全专项整治】 全年先后组织食品安全专项整治30余次，抽检面粉23个批次、食用油19个批次、大米6个批次、婴幼儿乳粉72个品种及批次，啤酒16批次、饮品11个批次等各类食品共160个批次。查办食品案件329起，结案329起，办结率100%。加大对流通领域商品质量监管力度，先后开展了成品油市场、建材市场、农资市场等专项检查31次，并不断加强对重要生产资料及生活用品的抽检力度，实现监管常态化。

【开展“中原红盾行动”】 全年共查办各类违法案件985起，结案914起，入库罚没款181.59万元。

集中整治“五个周边”市场行动 共出动执法人员2800余人次，检查经营主体13213户次，端掉“黑窝点”16个，其中，李某购销病死猪案被平顶山市工商局列为典型案例和工作亮点。查获各类假冒伪劣商品7.75吨，立案394起，结案355起，其中万元以上案件17起，入库罚没款55.3万元。集中整治“五个周边”市场，共收到企业及群众送来的锦旗3面、感谢信14封；“2·22”集中活动日当天，省市局、市县政府领导亲临现场指挥，县政府、各乡镇都派出专门力量配合行动；省、市、县各级媒体进行了现场报道，县电视台制作了以《红盾飓风行动》为标题的专题片，连续播放一周时间，县工商局被平顶山市工商局授予中原红盾行动集中整治“五个周边”市场先进单位称号。

开展“双反”行动 “双反”行动期间，查处各类违法案件374起，查扣各类假冒伪劣商品总值8.74万元，入库罚没款81.6万元。加强对公用企业的行政指导，督促企业改正不正当竞争行为。共下达行政指导书42份，收到感谢信50封、锦旗24面。平顶山市工商局“双反”行动简报第18期以《加强行政指导，坚持和谐执法》为题，专门介绍了宝丰县的作法。

开展“双整治”活动 活动期间约谈有关企业55次，下达行政建议2份、责令改正通知书8份，查处各类案件40起。

开展“双打”专项行动 专项行动打击了烟酒市场经营中的商标侵权假冒行为和网络传销行为，查办案件104起，罚款18.66万元。

开展“一打击两整治”“打非治违”及“打假冒保春耕”等活动 以整顿重要生产资料市场为重点，努力营造和谐稳定的社会环境和公平有序的市场秩序。向有关部门抄告无证无照加油站（点）66家，抽检化肥、种子、成品油等商品132个批次，查办农资案件18起、成品油案件6起、销售“三无”汽车配件案件5起。

【消费者权益保护】 2012年，全县共设立消费者联络站、12315投诉站107个，聘用兼职人员100余名，“两站”覆盖面达100%。在全县形成了以“12315”投诉举报中心为中枢，以基层工商所及“两站” 为基础的消费维权网络和快速反应机制。全年共受理咨询162起，消费者投诉120起，举报70起，投诉办结率、举报调查落实率均为100%。为消费者挽回经济损失10万余元。结合“消费与安全”年主题，利用“3·15”国际消费者权益保护日等有利时机，散发宣传资料5000余份，并利用新闻媒体向广大消费者发布消费引导及警示，宣传消保法律和识假辨假知识，增强了消费者自我保护意识、维权意识和消费信心。

【党风廉政建设】 按照一岗双责的要求，将岗位职责分解落实到位。落实党务公开、政务公开、财务公开制度，接受监督，关口前移，努力实现反腐倡廉源头治理。加大效能监察和纠风工作力度。先后开展效能监察22次，走访回访企业200余家。深入开展减轻农民负担、治理公路“三乱”、优化经济发展环境等专项整治活动，切实纠正执法执纪方面的不良现象。

【队伍建设】 先后开展了公务员初任培训，工商局长、所长轮训，业务知识培训等各类培训14次，参训人员200余人。以开展“创先争优为民服务”活动为载体，以服务大局、服务群众为主线，掀起创争“优质服务窗口”、争当“人民满意工商局、工商所、工商干部”和“注册能手”“监管能手”“维权能手”“办案能手”热潮，全系统共有26项工作、19名工作人员受到表彰。开展职业道德教育、法制教育和廉洁从政教育。全年在各级媒体发表稿件20余篇、上报工作信息556条、撰写调研文章8篇，在县工商局腾讯官方微博、新浪官方微博发微博603条。开展“守合同重信用”“百城万店无假货”“食品安全示范店”及“文明县城”创建活动,倡导文明新风。开展“廉政教育月”“廉政楹联征集”等活动,增强廉洁从政观念。加大创建投入,筹资100余万元为城关、东城、专业等3个工商所新建办公场所,并对机关“廉政灶”提档改造,努力改善干部职工的工作生活条件。

（陈昆明）

市场发展中心

【概况】 2012年,宝丰县市场发展服务中心内设有办公室、人事教育股、市场建设股、生产经营股、财务股。各乡镇（含观音堂林站）分别设有市场管理所。有工作人员49人。中心对各乡镇牲畜交易服务部进行行业管理,每个乡镇各设交易会计1人,全县共有牲畜交易服务人员274人。

【集贸市场及物交会治理】 2012年,市场发展服务中心继续对所辖市场及物交会进行管理、维护,对各乡镇牲畜交易市场进行行业管理。其中,投资5000余元对商酒务春风市场门面房进行维护、铺垫;投资5000余元更换农贸市场损坏的下水道盖板,保洁人员由3人增加到6人;投资5000余元对杨庄物交会市场的垃圾进行清理和平整。至2012年,全县每年共有物交会800余个（次）,其中古庙会150余个（次）,新起物交会700余个（次）。 （张俊伟）

物价管理

【概况】 2012年,宝丰县物价局落实国家、省、市各项价格政策并对价格、收费政策执行情况进行监督、检查和年审,切实营造和谐、公平、公正的价格环境。县物价局内设机构有办公室、法制室、价格管理股、收费管理股4个股室,下辖物价检查所、价格认证中心、价格调节基金办公室、价格成本监审所4个二级事业单位。有干部职工91人。

【价格管理】 2012年,县物价局落实价格监测报告制度。对32个重要农副产品和生活必需品价格实行“一周一采价、一周一发布,一月一汇总,一季一分析”,全年定期进行市场监测85次,不定期监测55次。运用手机短信平台向县四大班子领导、各局委负责人及有关部门发布市场价格信息51次。加强同汝州、郏县等周边县(市)的市场价格信息沟通,建立与相邻县区市场价格比对制度。

【价格调节基金征管】 2012年,面对基金政策调整和煤矿仍处在停产整顿、兼并重组阶段的不利形势,县物价局开拓工作思路,调整工作方式,在“横向”上要宽度,新增对房地产、文化娱乐、中介服务等行业的征收;在“纵向”上要深度,做到依法征收,确保征收“不缺面、不漏点”。全年共征收入库价格调节基金112万元,为县政府科学、有效地经济调控储备了基金。

【收费管理】 2012年,继续开展收费年审工作。制订行政事业性和经营性收费年审方案,下发有关文件。创新收费年审案件移交查处制度,有效地杜绝了“前审后乱”现象,规范了收费行为。对全县应参加2011年年度审验的64个收费单位（系统）全部进行年审,年审率100%,涉及《收费许可证》125本、收费项目202项,标准738个,涉及收费金额4000余万元。换发《收费许可证》92本,其中,行政事业性49本,经营服务性43本。加强执收人员业务培训,举办1期10个课时近300人参加的执收人员法规知识培训班。

【价格检查】 2012年,先后组织开展涉农收费、医疗服务价格、通信行业专项检查和房地产、邮政、烟草、宝粮集团等单位的监督检查。全年共查处价格违法案件117起,实施经济制裁301.7万元,责令退还237.9万元,罚没上缴财政63.8万元。通过价格检查监督,及时制止乱收费乱涨价行为,依法查处各类价格违法行为,确保了全县价格总水平的相对稳定。

【价格认证】 全年完成鉴证工作330起,总标的金额841.2万元,其中,事故车辆定损135起,涉案鉴定182起,其他资产评估13起,确保了价格认证准确率100%。

【价格举报】 继续实行价格举报电话12358全天24小时值班制度。共接受群众咨询和举报

10件,立案10件,办结10件,办结率100%。

【成本监审】 2012年,为申报大工业直供电的5家企业开展成本监审，对企业用电的构成和各种用电量在企业成本构成中的份量等进行详细核对和分析。对博诚和谐园二期经济适用房销售价格、出租车客运价格、自来水价格、物业管理费进行成本监审。配合省市相关部门开展对县人民医院、县中医院等3家公立医院改革情况的成本审核。（徐 晖）

质量技术监督

【概况】 2012年，宝丰县质量技术监督局内设机构有办公室、质量监督股、食品安全监督股、特种设备监察股、标准计量股、行政审批股、人事教育股、计划财务股、法规股、稽查大队（副科级单位）、检测中心（副科级单位）。有工作人员85人。

【质量兴县工作】 2012年，河南亚坤集团获市长质量奖，河南伊利有限公司、五星石墨有限公司、春慧农发有限公司3家企业获县长质量奖，河南大地集团、五星石墨有限公司获平顶山市实施标准化战略先进单位，促进了企业产品质量提升与综合竞争力的提升。

【名牌战略】 2012年，继续实施名牌战略，实现品牌建设与经济发展的良性互动，逐步形成一批以省级名牌产品为龙头、省级优质产品为重点、市级诚信单位为基础的名优产品群体，并不断发展壮大。新增星光艺术学校1家河南省名牌产品，1家企业进行质量诚信认定，2家企业通过质量体系认证，新增2家河南省质量信用A级企业。

【产品监督检验】 2012年，对辖区内生产企业进行监督抽查，定检、抽检、委托检验煤炭、建材、食品等企业110余家，检验样品632个批次。产品定期监督检验率100%，不合格产品整改率100%。

【计量监督】 2012年，共检定各种计量器具4124台（件）。其中，检定地中衡360台次，台秤620台次，案秤330台次，电子计价秤260台次，天平26台次，砝码26块，心电图机24台次，血压计760台次，B超机18台次，加油机600台次，电能表300块，压力表800块。产品定检计划率100%，企业受检覆盖率85%以上，计量器具周期检定计划完成率100%，强检率95%以上。

【食品安全监督】 2012年，县质监局以贯彻《食品安全法》及相关法律法规为核心，对重点产品加强专项监督抽查。严厉打击食品非法添加剂和滥用食品添加剂。全县使用食品添加剂的企业均按要求进行使用登记、备案，责成食品生产加工企业100%取得食品生产许可证，签订食品质量安全承诺书。对全县36家获证食品生产加工单位实行分类监管，并建立电子档案和纸质档案，及时调整信息，实行动态管理。全年共检验食品220批次，产品不合格整改率100%。

【特种设备安全监察】 开展“五一”、国庆、十八大期间安全大检查，安全宣传月及公众聚集场所安全、重大危险源安全大检查活动。重点对压力容器和学校供暖在用特种设备进行安全监察。严把特种设备安装告知和每台新增设备安装前的质量确认，并严格要求安装单位进行安装监督检验。检查检验特种设备231台，其中，锅炉85台，压力容器57台，电梯75台，起重机械14台，气瓶充装站5家。特种设备定检率、注册率98%。坚持特种设备巡查制度，对发现的违规行为及时下发《安全监察指令书》。全年未发生特种设备安全事故。

【标准化管理】 2012年，观音堂花椒和翟集醋国家地理标志保护产品申报工作进展有序，河南大地水泥有限公司通过采标验收。实施强农惠农工程，围绕全县农业发展状况，制订完善了无公害谷子、脱毒红薯、花椒种植、生猪养殖等省、市、县地方标注20余项，2个河南省农业标准化示范园区通过验收，1个河南省农业标准化示范园区正在有序开展工作。全年新办组织机构代码证243份，到期换证434份，废置代码10份，迁址11份，年检454份，年检率60%，并同步完成全部电子档案扫描工作。全年办件1152件。

【执法打假】 2012年，开展元旦、春节双节专项执法检查。3月初开展"质监利剑"农资打假下乡专项行动。4月开展消防产品专项治理春季行动，对全县机动车安全技术检验机构无证开展安检的违法行为进行专项执法检查和集中整治。5月进行腐竹专项执法检查及化肥专项检查"质检利剑"行动。7月进行日化用品专项执法检查。8月进行医疗器械、计量器具专项执法检查。9～11月进行小麦粉、饮用水、节日食品专项执法检查。全年共出动执法人员387人次，查处案件86起，立案37起。

（高君良）

国土资源管理

【概况】 宝丰县国土资源局根据国土资源管理工作现状，内设有办公室、利用股、地籍股、规划股、耕保股、审批股、开发股、储量股、法制室、地质环境股、测绘股、信访股、勘测队、冶金办、人事股、财务股、审计股、宣传股、纪检监察室、国土资源派出所、政策研究中心、行政服务大厅国土资源窗口、信息中心、宏观调控股、文印室、计生办、工会、妇联等28个职能股（室）。下辖宝丰县土地开发中心、宝丰县土地储备中心、宝丰县地产市场管理处、宝丰县土地整理中心、宝丰县土地矿产交易中心、宝丰县土地监察队、矿产资源稽查队、征收办、宝丰县土地估价事务所等9个直属机构，下设城关、杨庄、大营、周庄、肖旗、赵庄、闹店7个国土资源分局，城关、杨庄、周庄、闹店、李庄、肖旗、赵庄、商酒务、大营、张八桥、观音堂、前营、石桥13个国土资源所，周庄、张八桥、大营、韩庄4个矿产资源所，大营、张八桥、观音堂3个铝粘土管理所。有干部职工632人。

【耕地保护】 2012年，县国土资源局严格规范建设用地占用耕地的审核和审批，认真落实"三个不报批"，从严控制建设占用耕地规模。宝丰县2011年第二批、第三批补充耕地储备项目通过市国土资源局验收，项目总面积296.64公顷，总投资2211.56万元，新增耕地269.86公顷，经市政府批复农转用批次8个，面积41.714公顷，其中耕地38.9592公顷，全面实现耕地占补平衡。

【土地整理】 2012年，对闹店等3个乡镇土地整理项目和2011年第四批补充耕地储备项目进行招投标。对2009年赵庄乡、商酒务镇等5个土地储备项目进行工程及财务决算。督促2011年第一、二、三批补充耕地储备项目尾工工程进度，项目总投资3096.89万元，建设规模325.29公顷，新增耕地401.08公顷，已完成终验。

【建设项目用地报批】 全年共组织土地报批15个批次，总面积4127.5875亩，其中，城市建设用地782.1亩，乡镇建设用地741.7695亩，城乡增减挂钩项目2027.818亩，上报单独选址项目71.7亩。经省政府批复建设用地6个，其中，乡镇批次3个，城市批次1个，区位调整1个，城乡挂钩试点1个，总面积1613.70亩。

【土地利用】 全年经县政府批准，共计出让国有建设用地使用权35宗，总面积169.248公顷，涉及改变用途及容积率调整总成交价款48761.6万元。划拨国有建设用地6宗，总面积44.0068公顷。办理村组企业用地手续6宗，总面积3.5公顷。批而未用和闲置土地处置批准征收面积642.7548公顷。

【土地规划】 2012年，先后完成大唐发电、平煤王矿、京宝焦化、三源实业、南水北调、宝石快速通道西延等单独选址项目建设用地预审。完成县产业集聚区扩边规划与省厅对接工作。县产业集聚区扩边后面积12.1平方公里。完成2012年8个批次的土地利用计划指标申请上报工作。申请年度土地利用计划指标总面积100.2924公顷。

【土地登记】 全年共办理各类报件1851宗，其中，集体建设用地土地使用权登记发证12宗，国有土地使用权登记61宗，农村居民宅基地审批860宗，农村宅基地登记发证886宗，矿山企业采矿权变更、延续审批13宗，国有土地使用权抵押登记 19 宗。

【地籍管理】 2012 年，县国土资源局积极开展农村集体土地确权登记发证工作，全年对 13 个乡镇共 284 个行政村、1628 个村民小组、14205 宗地、704 平方公里进行调查。

【土地开发储备】 完成南二环路宝丰迎宾馆西侧 200 余亩土地规划设计方案，配合净肠河下游治理工程河道两侧附属物清点工作。完成东湖公园建设工程、棚户区改造土地征收工作。全年共储备土地 4000 亩。

【农村土地综合整治】 2012 年，全县共确定农村土地综合整治试点 19 个，其中 6 个试点经省综治办备案，拨付省级财政资金 3130 万元。其他 13 个试点项目获市政府批准。石桥镇等 2 个乡镇国家级土地整理项目通过省级验收，县 2010 年第一批补充耕地储备项目和 2011 年第一批补充耕地储备项目通过市国土资源局验收，实现新增耕地 3500 亩。闹店镇等 3 个乡镇 10 万亩土地整理项目，涉及闹店、石桥、李庄的 57 个行政村，建设规模 7900.69 公顷（11.851 万亩），估算总投资 16999.49 万元，可新增耕地 256.33 公顷，该项目可研性报告通过省级评审，报省厅入库备案。完成 2011 年第一、二、三批补充耕地项目招投标工作。2010 年第一批补充耕地储备项目后期变更工程基本完工。

【矿产资源管理】 2012 年，协助平顶山裕隆泓鑫煤业有限公司、宝丰县香山金鑫煤业有限公司及宝丰县虹冠煤业有限公司完成采矿权延续和采矿权变更手续。督促宝丰县关岭铝土矿和河南省宝丰县老郭家——蛮子营铝土矿，办理相关手续。

【非煤矿产资源整合】 宝丰县涉及非煤资源整合矿山企业 14 座，9 座与主体企业签订整合协议，5 座矿山企业正在洽谈中，其中 2 座矿山划定矿区范围，1 座矿山颁发新的采矿证。委托河南省伟信招标管理咨询有限公司公开招标编制矿业权设置方案。

【储量动态检测管理】 按照《矿产资源开采登记办法》要求，对县辖区内的矿山企业 2011 年度矿产开发利用进行年度检查。年检应参加年检矿山 36 座，实际年检矿山 36 座，实际检查矿山 35 座，年检率 100%，实地检查率 97%，“三率”指标完成考核 100%。协调河南省大地水泥公司委托安阳市诚信矿业服务有限公司资源整合后的 4 个采矿权进行采矿权价值评估。

【矿山地质环境治理】 编制完成《2012 年地质灾害防治预案》和《李庄乡程寨沟居委会突发地质灾害专项防灾预案》。督促矿山企业签订《矿山地质环境保护与治理恢复方案》协议 28 份，缴存矿山治理恢复保证金 551.2927 万元。申报 207 国道沿线宝丰县段和张八桥矿区矿山地质环境治理恢复项目，组织有关单位编制可行性研究报告。

【土地卫片执法检查】 2012 年，配合县公安局、检察院、法院、监察局、电业局及有关乡镇政府联合行动，对违法占用基本农田、不符合规划的违法违规用地企业进行大规模的拆除行动。县违法占用耕地面积占新增建设用地占用耕地面积的比例为 3.7%。

【矿产资源执法】 2012 年，先后出动执法车辆 100 台(次)，执法人员 300 人（次），租用大型挖掘机 2 台，封填私采乱挖坑点 15 处。封填红毛土井 2 处，扣押挖掘机 6 台，查扣大型开采设备 8 台，多措并举的执法行动遏制了矿产资源违法行为的发生。

【测绘工作】 积极开展“宝丰县数字乡镇地理空间框架建设”工作。对县国土资源局土地勘测队、县建设局测绘队、县房产局测绘队 3 家测绘单位资质条件、测绘项目及资质情况进行认真核查并上报市局，顺利通过注册。全面完成城市及乡镇各个批次报件的测量任务。

【信访工作】 全年共接待群众来访 130 起，460 人次，日常咨询 428 起，引导信访人通过法律渠道解决 6 起，立案 80 起，结案 77 起，到期结案率 96.3%。

【治理囤地圈地违规用地土地闲置浪费工作】 2012 年，按照县治理囤地圈地违规用地土地闲置浪费问题工作领导小组的具体安排，对 2006 年至 2010 年期间土地征用情况、划拨、出让国有建设用地情况进行详细清查，对涉及每宗地均按照出让划拨合同逐宗进行现场踏看，针对排查出的未供即用、擅自改变土地用途、土地闲置以及未按合同约定开竣工等问题，逐宗制定处置方案，确保每宗土地依法处置到位。

【队伍建设】 2012 年，全年在县级报刊杂志上发表文章 22 篇；市级报刊杂志发表 58 篇；省级报刊杂志发表 45 篇，其中《资源导刊》33 篇；国家级报刊杂志发表 150 篇，其中《中国国土资源报》98 篇；编写《宝丰国土资源》37 期。优化升级了国土资源内部局域网，实现了省、市、县、乡四级网络体系，组织全体执法人员参加省政府法制部门组织的《行政强制法》网上知识竞赛，答题率 100%。举办各类法制教育培训 3 期，培训人员 300 余人次。培训合格率 95%以上。全年审查立案 108 起，处罚 95 起，结案 11 起，申请法院强制执行 33 起，换发执法监察证 111 本，执收公务证 13 本，对 159 本行政执法证进行审验。行政复议维持率 100%，行政诉讼胜诉率 90%以上。组织开展了“两整治一改革”“廉政文化进机关”“创建廉政公务灶”“廉政风险防控”“向社会承诺、让人民满意”“民主评议政风行风”等主题教育活动，组织全局干部职工观看反腐倡廉警示教育片。积极探索廉政文化建设模式。结合创先争优和“三讲三提升”活动，同每位党员签订党员承诺书，组织基层党员开展大走访活动，发展 2 人进入党员预备期，7 人参加入党积极分子培训班。局机关党校被省委宣传部命名为省级先进基层党校，被省国土资源厅评为创先争优先进单位，商酒务国土所被评为创先争优先进国土所。

（程传真）

安全生产监督管理

【概况】 2012 年，宝丰县安全生产监督管理局内设机构有矿山安全监管股、危险化学品安全监管股、综合监管股、安全生产执法监察大队、政策法规股、应急救援中心办公室、信息调度中心、办公室 8 个职能股室。有干部职工 49 人。全年实现安全生产领域零死亡，先后被评为平顶山市安全生产月先进单位和平顶山市安全生产先进单位。

【标准化安监机构建设】 2012 年，协调办公用房 40 间，实现办公场所整体搬迁。投入资金 10 余万元，购置办公桌椅 50 套、资料柜 40 个，设立了安委会会议室、执法监察装备室。争取国家补贴资金 40 万元，县财政配套资金 16 万元，配备安全生产执法监察专业装备 160 台套。

【安全生产目标责任落实】 2012 年年初，将市政府下达的安全生产责任目标和考核控制指标细化分解，制定了全县 64 个责任单位的年度安全生产目标管理责任书，由县政府在全县安全生产大会上进行集中签订。督促指导各责任单位将责任目标进一步分解、层层签订、责任到人，并开展月度、季度督查，推进各项责任目标的全面落实。

【安全生产工作会议】 2012 年，共组织召开全县安全生产工作会议 12 次，分析研究不同时期的安全生产形势和安全生产工作重点，对全县的安全生产工作进行具体安排部署。

【安全生产宣传教育培训】 2012 年，以“安全生产月活动”为抓手，组织开展了安全文化夜市、安全生产咨询日、安全知识竞赛、校园应急疏散救援演练等一系列主题宣传活动，播放安全宣传警示教育片 60 场次，设立咨询台 181

2012 年 6 月 10 日安全咨询日，县安监局展出安全宣传版面

个，悬挂宣传横幅 300 余条，摆放各类宣传展版 500 余块，发放安全生产科普知识宣传彩页、宣传漫画小手册 3 万份，全县受教育群众达 10 万人次。组织开展安全管理人员培训班 1 期，培训

镇、村两级安管人员、生产经营单位安全人员261人；组织开展特种作业人员安全培训1期，培训企事业单位焊工、电工等特种作业人员210人；组织相关企业参加省市安全培训180人次。在国家、省、市网站、报纸刊发安全生产信息60余条，编发安全生产简报42期。县政府被评为省安全生产月活动先进单位，县安监局被评为全市先进单位。

【安全生产大检查】 2012年，先后组织开展季度性安全生产大检查活动4次，并抓好双节、“五一”、中秋、国庆、十八大等重点时段的安全生产督查检查工作。全年组织各级、各类检查组320个（次），参检人员1200人（次），检查厂（矿）、企事业单位、个体经营商户5000余个（次），查出各类事故隐患及问题3000余条，通过跟踪落实，监督整改，重点隐患整改率达100%，一般隐患整改率达99%以上。

【重点行业领域安全监管】 2012年，继续加大对全县非煤矿山、危险化学品、烟花爆竹等重点行业领域的安全监管力度，全县重点行业安全生产领域秩序得到有效规范，各类事故隐患得到及时消除。

非煤矿山 到企业生产现场，严格复工验收检查，对查出的安全隐患督促整改。通过严格检查，共有5家企业通过复工验收；强化复工企业的日常安全检查和监管，共检查企业79个（次），查出安全隐患171条，全部督促整改到位。

危险化学品 共检查危化品生产经营单位75家（次），查出各类事故隐患235条，现场督促整改130条，限期整改105条，下发责令整改通知书34份，强制措施书4份，依法取缔无证小炼油1处，无证小加油点17处，液化气充装点21个，氧气、乙炔、甲醇汽油经营点5处，治安拘留3人。

烟花爆竹 抓好双节期间的安全监管，印发了《宝丰县烟花爆竹安全专项整治工作方案》，组织公安、消防、工商、质监等部门开展联合执法检查10余次，依法严厉打击各类“三非”行为，共查处各类违法违规产品80余箱；严格市场准入，按照“总量控制、合理布局”的原则，在原有27家长期零售门店的基础上，办理零售（临时）许可证198家，基本覆盖了各乡镇，方便了人民群众需求；加强日常检查和监管，对县域内2家批发企业和25家长期零售网点进行全面排查，共检查105家次，查出隐患156条，下达整改指令书35份，取缔非法烟花爆竹经营点10余处，查获二响炮8袋、烟花10箱，配合公安部门进行集中销毁。

综合安全 加强对县域内重点企业、建筑施工单位、人员密集场所的安全监督检查力度，共检查129家（次），查处事故隐患170条，下发整改指令34份，现场检查记录15份，整改复查意见书26份，通过督促复查，隐患整改率达98%。

【安全生产领域专项整治】 2012年，在全县范围内组织开展安全生产领域打非治违专项行动、百日安全攻坚战活动、建筑施工专项整治、金属非金属矿山专项整治等一系列整治活动，共排查厂（矿）、企事业单位、个体经营商户5290余个（次），查出并督促整改各类事故隐患及问题4000余条，查处取缔各类非法违法生产、经营、建设行为500余起。

【加油站点、液化气站点及烟花爆竹非法生产经营储存整治】 2012年12月始，联合县公安、工商、住建、电业、商务、质检、国土、发改、税务等部门，在全县范围内开展打击取缔非法加油站点、液化气站点及烟花爆竹非法生产经营储存窝点专项整治活动。全县共排查出非法加油点、液化气站点及烟花爆竹非法生产经营储存窝点114处，经宣传引导，自行拆除50处，集中打击取缔64处。查没非法设施设备油海桶24个，台秤15个，铁皮桶37个，25公斤壶9个，电动抽油器1个，手动抽油器7个，6公斤液化气瓶1个，12公斤液化气瓶20个，60公斤液化气瓶27个，扣押运输三轮摩托车1辆，行政拘留7人，说服教育58人次。

【安全宝丰创建】 2012年，宝丰县制定了《安全宝丰创建2012年行动计划》《安全宝丰创建2012年度目标任务》，以表格形式分别制作了县、乡（镇）政府2012年安全创建考核细则和安全监管机构标准化建设考核细则，明确了阶段性目标任务、责任、具体要求和考核内容、考核标准、考核办法、责任单位等。对确定的4个安全创建示范乡镇、49个创建示范单位，按照“源头规划、制度保障、文明习惯、安全文化”持续递进的安全创建思路，进一步加强了日常监管和督促指导。

【安全生产网格化监管】 2012年，宝丰县制定了《宝丰县安全生产网格化监督管理工作方案》，将全县划分为三级监管网格，明确了网格化监管工作的指导思想、工作目标、实施步骤和各级网格的工作职责。组织人员到新华区、卫东区学习考察网格化建设工作2次，召开网格化建设推进会6次。成立督导组，对各乡镇、各单位网格化建设工作进行不间断督导，统一制定100套（500本）网格化监管工作日志、安全检查记录、隐患整改台账、隐患销案台账，印发到各乡镇、各单位。全县14个乡镇、25个重点行业领域主管部门建立了网格化监管体系，制定完善了安全检查、隐患整改治理等工作制度，将责任逐级明确到人，初步形成了横向到边、纵向到底的全覆盖监管网络。

【应急救援体系建设】 2012年，修订完善了《宝丰县非煤矿山生产安全事故应急预案》《宝丰县危险化学品生产安全事故应急预案》《宝丰县烟花爆竹生产安全事故应急预案》《宝丰县工矿企业安全生产事故应急预案》《宝丰县突发职业中毒事件应急预案》5个专项应急预案；制定印发了《宝丰县生产安全事故应急预案管理规定》，督促指导乡镇和县直55个单位制定完善了应急预案，组织开展全县性综合演练2次，指导乡镇、行业领域主管部门和企业开展专项应急演练60次。

（韩国延）

食品药品监督

【概况】 2012年，宝丰县食品药品监督管理局内设机构有办公室、监察室、药品监管股、食品安全股、食品监督所、稽查队(副科级)，下设宝丰县食品药品检验所，为正股级事业单位。有工作人员31人。

【食品安全专项整治】 县药监局组织开展全县2012年食品安全整顿，制定了《宝丰县2012年食品安全整顿工作实施方案》，使食品安全各环节监管责任进一步落实。组织开展了元旦、春节、两会、“五一”、中高考期间、中秋节、国庆节、春夏季食品安全监管和学校食堂、瘦肉精、非食品添加剂和滥用食品添加剂、食品安全四大放心工程等食品安全专项整治，对食品市场进行联合执法检查8次。

【食品安全宣传周活动】 2012年6月11日，宝丰县2012食品安全宣传周暨“四大放心工程”活动启动仪式在县委大院前举行。县政府党组成员王红旗及县食品安全委员会成员单位负责人参加启动仪式。县药监局共出动宣传人员130余人次，设立咨询台11个，悬挂宣传横幅11条，摆放宣传版面22张，散发食品宣传资料1万余份。

【“瘦肉精”整治排查工作】 2012年，宝丰县全面开展“瘦肉精”整治排查工作。通过对生猪屠宰加工环节、台账资料追溯制度落实情况、进货渠道进行检查，严防“瘦肉精”猪肉流入市场。共对112个生猪养殖场进行“瘦肉精”监测，检查覆盖面达100%。出动执法人员388人(次)，对辖区内220户肉制品经营户进行了拉网式清查。累计张贴通告1000余份，未发现销售“瘦肉精”和有问题的肉制品，没有发现使用“瘦肉精”现象。

【食品安全职能移交工作】 依据县编委《关于宝丰县食品药品监督管理机构设置有关问题的通知》，县食品药品监督管理局承担餐饮服务许可，餐饮服务环节食品安全监管和保健品、化妆品监督管理的职责，并成立食品安全监督所。同时，食品安全综合监管工作移交县政府食安办。

【餐饮服务食品安全监管工作】 2012年11月1日，县药监局正式接管餐饮服务监管工作。从11月8日至12月8日，利用一个月的时间，在全县范围内深入到乡镇、村开展拉网式餐饮服务调研。共排查各类餐饮单位1082家，制作发放《餐饮服务单位调查表》1082份、《宝丰县食品药品监督管理局餐饮服务监督明白卡》2000余份。

【餐饮服务安全事故应急体系建设】 2012年，修订了《宝丰县餐饮服务环节食品安全事故应急预案(试行)》，完善应对餐饮服务环节食品安全事故的快速反应机制。发生餐饮服务环节食品安全事故，按照属地管理和分级响应原则，及时开展应急处置，最大限度减少危害和影响。

【药品安全监管】 2012年，认真开展日常监督检查，对全县药品经营企业和药品使用单位进行全面检查，对抽检不合格药品的立案查处率达100%。强化基本药物配送、经营、使用环节的监督管理，建立基本药物日常监管工作档案，对零售企业和医疗机构的监督检查做到了全覆盖、无遗漏。对药品批发企业含麻黄碱类复方制剂的销售渠道、销售行为、票据管理情况进行重点检查，未发现违规违法行为。对宝丰县药业有限公司及其53家连锁门店进行特药检查。按照县治理人口性别比领导小组的要求，对全县医疗机构、药品经营企业终止妊娠药品的使用秩序进行集中检查，共查处违法使用终止妊娠药品案件20起，结案20起。全年共监测违法药品广告2起，均按时移交县工商行政管理局，并将监测到的违法药品广告信息上报平顶山市食品药品监督管理局流通科。共输入药品不良反应166份，其中药品使用单位124份，新的一般不良反应24份，占19.5%；药品经营企业43份，新的一般不良反应20份，占46.5%。新的一般不良反应总的比例为26.5%。严重不良反应1份。

【医疗器械监管】 2012年，县药监局组织执法人员对全县18家乡级以上医疗机构和6家医疗器械经营企业进行全面检查。8月，开展了隐形眼镜专项检查。共出动执法人员35人次，检查眼镜经营企业11家，其中4家经营有隐形眼镜，均按规定取得《医疗器械经营企业许可证》，未发现违法违规行为。

【药品市场整顿和打假】 2012年，县药监局稽查队共出动执法人员3514人次，检查药品、医疗器械经营、使用单位1804家次，接到举报投诉4起，核查4起。共收到核查函29份，均按要求进行了核实，并及时向市局汇报。一般程序立案388起，简易程序立案10起，共立案398起，结案398起，结案率100%。药检所18项检验项目全部开展，完成药品检验116批，经检验不合格40批，检出假西药1种1批次、假中药材1种1批次，劣西药、中成药38批次。

【基本药物电子监管】 2012年，制订了《宝丰县药品经营企业基本药物电子监管实施方案》，要求企业建立专门的机构，明确专人落实数据采集上传工作，落实电子监管工作，对电子监管码及时扫码、核注核销，积极扩展上传品种。县药监局不定期登录中国药品电子监管网查看预警信息，并与企业负责电子监管工作人员实现工作对接，及时处理预警信息，确保整个网络的正常运行。

【"省级药品安全示范县"创建活动】 2012年，县政府与各乡镇和相关部门，乡镇政府与行政村签订了药品安全责任书。5月23日和7月12日分别召开全县创建工作动员会和推进会，制定印发了《药品联合打假机制》《药品安全责任制和责任追究制》《药械突发事件应急预案》及操作手册等文件资料。8月初，对"两员"进行培训。每月编印一期创建信息。同时，制定《科普宣传工作方案》，利用安全用药月等活动，印发宣传资料3000余份，广泛宣传药品安全知识。

【全国安全用药月活动】 2012年，组织开展"全国安全用药月"活动。出动宣传人员50余人，接受群众咨询600余人次，向群众发放药品安全知识科普读物500余册，安全用药宣传单3000余份。在宝丰电视台播放公益广告100余次，在《宝丰快报》开辟"全国安全用药月专栏"，刊登药品安全用药知识22期30余篇。

（张悦童）

教育　科技

教　育

【概况】 2012年，全县共有各级各类学校154所，教学点7个(不含私立学校)。其中普通高中2所，在校生6379人，教师474人；职业高中1所，专任教师46人，在校生456人；教师进修学校1所，教师46人；初中16所，在校生14518人，教师1338人；小学129所，教学点7个，在校生41209人，教师2441人；特殊学校1所，在校生39人，教师9人；县直幼儿园4所，在校生2188人，教师120人。全县有私立高中1所，在校生2315人，教师167人；私立初中1所(红星高中附设)，在校生556人；私立小学16所(包括红星高中附设小学)，在校生6011人，教师316人。私立幼儿园231所，已审批办证85所，在校总幼儿23798人。

【教育民生工作】 全年对全县义务教育阶段学生继续实施“两免一补”政策，发放资金3154.3万元；投入资金98.13万元，对计划内高中统招生继续实施免除学杂费和住宿费政策；对1707名高中贫困生发放国家助学金256.05万元。投资500万元的县特殊教育学校建成招生，首期招收63名适龄残疾儿童，使残疾学生享受到优质义务教育。

【改善办学条件】 2012年，对全县中小学危房开展排查鉴定，对2011年5个校安工程和农初改工程进行验收；2012年校安工程涉及的张八桥初中学生食堂、宿舍楼和闹店镇初中学生食堂已建成投入使用，闹店镇初中学生宿舍楼完工。观音堂山区寄宿制学校建设进展顺利。赵沟小学教学楼竣工，正在建设配套设施；滴水崖小学教学楼主体完工。县一高新校区规划项目主体完工，学生食堂、洗浴楼、女生宿舍楼、教学楼竣工投入使用，图书行政楼和体育馆正在建设。加强学校图书仪器等设施建设，投资500万元购置图书、仪器、体音美器材和多媒体设备配发到学校。

【降温取暖工程】 2012年11月，全县41个中小学的降温取暖工程全部竣工投入使用。2010年宝丰县被确立为全国可再生能源建筑应用示范试点县，县教体局对全县中小学降温取暖设备基本情况进行调查、统计和制订降温取暖设施改造实施方案。县供电公司对各学校变压器增设及铺设配套设备工作全面展开，保证了降温取暖设施改造工程的进度和输变电线路安全畅通。先后投资6000万元，对全县106所中小学的教学楼、实验楼、学生宿舍楼、教师办公楼和教师宿舍楼等进行降温取暖改造，总面积31万余平方米，受益师生4.9万人。其中，采用地源热泵技术取暖降温的有41所学校44个校区，总面积26万余平方米，占全县取暖降温改造面积的84.94%。在水源条件匮乏、不具备地源热泵技术的学校，以其他方式进行改造，涉及学校总面积5万余平方米。11月中旬，各校开机取暖，县教体局派出专人督查落实每个学校的开机情况，对出现的问题及时处理。县财政专门拨付40万元给项目学校，并将所有项目学校运行费用纳入2013年县财政预算。县教体局召开全县中小学降温取暖工程使用反馈会，要求各学校进一步提高对地暖空调使用的认识，加强管理，提高使用效益。

【校园文化活动】 2012年，县教育系统以乡镇中心校、县直中小学、幼儿园为单位，举行形式多样的校园文化展演系列活动。全县各学校纷纷举行集歌舞、器乐、课本剧、诗朗诵为一体的文艺演出，并在校园中展示学生书法、绘画、小制作等作品，展示了师生多才多艺的个人风采和学校素质教育的成果。部分中小学、幼儿园还举办了游园、趣味运动会等学生喜闻乐见的活动。其中县实验一小、二小、三小举办了校园文化艺术节活动，城关镇中心校举办了校园文化艺术周系列活动，前营乡成功举办了庆“六一”文艺汇演暨素质教育成果展，张八桥中心校和赵庄乡中心校举行了“心系留守儿童——圆梦行动”仪式，观音堂中心校开展的“心系山区孩子”活动、肖旗中心校举办的“欢庆六一，放飞梦想”文艺汇演、石桥中心校举办的文艺汇演、周庄镇马川移民新村小学举办的“第六届中华经典古诗文朗读比赛”都各有特色。4月20日，县教体局在县第三实验小学举办第三届中小学书画、摄影大赛活动。参赛作品300余幅，近千名师生观看了展出，评委对参赛作品进行现场评选。在全县组织开展观看央视《开学第一课》节目，使学生树立正确的人生观、价值观。组织开展“宝丰县第七届校园文化月”活动，各乡镇、各学校都开展了传统经典诵读、运动会、书画大赛、艺术节、主题征文、演讲比赛等系列活动，丰富了校园文化生活，陶冶了中小学生的情操。以纪念建党91周年和建国63周年为契机，开展“弘扬和培育民族精神”月活动；在少先队建队63周年之际，全县小学开展了“红领巾心向党、感受你的爱”主题教育活动；配合县关工委、团县委，开展了“理想点亮人生”演讲比赛。县二中、县实验一小等学校不断创新活动形式，开展了系列化德育活动，注重学生良好品德、文明行为的养成。县教体局被省教育厅授予德育工作先进单位称号。

【教师队伍建设】 2012年，全县教育系统组织开展了第六届农村中小学青年教师技能竞赛和“我的特岗故事”征文比赛及“教育崛起，教师为基”师德征文比赛。其中6篇获省级奖，42篇获市级奖。开展“寻找最美乡村教师”活动，推荐30名候选人参加市级评选，其中李庄初中的贺红莲和周庄实验小学编外教师王升高入选为候选人（全市共27名）。实施“省培计划”628人，开展农村中小学教师远程培训629人、送教下乡项目15个和骨干教师集中培训285人，组织82名班主任到郑州参加全国教育名家论坛第四届班主任素质与技能专题研讨会，突出了培训的系统性、实效性；并推荐省级教育专家1人、市级教育专家4人。全县接收中小学特岗教师50名，弥补了教师队伍老龄化和学科结构性缺编等不足。第一批招录的158名幼教工作人员上岗。

【市教育局“送课下乡”教学观摩研讨活动在宝丰县进行】 2012年11月26日，市教育局“送课下乡”教学观摩研讨活动在宝丰县举行。活动涉及初中7个学科、小学3个学科，送课教师均为市级以上名师或学术学科带头人、骨干教师，参加省、市优质课活动并获一等奖以上的小学和初中教师，市教研室各相关学科教研员进行了现场点评，相关学科教师课后进行了交流。县政府副县长姬翠红、市教育局副局长鲁文新等领导参加了开课仪式。此次送课下乡活动，由县教体局组织，在县二中、县三中、红星学校、县实验一小、实验三小和城关一小安排6个会场，全县900余名中小学各学科教师分别到不同会场参加听课活动。

【校园及周边地区治安秩序专项整治】 2012年5月至9月，县教体局开展了全县校园及周边地区治安秩序专项整治行动。成立专项整治工作领导小组，制定了工作方案，确定了工作目标。对校园及周边治安中存在的问题，特别是不利于学生健康成长的突出问题，组织开展集中整治活动。共排查中小学校130所、幼儿园36所，发现“三厅一室”3个，无证摊点46个，交通安全隐患27个，校内安全隐患34个。对发现的问题，要求各学校进行彻底整治。安装安全视频监控和报警设施的学校38所，幼儿园4所，接入公安监控平台的学校2所。

【教育教学质量稳步提升】 2012年，全县普通高招共报考4379人，设县一高、一高分校、红星高中3个标准化考点、148个考场。与2011年相比报考人数减少593人。专科线以上3573人，上线率81.59%，比上年增长10个百分点；本科线以上2647人，上线率60.45%，比上年增长10个百分点；重点线以上332人，创历史新高，连续7年被市教育局评为高中质量(管理)先进单位。

【学前教育扎实推进】 2011～2012年，县乡两级共投入5200万元建设13所乡镇中心幼儿园，2012年秋期有3所建成投入使用，可招收幼儿5000余人。12月6日，参加全省学前教育推进会的与会人员到宝丰县参观。副省长徐济超，省教育厅厅长王艳玲，市委常委、常务副市长王丽，副市长郑茂杰等领导在县领导刘书锋等陪同下，分别到商酒务镇中心幼儿园、周庄镇中心幼儿园参观，并详细听取情况汇报。县委书记刘书锋在随后召开的全省学前教育推进会上做典型发言。

【职业教育】 2012年，宝丰县积极筹建县职教中心，利用一高老校区的设施，筹建可容纳3000人的职教中心。同时提升职业教育办学层次，加快中原魔术职业学院建设步伐。硬件设施全部建成，中原魔术职业学院经省专家组初步验收，被省政府列入“十二五”高校发展筹建计划。

【2012年宝丰籍研究生“献计宝丰 建设家乡”座谈会】 2012年8月24日，2012年宝丰籍研究生“献计宝丰 建设家乡”座谈会召开。会上，共收到建言献策文章400余篇，有10名受助学生代表发言。宝丰县2011年决定设立专项资金，在全县范围内对硕士、博士研究生，每年分别补助生活费1万元和1.5万元。当年补助研究生393人，其中硕士研究生350人，博士研究生43人，共补助金额414.5万元。2012年7月，在宝丰政府网、教育基金网等连续滚动播发公告和通知，县教体局成立办公室，抽调人员接受学生或家长的咨询和申请，共接受咨询1000余人次。经过个人申请、户籍、学籍、毕业年限等方面的审查，共确认467人符合补助条件。其中硕士研究生432人，博士研究生35人，共补助484.5万元。

【体育工作】 2012年，全县累计举办演、训、赛、展、测活动59次，新建文体广场8个，健身苑32个，安装健身路径34条；培训体育骨干630人，发展社会体育指导员215名，成立体育俱乐部2个，健身气功辅导站9个；输送优秀体育后备人才43名，发展裁判员52人；报刊发稿75篇，其中国家级5篇，市级7篇，县级42篇，《平顶山体育报》21篇。县政府获全国推广普及健身气功工作先进单位称号，县门球协会获2012年度河南省全民健身志愿者服务优秀协会称号，蓝天乒乓球俱乐部获2012年度河南省全民健身志愿服务先进单位称号，实验一小、城关二小获河南省创建法治示范学校先进单位称号，县教育体育局获河南省老年人体育工作先进单位称号。宝丰县代表团夺得平顶山市第九套广播操比赛二等奖；宝丰县代表团参加平顶山市中小学田径运动会，夺得1金、2银、2铜，总分第六名，并获体育道德风尚奖；第一实验小学代表队参加2012年河南省体育传统项目学校小学生乒乓球锦标赛，夺得男子团体第十名，女子团体第十六名，并有2名队员单打进入十六强（男女各1名）；队员宋宛亭参加2012年全国“青少年宫”乒乓球比赛，夺得女子团体第四名、女子单打第三名，宋宛亭、牛忠民获混双第五名；宋宛亭参加2012年河南省乒乓球锦标赛获女子甲组团体冠军、单打冠军。

【宝丰县特殊教育学校】 县特殊教育学校为全封闭寄宿制，学校设聋哑、培智1~6年级各2班，共12班，可容纳140人。2012年秋期开始面向全县招生，有聋哑班1个，培智班2个，在校学生39人，教职工15名。学校本着“无私奉献、育残成才”的宗旨和“补偿缺陷、全面发展”的理念，用“真心、爱心、信心、耐心”，培养学生“自尊、自信、自立、自强”，努力助推他们成为“残而有为的劳动者”。特殊教育学校项目2008年开始着手申报，2010年2月获批复。拟建工程位于一高分校西北角，占地18亩，建筑面积5600平方米。总投资500万元，其中，中央资金380万元（含设备80万元），省级资金36万元，县级资金84万元。2010年9月，宝丰县成立一高分校建设指挥部，原定的特殊教育学校选址影响到一高的整体建设，经县政府同意，地址改迁至一高本部。工程于2011年6月开工，2011年12月竣工。学校由省配设备仪器近百万元，主要设备有LED显示屏、校园全监控摄像、2个微机室（24台电脑）、5个多媒体教室（42寸液晶显示屏）、摄像机、照相机、复印机、学生美工工具、体育健身器材、康复器材、音乐器材等。学校每个教室都配有多媒体，同时设有律动、康复、感统、微机、健身等功能教室，学生学习生活条件优越。

（李全营　贺天鹏　孙建许）

学校选介

【宝丰县教师进修学校】 县教师进修学校承

担着全县近3000名小学、幼儿园教师的继续教育培训任务和初中教师的协助培训任务。学校为一所学习型、研究型、创新型、服务型、全面发展的成人教育基地，学校占地面积13.1亩，建筑面积5100平方米，有教学楼1栋，办公楼1栋。有多媒体教室2个、微机室1个、职工活动室1个、普通教室10个，配有图书室、理化生实验室等。学校内设机构有办公室、总务科、教务科、成教科。学校在职教工45人，其中，本科学历32人，硕士1人；副高级职称4人，中级职称30人。2月获市级文明单位称号。

教师培训 2012年,学校开展有小学数学教师继续教育培训、小学英语教师继续教育培训、新招幼师培训、特岗教师培训。7～8月，完成3期共488名小学数学教师的继续教育培训工作，121名小学英语教师的继续教育培训工作，全县157名新招幼师培训工作和全县50名特岗教师的岗前培训工作任务。

业务学习 2012年，学校教师业务学习工作以集中学习为主，坚持在每周二下午进行业务学习，培训采用专题讲座、观看光盘、分组讨论、听课评课等多种形式，观看一些国学教育、家庭教育、学校教育、心理健康、礼仪之类的讲座，突出教师的参与和互动；以分散自学为辅，要求每个教师每学期至少要读一本政治理论书籍或专业书籍，并且在开学一周内制订出本学期的读书计划，并做好相应的读书笔记。着力打造学习型教师，营造书香校园。

实施量化考核，加强内部管理 2012年，学校继续实施《宝丰县教师进修学校量化考核实施方案（试行）》，重点从思想政治与职业道德、出勤情况、岗位工作、其他工作四方面进行量化评估，作为年底教职工评先评优、任免、福利分发的重要依据，激励教职工扎实工作，开拓进取，积极主动地完成各项工作任务。

发挥资源优势，开拓办学思路 2012年，学校继续与中央电大、河南电大、平顶山电大联办网络教育大专班、本科班。全年招生400人，其中本科116人，专科284人。（马全力）

【宝丰县第一高级中学】 始建于1956年，经过50多年特别是近10多年的跨越式发展,现有两个校区，老校区位于宝丰县城北关净肠河畔，占地121亩；新校区位于宝丰县城香山路北段路西，规划占地达到370亩。学校在校生7000余人。2000年始，学校连续11年获得平顶山市普通高中（甲组和A组）教学质量先进学校，3次获得平顶山市普通高中教学质量综合评估第一名。2012年被评为河南“十佳”素质教育特色学校。学校认真贯彻落实“更新理念、求真务实、求品味上档次、打造中原名校”的发展战略，以“内强质量，外树形象”“从严治校，创建特色”为奋斗目标，努力在教学质量、管理质量、服务质量上下功夫。积极推进新课程改革，进一步加强教师队伍建设，实施名师战略；深入推进素质教育，培养学生全面发展，学校发展实现新跨越。2012年高考，一本上线320人，二本上线1191人，三本上线2374人，一本、二本上线率位居全市同类学校前列。

教育教学 学校始终明确“靠教学质量的提高来解决发展中的困难和问题”“靠创办一流中原名校的办学目标来激发教职工干事创业的激情”这一办学思路，深化教学改革，努力创造和谐育人环境，保证了教育教学质量的稳步提高。强化教学常规，规范教学管理。对教师的备、讲、辅、批、考等环节均做出了严格的规定，提出了具体详细的要求。建立以科研办为龙头、教研组为依托、骨干教师和学科带头人为主干，全体教师共同参与的教育科研网络，积极承担省、市、县教科研课题，让教学成为艺术，让教师成为专家。积极推进教育教学改革，“自主探究、合作交流”的教学模式和“日清、周结、月测”的教学管理模式得到推广，形成了良好的教风、学风和校风。重视教师的培训，提高师资队伍整体水平。鼓励支持全体教师参加培训、进修。把读书学习作为一项重要指标，纳入教师量化考核方案。启动了“名师工程”，整合优质教师资源，实行以师带徒制度，促进了新老教师的共同提高。为教师搭建展示才华平台，定期举办教学创新示范课、青年教师普通话大赛、青年教师粉笔字比赛、名优教师示范课、教师才艺展示等丰富多彩的活动。切实推进“走出去、引进来”策略，开辟了去知名学校取经、到外地听专题讲座、请专家来校授课等多种途径，开阔教师视野；大力鼓励并创造条件让教师读研、赴高校进修深造。重视德育建设，构建起了“三线一网”的全员德育网络。爱国教育、法制教育、感恩教育、课堂教育、班会活动、家长会等各种活动真正有效地融入学生的心灵。潜移默化和豪情激荡的工作机制恰切结合，德育工作起到了纲举目张的统揽作用，自然而然迁移到激发学生的内在学习动力上来。“责任至上”是学校教育教学质量稳步提高的法宝。学校把年富力强的领导副职分派到各个年级担任年级责任领导，做到了率先垂范。

设施设备　学校设有图书馆、资料室、教师和学生阅览室，馆藏图书16万余册，电子图书30余万册，各种实验仪器、设备达到国家一类标准，体育、卫生器械设备符合规定要求。2002年学校建成千兆数字校园网，开通了国际互联网。网络终端进入每一个办公点、教学点和教师家庭，教学投影仪装备到每一个教室，每位任课教师配发一部笔记本电脑，形成了以校园网络为中心，集教、学、研、办及后勤保障和语音播放为一体的网络系统，教学手段基本实现现代化。

基本建设　学校明确发展思路，在争取上级支持的基础上，挖掘自身潜力，强力推进学校的建设速度。学校矗立起了教学楼、实验楼、办公楼、图书楼、宿舍楼、餐厅楼等；学校重视校园文化建设，绿化、美化校园，新建了石坛，竖起了孔子、老子雕像，在校园因地因势点缀了形态各异富有情趣的石墩、石桌、石兽、石条、石柱等等。学校建筑面积30多万平方米，投资1.3亿元的新校区交付使用。

师资队伍建设　制定了《宝丰一高禁止教师从事有偿家教的规定》，每位教师签订了拒绝有偿家教的公开承诺书，坚决杜绝有偿家教的现象。在校园推行廉洁文化，营造廉洁从教环境。在日常工作中要求教师教育学生要循循善诱，特别是对待后进学生要倍加关心，以自身良好的师表形象和耐心细致的工作态度教育引导学生。开展了新老教师帮扶结对活动、骨干教师示范课活动和对青年教师进行有针对性的听评课活动。学期初拟定了《宝丰一高教师培训制度》，积极联系各地教育局教研室走进来做进一步的教学指导；暑假期间组织全体教师进行新课程学习和培训；4月份、9月份分别组织青年骨干教师到郑州、开封、新乡、安阳、平顶山等地参加省级新课程跟进培训。11月份组织全体教职工参加市教育局顾亮关于班级管理的专场报告会和市教研室樊红超的新课标新高考专场报告会。强化教师业务学习，提高科研能力。要求树立终身学习、与时俱进的理念，转变教育观念,更新学科知识，提升教学技能.做到教学相长。面对课程改革和实施创新教育的挑战，加大教研力度。将教学研究工作制度化，每周开展教研活动，共同学习新课程理念；倡导教师多进阅览室,借阅本学科教学杂志和教育教学理论书籍并有效利用网络教育资源，鼓励教师写出有力度、有新意、内容过硬、文笔流畅的教育论文。

以教学为中心，提高教学效益　借鉴名校的先进经验，制定《宝丰一高教学常规》《宝丰一高教学工作量化管理细则》《宝丰一高听评课细则》《宝丰一高教师培训制度》等规章制度，规范教师和学生的日常行为。检查考核主要采取年级部检查，教导处督查汇总的检查工作模式，对量化考核部分的考核项目落实情况定期对教师公示。规范教学要求，严把备、讲、辅、批、考的每一个环节，做到量化考核。积极推行“日清、周结、月测”的教学管理模式，通过学习效果检测及时总结教学工作，培优补差。针对新课程改革，突出解决教师由“如何教”向学生“如何学”的转变，积极倡导多样化的教学模式，建立平等和谐的师生关系。要求教师更多地为学生创立自主探究合作、多维高效互动的学习机会，形成“三线合一”的学习形式。同时充分发挥集体备课的力量，大力提高教师课堂教学水平，促进了课堂教学质量的提高，促进了教改兴校风气的形成。

做好学生工作，推进素质教育　抓好学生常规管理。坚持日常检查，对各班的教室、寝室、卫生区卫生、学生出勤以及其他行为规范认真做好记录，及时公布结果，督促整改。集中力量，提高课间操质量，增强学生体质。严肃校规、校纪，形成良好校风。努力提高班主任的育人水平。强调班主任在班级管理、班级风气以及班级学习中的第一责任人意识，建立起一套具有操作性和实效性的班主任工作模式，使班主任在日常教育和管理中思路清晰，常规明确，管理具体，实效显著。重视学生的思想教育和德育。摸清情况，对症下药。平时时刻关注特殊学生的思想动向，及时发现问题及时进行疏导和解决。认真组织活动，塑造健全人格。抓好学生的心理健康教育。要求全体教师尤其是班主任教师，在课堂教学和各项教育活动中重视学生心理健康教育，及时对学生进行心理指导，培养学生坚韧不拔的意志和艰苦奋斗的精神。班主任经常深入到学生当中，了解学生疾苦，做学生的良师益友，努力排除学生心理上的障碍，使学生能以良好的心理素质全身心地投入到学习中去。开展校园文化活动，提高学生的自身素养。组织各班开展早晚宣誓活动，激励学生志存高远，不忘目标；组织班级 PK 活动，挑起学生的竞争意识，激发了学生的学习热情；开展诵读《弟子规》活动、文明之家评比活动、班级进步之星评选活动、课间操优胜班级评比活动等丰富学生的课余文化生活；段考前一个月开展“致家长的一封信”“我把进步寄亲人”活动。强调良好习惯的养成，重视礼仪教育，把培养学生的自我教育能力、自我管理能力和团结、协作能力作为校园文化活动的重点。经常联系家长，形成教育合力。家庭教育对学生有着重要的影响，要求每位班主任老师根据本班学生的段考成绩以及进步情况，给学生家长各寄一封信，向他们汇报学生的进步。召开家长会，就学生在校学习情况、生活情况和思想状态与家长进行交流。全校分年级、分班级共举办家长会 50 余次。并通过手机短信平台与家长及时沟通。举办各种活动，全面提升学生的综合素质。为使学生的德智体美劳素质全面提升，学校举行了运动会、校园文化艺术节等活动。

加强安全工作，构建平安校园 学校成立了以党委书记、校长为组长，以主管副职为副组长，各处室主任为成员的学校安全工作领导小组。并根据学校安全工作的具体实际，分别成立了消防安全、平安校园建设、综合治理及预防青少年违法犯罪领导小组，具体负责学校某一方面的安全工作，做到了每一项工作都有对应的专（兼）职管理人员。严格按照“谁主管、谁负责”的原则，将安全综合治理工作列入考核内容，做到职责明确，责任到人。年初签订了《综合治理及平安校园工作目标责任书》，并完善了突发事故应急预案。全体教师签订了《课堂安全责任书》。建立和完善学校安全保卫工作的各项规章制度，使学校的安全工作不留盲点，不出漏洞。实行重大节日领导值班制度，元旦、春节、“五一”“十一”等重大节日，领导全天候值班，确保学校稳定无事故。开展校园安全教育活动。采用校园广播、黑板报、宣传栏、悬挂横幅及张贴标语等形式，广泛宣传安全知识。学校根据《学校卫生工作条例》，制定了《卫生室工作制度》《疫情报告制度》和《食堂管理制度》《食物中毒应急预案》。学校严把食品进货渠道，实行定点采购。对食品从业人员定期进行健康检查，做到持证上岗。严禁加工或出售无证、霉变、过期食品，严防食物中毒。加强门卫管理，确保校园安全。门卫实行 24 小时值班制度和出入校园人员登记制度。对校园进行 24 小时巡查，杜绝校园重大安全事故发生。

落实校党委工作，发挥党员教师的模范作用 校党委组织学习有关党风廉政建设理论，教育党员和全体教职工时刻牢记全心全意为人民服务的宗旨，堂堂正正地做人，扎扎实实地做事；要求全体党员遵纪守法，自觉遵守党的政治纪律、组织纪律和经济纪律，开展“四争当”活动，最终确定各类先进典型 33 名，并对各类优秀教师、优秀党员等给予表彰奖励。结合学校的工作实际情况，就办学方向、办学目标、公平教育、校务公开和办事程序、办事纪律、保障措施等向社会作出公开承诺。

宝丰一高亚坤班 2011 年 8 月，亚坤集团与宝丰县第一高级中学共同创办了宝丰一高亚坤班。每年 50 名亚坤班的学生除每月可以领到

200元生活补贴外，成绩优异的学生每年还可获得奖学金2000元。宝丰一高和亚坤集团共同制订出台了一整套亚坤班管理育人办法，成立领导小组，严格报名招录、申请推荐、资格审查、核实录取、公示监督、差生淘汰等制度。学校始终以让贫困家庭、品学兼优学生充分享受这一德政工程为已任，选派优秀教师担任亚坤班教育任务，要求不但要做好教学工作，更要在生活上、心理上关心、关爱学生，确保教学效果，增强受助学生刻苦学习报效社会的责任感和使命感，提升受助学生的综合素质。召开"谈谈身边的好人好事"为主题的各种思想教育主题班会。教学生发现周围同学的闪光点，评选出了李留洋、翟琦航等一批班里的大好人；"谈首孝悌"，教学生懂得孝敬父母和长辈，懂得感恩，评选出了杨楷烜等一批孝敬父母的模范学生代表。开展传统文化教育活动，提高学生的道德素养。经常播放一些对学生成人和成才有教育价值的视频材料，诵读《弟子规》《道德经》《论语》《大学》《中庸》等，对学生进行中国传统文化教育，让学生从经典文化的诵读和学习中汲取道德成长的营养，学习感悟修身、齐家、治国、平天下的道理，提升自己的人生格局，成为对国家和社会有担当的人。进行感恩教育。经常教育学生要感恩父母的养育之恩，感恩老师的辛勤教诲，感恩同学的宽容和帮助，感恩亚坤集团的爱心资助和社会各界的关爱，感恩一切帮助我们的人。每年的父亲节、母亲节学生都主动给父母写感谢信，上课前主动给老师倒开水，帮老师拿教具等。在九校联考即中段考试中，亚坤班的7人进入九校前50名优秀学生行列。

（翟为一　贾群立）

【宝丰县第二高级中学】　校园设有北校区、南校区。有教职工181人，其中特级教师1人，国家级优秀教师3人，河南省学术技术带头人6人，高级教师42人，一级教师82人，研究生学历9人。有3个年级28个教学班，在校学生1500余人。拥有综合教学大楼、理化生实验楼、微机教室、音乐教室、美术教室、大型运动场、篮球场、排球场、羽毛球场、乒乓球场等各种设施。属平顶山市"示范性高中"。

办学特色　学校在发展中逐步形成行之有效的办学特色。在县境首创"卫星班"教学方式，与郑州一中联合办学，以新的教学理念引领学校教学实践，积极利用优质教学资源创设高效教学课堂，提高学生的知识层次。创办音乐、美术、体育特长班，坚持"以人为本、发展特长"的教育思想，落实特长生管理规定，细化严管特长生的辅导，积极为特长学生搭建成才的平台。学校与知名大学联盟，成为四川音乐学院生源培训基地、河南大学美术生源培训基地、市级体育传统项目学校。在平顶山市八运会上，获6项第一、7项第二的好成绩，学校被命名为市八运会先进集体；在平顶山市中小学生第五届田径运动会上，勇夺1金2银1铜四块奖牌，学校获体育道德风尚奖。重视师生的心理健康教育，设立阳光心理咨询室，开设心理健康辅导讲座课堂，开通电话、QQ、邮箱心理辅导平台，开展"高考心理辅导"专场活动等，积极做好师生心理健康教育。重视文化建设，开展"班级文化建设"和"文明素质"主题教育活动，开展《弟子规》系列教育活动，发挥"小溪文学社"（北校区）、"北辰文学社"（南校区）和《山泉》期刊（北校区）、《新晴》期刊（南校区）的文学引领作用，引领学生拥有阳光心理、文明素养。

加强队伍建设，提高学校管理水平　学校开创了校级领导包级、中层领导包班的直接对接管理模式。并坚持周前会和周三教研组活动制度，组织教职工学习党的有关理论、方针、政策和新课程理念，开展创先争优、责任教育等主题教育活动，激发爱岗敬业、以校为家的奋斗精神。学校注重对中青年教师的培养，狠抓中青年教师的业务能力，促成老教师和青年教师结成师徒对子，跟进课堂指导，互帮互学、共同提高；组织观摩课、公开课、优质课等技能竞赛活动，使青年教师在实践比拼中尽快成长；充实中青年教师参与学校管理，并积极为其搭建成才平台。认真落实教师培训计划，组织了新课程培训、高中教师全员岗位远程培训、班主任培训、信息技术培训；邀请郑州一中名师到校指导教学工作，大力倡导、支持教师参加硕士研究生班进修，鼓励教师参与科研、学术交流活动和专业学术团体，组织教职工观摩百家讲坛、杜郎口中学、昌乐二中等优秀课堂及优秀办学经验的视频，有效提高了教师队伍素质和学校的管理水平。

深化教学改革，提高教学效果 学校根据实际情况，确定了“分层教学、分类辅导、夯实基础、发展特长”的教学思路，扬长避短，讲求实效，注重激励，挖掘潜力，以弥补生源质量的不足。并积极倡导“自主、合作、探究”的学习方式，开展“我的课堂我做主”教学活动，配套段清、周清工作，分类推进，最大限度地达到共同提高，快乐学习。在教学管理上坚持查课、听评课制度，强化对教学全过程的监督和管理；切实加强对备、讲、批、辅、评、考六环节的检查和落实，抓好教学质量的检测和评价工作；组织开展校级公开课、观摩课等常规化教学活动，建立精品课堂资源库，择优推荐参加县、市讲课、说课活动；创新教研活动形式，渗透优秀传统文化，增强论文、课题、精品课等教学成果展示意识；组织教师外出参加高三备考会等学习研究活动，对接平顶山市教育局携市二高“送课下乡”活动。学校建立多元、新型的教师评价体系，制订完善《任课教师量化考核办法》《教学效果优秀奖励办法》《宝丰二高教育科研奖励办法》等评价体系，对教师的教学效果进行综合评价。

重视素质教育，培养德才兼备人才 学校坚持“德育为首，全面育人”的办学理念，把学生的思想道德建设放在学校工作的重要位置，积极创设载体，注重实效。学校组织每周一次的升旗仪式，举办了迎国庆“红歌联唱”活动、“宝丰二高第一届校园歌手大赛暨校园红歌会”活动、放映电影等，对学生进行爱国主义教育。推进《弟子规》等传统文化教育，利用班会、教师节演讲比赛、先进事迹表彰等主题活动渗透文明素养，健全学生人格。通过班会、橱窗、法制报告会等形式开展法制教育，培养学生知法、懂法，增强自我保护意识。同时贯彻落实《体育卫生工作条例》和《中学生体育达标实施办法》，搞好卫生，做好“两操一课”，举办运动会、广播操比赛、新生军训、校园第三届“青春激扬杯”篮球赛，开展阳光体育活动，营造良好的校园运动氛围，有效提高了学生的身体和思想素质。

注重人文管理，积极创设平安校园 抓好人文管理，给师生发展和成长提供宽松的环境，严格规范办学，积极倡导平等、和谐的师生关系，开展校园文化建设，美化净化校园，举办各类艺术活动，让全体师生都能够在宽松和谐愉悦的环境中，享受工作和学习的快乐。明确安全职责，提高安全意识，开展全方位的安全工作，做好门卫安全、食堂及小卖部的食品安全、寝室安全、体育实验课堂安全、用电安全等；宣传安全知识，开展安全教育班会，举办消防安全讲座；制订《宝丰二高安全事故应急处理和救援预案》，开展消防灭火及紧急疏散演练；排查安全隐患，积极构建“人防、物防、技防”相结合的安全防范体系，确保校园及师生无重大安全责任事故。

打造良好作风，抓好廉政建设 学校坚持廉政办学，廉政执教，以学习为动力，以制度作保障，组织学习《建立健全教育、制度、监督并重的惩治和预防腐败体系实施纲要》等党的政策制度，重温《宝丰二高教师职称晋升积分办法》《班主任量化积分考核》《学生综合素质管理评价制度》《学校财务管理制度》等学校的管理制度，明确工作职责，制定工作目标，以制度来规范学校教育管理和办学行为，促进班子成员的作风建设和表率作用，严格执行财务公示制度、校务公开制度。

（李顺利　马国英）

科学技术

【概况】 2012年，宝丰县科技局内设有办公室、高新技术发展及产业化股、农业科技股、社会发展股，下设地震局、知识产权办公室、科技开发中心3个事业机构，有干部职工31人。

【科技计划项目】 2012年，进一步规范科技计划项目申报、实施、管理，修改完善了《宝丰县科技计划管理办法》。3月，对全县2010、2011年度县级科技计划项目进行全面检查，对项目承担单位、项目实施、资金运用、项目产生的成效等进行检查和督导，并就项目实施过程中发现的问题及时提出整改意见和建议，确保科技计划项目资金的合理使用和规范运作。共受理各类科技计划项目112项，经专家论证后，筛选推荐县级科技项目49项，争取三项经费300万元；市级科技项目7项，三项经费190万元；省级科技项目4项，三项经费89万元。共60项579万元。

【专利申请】 2012年，共申请专利145件，其中发明专利22件，实用新型78件，外观专利45件。共授权专利64件，其中发明专利3件，实用新型41件，外观专利20件。对104项专利进行奖励，奖励资金26.7万元，专利申请量有明显增长。

【知识产权保护】 2012年，县科技局不断加强对专利知识宣传力度，贯彻落实《专利法》，结合4·26世界知识产权日，开展以“培育知识产权文化，促进社会创新发展”为主题的知识产权周宣传活动，展出宣传版面10余块，发放宣传材料1000余份，现场接受群众咨询100余人次。根据国家知识产权局《2012年知识产权执法维权护航“专项行动方案”》精神，开展了专项执法检查。

【高新技术产业开发区获批】 2012年3月，宝丰县产业集聚区被省政府批准为河南省高新技术产业开发区，高新区的创建成功，标志着县科技创新能力又上了一个新台阶。宝丰高新区已形成以光电业为主导，加工制造业和现代物流业为支撑的产业发展格局，集群规模不断扩大，集聚效应日益显现。

【高新技术企业】 2012年，新增高新技术企业3家，分别为河南德晟环保节能科技有限公司、长江生物科技有限公司、博翔碳素有限公司。全县共有高新技术企业22家。

【工程技术研究中心】 2012年，新增工程技术研究中心7家。其中，市级工程中心4家，分别为宝丰恒瑞新材料有限公司、河南德晟环保节能科技有限公司、宝丰县刘顺魔术有限公司、宝丰县长江生物科技有限公司；省级3家，分别为恒瑞新型材料有限公司、河南康龙实业有限公司、宝丰县冯异醋业有限公司。全县共有工程技术研究中心20家。

【科技富民强县工程】 2012年，宝丰县将全县生猪养殖园区划分为20个园区，每个园区配备1名科技特派员和2名防疫员。当年共建成生猪万头以上龙头养殖企业2个，金岭牧业科技有限公司养殖规模达4万头，并通过无公害畜产品产地认证。全县生猪存栏达到100万头以上，提前完成了专项行动规定的三要任务。6月6日，在全县养殖园区特派员工作会议上对各位特派员明确了工作任务。全年共组织生猪养殖技术培训班4期，培训技术人员1200余人次。

【科技特派员工作】 按照平顶山市《关于实施科技特派员行动计划的意见》要求，宝丰县高度重视，广泛发动，严格把关，确保科技特派员的选派数量和质量，并力争覆盖全县绝大多数乡镇、中小企业。共争取A类科技特派员7名，B类科技特派员37名。为加强科技特派员的管理，切实履行职能，利用互联网的普及和便利，创立了“特派员之家”QQ空间信息交流平台，把分散各地的科技人员联系在一起，加强对科技特派员的检查督促力度。县筹资10万元，派出20名科技特派员、60名科技工作者入驻企业，他们积极活动在生产一线，开展岗位培训、技术革新，针对技术难点进行科技攻关，为企业起到了极大的带动效应。

【防震减灾】 2012年，县科技局积极与省地震局地震工程勘察研究院协调沟通，对产业集聚区整体区域进行地震安全性评价工作，简化企业项目审批环节、压缩时限、减少评价费用、提高了审批效率。同时，对惠翔金河湾、宝丰县食盐检测配送中心等多家单位的建设工程场地进行地震动参数复核工作和抗震设防标准认定工作。5月12日，在县委门前举行防震减灾宣传活动，摆放宣传版面20余块，发放防震减灾知识读本1500余份，并设立了咨询台，现场解答群众问题200余项。不断加大对地震宏观观测管理力度，在全县范围选择具有一定养殖规模的养殖场作为地震宏观观测点，经过实地考察和反复筛选，共在6个乡镇选择确定了6个养殖专业场作为地震宏观观测网点。

【科技下乡活动】 2012年，组织科技人员广泛深入开展送科技下乡活动。在马街书会现场、老龙窝“三化”协调发展实验区开工典礼现场、前营乡等开展送书下乡和科技下乡活动10余次。组织有关专家到农村一线，现场指导群众进行小麦病虫害防治，宣传优良品种和新的种植技术，发放各种科普资料1.2万份，农村实用技术资料8000余册；为养殖、种植户解决难题20余项，咨询群众3000余人次；举办养殖、种植技术培训班9期，培训农民2600余人次。

【科技成果】 2012年，宝丰县人和新型建材有限公司的《污水处理厂在烧结砖中的应用技术开发》获平顶山市科技进步二等奖，宝丰酒业有限公司的《功能菌在清香型宝丰酒生产工艺中的应用研究》获平顶山市科技进步特等奖。

【科技企业孵化器】 科技企业孵化器是培育和扶植高新技术中小企业的服务机构。孵化器通过为新创办的科技型中小企业提供物理空间和基础设施，提供一系列服务支持，降低创业者的创业风险和创业成本，提高创业成功率，促进科技成果转化，帮助和支持科技型中小企业成长与发展，培养成功的企业和企业家。宝丰县产业集聚区自2009年开始规划建设以来，不断提升自主创新能力，2012年2月，成功创建为省级高新技术产业开发区。县高新技术产业开发区以创新创业孵化基地建设为重点，采取多种形式多元化地进行创业孵化基地建设。开发区创业服务中心有管理人员18人，其中大专以上人员15人，中级职称以上人员6人。在孵企业主要有：贝利德年产150兆瓦太阳能组件项目，河南鑫特光电科技公司LED太阳能灯具生产项目，平顶山新洁源环保产业园，河南昊帝电子科技开发有限公司单晶铜钯键合材料生产线项目，河南碧源煤安科技公司安检装备制造项目，平顶山联立机电有限公司智能传感测试项目，年产800万件汽车涡轮增压片项目，年产2万吨超纯金属材料项目，年产100万件智能数控机箱项目，年产70万套金泽电器制造项目。

【科技创新发展基金】 2012年，县科技创新发展基金资助18家科技企业340万元，带动企业收入1989万元，申请科技成果2项，专利技术发明6项，其中资助宝丰酒业有限公司50万元，用于高档清香国酒关键技术研究，年创产值8000万元，增效1200万元。

【全县科技创新大会】 2012年8月7日，全县科技创新大会在宝丰迎宾馆召开。会议的主要任务是深入贯彻落实国家、省、市科技创新工作会议精神，回顾总结全县2011年以来的科技创新工作，明确今后的科技创新工作目标任务，动员和组织全县各方面力量同心协力，努力工作，扎实推进科技创新，使全县科技创新工作再上一个新的台阶。会上，对18家创新工作成效显著企业进行科技创新发展基金资助；对在科技创新工作中做出突出成绩的23个优秀单位和15名先进个人进行表彰奖励，共发放资助及奖励资金448.95万元。（余新艳）

【宝丰骨科医院—科研项目获县科技发展专项资金】 2012年，由宝丰骨科医院院长孟文彦等3人研制的“中医壮骨增髓夜”组方临床研究项目，被宝丰县人民政府列为2011年度支持科技发展计划项目，并获科技发展专项资金10万元。宝丰骨科医院位于县城兴华路中段，建筑面积3600平方米，创建于1989年，是一所以传统中医正骨为特色的民营专科医院。院长孟文彦从事研究和临床骨伤科30余年，诊治数千名骨伤患者康复。由其主持完成的“中医壮骨增髓液”项目2010年12月获河南省科学技术成果奖，2011年6月获平顶山市科技进步二等奖。

（孟文彦）

农业科研

【概况】 宝丰县农业科学研究所内设有办公室、小麦育种室、小麦区试室、玉米育种室、玉米区试室、大豆区试室。3月，科星种业有限公司注销。有干部职工28人，其中科技干部14人，高级职称4人，中级职称3人，初级职称2人，技术员5人，技术工人14人。有试验田80

亩，房屋90间，总面积4404平方米，现代轿车1辆，东方红大型联合收割机1台，东方红18型拖拉机1台，时风三轮车1辆，上海50型拖拉机1台，脱粒机6台，计算机4台，总固定资产157万元。2012年，县农科所承担国家夏玉米区域试验3项，河南省小麦区域试验3项，河南省小麦旱地区试2项，河南省夏玉米区域试验2项，河南省黄豆区域试验1项，西北农林大学小麦新品种鉴定3项，平顶山市小麦新品种鉴定试验3项，宝丰县小麦新品种培育研究、品比鉴定6项，共23项。承担三北种业公司、山西屯玉公司、平顶山农科院、奥瑞金公司玉米新品种鉴定试验共6项。鉴定小麦新品种（系）201个，玉米新品种（系）384个，大豆新品种26个，做小麦杂交组合274份，培育出新品系5个，做黄豆组合22个，筛选出黄豆新组合3个。同时，进行良种繁育工作，繁育大量优质小麦、黄豆种子。

【国家夏玉米区域试验】 2012年，县农科所承担国家黄淮海夏玉米区域试验1、2、3三组，参试品种42个，由县农科所高级农艺师郭国杰主持。通过试验筛选出适宜黄淮海区域种植的玉米杂交种郑单958、浚单22号、浚单26号、郑单22、郑单136、滑丰986、鲁单981、鲁单50、农单5号等玉米优良杂交种24个。

【河南省小麦区域试验】 2012年，宝丰县农科所承担河南省小麦冬水组区试1项、省小麦春水组区试1项、省旱地小麦区试1项，由县农科所农艺师王功庆主持。通过试验、鉴定，筛选出适合河南省种植的小麦新品种，为小麦新品种的审定及更新换代提供科学的理论依据。

【河南省大豆区域试验】 2012年，宝丰县农科所承担省大豆区域试验1项，由县农科所高级农艺师杨振廷主持。通过鉴定供试品种的增产效果、抗逆性、地区适应范围、综合性优良的新品种，为生产试验和新品种审定提供依据。

【小麦育种】 由县农科所助理农艺师王建超、付蔚雯共同承担，选单株910株，杂交组合274份。培育出小麦新品种系宝科8号、宝丰0640、大穗小麦9908等5个新品系。

【玉米育种】 由县农科所高级农艺师郭国杰、张富才承担，共选育玉米自交系57个，作测交组合560个，推荐参加省三米预试1个、玉米区试1个。宝玉168玉米新品种参加国家每亩5000株区域试验，比对照郑单958增产9.3%，居全国16个参试品种第2位。2012年参加国家玉米新品种生产示范。 （付勇明）

气象服务

【概况】 宝丰县属北温带半湿润大陆性季风气候，以春旱多风、夏季多雨、秋温气爽、冬寒少雪为特征，年平均气温14.6℃，最高温度出现在6月，极端最高温度42.5℃（1972年），最低气温出现在2月，极端最低温度−17.8℃（1990年），平均降水量769.5毫米，无霜期214天。县气象局内设机构有业务股、服务股，有职工10人。2012年，先后获全国气象部门文明台站标兵、河南省优秀县局、平顶山市重大气象服务先进集体和综合目标考评特别优秀单位称号。

【基本业务】 2012年，县气象局各项业务质量均达到或超过上级业务部门规定的标准，建立健全各项气象观测和网络系统故障应急预案，自动站及信息网络运行稳定，各类观测资料上传及时，各项新增业务有序开展，观测环境得到有效保护。县气象观测站为国家基本气象站，担负02、05、08、11、14、17、20、23时每天8次定时观测，观测项目有云、能见度、天气现象、气压、气温、湿度、风向风速、降水、雪深、日照、蒸发、冻土、电线积冰、地温、酸雨等，承担每天8次定时天气报、旬月报、墒情报、雨量报、重要天气报、24小时航危报等发报任务。2012年1月1日，实现航危报的语音传输，改写了自1956年建站以来报文只能通过网通报房进行人工传输的历史。3月底完成所有区域站雨量设备的校准维护工作。4月1日的地面气象观测业务调整，使1956年以来的“天气报”这个具有历史意义的名词，彻底退出了历史舞台。5月份按时完成了山洪地质灾害非工程治理项目建设任务，保持区域站稳定运行。

【区域站管理及现代化建设工作】 加强气象灾害监测能力，2012年新建观音堂尖山坡、张八桥姚店铺、李庄姬家村3套6要素自动气象站，观音堂北水峪、三间房和李庄乡下丁村3套自动雨量观测站。同时做好乡镇区域气象站的管理维护工作，全年设备运行稳定，数据准确及时。继续严格开展观测环境保护工作，完成气象探测环境保护专项规划编制工作。

【公众气象服务】 每天通过宝丰电视台对外发布24小时、48小时、72小时天气预报；通过电视天气预报栏目和“12121”气象信息电话服务系统向公众做好公益气象服务。为县委、县政府提供及时准确的决策服务，每周一上午按时把农业气象周报和一周天气预报服务到县委、县政府和相关单位，并以手机短信的形式把一周天气预报向全县短信用户发布，让人民群众在第一时间详细了解天气情况；充分发挥乡镇自动雨量点作用，及时把降水情况通过手机短信向县委、县政府领导和相关单位汇报。

【决策气象服务】 2012年，县气象局依靠科技进步，充分运用气象现代化建设成果，及时主动地将服务产品传递给政府决策部门。遇有特殊需要或重大天气的过程，及时向县委、县政府主要领导面对面汇报。制定《宝丰县突发气象灾害应急预案》，规范了突发气象灾害事件的预警信号的发布和灾害的防范处置工作。高度重视汛期气象工作，做好防大汛、抗大旱的思想准备。积极做好程寨沟灰场应急气象服务工作。每周通过宝丰县突发公共事件信息发布平台，向县四大班子领导、县直局委班子成员、各乡镇党委、政府班子成员、驻村工作队成员、行政村书记、村长及班子成员等发布未来一周天气。当出现突发事件时，可以快速有效的将各类预警信息发布到各级用户手中，边远农村也可及时收到。

【专业与专项气象服务】 2012年，县气象局加强防雷的社会管理，同县行政服务中心、城建、规划等有关单位进行沟通协调，规范防雷图纸审核等行政审批工作，向社会公布《行政服务承诺制度》《限时办结制度》《首问负责制度》《一次性告知制度》，实行文明服务、办理事项限时办结等承诺，同时公布监督和投诉电话。利用安委会成员单位的身份，加强与安监、消防、住建等部门统筹协作，广泛拓展服务领域。先后完成中石油、石化等易燃易爆场所、重点单位和在建项目的防雷安全检测和跟踪技术服务工作。

【气候特点】 2012年宝丰县气候基本特点：年平均气温14.9℃，较30年平均值（14.5℃）偏高0.4℃，正常；年总降水量472.7毫米，较30年平均值（740.3毫米）偏少267.6毫米，偏少36%，偏少；年总日照时数1504.3小时，较30年平均值（2016.4小时）偏少512.1小时，偏少25%，异常偏少。出现有大风、大雾、高温、暴雨、干旱等灾害性天气。其中干旱天气对春、秋作物的影响较大。2012年整个春季日照时数显著偏少，而降水偏少，旱情有所发展，对全县小麦产量产生一定影响。6月份降水量仅30.5毫米，比标准气候值偏少57.4毫米，显著偏少。大部分秋作物不能及时播种，无水浇条件的地块出现干旱。2012年6月27~30日，根据有利的天气过程，在张八桥姚店铺、肖旗高皇冢，成功实施2轮人工增雨作业，增加了有效降水量，补充了田间水分，使秋作物干旱程度有所缓解，同时也使未能及时播种的秋作物得以适时播种。

【队伍建设】 加强内部质量管理，每月均按时开展业务质量分析、集体学习、集体观测活动，积极参加上级各类业务培训及国家局远程培训，并采取模拟考试、人工观测、手工编报等多项措施提高人员业务素质。注重团结协作，遇复杂天气全体观测员都能主动协助值班员做好观测、发报。职工陈艳果取得2012年全省业务技能比武地面观测软件操作单项第一名、个人地面观测全能第三名，王向丹取得地面观测软件操作单项第二名；陈艳果、黄秀兰、吴艳艳3人获全国优秀测报员称号，14人次获全省优秀测报员称号。

（李广杰　王长月）

文　化

文化事业

【概况】 2012年，县文化广电局内设机构有办公室（挂行政审批股牌子）、计划统计财务股、社文创作股、旅游股、文化产业股（挂县文化产业发展领导小组办公室牌子）、新闻出版管理股（挂非物质文化遗产股牌子），下属单位有县文物局、文物保护管理所、文化市场综合执法大队（含演出公司）、人民文化馆、图书馆、清凉寺汝官窑遗址管理处、电影发行放映公司、人民会堂、豫剧团。机关有干部职工26人。全系统有干部职工233人。

【文物保护】 2012年，宝丰县根据第三次全国文物普查成果，公布了第一批不可移动文物名录。共有不可移动文物1699处，其中，新发现不可移动文物1629处，复查不可移动文物70处（参见《2012卷宝丰年鉴》附录）。对部分不可移动文物进行挂牌保护。做好清凉寺汝官窑遗址保护工作。成立了清凉寺汝官窑遗址公园建设指挥部，开展遗址民房拆迁工作。配合有关部门做好遗址保护展厅、博物馆项目设计、审批、建设和大遗址公园规划、评审。继续做好南水北调工程文物巡护工作，每周二、五分为两个巡护组对南水北调工程文物定期巡护，有效地保护南水北调工程地上地下文物的安全。4月10日，在文物巡护工作中，在南水北调工程杨庄镇小店段渠线内发现奇特岩石，经现场调查、专家鉴定，此"岩画"地层属中新世，是在地质变动中长期风化作用下形成。奇石已搬运至五岳生态公园进行保护利用，发挥其景观价值。协助做好方志博物馆创办及市博物馆布展各项工作。配合做好县境传统村落调查工作。通过实地深入调查，登记确定12个乡镇35个传统村落。编制文笔峰塔文物保护规划工作。文笔峰塔是第二批省级文物保护单位。县文广局邀请郑州大学城市规划设计研究院编制文笔峰苕文物保护规划，通过省文物专家评审。

【文物勘探】 2012年，做好父城遗址保护与开发利用工作。邀请北京清华城市规划设计研究院编制《父城遗址保护规划》。3月28日至4月15日，邀请洛阳文物工作队对父城遗址进行遗迹勘探，摸查城墙范围、城门、河道布局等，重点对白雀寺的建筑基址及规模进行勘探，为遗址考古发掘和白雀寺规划设计提供依据。考古发掘4月初获国家文物局批准。7月26日，省考古所发掘人员到父城遗址现场进行考古发掘。开3米×10米探方3个。做好杨家大院旧址保护开发工作。杨家大院是县级文物保护单位，是红色遗址的豫西行政干校旧址，现存古建筑24栋、70余间，建筑面积约1800平方米。

【文物单位抢救修缮工作】 2012年，完成旧城保护内的文庙、贾复庙及红色革命遗址维修方案编制工作。文庙大成殿是旧城保护中首要进行维修的古建筑。县文广局邀请河南大学古建园林设计研究院及开封至善古建园林设计有限公司，联合编制了《宝丰文庙大成殿维修加固设计方案》。年初方案经上级文物主管部门批准。2012年4月，县文广局邀请南阳市古代建筑保护研究所编制《贾复庙保护维修方案》。红色革命遗址中共中央中原局、中原军区宝丰旧址群由中原局机关旧址、新华社中原总分社旧址、中原大学旧址等26处文物点组成，涉及10个乡镇、16个村庄。现存明、清、民国时期建筑104栋。这些不可移动文物分散广，涉及乡镇多。5月，县文广局邀请河南省古代建筑研究所编制《宝丰县中共中央中原局中原军区宝丰旧址群抢救维修方案》。

【文化市场监管】 2012年，组织开展网吧专项整治行动，在检查中查处违规网吧19家，对其进行批评教育、停业整顿和行政处罚。继续加大对全县人员聚集场所的日常监管检查力度，检查采取日常检查和拉网式检查相结合，对在检查中发现有安全隐患的商户，下发停业整顿通知书，隐患整改合格后方可正常营业。对县城内的文化商户进行多次集中清理整顿大检查。全年共出动2696人次，查处网吧违规案件19起，没收盗版出版物19000余册(盘)。4月24日，在宝丰人民会堂广场举办以“拒绝盗版，助力创新”为主题的集中销毁非法出版物活动，有效地遏制了不法分子的违法行为，净化了文化市场。

【非物质文化遗产保护工作】 2012年，完成《河南省非物质文化遗产资源汇编·平顶山卷·宝丰分卷》的编纂工作。囊括了县境国家级、省级、市级、县级非遗项目的基本情况，包括项目简介、濒危状况、存在价值、保护及传承情况等内容。完成2012年汝瓷烧制技艺申报中央专项资金的申报工作。完成省文化厅非遗处对宝丰县省级以上非物质文化遗产项目保护情况的督查工作。县境6名非物质文化遗产代表性传承人被市政府公布为平顶山市非物质文化遗产代表性传承人。完成曲艺代表性传承人余书习和李春营的传统唱段录制工作，共录制唱段600分钟，录制磁带16盘。6月9日是中国第七个文化遗产日，县文广局制作宣传版面，出动宣传车，利用县广播电台、县电视台宣传国家有关文化遗产法律法规、标语口号，进一步增强人民群众对文化遗产的保护意识。完成组织上报第三批河南省非物质文化遗产展示馆、传习所的推荐命名工作和第三批省级非物质文化遗产项目传承人的申报工作。

【农村电影放映工程】 2012年，农村电影放映工程完成放映场次3660场，实现了每个行政村农民每月观看一场电影的目标。

【农家书屋工程建设】 2012年，对已建成并投入使用的228个农家书屋，建章立制，规范管理，使其在新农村建设中充分发挥作用，丰富人民群众的业余生活。新建的76个农家书屋图书及相关设施已配发到位。

【乡镇综合文化站建设】 开展乡镇综合文化站免费开放工作。为每个乡镇综合文化站争取免费开放经费5万元，并按时足额拨付到位。抽调专门人员对乡镇综合文化站免费开放工作进行指导帮助，使其充分发挥文化前沿阵地作用。

【舞台艺术送农民活动】 2012年，圆满完成“舞台艺术送农民”活动的20场演出任务，受益群众10万余人次。

【旅游工作】 2012年，接待国内外游客36.22万人，同比增长23%；国内旅游收入3925万元，同比增长25%；游客投诉率为零，无发生重大旅游安全责任事故。

【《文化宝丰》创刊】 2012年7月，由县文化广电局编印的《文化宝丰》创刊。期刊从遗产保护、宝丰风情、乡情悦读、宝丰记忆等多板块、多角度，全面宣传展示宝丰历史文化资源，记录宝丰从文化大县向文化强县迈进的历程，书写宝丰人文历史、文化风貌及其研究、挖掘、整理的成果。

（朱　柯）

文化改革发展试验区

【概况】 2012年，宝丰县文化改革发展试验区管理委员会(简称文管委)围绕宝丰县“建五宝，争百强，三化协调发展奔小康”的总目标，整合文化资源，加大协调力度，着力推进重点文化项目建设和文化产业发展，试验区建设取得明显成效，促进了全县文化事业文化产业的繁荣发展。

【重点文化项目建设】 2012年，文管委加强对重点文化项目的督促协调，并对资金、土地等资源进行整合，着力推进重点文化项目建设。

文化创意产业园　至2012年底，文化创意产业园一期工程累计完成投资1.8亿元，建筑面积2.6万平方米，主体建筑5层，寓意鹰飞翔的民间演艺中心主体工程完工；建筑面积3960平方米的曲艺茶楼建成投入使用；建筑面积4840平方米、寓意扭转乾坤的中原解放纪念馆正在施工，布展工作同步推进。文化创意产业园二期工程的规划设计、清边立界、土地征用等工作正在进行。

清凉寺汝官窑遗址公园　总面积约19.6平方公里的清凉寺汝官窑遗址公园于2011年10月26日正式启动。遗址保护展示厅工程于2012年9月4日开工建设，项目规划建筑面积4960平方米，计划投资1651万元；汝官窑遗址博物馆规划建筑面积4952平方米，计划投资2000余万元，至2012年底，汝瓷文化产业园区一期项目规划占地500亩，拟引进汝瓷科研生产企业机构20家，已有2家企业入驻。中华汝瓷大道工程施工设计完成，正在进行地面附属物及青苗补偿登记等工作。

马街书会景观工程 总投资2000万元的马街书会景观工程，由雕塑公园、中华曲艺博物馆、主题广场三大部分组成。整个工程于2012年10月11日开工建设，计划2013年马街书会前建成投用。

香山观音旅游园 2012年底，南起石香公路、北至南石公路，全长3540米的观音大道建成通车；劝桥、休闲广场、青石牌楼建成投入使用；北山门工程主体基本完工；香山寺北门进寺台阶、停车场、商贸街正在筹划建设之中。

【全国政协副主席、全国工商联主席黄孟复莅临宝丰县调研汝瓷文化产业】 2012年3月25日，全国政协副主席、全国工商联主席黄孟复到宝丰县调研汝瓷文化产业。省委常委、统战部部长史济春，市县领导段玉良、李萍、段君海、潘民中、张庆一、师建超等陪同调研。黄孟复一行到弘宝汝瓷公司，察看了汝瓷产品展厅、烧造车间，详细了解汝瓷的历史、烧造工艺流程以及县境汝瓷产业发展情况。黄孟复对宝丰县汝瓷产业的发展给予肯定。县委副书记、代县长张庆一代表县委、县政府向黄孟复赠送大宋汝窑瓷业公司生产的汝瓷产品《中华龙》和宝丰县关于汝瓷产业发展的书籍。

【省人大常委会副主任、民盟河南省委主委储亚平莅宝调研】 2012年8月28日，省人大常委会副主任、民盟河南省委主委储亚平，带领民盟河南省委文化产业可持续发展问题研究课题组莅临宝丰县，调研文化产业可持续发展情况。市县领导赵顷霖、邢文杰、黄祥利、郑枝、潘民中、刘书锋等陪同。储亚平一行首先到大营镇清凉寺北宋汝官窑遗址和大宋汝瓷瓷业有限公司，看展版、听讲解、鉴真品、赏名器，对汝瓷文化进行深入细致地调查研究。随后在赵庄乡魔术大观园内，欣赏了农民魔术师表演的精彩魔术节目。

（朱宏亮）

著 述

2012年，宝丰县各单位组织编写和个人编著出版各类书刊20余本。

2012年宝丰县编印出版书刊情况表

作品名称	作者或主编	出版时间	出版社
全国书法大赛作品集（美术作品集）	曹二虎、何清怀等	2012.1	
全国书法大赛作品集（书法作品集）	曹二虎、何清怀等	2012.1	
宝丰史志（2011）	郑永安、李晓红	2012.1	
健康知识读本	县体育局	2012.1	
回味经典	县委、县政府	2012.2	
正说观音菩萨	王宁邦	2012.3	九州出版社
观察杂记	李民强	2012.3	作家出版社
书林撷趣	杨松华	2012.4	
大香山	姬书敏	2012.6	
新晴（四）	史梦雅	2012.6	
宝丰统计年鉴（2011）	亢鹏举	2012.9	
从蹬将到将军	潘运明	2012.9	中国言实出版社
夕阳颂	朱孝哲	2012.10	
宝丰年鉴（2012）	郑永安、杜建红	2012.10	中州古籍出版社
孙战生书法	孙战生	2012.10	西泠印社出版社
宝丰文史资料(第十六辑)	董国范	2012.12	
前车之鉴	李 显	2012.12	
中国宝丰第五届文化节画册	县委宣传部	2012	
《香山大悲菩萨传》研究	潘民中、王保郑	2012	

广播电视

【概况】 2012年，宝丰县广播电视总台围绕县委、县政府的中心工作，始终坚持正确的舆论导向，牢牢把握发展第一要务，努力营造和谐氛围，各项工作取得一定成效。县广电总台内设机构有办公室、计财股、事业股、总编室、新闻一部、新闻二部、新闻三部、广播电台、传媒网站、电视播出部、广告部、文艺部、播音主持部、影视频道、网络公司、发射部、稽查队、监察室18个科室。有干部职工265人。

【主题宣传活动】 2012年，围绕县委、县政府的总体要求和中心工作，开展一系列宣传活动。在"两会"报道、"建五宝，争百强，三化协调发展奔小康"、马街书会、税收治理、"三联三帮建五宝"、巾帼风采、招商引资等多项宣传工作中，制播系列主题宣传节目。在《宝丰新闻》《新闻在线》等节目中开辟30余个栏目，以深入浅出的形式，及时充分地报道全县扩大开放，调整产业结构，转变发展方式，改善民生，构建和谐社会等方面的生动实践和鲜活经验，营造了聚精会神搞建设，一心一意谋发展的良好氛围。为进一步加大宣传力度，扩大宣传效果，营造浓厚氛围，达到以宣传推动中心工作的目的，县广电总台承办了宝丰县建党91周年文艺晚会，开展了广电系统迎"七一"歌咏大赛，举行了宝丰县首届家居文化节等活动。

【电视台节目播发】 2012年，电视台编发《宝丰新闻》栏目258期，1548篇；编发《新闻在线》栏目132期500余篇；编发《宝丰瞭望》48期。直播录播文艺演出和重大活动28场次，拍摄各类专题汇报片16部。对外新闻宣传方面，中央、省、市新闻媒体共播发新闻稿件746篇，其中，中央级4篇，河南卫视台《河南新闻联播》9篇，新闻频道53篇，河南九套《播报河南》87篇，平顶山电视台《平顶山新闻》162篇，《民情民声》202篇，平顶山电台《平顶山新闻》71篇。省级以上报刊图片新闻158篇,实现了新闻外宣新突破。其中中央广播电台夜新闻《河南宝丰马街书会热闹开锣》，河南卫视台《颂国学文化伴新春》《农民魔术师集萃专场演出录制在宝丰完成》《红色经典抒豪情》《央视播出宝丰魔术专场》《宝丰魔术之乡 魔变幸福生活》《宝丰各界积极收看十八谈平顶山篇》《宝丰县全力打造生态宜居城市》《宝丰魔术师集训 备战春晚》以及平顶山新闻栏目幸福宝丰系列报道等新闻作品的播出，对宣传宝丰文化，扩大宝丰文化现象及影响起到了积极作用。

【基础设施建设】 2012年，县广电总台在强力发展农村有线电视网络工程的同时，筹措资金，加大投入，夯实基础，促进广电事业产业发展。至年底，累计投资256万元，架设光缆174公里，开通81个村有线电视信号，发展用户7116户。

【安全播出】 2012年，县广电总台继续按照"预防为主、防治并举、防重于治"的方针，进一步完善制度，落实责任，明确任务，强化安全播出工作，坚持重点防范和安全运行两手抓，巩固已有安全播出，扎实做好各种应急预案，做到反应快捷，处置及时，确保安全播出。

【队伍建设】 2012年，县广电总台结合工作实际，按照转变职能、从严管理的要求，以规范化、标准化、科学化为目标，建立和完善岗位目标责任制、服务承诺制等工作制度，在宣传管理方面，通过强化宣传管理，把握舆论导向，对节目、版面进行调整和改版，促进了节目质量提高。在行业管理方面，加强广播电视广告的播放与监管，加大对电视医疗、药品、保健食品广告的监管力度。同时，加强各播出机房的安全播出管理，确保了日常和重要、敏感时期安全播出无事故。

（韩国明　张东旭）

党史研究

【概况】 中共宝丰县委党史研究室是县委直属事业单位,由县委办公室领导。2012年，县委党史研究室围绕全县工作大局，结合"以史鉴今、资政育人"工作职能，在党史研究、党史宣传、党史资料征编、红色革命遗址保护、纪念馆建设和重大党史事件纪念活动等方面重点开展工作。县委党研室有干部职工6人。

【编辑《中国共产党宝丰县历史大事记》(1921~2007)】 2012年，县党史研究室继续补充完善50余万字的中国共产党宝丰县历史大事记，已具备出版条件。

【收集中原局驻宝期间有关资料】 2012年，按照省、市委党史研究室的工作部署，收集1948年中共中央中原局在宝丰驻扎时相关资料28篇，10万字，图片资料50余幅。

【党史研究宣传】 2012年1月，县委党研室部现松撰写的《解放战争时期中共中央中原局、中原军区驻平顶山地区活动概述》收录河南省委党史研究室编印的《回顾与展望——河南省党史界庆祝建党90周年学术研讨会论文集》，由中共党史出版社出版。4月23日，在平顶山市委党史研究室举办的纪念邓小平鲁山报告发表64周年学术交流会上，县委党研室余海珠撰写的《鲁山报告与中原局的工商业政策》在会上交流。6月28日，部现松参加山东省档案局在济南举办的"南下干部历史贡献理论研讨会"，撰写的《中原支队在宝丰》在会上交流，后入选《共和国永远铭记：南下干部历史贡献理论研讨会论文集》，由泰山出版社出版。8月中旬，余海珠、部现松从县红色资源与党史文化相结合的角度入手，分别撰写了《党史文化遗产的开发与保护——浅述第三次中共中央中原局和重建的中原军区在河南宝丰》《浅探新华社中原总分社创建过程》两篇论文，入选中央党史研究室汇编的《全国党史文化论坛论文集》，这是宝丰县首次入选中共中央党史研究室组织的全国性理论研讨活动论文。12月10日、20日，《河南大学报》分两期刊登部现松撰写的文章《河南大学与中原大学》。部现松撰写的《新华社中原总分社在宝丰》在中共河北省委党史研究室、河北省中共党史学会主办的《党史博采》杂志2012年第12期刊登。8月，部现松撰写的《中原大学与新中国教育》一文在《平顶山日报》发表。县委党史研究室全年在国家级刊物上发表文章2篇，在省级刊物上发表文章4篇，在《平顶山日报》及市级刊物上发表文章4篇，在《宝丰快报》《宝丰文史资料》《宝丰史志》上发表文章20篇。

【红色遗址保护及纪念场馆建设】 2012年2月1日，县委党史研究室负责人与商酒务镇党委书记向县委书记刘书锋汇报中原军区司令部旧址拆建之事。与县规划局负责人到商酒务镇皂角树村察看落实。5月11~14日，部现松与市委党史研究室领导到西柏坡参观纪念馆陈列、布展，学习建馆经验。6月2日，县委党史研究室配合县文物局聘请河南省古建筑研究所施工队对中原局旧址、中原军区司令部旧址、杨庄豫西行政干校旧址、焦楼压风寺旅以上政工会议旧址、前营大连庄樊家大院旧址、大营豫西兵工厂二分厂及野战医院旧址、柳林会议旧址等遗址实地测绘、勘察。6月25日，县委常委扩大会议召开，专题听取宝丰文化园区建设情况汇报，县委党史研究室负责人就红色革命旧址7处重点保护情况进行汇报。6月28日，由县委常委、办公室主任赵二成主持的红色革命遗址保护会议在县委常委会议室召开。党史研究室再次提出重点对7处旧址保护意见。7月，党史研究室在查阅大量资料的基础上写出11万余字的《中原解放纪念馆布展大纲（初稿）》。同时，多方面、多渠道查找出与中原局、中原军区有关的电报、档案620余条，编成查阅档案目录，为下一步纪念馆布展打下基础。9月10~26日，余海珠、部现松到北京中央党史研究室、中央文献研究室、国家博物馆等10余个单位征询专家及当年在宝丰工作过的老领导、部分领导后代对宝丰县建设中原解放纪念馆意见，并到西柏坡红色纪念馆参观学习建馆经验。12月3~8日，县委常委、县委办公室主任赵二成同县委党研室余海珠、部现松一起，到重庆开县参加刘伯承诞辰120周年纪念活动。后余海珠、部现松到重庆中国人民解放军第十三军军部、中原军政大学重庆校史委员会征集资料；到成都谒访刘伯承驻宝期间警卫士李存礼，中原大学学员刘焕云、徐靖、姚宣征等人，搜集了35万余字的相关资料，50余幅图片。对征集到的有关中原解放纪念馆的资料进行整理，理出中原局、中原军区将帅名录及建国后担任党和国家重要领导人图片、资料180余幅。

【党史调研】 2012年5月23日，县政府党组成员、副县级干部郜现营，县政协原主席胡成义、县人大常委会原副主任朱福生带领县委党史研究室、县文物局、县规划局有关人员到商酒务镇皂角树村，肖旗乡大白庄村，杨庄镇马街村、杨庄村调研红色革命遗址保护修复情况。10月18日，党史研究室负责人参加县人大常委会组织的全县文化产业发展调研活动，先后到县城东街宝丰会议旧址、肖旗大白庄中原大学旧址、商酒务镇皂角树北张庄司令部旧址等察看红色革命旧址保护，并提出修复保护建议。余海珠提交《关于加快建设中原解放纪念馆》和《关于对宝丰境区红色革命遗址保护修复》两份提案。两会结束后，又对县文管委交办的原县级老干部《关于中原解放纪念馆另选地址的提案》进行答复。县文管委依据党史研究室提供的《宝丰县筹建中原解放纪念馆及革命遗址保护工作汇报》材料，向县委写出《宝丰县文化改革发展试验区管委会关于拟建红色纪念馆有关情况的报告》，受到县领导的高度重视，县委书记刘书锋、县长张庆一作出重要批示，进一步加快了中原解放纪念馆的建设进程。

【化解党史信访案件】 2012年2月，一居民给县委书记写信反映其伯父为地下党员，要求恢复其身份。县委责成党史研究室调查核实此案，党史研究室到县法院、许昌医药公司查阅相关档案10卷，调访当事人8名，写出有理有据的调查报告并向当事人做了耐心的解释，使矛盾化解在萌芽状态，息诉事结。

【省委党史研究室主任于吉林莅宝调研】 2012年7月26日，省委党史研究室主任于吉林一行3人，在市委副书记、组织部部长李萍，市委党史研究室主任侯会芳陪同下莅宝调研红色革命遗址保护现状及中原解放纪念馆的建设情况。县委书记刘书锋，县委常委、县委办主任赵二成，县政府党组成员、副县级干部郜现营及县委党史研究室负责人陪同调研。于吉林一行到中原军区驻地旧址、中原解放纪念馆建设工地察看，对宝丰县浓厚的文化底蕴和红色文化保护工作给予高度评价，并对红色文化纪念馆的命名、规划、建设、布局及革命遗迹的保护和修复提出了指导性意见。（王英英）

2012年7月26日，省委党史研究室主任于吉林莅宝调研红色文化

图书发行

【概况】 河南省宝丰县新华书店有限公司营业面积800平方米，主要经营图书、音像制品及文具，并担负着全县中小学教材的征订发行工作。2012年有发行网点3处，固定资产460万元。内设机构有办公室、人力资源部、发行科、财务科。有职工84人。

【图书销售】 2012年，实行销售任务联工资，按贡献大小计报酬，激发广大职工的工作热情。全店共销售各类图书190万册，码洋1067万元，其中教材完成820万元，一般图书销售额40万元，教辅销售13.3万元，政治理论书籍4余万元，农业科技图书5万元。商品周转6次，全县人均购书达每人8册，30元。

【开展优质服务和岗位大练兵活动】 2012年，新华书店为赢得市场，占领图书发行阵地，更好地服务广大读者，组织开展了岗位大练兵活动。在抓好职工政治思想教育的同时，从服务水平和服务技能上注重抓好岗位练兵及专业培训工作。并制定严格的奖惩制度，活动中，职工比技能、比作风、比贡献，争做业务能手，从而培养了职工“爱岗、敬业、创业”的精神，各销售部门一改坐等顾客上门变主动走出去、深入乡镇、厂矿、学校和读者之中，逢集赶会，摆摊设点，为广大读者提供大量内容健康向上的科技图书。

（刘中华）

档案工作

【概况】 2012年，宝丰县档案局内设机构有办公室、档案馆、业务股、法制教育股4个股室，有工作人员17人。3月宝丰县档案局被评为全市档案工作先进集体，9月获“平顶山高速杯”档案法制知识竞赛优秀组织奖。

【档案法制工作】 2012年，结合全县法制宣传月，贯彻落实《档案法》《档案法实施办法》《河南省档案管理条例》。订阅档案报刊、杂志，制订领导干部档案法律法规学习计划，参加档案法制培训及全国“灵狐杯”档案法制知识竞赛。借助纪念《档案法》颁布25周年，组织全县各乡镇、县直各单位125名档案工作者参加“平顶山高速杯”档案法制知识竞赛并获优秀组织奖。7月，组织2个档案行政执法检查组，依照档案法律法规的要求，采取听、看、评、查相结合的检查办法，对部分乡镇及机关档案室进行执法检查。

【档案库房安全管理】 2012年，坚持落实档案管理各项制度，做好档案库房温湿度的检测、调控、登记工作，确保馆库档案安全。7月，下发《关于做好汛期档案安全保管工作的通知》，对全县各乡镇、县直各单位的档案室及县档案馆的档案库房进行监督与检查，确保全县档案安全渡汛。

【档案资源整合】 2012年，印发《宝丰县档案局关于档案馆档案资料接收范围的通知》《宝丰县档案馆收集档案范围实施细则》，把民生、企业、电子、重大项目档案等纳入接收范围，确保应移交档案按时进馆，做到应归尽归。按照《河南省各级国家综合档案馆馆藏档案资料普查工作方案》，对县档案馆馆藏情况进行普查，对各单位档案室未进馆的档案进行摸底调查，对移交进馆的档案、资料进行分类整理、编目、装盒、上架，做好现行文件利用中心的收集、整理、保管、利用等工作。年底，接收组织部、政府办、杨庄镇等档案512卷册，李长春、刘云山等国家领导人在宝丰期间的录像资料以及政策法规性文件120余件，图书资料、报纸合订本等60余册。

【档案信息化工作】 2012年，为加快馆藏纸质档案向数字档案的转化，新购置电脑、扫描仪等专用设备，录入、扫描县委、县政府的革命历史档案1800页，整理馆藏历史档案8050页，对馆藏的重点档案进行异地备份、解密和划分控制，上报了县档案馆馆藏档案不能开放的档案目录。

【档案查阅利用】 2012年，共接待社会各界档案利用者500余人次，查阅档案900余卷册，出具有效证明材料400余份，为县境经济建设、落实政策、调解纠纷、婚姻登记证明等方面提供详实资料，增强社会档案意识。

【文书档案归档工作】 2012年，实行分类指导，强化管理，规范整理全县2011年度文书档案归档文件1.68万件，归档合格率95%以上。

【机关档案室规范化管理认证】 根据《河南省机关档案工作规范化管理认证办法》和《河南省机关档案工作规范化管理认证标准》，抽出业务骨干2名，分别对县财政局、审计局、法院、残联、石桥镇、城关镇、闹店镇、周庄镇、肖旗乡等单位的机关档案室规范化管理认证工作进行业务指导。2012年，县残联档案室目标认证为省颁一级档案室，县财政局、县审计局、石桥镇、城关镇档案室认证为省颁二级档案室，闹店镇、周庄镇、肖旗乡认证为省颁三级档案室。

【农业农村档案工作】 2012年，开展省级示范乡镇、示范村创建活动。选择杨庄镇作为新农村建设档案工作省级示范乡镇，以杨庄镇姜湾村作为省级示范村，对新农村工作中形成的各类档案进行收集，及时整理，分类归档，保存备查，使档案工作更加科学化、规范化、制度化，以点带面，推动新农村建设档案工作的开展。

【新建综合档案馆工作】 2012年，新建综合档案馆工作列入县政府重点工作。县委、县政府领导高度重视档案及档案馆建设工作，县长张庆一就新馆建设工作做出批示，县委常委、县委办主任赵二成、副县长姬翠红等领导多次协调、督促新建综合档案馆工作。正与县住建局、县国土资源局等部门协调、规划、选址。

【省档案局副局长方婷莅宝调研档案工作】 2012年6月28日，省档案局副局长方婷一行，在市档案局局长周万庭，县委常委、县委办主任赵二成，副县长姬翠红等陪同下，调研宝丰县档案工作。在县委常委会议室，方婷一行听取了县历史文化和经济社会发展状况的介绍，以及综合档案馆建设、档案利用收费、政府信息公开场所现状、贯彻国家档案局9号令和重大活动开展等情况的汇报，随后到县档案局（馆）察看，对宝丰县档案工作给予充分肯定。

2012年6月28日，省档案局副局长方婷一行听取宝丰县档案工作汇报

【市档案局副局长贾江涛莅宝调研档案工作】 2012年8月14日，市档案局副局长贾江涛一行3人到宝丰县调研档案工作。县委常委、县委办主任赵二成，副县长姬翠红等陪同调研。在调研座谈会上，县档案局负责人就近年来宝丰县档案工作取得的成绩，工作思路，工作措施，推进情况作了详细汇报。贾江涛充分肯定宝丰县近年来档案工作所取得的成绩。　（刘大会）

史志工作

【概况】 2012年，宝丰县地方史志办公室深入学习贯彻《地方志工作条例》《河南省地方志工作规定》和中共十八大会议精神，认真做好《宝丰县志》（1988～2005）发行工作，广泛开展学志用志活动，积极开展《宝丰年鉴》（2012年卷）、《汝瓷志》征编工作。1月，县史志办获宝丰县竞争激励机制责任目标单项工作科学发展特别贡献奖；2月获全省修志工作先进单位；11月获宝丰县首届文学艺术优秀成果奖组织奖；5月《宝丰县志》（1988～2005）被评为2011年度平顶山市社会科学优秀成果特等奖，11月获河南省史志优秀成果二等奖；8月《宝丰年鉴》（2011）获全国第六届年鉴编校质量评比二等奖。县史志办内设有秘书股、采编股、年鉴股、通联股，下辖宝丰县史志协会。有干部职工10人。

【县志年鉴发行】 2012年3月，《宝丰县志》（1988～2005）正式发行。全书170万字，收入内文照片480余幅，彩页照片32页140余幅。全书内容丰富，资料详实，图文并茂。5月，《宝丰县志》（1988～2005）被评为2011年度平顶山市社会科学优秀成果特等奖，11月获河南省优秀成果二等奖。在2012年全县史志工作会议上，向各单位、乡镇等赠送《宝丰县志》（1988～2005）300余本；在“两会”召开期间，向全县人大代表、政协委员赠送《宝丰县志》（1988～2005）500余本；向移民新村赠送《宝丰县志》。为提高志书的利用价值，先后向全县离退休老同志、史志爱好者发放300余本。征求老领导、老同志及各方面的意见，使他们认真研读志书，积极提供发现存在的问题，以便在下届志书中予以纠正。在做好发行工作的同时，县史志办以《宝丰县志》（1988～2005）出版及《宝丰年鉴》2009年卷、2010年卷、2011年卷出版为契机，结合全县中心工作，开展学志、用鉴工作，全年发行志鉴3000余册。继续注重发挥志书作用，在宝丰县集聚区建设、南水北调工程建设、招商引资、文化旅游等工作中积极提供有关资料，服务宝丰经济建设。

【年鉴编纂】 2012年，县委、县政府继续把宝丰年鉴征编工作纳入全县年度考核目标。3月，全县史志工作会议召开，印发了《县委办公室、县政府办公室关于做好＜宝丰年鉴＞（2012）资料征编工作的通知》，年鉴资料征编工作正式启动。至11月，宝丰年鉴先后五易其稿完成印刷出版。全书75万字，收录单位120余个，彩色照片60余幅，黑白照片99幅。为突出2011年工作特色，特设专记《中国杂技金菊奖魔术比赛宝丰魔术文化节》《中国宝丰马街书

会》，对这些特色内容浓墨重彩地予以记述。在附录中设文物名录，把宝丰县第一批不可移动文物全部进行收录，详实具体地呈现出来。针对县委、县政府对宝丰籍研究生给予生活补助这一重大事件，除在内文中记述外，在附录中详细收录有2009~2010级宝丰籍享受生活费补助研究生情况表，共补助393人400余万元。《概况》编写学习《洛阳年鉴》做法，把领导名录和人物简介下限延长至2012年6月，更好地满足读者的阅读需求，更有利于使用。2009年卷、2010年卷《宝丰年鉴》分别于2010年12月、2011年9月获全国第二届年鉴评奖三等奖和全国第五届年鉴编校质量评比三等奖，2011年卷《宝丰年鉴》于2012年8月获全国第六届年鉴编校质量评比二等奖。

【部门志乡镇志征编】 根据省政府地方志工作"十二五"规划和省地方史志编纂委员会（扩大）会议要求，作为全市开展编纂部门志、乡镇志的试点单位，宝丰县于2012年3月全面启动部门志、乡镇志编纂工作。在全县史志工作会议上印发了《县委办公室、县政府办公室关于开展乡镇志、部门志编纂工作的通知》，并对此项工作进行全面安排部署。不断加大督促指导力度。县史志办经常深入有关乡镇、单位，同部门领导交流编写部门志的重大意义，提高对地方志的认识。同时，深入了解编纂过程中遇到的困难，帮助解决问题，使其少走弯路。对着手编纂部门志和乡镇志的单位，县史志办分别确定一名编辑人员，从召开动员会、收集资料、拟定篇目、编写稿件及后期的出版等全过程参与指导。11月下旬至12月上旬，县史志办会同县政府督查室人员对全县各乡镇修志情况进行全面督查。至12月，《宝丰县人口计划生育志》定稿；《宝丰县教育志》完成征求意见稿；《宝丰县发展和改革志》已抽调人员，开始着手资料的收集；《宝丰县国土资源志》《宝丰县司法志》完成部分稿件的撰写；《赵庄乡志》《肖旗乡志》完成征求意见稿。

【《汝瓷志》编纂】 2012年，县史志办将《汝瓷志》编纂列为工作重点，精心安排部署，采取有效措施，扎实推进工作开展。2月，由县政府党组成员、副县级干部部现营主持在县政府二楼会议室召开相关单位负责人参加的《汝瓷志》征编工作征求意见会。3月，成立《汝瓷志》编纂委员会，印发《县委办公室、县政府办公室关于印发＜汝瓷志＞征编工作方案的通知》，并在全县史志工作会议上进行安排部署，全面启动征编工作。5月，拟定篇目，确定各章节编纂人员，开始着手资料的收集。为促进编纂进度，提高编纂质量，《汝瓷志》征编工作实行每周一例会制度，听取编纂意见，汇报编纂进度，安排编纂工作。共购买、收集相关书籍50余册。编纂人员多次深入到县文化局、大营镇、县汝瓷研究所、县汝瓷企业等进行资料收集工作。至12月完成《汝瓷志》征求意见稿，分发有关领导、有关单位征求意见。全书20余万字。

【史志期刊编印】 2012年，县史志办继续编印内部刊物《宝丰史志》。《宝丰史志》设有大事月报、修志知识、史志资料、历史研究、父城人物、父城文化、诗词选登、社会动态等栏目，不断挖掘历史资料，先后刊登了抗日将领高侠轩等人物、观音文化、潘运明"蹚将刀客身影系列"作品研讨会材料、2011年全县工业化信息系统大事记、2011年宝丰书画研究院大事记等。至12月，编印《宝丰史志》6期，计40余万字,收录宝丰大事记1200余条。

【举办海峡两岸文化交流座谈会】 2012年9月2日，邀请台北师范学院教授高双印和台湾宜兰大学通识教育中心教授吴秀玉夫妇二人回宝丰进行文化交流。高双印教授祖籍河南宝丰，1935年出生，1947年离开宝丰，1949年到达台湾。高双印、吴秀玉夫妇此次回平顶山的主要任务是参加第二届《歧路灯》海峡两岸学术研讨会。在县台办、县民宗局、县史志办、李庄乡等单位负责人的陪同下，高双印、吴秀玉夫妇参观了宝丰县的白雀寺、擂鼓台山等地方。在县政府二楼会议室同县文化界人士进行文化交流。县政府党组成员、副县级干部部现营主持交流会，县政协原主席胡成义，原副主席唐信义、韩富安等参加会议。部现营与高双印教授互赠《宝丰县志》

(1988～2005)、李绿园与其《歧路灯》研究等文化书籍。

【方志博物馆建设】 宝丰方志博物馆由民营企业河南亚坤集团2007年筹建，占地面积2171.4平方米，建筑面积2404.92平方米。至2012年，先后投入1750万余元，展室36个，方志馆13间，书架78组。收集全国2862个县（市、区）编纂出版的地方志书1.6万余册。在方志馆建设和管理中，县史志办指导协助其完善各种规章制度，编制索引及规范管理，全面推进科学管理模式，日常管理工作逐步走上了制度化、规范化轨道。至2012年底，接待参观来访者万余人次，借阅和查找资料者500余人次。

【省市年鉴供稿及市大事月报报送】 2012年4月，按照省、市史志办的工作要求，分别为《河南年鉴》《平顶山年鉴》报送相关稿件及照片资料。稿件重点反映了第八届中国杂技金菊奖第五次全国魔术比赛暨中国·宝丰第五届魔术文化节、宝丰县大项目建设等地方特色内容。县史志办每月精心筛选全县的大事、要事进行编辑，及时向市史志办报送宝丰县大事记。至12月，向市史志办报送大事记200余条，采用100余条。

【地情资料开发】 为宝丰县档案馆、宝丰方志博物馆等部门提供《宝丰县志》《宝丰年鉴》《白朗传》《宝丰沦陷》等史志成果，为全县各级领导及社会有关人员发放《宝丰县志》《宝丰年鉴》《宝丰史志》等书刊3000余本。为移民新村送去史志、县志、年鉴等地情书刊，支持农家书屋建设。

【史志档案整理】 2012年，在《宝丰县志》和《宝丰年鉴》完成印刷出版后，县史志办及时组织专人对宝丰续志资料和宝丰年鉴资料进行分类、归档、装订。共装订各类档案100余卷。对以前的原始资料重新整理登记，为编纂部门志、乡镇志和编写家谱服务，以提高历史资料的利用率。全年经常为离退休老同志查阅地图资料、有关乡镇查阅历史资料、有关人员编纂家谱等提供服务。

【下乡帮扶工作】 2012年，县史志办在“三联三帮”和基层党组织建设活动中，先后抽调3人分包李庄乡程庄村和周庄镇马川新村，其中1名科级干部分包李庄乡1户上访户。驻村人员入村后，通过会议、座谈、走访等形式，了解村情，掌握情况，协助分包的村理清发展思路，制定完善发展经济规划，引导群众通过加工、养殖、种植、外出打工等途径提高经济收入。严格要求每个工作队员做到活动工作两不误，严格执行驻村工作纪律，全力支持驻村工作。通过走访重点户和部分群众，充分了解民情，协调县信访局、移民办等单位解决反映的信访问题。结合自身工作，开展帮扶工作。向所包村赠送宝丰县志、年鉴和科普、法规等资料书100余本，充实村室建设。挤出资金1000元，完善分包村村室建设。中秋节、春节期间，看望慰问贫困老党员和困难群众，为他们送去党和政府的温暖。

【全县史志工作会议】 2012年3月31日，全县史志工作会议在宝丰迎宾馆召开。县政府党组成员、县文管委副主任部现营出席会议，各单位、各乡镇主管史志工作的副职参加会议。会议的主要任务是总结第二届修志工作，安排部署2012年《宝丰年鉴》、部门志、乡镇志、《汝瓷志》、大事记征编工作。会上表彰了全县史志工作先进单位。

【队伍建设】 2012年，县史志办坚持每周二的业务理论学习，重点学习《地方志工作条例》《河南省地方志工作规定》和修志知识，采取请进来、送出去等多种形式，抓好修志人员的业务培训。单位两名人员通过出版专业职称考试，取得中级职称。以开展“学先进、比创新、看实效”与“创先争优”活动相结合，以活动推动工作，以工作深化活动，保证了学习实践活动取得扎实效果，全县史志队伍整体素质明显提高。

（杜建红）

宝丰书画研究

【概况】 2012年，宝丰书画研究院继续秉承“荟萃名流，钻研传统，开拓创新”宗旨，以“繁荣发展书画艺术、拓展‘宝丰文化’现象”为己任，聚群贤，传真谛，成功打造了宝丰县唯一一家集创作、研究、收藏、展览为一体的从事非营利性社会服务的专业书画研究机构。有工作人员11人。设有书画碑廊、信息中心、书画创作室、书画展厅、艺术展厅、宝丰书画研究院网站、大香山观音文化网等。相继开展了书画研究、展览、交流等活动。宝丰书画研究院先后获平顶山市书法艺术工作先进集体、党员先锋岗等称号。编辑整理出版的《重修香山观音大士塔碑记》一书获河南省地方史志优秀成果三等奖，首届中国观音文化研讨会在平顶山市举行，宝丰书画研究院院长作为中国观音文化研究中心常委和专家学术委员会成员出席研讨会，并提供论文。

【《宝丰书画》编印发行】 2012年，宝丰书画研究院继续坚持围绕“继承、弘扬”的主题和为广大书画朋友及读者服务的方针，认真做好《宝丰书画》报刊的编印工作。全年共编辑《宝丰书画》10期（总第58期至第67期）。每期向全国各地书画界朋友和友好人士免费邮寄5000余份，全年共邮寄出6万余份，全国各地的书画朋友纷纷来信来函，通过邮寄作品、照片、贺卡等形式致以感谢。

【书画交流及创作活动】 2012年，宝丰书画研究院开展对外交流活动，全年共接待院外书画界人士（5人以上）活动34次，5人以下活动13次。接待来自北京、安徽、上海、郑州、洛阳、汝州、新郑等地的书画朋友和省、市、县领导350余人。其中，国画家张宽武与省文联副主席张剑锋莅临宝丰书画研究院指导工作，并在宝丰书画研究院《百米国画长卷》上精心创作了“达摩面壁”的国画作品。中国军事博物馆著名画家陈钰铭和寇衡一行11人莅临宝丰书画院指导工作，并参观了宝丰书画研究院的方志博物馆以及书画展厅。《红色间谍》作者、著名作家于天命，画家张耀中，《平顶山日报》记者韩江法等一行莅临宝丰书画研究院指导。洛阳白居易书画艺术研究院院长白灵坤及书画家赵青山等一行16人到宝丰书画研究院交流创作。中国书协会员、平顶山市老年书画协会原主席刘尊法等一行8人到宝丰书画研究院交流。中国作家协会员、作家、编剧，北京华艺之星文化艺术传播中心主任、《千手观音》电视剧本的作者练佩鸿同解放军艺术学院文学系副主任廖建斌到宝丰书画研究院指导。平顶山市旅游局局长张风岭到宝丰书画研究院调研。郑州小樱桃卡通有限公司董事长张国晓到宝丰书画研究院参观。著名画家郭全忠莅临宝丰书画研究院。登封、汝州的书画家刘一墨、韩存利、刘圈等到宝丰书画研究院交流创作。浙江农林大学教授张五钢到宝丰书画研究院参观，并留下了“净化心灵、万世流传”的题词。《人民代表报》河南记者站站长戴翔、副站长张芳到宝丰书画研究院考察。《中国劳动和社会保障报》原总编辑杨宣村到宝丰书画研究院参观。中国经济文化研究院执行院长、中国经济文化杂志社总编、经济文化网总编张志生到宝丰书画研究院指导工作。清华大学河南教学站康健博等一行到宝丰书画研究院参观指导。中国人民解放军总装备部63979部队姚青奇莅临宝丰书画研究院参观。宝丰籍著名国画家、中国美术家协会会员，西安国画艺术研究院院长张长松莅临宝丰书画研究院。中宣部新闻局原局长、巡视员何黄彪，八一电影制片厂《苦菜花》影片导演韦林玉，北京华艺之星文化艺术传播中心主任练佩鸿等一行莅临宝丰书画研究院指导工作。洛阳市文联原主席、洛阳市作家协会名誉主席、洛阳市写作学会会长张文欣到宝丰书画研究院参观指导。世界华人联合会诗书画研究院常务副院长陆林深一行莅临宝丰书画院研究院参观交流。中央电视台《我要上春晚》栏目制片人、总导演魏党生等一行到宝丰书画研究院参观指导工作。河南省华夏美术馆馆长助理、合作发展部部长宋新昊一行到宝丰书画研究院进行参观交流。台北师范学院的宝丰籍教授高双印、台湾宜兰大学教授吴秀玉、陕西重型机械厂高级工程师薄禧山到宝丰书画研究院交流。宝丰籍四川成都画家李江回到家乡来宝丰书画研究院参观创作。联合国文化总署执委会常务秘书长、世界华人书法艺术委员会秘书长、国际SOS中国代表陕西首席代表、河南省刘氏总会资深顾问、陕西省刘氏宗亲联谊会副主席、《警务周刊》编辑委员会主任刘东泽到宝丰书画研究院参观。中国教育学会书法教育专业委员会委员、河南省书法协会会员、漯河市书协秘书长康国政一行到宝丰书画研究院参观交流。中国黄河泥书画创始人安纪云一行莅临宝丰书画研究院。世界吉尼斯纪录保持者、世界著名口足书法艺术家赵杰到宝丰书画研究院创作。宝丰籍著名国画家、中国美术家协会会员、西安国画艺术研究院院长张长松，西安美术家协会原常务副主席兼秘书长、西安水彩画学会副会长、中国美协会员杨宏汉莅临宝丰书画研究院参观交流。

【对外交流活动】 2012年，宝丰书画研究院应邀多次参加外地友好单位和人士举办的书画交流活动。宝丰县"喜迎十八大环保杯"九九重阳老年书画展开幕式在老干部活动中心举行，宝丰书画研究院有关人员应邀主持开幕式。喜迎十八大"情系鹰城"宋华平书画作品展览在平顶山市新城区文化艺术中心展览馆开幕，宝丰书画研究院组织人员参加开幕式，并观展。由平顶山市老干部局、平顶山市老干部活动中心主办，市老年书画家协会承办的"喜迎十八大、市老年书画家协会十二人书法联展"开幕，宝丰书画研究院参加开幕式。参加王学岭在市文化艺术中心举办的"书法作品展"。参加"宝酒杯·墨韵宝丰"中国当代书画名家作品邀请展开幕仪式。通过相互间的交流访问，增进了友谊，开阔了视野，增长了见识，促进了书画研究院各项工作的顺利开展。

【宝丰方志博物馆】 2012年，宝丰方志博物馆始终秉持"以史鉴今、资政育人"的建馆理念，坚持面向全国文字文化、服务社会公众的方向，结合实际认真落实博物馆工作的方针政策，全年免费对外开放，加强队伍、业务建设，充分发挥"收藏、展示、研究、交流、教育"功能，全面提升方志博物馆的综合管理水平，各项工作上了一个新台阶，得到了省文物局及省、市史志部门的赞扬和认可。

文物保护与保管工作 宝丰方志博物馆坚持按照国家文物局颁发《博物馆藏品工作条例》办事，按季节的变化对文物进行保护、清洁工作。至2012年底，共收集450套文物档案资料。

完善各项规章制度及各项责任制 2012年，宝丰方志博物馆在建设和管理中，从完善制度入手，推进科学化的管理模式，日常管理工作逐步走上了制度化、规范化、科学化的轨道。加强队伍建设，使全馆人员做到加强学习，提高水平，锐意改革，大胆创新。结合全馆内部机构改革，进行岗位分工，进一步明确了各位分管领导的职责。馆长坚持"公开、公平、公正、合理、合情、合法"的议事处事原则，全馆职工的凝聚力和战斗力大大增强。针对不同岗位的职责和性质，按责任分工，制订了切合实际的奖惩措施，并将规章制度上墙。力争考虑到工作中的每个细节，规范到工作中的每个环节。这些措施的实行，有力地保证了各项工作能够高标准、高效率的运行。文物安全是方志馆工作的重中之重，宝丰方志博物馆更新了消防器材。对全馆的消防器材进行了清理，增加12台灭火器。落实管理责任人，重申和制订了一些必要的管理制度，在要害部位张挂醒目的防火及禁止吸烟标志。

学术研究取得丰硕成果 2012年，方志博物馆不断在学术研究上下功夫。特别是在研究地域文化、方志文化这些特色文化方面取得了显著的成绩。通过收藏、研究地方志这一工作，方志博物馆馆工作人员在由康熙年间撰修的《汝州全志》第十一卷中找到了明崇祯元年状元刘若宰编写的《重修香山观音大士塔碑记》，也就是状元碑的碑文。按照书中所记载的有关信息，在第一时间获取大量关于刘若宰的历史资料，也找到了这块古碑并将其编辑出版成书。此书获河南省地方史志优秀文化成果三等奖，得到了省文物局的认可。

【宝丰书画研究院网站】 2012年，认真做好宝丰书画研究院网站以及服务器的日常维护更新、数据备份、问题处理、安全运行等工作，加强对网站的整体内容及各个版块、栏目进行准确而清晰的定位和规划，推广书画艺术良好的传播理念和思路，将宽泛的板块内容更加细化具体，使条理更清晰，类别更明确。不断充实版块内容。全年宝丰书画研究院网站总点击率370249次，向其他网站发帖点击191408次，全年点击率共计561657次，网站以丰富多彩的内容，展示书画艺术的成果。

【大香山观音网建设】 2012年，大香山观音文化网网站设有《新闻动态》《观音文化》《香山三宝》《杂志报刊》《视频资料》等版块。至年底，大香山网站《观音论坛》《人间普渡》栏目发帖7篇，《观音现象》栏目5篇，《观音友分享》栏目43篇，《关爱生命》栏目4篇，全年点击率11920次。大香山观音网的成立更好地为宝丰文化建设的发展和平顶山宝丰香山寺为汉化观音文化之源头的佐证进行了全面的展示和宣传。

【举办喜迎“十八大”书画丹青话清廉书画笔会】 2012年10月26日，由宝丰书画研究院和宝丰县老年书画协会共同举办的喜迎“十八大”书画丹青话清廉书画笔会举行。宝丰县40余名退休老党员、老干部书画爱好者齐聚宝丰书画研究院，举行学习党的十八大精神书画笔会，大家以丹青翰墨抒发对党的热爱，宣传党的十八大精神。在活动现场，书画家们呈上了一场独具特色的书画盛宴。作品中有秀逸多姿，方正雍容的书法作品，也有灵动的画作。作品内容有：“风正气清、谦和朴诚、清廉一生平安，实干造福百姓、惠风和畅、思远、浩然正气、美丽中国、大展宏图”等。而十八大报告中提出社会主义核心价值观的表述“富强、民主、文明、和谐、自由、平等、公正、法治、爱国、敬业、诚信、友善”等也均在书法家们的笔下一一呈现，他们用手中的毛笔歌颂着党的好政策，描绘着美好蓝图。

【中国·宝丰马街书会宝丰襄城书画联展】 2012年2月1日，“2012中国·宝丰马街书会书画联展”开幕式在宝丰书画研究院举行。活动由中共宝丰县委、宝丰县人民政府主办，中共宝丰县委宣传部、宝丰县文联承办，宝丰书画研究院协办。平顶山市政协副主席、秘书长范大岭，中共宝丰县委常委、宣传部部长马丽，县人大常委会副主任石素月，县政协副主席丁存，县政府党组成员、文管会副主任部现营，县文联主席赵民强，襄城县委宣传部副部长崔占奎，书协名誉主席、政协书画院院长祝金良，美协主席杜文奇，书协主席赵红修和宝丰县书协名誉主席姚俊乾、主席孙战生等出席。石素月主持仪式。宝丰襄城两地近百名书画家共聚一堂，交流切磋。联展经过两个多月的精心筹备，书画联展组委会共收到近100余名创作者的200余幅书画作品。经过组委会的认真评选，挑选出100余幅书画作品进行展览。

【新闻媒体报道】 2012年，宝丰书画研究院的各项工作得到了新闻媒体界广泛关注和大力宣传。《大河报》在第35版以《把观音文化这张名片擦得更亮》为题，以专版的形式，从《自掏腰包，民营企业家创办书画研究院》《两本珍品碑传，叫响全国》《1.6万藏书，全国最大规模县级专业方志博物馆》三个层面对宝丰书画研究院进行报道。人民网、光明网先后报道了由书画院举办的喜迎十八大书画丹青话清廉创作研讨活动。《河南日报》对举办的“喜迎十八大”书画活动进行报道。《洛阳佛教》杂志2012年第4期（总第116期）在《释源论坛》栏目刊登了书画院关于香山观音文化的研究论文《初探＜重建汝州香山观音禅院记＞碑》。

【《重修香山观音大士塔碑记》获河南省史志优秀成果奖】 2012年，由宝丰书画研究院与香山寺，安徽省安庆史志办共同编写的《重修香山观音大士塔碑记》一书获河南省史志优秀成果奖。该书是平顶山市继2009年出版发行的《香山大悲菩萨传》之后又一部重要的史志、书法和大香山佛教历史文化典籍。书中拓片部分彰显了明代状元刘若宰作为《四库全书》记载的状元书画家的翰逸神采；书中《释文》《注释》《重修香山观音大士塔碑记与状元刘若宰》等文，再现了刘若宰文学之才、宗教情怀、观音大士塔当时重建的情景和观音大士塔的雄伟耸立之壮观。此书再一次佐证了宝丰县香山寺为中国观音文化发祥地、观音祖庭，宝丰县当之无愧的中国观音文化之乡。

【《香山大悲菩萨传》连环画】 为了更好地弘扬中国佛教观音文化，宝丰书画研究院邀请著名连环画画家李兴武依照《香山大悲菩萨传》所讲述的内容用连环画的形式表现出来，以便更有利于观音文化的传播。有关观音菩萨故事的连环画过去也曾有过，但是把《香山大悲菩萨传》的

全部内容完整地用连环画的形式表现出来还是第一次。该书已完成描述千手观音正道传说的故事样稿编排。（孟　源）

信息中心

【概况】 宝丰县信息中心为正科级事业单位，承办《宝丰快报》和宝丰政府信息网。内设有办公室、记者部、编排部、外宣部、网站等部室。有干部职工41人。

【报纸采编】 《宝丰快报》主要由记者部、编排室、值班副主任、单位负责人集体负责完成。记者部负责采访、写稿，有文字记者、摄影记者。记者分工负责党政、政法、公交、农业、财贸、综合等部门及分包乡镇。编排部负责编辑、校对、排版，由编辑、校对人员组成。值班副主任、单位负责人深度参与选题策划、版面构思、稿子精改和主题升华。

【网站运行】 网站开设宝丰概况、政府信息公开、招商引资、宝丰图片、领导论坛、在线办公、文化旅游、父城社区、宝丰老乡等栏目，各乡镇、部分县直单位、部分企业在网站上建立网页。首页设有图片新闻、今日宝丰新闻频道、《宝丰快报》电子版，每日更新发生在宝丰县的时事新闻。

【《宝丰快报》电子版】 2010年12月，《宝丰快报》全市首家在政府网站上线电子版，广大读者可提前在网上看到第二天的“彩色版”《宝丰快报》，《宝丰快报》始终保持着全市党报独家在政府网站上线电子版的状况。

【五宝栏目】 2012年，县委、县政府创新理念，提出“建五宝，争百强，三化协调发展奔小康”的宏伟目标。信息中心立足大局，创新思路，以打造精品栏目和栏目群为新的着力点，推出一大批颇具创意和影响的精品栏目和常设栏目。开有“建五宝，争百强，三化协调发展奔小康进行时”“走基层 看五宝之幸福、富强、文化、生态、和谐宝丰篇”“三联三帮建五宝”“五宝谈”“热议五宝谈 聚力谱新篇”“三平精神在宝丰”“聚焦五宝”“喜迎十八大·十年辉煌看宝丰”“学雷锋 讲文明 树新风”“关注小微企业”等栏目，三四版副刊上的栏目群，轻新闻专版父城故事版，都令人耳目一新，充满正能量。

【十八大宣传】 2012年是全国上下喜迎、庆祝党的十八大胜利召开的盛世之年。深入宣传学习贯彻党的十八大精神，就是要把全县干部群众的思想统一到党的十八大精神上来，动员和激励全县人民为“建五宝，争百强，三化协调发展奔小康”而不懈奋斗。围绕这一主旨，信息中心提前启动，贯穿一年，在《宝丰快报》和政府网站开设“喜迎十八大·十年辉煌看宝丰”“学习宣传贯彻党的十八大精神 为实现建五宝争百强三化协调发展奔小康目标不懈奋斗”“贯彻落实十八大精神基层采风”等栏目，展示宝丰县近年来经济社会跨越发展的辉煌成就，大量报道各级各单位学习贯彻十八大精神动态，和基层干群在十八大精神的指导、鼓舞下，结合自身工作，以实际行动贯彻落实十八大精神的情况，升华学习十八大的指导意义，展示十八大精神的实际效果。十八大召开期间，持续多日组织编发特刊，摘发新华社新闻、全国欢庆动态、海内外关注评论宣传等内容。

【外宣工作】 县信息中心倾斜外宣，从有限的经费中拿出一定资金奖励外宣工作，圆满完成了县委宣传部安排的新闻外宣任务，外宣工作在全县重点新闻单位持续靠前，为宣传宝丰、推介宝丰、树立宝丰的良好形象做出了积极的贡献。

【采编队伍素质提升】 2012年，信息中心鼓励并组织记者深入基层采写稿件，以身临其境的现场感、生动活泼的群众语言，反映各级各单位干部群众投身“五宝”建设热潮的干劲和热情，反映党和政府的富民惠民政策措施给人民群众生活带来的实际变化，反映人民群众共享改革发展成果的美好生活，展示县境政通人和、跨越发展的的伟大实践和生动创造。

（陈永立）

卫生　体育

爱国卫生工作

【概况】 2012年，宝丰县爱卫办以国家卫生县城到届复审工作为中心，继续深入开展卫生先进单位、卫生村镇创建工作，以农村改厕为重点，深入宣传卫生健康知识，开展城乡环境整洁行动和病媒生物防治工作，城乡环境卫生面貌得到进一步提升。爱卫办内设有办公室、城市卫生股、农村卫生股。有干部职工17人。

【病媒生物防治】 2012年3月23日至4月5日，投入资金5万余元，购置鼠药2500公斤，在全县范围内进行“三集中、四统一、五不漏”春季灭鼠工作，发放《投药员须知》2000余份，购置低毒长效蚊蝇消杀药物1000余公斤。6月1日至9月31日，对学校、医院、办公场所、宾馆等一些人员密集场所进行药物灭杀工作，将蚊、蝇、蟑螂密度严格控制在国家规定标准之内。

【农村改厕】 2012年，争取中央改厕专项资金109.2万元，县配套资金54.6万元，对大营、张八桥、杨庄、商酒务等7个乡镇16个村共2184户实施无害化卫生厕所改建，改厕受益1万余人。

【卫生先进单位、卫生村镇创建】 2012年，县残联、闹店镇人民政府、大营镇初级中学、闹店镇卫生院、赵庄乡卫生院、周庄镇计划生育技术服务中心6个单位，商酒务镇赵官营中心村、杨庄镇姜湾社区居委会、张八桥镇姚店铺村3个村（居委会）被省爱卫会命名为省级卫生先进单位、卫生村。新申报市级卫生先进单位5个，市级卫生村16个。

【健康教育】 2012年，宝丰县对城区主次干道、公共场所的健康教育宣传栏版面每半月更换一次，共印制版面1400余个，印发健康教育知识手册1万余份，健康教育宣传单3万余份，爱国卫生运动法规政策宣传手册5000余份。在《宝丰快报》、宝丰电台、宝丰电视台设立健康教育专栏，做到天天有文、有声、有影。在县防疫站设立健康教育所，3名专职人员负责全县的健康教育工作。县直各单位、社区、重点企业和城区各村都相应成立了健康教育机构，全部有专兼职人员负责。在重大节日期间组织专家、医生走上街头开展义诊活动，在县城主要街区设立咨询台、展出宣传版面、悬挂宣传横幅、发放宣传资料。开展禁烟控烟活动,在全县开展戒烟大赛和无烟单位创建活动，发放“禁止吸烟”牌子300块，在各单位、企业及公共场所设立禁烟标志。在县直机关和居民区设立1000余块健康教育板块，发放《健康知识问答》《健康教育知识手册》等宣传资料5万份。在医院、卫生院等医疗单位和场所，通过版报、传单等多种形式向病人及其家属开展健康教育。开展学校健康教育活动。全县140余所中小学的健康教育做到有教材、有老师、有教案，开课率100%。通过宣传教育，学生健康知识知晓率93%，个人卫生习惯良好，城区居民健康基本知识知晓率85%，健康生活方式与行为形成率75%以上。

【爱国卫生月活动】 2012年4月，制定下发《关于庆祝全国爱国卫生运动委员会成立60周年暨开展第二十四个爱国卫生月活动的通知》，在全县组织开展以“爱国卫生人人参与，健康生活人人享有”为主题的爱国卫生月活动，广大干部群众积极行动，对城乡环境卫生进行综合整治，全面清理城乡暴露垃圾、污水坑塘、乱搭乱建、乱堆乱放等。4月27日至5月10日，县爱卫办对全县爱国卫生月活动开展情况进行检查，检查结果通报全县。

【城乡环境整洁行动】 2012 年 5 月 10～21 日、12 月 20～30 日，对城区单位和家属区进行检查，针对存在问题下发《卫生检查整改通知书》，督促各单位完善卫生设施，强化日常管理。在重大节日期间，开展城区环境秩序整治和检查。持续开展乡镇政府所在地和城乡主要道路沿线村庄环境集中整治检查评比活动，对 12 个乡镇 1 个办事处的环境卫生整治情况进行周检查周通报，检查结果在《宝丰快报》上公布，加强舆论监督。多次组织有县领导、有关部门、乡镇政府主要负责人组成的观摩团，对各乡镇政府所在地进行环境集中检查评比。通过不间断的检查、通报、督导，有力地促进了乡镇和办事处环境面貌的改善。

【城市创建】 2012 年，城市创建工作围绕国家卫生县城到届复审展开，调整了宝丰县病媒生物防治工作领导小组、县创建指挥部成员、县爱国卫生运动委员会成员等，成立了国家卫生县城复审领导小组。完成 10 余万字的资料汇总、申报材料和专题片的拍摄，指导各单位完善资料。组织召开各种规格和形式的动员会、通报会、现场会、促进会，发动干群、通报情况、解决问题。通过在宝丰电台、宝丰电视台、《宝丰快报》等新闻媒体上开辟创建专栏、专题和曝光台，编制创建国家园林县城、省级文明县城电信彩铃，建立大型创建宣传标牌，在城区主次干道显眼位置刷写标语，在线杆灯箱广告、果皮箱广告设置宣传标语等多种形式，进行广泛宣传。

（陈晓艳）

卫　生

【概况】 2012 年，全县共有各级各类医疗卫生单位 927 个，含各级各类医疗机构 922 家和县卫生防疫站、卫校、卫生监督所、合管办、120 急救指挥中心 5 个局直属医疗卫生单位。医疗机构中，二级综合医院 2 所，二级中医医院 1 所，一级综合医院 2 所，妇幼保健机构 1 所，民营医院 3 家，乡镇卫生院 13 所，村卫生所（室）319 个，个体诊所、门诊部 581 个。执业（助理）医师数 929 人，千人口执业（含助理）医师 1.78 人；注册护士数 1010 人，千人口注册护士 1.93 人；乡村医生数 1271 人，每千人农业人口乡村医生数 2.89 人。全县各级医疗机构编制床位 969 张，实际开放床位 2042 张，千人口床位数 3.9 张。救护车 21 辆，拥有美国 GE 64 排 CT 机及 MRI 机、东软直线加速器等为代表的先进诊疗设备数台。一个覆盖城乡的现代化医疗卫生服务网络基本建立。

【医疗服务】 2012 年，进一步深化医保支付方式改革，在全县二级医院实施临床路径管理及按病种付费工作，在 2011 年 65 个病种上，扩大到 99 个病种。深入开展以卫生部抗菌药物专项整治活动为核心的临床合理用药活动，有效降低了医疗机构药占比。继续深入开展“医疗质量万里行活动”和“三好一满意及十大指标监管”活动，促进一、二级医院的规范化管理。在二级医院中 90%的病区推行优质护理服务工程，全面提升医疗服务质量和群众满意度。不断加强 120 急救指挥中心建设，指挥中心建设项目已投入使用。院前急救站点扩充到 11 个，为每台救护车装备 GPS 全球定位系统和车载无线对讲系统，初步形成覆盖城乡、装备先进、预装高效的院前急救网络。全年有效接诊患者 6730 人次，圆满完成“两会”，中、高招考试，魔术节、马街书会等重大活动医疗保障任务。全年无偿献血 2187 人次，献血量 87.48 万毫升，获全市无偿献血优胜单位称号。

【新型农村合作医疗】 2012 年，全县参合人数 425610 人，参合率 99.31%，筹资水平提高到 290 元。按照省卫生厅要求，适时科学调整新农合方案。住院补助限额提高到 15 万元。全面推行农村儿童先天性心脏病、白血病等重大疾病保障工作，救治患儿 19 人，补助 18.74 万元。不断完善门诊统筹制度，将恶性肿瘤放化疗、慢性肾功能不全透析治疗、血友病等特殊病种的大额门诊治疗费用纳入统筹基金支付范围，将一般诊疗费纳入门诊统筹报销范围，补偿 338826 人次，补偿金额 197.93 万元。积极探索以总额预付为主要内容的新农合支付制度改革，建立医疗机构费用的自我约束机制和风险分担机制。全年新农合基金累计补助参合农民713614人次，补助金额12548.59万元；其中补助住院患者43123人次，补助金额10292.60万元，1859人次享受到1万元以上补助，346人次享受到3万元以上补助，89人次享受到6万元以上补助，14人次享受到10万元以上补助，补助达封顶线15万元的有2人，政策补偿比75.46%。

【大病统筹】 2012年，宝丰县不断扩大大病统筹基金的受益面，提高大病患者的保障水平，在县政府投入300万元专项基金的基础上，另从新农合统筹基金中人均调剂6元并入大病基金，使基金总额提高到555.37万元，同时对大病补偿方案进行适当调整。对单次住院费用超过6万元以上的重症患者除享受新农合补助外，再次给予高达85%的比率救助，每人每年最高补助限额为10万元，全年累计补助重症患者370人次，补助金额513.94万元。

【中医工作】 2012年，继续巩固全县创建“全国农村中医药工作先进单位”的丰硕成果，创建乡镇卫生院中医示范化中医科门诊，启动了中医公卫工作，并制定了中医公卫实施方案，全县65岁以上老人42911人，高血压病人21380人，共64291人纳入中医药服务项目（运用体质辨识及中医药健康指导），50万元的中医公卫服务费下拨到各乡镇卫生院。宝丰县被国家中管局定为中医监测县，为搞好中医监测工作，对全县13个乡镇卫生院，319个村室进行监测、收集数据，于12月23日之前全部审核后上报省中医监测中心，并一次性通过国家中管局审核。宝丰县副县长姬翠红在2012年全市中医发展大会上做典型发言。

【实施国家基本药物制度】 全县13个乡镇卫生院和319个村卫生室全部配备使用基本药物，实行零差率销售，基层医疗机构次均门诊药品费用同比下降2.63%，门诊人次同比上升21.65%。县卫生局被评为河南省实施基本药物制度工作先进单位。基本药物的货款实行集中支付政策，保证及时支付，使基本药物采购供应有序进行。上级为各乡镇卫生院和标准化村卫生所配备了电脑，使其可以通过公用邮箱进行网上采购计划，每月有3个采购日，其中各乡镇卫生院都建立了药品周转库，设立专人负责基本药物的网上采购与监管。宝丰县在全省推进基层基本药物制度实施大会上作典型发言。

【公立医院改革】 2012年6月，宝丰县入选卫生部公布的全国公立医院改革试点县名单。8月，平顶山市政府把县人民医院、中医院、妇幼保健院作为公立医院改革试点。12月26日，以药品零差率销售为标志的全县公立医院改革全面铺开。

【基础设施建设】 2012年11月，县卫生监督所120急救业务用房合建项目完工并投入使用。项目占地面积5750平方米，建筑面积4520平方米，总投资760万元，系2011年国家卫生监督体系和农村急救体系建设项目，于2011年12月20日开工建设。卫生监督所业务用房建设获省卫生厅颁发优秀设计奖。12月，县精神病院综合病房楼建设项目主体完工，占地面积7018平方米，建筑面积6996平方米，总投资1200余万元，属2011年全国精神卫生专业机构建设项目，于2011年11月16日开工建设。

【卫生监督】 按照《河南省2012年食品安全责任目标要求》，在继续开展严厉打击食品非法添加等违法行为的同时，积极开展餐饮业食品安全专项整治工作，先后开展了全县公共餐饮业专项整治、全县农家宴专项整治、学校食堂卫生专项整治等检查。有计划、有重点地解决危害大，社会影响面广，人民群众反映强烈的餐饮环节食品安全问题。开展了餐饮业食品安全风险监测工作，圆满完成年内食品安全风险监测任务。继续推行餐饮服务食品安全量化分级管理，全县288家餐馆、16家快餐店、120家学校食堂，全部实现监管量化分级管理，量化分级率100%。按照《食品安全法》的规定，县境餐饮业安全监管工作于2012年11月1日顺利实现监管交接工作。在学校卫生监督中，对全县学校、托幼机构开展食品、生活饮用传染病防控监督检查。共检查中小学校192所次，食堂210次，学校自备水源供水47个,食品从业人员800余人次。加大对宾馆酒店、娱乐场所、美容美发及洗浴会所的监督力度，完成中招、高招、“两会”及双节期间的安全保障工作。开展全县医疗机构“卫监”“亮剑”行动，打击非法行医，出动车辆40余次，监督人员420人次，监督检查城镇乡村诊所512家，乡镇卫生院13所，县级和私立医院10家。审核发放《医疗机构执业许可证》786份。县卫生监督所获平顶山市卫生工作先进集体、卫生监督工作先进集体等称号。

【疾病控制】 2012年，疾病防控网络建设进一步完善。采取多项措施，有效防控手足口病，重点加强监测分析：实行疫情日报告制度，安排专人每天对全县的手足口病疫情发病情况进行监测，及时汇总发病情况，为领导决策提供依据。对报告发生的手足口病病例，及时进行个案调查，对重症病例和聚集疫情进行重点处置，指导落实防控措施。印制了手足口病防治知识宣传单3万余份，及时发放到0～5岁儿童家长手中，在学校、医院、村委会等人群集中场所张贴手足口病防控知识宣传画，提高群众防治手足口病的知识水平，增强自我防护能力。对全县各医疗机构相关人员、学校、托幼机构传染病疫情管理人员进行培训，进一步提高防控人员的防治知识水平，确保一旦发生疫情，能及时报告，及时处置，疫情得到有效控制。扩大免疫规划工作有序开展，扎实开展脊灰防控及强化工作，按照《宝丰县2011～2012年脊灰强化及麻疹查漏补种免疫活动实施方案》对全县范围内2月龄至48月龄实施脊灰疫苗强化活动；4岁至不满15周岁实施脊灰疫苗查漏补种活动；赴新疆采棉务工等人员脊灰疫苗接种；8月龄至不满15周岁儿童开展麻疹疫苗查漏补种工作。2012年3月20日至4月30日在全县范围内，集中开展扩大国家免疫规划疫苗查漏补种月活动，成立了领导组织，与各单位签订目标责任书，实行责任到人、分片包干、全程督导。将新生儿基本信息监测工作纳入常规化管理，在全县实行具备接生的医疗单位上报新生儿基本信息制度，要求接生单位在每月15日、30日详细上报本院产科所出生的新生儿信息，2012年在全县各产科医院出生新生儿共9000人。宝丰县的做法在全市得到推广。预防接种门诊规范化建设稳步推进，2012年3月，申请的4个示范门诊（石桥、赵庄、闹店、肖旗）顺利通过省级验收，其余13家合格门诊通过市级验收。结核病防治工作稳步开展，全县治管新发涂阳肺结核病人657例，占全年治管任务数的100%。县卫生局每月印发一期结核病转诊通报，对后进单位除开会通报外，局疾控股与防疫站深入到乡镇卫生院，帮助分析完不成转诊任务的原因，确保全年任务的完成。3月24日（第17个“世界结核病防治日”），组织县医院、中医院、妇幼保健院、市二院宝丰分院、县第四人民医院、县防疫站等县直医疗卫生单位医务人员在县城宝酒公司大门前开展结核病防治宣传活动。积极开展预防艾滋病、乙肝和梅毒母婴传播阻断工作，按照《河南省艾滋病母婴阻断实施方案》标准要求，县人民医院对1例艾滋病感染产妇实施药物阻断，并按时对新生儿进行跟踪随访，同时将人工喂养奶粉费用转交病人手中，让病人充分感受到政府和领导的关怀。积极开展艾滋病防治知识宣传，重点对公共场所从业服务人员进行行为干预，降低艾滋病的发生率。保证了县境艾滋病病人数处于全市较低水平。加强艾滋病初筛实验点建设，全县17家医疗机构严格按照省厅标准，建设了初筛实验室，全部验收达标。

【队伍建设】 2012年，宝丰县积极实施“515”“512”“522”“51111”行动计划，选送10名县级骨干医师、2名县级妇幼保健医师赴省内外知名医院进修，24名乡级骨干医师到县内二级医院学习。资助31名卫生技术人员完成提升学历教育,资助金额117250元。完成“51111”毕业生招聘22人，其中本科生3人，专科生19人，通过“51111”工程，4年共为基层医疗机构招聘本、专科生70人，缓解了乡镇卫生院专业技术人员缺乏的问题。做好65岁以上乡村医生每月发放300元生活补贴工作。

（吕培源）

疾病预防控制

【概况】 2012年，县卫生防疫站认真贯彻执行《中华人民共和国传染病防治法》《食品安全法》《公共场所管理条例》等法律法规，积极开展疾病控制与监测、突发公共卫生事件应急处理、卫生监督与监测、健康教育与健康促进等工作，县境手足口病、麻疹、结核病、艾滋病等各类传染病得到有效的控制，确保了人民群众的健康安全。全年无突发公共卫生事件发生。

【疫情监测分析】 2012年，全县12个乡镇均有疫情报告数据，共报告乙、丙类传染病18种，共计2891例，其中，甲类传染病0种；乙类传染病11种，1963例；丙类传染病6种，928例。年报告发病率为589.68/10万。传染病死亡5例，报告病死率为1.02%。发病率与上年同期相比上升54.02%。死亡率与上年同期相比下降0.41%。丙类传染病报告总数928例，年报告发病率为32.10/10万，发病的病种有流行性感冒、流行性腮腺炎、风疹、急性出血性结膜炎、其他感染性腹泻病、手足口病共6种。2012年全县无霍乱、O157：H7病例或疑似病例发生；无不明原因肺炎病例或疑似病例发生。与上年同期相比，乙类传染病上升的病种为艾滋病、肝炎、伤寒+副伤寒、梅毒、淋病、肺结核、副伤寒，上升的病种为百日咳、狂犬病、痢疾、布病。

发病位次　按病种发病数排序依次为：乙类传染病肝炎1287例、肺结核318例、梅毒198例、痢疾76例、淋病43例、布病17例、艾滋病16例（HIV14例）、百日咳2例、出血热2例、狂犬病2例、伤寒+副伤寒1例、副伤寒1例；丙类传染病其他感染性腹泻病583例、手足口病274例、流行性腮腺炎66例、急性出血性结膜炎3例、风疹1例、流行性感冒1例；其他传染病125例、水痘84例、结核性胸膜炎23例、尖锐湿疣6例、非淋病性尿道炎1例，其他7例。

地区分布　按发病地区高低顺序排序依次为：城关镇422例、大营镇332例、周庄镇295例、杨庄镇284例、石桥镇246例、闹店镇230例、张八桥镇225例、商酒务镇212例、赵庄乡162例、前营乡162例、肖旗乡160例、李庄乡160例。

职业分布　按职业发病高低排序依次为：农民2014例，占发病总数的69.66%，报告的病种多见于肝炎、肺结核、梅毒；散居儿童591例，占发病人数的20.44%，报告的病种多见于流行性腮腺炎、痢疾、手足口病、其他感染性腹泻病；幼托儿童和学生各81例，占发病总数的2.80%，报告的病种多见于其他感染性腹泻病、流行性腮腺炎；离退人员34例，占发病总数的1.18%，工人32例，占发病总数的1.11%，干部职员16例、商业14例、家务及待业11例、民工7例、教师5例、医务人员2例、牧民1例、餐饮食品业1例。

年龄分布　高发年龄段为0～3岁626例、20～45岁1306例、50～75岁680例。2012年传染病报告发病数集中在20～45岁1306例，占总数45.17%，病种多见于肝炎、梅毒；50～75岁680例，占总数的23.52%，病种多见肝炎、肺结核；0～3岁572例，占总数19.79%，病种多见于手足口病、流行性腮腺炎、其他感染性腹泻；男女之比为1.28：1，男性发病高于女性，大多与男性吸烟、饮酒等不良嗜好及社交活动广泛有关。

分月分布　1月份发病254例,传染病死亡1例；2月份发病235例，传染病死亡1例；3月份发病225例，传染病死亡1例；4月份发病270例；5月份发病318例；6月份发病270例，传染病死亡1例；7月份发病285例；8月份发病229例；9月份发病184例；10月份发病278例；11月份发病189例，传染病死亡1例；12月份发病154例。

【传染病分布】 乙类传染病1963例，占传染病发病总数的67.90%,其中肠道传染病82例，占传染病发病总数的2.84%；呼吸道传染病320例，占传染病发病总数的11.07%；自然疫源及虫媒传染病22例，占传染病发病总数的0.76%；

血源及性病传染病 1539 例，占传染病发病总数的 53.23%。

【重点疫情分析】 2012 年，县境重点对布病、手足口病、肺结核、梅毒、狂犬病等进行分析。

布病 报告布病 17 例，地区排前三位大营镇 6 例，城关镇、肖旗乡、前营乡各 2 例，周庄镇、李庄乡、赵庄乡、商酒务镇、张八桥镇各 1 例。按职业排前三位农民、家务及待业 1 例；按年龄排前三位 35～50 岁 9 例，60～75 岁 8 例。

手足口病 全县共报告手足口病临床诊断病例 274 例，重症 54 例，4 月份发病数最多（58 例），7 月份以后呈下降趋势。职业分布以散居儿童为主，男性 221 例，女性 90 例，男女之比为 2.46：1。

肺结核 共报告 318 例，占乙类传染病总数的 16.20%，发病率为 10.99/10 万。发病率排在前三位的是大营镇、杨庄镇、商酒务镇。发病的职业农民为主 293 例，占肺结核发病总数的 92.14%；学生 11 例，占肺结核发病总数的 3.46%；离退人员 6 例,占肺结核发病总数的 1.89%。发病年龄集中在 45～70 岁 183 例，占肺结核发病总数的 57.55%；20～40 岁 127 例，占肺结核发病总数的 39.94%。男性 223 例，女性 95 例，男女比为 2.35：1；无明显季节性，常年散发。

梅毒 共报告 198 例，占乙类传染病总数的 10.09%。与上年相比下降 9.9%。发病地区排在前三位的是城关镇 29 例、杨庄镇 25 例、大营镇 23 例。发病的职业以农民为主 174 例、占梅毒发病总数的 87.88%；学生 11 例，占梅毒发病总数的 5.15%。发病年龄集中在 20～45 岁 121 例，占梅毒发病总数 61.11%。经济发达，交通便利地区（城关）发病率最高。

狂犬病 发病 2 例，死亡 2 例，职业为农民，外地报告本地病例。

【死因监测分析】 2012 年，死因监测共上报死亡病例 2738 例，死亡率 55.85/10 万。死因依次为心血管系统疾病 1461 例，占死亡报告总数的 53.36%；肿瘤 701 例，占死亡报告总数的 25.62%；脑血管系统疾病死亡 198 例，占死亡报告总数的 7.23%；交通事故 97 例，占死亡报告总数的 3.54%；意外死亡 80 例，占死亡报告总数的 2.92%；呼吸系统疾病死亡 45 例，占死亡报告总数的 1.53%；消化系统 34 例，占死亡报告总数的 1.24%；泌尿系统死亡 33 例，占死亡报告总数的 1.21%；内分泌系统死亡 30 例，占死亡报告总数的 1.10%；自然死亡 30 例，占死亡报告总数的 1.10%；自杀 9 例，占死亡报告总数的 0.33%；围生儿，新生儿和婴儿死亡 7 例，占死亡报告总数的 0.26%；血液系统 5 例，占死亡报告总数的 1.83%；艾滋病 3 例，占死亡报告总数的 0.11%；狂犬病、休克 2 例，占死亡报告总数的 0.07%；疟疾 1 例，占死亡报告总数的 0.04%。按地区分布前三位为城关、大营、周庄；按职业分布前三位为种植业生产人员 993 例，婴幼儿、学龄前儿童 15 例，家务 4 例；年龄最小的 0 天，最大的 106 岁；男性 1718 例，女性 1020 例，男女之比为 1.68：1。

【报告质量信息评价】 全年按现住址共报告传染病报告卡 2891 张，审核 2891 张，订正 874 张，删除 301 张。1～12 月报告传染病病例中有 47.57%的病例为县级医院报告；16.28%的病例为乡镇卫生院报告；4.03%的病例为疾控机构报告；7.18%的病例为妇幼保健院报告。年度机构网络直报 19 家。按报告地区报告卡片数 2218 张，及时审核数 2218 张，机构网络报告构成比 9.34%，及时报告构成比 8.53%，及时审核构成比 8.53%，机构网络报告率 100%，综合率 100%。

【传染病自动预警】 全国传染病自动预警系统自 2012 年 1 月 1 日至 2012 年 12 月 31 日共及时处理预警信息 218 条（手足口 86 条），无暴发事件。

【地方病防治】 2012 年，疟防工作采取分类指导、突出重点的原则、采取控制传染源为主的综合防治措施。为巩固原有疟疾防治成果在有条件的医疗机构继续实行发热病人疟原虫镜检工作，培训镜检人员 25 人，共血检发热病人 818 例，对 2011 年病人休治期正规服药 5 人，达到了稳定疫情、降低发病率、防止局部爆发流行的目的。制订下发了《宝丰县碘盐监测方案》，成立了居民用户食盐监测组。共监测居民用户食盐288份，合格265份，不合格23份，合格率92.01%，居民碘盐食用率100%。6月13日省地方病防治所到宝丰县督导，对县监测工作给予充分肯定。对重点人群碘营养监测共采集尿样1886份，发现缺碘和低碘个体162人，及时反馈检测结果，指导补碘措施，对查出的轻度缺碘个体建议通过饮食补充，对严重缺碘个体及时给予碘化油胶丸补碘治疗，并建议定期复查，观察补碘效果。按计划开展全球基金疟疾项目及实现消除疟疾工作。开展乡级督导2次，覆盖13个乡镇。开展土源线虫监测，共采集1000人份，其中阳性5人。布病监测检测人数200人，全部阴性。

【计划免疫】 2012年1月5～6日，按照《宝丰县2011～2012年脊灰强化及麻疹查漏补种免疫活动实施方案》，对全县范围内2月龄至48月龄实施脊灰疫苗强化活动，4岁至不满15周岁实施脊灰疫苗查漏补种活动；赴新疆采棉务工等人员脊灰疫苗接种；8月龄至不满15周岁儿童开展麻疹疫苗查漏补种工作。对全县各接种人员进行技术培训，共培训25人，糖丸强化免疫常住目标儿童应种37739人，实际接种37395人，服苗率99%；流动目标儿童应种1583人，实际接种1568人，服苗率99.05%；糖丸查漏补种（4岁～14岁）常住目标儿童应种21382人，实际接种20878人，服苗率97.64%；流动目标儿童应种359人，实际接种353人，服苗率98.32%。3月20日至4月30日，在全县范围内集中开展扩大国家免疫规划疫苗查漏补种月活动，县卫生局、县卫生防疫站联合制定《宝丰县2012年扩大国家免疫规划疫苗查漏补种月活动实施方案》，并对各预防接种门诊相关人员进行系统培训，共培训47人。下发了《宝丰县2012年扩大国家免疫规划疫苗查漏补种月活动督导方案》《宝丰县2012年扩大国家免疫规划疫苗查漏补种月活动预防接种异常反应处理预案》《接种点设置要求》等，签订了目标责任书，成立了宝丰县2012年扩大国家免疫规划疫苗查漏补种月活动督导小组和技术指导小组，实行责任到人、分片包干、全程督导，督导率100%。全县共摸底目标儿童73035人，其中卡介苗漏种285人，漏种率0.39%，补种273人，补种率96%；糖丸漏种11698人，漏种率16.02%，补种11484人，补种率98.38%；百白破漏种9912人，漏种率13.57%，补种9721人，补种率98.07%；乙肝漏种3000人，漏种率4.11%，补种2943人，补种率98.1%；麻疹漏种4703人，漏种率6.44%，补种4612人，补种率98.07%；甲肝漏种7817人，漏种率10.7%，补种7614人，补种率97.4%；A流脑漏种10778人，漏种率14.76%，补种10575人，补种率98.12%；乙脑漏种16433人，漏种率22.50%，补种16014人，补种率97.45%；A+C流脑漏种13978人，漏种率19.14%，补种13590人，补种率97.22%；白破漏种6725人，漏种率9.21%，补种6537人，补种率97.2%。根据麻疹专病报告管理系统，全县共报告5例麻疹病例，均为本地报告病例，立即对病例进行血清及病原学标本检测，经实验室确诊为排除病例。建立健全了旬报、月报、主动监测制度，规范了病例调查、样本采集工作，使麻疹监测系统具有高度的敏感性。同时加大AFP监测工作的力度。将新生儿基本信息监测工作纳入常规化管理。生物制品管理和冷链运转工作全县完成运转5次，接种率均在99%以上。门诊规范化建设稳步推进，2012年3月份申请的石桥、赵庄、闹店、肖旗4个示范门诊顺利通过省级验收。

【卫生监督】 2012年，对全县62所学校和托幼机构进行消毒质量监测，对21所中小学进行学生常见病和传染病防治督导。加大对餐饮业的监管力度，对全县大中型饭店全面实行索证制度量化分级管理。同时，加大对集中式供水的监督监测和劳动卫生监测力度。进一步搞好放射剂量检测，对全县放射卫生人员身体状况进行全面监控。共完成食品、公共场所从业人员体检5296人，健康检查率98%以上，监督覆盖率100%。进行水质监测498份，合格率93%；餐具检测2033份，合格率78%；公共场所检测68

份，合格率93%；各类食品25份，合格率98%；医疗器械消毒检测980份，合格率97%。开展居民营养与健康状况监测工作。先后出台了《宝丰县人民政府办公室关于印发宝丰县2012年居民营养与健康状况监测工作实施方案的通知》《宝丰县卫生局关于成立居民营养与健康状况监测领导组的通知》。组织相关人员先后参加国家级培训和省级培训，培训技术骨干30人，在此基础上，组织有关乡镇的负责人员、村支书、村医等进行培训，培训人员36人次。抽取全县3个乡镇中6个自然村共450户家庭及部分中小学学生、孕妇等补充人群进行调查问卷、身体体检，共体检人员1000余人。

【健康教育】 2012年，通过广播、电视等新闻媒体及马街书会、“3·24”世界防治结核病日、“4·25”全国儿童预防接种日、“5·15”全国防治碘缺乏病日、“5·31”全国控烟日等宣传日进行卫生防病知识宣传，共展出版面38块次，悬挂横幅12幅，印发宣传品8种3.5万余份。结合卫生城市创建，在城区设置健康教育宣传版块，倡导卫生文明的健康生活方式，促进全县人民群众的健康水平。（郭建慧）

医院选介

【宝丰县人民医院】 2012年，宝丰县人民医院在职职工720人，卫生专业技术人员608人，占全院总人数的84.44%，其中高级职称26人，中级职称144人，初级职称382人，医生与护士比例为1:2。医院开放床位总数为700张，占地面积73260平方米，拥有临床科室21个，医技科室7个，职能部门21个。年门急诊诊治病人203486人次，增长28.1%；出院病人25309人次，增长13.8%；手术5182例，增长54.3%。全年病历甲级率97.43%，处方合格率96.6%，成分输血率98.79%，无菌手术切口甲级愈合率98%。实现总收入11134.73万元，较上年增加24.67%；业务收入10946.65万元，较上年增加29.14%；药品收入占业务收入比重为36.17%，比上年下降6个百分点。新增资产2802万元，总资产增长率24.12%，净资产增长率3.53%。医院总资产收益率高于上年同期2个百分点。全年开展新技术、新项目30余项，填补县空白26项。

基本建设 投资550万元，建设供暖、供冷总面积32344平方米的地温中央空调。投资200万元，建成建筑面积1048平方米的直线加速器机房。医院争取县财政投资30万元，自筹15万元，建设香山路至县医院的第二条高压供电线，12月建成投入使用。新修建医院大门口自行车停车场，对家属区用电、供水进行改造，改造了64排CT机房、消毒供应室。

新设备引进 2012年，县医院新购进直线加速器、128层CT、准分子激光设备、四维彩超、心脏彩超、超声诊断仪、细菌鉴定系统、全自动清洗一体机、电子肠镜、椎间盘镜、脑立体定向手术系统、低温等离子灭菌系统、内镜清洗工作站、乳腺X光机等大型设备，至年底，县医院万元以上设备增至180余台。

科室建设 成立放疗中心，并拥有全县第一名医学物理师，成为全县第一家也是唯一一家可以开展放射治疗的医院。成立微创骨科，开展椎间盘镜、膝关节镜、椎体成形术等手术，使用更加符合人体解剖、生理、生物力学的材料和各种生物材料修复骨创伤，缩短骨愈合的时间，提高骨愈合率。医院体检中心、消毒供应中心、血液净化室、癌痛规范化治疗示范病房顺利通过省卫生厅的验收。在县看守所设立卫生室。

卫生改革 加快推进信息化建设，提高现代服务水平，医院完成了电子病历软硬件的安装与调试，对医护人员进行全面的操作培训，启用临床电子病历系统、门诊医生工作站、医技工作站、临床路径及合理用药、抗生素分级管理系统，同时将医院HIS系统与新农合、影像管理系统（PACS）、检验管理系统（LIS）衔接，实现联网统一管理。县医院提出“精细化医院管理”的发展战略，实施绩效与全成本（PC）管理，制定了《绩效管理方案》《全成本管理实施操作方案》《危急值班管理制度》《双向转诊规定》《宝丰县人民医院员工奖惩细则》《宝丰县人民医院医疗纠纷赔偿内部处理规定》《宝丰县人民医院医疗缺陷、差错、事故及纠纷管理制度》《宝丰县人民医院风险管理基金管理办法》《宝丰县人民医院评审工作实施方案》等制度。推进公立医院改革试点工作，落实基本药物制度及药品零加成工作，按照上级要求完成10多次新医改有关测算，12月26日以药品零差率销售为起点正式拉开了新医改的大幕。开展临床路径工作，制定了36个临床路径病种，至2012年底进入路径病人1678例，完成1260例，按病种付费148例。推进干部管理制度创新，改革中层干部聘任办法，修订完善了《两级招聘方案》，设定了中层干部任职年龄，明确了科主任负责制，公开选拔了12名中层干部，实行了主任、护士长的双向选择。分期分批为新进人员办理人事代理手续，首批168人办理完毕。加强人才引进力度，共引进28名医学本科生和1名硕士研究生，引进2名实用急需人才。医院拥有博士研究生1人，硕士研究生8人，本科生227人。

科研培训　2012年，县医院共派出26名医生到省内外学习，其中有9名医师参加515骨干医师培训，分别到上海华西医院及省人民医院、郑大一附院、省肿瘤医院等省级以上医院进修、深造。参加学术会议80余人次，院内安排业务讲课21次，其中邀请市级以上专家授课7次，接收管理来院进修、实习学生共90人次。发表论文66篇。感染管理科取得《重症监护病房多重耐药医院感染预防与控制》科研项目立项。

惠民服务　选派8名医务人员长期支农，间断支农人员40名，组织专家40余人到各乡镇进行义诊、健康咨询教育。坚持开展党员、团员、研究生志愿医疗服务。2012年，医疗队到全县60多个乡村及社区，免费为群众查病义诊2万余人次，做心电图800余人次，妇检、产检900余人次，发放健康教育资料3万余份，进行现场健康讲座100余次。派出8名医务人员长期支援乡卫生院医疗建设。建立健全传染病预检分诊制度、突发性传染病应急预案等13项传染病管理制度，每周检查落实。圆满完成手足口病等突发事件医疗救治及其他政府指令性任务。

行风建设　县医院先后获市“三八”红旗集体、市传染病救治先进集体、市“十大指标”宏观监管考评先进集体称号。被推荐为全市唯一的全省院务公开示范医院和全省群众满意医院，顺利通过市级文明单位复验。深入开展“党员示范岗”创建活动，医院团委获市志愿者服务先进集体，医院党委获县先进党委。培养入党积极分子31人，参加县委组织部入党积极分子培训27人，发展预备党员16名，预备党员按期转正7名，接收党员7名。医院党员总数达到187名，占职工总数的26%，成功召开一届三次职工代表大会，审议通过了《宝丰县人民医院员工奖惩细则》《宝丰县人民医院医疗纠纷赔偿内部处理规定》《宝丰县人民医院医疗缺陷、差错、事故及纠纷管理制度》《宝丰县人民医院风险管理基金管理办法》。医院完善闭路电视系统，及时更新宣传网络，出版院报6期，开展健康讲座100余次。六一儿童节为住院患儿赠送玩具。医院开办了“孕妇课堂”等活动，并与县电视台联合开办《名医健康谈》栏目，普及防病治病知识。10月，迎来医院建院60周年，举行了隆重的庆祝活动。在年底检查中，病人满意度为96.2％，共收到表扬信61封，锦旗13面。

地温空调项目　县医院地温空调是节能减排项目，由河南宏盛制冷设备有限公司中标，总投资550万元。于2011年4月开工建设。2012年初投入使用。总供暖、供冷总面积32344平方米。使用地温空调后，每年可节约支出100余万元。3月省公共节能工作交流暨现场观摩会在宝丰县召开，县医院作为全省亮点单位迎检。

绩效管理与全成本管理(PC管理)改革　2012年3月开始，医院聘请山东诚创医院管理咨询公司对全院开展绩效及全成本(PC)管理。经调研、培训、专访、初拟方案，出台了《员工奖惩细则》等，建立了岗位说明书与岗位系数，经2012年6月30日医院一届三次职代会通过，7月1日开始实施。

读书月活动　2012年4月16日至5月18日，县医院开展为期一个月的以“燃烧激情，感恩社会”为主题、以精读《自驱力》及近期党报党刊刊发的重要文章为主要内容的读书活动。分学习、对照检查、讨论、整改承诺、总结表彰五个阶段实施。印刷《自驱力》一书900本；成立了6个督导组，由医院领导班子成员任组长分包科室督导活动进展，院党委、10个党支部、院团委、各科室召开了主题民主生活会，召开了中层干部座谈会和职工代表座谈会分享学习成果、查找不足，全院职工写出剖析材料、整改措施及承诺，举行以“自驱力—激发工作动力，让患者更满意”的演讲比赛，来总结读书月活动的成果。　（吴　菲）

【宝丰县中医院】　2012年，县中医院坚持以病人为中心的服务宗旨，坚持“突出特色、人才兴院、科技强院”的办院思路，以突出中医药特色为核心，积极实施名医、名科、名院战略，全年实现业务收入5095.37万元（其中，中医院4773.67万元，城关镇卫生院321.69万元），同比增加1099.37万元，增长27.5%；门诊量12.34万人次，同比增长3.6%；入院病人9647人次，同比增长20.5%；床位使用率103.68%；药占比为43.83%；固定资产总值4214.61万元。

基础设施建设　2012年，通过公开招标，先后购置脑监护系统、超声诊断系统、全自动血凝仪等10余台（件），总价值90余万元，有效提升了临床诊疗能力。购置救护车1辆，加强急诊急救能力。

医疗质量管理　以创二甲为契机，深入开展“读经典背方剂”“西学中”“传、帮、带”等活动，定期举行病历集中评比、处方集中点评等活动，按照考核验收标准，重点抓好中医药特色、中医非药物疗法等各项要求。医务科、护理部、感控办组织学术讲座19次，业务考试17次，护理培训7次、操作实践4次、技能竞赛3次，多种形式的继续再教育、培训学习使医院的整体业务水平得到大幅提升。

医疗服务　全面推进整体护理，把“一次为医，终身为友”作为构建和谐医患关系的目标，深入开展“三好一满意”“优质护理病区”“党员示范岗活动”“承诺服务，实现患者零投诉”等活动。

新农合工作　2012年，新农合补偿6265人次，住院总费用为1942.69万元，为参合人员报销1202.34万元。城镇居民补偿390人次，住院总费用为133.35万元，为参合人员报销70.02万元。优抚143人次，补助33.41万元；低保1103人次，补助36.96万元；降消1215人次，补助36.45万元。

疾病防控工作　基础免疫五苗接种率为97.6%；排查手足口病48例；转诊结核病59例；疟疾血检510人；艾滋病监测4185人；传染病上报362例，无迟报、漏报现象，上报率100%。全年组织村医培训3次。

人才梯队不断完善　培养呼吸专业研究生1名，引进中医、骨伤、药学等专业本科毕业生10名，公派30人到郑大一附院、省人民医院、河南中医学院一附院、洛阳正骨医院进修学习。第七届宝丰县专业技术拔尖人才1人、骨干人才2人；取得技师职称8人，取得高级工职称2人，取得中级职称3人，取得初级（师）职称15人，取得初级（士）职称8人。聘任副高1人，中级4人，初级（师）15人。

医院文化建设　在国家级、省级杂志上发表论文3篇。高招体检4380人，公派6人到基层卫生院长期支农，完成支农15人。为群众免费诊治4000余人次，处方400余张，发放科普宣传资料5000份，参加义诊医务人员达250余人次。坚持重大节假日开展丰富多彩的庆祝活动，活跃职工文化生活，先后组织庆元旦、三八妇女节、五四青年节、国庆节等活动，在宝丰县“体彩”杯第九届广播体操比赛中获一等奖。创办首份院报，参加创先争优征文比赛、演讲比赛等活动。

（姜聚昌）

体　育

【概况】　2012年，宝丰县体育工作全面宣传贯彻《全民健身条例》和《河南省体育发展条例》，组织实施《全民健身计划（2011—2015年）》，坚持以增进社会和谐，增强人民体质为宗旨。至年底，全县累计举办演、训、赛、展、测活动59次；新建文体广场8个，健身苑32个，安装健身路径40套；培训体育骨干630人，发展社会体育指导员215名，新成立体育俱乐部2个，行业体协3个，健身气功辅导站9个；输送优秀体育后备人才43名，发展裁判员52人；县政府荣获全国推广普及健身气功工作先进单位。县体育局获平顶山市教育系统先进集体，平顶山市第五届“万村千乡”农民篮球赛三等奖、最佳组织奖，平顶山市第九套广播体操三等奖、优秀组织奖，2012年“体彩”杯崔克自行车比赛贡献奖，河南省老年人体育工作先进单位，平顶山市2011年目标考核一等奖；宝丰县门球协会获2012年度河南省全民健身志愿者服务优秀协会称号；蓝天乒乓球俱乐部获2012年度河南省全民健身志愿服务先进单位等称号；县教体局篮球队获第七届夏季篮球夜市冠军。

【群众体育活动】 2012年，县体育局以构建便民、利民、惠民的全民健身公共服务体系为目标，以双节、全民健身月、全民健身日为主要节点，以“天天有活动，周周有比赛，月月掀高潮”为工作思路，积极开展群众体育活动。

双节体育活动 双节期间，县委、县政府印发《关于2012年春节期间继续在全县城乡广泛开展“迎农运、促和谐、奔小康”全民健身系列活动的通知》，共举办活动17项：2012年1月1日，举办宝丰县元旦龙山骑行活动，来自县直6个单位的近40人参与；1月1～2日举办2012年宝丰县第

2012年1月1日，宝丰县第二届围棋邀请赛比赛场面

二届围棋邀请赛，邀请卫东、汝州和宝丰的9支代表队的40名选手参加；1月1～3日举办宝丰县2012迎新春斯诺克友谊赛，来自全县的43名爱好者参加；1月4～8日闹店镇参加省第四届万村千乡篮球赛平顶山决赛夺得冠军；2月10日（正月初一）举办2012年自行车集结赛和即开型体育彩票集中销售活动；2月11日（正月初二）举办宝丰县“庆新春”农民象棋比赛，来自全县的50名棋手参加；2月12~14日举办宝丰县第十一届十万农民健身活动“犁湾沟”杯篮球邀请赛，来自全县各乡镇的13支队伍，260余人参赛。2月13~15日举办2012宝丰县“促和谐、奔小康”象棋比赛，来自全县的40人参赛；2月13~14日举办宝丰县2012年第一季度乒乓球比赛，共有98人参赛；2月15日举办宝丰县第五届围棋比赛，来自县直各单位、学校的40余名选手参加；2月19~24日举办宝丰县“庆新春”象棋擂台赛，约200人参赛。2月16日举办第十届“庆新春、促和谐奔小康”健步走活动，来自全县各单位、企业的近4000名人员参加；举办宝丰县2012年优秀健身项目展演。2月17日举办宝丰县2012年“怪拍”邀请赛，64人参赛。2月17~21日承办省第四届万村千乡农民篮球赛总决赛南部赛区比赛，来自省内的12支球队参加；承办2012年河南省新春乒乓球比赛，来自全省各地市的116人参加比赛。

全民健身活动月系列活动 全民健身月期间，印发了《关于开展2012年宝丰县全民健身活动月的通知》，举办、承办、参加16项比赛：4月10～17日举办三期第九套广播体操培训班，培训76人；4月27日举办2012年宝丰县全民健身活动月启动仪式暨第九套广播体操千人展演；5月1～2日承办平顶山市青少年乒乓球邀请赛，来自平顶山市的8支球队、150人参加；5月1日至10日举办第八期健身气功培训班；5月12～14日举办2012年宝丰县门球比赛，共有15支队伍、105人参加；5月上旬参加市第九套广播体操比赛，夺得二等奖并获优秀组织奖；5月31日举办2012

2012年5月19日，宝丰县举行自行车巡游活动

年宝丰县围棋比赛,40人参加;5月11～30日参加平顶山市纸飞机大赛,30人参加;5月19日举办自行车巡游活动,100余人参加;5月27～28日举办2012年全县乒乓球夏季联赛,14支球队、80人参赛;5月20～22日举办2012年宝丰县台球比赛,来自全县的48名台球爱好者参赛;5月23日举办2012年宝丰县第九套广播体操比赛,共有33支队伍、1000余人参赛;5月8～9日举办宝丰县纸飞机比赛,来自全县13个乡镇及县直学校的820人参赛。

承办比赛 2012年8月8日,在笔山森林公园和世纪广场分别承办平顶山市"体彩"崔克自行车公开赛成年组、举办青少年组的场地技巧赛比赛。10月15～18日,承办河南省健身气功现场会和第五期健身气功管理干部培训班,体育局局长毕志伟做典型发言。

单项比赛活动 2012年2月15～18日在商酒务镇张洛庄文体广场举行宝丰县"张洛庄"杯第一届农民门球赛;7～8月举办2012年宝丰县"传奇联盟"业余篮球联赛暨第七届篮球夜市;11月8日举办宝丰县庆祝党的十八大"水利杯"门球比赛;11月29～30日,举办宝丰县中小学生田径运动会,760人参加。

【场地设施建设】 2012年,宝丰县加大对新型农村社区体育场地设施建设力度。全县新建体育广场8个,健身苑32个,安装健身路径40套,440件,总投资100余万元。其中,省体育部门扶持35万元,县级体彩公益金32万元,地方配套35万元。积极申请上级体育部门项目。2012年健身路径14套(15件),2012年农民体育健身工程半场一台加7件健身器材项目20套。为商酒务镇龙泉寺村1处新型农村社区体育设施建设试点村争取器材扶持资金30万元。分别在周庄镇南王村、东黄村安装健身器材10件;观音堂林站余家村安装健身器材24件,配备室内乒乓球台2付;为商酒务镇泥河樊全民健身户外活动中心安装休闲椅60件;石桥镇高铁炉村配备篮球架1付、室外乒乓球台2付、健身器材20件。在城区金典佳苑小区安装羽毛球网架1付、室外乒乓球台1付、健身器材20件;县经济适用房西苑小区安装健身器材15件。2012年2月17日开工建设宝丰县全民健身中心综合馆,总占地面积3257.77平米,座位1350个,主体工程已完工。增加城区公园、绿地公共体育设施。在生态园北门两侧安装篮球架1付;在世纪广场西侧健身器材东空地安装6付室外乒乓球台;在联通花园安装篮球架1付;在八一公园安装篮球架1付,并为县城所有篮球架安装了护网。

【体质检测】 2012年4月至9月,开展国民体质测试活动,完成上级下达年度测试任务700名。在县三中阳光青少年体育俱乐部建立国民体质测定与运动健身指导站。利用广播、电视等各种媒体途径宣传国民体质测试,倡导科学健身方式。

【社会体育指导员工作】 全年培训三级社会体育指导员215名,晋升二级社会体育指导员24名,晋升一级社会体育指导员17名,完成社会体育指导员的发证和网上登记注册工作。

【健身气功推广普及】 2012年4月18日至10月21日,举办宝丰县第八期健身气功培训班,共培训新老学员120余人,主要学习健身气功易筋经、五禽戏、六字诀、八段锦、大舞、马王堆导引术、新功法导引养生功十二法等。6月13～15日,在宝丰县阳光青少年俱乐部进行健身气功进校园活动培训,来自全县各乡镇中心校、初中和所在村学校体育骨干60余名教师参加八段锦和易筋经培训。9月,针对各乡镇举办2期新型农村社区健身气功、太极拳培训班。7月13日至12月5日,宝丰县健身气功竞赛功法培训班在大驰首府广场

2012年4月18日,宝丰县第八期健身气功培训开班仪式

开班，内容包括八段锦竞赛功法、易筋经竞赛功法和六字诀竞赛功法。10月21日，县体育局、县健身气功中心、太极协会在世纪广场举行健身气功站点个人展示交流赛，全县12个站点的80名学员参加交流展示。通过健身气功易筋经、八段锦个人赛的角逐，最后评选出一等奖10名，二等奖20名。

【竞技体育】 2012年，宝丰县竞技体育主要以全面宣传贯彻中共中央、国务院《关于加强青少年体育 增强青少年体质的意见》和组织实施国务院办公厅转发的《关于进一步加强学校体育工作的若干意见》，坚持以增强学生体质为宗旨，以培训、比赛为手段，发展竞技体育。县少儿体校暑期训练班有乒乓球训练点2个，训练人数近200人；篮球训练班4个，训练人数160人；跆拳道、武术训练班训练人数超过同期，达180人。同时，依托县实验一小、县三中组建2支篮球队，利用课余时间和双休日进行训练。少儿体校备案的队员有30人。成功申报省级体育传统项目学校2所，市级4所，申报国家级俱乐部1所（宝丰县阳光体育俱乐部）；输送优秀体育后备人才43名，发展裁判员52人。积极参加上级比赛，运动成绩硕果累累。宝丰县参加平顶山市第五届中小学生田径运动会，取得总分第六名，并获体育道德风尚奖；参加平顶山市中小学生田径运动会，队员夺得一金、两银、两铜，总分第六名，并获体育道德风尚奖；参加2012年河南省体育传统项目学校小学生乒乓球锦标赛，第一实验小学代表队夺得男子团体第十名，女子团体第十六名，并有2名队员单打进入十六强（男女各1名）；参加2012年全国"青少年宫"乒乓球比赛，队员宋宛亭获得女子团体第四名、女子单打第三名，牛忠民获得混双第五名；参加2012年河南省乒乓球锦标赛，获得女子甲组团体冠军、单打冠军。

【体育宣传】 2012年，宝丰县体育局立足本职做宣传，制定宣传工作方案，成立新闻宣传小组，明确宣传人员，更新宣传设备，并保障了宣传经费。全年在各级报刊发稿96篇。其中国家级11篇，市级15篇，县级49篇，《平顶山体育报》21篇，《宝丰快报》49篇。

【体育产业】 群众体育工作的深入开展，影响和推动了宝丰县体育产业的发展。2012年，城区开设体育服装专营店12家，山地自行车专营店8家，体育用品店30余家。县域彩民大奖中奖率居全市第一，分别中得1000万元一注，579万元两注。

【村村建体育运动队】 2012年县两会召开以后，县体育局对"村村建体育运动队"工作进行规划，经过充分调研，制定详细的实施方案。从4月开始，县体育部门深入农村开展培训。共举办培训班11期，对全县新型农村社区的大学生村官、体育骨干、村妇女主任、村体育教师就广播体操、健身排舞、健身气功、太极拳等项目进行培训，培训体育骨干400余人。

【河南省第五期健身气功管理干部培训班暨健身气功推广工作现场会在宝丰举行】 2012年10月15日至10月18日，宝丰县承办河南省第五期健身气功管理干部培训班暨健身气功推广工作现场会，全省各辖市的健身气功管理干部60余人参加培训。省体育局健身气功管理中心主任张麒、宝丰县政府副县长姬翠红及全省各市、省管县体育部门负责人出席会议。会上，宝丰县体育局局长毕志伟作经验交流发言，省体育局政策法规处主任科员韩珂进行了依法行政专题讲座，省健身气功管理中心副主任夏寒解读了健身气功管理工作若干问题并部署健身气功业务工作。

（刘攀峰　文亚勋）

地方志书质量规定

第一章　总则

第一条　为了继承和发扬中华民族优秀文化传统，全面、客观、系统地编纂地方志书，确保质量，根据《地方志工作条例》和国家关于出版管理的法律、法规，制定本规定。

第二条　本规定所称地方志书（以下简称“志书”），是指省（自治区、直辖市）、设区的市（自治州）、县（自治县、不设区的市、市辖区）编纂的志书。

第三条　志书质量的总体要求：观点正确，体例严谨，内容全面，特色鲜明，记述准确，资料翔实，表达通顺，文风端正，印制规范。

第四条　本规定凡涉及国家法律、法规和有关标准的内容，以现行法律、法规和有关标准为准。

第二章　观点

第五条　以马克思列宁主义、毛泽东思想、邓小平理论和“三个代表”重要思想为指导，全面贯彻落实科学发展观，坚持辩证唯物主义和历史唯物主义的立场、观点和方法。

第六条　记述社会主义时期的内容，应体现社会主义时代精神风貌，全面反映发展中国特色社会主义事业的历程和成绩，正确反映历史发展中的曲折和问题。

第七条　志书不得含有下列内容：反对宪法确定的基本原则的；危害国家统一、主权和领土完整的；泄露国家秘密、危害国家安全或者损害国家荣誉和利益的；煽动民族仇恨、民族歧视，破坏民族团结，或者侵害民族风俗、习惯的；宣扬邪教、迷信、赌博、暴力的；侮辱或者诽谤他人，侵害他人合法权益的；危害社会公德或者民族优秀文化传统的；法律、法规和国家规定禁止的其他内容的。涉及国家安全、社会稳定等重大问题，法律、法规及政策未作规定的，经由有关部门审查把关，正确把握记述尺度。

第三章　体例

第八条　坚持志体。横排门类，纵述史实，述而不论。体例科学、规范、严谨，适合内容记述的要求。

第九条　凡例关于编纂志书的指导思想、原则、时空范围、体裁、人物收录标准、资料来源、行文规范、特殊问题处理等要求，清楚明确。

第十条　志书名称以下限时的本行政区域名称冠名。其中，市辖区志书在本行政区域名称前冠以上一级行政区域名称，如“XX市XX区志”。　续修志书名称标明上下限年份，如“XX县志（XXXX－XXXX）”。

第十一条　体裁运用得当，以志为主。（一）述。根据志种和内容层次的不同，合理设置，概述事物发展全貌和特点等。（二）记。大事记选录大事得当，重要事项不漏，时间、地点、人物（单位）、结果等要素齐备。专记设置因事制宜，选题严格，数量适度。　编后记重点反映修志始末。（三）志。门类设置合理。纵述史实把握事物的发端、变化和现状，不缺失，不缺主要事物、事物的主要方面和事物发展的重要阶段。（四）传。立传人物为在本行政区域有重大影响者，以及本籍人物在外地有重大影响者。（五）图、照。图、照注重典型性、资料性，从不同角度反映变化的情况。卷首插图包括本行政区域位置图、地形图、行政区划图、交通图等。地图采用国家测绘部门和有关部门绘制或者审定的地图。重要地理信息数据采用测绘部门公布的法定数据。照片无广告色彩。除人物传、人物简介外，无个人标准像。（六）表。设计合理，要素齐全，内容准确，不与正文简单重复。（七）录。附录的原始文献、补遗考订等资料具有重要存史价值。（八）索引。分类标准统一，名称概念清楚，提炼的标目符合主题原意，附缀正文页码准确。

第十二条　篇目设置符合“事以类聚”、“类为一志”的基本要求，科学分类与现实社会分工（现行管理体制）、全志整体性与分志相对独立性的关系处理妥当。整体布局合理，结构严谨，归属得当，层次分明，排列有序。类目的升格或降格，使用适当。标题简明准确，题文相符，同一门类各级标题不重复。

第四章　内容

第十三条　内容反映本行政区域内自然、政治、经济、文化、社会的历史和现状。根据各地实际分类，记述内容大致涵盖以下方面：（一）建置、自然环境、资源、人口等；（二）城乡建设、环境保护、交通、邮电信息、公用事业等；（三）农业、工业、建筑业、服务业、经济管理等：（四）中国共产党、人民代表大会、人民政府、政治协商会议、民主党派、群众组织、公安司法、军事等；（五）教育、科学技术、文化艺术、新闻出版、广播影视、卫生和计划生育、体育等；（六）人民生活、人事和劳动社会保障、民政、民族、宗教、风俗、方言等；（七）人物。

第十四条　内容完整，横不缺要项，纵不断主线；详略得当，重点突出；反映事物基本特征，记述有深度。

第五章　记述

第十五条　区域界限明确。以本行政区域为记述范围，越境不书。交代背景，反映与本行政区域外的横向对比、联系等，不视为越境而书。

第十六条　时间界限明确，不随意突破志书的上限和下限，严格控制上溯或下延。续修志书处理好与前志的衔接，注意对前志的拾遗补缺、订讹正误。

第十七条　记述事物、事件和人物，寓观点于记述之中。述体中的必要议论适度，不空泛。

（转348页）

社会生活

人口和计划生育

【概况】 2012年，宝丰县人口和计划生育委员会内设机构有办公室、人事股、流动办、统计股、财务股、宣传股、技术股、法规股、信访股、调查室、执行室、奖扶股、纪检监察室、公职办、药具站和计划生育协会16个业务股室以及计划生育服务站、育才幼儿园2个二级机构。

【计生宣传】 2012年，县人口计生委举办马街书会第十届“国策书场”和新闻报道培训班。开展“7·11”世界人口日宣传活动。围绕“让家庭健康和谐”宣传活动主题，当天，共发放计生宣传资料1500余份，避孕药具380余盒。开展“9·25”公开信发表庆祝活动，组织全县13个乡镇出动宣传车16辆、宣传服务人员75人、制作计生展版60块、宣传咨询台22个、悬挂条幅32条，在各乡镇繁华街道举办宣传服务活动。承办“平顶山市第三届计划生育家庭光荣节”表彰大会。全县共表彰各类计生家庭276个，发放奖金15万元。

【出生人口性别比工作】 2012年，把综合治理出生人口性别比工作与“婚育新风进万家”活动和关爱女孩行动紧密结合起来，利用广播、电视、宣传标语、宣传车等多种形式进行宣传。县人口计生、公安、卫生、药监等相关部门召开联席办公会议4次，加强综合治理，形成监督制约长效机制。在全县范围内开展集中打击“两非”专项治理活动4次。

【计生科技工作】 2012年，宝丰县被确定为国家免费孕前优生健康检查试点县，投资200余万元，对服务站检验室进行改造，更新完善设备。对3562对夫妇进行优生健康检查，筛查出高危夫妇201对，并对高危人群进行面对面反馈结果和咨询指导。继续开展春、秋季“生殖健康进家庭”优质服务活动和深化“双诚信”康检。积极拓展公共服务范围，丰富计生服务的内涵，开展家庭保健服务。9月11日，在河北邢台举办的“中日技术合作中老年家庭保健项目培训会”上，宝丰作典型发言。深入开展计划生育村室“百日攻坚活动”，采用县、乡、村三级投入和县直局委包村攻坚的办法，累计投入800万元，全面提升89个改建村室和39个新建村室的整体面貌，在建好阵地的基础上，对乡村计生基础工作全面排查，规范档卡资料，提高服务管理水平。

【计生纪检监察工作】 开展廉政风险防控“五检查五对照”活动和阳光计生行动检查。创新制定《宝丰县人口计生系统廉政风险防控工作规范（试行）》。7月，获“廉政文化六进”活动省级示范单位称号，12月，被县纪委确定为全县“廉政风险防控工作”五个试点单位之一。

【计生政策法规执行】 2012年，对全县计生工作人员进行法律知识培训，培训人数1000余人。全年共办理计划生育行政处罚案件101起，无发生违规执法行为。以建立依法行政管理系统为重点，确保网上办案正常运转，切实规范社会抚养费征收工作。对全县股级以上公职人员计划生育电子信息进行完善变更。开展依法行政示范乡镇创建工作，赵庄乡、商酒务镇创建为市级依法行政示范乡镇。做好行政执法人员换证年审工作，对58名持证人员的执法证进行年审。

【流动人口管理】 2012年，继续搞好区域协作。强化与省外和省内的协查协作，互通信息，共享资源，共同管理。全县流出人口管理率98.9%以上，并与省外18个县区、省内39个县区、市内83个县区相互签订了流动人口双向服务与管理协议，个案信息互通526例。9～11

月，在全县开展全员流动人口大规模的清理清查活动2次，共排查出新增流出700余人，并进行登记备案。把全县317个行政村的台账资料进行全面审核、整理、更新。加强流动人口信息化应用工作。完善流动人口信息管理规范，对信息采集、录入、变更等程序进一步明确规范；及时、准确地报送和传输流动人口工作信息，全年各媒体采用发表85篇。在流动人口服务管理方面,重点建立“以现居住地为主”的流动人口计划生育服务与管理机制，加快流动人口市民化进程，确保实现“市民化待遇，亲情化服务”。构建社区流动人口计划生育服务管理平台，城关镇东中社区、群英社区、南关社区、东关社区、西街社区、北关社区、东关社区等7个社区已初具规模。

【公职人员计生管理】 2012年4月，公职办成立。5月23日，县委、县政府召开党员干部公职人员违法生育专项治理工作动员会，制订《关于进一步明确人口和计划生育工作有关部门职责的通知》《关于对2011年以来公职人员违法生育查处情况的通报》《关于开展党员干部公职人员违法生育专项治理的通知》《关于进一步加强法人单位人口和计划生育工作管理的意见》等有关文件。针对公职人员计生情况重新进行调查登记，全部录入微机、建立电子台账，实行动态管理。全县281个正常管理单位（包括乡镇、县直单位）全部使用电子台账。严把康检关，提高康检质量。康检前严把通知关，康检中严把质量关，康检后严把清查关。对不参检人员登记造册，并成立督导组到康检遗留单位送达限期康检通知单，逐人清查处理，限期进行补检，确保康检质量。各单位康检结果记入当年年终目标考核成绩。对单位已婚育龄妇女参检率低于98%的通报批评，低于95%的黄牌警告。

【计划生育协会工作】 2012年，广泛开展“争创一流业绩、争当先进协会”活动，全县达到合格要求的村级协会264个，示范村65个，杨庄镇和商酒务镇为双争先进乡镇。继续深入开展生育关怀行动。开展对计划生育困难家庭慰问活动。1月16日，县计生协会组织对计划生育困难家庭进行慰问。全县共慰问计生家庭129户，慰问金额1.29万元，面粉129袋，食用油129桶；“母亲节”慰问活动，全县各级计生协会组织慰问贫困母亲180余户，送去现金和慰问品共计2.1万元。建立完善利益导向，进一步做好计划生育系列保险工作。全县投保“计划生育家庭意外伤害险”1452户，投保金额43560元；基层计划生育工作者意外伤害险81人份，投保金额16200元。落实生育关怀抚慰金发放工作，2012年度符合条件的对象10户18人，抚慰金每人份600元。

【奖扶工作】 2012年，全县新增奖励扶助对象145人，符合条件对象累计794人。每人每年960元，发放奖扶费共76.224万元。落实计划生育家庭特别扶助制度。全年共确认新增对象4人，累计41人，发放扶助金12.504万元。落实计划生育伤残亡家庭扶助制度。经过县乡两级走访调查、核对证件及三级张榜公布，确定新增对象8人，累计人数88人，发放扶助金额5.28万元。落实农村部分计生家庭享受奖励补助制度。确认新增对象227人，累计享受扶助人数1077人，发放补助金额60.24万元。落实河南省农村独生子女父母奖励费制度。全年确认对象6922人，发放奖励金额166.128万元。落实新农保入口4626人，每年补贴金额23.13万元；出口642人，每年补贴金额38.52万元。落实计生家庭子女中招加分工作，138人享受到计划生育家庭子女中招学业成绩增加10分的奖励。完成47户独生子女与非独生子女家庭及特别扶助家庭生产生活情况的调查。根据《推进居家养老模式建设计划生育“康乐家园”的实施意见》，共落实292人，发放金额14.6万元。

【计划生育服务站工作】 2012年，投资29万元购买先进设备，投资81万元对原有的房屋进行改造装修，投资10万元增添空调、电视、办工桌椅。全年共对3129对夫妇进行健康检查，查出高危人员228人并积极跟踪治疗，有效降低了缺陷儿的出生。开展妇科病普查。分别对6个乡镇103个行政村2390名育龄妇女进行妇科病普查普治，查出各类疾病976例，接受治疗750

例，治愈735人，治愈率98%以上。全年建立居民纸质档案5629人，电子档案5120人，共管理居民7000人。为0～6岁儿童接种疫苗5867人，连续两年在城区4个社区中排名第一。

【计生队伍建设】 2012年，开展计生干部业务知识培训，共举办县乡培训班21期，参训人员1600余人次。按照市计生委工作部署，6月全县建立了村管理员联谊会，并出台联谊会章程和实施方案，县计生委成立了主会，13个乡镇成立了分会。以乡镇为单位通过知识竞赛、资料展评和才艺展示3项活动，对全县村管理员进行岗位练兵。全县有66名村管理员报名参加省计生干部学院中专班学历教育。 （董 倩）

人力资源和社会保障

【概况】 2012年，宝丰县人力资源和社会保障局内设有办公室、公务员管理股、工资股、专业技术人员管理股、调配录用股、人事仲裁委员会办公室、劳动仲裁信访股、职业技术开发股、劳动就业股、福利与退休股、劳动保障监察股、社会保险股12个职能股室和机关事业养老保险中心、档案管理中心、劳动保障监察大队、第四人民医院、新型农村社会养老保险中心5个股级二级机构；下辖劳动就业局、人才交流中心、医疗保险中心、社会保险事业局4个副科级机构，与县编办合署办公。有干部职工152人(不含社保局和第四人民医院)。

【就业再就业】 2012年，新增城镇劳动力就业4830人，完成年度任务目标的138%；安置下岗失业人员实现再就业952人，完成年度任务目标的119%，其中安置“4050”人员280人；新增农村富余劳动力转移就业8357人，完成目标的139%；发放小额贷款3000万元，小额担保贷款扶持形成规模的11个创业项目和2个创业成果参加全市的创业成果展；组织引导性及技能性农村劳动力培训8190人，完成目标的126%；培训下岗失业人员1107人，开展创业培训270人，完成目标的100%；引导农民就近转移就业9072人，完成年度任务目标的108%；开展创业培训5期20班，共600人，完成年度任务目标的222%；为郑州富士康招收员工350人，完成目标任务的103%。

【社会保障】 基本社会保险实现全覆盖。企业养老保险新增扩面1206人，参保人数19105人，完成年度目标的106%；机关事业养老保险参保人数2451人。城镇基本医疗保险参保人数66342人，完成年度目标的126.8%，其中，城镇职工基本医疗保险参保29678人，城镇居民医疗保险参保36664人；工伤保险参保人数20757人，完成年度目标的104%，其中农民工参保9241人，完成年度目标任务的115.5%；女工生育保险参保人数5762人，完成年度目标的97.6%。失业保险参保人数2.39万人，完成年度目标的103.9%。城乡社会养老保险参保登记29.18万人，参保率97.5%。征缴社会保险费16135.47万元，征缴率均保持在90%以上。其中征缴养老保险费7629万元，征缴各项医保基金和医疗费共5984.2万元，其中，征收城镇职工基本医疗保险基金4092万元，城镇居民基本医疗保险费1009万元，女工生育保险基金122万元，工伤保险基金413万元；征收失业保险费210万元；征收参保城乡居民个人缴纳养老保险2312.27万元。共为全县5935名企业离退休人员发放养老金10098万元，发放机关事业单位离退休人员养老金279万元，养老金按时足额支付率和社会化发放率均为100%；支出城镇职工基本医疗保险金4912.7万元，城镇居民基本医疗保险金621.1万元，女工生育金48.7万元，工伤保险基金166万元，保障了参保人员的基本医疗需求和女职工生育期间的生活待遇，分散了参保单位的经营风险；为失业人员发放失业金、医疗补助金83.3万元，保证了失业人员失有所助；为全县6.3万名60周岁以上老人发放养老金4457.5万元，进一步提高了全县60岁以上城乡老人的生活水平。

【劳动保障监察】 2012年，县人保局开展了用人单位遵守劳动用工和社会保障法律、法规情况专项检查，清理整顿人力资源市场秩序专项行动和2012年农民工劳动合同签订“春暖行动”，检查各类用人单位90余家，涉及劳动者6300余人；受理举报投诉60余件，为280名劳动者追讨劳动工资190万余元，续签劳动合同630人。

【仲裁信访工作】 全年接待群众来访240余批次，涉及职工360余人次，均得到妥善解决；接到上级交办案件38起，全部得到处理，已处理案件法定时效结案率100%；受理劳动争议案件立案30起，不予受理14起。受理案件已裁决结案17起，调解结案4起，撤诉4起，正在处理5起，已处理案件法定时效结案率100%，挽回当事人经济损失32万元。

【事业单位人事制度改革和人才工作】 2012年，完成核准的单位377个，已完成核准单位占总数的98%。抽调专人对在27个企业中工作，且试用期满的63名支企大学生进行全面考核。参加人事代理人员增加，总代理单位301个，其中事业单位260个，企业41家，总代理人数2145人，新参加代理人员153人，续签163人；为3家企业人事代理单位办理人才引进120人，其中90%为大专以上学历。对宝丰籍大学生考取硕士研究生以上学历的给予每年不低于1万元的补助。

【“两支队伍”建设】 2012年，全县党政机关、事业单位工作人员年度考核工作，依据县委干部任免文件，提请县人大任免干部25人，提请县政府任免干部42人。专业技术人员素质进一步提高，按照平等、竞争、择优的原则以及实行聘任政策、名额、结果三公开，推进按需设岗、按岗聘任，优胜劣汰的职称改革原则，为全县2011年度评审通过的421名专业技术人员下文颁发资格证书，并办理聘任手续。组织专业技术资格报名考试1次，涉及经济系列考试报名41人。

【人事管理工作】 2012年，办理进人机关事业单位人员工资手续145人，审批行政单位晋级198人、行政晋档1306人；事业单位晋档9475人、职务晋升484人。为全县461名机关事业单位工人技术等级考试通过人员颁发资格证书。落实离退休人员待遇，办理正常退休手续823人。为21户遗属办理了遗属困难补助手续。受理工伤认定申请65件，其中做出工伤认定决定结论58件。为79名退伍兵办理安置手续。对全县现有的6家职业培训学校的培训场所、教材、教学设备、实训基地、学生宿舍等硬件情况及师资配备、教育培训质量、资料保存等教学管理情况进行实地评估，并及时上报评估数据。对全县未归档单位的档案管理工作进行检查，在中心管理的档案达到7465卷。 （陈树钢）

民　政

【概况】 2012年，宝丰县民政局贯彻落实第十三次全国民政会议和河南省第十七次民政会议精神，围绕重点工作和目标任务，始终把握保障民生的正确方向，突出改善民生的服务主题，坚持工作创新的发展思路。宝丰县被河南省民政厅授予2012年河南省养老服务社会化示范县、河南省实施惠民殡葬政策先进单位称号；县民政局先后获河南省2011年度减灾救灾宣传工作先进单位、全省行政区域界线档案管理工作先进集体、全市社会福利工作先进单位等称号。

【城乡低保】 2012年，提高城乡低保标准，巩固动态管理成效。提高城乡低保补差标准，在原有基础上城市低保对象每人每月增加21元，城市低保补差标准达到每人每月185元；农村低保对象每人每月增加16元，人均月补差水平提高到91元。宝丰县城乡低保补差标准均高于省市确定的工作目标。继续实行动态管理。积极配合国家审计署对县城乡低保审计的同时，制定《关于进一步规范城市低保对象认定工作的实施方案》，完成城市低保对象的复查认定工作。共审核城市低保对象7921人，退保727人，新增836人。进一步规范农村低保认定条件，改进低保认定办法，严格坚持“四议两公开”制度，实行按季度有退有增，达到“应保尽保、应退则退”的工作目标，全年退出农村低保730人，纳入1086人，全县农村低保对象19735人。将

19233户19735人农村低保对象全部录入全国最低生活保障信息系统。协调电力部门为城乡低保对象和分散五保供养对象每月免收10度电费，为困难群众缓解了生活压力。

【救灾救济】 2012年，不断加大救助力度，认真做好救灾救济工作。落实自然灾害救助应急预案，做到灾情上报及时、核查准确。冬令春荒期间共下拨救灾款107.8万元，为困难群众发放面粉335吨，棉被1752条，棉衣1699套，救助困难灾民4532人。加大防灾宣传，提高减灾意识。5·2防灾减灾宣传周活动期间，协调县消防、科技（地震）、公安、卫生、教体、电业、安监、药监、国土资源等9个部门联合开展防灾减灾知识宣传，设立10个咨询台，制做宣传版面40块，悬挂横幅20条，发放宣传册1.5万本。临时救助档案实行一户一档管理，申请书、户籍证明、身份证等相关材料粘贴整齐，按审批时间先后顺序装订成册。建立临时救助档案信息资料电子查询台账，做到每户救助对象档案的实物信息与网络信息完全一致，救助对象的实物档案都能快速查询，实现了信息化网络管理。全年筹集临时救助资金50万元，救助临时出现生活困难的城乡家庭1327户，发放临时救助金56.6万元。爱心救助超市接收捐赠物品1800件，筹措资金25万元，发放爱心卡600张。

【五保供养】 2012年，县民政局完善供养服务功能，院民生活水平持续提高。严格申请审批程序，做好五保对象的审批工作。根据《农村五保供养工作条例》《河南省实施〈农村五保供养工作条例〉办法》，为确保符合农村五保条件的人员及时享受到五保供养待遇，乡镇民政所认真做好日常排查工作，每季度对五保对象变动情况进行一次调整，做到对自然减员的、条件已改变不再符合五保政策的人员予以核减，符合条件的人员及时纳入供养范围。全县五保供养对象达1649人，其中集中供养735人，分散供养914人，实现了“应保尽保”。提高五保对象供养标准。从1月份起，宝丰县集中供养标准提高到每人每年2860元，分散供养标准提高到每人每年1500元，全年发放五保供养款343.6万元。随着物价的上涨,建立与物价联动机制，发放临时物价补贴和春节补贴。做好与医疗救助制度的衔接，每年全额资助五保对象参加新型农村合作医疗，缓解分散供养五保对象的医疗困难。对因特殊原因出现临时生活困难的分散供养五保对象，通过发放临时救助金或“爱心救助卡”给予临时性救助，解决生活困难。规范敬老院管理工作，提升服务水平。敬老院全面推行“院长负责、民主管理”的运作机制，确保集中供养的五保对象留得住、住得好。各敬老院成立由院长、工作人员及院民代表三方组成的院务管理委员会，民主管理敬老院各项事务，建立健全院务公开、财务管理、安全管理、伙食管理等制度，明确工作人员岗位职责，定期公布敬老院收支情况，不定期进行财务审计，维护院民的合法权益。继续实行双月综合考评机制，对工作完成好、入住率高、管理规范的敬老院，实施以奖代补；对任务完成差、入住率低、管理不规范的敬老院，进行通报批评，限期整改。在强化敬老院规范化管理、不断提高服务水平、巩固45%集中供养率的基础上，进一步改善敬老院居住环境，提升敬老院院容院貌档次，着力打造多功能、综合型、人性化敬老院，做到院内配套设施科学化、规范化，老人住房统一化、标准化。对赵庄乡敬老院进行扩建；投入资金60万元，对其他敬老院进行改建；为城关镇、周主镇、大营镇3所敬老院院民住室配备液晶电视，达到宾馆化管理服务水平；对3所敬老院的房屋进行走廊封闭和粉刷，各敬老院院内整洁卫生，环境优美，医务室、休闲娱乐室、浴室、健身区、餐厅及室内配套设施俱全。全县有乡镇敬老院13所，其中省级文明示范敬老院1所，省级文明敬老院1所，市级文明敬老院2所。增强服务意识，帮扶分散供养对象。乡镇民政工作人员每月到分散供养五保对象家中走访1次，了解生活情况，及时解决他们的实际困难，分散供养五保对象基本生活得到了保障。

【医疗救助】 2012年，积极争取医疗救助资金，救助面不断扩大。共筹集城乡医疗救助金519万元。全年共救助患病困难群众7172人，累计发放医疗救助金321万元。扩大同步结算定点医院范围。自3月1日起，县困难群众在平顶山市第一人民医院和第二人民医院可直接结算医疗救助金，为受助者提供便利条件。可以直接结算医疗救助金的单位涉及市、县、乡三级医疗机构，达到18家。规范农村重大疾病儿童救助工作。对农村患先天性心脏病和白血病的0～14周岁儿童进行医疗救助。在省市定点医院治疗的费用，新农合报销70%后，民政部门再给予20%医疗救助。全年救助48人次，发放医疗救助金16.5万元。资助26612名城乡困难群众参加城镇居民医疗保险和新型农村合作医疗。

【社会福利】 2012年，宝丰县社会福利事业快速发展，规范孤儿管理，孤儿救助资金发放足额、及时。建立散居孤儿定期巡查制度，规范和完善了孤儿档案。启动全国儿童福利信息管理系统，把全县符合孤儿条件的622人全部录入儿童福利管理系统，孤儿基本生活费列入社会福利专项资金科目，专款专用，确保孤儿基本生活费及时足额发放到位。按照孤儿规定养育标准，共发放孤儿生活补助金241.2万元。同时把孤儿纳入城镇居民基本医疗保险、新型农村合作医疗、城乡医疗救助等制度的救助范围，全年共为335名孤儿办理新型农村合作医疗，为223名孤儿办理每人最高保额为10万元的爱心保险卡。社会福利中心建设进展顺利。社会福利中心于3月1日奠基开工，建筑面积2901.86平方米，总投资450万元，160张床位，主楼三层，配楼两层。完成全部基础建设部分，开始配套设施的建设和安装。对艾滋病人员和艾滋病致孤人员及时进行生活救助，共为全县73名艾滋病患者发放生活定量补助金4万元，对生活困难的艾滋病患者每人每年发放生活救助金2000元，把40名艾滋病患者及其家庭成员162人纳入城乡低保范围。全县共有艾滋病致孤儿童3人，单亲未成年人员7人，给予每人每年2400元救助，发放艾滋病救助金1.6万元。开展街头巡查救助活动。入冬后，救助站采取主动施救措施，到县城各个街道开展巡查救助城市无着落流浪乞讨人员，救助流浪乞讨人员522人，发放救助金5万元。县救助站获全市流浪乞讨人员救助管理站先进站称号，县民政局被市民政局评为全市社会福利工作先进单位称号。

【婚姻收养登记】 不断提升综合水平，婚姻登记实现信息共享。组织婚姻登记员参加省厅、市局组织的业务培训，提高婚姻登记员业务素质。在实际工作中组织婚姻登记员通过案例分析、互相探讨等形式开展学习活动，婚姻登记员熟悉掌握婚姻法律、法规以及相关政策，提高登记员依法办理婚姻登记的办事效率和服务质量。全年共办理结婚登记4904对，离婚登记668对，补发《结婚登记证》576对,出具无婚姻登记证明1500份。在原有制度的基础上修订岗位责任制度、印章管理和使用制度、证件管理制度、档案管理和保密、学习、政务公开、服务承诺、督促检查等规章制度。做好婚姻登记信息联网工作。6月，宝丰县婚姻登记系统顺利升级，实现婚姻登记信息全省联网。

【社会组织】 创新社会组织管理，率先开展评估认定。做好社会组织日常登记管理工作。全县新登记社会团体6家，民办非企业单位6家。社会组织数量96家，其中社会团体58家,民办非企业单位34家。全年应参加年检的社会组织81家，实际参加年检74家，参检合格率100%，依法对未参加年检的3家社会团体责令限期说明情况、4家社会组织予以注销登记。开展社会组织评估工作。3月，县民政局成立由县政府法制办、县委党校、会计师事务所、律师事务所和相关业务主管单位组成的评估领导小组和评估复核领导小组，并召开全县社会组织评估工作动员会议，制定下发评估标准细则。先期对行业类协会进行评估，宝丰县建筑业协会、宝丰县商业联盟、宝丰县百货食品经销商协会评估认定为4A级行业类协会，宝丰县农业科学技术研究会、宝丰县观音堂花椒协会、宝丰县文化市场行业管理协会、宝丰县民间演出团体行业管理协会、宝丰县养兔协会评估认定为3A级行业类协会。依靠社会组织文化、技术优势，组织马街说书研究会会员为敬老院进行慰问演出，摄影家协会为五保老人免费照相，利用电脑学校开展免费电脑知识培训，养兔协会、羊业养殖协会、高效农业推广协会、沼气产业协会、农业科学技术研究会、大学生村干部创业联合会等立足农村，面向广大农民，为群众送技术、送服务。

【区划地名及行政区域界线管理】 2012年，完成政区大典编纂，公共服务体系着力推进。依照《国家地名数据库管理系统录入与审核要求》，继续做好地名数据库数据更新与汇总上报工作，对全县数据录入的完整性、规范性、准确性进行审核及数据增补录工作，更新地名数据900条，录入的数据信息质量全部符合《国家地名数据库管理系统录入与审核要求》。完成《政区大典·宝丰篇》编纂信息的采集和初稿编纂任务以及省验终审稿上报工作。根据2012年边界线联检工作安排，完成卫宝线、宝鲁线、宝石线联合检查工作。县民政局获全省行政区域界线档案管理工作先进集体称号。

【福彩发行】 全年新增福彩销售站点2家。春节期间筹备做好“小卖场”销售及安全工作。县人代会、政协会议期间，筹办“福彩杯”文艺晚会。推广快开游戏，在福彩站点增加8台幸运武林快开游戏，新增银联多媒体终端机12台。

【福利企业】 2012年，全面落实福利企业的各项优惠政策，切实维护好福利企业残疾职工利益。对全县福利企业进行年检，年检合格率100%。深入全县福利企业进行摸底调查，对发现的问题提出整改意见，及时向有关部门反馈、帮助、协调解决。做好企业残疾职工的权益保障工作。充分了解残疾职工在工作、生活中遇到的问题、工资发放以及残疾职工上岗情况，督促企业按时缴纳“三金”，保障残疾职工的福利待遇。继续加大政策、法规的宣传和贯彻落实力度，引导企业法人和管理骨干带头学习和运用政策、依靠政策谋发展、求进步。全县共有福利企业7家，安置残疾职工382人。

【殡葬改革】 2012年，继续加大殡葬改革宣传力度。发放宣传单2万余份，张贴标语近万条，在全县营造浓厚的舆论氛围。对违法土葬行为进行纠正，开展土葬用品和封建迷信用品市场取缔活动，实现殡葬改革稳步推进，年火化率不断提高。先后被省民政厅授予河南省实施惠民殡葬政策先进单位和河南省群众满意的专项社会事务服务窗口单位称号。

【慈善总会】 2012年，宝丰县广泛传播慈善理念，搭建扶危济困救助平台。扩大慈善宣传，提高社会公信度，倡导人人参与慈善活动。开展助学、助医、助困活动。全年募集慈善资金30余万元，救助特困大学生12名，救助金额6.3万元；救助特困党员33名，发放救助资金3.3万元；救助困难儿童12名，救助金额4000元。开展《未成年人安全防御与自救》图书认捐活动，向全县中小学学生免费发放1000余册，价值1.2万元。加强乡镇慈善组织机构建设，各乡镇成立慈善工作站。开展慈善总会成立五周年庆祝活动，召开庆祝座谈会。《宝丰慈善简报》创刊。实施“多彩晚霞”慈善养老项目，救助贫困劳模、老复转军人、老党员等20名。

【老龄工作】 2012年，宝丰县创新农村养老模式，健全城乡养老服务体系，率先在全省建立农村老人互助家园。按照“村级主办、群众自愿、互助服务、政府支持”的指导思想，坚持“因地制宜、量力而行”的原则，以满足农村老年群体需求为重点，着力探索独居老人、空巢老人的养老新模式。采取“试点带动、分批实施、全面铺开”的工作方式建成并运行31个农村老人互助家园试点。6月，顺利通过省社会化养老示范县、社会化养老示范单位的验收。11月23日，在宝丰县召开全省农村养老服务工作现场会议，县农村老年互助家园这一新型农村养老模式在全省得到推广。11月，宝丰县被省民政厅授予2012年社会化养老示范县，赵庄乡大黄村、商酒务镇商酒务村被省民政厅授予2012年社会化养老示范单位称号。宝丰县在全市率先为高龄老人发放生活津贴。县政府下发《关于印发宝丰县高龄老人生活津贴发放方案》，在全县建立高龄老人生活津贴发放制度。通过对全县老年人的摸底排查，全县90岁以上的老人1300名，全部纳入高龄补贴范围，每月为每位高龄老人发放生活津贴100元。完成全县百岁老人摸底统计和审批上报工作，新增21人，全县百岁老人共43人，每月为每位百岁老人发放生活津贴200元。

老年大学按照“寓教于乐、学为结合、以学促为，以学促健、共创和谐”的方针，广泛进行社会宣传，吸引更多老年人参加学校的学习和活动。县老年大学注册学员570名。重阳节期间，组织120名学员到信阳观光，组织160名学员在中医院做健康检查，在老年大学举办老年书画展。成功举办宝丰县第二届十大孝星、十大敬老模范的评选活动。经过自下而上逐级推荐和座谈、评选，10月19日召开全县十大孝星、十大敬老模范表彰大会，县委办公室、县政府办公室对吴跃进、段春红等“十大孝星”和马豹子、郭建新等“十大敬老模范”进行了表彰。

【双拥工作】 2012年春节和建军节期间，县主要领导带领县直有关部门慰问了驻宝武警中队、消防大队，县人武部，平顶山市预备役、军分区和市消防支队、武警支队以及鲁山飞机场、洛阳军代处等单位。对全县病退军人、残疾军人、复员军人、军烈属、病故军人家属、参战人员进行慰问，发放慰问金和慰问品共15万余元。制定《宝丰县零散烈士纪念设施维护实施方案》，为散葬烈士纪念设施管理保护做好准备工作。清明节期间，县烈士陵园接待群众6000余人次接受爱国主义教育，祭扫活动规范有序，做到文明、安全祭扫。为全县双拥成员单位和乡镇订阅《中国双拥》杂志，宣传拥军事迹，营造拥军氛围。6月，在县武装部院内举行义务兵优待金集中发放仪式，提前发放义务兵优待金。农村义务兵家属优待金由3300元提高到6590元，城镇义务兵家属优待金确定为11400元。共为全县386名义务兵家属发放优待金350万元，补发2010年非农义务兵2012年优待金153.9万元。

【优抚工作】 全年为3250名优抚对象发放抚恤补助金1073.4万元。落实各项优抚医疗保障政策，实现“一站式”服务。投入资金16万元，为1557名残疾军人和其他重点优抚对象办理参保参合手续；门诊补助重点优抚对象579人，补助金额15.9万元；补助住院优抚对象1087人次，补助金额62.8万元。完成优抚对象迁入备案、提升等级、抚恤定补审批申报等工作。为9名迁入备案的残疾军人、5名提升等级的残疾军人办理审批申报手续；为25名带病还乡退役军人、4名参战退役军人申请定期定量补助办理审批申报手续。完成铀矿开采退役军人体检工作。配合省职业病防治研究院，组织全县128名铀矿开采退役军人参加体检。完成烈士子女认定工作。对全县满60岁农村和城镇无工作单位烈士子女的身份进行核查确认，将28名烈士子女纳入定期补助范围。建立优抚对象临时困难救助制度，制订《宝丰县优抚对象帮扶救助暂行办法》，帮扶优抚对象20余名，发放帮扶资金1.8万元。积极化解矛盾，做好复退军人信访工作。

【退伍安置】 2012年，共接收退役复员士官和义务兵213名，完成档案整理归类、造册登记工作，安置方案初步确定。

【军休服务】 2012年，宝丰县创新军休服务形式，认真落实军队离退休人员生活待遇和政治待遇，5月，组织军休人员集中到县中医院进行身体健康检查；通过举行庆“八一”座谈会，了解军休人员的各项需求；组织军休人员到开封参观学习，丰富其精神生活；接收1名军队退休四期士官，并为其办理城镇职工医疗保险；及时调整部队离退休干部的防暑降温费，并对军休拨付专项资金进行自查。

【基层政权】 2012年，完成村委会换届工作，对新一届村级组织成员进行岗前培训。指导乡镇做好村级组织新老班子交接工作及落选人员的思想工作。指导各村及时建立村级配套组织和各项规章制度，完善村级组织规范化管理，促进农村各项工作制度化、规范化、程序化。认真处理信访件，对群众提出的问题，耐心做好解释，把矛盾、问题及时化解。完善村民会议制度、村民代表会议制度、村民小组会议制度，推动“四个民主”协调发展，提高村民自治水平。着力抓好村务公开，积极完善民主管理制度。县委、县政府两办及时调整县农村村务公开民主管理领导小组,指导新一届村级组织做好村务公开工作，民主管理、民主决策、民主监督工作机制得到进一步完善。全县327个村（居）设置村务公开栏，规范公开程序，完善公开内容，明确公开时间，统一公开形式，村务公开制度得到落实，规范化率85%以上。完善村务监督委员会制度，健全村级组织权利行使的监督制约机制，切实维护农民群众的知情权、参与权、表达权和监督权，促进农村社会和谐稳定。8月，全省村务公开民主管理示范单位考核组对宝丰县创建村务公开民主管理示范单位情况进行考评验收，并给予高度评价。

【社区建设】 2012年，宝丰县社区建设以深化文明社区、园林社区、和谐社区建设创建为重点，在全县持续开展文明社区、园林社区、和谐社区创建活动，加快推进社会管理创新，不断完善社会公共服务体系，扩大社区服务范围，提高服务质量和水平。6月15日，县委、县政府两办下发《宝丰县城市社区基层组织换届选举工作实施方案》，成立2012年城市社区换届选举工作领导小组，认真开展城市社区换届选举工作。积极完善服务功能，持续推进农村社区建设。进一步贯彻《河南省民政厅关于加强农村社区服务中心（站）建设的指导意见》，继续开展“农村社区建设实验全覆盖”创建活动，指导乡镇以制度建设、公共服务设施建设和农村社区服务体系建设为重点，健全农村社区便于村民自治、社区公共服务、资源共享的农村社区服务功能。

（何金丰）

人民生活

【概况】 2012年，宝丰县始终坚持把保障和改善民生作为第一目标，让城乡群众共享改革发展成果。全年民生事业支出达到13.63亿元，占公共财政预算支出的70.09%。村村建互助家园、村村建林业生态村、村村通客运班车、村村修水泥路、村村建体育队、村村通有线电视、村村通自来水、村村装太阳能路灯、千户农民进城计划等民生工程进展顺利。对宝丰籍大学生考取硕士以上学历发放生活补助484.5万元，在全市率先为1363名90岁以上高龄老人发放生活津贴93.32万元，使全县人民群众的生活质量有了进一步提高。全县农民人均纯收入9009.7元，城镇居民人均可支配收入16226元。年末城镇居民每百户拥有彩电113台，冰箱86台，空调器109台，洗衣机101台，计算机74台，家用汽车18辆。每百户农民拥有彩电100台，冰箱78台，空调器42台，洗衣机100台，计算机11台，摩托车43辆，家用汽车7辆。

【城镇居民收入】 2012年，宝丰县城镇居民家庭总收入16972元，人均可支配收入16226元。其中，工资性收入11399元；经营净收入3418元；财产性收入326元；转移性收入1828元。

【城镇居民支出】 2012年，宝丰县城镇居民家庭总支出15200元。其中，消费性支出11332元，用于食品消费支出3529元，衣着消费支出1516.29元，家庭设备用品及服务消费支出725.47元，医疗保健消费支出1442.8元，交通和通信消费支出1439.3元，教育文化娱乐服务消费支出1565.8元，其他商品和服务消费支出294.4元；财产性支出76元；转移性支出2306元；社会保障性支出737元，其中人均缴纳养老基金121元，人均缴纳住房公积金502元，人均缴纳医疗基金102元，人均缴纳失业基金2元；购房与建房支出749元；借贷支出9448元。

【农民收入】 2012年，宝丰县农民全年总收入13837.4元，其中，工资性收入1877.26元，家庭经营收入11079.08元，财产收入36.2元，转移性收入844.87元。人均纯收入9009.7元，人均现金收入12096.87元。

【农民支出】 2012年，宝丰县农民人均总支出9171.52元。其中，家庭经营费用支出4497.28元；购置生产性固定资产支出78.92元；转移性支出200.41元；生活消费支出3802.34元，其中，食品消费支出1280.25元，衣着消费支出397.71元，居住消费支出844.01元，交通和通信消费支出495.93元，家庭设备用品消费支出327.95元，文化教育娱乐消费支出129.2元，医疗保健消费支出210.44元，其他商品和服务消费支出116.86元。

地方志书质量规定

（接338页）

第十八条 志书中同一名称、事实、数据、时间、度量衡、术语的表述，前后一致。

第十九条 内容记述不机械重复。交叉记述的事物，从不同的角度记述，或此详彼略，或用互见法。

第二十条 生不立传。在人物传、人物简介、人物表以外记述人物，以事系人、人随事出。记述人物准确、客观、公允。

第二十一条 人物传记述传主的生卒年月、籍贯（出生地）、主要经历、典型事迹、个性特征、社会评价等。人物简介略记人物履历及主要事迹，不面面俱到。人物表要素不缺。

第二十二条 图的制作规范，要素齐全，包括必要的图题、图例和注记。照片主题明确，图像清晰，注明时间、地点、事物、需要说明的人物的位置及时任职务等。

第六章 资料

第二十三条 资料真实、准确。资料经过鉴别、考证、核实，时间、地点、人物（单位）、事实、数据等准确。有歧义但不可或缺的资料，多说并存。

第二十四条 资料全面、系统。自然、政治、经济、文化、社会、人物等方面的资料齐全。反映事物发生、发展过程的资料连贯、系统。人、事、物，时间、地点、事件经过等要素齐备。

第二十五条 资料具有代表性、权威性。注重使用原始资料。

第七章 行文

第二十六条 使用规范的现代语体文记述，不用总结报告、新闻报道、文学作品、教科书、论文等写法。

第二十七条 行文严谨、朴实、简洁、流畅。除引文和特殊情况外，以第三人称记述，不用第一人称。

第二十八条 使用规范汉字，用词概念准确，符合现代汉语语法规范。使用口语、方言、土语、俗语适当；不滥用时态助词；慎用评价词语；不用模糊、空泛词句。时间、空间概念表述准确具体，指代明确。

第二十九条 无知识性和常识性错误。不乱改科学定律、理论概念、政治术语、历史典籍、名家名言的提法和内涵等。

第三十条 各种组织、机构、法律法规、文件、会议等专有名称使用全称。使用简称的，在适当地方括注于全称之后。简称概念准确规范，不产生歧义。

第三十一条 不同时期的国家、团体、机构、职务等名称，均用当时名称。历史朝代名称使用规范的通称，以新版《现代汉语词典》附录的中国历代纪元表为准。

第三十二条 今地名使用各级政府审定的标准地名。历史地名使用当时名称，括注志书下限时名称。涉及其他行政区域地名的，其行政隶属关系明确。

第三十三条 跨区域的山脉、河流、湖泊、水库、公路、铁路、航线、文物、名胜古迹、重大事件等，其名称和数据以国家有关部门公布的为准。

第三十四条 人物直书姓名，不冠褒贬词语，不在姓名后加身份词；必须说明身份的，首次出现时在姓名前冠以职务（职称）。

第三十五条 译名准确。外国国名和常见的地名、人名、党派、政府机构、报刊等译名，以新华通讯社译名为准。新华通讯社没有译名的，首次使用译名时括注外文全称。

第三十六条 生物、矿物名称，使用学名。记述自然资源涉及本地生物名称的，首次出现时采用二名法，括注本地俗名。

第三十七条 表格包括表序、表题、表体和必要的表注等。表题的时间、范围、主体内容和表格性质等要素齐全。全书表格样式、编号统一。

第三十八条 文中图统一编号。

第三十九条 统计数据的使用，符合国家统计法律、法规的有关规定，数据的定义、含义、统计口径和计算方法等清楚、准确，不错用、滥用。统计数据以国家统计部门公布的法定数据为准。统计部门没有统计的，采用业务主管部门的统计数据。

第四十条 注释符合学术规范，便于查找原文。注释形式全书统一。引文和重要资料注明出处。

第四十一条 数字、量和单位、标点符号的使用规范、统一，符合国家3有关规定。

第八章 出版

第四十二条 出版符合国家关于出版管理法律、法规及相关规定的要求。

第四十三条 民族自治地方用本民族语言文字出版的志书，符合国家关于民族语言文字出版物管理的规定。

第四十四条 出版制作以电子为介质的志书，符合国家关于电子出版物管理的规定。

第四十五条 印制符合国家关于印刷业管理、音像制品管理的规定。

第四十六条 出版格式规范，符合国家有关技术标准和规定，装祯美观、大方。分册出版的志书，整体设计统一，形成系列。封面书名采用印刷体，不用个人题签。

第四十七条 采用16开本（889×1194mm），文字横排。

第四十八条 编辑校对符合国家关于图书质量管理的规定。全书差错率不超过万分之一。

第九章 附则

第四十九条 各省（自治区、直辖市）地方志工作机构可根据本规定，结合本地实际，制定实施细则。

乡镇 林站 办事处

城关镇

【概况】 城关镇位于宝丰县境中部偏南，东接周庄镇，北连肖旗乡，西部和南部与杨庄镇接壤。2012年，全镇辖南关社区居委会、东街社区居委会、东中社区居委会、东关社区居委会、北街社区居委会、仓巷社区居委会、西街社区居委会、大寺社区居委会、友好社区居委会、群英社区居委会、民兴社区居委会11个社区居民委员会，7个自然村，分别为乔庄村、小冯庄村、北洼村、廖旗营村、教场村、阎庄村、寇庄村，62个居民小组。总面积11.25平方公里，耕地面积0.25万亩，常住人口5.8万人，户籍人口4.7万人。

【种植业】 2012年，农作物播种面积10215亩，其中，粮食作物面积5100亩，蔬菜面积5115亩。粮食产量1724吨，其中，夏粮883吨，秋粮841吨；蔬菜13004吨。农业土地流转情况为北街集中连片烟叶300亩，新建"开心农场"300亩，初具规模。

【林业】 2012年，全镇完成四旁植树2.23万株，完善农田林网建设3000亩，城区森林覆盖率35%，达到国家标准。

【畜牧业】 2012年，生猪存栏8593头，出栏10912头，能繁母猪382头；大牲畜存栏231头，出栏301头；羊存栏1279只，出栏1606只；禽存栏76145只，出栏70970只。蛋产量412吨，肉产量991吨，畜禽病防疫率100%。

【水利】 2012年，完成城关辖区内水利普查工作。新打深水机井22眼，可灌溉面积300亩，其中渠灌面积78亩，井灌面积72亩。

【农机】 2012年，全镇拥有农用运输车辆130辆，农机总动力4.1万千瓦，大型农机秸秆还田300亩。

【中小微企业】 2012年，全镇中小微企业总数336个，从业人员10134人，总产值315850万元，营业收入265733万元，利润总额34729万元，上缴税金21601万元，资产总额24325万元。其中，工业企业284个，从业人员5552人，总产值313197万元，营业收入263109万元，利润总额34307万元，上缴税金21559万元，资产总额240582万元。第三产业中小微企业42个，从业人员4522人，总产值1828万元，营业收入1828万元，利润总额287万元，上缴税金42万元，资产总额2512万元。主要产品有酒、耐火材料、精煤、涂料、面粉、饮料、机械制品等。

【个体经济】 2012年，全镇个体经营者3998户，营业收入160001万元，利润总额23493万元，上缴税金2991万元，从业人员13998人，资产总额26116万元。其中工业个体经营者600户，营业收入22132万元，利润总额3250万元，上缴税金434万元，从业人员4200人，资产总额3919万元。第三产业个体经营者3393户，营业收入130325万元，利润总额19136万元，上缴税金2557万元，从业人员9782人，资产总额22164万元。

【财税】 2012年，全镇财政收入9533万元，划拨村级转移支付资金41万元，发放种粮直接补贴43346.32元，综合直补349444.3元，家电下乡补贴205435.83元，摩托车补贴48797元。

【金融】 镇辖区宝丰县农村信用合作联社城关信用社位于县城人民路中段，有员工42人，下辖1个中心社、4个储蓄所。2012年度各项存款48565万元，各项贷款6395万元，年度累计发放贷款2283万元，累计收回贷款7095万元。

【教育】 2012年，全镇有小学3所，67个教学班，在校学生5900人，教职工265人。在职教师学历达标率100%，适龄儿童入学率100%。

【科技】 2012年，举办科技培训班2期，培训人员200人次。完善村级农技推广体系，建立农业科技示范户10户，示范带动100户，示范项目有良种、化肥、耕作技术等。

【文化】 2012年，城关镇投资30万元建镇综合文化站，建筑面积320平方米。镇机关文化中心有图书室2间，活动室2间，少儿游艺室1间。社区文化大院10家，其中达标5家。有健身器材40余台套。文化资源共享工程有投影仪5台，电脑4台。全镇有民间艺术团体14个，全年举行各类民间艺术活动90余场次。其中，东中、东关两支秧歌队90人，南关夕阳红腰鼓队60人，南关剧社戏曲演唱人员26人，北街秧歌队40人，西街舞蹈队20人，仓巷社区居委会阳光舞蹈队30人，东街社区盘鼓队40人，另有零散器乐演奏人员15人，书画爱好者10人。正月十二在县城人民路梦圆广场举办首届社区文艺大赛。2月在全县“张洛庄杯”门球赛中城关镇代表队获二等奖。5月在县第九套广播操比赛中城关镇获二等奖。7月镇政府承办城关镇戏迷演唱会。8月在梦圆广场举办为期5天的“消暑纳凉”戏曲演唱会。

【卫生】 辖区内有县人民医院、中医院、妇幼保健院、骨科医院，各社区居委会设有标准化村级卫生室。个体有证开业医生152人。2012年，全镇设立健康教育宣传栏4个，发放宣传资料1万余份，利用影像进万家，每季度入村播放1次，同时开展公共卫生健康教育咨询和知识讲座12次。儿童保健、新生儿访视率达100%。至年底，共建城乡居民健康档案17173份，免费体检17173人次。更新宣传栏12次，播放音像资料6次，开展健康教育咨询12次，知识讲座12次，受教育群众2400人次；新建预防接种证人数206人，预防接种18860剂次；登记传染病例数460例；及时报告突发公共卫生事件相关信息数30次；协助开展巡查次数340次。

【计划生育】 2012年，城关镇已婚育龄妇女总数9274人，人口出生率9.6‰，人口死亡率4.7‰，人口自然增长率4.8‰。综合节育率88.6%，独生子女领证率13.2%。

【司法】 2012年，全镇共受理各类纠纷58起，其中相邻纠纷20起，赡养纠纷10起，其他纠纷28起。举办各类普法教育学习班12期，各类普法讲座6期，群众受教育面70%以上。落实帮教措施、签订帮教合同，帮教率100%，衔接率100%，刑释解教人员一人一卷，归档率100%。

【民政】 2012年，全镇有五保户27人，优抚对象中享受抚恤定补78人，军烈属18人。发放城市低保金10476800元，农村低保金1032236元，五保集中供养金54340元，优抚抚恤金219842.5元；面粉2.5万公斤；救灾棉被150条，棉衣100件；帮扶305户自主创业脱贫致富。

【人民生活】 2012年，全镇居民人均纯收入11502元。新农合参合户3341户，11027人参加新型农村合作医疗，参合率99.92%，参合金额551350元。全镇农业人口10617人。其中60岁以上老人1517人，参加新农保1341人；16~59岁应参保人数7336人，实参保7154人，总参保率97.5%。城镇居民养老保险参保人数980人，参保金额231000元。城镇居民养老保险60岁以上老人499人，每人每月领取养老金60元。（岳录巧）

周庄镇

【概况】 周庄镇位于宝丰县境东部，乡政府所在地距县城4公里。南与平顶山市新城区毗连，东与闹店镇接壤，北临石桥镇，东西长8公里，南北宽7公里，辖区总面积56平方公里，辖1个居民社区、24个行政村，62个自然村，183个村民组，总人口3.5万人。境内为丘陵与平原相间地形，耕地面积56310亩。境内交通便利，省道豫02线、南石线及宁洛、郑尧两条高速穿境而过，并设有上下口，漯宝铁路从镇区南部经过，连接焦柳、京广两大铁路干线，在余官营设有车站。境内矿产资源丰富，煤炭、石灰石等储量颇丰。有国营平煤集团香山矿及小煤矿4座，已探明的凤凰岭地下优质煤田储量可观，有石料建材加工场5家。2012年先后获河南省国土绿化模范乡（镇）、市级文明村镇、先进基层党组织、发展县域经济和非公有制经济20强乡（镇）、平顶山市综合实力20强乡

(镇)和平顶山市农田水利基本建设先进乡镇等称号。创建工作受到县委、县政府通令嘉奖。

【种植业】 2012年，全镇4.3万亩耕地实现主要农作物粮种全覆盖，全年粮食总产量28788吨，同比增长10.1%。农业产业结构调整效果明显,形成了烟叶、林果、蔬菜三大主导产业。全镇累计流转土地5000亩,种植烟叶2750亩,收购烟叶43.8万公斤,实现烟税186万元,完成2013年烟叶预留面积4000余亩。蔬菜种植面积稳定在2000亩。

【林业】 周庄镇以创建生态文明镇为契机，筹集资金100万元完成四旁植树18.7万株,完善林网3.4万亩,新建林网1.6万亩。对全镇157条全长125公里路、沟、河、渠全面进行补植补栽,存活率95%以上。完成大面积造林4330亩,林业育苗1023亩,提高了林木覆盖率。配合全市创森工作,组织镇村干部对宁洛高速余东村、牛庄村段两侧绿化带进行补植补造，有效提高了乡镇绿化覆盖率,推进了城乡绿化事业和生态文明建设。

【农业产业化】 至2012年,周庄镇相继建成八里营、崔庄、陆庄、东黄等食用菌种植专业村,林营、耿庄、南王等林果种植专业村,何庄、陆庄苗圃育苗专业村,辛庄、丁楼等露地及大棚蔬菜种植专业村,王子孟、周庄、林营、耿庄等烟叶种植专业村,何庄、王子孟蛋鸡养殖专业村,林营、陈营生猪养殖专业村,牛庄、南王等石料加工专业村,以及余官营木器加工专业村。基本形成“一村一业”“一村多业”或“多村一业”的产业发展大格局。畜牧养殖、食用菌种植、大棚及蔬菜种植、林果种植、烟叶种植、农副产品加工等六大主导产业。食用菌种植发展到1000万袋,新组建的周庄镇食用菌开发总公司通过网上发布信息，大批木耳远销新疆、四川、湖北、安徽等地。

【交通】 2012年,各村积极争取上级项目资金,先后有皮庄、刘湾、林营、余东、余西等村新建通村公路累计7.4公里,西黄、何庄、辛庄、马旗营等村硬化巷道累计11.8公里，配套下水道累计7300余米。

【招商引资】 2012年,周庄镇党委、政府牢固树立“工业富镇”的发展理念,充分发挥临近县城的区位优势，狠抓招商引资工作，大力发展第二、三产业,着力建设实力财政,工业及现代服务业的主体地位日益突出,镇域经济结构不断优化,综合实力不断提升。先后有洁石建材、八骏棉纺等58家大中型企业和良基王朝、玉带丽景、佳田紫金园、阳光家园、大驰首府等众多房地产企业落户周庄镇。引进浙江临亚集团王子孟新型农村社区建设项目、福建恒丰贸易公司涉煤项目、天润农业科技发展有限公司2000亩土地流转项目和宝丰县农机产业园项目、韩国CT&T公司电动车项目等一批有实力的国际国内知名品牌。王子孟新型农村社区建设项目由浙江临亚集团投资承建,2012年12月30日开工;涉煤项目由福建恒丰贸易公司投资,启动香山矿的1个附属厂;天润农业科技发展有限公司计划在林营村流转土地2000亩,建成一个1000亩的优质小麦基地和一个集林果、观光、水产养殖为一体的高端农业观光园区,公司已与110户农户签订了协议，流转土地450亩,一期面粉厂即将完工,水产养殖项目资金已到位；电动车项目由韩国CT&T公司、北京东研集团、亚太信合投资有限公司、北京哲宇策划咨询投资公司4家单位合作,投资50亿元在县境建一个年产10万辆不同种类电动车的大型企业。

【工业】 全年共完成国内生产总值278616万元,同比增长16.8%。其中,第一产业增加值完成15624万元,同比增长5.5%;第二产业增加值完成178706万元,同比增长10.1%;第三产业增加值完成84286万元,同比增长37.6%。第二、三产业增加值占GDP比重94.8%。

【教育】 2012年,全镇享受“两免”学生2952人,享受“一补”学生462人。补助贫困寄宿生生活费41万元,免除书费31.5万元,学校基础条件进一步改善,无发生校园安全事故。镇中心幼儿园建成并投入使用,工程总投资486万元,共3级12班,可容纳360名幼儿。

【科技】 2012年,周庄镇大力实施科技入户工程,围绕科学施肥、优质高产良种推广应用、高产高效种植模式推广、无公害农产品生产方式推广等项目，实行测土配方施肥并大力开展农业科技培训。举办培训班26期,培训农民6000余人。

实施农业科技示范户带动工程，对全镇120户科技示范户进行重点培训和扶持,为扩大土地流转，适度规模经营奠定人才基础。

【文化】 实施基础文化设施覆盖工程,23个村完成信息共享工程,建成镇文化站及15个村级文化大院，各种民间演艺团体人员4000余人,25个行政村建有农家书屋，村村通有线电视工程实现全覆盖。农村电影放映工程坚持每村每月一场电影。

【卫生】 完善公共卫生服务体系，全镇各行政村卫生室按照“六统一、两独立”的要求,纳入乡村卫生服务一体化管理，实现了县乡村三级优质资源共享。2012年4月,对全镇65岁以上城乡居民进行健康检查。全镇共参合农户8902户,34640人,参合率99.4%。完成2013年新农合筹资工作,全镇共参合34795人。城镇居民医疗保险参保269人,参保资金11150元。

【民政】 2012年,为贫困户发放救济面粉28吨,棉被80条,棉衣70件,发放救济款4.5万元;全镇有1631人享受农村低保，累计下发低保金178.02万元；城镇低保对象292人，发放低保金65.58万元;大病救助50人,救助资金7.68万元;五保户供养人数143人，发放供养费18万元;临时救助84人,救助金额1.46万元。

【计划生育】 2012年,继续深化人口和计划生育综合改革，认真开展生殖健康进家庭春季集中服务活动,对育龄妇女实行有奖康检。全镇计划生育率96.5%,人口自然增长率4.1‰。

【信访】 借助“三联三帮”平台,认真开展矛盾纠纷排查化解工作,协调各方面力量、利用各种渠道和手段化解信访积案。2012年,共排查不稳定因素52起,168人次;接待群众来访42起,205人次;上级交办案件23件,已结22件,1起正在调查处理;自立案件3起,已按期结案,结案率、满意率100%;“三联三帮”信访案件23起，已报结20起。

【人民生活】 全年发放种粮直补、综合补贴金额共453万元,发放良种补贴金额83万元。办理汽车、摩托车下乡产品148辆，发放补贴金额10余万元。农民人均纯收入9049元，同比增长16.8%;城镇化率49.6%,全镇组织劳务输出720人次。

【新农村和小城镇建设】 2012年,周庄镇相继启动周庄、陆庄、王子孟3个中心村建设。陆庄中心村已建成新民居102套，周庄中心村建成新民居108套。聘请南京博来城市规划设计研究有限公司为王子孟中心村进行设计，规划利用县污水处理厂处理后的水源把社区打造成为具有江南水乡风格、环境优美、设施齐全的新型农村社区。小城镇建设在省级卫生镇的基础上，继续加大投资力度完善基础设施。投资100余万元对镇区两条向南街道扩宽硬化、铺油升级。筹资20余万元修建下水道800余米，镇区所有主街道排污渠道实现贯通。

【民生保障】 2012年,筹集资金45万元,在汛期到来之前,完成涉及西黄、林营、孙庄、耿庄4个行政村全长3100米的燕子河清淤工程;对全镇100名90岁以上老人,3名100岁以上老人落实高龄补贴;首批确定的东黄、皮庄、中和寨3个互助家园试点村全部建成;完成全镇51户危房改造工程;15个行政村完成体育健身设施工程；余西和崔庄两个村完成通自来水工程；刘湾、丁楼、何庄和东王4个村完成村村通路灯工程，安装路灯82盏;上河村、周庄村分别创建为县级和省级生态村。 （高军民）

闹店镇

【概况】 闹店镇位于宝丰县城东13公里,北连郏县,南靠平顶山市新华区,东临李庄乡,西连周庄镇,距平顶山市区14公里,南石公路自西向东穿越镇境,平郏公路贯通南北,石香公路纵贯腹地,交通便利。全镇东西宽7.2公里,南北长9.4公里，总面积61.5平方公里，耕地面积5.6万亩。2012年，辖24个行政村,56个自然村,228个村民小组,总人口4.1万人。境内有省级重点文物保护单位香山大普门禅寺,历经宋、金、元、明、清多次修复，香火未断。境内初步探明煤田储量近亿吨,面积24平方公里,属B组优质主焦煤,被县政府列为重点开采区。闹店镇地下水资源丰富,全镇已探出自喷泉10余处。

【种植业】 2012年,全镇粮食作物种植面积68775亩,总产量25919吨。其中,夏粮种植面积33135亩,产量15000吨;秋粮种植面积35640亩,产量10919吨。油料作物种植面积7000亩,产量3500吨;烟叶种植面积2030亩;蔬菜种植面积7500亩;小麦高产示范田2780亩。

【林业】 2012年,闹店镇完善通道绿化21公里,乡村道路绿化163公里,四旁植树22万棵,大面积造林4500亩,完善农田林网46650亩。其中军营村林果基地完成土地流转2500亩,共栽种黄梨、甜柿、核桃等果树12万棵。

【畜牧业】 闹店镇畜牧业以饲养猪、牛、羊、鸡为主。2012年,大牲畜存栏12996头,生猪存栏49336头,家禽存栏19万只。新建养殖场2个。全年统计能繁母猪98头,按国家政策给养殖户每头补贴100元。闹店镇以动物区域防检中心站为主,做好动物疫病防控,全年无重大疫情发生。

【水利】 全镇可灌溉面积4.2万亩。2012年,利用国家土地整理项目,新打机井300眼。向水利部门争取项目资金1700万元修建闹店水厂,已完成选址和规划。项目建成后可供闹店、军营、西牛等11个行政村,2万群众安全饮用。镇党委政府组建以民兵预备役人员为主的抗旱突击队,无偿帮助因无劳力或资金缺乏不能及时抗旱的群众浇地,全年共帮助群众浇地1800亩。

【乡镇企业】 2012年,全镇有乡镇企业2069个,从业人员7200人。招商选资完成12.55亿元,新建项目9个,续建项目4个。

【交通】 2012年,利用国家土地整理项目,全镇新修村级公路40公里,投入资金1200万元。

【商业】 2012年,全镇有商业企业147个,其中专业合作社18个。个体有证商户2615户,从业人员6090人。

【财税】 2012年,全镇完成国内生产总值57635万元,完成税收860万元。

【教育】 2012年,闹店镇有幼儿园18所,在园幼儿1875人;小学9所,在校生1802人;初中1所,在校生1123人。有体育场10处,配备有各种健身器材及设施。

【科技】 2012年,闹店镇邀请市农广校讲师举办科技培训班2期,免费培训农牧业科技知识,培训人员1560人次。为全镇38户科技示范户开通远程科技教育网络。

【文化】 2012年,实施基础设施文化覆盖工程,24个村完成信息共享工程。全镇有文化站1个,农家书屋24个,文化大院24个。有各种民间表演团队32个,人数1020人。继续实施广播电视村村通工程,24个村接通有线电视网络,入户785户,农村电影工程坚持每村每月放映一场电影。

【卫生】 全镇有卫生院1所、医疗诊所75个,其中新农合门诊54个。2012年,全镇建成标准化村级卫生室24个。参加新农合人数38785人,参合率100%,全年门诊补助人数7813人,报销金额18.36万元。城镇居民医疗保险参保285人。

【计划生育】 2012年,闹店镇育龄妇女8322人,政策生育率95.9%,人口出生率10.33‰,人口自然增长率4.87‰。

【民政】 2012年,闹店镇享受农村低保1702人,发放低保金20.4万元。城市低保68人,发放低保金16.3万元。五保供养人数126人,发放供养费27.3万元。为贫困户发放救济面粉24吨,棉被100条,棉衣130套,发放救济款8.5万元。实施农村危房改造工程,惠及困难群众128户,发放补助金额100.4万元。

【人民生活】 2012年,全镇人均纯收入7689元。发放种粮直补、综合补贴494万元;完成良种补贴工作,发放补贴金额910160元。全镇有电视机1.25万台,电冰箱8300台,新增电动车560辆,新增汽车429辆。

【新农村建设】 2012年,闹店、刘集、贾寨、李官营4个中心村开展新型居民社区建设,共建成新民居301套。在闹店村东北角新建农贸市场1座,已投入使用。

【闹店镇军营村林果基地】 军营村位于闹店镇政府西北方,辖后桥、军营2个自然村。全村有7个村民组,总人口1198人,其中党员34人。耕地面积2200亩,多为丘陵瘠薄地。因为土质差,田间又无机井灌溉，昭平台水库放水也仅能辐射五分之一耕地。赵金柱任该村支部书记后，于2012年第一期流转土地1000亩，种植核桃400亩、葡萄200亩、桃树100亩、杏树50亩，枣树、石榴树、猕猴桃树等100亩。后又流转土地1500亩，除果树外，种植粮食等其他经济作物，进行高效农业开发。同时，在低洼处建垂钓园，在荒坡地建洗浴中心。成立军营村农业专业合作社，与河南果林课题研究组签订协议，由其提供树苗和技术指导、管理经营。2012年夏，仅果林间套种西瓜、甜瓜两项，就收入46万元，纯利润30万元。军营村林果基地已成为闹店镇大香山现代农业示范园的龙头企业。

（杜延辉）

李庄乡

【概况】 李庄乡位于宝丰县境东部，东接郏县李口镇，南与平顶山市新华区相连，北连郏县姚庄回族乡，西临闹店镇。境内省道南石公路横贯东西。父城遗址依龙山脚下，白雀古寺邻运粮河畔，观音文化源远流长，冯异故里名扬神州，翟集陈醋香飘万里。地势南高北低，山岭颇多，南部有龙山、擂鼓台、落凫山等山脉，其中擂鼓台海拔506米，为宝丰县东部最高点。境内水源丰富，河流主要有清河、泥河、运粮河、谨水河，沿运粮河有大小水库8座。2012年，辖24个行政村，2个居委会，79个自然村，168个村民组，总人口3.1万人，总面积40.9平方公里。

【种植业】 2012年，全乡粮食作物种植面积3.9万亩，产量11449吨。其中夏粮播种面积2.1万亩，产量6731吨；秋粮播种面积1.8万亩，产量4718吨。油料作物种植面积17520亩，产量5725吨。蔬菜种植面积2100亩，产量7787吨。

【烟叶生产】 2012年，通过充分宣传发动，利用县政府烟叶种植优惠政策，有效调动烟农积极性，全乡种植烟叶面积1020亩，收购量15.4万公斤，投放金额352.1万元。

【林业】 2012年，全乡完成大面积造林2500亩，中幼林抚育1400亩，低质低效林改造800亩，四旁植树9.9万棵，建成杨庄、马楼2个生态村。

【畜牧业】 2012年，大力扶持发展畜牧养殖业，建标准化养殖园区2个，其中南牛村新建养殖园区1个，徐庄村新建刘天佑生猪规模养殖场1座。大牲畜存栏0.68万头，生猪存栏1.56万头，山绵羊存栏1.3万只，家禽存栏25万只，肉类总产量2762吨，同比增长9%。乡畜牧站和各村防疫员突出抓好畜产品质量安全和重大动物疫病防控工作，各种疾病免疫密度均达到100%，全乡无动物疫情发生。

【水利】 2012年，协调建设万人安全饮水项目，项目总投资846万元，惠及11个村。完成水厂建设以及管道铺设入户工作，已全面通水，真正让群众吃上安全健康饮用水。投资70万元完成新寨、姬家、龙池、杨树沟等村280座水窖建设。通过群众筹资筹劳，投入资金125万元，在新寨村实施“村村通自来水”项目，新打210米深井1眼，新建二级提灌站2座。解决了南部山区2600口人的吃水问题，扩大耕地有效灌溉面积2500亩。

【乡镇企业】 2012年，全乡完成非公有制经济总产值40亿元，工业总产值34.5亿元，营业收入33.8亿元，增加值9.5亿元，工业增加值8.2亿元，全乡开工新上或技改投资在100万元以上的项目10个，完成总投资1.46亿元。

【交通】 2012年，全乡有客运汽车20辆，货运汽车211辆，小型拖拉机1355辆，货运三轮车260辆，摩托车2330辆。

【邮政】 乡邮电所有办公室2间，营业室2间，全年接收投递邮送业务13475起。

【财税】 2012年，全乡财政收入完成1290万元，GDP达到11.38亿元，完成固定资产投资11.89亿元。

【商业】 2012年，全乡有企业216个，从业人员3831人，全年总收入290379万元；个体有证商户1848户，从业人员4105人，全年总收入79755万元。

【教育】 2012年，全乡有中学1所，小学11所，其中公立8所，私立3所。在校学生2000余人，适龄儿童入学率100%，全乡有在职教师170人。

【科技】 2012年，开展科普下乡活动2次，向群众宣传教育面达90%。举办农村实用技术培训班4期,培训种植、养殖大户及农民群众400余人次。

【文化】 李庄乡深厚的文化底蕴得到发掘弘扬,白雀古寺、妙善宝塔、古父城遗址和程庄刘家大院、程家大院等历史遗迹恢复再现,创造了无价的文化旅游资源，被文化部命名为“观音文化之乡”。

【卫生】 2012年，全乡新农合参合人数25211人,参合率99.53%。为916名非农居民办理城镇医疗保险。在日常管理中,乡政府向卫生院派驻合管员,监督配合卫生部门按照程序,开展新农合报销及公示等工作。开展公共卫生防治工作,加强对卫生常识的宣传，严格管理私立幼儿园等重点公共场所的卫生防治，遏制了传染病在乡境的传播。

【计划生育】 2012年,全乡人口自然增长率3.9‰。圆满完成全年人口计划,顺利通过上级检查验收,实现了控制人口增长、提高人口素质的目标,被市委、市政府授予全市人口和计划生育工作先进单位称号。

【司法】 2012年,利用学校、物交会、马街书会等场地,开展普法教育10余场,受教育人员千余人次。

【民政】 2012年,新增农村五保供养人员13人,全乡五保供养人员达到128人,农村低保人数1104人。

【小城镇建设】 2012年,李庄乡不断加大基础设施投入,完善配套功能。对乡区“两纵两横”四条道路进行提档升级改造，顺利通过省级卫生乡镇、市级文明乡镇检查验收。为进一步巩固创建成果,完善配套功能,投入资金80余万元,对南石线李庄段3公里道路两侧绿化带进行补植补栽;对入乡口向西500米南石线两侧修建了慢车道;对南石线至闪庄路口的桥涵进行加宽修建；对乡政府东侧的大坝进行拓宽修建,道路两侧铺设彩砖,安装了路灯和健身器材;建成一条1500米长的绿茵景观长廊;农贸市场投入使用。

【新农村建设】 由于受古父城遗址保护、中平能化地下采煤造成塌陷和姚电公司排灰排水危及库区周边及下游安全三大因素制约，李庄乡新农村建设进程较为缓慢。为确保新农村建设进度,跳出三大“瓶颈”制约,李庄乡把全乡7个中心村合并为5个,沿南石线规划父城、龙山、翟集3个万人社区。翟集社区翟集中心村建成新民居20套,并按照历史文化名村正在规划设计新的社区;父城社区李庄中心村建成新民居99套;父城社区杨庄中心村在李庄村北部协调用地48亩,第一期开工建设3栋78套单元式新民居;龙山社区南牛中心村在马楼村北部协调用地80亩,第一期开工建设的50套庭院式新民居正在施工。乡中心幼儿园正在建设之中。

【土地综合整理项目】 2012年土地整理项目涉及全乡17个行政村，平整田间道路路基13600米,新打机井31眼,土地平整完成土方量15万立方米,开挖农沟860米。

【姚电公司程寨沟灰场安全隐患处置工作】 2012年，李庄乡调整成立由乡党委书记任政委、乡长任指挥长的程寨沟地区安全、污染、稳定等问题协调处置工作指挥部，主要负责处理一切应急处置工作。乡巡逻观测小组在灰场周边居民区域24小时进行安全值班巡逻。乡应急救援队人员分包到户，负责严重安全隐患区域内住户实施紧急疏散撤离。6月1日在程寨沟灰坝进行山洪灾害应急疏散救援演练,市、县领导亲临现场观摩,并给予高度评价，进一步提升了当地群众的应急避险能力,确保程寨沟地区的安全度汛。

（张国良）

杨庄镇

【概况】 杨庄镇位于宝丰县境南部,与县城相连，镇政府所在地距平顶山新城区15公里。2012年，辖19个行政村、7个社区居委会,57个自然村,158个村民小组。19个行政村分别为柳沟营村、东彭庄村、仝岭村、石洼村、小店村、马北村、马南村、薛潭村、白水营村、胡庄村、大温庄村、李庄村、西彭庄村、朱庄村、堂洼村、石灰窑村、崔庄村、马山根村、宋湾村;7个社区居委会分别为姜湾社区居委会、范庄社区居委会、姬袁庄社区居委会、王铁庄社区居委会、杨庄社区居委会、和平社区居委会、永安社区居委会。总人口54789人(其中城区人口12546人,农业人口42243人),耕地面积55050亩,总面积62平方公里。境内山河相间,水源充沛,土质肥沃,贮含青石、黑石膏等20余种矿产资源。人均粮食产量345公斤,同比增长5%;农民人均纯收入9574元,增长25%。

【种植业】 2012年,农作物播种面积77355亩,粮食作物播种面积57585亩,粮食总产量16270吨。农作物以小麦、玉米、大豆、花生、油菜为主。大力发展无公害蔬菜种植,在白水营、薛潭培育4个油桃、红叶石楠苗圃,建立3个百亩优质高产粮食作物基地,在宋湾、马山根两个移民新村发展露地蔬菜600亩,亩均纯利润3000元。

【林业】 全面推进"林业生态县"创建,共完成大面积造林2280亩,其中50亩以上4处,100亩以上5处。四旁植树11.4万株,林业育苗230亩,在郑尧高速两侧补栽桐树、大叶女贞2000余棵。申报白水营、石灰窑、马北3个生态村。搞好退耕还林验收工作,完成郑尧高速、豫02线、平宝林带路验收工作。

【畜牧业】 2012年,培植壮大宝丰金岭牧业万头猪厂、移民新村规模猪场,建立崔庄江海养殖、白水营肉羊示范园3座。做好能繁母猪补贴和牲畜检疫监管工作,建成标准化人工授精站点2个,成立养殖协会2个。全镇生猪存栏4.9万头,牛存栏0.93万头(其中奶牛存栏0.153万头),山、绵羊存栏0.92万只,家禽存栏39.2万只。畜牧业产值占农业总产值的52%以上。

【水利】 2012年,全镇新打机井6眼,开挖池塘10余个,整修六七支渠6000余米。完成堂洼、高庄等3个村的"村村通饮水工程"建设。

【工业】 全年地区生产总值完成255960万元,同比增长25%。其中第一产业完成10485万元,同比增长5%;第二产业完成152112万元,同比增长40.4%;第三产业完成93363万元,同比增长8%;二、三产业占GDP比重达95.9%。千万元以上固定资产投资项目17个,其中亿元以上项目15个,完成投资35.8亿元,同比增长35.1%,人均固定资产投资82141元;招商引资项目11个,完成投资35.5亿元,同比增长56%,完成年计划的253.6%;规模以上工业企业10家,完成产值517903万元,同比增长189.6%,人均增加值完成37870元,同比增长114%;非公有制经济企业总产值完成71亿元,同比增长65%;税收完成1.6亿元,同比增长114%,完成年计划的168%。

【产业集聚区建设】 杨庄镇千方百计做好群众思想工作和征地拆迁工作,配合县产业集聚区管委会做好"四规一评"等各项规划和"三通一平"等基础设施建设,为园区招商和企业做大做强营造良好的外部环境。累计为县产业集聚区征地1万余亩,先后确保产业集聚区入驻项目78个,其中,恒基伟业、亿盛光伏、旭原不锈钢、大香山物流、恒瑞新材料、法国依视路、浙江电气等亿元以上项目36个。2012年集中开工16个,总投资90.1亿元,累计完成固定资产投资99.3亿元,其中基础设施投资11亿元,建成"四横两纵"路网及配套水、电、气、污水处理及绿化、亮化工程,实现与高速公路、省级干道、县城连接道路的对接,为县产业集聚区成功晋升为省级高新技术产业开发区做出了贡献。同时,做好县西部工业园区的征地拆迁和矿山开采等工作。

【城镇创建】 2012年,整合组建一支50名专业环卫队伍,在大市场新建20余平方米的水冲式公厕,硬化道路近300米,整修下水道150米,安装路灯50余盏。加强农村改厕的技术指导和普及,改厕合格率100%;城镇化率完成58.4%,增长5个百分点。实现镇区街道及姜湾、王铁庄、石洼等5个村主街通灯亮化建设,西彭庄、堂洼、胡庄等村完成规划。

【新农合、新农保】 2012年,全镇新型农村合作医疗参保39881人,金额119.28万元;新农保参保24768人,金额208.69万元;办理城镇医疗保险1311人,金额57630元。

【教育】 2012年,全镇有中小学14所,其中中学2所,教师186人,学生1600人;中学教学楼3座,实验楼1座,住宿楼4座,办公楼1座,学生餐厅2座,各种实验仪器价值20余万元。小学12所,教师210人,学生2900人。适龄儿童入学率

100%。小学教学楼12座,成人学校1所。争取上级结余资金50余万元,在马街小学、镇一中、镇二中等9个学校硬化操场和道路,绿化校园、建多媒体室、改造学生住宿用床和食堂等;投资70万元,开工建设镇二中2层厕所1座;投资97万元,建设西彭庄小学教学楼1栋,面积1100平方米;投资460余万元建成建筑面积3600平方米的镇中心幼儿园。

【科技】 2012年,举办各类养殖培训班8次,培训人员2100人次。培训农民工750人,输送就业450人,劳动力转移1068人,办理就业失业证114份,办理创业贷款416万元,援助就业困难人员96人。

【文化】 投入500万元的马街书会景观建设工程曲艺雕塑、书状元雕塑、应河景观带项目开放。做好曲艺休闲小镇建设的各项规划设计和土地征迁工作。完成县演艺中心文笔山区域的规划性建设、地表清点。完成白水营、杨庄等8个村的文化室和健身场地硬化建设。新建农家书屋17个。

【卫生】 2012年,杨庄镇卫生院占地面积5936平方米,建筑面积4000平方米,固定资产452万元,拥有门诊楼、综合病房楼各1座,病房43间,开放床位115张。职工62人,本科学历5人,大专以上学历25人,中专以上卫生技术人员35人。开展医疗科室10个,医技及职能科室12个,全镇村级卫生室24个。投资1200万元,完成建筑面积6760平方米的杨庄镇卫生院病房大楼。

【计划生育】 2012年,杨庄镇出生614人,死亡363人,政策生育率95%,综合节育率90%,人口自然增长率4.5‰。投入资金开展计生村室达标评比建设,实现计生村室标准化、完备化,服务设施齐全。继续开展一系列生殖健康优质服务活动。

【民政】 2012年,全镇发放救济款49910元,救助困难户216户,城乡医疗救助65818元,发放优抚医疗补助13224元,优抚款58.02万元,义务兵、伤残军人补助11.01万元,农村低保93.5万元,城市低保141.5万元,五保供应款25.25万元。完成白水营、柳沟营等3个村互助家园建设。

【人民生活】 2012年,全镇农民人均纯收入9574元。完成家电补贴121台,金额4.5万元;汽车、摩托车补贴259辆,金额17.82万元;兑现粮食直补和农资直补资金305.178万元,涉及农户9487户;发放玉米、小麦粮种补贴62.48万元。

【新型农村社区建设】 在王铁庄村高庄自然村以东建设移民安置小区1个(河宾小区),已完成楼房主体建设;在文笔山以南的仝岭与石洼村之间规划建设可容纳1200户的新型社区1个,已完成规划设计。

【重点工程】 2012年,东湖公园工程完成土地征迁、补偿款发放和土石方开挖工作;人民路西延工程已做好规划设计,涉及拆迁群众113户;平西火车站广场拆迁改造工程总建设用地489亩,共涉及拆迁群众497户,铁路部门及县直机构单位12个,完成拆迁或签订拆迁协议354户;南水北调工程杨庄镇境内沿线6.5公里在马北、小店、李庄、大温庄、杨庄、石灰窑、王铁庄、崔庄等8个行政村涉及永久占地1318亩、临时占地1714亩,土地补偿款和附属物补偿款7000余万元,拆除民房174户;完成王铁庄、石灰窑、李庄、大温庄4个后靠安置点,8条主干渠桥绕行路,32眼农田灌溉井的建设,1.5公里长的焦柳铁路的平移,焦柳铁路穿越等控制性工程的14个取土场、堆土场、弃渣场和15条总长5.8公里的连接路的征迁,以及平顶山市新城区、石龙区、宝丰县城等3个引水口及管道工程建设。

(李东亚)

张八桥镇

【概况】 张八桥镇位于宝丰县境西南部,东接杨庄镇,南接鲁山县梁洼镇,西连平顶山市石龙区,西北邻大营镇,北交商酒务镇,东北毗连肖旗乡。总面积76.22平方公里,耕地面积43740亩。2012年,下辖28个行政村,71个自然村,139个村民组,总户数8996户,人口34913人。境内矿产资源丰富,主要有优质煤、铝矾土、铁矿石、石灰石、紫砂陶土等矿藏10余种,其中铝矾土品位较高,石灰石储量大、纯度高。交通便捷,平韩铁路横跨东西，焦柳铁路贯穿南北。省道S329(南石线)穿境而过，县道商杨线横贯镇区南北，宝石线纵贯东西。28个行政村全部实现村村通水泥路，宝丰县西部工业园区位于镇东部。

【种植业】 全镇主要以玉米和小麦种植为主，2012年，借助土地整理项目，沿北部红土岭整理开发土地2000亩。在此基础上，流转土地3000亩，种植烟叶1500亩，在姚店铺村建起日光温室45座，占地150余亩，发展韭菜等露地蔬菜300亩，试种枸杞100亩，脱毒红薯500亩，新增薄皮核桃300亩。流转出的土地亩均增收500元以上。全年农作物播种面积79215亩，粮食作物播种面积64755亩。粮食总产量13568吨，其中夏粮总产量7860吨，秋粮总产量5780吨；小麦总产量7860吨，玉米总产量5273吨，油料总产量1567吨，烟叶总产量96吨，瓜果蔬菜总产量5050吨。

【林业】 2012年，投入资金160万元用于植树造林工作，对荒山荒坡及煤矿废弃地全部确权到户、承包到人。全镇森林覆盖率26%以上，100亩以上连片造林13处。

【畜牧业】 2012年，新增专业养殖村1个，新建规模养殖场2个。生猪出栏37080头，牛出栏9150头，羊出栏7032只，家禽出栏19.1万只。存栏在100头以上养猪专业户57户，各类养殖专业场87家，肉类总产量4780吨，禽蛋产量1795吨。组织畜牧养殖培训班10期，培训群众1000人次。牲畜、家禽防疫率100%。

【水利】 2012年，新打机井40眼，深挖坑塘6个，完成河陈水库、群英水库大坝除险加固工程的配套工程，整修渠系2000米，新增有效灌溉面积500亩。

【农机】 2012年，全镇农机修理网点19个，年末从业人数69人；农机经营机构3个，年末从业人员16人；农业机械总动力41078千瓦。有拖拉机1860台，拖拉机配套农具1450部，机引犁1000台，排灌动力机械800台，联合收获机30台，秸秆粉碎还田机20台，玉米联合收获机6台，农用运输车60辆，播种机1300台，旋耕机26台，机引耙1200台，机耕面积2.87万亩，机播面积2.87万亩，机械收获面积3万亩。

【招商选资】 2012年，全镇新上项目8个，完成投资6.29亿元；改扩建项目14个，完成投资11亿元。投资1.8亿元的平煤集团恒德源有限公司没梁庙货运站开工建设。中国驰名卫浴生产企业安徽雪雨卫浴有限公司在华合论坛上与宝丰县签约。项目计划占地110亩，年产陶瓷100万件，利税2200万元。

【工业】 2012年，全镇非公有制经济个数2920个，从业人员17073人，总产值684530万元。非公有制经济增加值完成280779万元，限额以上工业企业增加值完成274985万元，固定资产投资完成123909万元，招商引资完成17亿元。镇区东南部是县西部工业园区，园区内有洁石煤化、大地水泥、欣鑫碳素等企业7家。至年底，全镇有洁石煤化、人和建材、欣鑫碳素、洁石建材西部墙地砖厂及永康洗煤厂等地面企业17家。

【城镇建设】 2012年，按照“统一规划、统一风格、统一色彩、统一楼层、统一放线、统一质量”原则，对供销社、中心校、食品站等73间沿街门面进行改造升级。新镇区和老镇区结合部50间景观房和300米景观大道开工建设。

【新农村建设】 2012年，张八桥镇启动建设新型农村社区3个，其中，张八桥新型社区一期120套中80套新居交付使用，水电道路等配套设施正在建设中；姚店铺新型社区一期工程设计占地100亩，规划单体别墅96套，多层2栋60套，已建成12套；西火山一期规划50套，已建成41套。改水120户，改厕90座，新建垃圾池20座。

【交通】 2012年，全镇新修、改建通村公路5公里，户户通5公里。

【邮政】 2012年，全镇有邮政支局1个，职工3人，全年接受投递业务2万余起。

【财税金融】 2012年，全镇完成税收904万元。信用社吸收存款1000万元，年末各项存款余额9000万元。

【教育】 2012年，全镇共有中小学11所，其中小学10所，初中1所，民办幼儿园3所。教职工230人，其中初中教职工50人，专任教师40人；小学教职工180人，专任教师140人，中小学在校生1500人。全镇11所学校总面积72500平方米，生均50平方米；中学校舍总面积22000平方米，生均50平方米。食堂基本达到标准，并配有卫生保健室。初中班额300人，小学班额1300人。镇中心幼儿园建筑面积2800平方米，投资410余万元，设计12个班，可容纳360名幼儿，主体工程已完工。适龄儿童入学率、初中入学率100%。

【科技】 2012年，推广小麦良种3600亩，玉米良种2400亩，建设沼气池100座。举办各类科技培训班30期，培训3000余人次。培训农民工650人。成立农民专业合作组织3个。

【文化】 2012年，全镇有文化服务中心1个，文化大院28个，农村书屋26个，书籍46970套(册)，信息资源共享工程26套。乡村民间艺术团体16个，全年举行民间艺术表演60余次，播放农村下乡电影300场。

【卫生】 全镇有卫生院1个，全院科室12个，干部职工28人，其中医师8人，高级职称2人，初级职称26人，医务人员26人。门诊楼1座，病房楼1座，病床40张，配备有心电监护、白血球分析仪、B超200mA光机等先进设备。有村级标准化卫生室28个，全镇8230户，32036人参加新型农村合作医疗，参合率95.5%。

【计划生育】 2012年，全镇出生514人，死亡249人。已婚育龄妇女7967人。人口自然增长率4.45‰，综合节育率90.13%。

【司法】 2012年，镇司法所有司法干警3人，办公及住室6间，设有接待室、办公室、调解室和档案室。当年受理各类民事案件30起，经济纠纷案件10起，调成率100%，代写法律文书18份，提供咨询服务780余人次，举办刑释人员学习班6期，落实帮教36人次。举办普法培训班6期，各类讲座、培训班30期，群众普法受教育面达90%。

【民政】 2012年，全镇有五保户68人，优抚对象250人，老复员军人41人，残疾军人11人，参战参试人员51人，病退军人42人，发放低保金196.6万元。镇敬老院供养五保老人40人，集中供养率达50%。发放救灾面粉2.6万公斤，救灾棉被120条，棉衣46套，救灾款82300元。

【社会保障】 2012年，办理城镇居民基本医疗保险1051人，缴纳基本医疗保险金45550元。享受城镇最低生活保障447户471人，农村最低生活保障1116户1210人。17643人参加新型农村养老保险，参保率87.9%，为60岁以上老人发放新型农村养老保险金3468660元。

【人民生活】 2012年，全镇农民人均纯收入8886元。全镇共发放粮食直补资金44.6万元，综合直补资金291.6万元。为160家农户发放摩托车补贴资金10.9万元。

【南水北调工程】 2012年12月，南水北调配套工程石龙区饮水支线开工建设。工程设计为地下输水管线，过境8公里，涉及马厂、赵圪垱、王堂、斋公庄、姚店铺、嘴陈6个行政村。（马俊歌）

大营镇

【概况】 大营镇位于宝丰县境西部，镇政府距县城20公里，地处豫西伏牛山余脉外方山东麓浅山丘陵区，总面积61.4平方公里。2012年，下辖38个行政村，52个自然村，198个村民小组，总人口4.94万人。境内矿产资源丰富，主要有优质主焦煤、铝矾土、铁矿石、紫砂陶土等10余种。紫砂产品曾畅销海内外，有“北方宜兴”之美誉。交通便捷，国道G207线纵贯南北，省道南石线从镇东南穿过，县道戎大线贯穿东西，大营镇至各行政村的公路路面水泥硬化改造完成。形成了以煤、铝矾土开采和洗选煤加工为主的工业，以经济林、生态林为主的林业，以家禽、生猪为主的畜禽业。

【种植业】 2012年，全镇农作物种植面积6.46万亩，其中粮食作物面积6.05万亩，油料作物面积0.4万亩。

【林业】 2012年，全镇完成大面积造林2630亩，中幼林抚育800亩，低质低效林改造650亩，通道绿化66.4公里，四旁植树13万株，林业育苗220亩。建成李文驿、康洼2个县级林业生态村。

【畜牧业】 2012年，全镇生猪存栏5.3万头，羊存栏1.1万只，家禽存栏24.4万只，新建规模养殖场1座。认真做好畜产品安全和重大动物疾病防控工作。

【水利】 2012年，完成上李庄水库干渠修复，赵楼等4个村的农田灌溉配套建设工程，完成大营镇南街村安全饮水工程。

【招商选资】 全年新上项目5个，分别为郑州鹤煤煤层气公司煤层气综合利用宝丰示范基地建设项目，中大碳素公司年产1万吨等静压石墨建设项目，丰泽建材公司年产5万吨石油压裂支撑剂(陶粒砂)建设项目建成投产，盛宝汝瓷公司正在安装调试生产设备，投资26亿元的老龙窝三化实业发展公司新型农村社区和现代农业产业化项目。全年续建项目5个，其中煤矿技改方面的项目4个，技改投资1亿元；投资12亿元的泓利煤焦公司年产90万吨捣固焦建设项目。

【非公有制经济】 2012年，全镇非公有制经济个数达到4345个。其中个体3771家，中小微企业574家，主要从事仿汝瓷制品生产、电子产品加工、新型建材、煤炭加工和餐饮、物流、商贸等。

【交通】 2012年，新建村级道路18.6公里，完成李文驿村和赵楼村桥梁改造。戎大线大营段开工修建。

【邮电】 2012年，大营镇有邮电所1个，全年接收快递邮送业务5586起。

【财税】 2012年，全镇完成税收5593万元，其中铝粘土税收4167万元，其他方面税收1426万元。

【教育】 2012年，全镇升入普通高中115人，升入中等职业院校70人。中心幼儿园正在施工，完成初级中学操场建设和降温取暖工程，拆除危房800平方米，大营第一小学教学楼投入使用，完成宋坪小学、中心小学等9所学校视频监控系统建设工程，投资40万元改善白石坡等12所学校的教育教学条件。

【科技】 2012年，为群众传递科技致富信息2000余份。全镇19名大学生村官村干部领办、创办、联办创业项目11个。

【文化】 2012年，全镇有村级图书室38个，文化大院33个，文化广场8个，文化站1个，文艺表演队24个。完成省历史文化名镇申报工作。

【卫生】 2012年，大营镇共有标准化卫生室38个，非标准化卫生室50个，乡村医生95人，持有职业助理医师的6人，持有乡村医生证书的89人。上李庄、大岭王、康洼、韩庄被命名为市级卫生村，宝丰县第二人民医院被命名为省级卫生先进单位。

【计划生育】 2012年，投资90万元完成计划生育村室规范化建设工程。全镇人口出生率12‰，政策生育率96%，出生统计准确率100%，独生子女领证率10.5%，流动人口管理率92%，人口自然增长率6‰。

【民政】 2012年，全镇共有低保对象2024人，五保对象208人，优抚对象251人，60岁以上享受定补的167人。有残疾人1485人，办理残疾证555人。建成康洼、斋公庄、大营六村3个亲情互助家园，全镇90岁以上高龄老人共81人。

【人民生活】 2012年，全镇人均纯收入8077元，物质生活水平有了提高。

【安全生产】 大营镇认真落实安全生产的各项措施，深入开展矿产资源领域“打非制违”专项行动，组织开展打击私采乱挖专项行动15次，出动人员300人次，挖掘机30台次，封填废弃井筒64个，治安违法分子39人，其中刑拘4人，有效遏制了非法采矿行为。

【小城镇建设】 2012年，完成文化路景观一条街建设，农贸市场提档升级，双城路南段全长2.6公里、全长12公里的背街小巷和中心路硬化及其东段桥梁改造等一批重点工程，小城镇面貌进一步改善，集聚功能和辐射带动能力进一步增强，城镇化率达36.1%。

【新农村建设】 2012年，清凉寺中心村新型社区和大营中心社区达到入住条件。牛庄中心村新型社区、大沈河中心村新型社区、上高庄中心村新型社区、段寨中心村新型社区开工建设。

【信访】 2012年，集中开展矛盾纠纷排查，化解信访积案35起，保持了社会大局稳定。

【老龙窝“三化”协调发展实验区建设】 2012年，完成实验区内占地440亩的青城社区征地工作。207国道通向青城社区的道路拓宽改造工程基本完工。有530户群众签订土地流转协议，760户群众签订青城社区入住协议，供电、供水、道路等其他基础设施建设顺利进行，实验区建设快速有效推进。

(宋占勋　王永林　刘海军)

前营乡

【概况】 前营乡位于宝丰县境西北部，西临汝州市蟒川乡，西南接观音堂林站，南与大营镇接壤，北与汝州市小屯乡毗邻。乡政府驻地距县城22公里。境内地势西高东低。东西长13.5公里，南北宽6.6公里。南岭山坡呈西北东南走向，北虎狼爬岭略呈西南东北走向，中部为平原，形成两岭夹一川的地形。境区河流3条，石河较大，泥河、洪河次之。境内水资源丰富，龙兴寺水库居乡境西端，库容1800万立方米，沿泥、洪二河建有小型水库5座，截流2处，石河截流6处。石河、泥河、洪河三河丰富的沙石资源，为建筑、修路、水利建设提供优良的建筑材料。龙兴寺水库干渠沿境南北中心纵贯东西，沿干渠修跌水25处，闸门44个，斗农渠44条。总面积43.04平方公里，其中耕地面积37371亩。2012年，辖25个行政村，39个自然村，132个村民组。

【农业】 2012年，在稳定粮食产量的基础上，以调整优化农业产业结构为主线，大力实施示范带动战略。积极争取上级资金，争取更多的项目用来改善交通、水利等农业基础生产条件。新修田间道路20公里，购置农业耕作机械13台，灌溉水泵26台，新打机井21眼，修复支渠21000米，2万亩优质基地得到进一步巩固，全乡粮食总产量稳步提高。

【林业】 前营乡牢固树立"确权先行，示范带动"林业发展战略，全乡完成大面积造林2100亩，中幼林抚育3100亩，低质低效林改造1060亩，四旁植树12万株，新造林保存率达90%以上。按照生态村建设标准，大连庄村和店东村的沟、河、路、渠绿化率均达到95%以上，村庄林木覆盖率51%，均达到了生态村建设创建标准。

【畜牧业】 通过抓引导、抓典型、抓服务，不断完善引种、防疫、销售等配套体系，全面带动养殖业规模化发展。新建万丰养殖有限公司、宏展养殖有限公司和金帆种猪养殖有限公司3个，全乡各类养殖专业户达到86家。全年生猪出栏25928头，大牲畜出栏3635头，羊出栏2557只，家禽出栏171290只。肉类总产量2777吨，同比增长13.1%。同时，加强重大动物疫情防控和"瘦肉精"清缴工作，设立动物检疫、报检点20个。

【招商选资】 充分发挥乡域优势，制订优惠政策，创造宽松环境，努力激活民间资本，激活招商热情，激活思想动力，坚持把项目建设和招商选资作为乡域经济发展的突破口，作为经济增长的特色支柱，推动了全乡经济的快速发展。完成招商选资15.5亿元；工业总产值完成372240万元，同比增长32%；工业增加值完成209160万元，同比增长32%，其中，规模以上工业总产值达到335016万元，同比增长33%；规模以上工业增加值达到167172万元，同比增长32%；固定资产投资完成112000万元，同比增长35%。新上千万元以上项目7个，其中新上亿元以上项目6个。新建项目有投资3.5亿元的宝丰县海宝有限公司，生产规模为年产30万台空调；投资3亿元的宝丰县海宝有限公司，生产规模为年产100万台小家电；投资5000万元的宝丰县万丰牧业有限公司；投资2.3亿元的宝丰县宝西石料有限公司；投资2.5亿元的河南鑫源不锈钢加工有限公司；投资2.2亿元的宝丰县恒利石墨加工有限公司；投资1.8亿元的河南金帆养殖有限公司。

【教育】 始终坚持"执教为民"的理念，牢记"三个面向"的原则，严格执行"两免一补"政策，强化控辍保学措施，初级中学实施了取暖降温工程，6所小学修建了厕所、路面硬化、改善了校园面貌。

【卫生】 全面开展流感、麻疹等15种重点传染病监测，有效遏制疫情的传播，疾病预防控制水平不断提升，"五苗"接种率98%以上。规范建立城乡居民健康档案27858人，发放居民健康教育宣传材料，对村医在公共卫生服务等方面的业务知识进行指导培训，共培训130余课时。对各村重点人群实行定期跟踪服务，其中儿童保健管理2745人，孕产妇管理568人，老年人管理2548人，高血压患者654人，糖尿病患者206人，精神病患者53人。安装低压配电柜1个，解决了因电压不稳带来的安全隐患。购置新的被褥、病号服、多功能病床,提高了医疗水平和综合服务能力。积极实施改水改厕建设工程,受益群众3000余人。新型农村合作医疗做到应参尽参,参合率100%。进一步充实街道管理和环卫工人队伍,年拨出专项经费12万元,实行分段负责制,全天候保洁,街道垃圾及时打扫、及时清运,主街道的卫生状况得到彻底改观。

【民政】 2012年,前营乡认真做好救灾款项的及时发放。落实五保户供养政策,提高五保老人供养水平,使全乡五保老人的衣、食、住、医等方面得到妥善安排,五保老人供养工作逐步实现精细化管理,服务功能进一步完善。为54名90岁老人(其中100岁老人1名)办理高龄补贴,为新增的23名60岁老人发放养老补贴存折,减轻了农民负担。

【计划生育】 2012年,以"生殖健康进家庭"和计划生育集中服务活动为推动,树立新观念,调整新思路,抓领导机制,抓资料规范,抓硬件建设,抓政策落实,抓督查问效,综合节育率90.3%,政策生育率95.7%,人口自然增长率4.4‰。

【人民生活】 全乡农民人均纯收入8538元,人均粮食产量508公斤,基本社会保障覆盖率达97%,千人口执业医师数2.74人,同比增长39%。人均住房使用面积37.1平方米。

【小城镇建设】 投资120万元实施东、西入乡口升级改造。工程主要包括人行道彩砖、道沿铺设,路灯架设及下水道配套等。投资60万元,在小连庄至207国道近5公里路旁两侧栽植1100棵梧桐树,在镇区栽植200棵行道树和1800米绿化带。通过硬化、绿化、亮化、美化,达到道路分级、绿化分层的内为风景树,外为绿化带的道路景观。以大连庄中心村美园小区为依托,建设功能齐全的居民小区。在完成62套新民居建设的基础上,投资150万元进行文体广场建设、道路硬化、供排水配套、栽植风景树、架设路灯等基础设施建设,使小区初步达到配套完善、功能齐全、环境优美,真正起到新农村建设的示范作用。投资80余万元完成农贸市场的路面硬化工程。占地6亩的前营文体广场,在完成地面彩砖铺设、健身器材安装、公共厕所建设的基础上,新增加了灯光球场。投资110万元新建十字街南路底商住宅楼16间,改善了街道面貌。投资180万元建设的前营乡文化中心楼投入使用。投资300余万元新建的中心幼儿园全部完工。完成小连庄、大吴庄、何寨、杨庄、小店头等5个村的路灯规划。

【新农村建设】 2012年,前营乡新农村建设工作的重点是对去年的新民居建设进行后续施工和基础设施的配套建设。大连庄中心村美园小区新民居62套全部达到入住条件,入住率90%;大店头中心村第一期20套全部达到入住条件,第二期32套已全部完工,基础设施建设正在施工;前营中心村祥和小区新民居57套全部达到入住条件,基础设施配套工程完工;关帝庙中心村和谐小区完工新民居38套。 (牛荫荫)

商酒务镇

【概况】 商酒务镇位于宝丰县境西北部,镇政府驻地距县城12公里,东接肖旗乡,南连张八桥镇,西临前营乡,西北与汝州市小屯镇接壤。东西宽8公里、南北长9公里,面积62.2平方公里,地势概貌为"两岭夹一川",过境河流有石河、桓水、泥河。交通便利,焦柳铁路、宁洛高速、平临公路、薛杨线穿境而过。2012年,下辖27个行政村,43个自然村,全镇人口4.5万人,耕地面积5.5万亩。

【农业】 2012年,投资964万元实施涉及犁湾沟、郜辛庄、梁庄、张洛庄、大王庄等村的中低产田改造项目。推进土地流转,流转面积新增1.7万亩,为农业科技化、产业化发展奠定了基础。在大王庄村建立小麦优良品种百亩示范方。以宝丰县绿色农业专业合作社为依托,联合省农科院,在商酒务村设立商薯19繁育基地,生产薯苗100余万株。烟叶种植面积2991亩,完成收购21.4万公斤,实现税收90.7万元。

【林业】 2012年,全镇完成大面积造林2281亩,农田林网中幼林抚育1475亩,低质低效林改造602亩,四旁植树19.7万株,森林覆盖率35%。

【畜牧业】 2012年,新建路畅养猪场为生猪标准化养殖园区。畜产品质量安全和重大动物疫病防控严密、规范，以农丰养殖专业合作社和泰康、康龙养殖场为依托，畜牧养殖全面实施“品种标准化、饲养管理标准化、疫病防治标准化”，加大肉食品的检疫和市场活畜检疫力度，屠宰检疫率、畜禽防疫率、产地检疫率、耳标佩戴率均达到100%，保证了肉食品安全生产。肉类总产量6263吨，同比增长31%。

【工业】 2012年，商酒务镇引进中国石油天然气股份有限公司投资10亿元建设容量为8.4万立方米的油库及管网建设项目，4月份开工建设。引资1.2亿元的平顶山众鑫选煤有限公司年产120万吨选煤项目，11月在煤炭循环经济产业园开工。招商引资完成32亿元，同比增长139%。4月商酒务镇被平顶山市政府授予2011年度企业服务工作先进单位称号。

【教育】 2012年，全镇有初级中学1所，小学9所，初中在校生769人，小学在校生2941人；享受“两免一补”学生622人，资金71万元；在职教职员工224人，专任教师学历达标率100%。8月，镇中心幼儿园建成投入使用，总投资360万元，主体投资285.44万元，建筑面积2445.71平方米，3层框架结构。有教职员工17人，幼儿135人。12月，省政府学前三年教育规划推进会在平顶山市召开，副省长徐济超和与会代表视察了商酒务镇中心幼儿园。为韩庄小学配备篮球架、羽毛球拍、乒乓球台等体育器材；为全镇10所学校分别购置了中小学生守则、教师职业道德规范等版面；对赵官营三村小学年久失修的西围墙进行重建，对韩庄小学、皂角树小学老化的厕所进行改建。关爱留守儿童，举办了“六一”留守儿童圆梦仪式，为34名留守儿童赠送礼物。3月商酒务镇初级中学被平顶山市教育局评为教育科研先进单位；5月实验小学被平顶山市教育局评为平顶山市第六批依法治校示范校；镇中心学校被平顶山市教育局评为2012年平顶山市学校卫生工作先进单位和2012年度平顶山市教育科研工作先进单位。

【科技】 全年举办农业技术培训班8期，培训群众1.6万人次。

【文化】 2012年，先后参加市委组织的中原经济区座谈会，新型农村社区建设座谈会，庆“七一”座谈会。举办“首届中国酒祖仪狄文化节”，2012年“张洛庄杯”篮球邀请赛，“给力校园 舞动青春”庆祝“五四”文艺汇演，“喜迎十八大、唱响新农村”宝丰县“文化惠民、送戏下乡”活动。组织镇机关干部参加县“体彩”杯第九套广播体操比赛，获第一名。围绕“文化宝丰”建设，配合县委宣传部协调组织演艺人员参加央视三套《宝丰魔术》《我要上春晚》节目拍摄。水牛里村农民魔术师丁德龙参加2013年春晚魔术表演。11月18日，中央电视台对商酒务镇春风文化活动广场、龙泉寺村庆祝十八大胜利召开的场面进行采访。河南电视台播放了商酒务镇观看十八大访谈节目。迎接中共中央政治局常委李长春对商酒务镇文化产业发展和新型农村社区的视察和军委原副主席、原国务委员、原国防部长曹刚川对和谐社区的视察。对中原军区司令部旧址等革命遗址进行实地勘测，制定修缮保护方案。7月26日，省委党史研究室主任于吉林一行3人，在市委副书记李萍等市、县领导陪同下，视察了商酒务镇皂角树北张庄的中原军区司令部旧址。

【卫生】 2012年，镇卫生院为全镇4.3万人进行健康体检，并建立居民健康档案，基本信息全部录入微机，建卡率100%，建证率95%。建立传染病及重大疫情防治安全防控体系，对健康知识和预防知识进行宣传，使预防知识家喻户晓。开展曙光救助行动，积极争取资金，为肢体重度残疾的5人配备轮椅。开展病媒生物防治和健康教育，投放鼠药1000袋在全镇范围内进行统一灭鼠活动。进行大环境治理，清扫房前屋后，对污水沟、厕所、养殖场、牲畜粪园进行消毒。镇区无害化卫生厕所普及率90%。赵官营村创建为省级卫生村。3月28日，卫生部监察局副局长关跃进、省卫生厅监察室主任柯珈一行到商酒务镇卫生院和焦楼村标准化卫生室，调研基本药物制度实施和各级医疗机构财政补贴落实情况。省政协副主席龚利军、市政协副主席白进忠到商酒务镇对农村卫生医疗设施建设进行调研。全镇新农合参合人员40995人，参合资金2049750元。23737人参加城乡社会养老保险，参保率96.6%。60岁以上老人5841人，及时领到了养老保险金。为全镇286名无工作城镇居民办理医疗参合手续及系统录入工作。率先在全县完成2013年新型农村合作医疗参合工作，参合人员42058人。

【计划生育】 认真开展计生“家乐服务”和康检活动，全镇人口自然增长率控制在5‰以内。8月8日，镇计生办出资5000元，对全镇筛选出的18户计生家庭进行表彰。10月12日，全镇“三联三帮”人员、镇班子成员及计生办人员对62名留守儿童结对帮扶，成为孩子们的“编外家长”。投资30万元，对村室进行提档升级，并为各行政村配备康检床、药具箱、版面等，村室建设全部达标。加大宣传计生力度，在各村村室内外刷写宣传标语2幅、安装大型室外宣传版面2块，传播婚育文化。商酒务镇被市委、市政府授予统筹解决人口问题示范乡镇称号。

【政法】 2012年，商酒务派出所和综治联防巡逻队，坚持昼夜巡逻。落实以综治工作领导责任制为首的四项制度，成立矛盾排查调解处理中心，加强社会治安防范工作。机关干部对所包的村开展入户调查、访贫问苦、排查矛盾、化解纠纷活动；派出所联合中心校开展“一打击两整治”活动，以各中小学周边环境治理为重点的校园安全专项整治活动。建立镇村综治平安信息网络，开展防邪教签卡活动，1.1万名群众参与签卡，在各村制作高规格防邪教宣传栏，对全镇固定电话用户全部进行走访，实现平安建设的目标。派出所通过公安部“一级派出所”验收，户籍室被市公安局授予市级文明户籍室称号，镇政府被市委、市政府授予全市2011年度信访工作先进乡镇、全市2011年度政法工作先进乡镇等称号。

【民政】 2012年，全镇发放救灾面粉11吨，救灾款3.1万元。大病救助款44880元，艾滋病救助款3600元，孤儿救助款14.9万元。五保供养人员93人，其中集中供养48人。最低生活保障人员1684人。为全镇60岁以上农村籍退役士兵155人、90岁以上高龄老人65人及时发放生活补助。开展慈善救助工作，组织全体机关干部捐款9150元，进行慈善爱心行动。3月22日，村级养老院——商酒务村互助家园建立，互助家园建筑面积680平方米，有住室、活动室、保健室、厨房26间，生活设施配备齐全，首批可以接纳32名老人，已入住22人。投资8万元的龙泉寺村互助家园已建成。11月，商酒务村互助家园被授予河南省养老服务机构示范单位称号。

【人民生活】 全年发放粮食直补资金62.5万元，综合补贴408万元，家电下乡补贴4万元，汽车、摩托车补贴8万元。对种粮直补、粮种补贴、农机补贴、退耕还林等项资金的发放情况及时进行公开。设置意见箱，接受群众监督，严格村级报账审批制度。

【小城镇建设】 2012年，加快小城镇建设，投资810万元在镇区南部实施铁路下穿式立交桥工程。在原商酒务镇煤业有限公司中转站和烟站旧址启动镇商业中心建设，中转站新办公场所的建设、搬迁正在进行，烟站新址正在办理征地手续。11月28日，投资5000万元的镇商业街开工。投资5.4亿元的商酒务物流园正在办理用地等手续。

【新农村建设】 全镇6个中心村建设全部启动，新建民居243户。赵官营和谐社区152套新居全部达到入住条件，已入住126户，争创为省级新型农村社区，老村改造规划正在设计。9月13日，省委政研室巡视员袁永伟带领调研组到赵官营村调研新农村建设。龙泉寺村社区建成新居100套，完成社区的下水道整治、道路硬化、水电入户、广场看台和小区绿化，建成文化活动中心主体；焦楼凤和苑社区完成新居主体工程136套；张洛庄桃苑社区建成新居主体100套，投资5000万元的社区生态园建设基本完成，共疏浚、治理河道3000余米，栽植各种风景树5万余棵；皂角树东湖社区建成新居主体50套，完成浣河抗旱蓄水工程；商酒务中心社区50套新居正在建设。

【土地管理】 2012年，做好农村耕地保护工作，加强土地违法占地动态巡查，对发现违法占地及破坏耕地现象及时制止。组织大规模土地违规违法建筑摸底排查3次，确保耕地保护面积在4685公顷以上，基本农田保护面积在4166公顷以上的目标。作为全县农村集体土地确权发证试点乡镇，已完成集体土地所有权确权登记。9月，商酒务国土资源所被河南省国土资源厅授予2010～2012年创先争优先进国土资源所称号。

【环境保护】 开展卫生乡镇创建工作，顺利通过市级卫生镇复验。抓好秸秆禁烧及综合利用工作，按时完成阶段性目标任务。抓好境内重点企业废水、废气、固体废弃物的监控，发展环境得到进一步优化。按照县政府要求完成省级生态乡镇的规划编制任务。张洛庄村创建为市级生态村，赵官营社区获全市“爱国卫生杯”竞赛铜杯奖。

【组织建设】 全镇共有党支部38个，党员1360人。开展创先争优活动和“基层组织建设年”活动。抓学习型、服务型、创新型党组织建设。实行班子成员工作任务清单制，周一理出清单，周五进行总结，随时进行点评，督促了任务的落实。严格执行“五天四夜”工作制、工作日“中午禁酒令”。对镇班子成员、机关干部、行政村考核实行绩效积分目标考核，工作成绩直接与奖惩挂钩，与村级经费分配挂钩，打破平均分配，形成求真务实的作风。商酒务镇党委被授予2010～2012年全县创先争优先进基层党组织称号。

【统一战线】 2012年，组织商酒务籍领导干部座谈会1次，召开非公有制经济界人士经济工作座谈会4次，邀请外地企业家到商酒务镇进行考察4次。落实“百企帮百村”活动、镇班子成员服务企业制度，协调解决企业经营中存在问题6件，促进了经济的发展。做好涉台婚姻统计资料上报工作。开展“光彩助学”活动，资助贫困学生12名。

【“三联三帮建五宝”活动】 2012年，商酒务镇以“六个一”活动为抓手，把“三联三帮建五宝”工作细化、量化，促进活动向纵深发展。联帮干部帮助27个村修订完善了经济发展规划和建设规划，流转土地1.7万亩，办实事、好事185件，帮扶贫困家庭58家，关爱留守儿童62名。

（赵改成　张　洋）

赵庄乡

【概况】 赵庄乡位于宝丰县境北部，乡政府驻地距县城15公里，东临石桥镇，南接肖旗乡，西南与商酒务镇毗邻，西北与汝州市小屯镇接壤，北与郏县薛店镇隔北汝河相望。东西长9公里，南北宽6公里，总面积44.63平方公里，耕地面积47550亩。2012年，全乡辖22个行政村，24个自然村，总人口3.7万人。

【种植业】 2012年，全乡农作物播种面积87825亩，粮食作物种植面积51360亩。总产量19775吨，其中，夏粮种植面积21840亩，总产量9957吨；秋粮种植面积29520亩，总产量9954吨。小麦总产量9957吨，玉米总产量8871吨，油料作物总产量1210吨，棉花总产量88吨，烟叶总产量205吨，蔬菜总产量46318吨，瓜果总产量2754吨。

【林业】 2012年，全乡完成大面积造林680亩，完善林网3.4万亩，四旁植树12万株，林业育苗240亩，完善通道绿化62.3公里，中幼林抚育1500亩，新造林保存率88%。

【畜牧业】 2012年，赵庄乡以养殖总场为依托，年末大牲畜存栏7940头，生猪存栏27872头，山绵羊存栏3360只，家禽存栏17.7万只，肉类总产量3769吨，禽蛋总产量1252吨。

【水利】 2012年，赵庄乡有机井510眼，其中新打及配套机井20眼，新增旱涝保收田500亩。

【非公有制经济】 2012年，全乡完成国内生产总值7.6亿元，其中非公有制占CDP比重96%，第二、三产业增加值占CDP比重85%。招商引资6亿元，固定资产投资完成13亿元。全乡农民人均纯收入9980元。

【交通】 2012年，投资90万元，新修道路6000米。投资206万元，改造道路2900米。

【邮电】 2012年，全乡有邮政线路2条，全年订阅各种报纸、杂志2000份。

【财税】 2012年，赵庄乡完成税收360万元，超出任务60万元，发放粮食直补及综合补贴资金350万元。

【金融】 2012年，赵庄信用社吸收存款2630万元，年末存款余额18500万元，贷款余额966万元。邮政储蓄吸收存款3808万元，年末存款余额117554万元。

【教育】 2012年，全乡有学校14所，其中中学1所,在校学生1250人,教师69人;小学13所,在校学生3250人,教师118人,适龄儿童入学率100%。中小学共有教学楼19座。

【科技】 2012年,全乡推广小麦良种3.5万亩,玉米良种3.5万亩,优质花生1600亩,优质油菜600亩,新增沼气用户230户,沼气用户2200户。全年举办畜牧养殖培训班4期,培训群众1800人次。

【文化】 围绕魔术休闲小镇建设打基础,抓特色,完成魔术休闲小镇规划修编,打通魔术大道,规划魔术大道两侧的魔术景观,调整魔术休闲小镇用地。加快周营艺人新居、魔术商贸街、魔术文化艺术中心等一批魔术文化产业园区重点项目建设。成功接待中共中央政治局常委李长春等各级领导到赵庄乡对魔术文化产业的调研、视察工作。圆满完成中央一套《新闻联播》栏目和中央三套《我要上春晚》栏目组等媒体到赵庄乡的采访报道工作。积极参与宝丰魔术上春晚,并组织农民魔术师完成央视三套《越变越好》专题片的拍摄工作,选派4名农民魔术师参加2012年第七届南阳全国农民运动会闭幕式演出,有力宣传了宝丰,树立了魔术之乡的良好形象。

【卫生】 2012年,赵庄乡卫生院有科室14个,病床56张,医务人员38人。村级标准化卫生室60个,个体诊所42个,医务人员53人,全年诊治病人6000人次。参加农村新型合作医疗9683户35751人。

【计划生育】 2012年,全乡出生331人,死亡209人,人口自然增长率3.4‰。

【司法】 2012年,赵庄乡司法所有干警4人,受理民事案件8起,经济纠纷案件4起,调成率100%,提供咨询服务900人次。举办刑释人员学习班6期,法律讲座4期,群众普法教育面95%。

【民政】 2012年,赵庄乡敬老院有房屋43间,在院老人65人,五保户65人,享受优待抚恤定补236人,军烈属1人。为低保户发放低保金185万元,粮食3.2万公斤。军烈属和复员军人、残疾军人43人,发放救灾棉被110条,棉衣163套,帮助332户困难家庭脱贫致富。

【新农村建设】 2012年,赵庄乡7个中心村,有5个中心村新农村建设工作启动,周营村建成27套,入住27户;大黄村建成150套,入住100户;范庄村建成25套,入住15户;袁庄村建成117套,入住117户;赵庄村建成127套,入住90户。 (张星耀)

肖旗乡

【概况】 肖旗乡位于县城北4公里,西邻商酒务镇,北接赵庄乡,东邻周庄镇,南与城关镇接壤,总面积63.5平方公里,南北宽7公里,东西长9.2公里。2012年,全乡辖26个行政村,63个自然村,164个村民组。总人口39210人,其中农业人口3.8万人,非农业人口1210人。全年地方生产总值完成8.92亿元;固定资产投资完成9.9亿元,同比增长26%;招商引资完成5.1亿元,同比增长25%;税收任务完成433万元,超额完成任务。

【农业】 2012年,全乡粮食作物播种面积77466亩,粮食总产量29437吨。其中,夏粮种植面积40256亩,总产量15079吨;秋粮种植面积48000亩,总产量14538吨。全年完成农业总产值6.2亿元,其中种植业产值2.8亿元,林业产值1.49亿元,畜牧业产值1.91亿元。

【畜牧业】 按照"统一规划、统一布局、统一培训、统一饲养技术、统一疫病防疫"的要求,大力发展规模养殖。全年生猪存栏5.3万头,其中能繁母猪5277头;大牲畜存栏9350头;羊存栏16460只;家禽存栏234450只。出栏肉猪5.9万头,出栏肉牛3460头,出栏肉羊6227只,出栏家禽247290只。认真做好畜禽常规免疫和重大动物疫病防治工作,防疫密度达100%。新建丰源万只散养柴鸡场1个,改扩建方旗、鲁庄蛋鸡养殖场2个。

【烟叶生产】 2012年,通过抓烟叶大村、烟叶大方、种烟大户,落实种植烟叶4500亩,建设标准化炕房76间。烟叶收购任务完成41万公斤,实现利税188万元。预留2013年烟叶面积5500亩,连续5年种植面积名列全县第一名。

【林业】 2012年,建成枣庄、袁庄生态村2

个，通道绿化5条32.2公里，大面积造林6520亩，新建农田林网2.85万亩，四旁植树32万棵，中幼林抚育850亩。通道绿化确权21公里，确权面积3240亩，占应改面积的98.1%，确权到户率100%；纠纷调处率100%；宗地勘测合格率92%。核发林权证1072份。认真落实森林防火各项责任制，全乡未发生森林火灾事故。

【水利】 加强水利基础设施的建设，从改善农业生产条件入手，对辖区内的昭灌干渠进行硬化，全乡机井数586眼，有效灌溉面积增至5.3万亩，90%的耕地实现旱能浇、涝能排的优质高产示范田，粮食产量连创8年新高。全年新打机井30眼，改造中低产田1万亩，新修水泥道路15公里，整治农田道路80公里。

【农机】 2012年，全乡拥有大中型拖拉机141台，小型及四轮拖拉机3125辆，农用汽车145辆，联合收割机129台，农用排灌机械2256台，农用水泵3569台，喷灌设备1246套，播种机3156台。有农产品加工机械1125台，其中磨面机69部，轧花机17台，榨油机22部，脱粒机864台，饲料粉碎机153台。

【招商引资】 2012年，新上、技改项目总投资9.9亿元，涉及项目5个，其中新建项目2个。引进资金5.1亿元。投资2.3亿元的宝丰县北石河渠道倒虹吸工程完工；投资1857万元的肖旗乡中心幼儿园基本完工；投资8600万元的潘庄中心村新农村建设完工；投资5800万元的宝丰县2011年烟叶基础设施建设工程完工；投资8600万元的肖旗乡磁矶岭新农村建设完工。

【商业】 2012年，全乡个体有证商户617个，从业人员1456人。全年总购进额4987万元，总销售额6223万元，实现利润589万元。全年销售化肥8966吨，农药35吨，农膜5100公斤，农具12450件。

【乡镇企业】 全乡非公有制经济个数达到1954个，同比增长21%；企业总产值13.4亿元，同比增长22%；工业增加值4.07亿元，同比增长25%；工业产值8.26亿元，同比增长25%。初步形成以畜牧养殖、农产品加工、粮食储运为主的农业生态产业，以服装道具、红色旅游、特色餐饮为主的文化饮食产业，以棕刚玉、免烧砖、白土加工等为主的工业产业。

【邮政通信】 2012年，全乡有联通固定电话968部，宽带用户1221户，移动电话用户21589户，联通电话用户2054户。全年订阅各种报刊杂志金额18.16万元，信函、物流、集邮、汇兑、包裹、特快等业务收入39万元。

【财税金融】 2012年，肖旗乡财政收入629万元，财政支出629万元。财政税收完成433万元，占全年任务的119%。信用社当年吸收存款4200万元，投放贷款1500万元，收回贷款1200万元，年末各种存款余额9000万元。清收各类不良贷款40余笔，60余万元。

【教育】 2012年，全乡中小学14所，其中初中1所，小学13所。初中及小学在校学生2480人，其中初中学生1091人，小学生1389人。教职工245人，其中初中教职工83人，小学教职工162人。

【科技】 2012年，举办各类培训班60期，培训人员6500余人次。为群众传递致富信息3000余条，发放科普资料5000余份(册)，接受群众咨询2500余人次。推广玉米良种45万公斤。加强农村剩余劳动力转移及转产转业工作，提高农村劳动力整体素质。全年开展农民工技能培训15场(次)，培训农民工3000余人，提升了农民工技能水平和就业能力。

【文化】 2012年，全乡有文化中心1个，村级文化大院26个，农家书屋26个，26个村配备有电脑及投影设备，实现了文化资源共享。全乡共有各类演出团体86家，业余剧团12个，唢呐班24个，秧歌队26个，曲艺队9个，铜乐队3个，文化专业户98户，科技示范户100户，成功举办了肖旗乡第十三届民间艺术大赛。

【卫生】 2012年，肖旗乡深入开展食品药品安全专项整治活动，完成26个村卫生室达标工作。其中建成投入使用一类标准化卫生室18个、二类标准化卫生室8个。16个标准化村卫生室完成提档升级，全乡有个体诊所49个，村级防疫员54人，全年完成计划免疫接种24463人次。乡卫生院开设有中医内科、西医内科、外科、妇产科、疼痛科等临床科室,发热门诊,手术室、供应室、抢救室、治疗室等重点科室。新型农村合作医疗工作有序开展,参合率100%,完成城乡居民合作医疗保险92%。

【广播电视】 2012年,新建、改造有线电视线路用户1050户,累计有线电视用户4619户。全乡26个村实现有线电视村村通,

【计划生育】 2012年,肖旗乡以建设计生优质服务乡镇为目标,坚持管理与服务同步,严格落实人口目标责任制,切实做好计划生育优质服务活动,保持低生育水平,政策生育率96%,人口出生率12.9‰,人口自然增长率4.5‰。

【司法】 2012年,肖旗司法所有工作人员2名,办公场所5间。全年法律咨询560人次,民事调解112起,两劳帮教12人。

【民政】 2012年,为贫困户办理最低生活保障1168户。全乡五保户纳入供养对象177人,其中集中供养103人,分散供养74人。发放救济款18万元,救济困难群众1500余人次。投资83万元的乡敬老院综合楼开工建设。

【人民生活】 2012年,全乡农民人均纯收入8523元。有小轿车529辆,摩托车2653辆,电动车5968辆,自行车6458辆,彩电10586台,电风扇22341台,洗衣机9200台,电冰箱4690台,空调4852台。

【小城镇建设】 以建设"村容整洁"的社会主义新农村为切入点,改善农村人居环境。对肖旗乡政府所在地主街道进行美化、绿化、亮化,拆除私搭乱建的违规建筑,对乱贴乱画进行集中清理,取消占道经营,规划自行车停放处,规范个体户店外经营范围。对宝赵路、平汝路、南石线的主干道进行整治,改变了街道脏、乱、差现象。"六个一"工程全部完成建设。对乡机关院进行改造,全面绿化、美化、亮化,开展文明园林单位创建,切实改善办公条件和工作环境。全乡8个乡直单位进行拆墙透绿,升级改造,一次性通过市级园林单位创建工作验收。

【新型社区建设】 2012年,枣庄中心村建成新居140套,入住35户,新建20套住宅小区正在建设中。基础设施建设投入资金144万元,新建文化大院和休闲广场,扩宽道路1000米,新建下水道1800米,完成主干道两侧土方工程及绿化,硬化地面4000平方米,安装太阳能路灯44盏。潘庄中心村建成新居43套,种植风景树400棵,规划建设文化广场1个,硬化道路800米,建桥2座,完成新居道路硬化和排水工程。范寨中心村新居50套正在建设。五里头新型农村社区把乡政府以南的三里营、七里营、史营、方旗营、朱洼等12个村逐步纳入新型农村社区建设,渐次建设南部新型农村社区。

【魔术大道建设】 2012年,肖旗乡充分宣传动员,一个月内完成3公里长的魔术大道地面附属物登记造册、房屋拆迁、占地补偿款的发放工作,没有引发一起信访案件,保证了工程高速顺利进行。韩店村沿街房屋按照仿古标准进行规划设计,改造完成4户。结合危房改造政策,对沿街的13户房屋进行拆除重建。

【党建】 按照"围绕经济抓党建,抓好党建促发展"的工作思路,推进基层组织年建设和创先争优活动,实现党建工作思想建设、组织建设、作风建设、制度建设和队伍建设"五位一体"发展新态势,全乡形成抓党风、转作风、促政风、带民风的良好局面。坚持党委中心组理论学习制度,坚持党委成员包户联村制度。党委成员每人联系2~3个行政村,指导各村党支部的党建工作。注重六个结合,夯实党的基层组织建设;注重把乡、村两级党建结合起来,乡党委与各党(总)支部签订党建工作目标管理责任书,重点抓基层、抓基础,通过提高基层工作,促进全乡党建整体工作水平;注重把组织建设与党员发展结合起来,严把党员入口关,保证党员质量,全年共发展新党员76名,全乡26个村级组织均覆盖了现代远程教育网络;注重把村级组织换届与加强干部培训教育结合起来。第七届村级换届选举工作结束后,乡党委及时组织新当选的村党支部书记、村委会主任及村"两委"成员进行任前理论培训,为做好农村工作奠定了坚实的基础。积极开展创先争优活动和"三联三帮建五宝"活动。

(王国旭)

石 桥 镇

【概况】 石桥镇位于宝丰县境东北部，镇政府所在地距县城12公里，西接赵庄乡，南邻周庄镇，东连闹店镇，北与郏县隔北汝河相望，东西长14公里，南北宽8公里，面积72平方公里。全境地势西高东低，境内大部分为平原，南部为丘陵地，平均海拔116.5米，北汝河、石河、净肠河、马沟河、践沟河穿境而过。2012年，全镇辖28个行政村，73个自然村，236个村民组，居民12834户，总人口4.4万人，其中非农业人口1578人。少数民族有回族、蒙古族、满族、苗族等160余人。

【种植业】 2012年，继续加大农业基础设施建设投入，改善农业生产条件，不断提高机械化程度，提升农业效益，增加农民收入。适时引导农民科学调整种植结构，推广优良品种，优化粮经比例，增加经济作物种植面积。协调农业部门帮助创建万亩小麦高产示范方，使农民粮食产量增产4%。全镇粮食总产40615吨，优质烟叶种植面积5000亩。

【林业】 全镇完成大面积造林1536亩，四旁植树25.8万棵，农田林网6300余亩，通道绿化补植补造140公里。

【畜牧业】 2012年，全镇牛存栏21457头，出栏4771头；生猪存栏46181头，出栏56537头；羊存栏9153只，出栏8390只；禽存栏28.77万只，出栏19.89万只。有效地开展重大动物疫病防控工作，解决了村级防疫员的劳动报酬，防疫工作取得明显效果。

【非公有制经济】 全年共引进资金153236万元，引资在续建项目11个，新上项目2个，续建项目1个。总投资5.8亿元、占地2万亩的宝丰县现代农业综合示范与产业发展区建设项目已完成投资57800万元，建成占地28亩的食用菌厂1座，96座蔬菜温室大棚，已种植多种新品种瓜果蔬菜。开工建设投资1.68亿元的宝粮面粉加工园项目和投资1.25亿元的伊利乳业技改项目。总投资7210万元的平顶山市汝源奶业有限公司，现存栏奶牛2000余头，已完成投产。投资66000万元的漯河双汇生物技术有限公司骨胶原蛋白钙、生物活性肽项目，已完成征地、测量和规划工作。

【财税】 2012年，把税收任务量化分解到各有关人员，任务到人，责任到人。抽调有关人员，成立税收领导小组，加强对税收工作的领导。对重点行业税收进行强力攻坚，形成了部门联动抓税收的强大合力。深挖税源，对全镇税源进行拉网式排查，挖掘增收潜力。加大对工商个体户的催缴力度，全年完成税收991万元，超额完成税收任务。

【教育】 2012年，石桥镇有公办初中1所，公办小学7所，小学附属教学点10个，民办小学1所，民办幼儿园18所，投资380万元新建中心镇幼儿园1所。公办中小学在校学生3122人，其中初中916人，共14个教学班；小学2206人，共60个教学班。在职公办教职工266人，其中初中教职工99人，小学教师167人。民办小学在校学生236人，民办幼儿园在园幼儿1985人。

【科技】 2012年，全镇良种种植面积4万亩，有科技人员16人。投资2.7亿元的红鹰科技示范园一期核心区项目完成建设并投入使用，投资4.7亿元的红英现代农业示范园区二期项目正在建设。成功申报邢庄、吕寨生态村并顺利通过验收。农业生产实现机械化、科学化、良种化，化学除草面积85%。全镇规模较大的养殖场全部聘有专业技术人员，人数28人，通过建立养殖档案，实现了科学化管理。依托政府阳光工程，加大农民工培训力度，累计培训农民工5000人，劳务输出4900人。加大农民培训力度。组织人员对农民的培训需求进行摸底，并登记造册，根据摸底情况有重点的举办各类培训班，全年累计培训农民1000余人。通过培训，使农民掌握1～2门实用技术。

【卫生】 2012年，石桥镇卫生院有在院医师8人，护士15人，其他职工13人，病房面积1160平方米。全镇有村级卫生所28家，28个行政村均建立了标准化卫生室，卫生人员共63人。

【计划生育】 利用正月十三马街书会等重大节日和纪念日，开展人口和计划生育相关知识和中央人口工作精神的贯彻宣传，通过设立展台、发放宣传品等形式，使计生宣传品入户率95%以上。

深入开展“小康工程”，督促各项惠民政策的落实。为32户符合政策的计生家庭户办理低保；对51户独生子女父母一方死亡的家庭进行扶助，每户扶助600元。在全镇范围内开展减免农村部分计划生育家庭参合费用工作，共有300户符合条件的家庭得到减免。

【司法】 2012年，石桥镇司法所有工作人员3名，办公室6间，办公面积108平方米。常年为32个单位担任法律顾问，工作人员为5所中小学担任政治副校长职务，全年共上法律课15次，受教育人数6300人次。

【民政】 2012年，对原有的低保户进行重新复核认定，全镇低保对象达到1988人。全镇五保户199人，其中散养99人，集中供养100人，集中供养率50%。镇敬老院占地4802平方米，拥有房间72间，工作人员6人，院内供养老人76人。

【人民生活】 2012年，全镇农民人均纯收入达到8630元。做好城镇医疗保险和新型农村合作医疗及城镇养老保险和农村养老保险工作，城镇合作医疗参合率92%，新型农村合作医疗参合率99%，城镇养老保险参保率90%，农村养老保险参保率93%。

【信访】 石桥镇围绕“保稳定、促发展”工作中心，对全镇矛盾纠纷隐患、社会治安隐患、重点人员潜在隐患进行定期、不定期的深入细致排查，同时加大对潜在矛盾纠纷的调处力度和重点人员的监控力度，全年共接到群众来访60起，解决60起，办结率100%。

【小城镇建设】 2012年，镇区框架不断拉大，投资2000余万元先后建成石桥、高铁炉农资批发市场，进一步整合高铁炉、石桥两个社区(7个行政村)到中心镇，增加城镇化率。投资450万元对镇区道路进行硬化、绿化、亮化，安装太阳能路灯66盏，绿化带、下水道改造2000余米。投资20万元对门头牌匾进行规范，更换门头牌匾280块。投资150万元新建污水处理厂1座。投资380万元新建中心镇幼儿园1个。投资500万元新建农贸市场1个。投资80万元新建财税服务中心1所。成立了小城镇管理办公室，抽调精干力量负责小城镇日常管理工作，同时成立了执法队，加强对镇区环境的综合整治。划分4个责任区，由班子成员带队，机关干部和镇直部门人员参与，加大对镇区环境及对物交会整治力度。新征地30亩，重新规范物交会经营秩序，解决困扰多年的每逢物交会公路两侧占道经营及交通堵塞问题。成立了15人的环卫队伍，每年拿出15万～20万元整治经费，用于镇区环境卫生的管理和维护，保持镇容镇貌整洁美观，打造优美宜居环境，提高群众生活幸福指数。

【新农村建设】 2012年，按照石桥中心镇总体规划和8个中心村建设规划，突出新村建设。石桥新型农村社区一期工程规划106套，全部建成，基础配套设施全部完工，已入住30户；二期工程占地70亩，规划300套，已开工建设。高铁炉新型农村社区一期工程规划138套，全部建成。东大庄新型农村社区一期工程规划68套，建成68套，给、排水配套项目已开工修建。邢庄新型农村社区一期工程规划56套，已建成48套。交马岭新型农村社区一期工程规划126套，建成66套。

（范志国）

观音堂林站

【概况】 观音堂林业工作站位于宝丰县境西部山区，政府驻地距县城30公里，东接大营镇，南连鲁山县观音寺乡、瓦屋乡，西部和北部与汝州市蟒川乡接壤。总面积72平方公里，耕地面积1.4万亩。全境西高东低，山岭纵横，地势起伏，有“七山二川九道沟”之称。土质以黑沙石土质和粘土质为主。最高海拔840米。主要河流有石河、桓水、南石板河、北石板河等。主要山脉有牤牛坡、枕头山、北大岭、狮子崖、玉皇顶等。矿产资源主要有铝矾土、石灰石、石英石、伊砾石、铁矿石、煤、硫磺、紫砂陶土等，其中铝矾土、伊砾石储量分别达5000吨、1.8亿吨。2012年，观音堂林站辖18个行政村，142个自然村，131个村民组。居民4283户，20038人，其中非农业人口358人。有省定扶贫开发工作重点村18个。山区已形成了九子山、庙沟、周家洼、北大坡、尤家坡和观北路“十里长廊”等基地为中心的15个千亩以上花椒连片种植区。2012

年花椒产量35万公斤,产值近千万元。全乡地区生产总值10.4亿元,非公有制经济增加值1908万元。

【种植业】 2012年,全乡粮食总产量600吨,烟叶种植面积500亩。

【林业】 2012年,完成大面积造林5000亩,中幼林抚育3000亩,低质低效林改造1200亩,四旁植树8万株,生态村2个。通过不断扩大规模和科学管理,观音堂花椒种植面积达4万亩,年产椒果35万公斤。观音堂北坡大学生村干部种植示范园、尤家坡、枕头山等千亩花椒基地已成为山区花椒种植的样板园区。大力推进土地流转,建设花椒标准化基地,实行精细化管理,实现规模效应。借助国家土地流转政策,鼓励大户承包花椒园,每个村土地流转面积不低于50亩,条件好的村土地流转面积不小于100亩。宝丰县源生农业开发有限公司土地流转面积达到200亩,全站土地流转面积3000亩以上,土地流转面积在500亩以上的大户,除了上级政策性补贴以外,林站给予一定的补贴。大力扶持种椒大户,林站出资10万元到陕西韩城购买优质花椒苗,免费送给种椒大户,集中用于花椒园的苗木更新和补植补造,促进了花椒园的上档升级。驻马店十三香集团总经理与台湾久芳兴业有限公司老总廖英崇等相继到观音堂调研并商洽合作事宜,"溢红"花椒产销两旺,在旱情非常严重的情况下产量依然达到35万公斤,产值1000万元。

【畜牧业】 观音堂山区广袤的山地、林地为养殖业的发展提供了丰厚的自然资源,特别是黑毛猪、柴鸡、蜂、蝎等特种养殖,在全县享有很高声誉。庄科村方爱营蝎场,注册了"鑫团"蝎子产品商标,生蝎存量达1000公斤;马堂村大明养蝎场注册了"大明"蝎子产品商标,生蝎存量达600公斤;全站成品蝎存量在100公斤的养殖户达6家;宋沟村钱会正养蜂场带动周边6个村61户养蜂户养殖蜜蜂3000余箱,年产优质蜂蜜1万公斤以上,销往平顶山市各县区,养蜂户联合注册了"山中百卉"牌商标;尖山坡、大石扒、金庄、赵沟等柴鸡散养场200余家,存栏量60万只,尖山坡爱国主义教育示范基地注册的"尖坡天然"牌柴鸡蛋供不应求;康采恩养殖专业合作社在大石扒创立了黑毛猪养殖示范基地,注册了"豫宝"黑猪商标,存栏量达2000头,"豫宝"黑猪获平顶山市工业制造及消费品博览会银奖,"豫宝"黑猪肉直营店分别在宝丰县城、平顶山市区开业3家。

【水利】 2012年,观音堂林站同各村签订防汛工作目标责任书。投入3万元对南石河河道进行清淤清障,备足铁丝、编织袋、镐锨等防汛物资。每个村都建立了不少于50人的抗洪抢险应急队伍,制订防汛预案,为114个防洪重点区域安装防洪喇叭,为87个防洪重点自然村配备手摇报警器,确保了安全度汛期。

【招商引资】 2012年,由林站主要领导带队,到成都天威新能源控股有限公司和福建七匹狼有限公司招商,引进中国电力建设有限公司风力发电项目1个,风力数据测量塔已经建成。

【交通】 2012年,完成投资1200万元的大观公路和投资600万元的北水峪至汝州市公路建设项目。完成投资60万元金庄村扶贫开发整村推进项目。

【教育】 2012年,投资350万元的中心幼儿园,投资670万元的滴水崖小学、赵沟小学主体工程全部完工,观音堂山区教育基础设施得到极大改善。

【科技】 2012年,观音堂林站继续加大农业科技推广力度。观音堂花椒基地正在申报河南省科普示范基地。努力打造花椒生产标准化示范基地,以花椒办牵头,以各村花椒主管副职为主体,加强学习和培训,以现场培训和现场服务为主要形式,在花椒的修剪拉枝、施肥灭荒、采摘晾晒、加工销售等管理环节给予技术指导和引导,给椒农提供国家政策、市场信息等方面的帮助和支持。培训农民工300余名,劳务输出100名。

【卫生】 观音堂林站有卫生院1所,职工20人,其中专业技术人员14人,后勤6人。卫生院投资8.4万元购置全自动血球分析仪1台,投资2.8万元购置半自动电解质分析仪1台。全年完成居民纸质健康档案18389份,电子档案18190人,规范建档率98%。举办健康教育知识讲座11次,咨询活动9次,发放健康教育手册、宣传单1.6万份。新型农村合作医疗深入开展，全年在卫生院住院675人，总医药费用114.2万元，新农合补助金额94.2万元。

【计划生育】 投入100余万元，建设升级计生办乡所和观音堂、罗顶等6个村级计划生育服务室。顺利通过省、市、县考核验收。

【人民生活】 2012年，观音堂林站农民人均纯收入1390元。城镇居民养老参保率86.2%，2206名60周岁以上老人领到养老保险金。

【政法】 牢固树立为上访人排忧解难工作理念，严格落实接待日、办案、月考评等制度，保证了在十八召开等敏感时期的大局稳定。全年共接待群众来访(信)62件，办结上级交办案件16件。

【新农村建设】 观音堂、赵沟、滴水崖、庄科、垛上5个中心村全部开工建设，其中观音堂中心村一期入住群众50户；赵沟中心村一期入住29户；滴水崖中心村7月24日开工建设；庄科中心村于10月4日开工建设，一期50套主体已经完工；垛上中心村于10月26日开工建设。

【党建】 按照"围绕经济抓党建，抓好党建促经济"的工作思路，加强党的执政能力建设和先进性建设，全面推进党组织思想建设、组织建设、作风建设、制度建设和执政能力建设。结合换届结束后实际情况，林站党委及时组织新当选村两委干部进行岗前培训。深入开展创先争优活动，在全体党员中开展"党员志愿者服务"活动，4月11日举行党员志愿服务队成立仪式，成立花椒生产、计生服务、送水解困、护林防火等27支党员志愿者服务队，为群众办实事、好事1000余件。全年举办入党积极分子培训班1期，培养入党积极分子72名，新发展预备党员20名。

【"三联三帮建五宝"活动】 联系观音堂林站的县领导亲自入村调研"三联三帮建五宝"活动开展情况，指导联帮队员和行政村、重点户制订帮扶工作计划，先后帮助协调解决信访问题20余起，出资2.1万元救助21名新考入二本以上贫困大学生顺利入学，慰问贫困户71户，办各类实事、好事211件。

（宁跃锋）

铁路办事处

【概况】 铁路地区办事处位于杨庄镇境内，辖铁东、铁西、铁北3个社区居民委员会。全区居民1100余人（均为非农业人口）。办事处设有人民武装部、计生办、民政所、市政所、司法派出所、公安派出所等。有干部职工16人。

【教育】 辖区有学校3所。2012年，宝丰县实验幼儿园占地面积3000余平方米，建筑面积1600平方米，绿化面积500平方米。有教学班6个，在园幼儿250余人，在岗教职工15人，教师学历达标率100%。宝丰县第二实验小学，占地面积2.4万平方米，总建筑面积3600平方米。有6个年级24个教学班，在校学生1360人，有教职工61人。宝丰县第二高级中学分校，占地面积19997平方米，绿化面积1216平方米。有3个年级24个教学班，学校有教职工93人，其中省级骨干教师3人，市级骨干教师4人，高级教师15人，一级教师28人，在读研究生4人。

【综合治理】 2012年，铁路办事处党工委继续把平安建设列入重要议事日程，与3个居委会、12个重点单位签订涉及综治、反邪教、信访、普法、安全生产等内容的目标责任书，扎实开展"两打击一整治"专项行动。结合铁路地区实际，制订实施方案，成立领导小组。在辖区刷写墙体标语、悬挂横幅等进行广泛宣传，为专项行动顺利开展打下基础。做好防范和处理邪教及信访稳定工作，实现了反邪教工作"三零"目标和"零上访"。始终树立"安全大于天、责任重如山"的思想，加大检查督导力度，深入开展食品安全、消防安全等专项检查，每季度对辖区内各企业、学校、饭店、网吧、超市等进行拉网式检查1次，共查出各类隐患10条，当即整改10条，整改率100%。

【市政创建】 2012年，县铁路办和各社区居委会都成立了创建工作领导机构，并有专人负责创建的日常工作，根据辖区的实际，制订

《2012年铁路办创建工作实施方案》《铁路地区集贸市场整治方案》《爱国卫生月活动方案》等，针对辖区市容环境卫生存在的薄弱环节，采取切实有效的措施，开展综合整治。建立督查队伍，形成督查机制，对存在市容环境卫生脏、乱、差问题的社区居委会发出整改通知书，限时要求完成整改，对不能按时完成整改的社区居委会追究责任。在开展创卫活动中，通过设立宣传栏，印刷宣传标语，上门发送宣传资料等多种形式，宣传巩固发展创卫成果的重要意义，提高防病意识，营造良好的舆论氛围。协调县创建办、县住建局对五线桥至农贸市场路面进行修补，协调电力工区等铁路单位及时做好三线入地等路面整修前期准备工作，确保路面整修按时顺利进行。配合县综合执法局、县交警队对平西火车站外私搭乱建的简易房进行拆除，对拆除后的路面及卫生死角进行整治。各社区居委会组织发动辖区的居民群众参与环境卫生清洁活动，结合城市管理综合整治，开展对集贸市场、“五小”行业卫生清理整顿，重点整治内街小巷，沿街马路乱摆卖、乱丢垃圾、乱贴乱画；落实“门前三包”责任制，推动“门前三包”工作逐步走向规范化、制度化的轨道。开展以灭蚊、灭鼠为重点的“除四害”工作，有效地预防传染病发生和传播。

【计划生育】 2012年，铁路办计划生育工作进一步健全和落实各项执法制度，组织计生办干部职工参加上岗执法知识学习1次，参加人员3人次。以会代训召开辖区单位和居委会计生专干学习培训班2期，参加人员20余人次。依法开展计划生育审批工作。在办理《服务手册》《二孩生育证》《独生子女父母光荣证》等事项中，严格执行审批、发放、管理程序。加强队伍建设，建立健全办事处、社区居委会、居民小组(楼院)三级人口和计生管理服务网络。加强软件建设。根据属地管理的要求，统一印制社区楼院人口和计划生育户口登记表，更新完善社区居委会的计生台账。5月始，用4个月的时间按居住实有人员为基准，重新建立社区居委会的计划生育台账，做到一楼一册，一户一页，并对已婚育龄妇女实行分类管理。完善定期清查和信息采集制度，各社区居委会定期对辖区居民楼院集中入户排查登记，对漏管漏档的常住和流动人口已婚育龄妇女及时建立楼院台账，纳入管理和服务。社区居委会每月召开人口和计生工作例会1次，及时变更楼院计生台账。完善信息通报和手续移交制度。

【社区文化建设】 组织铁路地区居民开展广场健身舞活动，每天参加健身的居民100~200余人。铁东社区组织居民开展百姓舞台戏迷赛和门球赛。铁路办事处举办了乒乓球比赛和跳绳比赛。

【民政】 2012年，铁路办认真做好医疗保险和城乡居民社会养老保险工作。抽调办事处有关人员，设立3个办公室为铁路地区居民办理城镇居民医疗保险和养老保险，为居民办理续保手续，为60岁以上老人办理了养老保险存折。

(赵旭辉)

全国传统文化村落马街村

一、村落简介

马街村位于宝丰县杨庄镇南部。村落形成于元代以前，村域面积6.7平方公里，村庄占地面积730亩。常住人口5000人，居民以汉族为主，村民的经济来源以种植、养殖、曲艺表演为主，人均年收入7000余元。

该村东北部应河环绕，西南部为丘陵，古时宛洛大道从村中经过。该村分为马南、马北两个行政村。现有人口4420多人，建国前称马渡镇，建国后设区政府。村中街道呈"川"字形布局，村民多以农业生产为主，城市6路公交车直达该村，交通便利。

二、村落传统建筑

根据第三次全国文物普查，该村有不可移动文物11处，县级文物保护单位广严寺，建于明代，位于寨内东北隅。其他不可移动文物有豫陕鄂五地委办公地旧址、杨现元老宅、卢增凡老宅、秦基伟旧居、马街遗址、付永强老宅、马街书会会址、观音堂等。全部传统建筑占村庄建筑总面积的比例为42%。

该村传统建筑集中连片分布在南北主街中部，建筑面积约196900平方米，建筑多为青砖硬山灰瓦顶砖木结构，木制门窗，总体保存较好，对研究中原地区传统民居建筑提供了实物资料。

豫陕鄂五地委办公地旧址位于马街村中部，为红色革命遗址。豫陕鄂五地委于1947年11月成立，次年1月，迁入宝丰县城。豫陕鄂五地委经过一年多的政权建设、通过剿灭土匪、支前参军等艰苦卓绝的工作和斗争，使这个昔日国民党特务、散兵游勇、土豪劣绅横行肆虐的地区，逐步变成一个政权巩固的解放区。

三、村落选址和格局

马街村位于杨庄镇南部，东临应河，古时应河此段称马渡河，又因宛洛大道从村中通过，商贾渐增，沿路发展成街，故名马街。村内有南北主街三条，古井7眼。原有寨墙寨门已毁，现村寨壕。该村整体风貌保存较好。

四、村落承载的非物质文化遗产

马街村为马街书会传承地。马街书会起源于元代，延绵700余年。马街书会会址位于该村东北部。每到正月十三会时，赶会艺人达3000余人，赶会群众达20余万人。2006年5月马街书会被国务院公布为第一批国家级非物质文化遗产名录。马街村每月农历逢三有会，单日有集。

五、村落人居环境现状

村中街道呈"川"字形布局，取川流不息之兆。在寨内东北隅有县级文物保护单位广严寺，村东北为马街书会会址。城市6路公交车直达该村，交通便利。

（宝丰县文广局提供）

附　录

一、集体荣誉

本表收录宝丰县各单位、各乡镇获市(厅)级以上集体荣誉300余项,其中获国家级荣誉9项。

2012年宝丰县获市级以上集体荣誉表

获奖单位	荣誉称号	命名时间	命名单位
前营乡前营村	全国妇联基层组织建设示范村(社区)	2012.1	中华全国妇女联合会
石桥镇吕寨村	全国妇联基层组织建设示范村(社区)	2012.1	中华全国妇女联合会
周庄镇陈营社区	全国妇联基层组织建设示范村(社区)	2012.1	中华全国妇女联合会
宝丰县	河南省文明县城	2012.1	省文明委
县质监局	基层能力提升"十快"县级局	2012.1	省质监局
县法院	集体二等功	2012.1	省高级人民法院
县法院	第三次拖欠进城务工人员工资案件集中办理活动先进集体	2012.1	省高级人民法院
县法院	司法警务工作先进单位	2012.1	省高级人民法院
县法院	全省法院先进集体	2012.1	省高级人民法院
县法院法警大队	司法警务工作成绩突出集体	2012.1	省高级人民法院
县工商局	精神文明建设先进单位	2012.1	省工商局
县工商局	打击侵犯知识产权和制售假冒伪劣商品专项行动先进集体	2012.1	省工商局
县工商局城关工商所	全省工商行政管理系统人民满意工商所	2012.1	省工商局
县人行	标杆职工之家	2012.1	中国人民银行工会工作委员会
张八桥税务分局	全省国税系统星级税务分局	2012.1	省国税局
观音堂林站	全市扶贫开发先进集体	2012.1	市委、市政府
观音堂马堂村	全市扶贫开发先进集体	2012.1	市委、市政府
县林业局	全市林业生态建设先进单位	2012.1	平顶山市政府
宝丰县	国家园林县城	2012.2	国家住建部
县体育局	全国全民健身先进单位	2012.2	国家体育总局
县产业集聚区	2011年度河南省十快产业集聚区	2012.2	河南省政府
团县委	全省驻外团工委建设先进单位	2012.2	共青团河南省委
县矿山救护队	2011年度矿山救援先进单位	2012.2	省煤监局
县矿山救护队	特级质量标准化矿山救护队	2012.2	省煤监局
县委统战部	全省基层统战宣传工作先进单位	2012.2	省委统战部
县史志办	全省修志工作先进单位	2012.2	省史志办
县法院	全省法院调研工作先进集体	2012.2	省高级人民法院
县法院	2011年度平安建设先进单位	2012.2	市委、市政府

续表 1

获奖单位	荣誉称号	命名时间	命名单位
县公安局	2011 年度平安建设先进单位	2012.2	市委、市政府
县地税局	2011 年度平安建设先进单位	2012.2	市委、市政府
县公安局	全省公安工作先进县(市)公安局	2012.2	省公安厅
县公安局城关派出所	“平安杯”竞赛活动先进公安基层所队	2012.2	省公安厅
县公安局便衣大队	网上追逃专项督察“清网行动”先进集体	2012.2	省公安厅
县卫生监督所	2011 年度医疗监督先进集体	2012.2	省卫生厅
县教体局	全省普通高中课程改革先进单位	2012.2	省教育厅
县教体局	河南省中小学德育工作先进单位	2012.2	省教育厅
县文广局	全省文化市场综合执法先进单位	2012.2	省文化厅
肖旗乡	河南省民间艺术之乡	2012.2	省文化厅
周庄镇文化站	2011 年度全省先进文化站	2012.2	省文化厅
县农科所	全省农业科研系统科技成果转化先进单位	2012.2	省农科院
县农业局	全省农业科研系统科技成果转化先进单位	2012.2	省农科院
宝酒公司	全省工业生产价格统计调查工作先进单位	2012.2	国家统计局河南调查总队
县安监局	河南省安全生产先进单位	2012.2	省安全生产委员会
闹店镇计生服务中心	2011 年度人口和计划生育先进单位	2012.2	市委、市政府
商酒务镇	2011 年度统筹解决人口问题示范乡(镇)	2012.2	市委、市政府
周庄镇	通报表彰的人口计生工作乡镇	2012.2	市委、市政府
闹店镇	通报表彰的人口计生工作乡镇	2012.2	市委、市政府
李庄乡	通报表彰的人口计生工作乡镇	2012.2	市委、市政府
赵庄乡	通报表彰的人口计生工作乡镇	2012.2	市委、市政府
石桥镇	通报表彰的人口计生工作乡镇	2012.2	市委、市政府
宝丰县	平安建设先进县	2012.2	市委、市政府
县国土资源局	平安建设先进单位	2012.2	市委、市政府
商酒务镇	平安建设先进乡(镇)	2012.2	市委、市政府
李庄乡	平安建设先进乡(镇)	2012.2	市委、市政府
张八桥镇	平安建设先进乡(镇)	2012.2	市委、市政府
县政府	全市对外开放工作先进单位	2012.2	平顶山市政府
县政府	国内贸易工作先进单位	2012.2	平顶山市政府
县政府	招商选资工作先进单位	2012.2	平顶山市政府
县行政服务中心	全市行政服务工作先进单位	2012.2	平顶山市政府
县行政服务中心国税局窗口	全市行政服务工作优质服务窗口	2012.2	平顶山市政府
县行政服务中心工商局窗口	全市行政服务工作优质服务窗口	2012.2	平顶山市政府
石桥镇	粮食高产创建工作先进乡镇	2012.2	平顶山市政府

续表2

获奖单位	荣誉称号	命名时间	命名单位
县农业局	2012年度粮食高产创建先进单位	2012.2	平顶山市政府
肖旗乡	先进乡镇便民服务中心	2012.2	平顶山市政府
县安监局	平顶山市安全生产先进集体	2012.2	平顶山市政府
宝酒公司	平顶山市安全生产先进集体	2012.2	平顶山市政府
县直工委	河南省先进县(市、区)直工委	2012.2	河南省直工委
县电业局职工书屋	国家级示范性职工书屋	2012.3	中华全国总工会
宝丰县	河南省家电下乡工作先进单位	2013.3	河南省政府
县国土资源局	全省国土资源信访工作先进单位	2012.3	省国土资源厅
观音堂铝粘土管理所	全省国土资源系统"两整治一改革"工作先进单位	2012.3	省国土资源厅
县工商局	2011年度保护消费者权益先进单位	2012.3	平顶山市政府
县工商局12315申诉举报中心	2011年度保护消费者权益先进单位	2012.3	平顶山市政府
县工商局消费者权益保护股	2011年度保护消费者权益先进单位	2012.3	平顶山市政府
县消费者协会	2011年度保护消费者权益先进单位	2012.3	平顶山市政府
县工商局城关工商所	2011年度保护消费者权益先进单位	2012.3	平顶山市政府
县质监局	2011年度保护消费者权益先进单位	2012.3	平顶山市政府
县公安局经侦大队	2011年度保护消费者权益先进单位	2012.3	平顶山市政府
宝丰移动公司	2011年度保护消费者权益先进单位	2012.3	平顶山市政府
宝丰联通公司	2011年度保护消费者权益先进单位	2012.3	平顶山市政府
平顶山银行宝丰分行	2011年度保护消费者权益先进单位	2012.3	平顶山市政府
宝丰龙兴酒业有限公司	2011年度保护消费者权益先进单位	2012.3	平顶山市政府
石桥镇	现代畜牧业发展优秀乡镇	2012.3	平顶山市政府
李庄乡	河南省"六好"乡镇(街道)工会	2012.3	省总工会
恒瑞新材料有限公司	省重点工程建设竞赛先进单位	2012.3	省总工会、省发改委
县商务局	河南省家电下乡工作先进集体	2012.3	省家电下乡工作领导小组
县商务局	河南省市场运行监测工作先进单位	2012.3	省商务厅
县妇联	河南省"三八"红旗集体	2012.3	省妇联
县妇联	河南省妇女创先争优先进集体	2012.3	省妇联
金岭牧业公司	河南省科技养殖示范基地	2012.3	省妇联
县文联	全省文联系统先进集体	2012.3	省文联
县盐业局	2011年度食盐专营先进单位	2012.3	省盐务管理局
县农信社	2011年度经营效益先进单位	2012.3	省农信社
县农信社	先进基层党组织	2012.3	省农信社
城关司法所	省级规范化司法所	2012.3	市委、市政府
县委老干部局	全市老干部工作先进集体	2012.3	市委、市政府
商酒务镇	2011年度信访工作先进乡镇	2012.3	市委、市政府
县政府	2011年度市级文明单位	2012.3	市委、市政府
县药监局	2011年度市级文明单位	2012.3	市委、市政府

续表 3

获奖单位	荣誉称号	命名时间	命名单位
县文广局	2011 年度市级文明单位	2012.3	市委、市政府
县公路管理局	2011 年度市级文明单位	2012.3	市委、市政府
县林业局	2011 年度市级文明单位	2012.3	市委、市政府
县教师进修学校	2011 年度市级文明单位	2012.3	市委、市政府
地税局周庄中心税所	2011 年度市级文明单位	2012.3	市委、市政府
赵庄乡	2011 年度市级文明单位	2012.3	市委、市政府
赵庄乡赵庄村	2011 年度市级文明单位	2012.3	市委、市政府
前营乡大连庄村	2011 年度市级文明单位	2012.3	市委、市政府
观音堂林站垛上村	2011 年度市级文明单位	2012.3	市委、市政府
李庄乡李庄村	2011 年度市级文明单位	2012.3	市委、市政府
县委新农办	全省党委农办系统信息工作先进单位	2012.4	省委农村工作办公室
县人口计生委	省级廉政文化“六进”活动示范点	2012.4	省纪律检查委员会
县银监办	2011 年度优秀职工之家	2012.4	省银监局
宝酒公司	河南省园林单位	2012.4	省住建厅
宝酒公司	河南省时代先锋模范单位	2012.4	共青团河南省委等
县节水办	全省水利与公安联合保护水资源专项整治工作先进集体	2012.4	省水利厅、省公安厅
县水利局	2011 年保护水资源专项治理工作先进集体	2012.4	省水利厅
县公安局行财科	2011 年度全省公安机关装备财务工作先进集体	2012.4	省公安厅
城关民政所	2011 年度全省群众满意基层站所	2012.4	省民政厅
宝丰县	全市老干部工作先进集体	2012.4	市委、市政府
县人大常委会	全市老干部工作先进集体	2012.4	市委、市政府
县委老干部局	全市老干部工作先进集体	2012.4	市委、市政府
县财政局	全市老干部工作先进集体	2012.4	市委、市政府
县教体局	全市老干部工作先进集体	2012.4	市委、市政府
县企改中心	全市老干部工作先进集体	2012.4	市委、市政府
商酒务镇	全市老干部工作先进集体	2012.4	市委、市政府
赵庄乡	全市老干部工作先进集体	2012.4	市委、市政府
宝丰县	2011 年度信访工作先进县	2012.4	市委、市政府
李庄乡	2011 年度信访工作“四无”乡镇	2012.4	市委、市政府
张八桥镇	2011 年度信访工作“四无”乡镇	2012.4	市委、市政府
石桥镇	2011 年度信访工作“四无”乡镇	2012.4	市委、市政府
铁路办事处	2011 年度信访工作“四无”乡镇	2012.4	市委、市政府
周庄镇	2011 年度信访工作“四无”乡镇	2012.4	市委、市政府
前营乡	2011 年度信访工作“四无”乡镇	2012.4	市委、市政府
县粮食局	2011 年度信访工作先进直属单位	2012.4	市委、市政府
县国土资源局	平顶山市市长热线三级网络先进单位	2012.4	平顶山市政府
县政府	第二届中国郑州产业转移系列对接活动先进单位优秀综合奖	2012.4	平顶山市政府

续表4

获奖单位	荣 誉 称 号	命名时间	命 名 单 位
县工信局	第二届中国郑州产业转移系列对接活动先进单位优秀成果奖	2012.4	平顶山市政府
县政府	2011年度企业服务工作先进单位	2012.4	平顶山市政府
县工信局	2011年度企业服务工作先进单位	2012.4	平顶山市政府
商酒务镇	2011年度企业服务工作先进单位	2012.4	平顶山市政府
县政府办	工农关系协调先进单位	2012.4	平顶山市政府
县畜牧局	2011年度畜牧兽医综合工作优秀单位	2012.4	平顶山市政府
县老促会	2012年老区宣传工作三等奖	2012.5	中国老区建设促进会
宝丰县	全省南水北调丹江口库区移民迁安工作先进县	2012.5	省委、省政府
县水利局	全省南水北调丹江口库区移民迁安工作先进单位	2012.5	省委、省政府
县水利局移民办	全省南水北调丹江口库区移民迁安工作集体二等功	2012.5	省委、省政府
县国土资源局	全省先进基层党校	2012.5	省委宣传部
县水利局	全省水利系统水政监察队伍文明执法示范窗口单位	2012.5	省水利厅
县水利局	全省南水北调总干渠征迁工作先进单位	2012.5	省政府移民办
肖旗乡	全省南水北调总干渠征迁工作先进单位	2012.5	省政府移民办
城关镇	全省南水北调总干渠征迁工作先进单位	2012.5	省政府移民办
团县委	河南省五四红旗团委	2012.5	团省委
杨庄镇团委	河南省先进基层团组织	2012.5	团省委
县公安局宣传科	全省公安宣传和舆论引导工作先进集体	2012.5	省公安厅
宝酒公司	2010~2011年度河南省工业统计工作先进企业	2012.5	省统计局
县残联	全省残疾人就业保障金征收工作先进单位	2012.5	省残疾人联合会
县政府办	2011年度平顶山市应急管理工作先进单位	2012.5	平顶山市政府
县水利局	2011年度平顶山市应急管理工作先进单位	2012.5	平顶山市政府
石桥镇	2011年度征兵工作先进单位	2012.5	平顶山市政府、军分区
县政府	2011年度干线公路建设突出贡献奖	2012.5	平顶山市政府
县交通局	2011年度干线公路建设突出贡献奖	2012.5	平顶山市政府
县政府	农村公路养护管理“畅通杯”劳动竞赛先进单位	2012.5	平顶山市政府
商酒务镇	农村公路养护管理文明示范乡镇	2012.5	平顶山市政府
宝丰县委	全省创先争优活动先进县委	2012.6	中共河南省委
张八桥镇姚店铺村党支部	全省创先争优先进基层组织	2012.6	中共河南省委
县建筑行业协会党支部	全省创先争优先进基层组织	2012.6	中共河南省委
县驻村办	全省党员干部驻村任职工作先进选派办	2012.6	省委组织部
商酒务镇	2011年度乡级政府统计先进单位	2012.6	省统计局
宝酒公司	2012年度中国白酒酒体设计奖	2012.6	中国食品工业协会白酒专业委员会
宝酒公司	华夏酒文化传承创新示范基地	2012.6	省工信厅等
县人口计生委	全省人口计生系统信访先进单位	2012.6	省人口计生委
闹店镇团委	全省共青团系统创先争优活动先进基层团组织	2012.6	团省委
平顶山银行宝丰支行	全省共青团系统创先争优活动先进基层团组织	2012.6	团省委

续表 5

获奖单位	荣誉称号	命名时间	命名单位
石桥镇卫生院	河南省示范预防接种门诊	2012.6	省卫生厅
闹店镇卫生院	河南省示范预防接种门诊	2012.6	省卫生厅
肖旗乡卫生院	河南省示范预防接种门诊	2012.6	省卫生厅
赵庄乡卫生院	河南省示范预防接种门诊	2012.6	省卫生厅
县地税局党支部	全市创先争优先进基层党组织	2012.6	中共平顶山市委
商酒务镇赵三村党支部	全市创先争优先进基层党组织	2012.6	中共平顶山市委
赵庄乡党委	全市创先争优先进基层党组织	2012.6	中共平顶山市委
李庄乡党委	全市创先争优先进基层党组织	2012.6	中共平顶山市委
闹店镇军营村党支部	全市创先争优先进基层党组织	2012.6	中共平顶山市委
宝酒公司	平顶山市科技进步特等奖	2012.6	平顶山市政府
县关工委	全国“中华魂”主题教育活动先进集体	2012.7	中国关工委
县卫生监督所	河南省基层医疗卫生服务体系建设优秀方案三等奖	2012.7	省卫生厅、省中医管理局
县红十字会	河南省红十字会系统先进集体	2012.7	省人社厅、省红十字会
县文物局	第三次全国文物普查先进单位	2012.7	省人社厅、省文物局
县公安局	2011 年度全省优秀公安局	2012.7	省公安厅
县农业局	2012~2014 年度省级卫生先进单位	2012.7	省爱卫会
县统计局	全省企业一套表联网直报工作先进集体	2012.7	省统计局
宝丰县	创建全国双拥模范工作先进单位	2012.7	市委、市政府
县人武部政工科	拥政爱民先进单位	2012.7	市委、市政府
杨庄镇政府	创建全国双拥模范工作先进单位	2012.7	市委、市政府
县财政局	创建全国双拥模范工作先进单位	2012.7	市委、市政府
县民政局	创建全国双拥模范工作先进单位	2012.7	市委、市政府
大营镇政府	2011 年度市级卫生乡镇	2012.7	平顶山市政府
肖旗乡	爱国卫生工作农村改厕先进集体	2012.7	平顶山市政府
赵庄乡	爱国卫生工作农村改厕先进集体	2012.7	平顶山市政府
肖旗乡肖旗村	2011 年度市级卫生村	2012.7	平顶山市政府
肖旗乡枣庄村	2011 年度市级卫生村	2012.7	平顶山市政府
肖旗乡潘庄村	2011 年度市级卫生村	2012.7	平顶山市政府
肖旗乡磁石八岭村	2011 年度市级卫生村	2012.7	平顶山市政府
张八桥镇贾岭村	2011 年度市级卫生村	2012.7	平顶山市政府
张八桥镇西火山村	2011 年度市级卫生村	2012.7	平顶山市政府
张八桥镇王堂村	2011 年度市级卫生村	2012.7	平顶山市政府
张八桥镇张八桥村	2011 年度市级卫生村	2012.7	平顶山市政府
肖旗乡袁庄村	2011 年度市级卫生村	2012.7	平顶山市政府
观音堂林站赵沟村	2011 年度市级卫生村	2012.7	平顶山市政府
观音堂林站崔家村	2011 年度市级卫生村	2012.7	平顶山市政府

续表6

获奖单位	荣誉称号	命名时间	命名单位
观音堂林站金店村	2011年度市级卫生村	2012.7	平顶山市政府
观音堂林站观音堂村	2011年度市级卫生村	2012.7	平顶山市政府
城关镇南关社区	2011年度市级卫生村	2012.7	平顶山市政府
城关镇大寺新一村	2011年度市级卫生村	2012.7	平顶山市政府
城关镇大寺新六村	2011年度市级卫生村	2012.7	平顶山市政府
闹店镇闹店村	2011年度市级卫生村	2012.7	平顶山市政府
闹店镇刘集村	2011年度市级卫生村	2012.7	平顶山市政府
闹店镇贾寨村	2011年度市级卫生村	2012.7	平顶山市政府
闹店镇周营村	2011年度市级卫生村	2012.7	平顶山市政府
大营镇大岭王村	2011年度市级卫生村	2012.7	平顶山市政府
大营镇康洼村	2011年度市级卫生村	2012.7	平顶山市政府
大营镇清凉寺村	2011年度市级卫生村	2012.7	平顶山市政府
大营镇上李庄村	2011年度市级卫生村	2012.7	平顶山市政府
县政府	2011年度市级爱国卫生先进集体	2012.7	平顶山市政府
宝丰县	2011年度"爱卫杯"竞赛活动县市区优胜单位银杯	2012.7	平顶山市政府
赵庄乡	2011年度"爱卫杯"竞赛活动铜杯	2012.7	平顶山市政府
商酒务镇	病媒生物防治工作先进集体	2012.7	平顶山市政府
县政府办	责任目标优秀单位	2012.7	平顶山市政府
县广电局	爱国卫生信息宣传工作先进集体	2012.7	平顶山市政府
河南亚坤实业集团	全国模范职工之家	2012.8	中华全国总工会
县总工会	省级示范性职工书屋	2012.8	省总工会
县国土资源局	河南省矿产资源补偿费征管工作先进单位	2012.8	省国土资源厅
县法院	司法宣传工作成绩突出单位	2012.9	省高级人民法院
县国土资源局	2010~2012年创先争优先进单位	2012.9	省国土资源厅
商酒务国土资源所	2010~2012年创先争优先进国土资源所	2012.9	省国土资源厅
宝丰县	全省文化体制改革工作先进地区	2012.10	省委宣传部等
县文广局	全省文化体制改革工作先进单位	2012.10	省委宣传部等
县电影发行放映公司	全省文化体制改革工作先进单位	2012.10	省委宣传部等
县商务局	全省开展农村商务信息服务工作先进单位	2012.10	省远程办、省商务局
县科协	全省农村科普工作先进集体	2012.10	省科协
县粮食局	全省粮食流通监督检查示范单位	2012.10	省粮食局
宝丰县	河南省国土资源节约集约模范县	2012.10	省国土资源厅
县教体局	河南省老年人体育工作先进单位	2012.10	省体育局
河南洁石实业集团	平顶山市优秀民营企业	2012.10	市委、市政府
河南大地水泥集团	平顶山市优秀民营企业	2012.10	市委、市政府
河南亚坤实业集团	平顶山市优秀民营企业	2012.10	市委、市政府
河南宇隆实业集团	平顶山市优秀民营企业	2012.10	市委、市政府

续表 7

获奖单位	荣誉称号	命名时间	命名单位
宝丰酒业有限公司	平顶山市优秀民营企业	2012.10	市委、市政府
宝丰县宏发铁业公司	平顶山市优秀民营企业	2012.10	市委、市政府
宝丰县洁石碳素公司	平顶山市优秀民营企业	2012.10	市委、市政府
宝丰县联丰面粉厂	平顶山市优秀民营企业	2012.10	市委、市政府
弘玉汝瓷有限公司	平顶山市优秀民营企业	2012.10	市委、市政府
海宝实业公司	平顶山市高成长型民营企业	2012.10	市委、市政府
河南康龙实业公司	平顶山市高成长型民营企业	2012.10	市委、市政府
河南亿盛光伏材料公司	平顶山市高成长型民营企业	2012.10	市委、市政府
河南大香山商贸集团	平顶山市高成长型民营企业	2012.10	市委、市政府
河南弘宝汝瓷坊公司	平顶山市高成长型民营企业	2012.10	市委、市政府
河南恒瑞新型材料公司	平顶山市高成长型民营企业	2012.10	市委、市政府
河南旭原不锈钢公司	平顶山市高成长型民营企业	2012.10	市委、市政府
宝丰县冯异醋业公司	平顶山市高成长型民营企业	2012.10	市委、市政府
宝丰县	2011 年度发展县域经济先进县	2012.10	市委、市政府
宝丰县	地区生产总值占全市比重提高幅度第一名	2012.10	市委、市政府
宝丰县	全社会固定资产投资占全市比重提高幅度第三名	2012.10	市委、市政府
宝丰县	规模以上工业增加值占全市比重提高幅度第二名	2012.10	市委、市政府
宝丰县	招商选资综合排序第二名	2012.10	市委、市政府
宝丰县	产业集聚区发展排序第二名	2012.10	市委、市政府
县水利局	平顶山市南水北调干线征迁工作先进单位	2012.10	平顶山市政府
石桥镇	平顶山市南水北调干线征迁工作先进单位	2012.10	平顶山市政府
大宋汝窑瓷业公司	河南省第四批文物复仿制品研究开发基地	2012.11	省文物局
宋宫汝瓷发展公司	河南省第四批文物复仿制品研究开发基地	2012.11	省文物局
县商务局	全省史志优秀成果三等奖	2012.11	省地方史志委员会
赵庄乡	全省史志优秀成果三等奖	2012.11	省地方史志委员会
县财政局	全省史志优秀成果三等奖	2012.11	省地方史志委员会
县文广局	全省史志优秀成果三等奖	2012.11	省地方史志委员会
县史志办	《宝丰县志》评为河南省优秀成果二等奖	2012.11	省地方史志委员会
宝酒公司	2012 年度酒类行业最佳企业营销奖	2012.11	中国酒类流通协会
宝丰县	河南省养老服务社会化示范县	2012.11	省民政厅
商酒务镇商酒务村老年互助家园	河南省养老服务机构示范单位	2012.11	省民政厅
赵庄乡大黄村老年互助家园	河南省养老服务机构示范单位	2012.11	省民政厅
县统计局	全国企业一套表联网直报先进集体	2012.12	国家统计局
县政府	全国推广普及健身气功工作先进单位	2012.12	国家体育总局健身气功管理中心
县水利局	全国优秀县镇供水企业	2012.12	中国城镇供水排水协会
县质监局	2012 年度省级文明单位	2012.12	省委、省政府

续表8

获奖单位	荣誉称号	命名时间	命名单位
县地税局	2012年度省级文明单位	2012.12	省委、省政府
县检察院	2012年度省级文明单位	2012.12	省委、省政府
县财政局	2012年度省级文明单位	2012.12	省委、省政府
赵庄乡袁庄村	国家第二批表彰河南省人口和计划生育基层群众自治示范村	2012.12	省人口计生委
县委组织部	全省组织系统“讲党性、重品行、作表率”先进集体	2012.12	省委组织部
县科技局	全省科技特派员工作先进集体	2012.12	省科技厅
县运管所	省级卫生先进单位	2012.12	省爱卫会
宝丰长途汽车站	省级卫生先进单位	2012.12	省爱卫会
县总工会	省级卫生先进单位	2012.12	省爱卫会
县商务局	省级卫生先进单位	2012.12	省爱卫会
县人行	省级卫生先进单位	2012.12	省爱卫会
移动公司	省级卫生先进单位	2012.12	省爱卫会
大营卫生院	省级卫生先进单位	2012.12	省爱卫会
赵庄卫生院	全省“百佳”乡镇卫生院	2012.12	省卫生厅
闹店卫生院	全省“百佳”乡镇卫生院	2012.12	省卫生厅
赵庄乡	全省农村“清洁家园”行动先进乡镇	2012.12	省文明委
宝丰县	全省村务公开民主管理示范单位	2012.12	省农村村务公开民主管理工作领导小组
商酒务镇	全省村务公开民主管理示范乡镇	2012.12	省农村村务公开民主管理工作领导小组
赵庄乡	全省村务公开民主管理示范乡镇	2012.12	省农村村务公开民主管理工作领导小组
石桥镇	全省村务公开民主管理示范乡镇	2012.12	省农村村务公开民主管理工作领导小组
宝丰一高	河南“十佳”素质教育特色学校	2012.12	河南日报报业集团
县政府	第四届“华合论坛”先进单位	2012.12	市委、市政府
石桥镇	全市烟叶生产收购工作先进单位	2012.12	平顶山市政府
县实验一小	河南省创建法治示范学校	2012	省教育厅
城关二小	河南省创建法治示范学校	2012	省教育厅
移动公司东城区营业厅	全省优秀基层站所评议先进单位	2012	省纠风办

二、宝丰籍享受生活费补助研究生

收录2011级、2012级宝丰籍享受生活费补助研究生561人。其中，2011级博士研究生14人、硕士研究生232人；2012级博士研究生23人、硕士研究生292人。此部分内容由宝丰县教体局提供。户籍所在地或居住地一栏，个别为父母单位。

2011级享受补助生活费宝丰籍研究生情况

序号	姓 名	性别	出生年月	录取学校	户籍所在地或居住地	备注
1	王振培	男	1984.12	荷兰代尔夫理工大学	商酒务镇白庄村	博士
2	余晓魁	男	1987.12	中科院上海药物研究所	周庄镇耿庄村	博士
3	张翼飞	男	1988.4	北京大学	县委宣传部	博士
4	曹紫阳	女	1989.7	北京大学	赵庄乡马辛庄村	博士
5	肖儒雅	男	1987.4	河海大学	县畜牧局	博士
6	董坤哲	男	1987.7	中国农业科学院	石桥镇交马岭村	博士
7	王晓辉	女	1985.5	浙江大学	杨庄镇新寨村	博士
8	尚果果	女	1987.3	复旦大学	城关镇	博士
9	马凯歌	男	1982.6	华中科技大学	大营镇蛮子营村	博士
10	王会巧	女	1986.7	中国科技大学	闹店镇寺坡村	博士
11	周向葵	女	1986.1	东北大学	商酒务镇赵官营一村	博士
12	李许可	男	1985.5	德国汉堡大学	观音堂罗顶村	博士
13	张召彬	男	1986.4	中国科学院	前营乡五龙庙村	博士
14	张艳娜	女	1987.4	中国科学院	杨庄镇王铁庄村	博士
1	王亚锋	男	1987.8	河南科技大学	商酒务镇水牛里村	
2	吴参可	男	1987.7	武汉理工大学	赵庄乡吴庄村	
3	庞灿灿	女	1988.10	河海大学	周庄镇陈营村	
4	王晓燕	女	1987.3	华东师范大学	肖旗乡三里营村	
5	陈 曦	男	1988.10	中南大学	县城泰安路	
6	王唯笑	女	1991.1	外交学院	肖旗乡栗坟村	
7	畅璐璐	女	1988.6	河南大学	宝酒集团	
8	王俊锋	男	1989.10	武汉大学	李庄乡南牛村	
9	周淑丽	女	1989.2	中山大学	李庄乡	
10	马淑欣	女	1988.3	北京师范大学	县城东慧众路	
11	王培娟	女	1989.3	武汉理工大学	赵庄乡任寨村	
12	阿亚涛	男	1988.3	曲阜师范大学	赵庄乡木中营村	
13	刘书逊	女	1987.7	贵州师范大学	石桥镇何寨村	
14	张 瑾	女	1985.11	中国人民大学	县城迎宾大道	
15	原露铭	女	1987.8	河南大学	县城爱群巷	
16	朱琳琳	女	1988.8	武汉大学	县交通局	
17	李晶晶	女	1989.10	武汉大学	县财政局	
18	李蒙蒙	女	1987.10	东南大学	闹店镇后李村	
19	关金锋	男	1986.10	河南理工大学	周庄镇余东村	

续表 1

序号	姓　名	性别	出生年月	录取学校	户籍所在地或居住地	备注
20	王世强	男	1989.12	中山大学	大营镇李文驿村	
21	王慧娟	女	1988.2	浙江大学	宝丰车站市场	
22	郭冬各	女	1989.7	武汉大学	杨庄镇东彭庄村	
23	赵路路	男	1986.10	武汉大学	周庄镇牛庄村	
24	何鹏飞	男	1986.3	广西师范大学	肖旗乡肖旗村	
25	杨　帆	女	1989.7	天津外国语大学	县工商局	
26	陈亚鹏	女	1987.11	华中科技大学	杨庄镇姜湾村	
27	乔艳茹	女	1988.10	北京交通大学	大营镇赵楼村	
28	李向辉	男	1989.9	南京邮电大学	前营乡岳坟沟村	
29	李玉路	男	1987.7	北京理工大学	商酒务镇	
30	刘晓刚	男	1987.3	沈阳工业大学	周庄镇小河岔村	
31	姚　远	男	1989.1	西北工业大学	宝丰铁北工人村	
32	李幸吉	男	1989.5	石家庄铁道大学	县城东慧众路	
33	孙贯永	男	1989.7	北京科技大学	周庄镇陈营村	
34	王晓航	女	1988.6	长春理工大学	宝酒公司	
35	李洪娟	女	1989.6	同济大学	石桥镇高皇庙村	
36	马晓洋	男	1987.3	杭州电子科技大学	杨庄镇马街村	
37	杨晓科	男	1987.11	天津大学	前营乡杨庄村	
38	陈亚鹏	男	1990.7	北京科技大学	大营镇初中	
39	牛延召	男	1987.9	北京信息科技大学	石桥镇肖坟村	
40	王书芳	女	1987.6	上海电力学院	石桥镇裴庄村	
41	段淑辉	男	1989.11	电信科学技术研究院	张八桥镇袁店村	
42	马　娟	女	1988.5	北京交通大学	肖旗乡丁岭村	
43	夏旭丽	女	1988.6	中国地质大学	肖旗乡肖旗村	
44	郭晓雯	女	1988.11	河北工业大学	宝丰金叶集团	
45	魏萌萌	女	1987.7	西南交通大学	大营镇李文驿村	
46	张文辉	男	1988.7	东华大学	周庄镇杨岗村	
47	陈　会	女	1988.7	南京邮电大学	石桥镇高铁炉村	
48	马双双	女	1987.2	西安理工大学	李庄乡马庄村	
49	宋世明	男	1987.6	昆明理工大学	县城为民路	
50	韩晓哲	男	1987.12	北京交通大学	县交管站	
51	赵亚培	男	1987.12	合肥工业大学	张八桥镇东火山村	
52	程相克	男	1986.1	武汉科技大学	杨庄镇东彭庄村	
53	李晓伟	男	1986.8	西安电子科技大学	商酒务镇焦楼村	
54	张亚洁	女	1987.9	西安电子科技大学	大营镇康洼村	
55	康元照	男	1988.1	西安电子科技大学	大营镇大营五村	

续表 2

序号	姓　名	性别	出生年月	录取学校	户籍所在地或居住地	备注
56	张彩丹	女	1988.9	东华大学	城关镇大寺村	
57	李鑫涛	男	1988.2	上海理工大学	肖旗乡袁庄村	
58	陈　怡	女	1989.5	河南大学	宝丰车站生活路	
59	付书琴	女	1986.5	郑州大学	闹店镇西杨庄村	
60	李伟伟	男	1989.2	哈尔滨工业大学	李庄乡李庄村	
61	陈艳平	女	1988.11	吉林大学	城关镇大寺五村	
62	吕飞飞	女	1987.6	河南科技大学	杨庄镇马南村	
63	王晓樊	女	1987.10	西南大学	肖旗乡鲁庄村	
64	黄亚利	女	1985.6	重庆工商大学	石桥镇水泉村	
65	王慧莹	女	1987.8	河南大学	县司法局	
66	任欢欢	女	1988.12	中国科学院	赵庄乡任寨村	
67	何一波	男	1988.11	北京大学	城关镇	
68	苏亚洲	男	1988.1	陕西科技大学	杨庄镇马街村	
69	李　艳	女	1987.2	沈阳农业大学	周庄镇林营村	
70	苗晓鹏	男	1986.9	中国矿业大学	周庄镇余西村	
71	王远朋	男	1988.7	江苏大学	杨庄镇小店村	
72	王力博	女	1988.9	鲁东大学	县发改委	
73	余泉峰	男	1987.1	天津医科大学	城关朝阳五巷	
74	赵　克	男	1988.7	苏州大学	宝丰车站团结巷	
75	孟宇轩	男	1988.6	西北农林科技大学	大营镇	
76	王居东	男	1987.5	郑州大学	闹店镇贾寨村	
77	赵莎莎	女	1988.10	湖南大学	前营乡小店头村	
78	崔小青	女	1987.11	辽宁大学	石桥镇竹园村	
79	王梦星	女	1990.4	华东师范大学	周庄镇四里营村	
80	何佩娜	女	1986.6	青海大学医学院	肖旗乡史渡洼村	
81	陈贝贝	男	1987.3	吉林财经大学	商酒务镇犁湾沟村	
82	刘阳阳	男	1989.7	中国科学院	石桥镇师庄村	
83	孙海阁	女	1988.12	南方医科大学	闹店镇双口村	
84	王嫣嫣	女	1987.5	重庆医科大学	前营乡韩庄村	
85	郭登亚	男	1985.5	河南科技大学	前营乡前营村	
86	李亚斌	男	1989.4	中国地质大学	县城兴宝路	
87	赵瑞鑫	女	1988.11	华中师范大学	县城春风路	
88	吴志远	男	1986.10	福建中医药大学	商酒务镇赵官营三村	
89	杨亦龙	男	1988.12	北京工业大学	城关镇	
90	豆传辉	男	1984.7	上海中医药大学	石桥镇寺门村	
91	杨雪冰	男	1989.12	重庆交通大学	李庄乡杨庄村	

续表 3

序号	姓 名	性别	出生年月	录取学校	户籍所在地或居住地	备注
92	豆晓锋	男	1986.8	厦门大学	石桥镇寺门村	
93	杜世培	女	1988.9	东北财经大学	县教体局	
94	吴川川	男	1989.9	重庆邮电大学	周庄镇陈营村	
95	任朋勋	男	1988.5	河海大学	城关花园街	
96	张 睿	女	1988.11	山西财经大学	县城人民路	
97	陈龙龙	男	1989.1	西南大学	商酒务镇何庄村	
98	李欢欢	女	1989.2	江苏大学	商酒务镇皂角树村	
99	付白云	女	1988.6	河南大学	李庄乡新寨村	
100	马 培	女	1984.10	广州中医药大学	李庄乡马庄村	
101	余真泷	男	1987.5	河南科技大学	县城衙前街	
102	赵淑艳	女	1988.11	西南林业大学	县城育英路	
103	刘开颜	女	1987.11	华中科技大学	李庄乡程庄村	
104	杨伟曼	女	1988.9	郑州大学	杨庄镇李庄村	
105	王会改	女	1987.3	重庆大学	商酒务镇大王庄村	
106	豆腾飞	男	1987.4	云南农业大学	石桥镇寺门村	
107	孙首雷	男	1987.7	广东工业大学	肖旗乡三里营村	
108	李伟强	男	1989.3	西安交通大学	赵庄乡大韩村	
109	马洋洋	女	1988.2	河南大学	杨庄镇姜湾村	
110	王培乐	女	1988.10	沈阳药科大学	周庄镇陈营村	
111	张鹏飞	男	1987.1	中国科学院	县公安局	
112	连海燕	女	1987.8	厦门大学	商酒务镇户庄村	
113	董亚斌	男	1988.1	中国科学院	李庄乡南牛村	
114	李亚迪	男	1987.6	重庆交通大学	周庄镇陈营村	
115	刘海坤	男	1987.4	河南农业大学	李庄乡徐庄村	
116	张晓培	女	1988.9	中国财经政法大学	李庄乡闪庄村	
117	庞璐璐	女	1987.7	北京大学	周庄镇牛庄村	
118	岳鹏星	男	1988.7	河南大学	赵庄乡袁庄村	
119	郝晓克	男	1986.1	浙江工业大学	闹店镇洼李村	
120	李法敬	男	1988.9	西安交通大学	宝丰车站市场路	
121	连军丽	女	1987.3	复旦大学	杨主镇东彭庄村	
122	张永祥	男	1989.2	郑州大学	大营镇段寨村	
123	王新丽	女	1988.4	郑州大学	杨主镇石洼村	
124	马方璐	女	1989.2	河南大学	县城父城路	
125	王进磊	男	1988.10	河南师范大学	闹店镇靳李村	
126	艾朦丹	女	1987.6	河南大学	张八桥镇苗李村	
127	连倩倩	女	1989.5	河南大学	商酒务镇户庄村	

续表 4

序号	姓　名	性别	出生年月	录取学校	户籍所在地或居住地	备注
128	康紫厚	男	1986.9	河南中医学院	商酒务镇黄洼村	
129	姚凤佳	男	1985.12	河南中医学院	杨庄镇石灰窑村	
130	王晶晶	女	1988.11	河南工业大学	县物价局	
131	杨小佳	男	1986.9	河南工业大学	前营乡关帝庙村	
132	赵帅举	男	1989.1	河南农业大学	商酒务镇赵官营三村	
133	何晓冰	女	1986.10	河南工业大学	杨庄镇政府	
134	肖珊珊	女	1988.11	武汉体育学院	县城西慧众路	
135	吴亚召	男	1987.12	厦门大学	前营乡张吴庄村	
136	周延乐	男	1987.11	中国农学院	石桥镇寺门村	
137	谢志远	男	1986.7	河南科技大学	周庄镇辛庄村	
138	丁亚龙	男	1988.1	温州大学	石桥镇大胡庄村	
139	李灿旭	男	1985.9	重庆交通大学	肖旗乡五里头村	
140	练延帮	男	1985.5	中山大学	闹店镇户口村	
141	王彩鸿	女	1986.5	天津医科大学	前营乡韩庄村	
142	兰小勤	女	1987.12	华中科技大学	县城永乐巷	
143	梁有林	男	1989.5	中北大学	肖旗乡三里营村	
144	常晓轲	女	1988.2	山东农业大学	观音堂石板河村	
145	韩明月	女	1987.8	河南工业大学	石桥镇东大庄村	
146	赵耀娟	女	1988.8	西南大学	张八桥镇下河村	
147	马菲菲	女	1987.12	安徽农业大学	李庄乡马庄村	
148	金会鹏	男	1987.11	浙江大学	闹店镇李官营村	
149	李梦瑶	女	1989.1	重庆大学	张八桥镇东火山村	
150	边　星	男	1986.5	首都师范大学	周庄镇	
151	刘天奇	男	1986.1	中国科学院研究生院	肖旗乡乔庄村	
152	崔二涛	男	1990.9	厦门大学	杨庄镇胡庄村	
153	牛京涛	男	1987.2	中国科学院研究生院	石桥镇大牛村	
154	刘志彬	男	1989.9	郑州大学	商酒务镇石洼村	
155	尹茂竹	男	1987.12	西南政法大学	石桥镇东大庄村	
156	罗书品	女	1990.12	北京林业大学	县农开办	
157	念晓歌	女	1987.6	华南农业大学	杨庄镇东彭庄村	
158	马玉南	男	1988.4	中国地质大学	李庄乡马圪垱村	
159	杨晓涵	女	1987.5	湖南大学	闹店镇西牛村	
160	王晨光	男	1988.10	华中科技大学	县城东关大街	
161	王永伟	男	1986.12	辽宁医学院	周庄镇皮庄村	
162	王克克	男	1986.10	哈尔滨工业大学	杨庄镇温庄村	
163	白琰冰	男	1989.6	北京大学	赵庄乡白店村	

续表5

序号	姓　名	性别	出生年月	录取学校	户籍所在地或居住地	备注
164	张少朋	男	1989.1	南京中医药大学	杨庄镇白庄村	
165	张培利	女	1988.6	山东大学	商酒务镇赵官营二村	
166	张君可	男	1988.1	华中师范大学	肖旗乡七里营村	
167	王二军	男	1990.5	南京大学	周庄镇东黄村	
168	邓东佳	女	1986.11	大理学院	县城春风路	
169	周晓贞	女	1989.12	云南大学	商酒务镇黄洼村	
170	贾艳昌	男	1989.2	华北水利水电	大营镇上李庄村	
171	陈培各	女	1985.6	贵州师范大学	张八桥镇	
172	沈海俭	女	1987.5	温州医学院	宝丰铁北工人村	
173	蔡艳鹤	女	1986.9	兰州大学	石桥镇王庄村	
174	李朋朋	女	1987.10	陕西中医学院	县国资中心	
175	李要彬	男	1986.7	中国科学院	商酒务镇焦楼村	
176	张　凡	女	1987.4	首都师范大学	县城迎宾大道	
177	洪硕镭	男	1985.12	北方工业大学	肖旗乡史渡洼村	
178	杨鹏霄	女	1986.1	贵州大学	县城建设街	
179	任园柯	女	1986.2	中共广东省委党校	县城瑞丰巷	
180	任可可	女	1987.12	山西医科大学	县城永丰巷	
181	段晓珍	女	1986.9	南京大学	闹店镇贾寨村	
182	庞凯歌	女	1987.4	西安交通大学	周庄镇陈营村	
183	牛哲荟	男	1987.2	西安交通大学	县域利民路	
184	朱丙帅	男	1985.9	郑州大学	县域龙兴路	
185	齐文雅	女	1985.12	河南师范大学	杨庄镇马街村	
186	齐　艳	女	1984.10	郑州大学	商酒务镇孙官营村	
187	王俊超	男	1987.2	江苏科技大学	李庄乡马庄村	
188	张妍迪	女	1989.4	北京中医药大学	杨庄龙兴中路	
189	杨文宾	男	1988.2	四川大学	李庄乡杨庄村	
190	楚岱蔚	女	1990.4	南京信息工程大学	县城永祥巷	
191	王晓东	女	1987.12	北京师范大学	杨庄镇新寨村	
192	张龙灿	男	1989.8	中国科学技术大学	商酒务镇古城村	
193	徐雷雷	男	1986.3	青海民族大学	商酒务镇户庄村	
194	段妞妞	女	1988.11	湖南大学	杨庄镇马南村	
195	刘钦锴	男	1988.7	南京农业大学	石桥镇交马岭村	
196	李向锋	男	1988.8	四川大学	石桥镇东大庄村	
197	马俊远	女	1988.3	郑州大学	杨主镇马山根村	
198	肖培智	男	1986.6	河南科技大学	石桥镇东大庄村	
199	卫琳琳	女	1986.12	上海师范大学	石桥镇大边庄村	

续表6

序号	姓　名	性别	出生年月	录取学校	户籍所在地或居住地	备注
200	王伟明	男	1986.11	黑龙江科技学校	张八桥镇张八桥村	
201	李乘兆	男	1987.10	广州体育学院	肖旗乡五里头村	
202	张艳华	女	1986.12	南京师范大学	张八桥镇柳树庄村	
203	李世峰	男	1989.12	辽宁大学	周庄镇中和寨村	
204	岳笑囡	女	1989.5	广东外语外贸	宝丰县委办	
205	陈晓亮	男	1986.2	成都中医药大学	石桥镇邢庄村	
206	付晓瑾	女	1986.4	广州中医药大学	杨庄镇东彭庄村	
207	张向果	女	1985.11	郑州大学	闹店镇寺坡村	
208	张诚佳	男	1985.3	苏州大学	城关镇北关新二村	
209	王少军	男	1987.5	兰州交通大学	县城健康街	
210	李亚扑	女	1989.3	北京大学	赵庄乡官衙村	
211	丁晓鹏	男	1988.8	河南师范大学	宝丰铁北工人村	
212	王晓斐	男	1987.2	吉林大学	宝丰县煤炭局	
213	刘明月	女	1986.4	西北农林科技大学	赵庄乡白店村	
214	石俊鹤	女	1988.9	河南理工大学	商酒务镇房庄村	
215	王　进	男	1987.6	西华师范大学	县城衙前街	
216	李树锦	女	1989.5	延边大学	周庄镇余东村	
217	王欢乐	男	1985.9	郑州大学	周庄镇王子孟村	
218	王真真	女	1986.3	广西师范学院	县城中兴路玉带花苑小区	
219	李延歌	女	1989.2	河南大学	李庄乡杨庄村	
220	余俏俏	女	1987.5	河南中医学院	石桥镇水泉村	
221	康有粮	男	1986.9	广西师范大学	张八桥镇闫洼村	
222	娄亚鹏	男	1981.2	武汉长江大学	商酒务镇赵官营二村	
223	张玉垒	男	1985.6	郑州大学	闹店镇西杨庄村	
224	李俊丽	女	1985.12	中国石油大学	石桥镇李凤山村	
225	牛鸽军	男	1985.2	哈尔滨工业大学	石桥镇	
226	孟会行	男	1988.8	中国石油大学	城关镇	
227	马永永	男	1990.5	中科院地球环境研究所	李庄乡禄庄村	
228	魏晓通	男	1987.6	大连理工大学	商酒务镇龙泉寺村	
229	毛幸全	男	1987.6	大连理工大学	肖旗乡鲁庄村	
230	李　鹏	男	1985.10	哈尔滨工业大学	杨庄镇姜湾村	
231	王艳娜	女	1988.3	河南工业大学	闹店镇闹店村	
232	孙冬丽	女	1987.11	南京农业大学	杨庄镇白水营村	

2012级享受补助生活费宝丰籍研究生情况

序号	姓　名	性别	出生年月	录取学校	户籍所在地或居住地	备注
1	朱素果	女	1984.12	北京邮电大学	县城市场路	博士
2	王晓兵	男	1984.1	武汉大学	煤炭局家属院	博士
3	闫炳基	男	1987.11	北京科技大学	前营乡槐树岭村	博士
4	刘培朵	男	1986.1	西南大学	李庄乡徐庄村	博士
5	王自柯	男	1988.1	哈尔滨工业大学	肖旗乡韩店村	博士
6	娄帅锋	男	1988.7	哈尔滨工业大学	赵庄乡娄庄村	博士
7	乔向南	男	1987.2	大连理工大学	县人民医院家属院	博士
8	裴瑞欣	男	1986.5	武汉大学	杨庄镇刘岭村	博士
9	代利刚	男	1983.11	华东师范大学	闹店镇西牛庄村	博士
10	王盈阁	女	1987.3	四川农业大学	李庄乡杨庄村	博士
11	乔永辉	男	1986.8	北京大学	石桥镇师庄村	博士
12	李俊明	男	1989.6	中山大学	县城龙兴路	博士
13	牛楚雅	女	1988.8	清华大学	石桥镇肖坟村	博士
14	李法敬	男	1988.9	西安交通大学	宝丰车站市场一巷	博士
15	娄盼星	男	1986.4	中国科学院大学	前营乡店东村	博士
16	牛晨光	男	1985.12	北京大学	杨庄镇太平庄村	博士
17	娄　旭	女	1986.6	中国科学院大学	商酒务镇赵官营三村	博士
18	罗书萌	男	1985.5	中国科学院大学	杨庄镇	博士
19	王朋举	女	1986.6	武汉理工大学	张八桥镇姚店铺村	博士
20	许蒙蒙	男	1987.3	西安电子科技大学	张八桥镇没梁庙村	博士
21	朱超飞	男	1987.4	中国科学院大学	闹店镇肖营村	博士
22	余永涛	男	1987.8	中国科学院大学	周庄镇牛庄村	博士
23	谭果果	男	1987.6	兰州大学	大营镇沈河村	博士
1	赵晓娜	女	1987.5	中南大学	赵庄乡魔家营村	
2	王凯旋	男	1987.7	西北师范大学	张八桥镇河湾村	
3	郭腾飞	男	1991.7	中国农业科学研究生院	杨庄镇龙兴北路	
4	刘松格	女	1988.5	郑州大学	赵庄乡大黄村	
5	刘珂嘉	女	1989.9	北京理工大学	周庄镇杨岗村	
6	何晓燕	女	1990.3	中国科学院大学	杨庄镇太平村	
7	李克磊	男	1988.10	北京服装学院	石桥镇东大庄村	
8	赵一博	男	1991.4	河海大学	县城永乐巷	
9	余常伟	男	1989.10	中南大学	石桥镇师庄村	
10	梁晓彬	男	1987.9	河南科技大学	杨庄镇范庄村	
11	尹岳楠	女	1988.12	上海体育学院	赵庄乡大韩村	
12	吴运泽	男	1988.12	沈阳工业大学	石桥镇石桥村	
13	赵科展	男	1989.9	长安大学	张八桥镇外良村	

续表 1

序号	姓　名	性别	出生年月	录取学校	户籍所在地或居住地	备注
14	邓欣欣	男	1987.2	中央民族大学	县城幸福路	
15	王静懿	女	1989.12	河南财经政法大学	县城龙兴路金叶小区	
16	孙子雅	女	1990.12	西南民族大学	城关镇	
17	陈晓旭	女	1986.1	广州大学	周庄镇王子孟村	
18	李晓舸	女	1987.11	郑州大学	城关镇北街	
19	李彤辉	女	1989.2	河南科技大学	城关镇寇庄村	
20	李兵飞	女	1987.1	山西医科大学	周庄镇崔庄村	
21	祐文彬	男	1989.11	中国矿业大学	城关镇大寺农贸市场	
22	张晓时	女	1988.5	武汉体育学院	肖旗乡朱洼村	
23	高雅婵	女	1988.10	河南中医学院	县城衙后街	
24	康向辉	男	1987.2	华南农业大学	张八桥镇闫洼村	
25	邵雅雅	女	1991.5	大连理工大学	宝丰铁北工人村	
26	李永亮	男	1987.9	河海大学	周庄镇崔庄村	
27	何帅磊	男	1988.1	河海大学	大营镇何庄村	
28	岳旭乐	女	1988.12	重庆大学	赵庄乡岔河寺村	
29	康萌萌	女	1988.4	郑州轻工业学院	大营镇大营四村	
30	周帅飞	男	1989.3	山东中医药大学	张八桥镇草场村	
31	李树鑫	男	1988.10	郑州大学	周庄镇刘营村	
32	宋　桐	女	1990.1	西安工程大学	宝丰铁北工人村	
33	杨家琪	女	1993.6	中国科学技术大学	县城爱群南巷	
34	王子茂	男	1988.2	广西师范大学	闹店镇小张庄村	
35	邓金河	男	1989.9	内蒙古师范大学	周庄镇马庄村	
36	王新歌	女	1990.4	中国科学院大学	石桥镇王庄村	
37	刘真真	女	1986.12	郑州大学	杨庄镇刘庄村	
38	郭家宁	女	1990.10	复旦大学	杨庄镇马南村	
39	韩胜南	女	1990.7	北京航空航天大学	周庄镇	
40	张玲玲	女	1988.4	西北大学	商酒务镇大王庄村	
41	张晓远	女	1989.9	华南理工大学	闹店镇山头村	
42	丁　宁	女	1991.5	郑州大学	县城春风路	
43	岳俊举	男	1989.2	郑州大学	杨庄镇范庄村	
44	常凯旋	男	1988.4	华东交通大学	县城衙后街	
45	李晓凯	女	1989.12	中国科学院大学	大营镇小李庄村	
46	董树灿	男	1988.11	北京交通大学	杨庄镇杨庄村	
47	张子培	男	1987.6	喀什师范学院	县城人民路	
48	张晓雷	男	1989.7	江西理工大学	赵庄乡吴庄村	
49	徐克歌	男	1988.3	重庆交通大学	肖旗乡丁岭村	

续表2

序号	姓　名	性别	出生年月	录取学校	户籍所在地或居住地	备注
50	贾耀磊	男	1986.9	华东水利水电大学	肖旗乡岭头王村	
51	张宗溥	男	1988.9	河海大学	大营镇段寨村	
52	娄俊毅	男	1989.9	浙江大学	前营乡店东村	
53	崔少鹏	男	1988.10	哈尔滨工业大学	肖旗乡七里营村	
54	李俊佳	女	1988.1	苏州科技学院	赵庄乡大韩村	
55	杨丽丽	女	1988.6	四川师范大学	县城人民路	
56	贾艳晓	女	1989.12	南京大学	大营镇大营二村	
57	余晓真	女	1989.7	贵州师范大学	周庄镇耿庄村	
58	兰亚龙	男	1987.6	长春中医药大学	前营乡大连庄村	
59	张鹏飞	男	1988.2	河南科技大学	城关镇南关新村	
60	郑晓歌	女	1990.6	杭州电子科技大学	李庄乡南牛村	
61	贾晓灿	女	1988.12	郑州大学	肖旗乡肖旗村	
62	刘鹏飞	男	1988.8	西南政法大学	周庄镇余西村	
63	关晓蕾	女	1989.3	河南中医学院	县城育英路	
64	李梦鸽	女	1988.9	上海大学	石桥镇稻谷田村	
65	张小飞	女	1990.2	大连海洋大学	李庄乡尚王村	
66	王培娟	女	1988.12	首都师范大学	石桥镇王庄村	
67	张树勋	男	1988.2	郑州大学	城关镇群英小区	
68	陶广阔	男	1988.7	上海海事大学	赵庄乡木中营村	
69	张丹晔	女	1991.2	对外经济贸易大学	县城食品巷	
70	许玉梦	女	1988.6	南京师范大学	肖旗乡肖旗村	
71	葛鹏鹏	男	1989.10	南京邮电大学	大营镇大营二村	
72	庞旋笑	男	1987.9	黑龙江科技大学	周庄镇辛庄村	
73	张丹卉	女	1989.1	郑州大学	县城吕祖巷	
74	魏永涛	男	1989.12	东北大学	大营镇李文驿村	
75	李洋洋	女	1989.7	河南农业大学	赵庄乡大韩村	
76	董延召	男	1988.5	天津大学	石桥镇王庄村	
77	卢钖钖	男	1989.10	云南大学	前营乡店南村	
78	师晓鸽	女	1989.7	长安大学	周庄镇八里营村	
79	吉枝单	女	1990.3	江西师范大学	商酒务镇泥河樊村	
80	崔耀明	男	1989.1	中国农业科学院研究生院	周庄镇辛庄村	
81	颜红果	女	1988.9	浙江农林大学	县城春风路	
82	曹贝贝	女	1987.1	昆明理工大学	大营镇宋坪村	
83	王宁宁	女	1989.6	河南科技大学	大营镇小沈河村	
84	牛拾可	男	1987.7	成都中医药大学	石桥镇大牛村	
85	王鹏磊	男	1990.5	郑州大学	张八桥镇阎洼村	

续表 3

序号	姓　名	性别	出生年月	录取学校	户籍所在地或居住地	备注
86	康飘飘	女	1992.10	哈尔滨工业大学	商酒务镇黄洼村	
87	张树祎	女	1990.10	四川大学	城关镇王铁庄村	
88	李书磊	男	1989.12	哈尔滨工业大学	闹店镇连店村	
89	肖光辉	男	1985.8	吉林师范大学	石桥镇交马岭村	
90	叶雨露	女	1989.6	郑州大学	周庄镇崔庄村	
91	张二超	男	1989.9	河南大学	大营镇清凉寺村	
92	周小超	男	1988.7	首都医科大学	李庄乡龙池村	
93	郅　娟	女	1988.7	北京协和医学院	肖旗乡三里营村	
94	陈晓东	男	1989.10	河南理工大学	大营镇大营六村	
95	闪　莹	女	1988.11	云南师范大学	宝丰铁北工人村	
96	杜鑫磊	男	1987.7	河南理工大学	大营镇大营六村	
97	马　冰	男	1987.8	上海电力学院	县粮食局	
98	齐倩倩	女	1989.2	河南大学	杨庄镇东彭庄村	
99	王亚锦	女	1991.6	武汉大学	大营镇大营五村	
100	郑运锋	男	1987.3	四川农业大学	张八桥镇姚店铺村	
101	刘艳彩	女	1987.9	贵州大学	张八桥镇下河村	
102	吴志超	男	1988.6	华东理工大学	肖旗乡裴里村	
103	牛晓晨	男	1990.10	北京工业大学	大营镇赵庄村	
104	刘子龙	男	1987.4	天津中医药大学	赵庄乡刘庄村	
105	梁　翀	女	1987.10	河南大学	县城花园街	
106	姚星星	女	1989.2	天津大学	赵庄乡周营村	
107	程凯悦	女	1988.8	陕西师范大学	张八桥镇孔庄村	
108	陈萌萌	女	1988.7	中国农业大学	张八桥镇嘴陈村	
109	郑耀武	男	1988.7	北京理工大学	周庄镇南王庄村	
110	周晓萌	女	1990.4	北京交通大学	杨庄镇杨庄村	
111	周朋歌	女	1989.5	河南科技大学	李庄乡程庄村	
112	余亚东	男	1989.7	广东工业大学	闹店镇贾寨村	
113	王蔚泉	男	1989.4	浙江财经大学	城关镇南关村	
114	杨光甫	男	1989.2	华北电力大学	赵庄乡闵庄村	
115	张亚培	女	1988.3	温州医科大学	张八桥镇王堂村	
116	王晓光	男	1988.8	北京航空航天大学	城关镇东中村	
117	时晓蕾	女	1988.1	江西科技师范大学	县城永丰巷	
118	赵力俭	女	1989.6	郑州大学	县城永兴一巷	
119	胡要锋	男	1989.12	河南财经政法大学	张八桥镇张八桥村	
120	吴奇凡	男	1989.3	西北农林科技大学	大营镇大沈河村	
121	韩宏业	男	1988.1	天津大学	李庄乡南牛村	

续表4

序号	姓　名	性别	出生年月	录取学校	户籍所在地或居住地	备注
122	姬生生	男	1986.1	河南大学	肖旗乡七里营村	
123	王思远	女	1990.4	武汉大学	闹店镇靳李村	
124	王耀光	男	1989.10	桂林电子科技大学	肖旗乡鲁庄村	
125	王观鹏	男	1988.8	河南工业大学	周庄镇王子孟村	
126	崔园园	女	1988.11	华中师范大学	县城衙前街	
127	梁晓丹	女	1986.2	信阳师范学院	商酒务镇石岗营村	
128	杨俊涛	男	1989.5	西南交通大学	李庄乡杨庄村	
129	李冰川	男	1987.4	辽宁工程技术大学	商酒务镇	
130	尹修远	男	1991.7	华中科技大学	城关镇北关新一村	
131	董浩烨	男	1989.8	中南民族大学	城关镇东街新二村	
132	吴延鹏	男	1989.9	河南农业大学	李庄乡禄庄村	
133	孙笑品	女	1987.12	郑州大学	石桥镇东大庄村	
134	张亚晓	女	1989.8	郑州轻工业学院	张八桥镇王堂村	
135	张芳芳	女	1987.2	郑州大学	大营镇大营二村	
136	王晓朋	女	1989.7	沈阳理工大学	周庄镇辛庄村	
137	和贝贝	女	1987.7	山西医科大学	杨庄镇大温庄村	
138	张延辉	男	1986.3	郑州大学	张八桥镇姚店铺村	
139	杨亚喆	女	1989.1	南开大学	杨庄镇崔庄村	
140	李鹏恒	男	1985.8	苏州大学	石桥镇高皇庙村	
141	张恩慧	女	1990.6	江西中医药大学	石桥镇肖楼村	
142	代应祥	男	1989.8	电子科技大学	闹店镇响潭营村	
143	张俊超		1989.5	昆明理工大学	大营镇李坪村	
144	张向宽	男	1983.10	长安大学	闹店镇李官营村	
145	姚媛媛	女	1989.4	郑州大学	肖旗乡史营村	
146	梁媛瑛	女	1988.12	四川大学	杨庄镇杨庄村	
147	张亚林	女	1990.1	华中科技大学	李庄乡尚王村	
148	牛灿杰	女	1988.10	浙江工业大学	城关镇冯庄村	
149	李靖一	女	1991.10	哈尔滨师范大学	赵庄乡官衙村	
150	王锦泷	男	1988.10	长沙理工大学	县城兴宝路	
151	王晓冬	男	1986.11	西南大学	闹店镇李官营村	
152	孟艳鸽	女	1990.3	中国医科大学	闹店镇闹店村	
153	李亚锦	女	1989.9	山东大学	闹店镇范营村	
154	杨明阳	男	1987.12	中南大学	大营镇大营二村	
155	朱艳彬	男	1989.9	中国农业大学	杨庄镇石洼村	
156	丁帅军	男	1988.6	重庆师范大学	商酒务镇赵官营一村	
157	周阳光	女	1990.6	华中师范大学	大营镇大营五村	

续表 5

序号	姓　名	性别	出生年月	录取学校	户籍所在地或居住地	备注
158	姚逍遥	女	1988.2	武汉轻工大学	周庄镇后辛庄村	
159	杨飞飞	男	1989.11	四川大学	李庄乡幸福村	
160	程伟伟	男	1988.3	上海交通大学	李庄乡外口村	
161	马　健	男	1990.2	郑州大学	县城爱群南巷	
162	谷帅兵	男	1988.8	首都师范大学	肖旗乡张伍庄村	
163	周甜甜	女	1990.6	暨南大学	闹店镇周营村	
164	姚帅兵	男	1990.5	华中农业大学	肖旗乡史营村	
165	陈晓丹	女	1987.11	中国农业科学院	张八桥镇东火山村	
166	余方方	女	1988.3	郑州大学	周庄镇孙庄村	
167	李俊涛	男	1988.5	杭州电子科技大学	石桥镇水泉村	
168	陈　星	女	1991.4	上海师范大学	杨庄镇	
169	吴永奇	男	1989.10	沈阳药科大学	城关镇西街	
170	姬亚鹏	男	1989.6	上海交通大学	闹店镇闹店村	
171	马朋娜	女	1989.6	天津财经大学	李庄乡马庄村	
172	谢俊俏	女	1990.1	对外经济贸易大学	李庄乡翟西村	
173	王啸林	男	1986.10	郑州大学	大营镇大营五村	
174	谢安邦	男	1991.1	上海交通大学	县城育英路	
175	王少鹏	男	1990.5	广西大学	宝丰县裕宝制药厂	
176	陈梦雨	女	1991.2	苏州大学	商酒务镇商酒务村	
177	温真真	女	1989.6	北京交通大学	杨庄镇小温庄村	
178	韩亚迪	女	1989.10	南昌大学	县城中兴路玉带花苑小区	
179	陈新亚	女	1986.10	吉林大学	闹店镇周营村	
180	陈朋朋	男	1989.3	西北农林科技大学	商酒务镇张庄村	
181	尹世航	男	1988.3	青海师范大学	赵庄乡大韩村	
182	兰东军	男	1988.7	郑州大学	前营乡杨庄村	
183	李鹏格	男	1989.6	华东理工大学	大营镇上李庄村	
184	李蒙蒙	女	1988.3	华中师范大学	肖旗乡白庄村	
185	杨晓东	女	1988.12	沈阳农业大学	县城永兴一巷	
186	李超超	男	1988.7	上海海洋大学	石桥镇东大庄村	
187	刘晓东	男	1987.12	西南民族大学	杨庄镇柳沟营村	
188	刘潇洒	女	1987.9	浙江工业大学	周庄镇山头郭村	
189	郑长兵	男	1988.8	北方工业大学	李庄乡马楼村	
190	武向蕊	女	1987.7	东北大学	赵庄乡军营村	
191	郭恩会	女	1987.11	河南师范大学	前营乡郭湾村	
192	王帅辉	男	1989.3	重庆大学	周庄镇杨楼村	
193	刘蒙蒙	女	1989.10	河南农业大学	前营乡店东村	

续表 6

序号	姓　名	性别	出生年月	录取学校	户籍所在地或居住地	备注
194	王帅龙	男	1989.5	中国科学院大学	石桥镇王庄村	
195	孙蒙蒙	女	1988.5	华东师范大学	前营乡大连庄村	
196	吉晓辉	女	1988.11	西北工业大学	商酒务镇张阁村	
197	李延纳	女	1989.12	南京师范大学	杨庄镇石院墙村	
198	宋占科	男	1988.12	华中师范大学	杨庄镇马街村	
199	祁漂洋	男	1989.7	北京工业大学	李庄乡祁家村	
200	李林源	男	1990.1	江西财经大学	城关镇大寺新二村	
201	张兆甫	男	1990.1	大连理工大学	杨庄镇姬袁庄	
202	张延年	男	1987.2	河南理工大学	周庄镇杨岗村	
203	张骏如	女	1990.3	上海师范大学	张八桥镇祁庄村	
204	李阳阳	男	1989.12	湖南大学	肖旗乡磁石八岭村	
205	谢国贞	女	1990.4	北京理工大学	李庄乡翟东村	
206	克晓娜	女	1988.7	南开大学	肖旗乡土桥铺村	
207	韩晓哲	女	1988.12	大连工业大学	杨庄镇姜湾村	
208	苗晨辉	男	1986.8	中国美术学院	闹店镇范营村	
209	张征征	女	1988.7	苏州大学	张八桥镇外良村	
210	戚亚路	女	1988.8	北京林业大学	石桥镇仝庄村	
211	杨旭旭	女	1988.1	河南大学	大营镇白石坡村	
212	曹旭光	男	1988.10	东华理工大学	闹店镇司庄村	
213	洪硕果	女	1990.4	南京邮电大学	肖旗乡史渡洼村	
214	张　栒	女	1989.1	武汉大学	县城中兴路东城国际小区	
215	孙萌丽	女	1988.1	南京农业大学	商酒务镇商酒务村	
216	王玉川	男	1987.11	南华大学	大营镇清凉寺村	
217	黄亚歌	男	1987.12	河南大学	县城爱群南巷	
218	谢少少	男	1989.1	河南理工大学	李庄乡南牛村	
219	翟鹏远	男	1989.3	清华大学	李庄乡马圪垱村	
220	韩全吉	男	1989.3	郑州大学	张八桥镇	
221	夏丹丹	女	1990.1	福州大学	石桥镇水泉村	
222	段延延	女	1987.7	四川大学	张八桥镇袁店村	
223	张娟娟	女	1987.10	湘潭大学	石桥镇寺门村	
224	杨笑可	女	1988.5	南京师范大学	周主镇余官营村	
225	张永欢	男	1987.12	北方工业大学	前营乡小连庄村	
226	余鹏磊	男	1986.10	河南理工大学	周主镇余东村	
227	董晓兵	男	1986.12	西北农林科技大学	周庄镇董庄村	
228	丰俊鹏	男	1987.10	河南中医学院	前营乡袁庄村	
229	齐龙飞	男	1988.2	河南工业大学	周庄镇董庄村	

续表 7

序号	姓　名	性别	出生年月	录取学校	户籍所在地或居住地	备注
230	李亚培	女	1988.7	中南大学	肖旗乡肖庄村	
231	贾晓果	女	1989.5	西安交通大学	石桥镇李凤山村	
232	付玉培	女	1990.8	河南财经政法大学	肖旗乡三里营村	
233	张红伟	男	1988.6	桂林理工大学	闹店镇小张庄村	
234	张克飞	男	1988.6	哈尔滨工程大学	石桥镇水泉村	
235	李龙鑫	男	1987.6	西华师范大学	石桥镇水泉村	
236	郭坤鹏	男	1989.8	杭州电子科技大学	闹店镇闹店村	
237	谭晓丹	女	1990.2	华中农业大学	大营镇牛庄村	
238	夏俊珂	女	1988.12	北京大学	县城中兴路	
239	曹吉星	女	1986.2	郑州大学	闹店镇司庄村	
240	周艳琳	女	1989.4	汕头大学	商酒务镇孙官营村	
241	代朋许	男	1986.4	贵州中医学院	闹店镇	
242	孙凤娇	女	1988.12	上海海洋大学	县城育才路	
243	牛萌萌	女	1989.3	上海交通大学	周庄镇马旗营村	
244	王鹏飞	男	1988.10	中国矿业大学	大营镇清凉寺村	
245	韩俊乾	男	1987.4	云南大学	张八桥镇祁庄村	
246	赵少渊	女	1990.8	中国人民大学	石桥镇赵庄村	
247	王晓芳	女	1990.3	郑州大学	杨庄镇姬袁庄村	
248	王明鑫	男	1989.11	南京农业大学	县城永明路	
249	郭培培	女	1989.3	中南财经政法大学	大营镇上李庄村	
250	刘明洋	男	1988.11	湖南大学	赵庄乡官衙村	
251	常丹丹	女	1989.10	暨南大学	赵庄乡魔家营村	
252	张旭东	男	1990.1	西南交通大学	大营镇大营四村	
253	张亚腾	男	1988.9	中国科学技术大学	周庄镇王子孟村	
254	赵　钧	男	1988.2	南京农业大学	县城梅苑巷	
255	周亚娟	女	1987.4	广东外语外贸大学	石桥镇寺门村	
256	孟亚超	男	1988.8	江西理工大学	闹店镇闹店村	
257	崔德阳	男	1987.6	中国科学院大学	观音堂观音堂村	
258	徐亚虎	男	1988.5	郑州大学	前营乡部湾村	
259	张平平	男	1989.10	大连理工大学	大营镇西张庄村	
260	贺佳佳	女	1987.3	中国科学技术大学	李庄乡辛寨村	
261	张高生	男	1986.4	中国科学技术大学	观音堂回龙庙村	
262	王龙阁	男	1989.2	重庆大学	城关镇大寺新五村	
263	董榜喜	男	1990.1	广西大学	石桥镇阎庄村	
264	郭璐明	男	1989.11	河南农业大学	肖旗乡史营村	
265	温星曦	男	1989.9	中北大学	杨庄镇杨庄村	

续表8

序号	姓　名	性别	出生年月	录取学校	户籍所在地或居住地	备注
266	郭旌巍	女	1989.2	河南大学	周庄镇皮庄村	
267	郑丕甲	女	1988.12	郑州大学	县城东苑小区	
268	宋岭举	男	1989.5	重庆大学	大营镇古垛村	
269	李红云	女	1987.4	湖北经济学院	县城龙兴路	
270	张士行	男	1990.4	西南交通大学	闹店镇大张庄村	
271	任晓克	女	1990.1	北京工业大学	赵庄乡任寨村	
272	周晓龙	男	1989.12	东北财经大学	周庄镇周庄村	
273	王旭哲	女	1989.7	郑州大学	地税局家属院	
274	李伟星	男	1988.7	中国石油大学	商酒务镇焦楼村	
275	李帅红	女	1989.12	郑州轻工业学院	闹店镇闹店村	
276	王玉化	男	1986.8	内蒙古农业大学	周庄镇王子孟村	
277	许欢鸽	女	1989.1	东南大学	肖旗乡闫楼村	
278	李渊恒	男	1987.5	法国航空航天大学	县城永兴巷	
279	白晓兰	女	1987.11	山东大学	肖旗乡	
280	闫峰超	男	1989.1	郑州大学	县城宝苗路	
281	王　倩	女	1987.5	天津理工大学	张八桥镇张八桥村	
282	董园园	女	1986.4	华东师范大学	张八桥镇袁店村	
283	陈炳旭	男	1990.5	河南师范大学	周庄镇王子孟村	
284	孙晓英	女	1988.12	北京工业大学	县城兴宝路	
285	邢金朵	女	1989.1	中国石油大学(华东)	张八桥镇西火山村	
286	岳　頔	女	1989.4	同济大学	县城人民路	
287	刘彦青	女	1988.11	桂林电子科技大学	宝丰铁北工人村	
288	徐召启	男	1988.9	华中科技大学	商酒务镇商酒务村	
289	郭晓娜	女	1986.6	福建农林大学	肖旗乡史营村	
290	李明鑫	男	1989.11	华中科技大学	张八桥镇苗李村	
291	李丹丹	女	1986.1	郑州大学	张八桥镇李庄村	
292	任帅宾	男	1989.4	厦门大学	赵庄乡任寨村	

三、宝丰县在省级以上新闻媒体发稿

2012年，宝丰县在省级以上新闻单位发稿560余篇，在《平顶山日报》等市级媒体发稿230余篇。按照新闻部门分类统计，其中：中央级主流新闻媒体《人民日报》《新华社》《光明日报》《中央人民广播电台》《中央电视台》等及主要新闻媒体《农民日报》等发稿50余篇，省级主流新闻媒体《河南日报》等发稿40余篇，省级主要新闻媒体《大河报》《东方今报》等发稿120余篇，中央级行业新闻媒体《中国教育报》《中国妇女报》《中国建筑报》《中国体育报》等发稿80余篇，省级一般新闻媒体《中新社》《河南经济报》等发稿250余篇。

2012年宝丰县中央级主流及主要新闻媒体发稿情况

发表文章	作者	发表时间	发表媒体	版次	备注
助力法律维权关爱农民工	王双正	2012.1.4	人民日报	19	图片新闻
河南宝丰骑行贺新春	王双正	2012.1.23	新华社		图片新闻
河南宝丰:新年齐诵《弟子规》	王双正	2012.1.28	新华社		图片新闻
马街书会精彩开锣	王双正	2012.2.4	新华社		图片新闻
河南援助中心开展法律援助进工地活动	王双正	2012.2.14	法制日报	3	图片新闻
艺人充电忙 魔术也普法	王双正	2012.2.19	法制日报	7	图片新闻
“中州大鼓”闹正月	王双正	2012.2.4	农民日报	7	500-1000字
宝丰:曲艺普法奏交响	王双正	2012.2.9	农民日报	8	图片新闻
宝丰司法部门为外出务工村民开展专项法律服务活动	王双正	2012.3.15	农民日报	8	图片新闻
销毁赌博机	何五昌	2012.4.13	人民日报	16	500-1000字
河南省宝丰县龙泉寺村的群众性曲艺活动	郭红松	2012.4.5	光明日报	3	300-500字
知心庭长朱正栩	黄庆畅 毛玺玺	2012.5.2	人民日报	6	1000字以上
“流动加油站”送油到田间	王双正	2012.5.27	新华社		300-500字
情牵留守娃 爱心暖童心	王双正	2012.5.31	新华社		300-500字
“开心农场”体验农耕乐趣	王双正	2012.5.24	新华社		300-500字
宝丰石油分公司组织“流动加油站”,确保“三夏”柴油供应	王双正	2012.6.5	人民日报	18	300-500字
马街:七百年不散的书会	王汉超	2012.6.14	人民日报	24	1000字以上
心系河南故土 情牵崛起振兴——李长春 河南调研行	何惠民	2012.6.19	中央人民广播电台		广播
宝丰农民魔术师登上央视大舞台	何五昌	2012.6.29	中央人民广播电台		广播
河南宝丰·校园内举行疏散救援演练	刘 枫	2012.6.21	中央人民广播电台		广播
河南农机加油“绿卡”助力麦客跨区作业	王双正	2012.6.1	农民日报	8	300-500字
宝丰县纪检委干部在现场办理信仿案件	王双正	2012.7.24	人民日报	18	300-500字
越变越好 宝丰农民魔术集萃	县委宣传部	2012.7.13	中央电视台综艺频道		视 频
见证奇迹——宝丰魔术师丁德龙	县委宣传部	2012.7.27	中央电视台综艺频道		视 频

续表

发表文章	作者	发表时间	发表媒体	版次	备注
魔术——年夜饭	县委宣传部	2012.7.27	中央电视台综艺频道		视 频
宝丰魔术集萃亮相央视	何五昌	2012.7.14	中央人民广播电台		广 播
无上访无投诉，只因法官把咱当亲人	李亚楠	2012.8.10	新华每日电讯	7	1000字以上
唱响中原	王双正	2012.8.21	人民日报	11	图片新闻
河南农村文化资源变资本“绿色”生机带旺新农民	赵 飞	2012.8.3	中央人民广播电台		500-1000字
蛋壳上的“奥运”	王双正 魏新伟	2012.8.18	农民日报	7	500-1000字
河南“飞机洒药灭虫防虫护森林”	王双正	2012.8.3	农民日报	8	500-1000字
河南宝丰县大力发展农村特色文化产业	记者	2012.9.27	光明日报	7	1000字以上
河南宝丰县农民民工收到法律援助的法律图书	王双正	2012.9.28	光明日报	7	图片新闻
宝丰县在读硕博士再获生活补助	韩国明	2012.9.3	中央人民广播电台		地方新闻
宝丰县各界人士情牵留守儿童	杨士奎	2012.9.11	中央人民广播电台		地方新闻
宝丰县清凉寺汝官窑遗址展厅开建	韩国明	2012.9.27	中央人民广播电台		新闻纵横
农民魔术师丁德龙上春晚	何惠民	2012.9.27	中央人民广播电台		新闻纵横
中国农业银行河南省宝丰支行大力扶持大学生村干部从事养殖、种植等项目	王双正 魏新伟	2012.9.27	农民日报	5	图片新闻
河南省沼气节能工程补贴政策，全面加大农村沼气建设力度	何五昌	2012.9.26	农民日报	8	图片新闻
河南宝丰农民魔术“变”出致富“金元宝”	何五昌	2012.10.16	新华社		图片新闻
爱惜粮食 从小做起	何五昌	2012.10.15	新华社		图片新闻
河南宝丰“信访直通车”进乡村	何五昌	2012.10.5	新华社		图片新闻
废物巧利用 勤俭植童心	王双正	2012.10.30	新华社		图片新闻
“计生书屋”惠农家	王双正	2012.10.27	农民日报	5	图片新闻
我的小康·河南：舞动幸福 玩出财富	代纪玲	2012.11.20	中央电视台《新闻直播间》		6分钟
让农民共享公共文化的阳光	代纪玲	2012.11.21	中央电视台《新闻30分》		3分钟
我的小康·胡春香：快快乐乐奔小康	代纪玲	2012.11.23	中央电视台《新闻联播》		2分钟
河南宝丰：廉政文化进农村	何五昌	2012.11.23	中央人民广播电台		广播
河南宝丰警方对赌博机窝点进行销毁	韩国明	2012.11.13	中央人民广播电台		广播
雪花纷飞 课堂温暖	王双正	2012.12.14	人民日报	6	图片新闻
河南宝丰：温暖工程暖人心	何五昌	2012.12.6	新华社		图片新闻
一泓清水北上 助力“美丽中国”——南水北调工程建设十周	王双正	2012.12.26	新华社		图片新闻

2012年宝丰县省级主流新闻媒体发稿情况

发表文章	作者	发表时间	发表媒体	版次	备注
别样新年礼物	王双正	2012.1.13	河南日报	1	图片新闻
春耕科技服务队队员为农民提供科技服务	王双正	2012.2.17	河南日报	3	图片新闻
宝丰县启动百部爱国主义电影进校园活动	王双正	2012.2.29	河南日报	2	图片新闻
民俗文化 闹新春	王双正	2012.2.4	河南日报	3	图片新闻
宝丰县城绽放花园梦	李民强	2012.2.29	河南日报	10	1000字以上
洁石集团举办节日文化活动庆丰收	王长河 王占春	2012.2.16	河南日报	12	300–500字
宝丰酒再次结缘河南省两会	李新蕊	2012.1.12	河南日报	16	300–500字
宝丰县大营镇机关干部和群众一起加入春季植树活动	何五昌	2012.2.19	河南日报	2	图片新闻
宝丰县第一实验小学的同学向移民同学们赠送学习用品	王双正	2012.3.26	河南日报	2	图片新闻
宝丰:产业集聚造就“工业高产田”	陈学烨 董娉	2012.3.30	河南日报	1	1000字以上
宝丰县第一实验小学的同学们走上街头践行雷锋精神	王双正	2012.3.19	河南日报	2	图片新闻
马街又响丝弦声	杨国栋	2012.3.27	河南日报	5	300–500字
宝丰酒·第二届河南经济年度人物揭晓	陌　李	2012.3.29	河南日报	12	300–500字
享农趣品农乐	王双正	2012.5.28	河南日报	3	300–500字
宝丰县大营镇段寨村小麦丰收在即	何五昌	2012.5.26	河南日报	2	300–500字
“书会状元“王剑侠开办免费培训班	王天定	2012.5.16	河南日报	2	500–1000字
宝丰县产业集聚区的员工生产的电冰箱已经投产	王天定	2012.5.15	河南日报	2	300–500字
宝丰县农民育种专家余满堂培育出多个小麦新品种	王双正	2012.5.27	河南日报	2	300–500字
中国石化平顶山石油分公司严把油品质量关	王双正	2012.5.17	河南日报	3	300–500字
“田间课堂”话丰收	王双正	2012.5.25	河南日报	1	300–500字
宝丰县中石化员工服务“三夏”	王双正	2012.5.20	河南日报	2	300–500字
精英网友走进宝丰酒业	陌　李	2012.4.26	河南日报	12	300–500字
“抢收突击队”深入宝丰县田间地头帮助烈属和老人抢收麦子	何五昌	2012.6.8	河南日报	3	300–500字
考场内外	何五昌	2012.6.8	河南日报	4	300–500字
2012年度高考结束	王双正	2012.6.9	河南日报	1	300–500字
宝丰喜获中国白酒酒体设计奖	王占春	2012.6.12	河南日报	16	300–500字
宝丰民间艺人“抱团”闯出大市场	刘洋 马禄祯	2012.6.14	河南日报	5	1000字以上
宝丰县林业局技术人员使用卫星定位仪测量林地面积	王双正	2012.7.9	河南日报	4	300–500字
96岁的“刚强奶奶”	张苏英 贾志琼	2012.7.27	河南日报	4	1000字以上
宝丰酒业半年总结暨誓师大会顺利召开	郭　颖	2012.7.12	河南日报	12	300–500字

续表

发　表　文　章	作　者	发表时间	发表媒体	版次	备注
宝丰酒豫北市场经销财富论坛成功举办	郭　颖	2012.8.23	河南日报	8	300–500 字
宝丰酒业首获发明专利	王占春	2012.8.10	河南日报	12	300–500 字
宝丰“戏迷乐园”乐村民	王晓欣 王冠军	2012.8.22	河南日报	5	500–1000 字
农民魔术师丁德龙“挤走刘谦上春晚”?	记者	2012.9.27	河南卫视		1000 字以上
宝丰酒业 举办“寻找小宝 寻找爱”活动	郭　颖	2012.9.6	河南日报	16	500–1000 字
宝丰清凉寺汝官窑遗址保护展示厅开建	王晓欣 王冠军	2012.9.13	河南日报	12	300–500 字
宝丰高新技术产业开发区正在建设新厂房	王天定	2012.9.15	河南日报	2	图片新闻
宝丰县育英幼儿园开展“识粮爱粮,从小做起”主题教育活动	胡炳俊 何五昌	2012.10.18	河南日报	11	图片新闻
宝丰举办小宝招商会暨产品推介会	郭　颖	2012.9.20	河南日报	16	300–500 字
宝丰百姓的幸福密码	瓮韬 吕艳慧	2012.11.14	河南日报	18	1000 字以上
宝丰:60 年名酒之路	晋宵锋	2012.11.23	河南日报	20	500–1000 字
宝丰民间演艺“变”成文化产业	马禄祯 吕艳慧	2012.12.15	河南日报	1	1000 字以上
中国石化宝丰石油公司装点加油站	王双正	2012.12.31	河南日报	2	图片新闻
宝丰县气象局人员在田间进行墒情普查	王双正	2012.12.16	河南日报	2	图片新闻
“地温空调”进校园	王双正	2012.12.14	河南日报	2	500–1000 字

2012 年宝丰县省级主要新闻媒体发稿情况

发　表　文　章	作　者	发表时间	发表媒体	版次	备注
新年收大礼 吃上自来水	王长河	2012.1.12	河南日报农村	8	500–1000 字
老少齐上阵 荒山披新绿	何五昌	2012.1.16	河南日报农村	2	图片新闻
“唢呐王”奏响和谐曲	丁金水 杜付民	2012.1.30	河南日报农村	3	1000 字以上
书街书会 700 年吟唱不绝	尚　杰	2012.1.16	大河报	12A	专
曲剧团的演员让村民在家门口享受“文化大餐”	王双正	2012.2.10	河南日报农村	1	图片新闻
宝丰县法律工作者设立法律援助和普法宣传台	王双正	2012.2.15	河南日报农村	5	图片新闻
宝丰县春耕服务队队员为农民提供科技服务	王双正	2012.2.16	河南日报农村	1	图片新闻
出生 66 天的婴儿当街遭抢?	杨红娜	2012.2.23	大河报	12	1000 字以上
宝丰县司法局把法律知识送到基层	王双正	2012.2.8	河南日报农村	5	图片新闻
宝丰县一小:“雷锋火炬”传递 30 年	王冠军	2012.2.29	河南日报农村	2	1000 字以上
只因长得不像爸 狠心母亲扔了娃	杨红娜	2012.2.22	河南日报农村	2	500–1000 字
揭开“婴儿当街被抢”真相	杨红娜	2012.2.23	河南法制报	12	1000 字以上

续表 1

发 表 文 章	作 者	发表时间	发表媒体	版次	备注
让宝丰县文化“醉”倒更多人	王俊生	2012.2.15	东方今报	A06	1000 字以上
省政府 500 万元重奖宝丰产业集聚区	王俊生	2012.2.15	东方今报	A05	300–500 字
闹元宵	王双正	2012.2.8	东方今报	A07	图片新闻
5.5 万学生看“雨来”	王双正	2012.2.29	东方今报	A07	图片新闻
看病不出村 感冒几块钱搞定	王俊生	2012.2.15	东方今报	A03	1000 字以上
宝丰县赵庄乡干部怀揣“民情日记”解民状	丁需学 王冠军	2012.3.13	河南日报农村	2	500–1000 字
宝丰司法部门为外出务工农民工提供专项法律服务活动	王双正	2012.3.13	河南日报农村	2	图片新闻
宝丰县观音堂敬老院里的五保老人们开荒种菜	何五昌	2012.3.28	河南日报农村	2	图片新闻
宝丰大黄村建起老人互助家园	丁需学 王长河	2012.3.15	河南日报农村		300–500 字
书写廉政	王双正	2012.3.21	东方今报		500–1000 字
“大树将军冯异”系列之二	朱金中	2012.3.23	大河报	A37	1000 字以上
燃尽生命写忠诚—追记宝丰县大学生村干部管理工作办公室主任余建军	丁需学 王长河	2012.3.30	河南日报农村	4	1000 字以上
徐玉诺纪念馆开馆	丁需学 王长河	2012.3.27	河南日报农村	2	300 字
宝丰开展在押人员教育活动	王淑霞 陈艳杰	2012.3.28	河南法制报	9	500–1000 字
宝丰百余名“农技医师”田间把脉	丁需学 杨国栋	2012.3.2	河南日报农村	2	300–500 字
宝丰酒·第二届河南经济年度人物揭晓	李素莉	2012.3.23	大河报	23	300–500 字
农民出省打工法律援助随行	王双正	2012.3.14	东方今报		图片新闻
宝丰县开建 500 亩幸福家园开心农场	丁需学 王长河	2012.4.16	河南日报农村	2	500–1000 字
千年酒村办起酒文化节	丁需学	2012.4.5	河南日报农村	1	500–1000 字
山村农家女史珍芳甜蜜的事业 甜蜜的生活	王长河 贾志琼	2012.4.10	河南日报农村	7	1000 字以上
宝丰探索农民养老新路子	丁需学 王长河	2012.4.6	河南日报农村	2	1000 字以上
宝丰县国税局组织人员现场为商户解惑	席晓彤 桂召召	2012.4.26	河南日报农村	7	300–500 字
宝丰警方部署开展了严厉打击赌博违法犯罪专项行动	陈亚洲 杨红娜	2012.4.16	河南法制报	5	300–500 字
宝丰严打 108 台赌博机瞬间变碎片	张学军 杨红娜	2012.4.18	东方今报	A02	500–1000 字
240 多万针绣出《清明上河图》	王双正	2012.4.11	东方今报	A02	300–500 字
宝丰县环境监测站完成四大系统建设	白现飞	2012.5.2	河南法制报	7	300–500 字
宝丰县赵官营中心村树敬老典型，营造乡村好风尚——谁家媳妇好 老人说了算	王长河	2012.5.30	河南日报农村	2	500–1000 字
鹰城法官用心谱写爱民曲	陈亚洲	2012.5.15	河南法制报	5	1000 字以上
刚得手就落网窃贼叹“手艺不中”	陈亚洲 杨红娜	2012.5.22	河南法制报	11	300–500 字
宝丰:“田间课堂”促丰收	王双正	2012.5.24	河南日报农村	1	500–1000 字

续表2

发表文章	作者	发表时间	发表媒体	版次	备注
2000中学生同做广播操庆“五一”	王双正	2012.5.2	东方今报	A06	500-1000字
宝丰县种粮大户牛京意:千亩优质麦能挣45万元	丁需学 王长河	2012.6.6	河南日报农村	1	500-1000字
宝丰文化之花遍地开	丁需学 王长河	2012.6.15	河南日报农村	2	1000字以上
宝丰:我们一起过生日	王双正	2012.6.1	河南日报农村	2	300-500字
宝丰 官兵帮扶抢收忙	王双正	2012.6.7	河南日报农村	2	300-500字
宝丰姚店铺村设施农业“敲”开增收门	丁需学	2012.6.11	河南日报农村	2	1000字以上
宝丰县:发负担监督卡帮助农民维权	王双正	2012.6.27	河南日报农村	1	300-500字
让孩子过个安全暑假	王双正	2012.6.20	东方今报	A03	500-1000字
火灾逃生演练	王双正	2012.6.18	河南法制报	9	300-500字
宝丰荒山变杏林山民收入大增长	任芳 王双正	2012.6.6	东方今报	A02	300-500字
宝丰酒与酒仙网达成战略合作	李素莉	2012.6.19	大河报	B39	300-500字
家宴用车安全隐患多	范军朝	2012.6.7	河南日报农村	3	300-500字
宝丰:魔术之乡育“新苗”	何五昌	2012.7.3	河南日报农村	1	500-1000字
宝丰:消防课堂进工地	何五昌 王冠军	2012.7.6	河南日报农村	1	500-1000字
宝丰农家女爱读书	王双正	2012.7.20	河南日报农村	2	300-500字
宝丰:桃子丰收农民乐	王双正 姬 鹏	2012.7.4	河南日报农村	2	300-500字
飞机洒药 灭虫护林	王双正	2012.7.18	河南日报农村	1	300-500字
宝丰迎来强降雨	王双正	2012.7.5	河南日报农村	2	300-500字
有1%希望 就要尽100%努力	陈亚洲 毛玺玺 王 峰	2012.7.2	河南法制报	1	500-1000字
暑期来临加强假期学生安全教育刻不容缓	王双正	2012.7.11	大河报	A39	300-500字
上门送爱心	陈亚洲 王双正	2012.7.27	河南法制报	12	500-1000字
翰墨寄深情喜迎十八大	刘栋杰 何五昌	2012.7.4	东方今报	A04	1000字以上
宝丰农开项目发力 抗旱保苗省心	韩园明	2012.7.2	河南电视台新农村频道		视 频
宝丰广电系统庆七一 红色经典抒豪情	韩园明	2012.7.2	河南电视台新农村频道		视 频
宝丰农民魔术师亮相央视	韩艳彬 杨士奎	2012.7.16	河南电视台新农村频道		视 频
宝丰农资连锁配送 农民放心使用	记 者	2012.7.19	河南电视台新农村频道		视 频
一线职工战酷 宝丰总工会送关爱	记 者	2012.7.23	河南电视台新农村频道		视 频
宝丰县在读硕博士再获生活补助	丁需学	2012.8.28	河南日报农村	2	300-500字
400多硕博生领取生活补助	尚杰 韩亚慧	2012.8.25	大河报	A07	300-500字
宝丰县“敬业姐”杨淑霞带出80多位“创业女”	丁需学 张苏英	2012.8.27	河南日报农村	2	1000字以上

续表 3

发　表　文　章	作　者	发表时间	发表媒体	版次	备注
敲锣打鼓表彰计生模范户	王向丽	2012.8.13	河南日报农村	3	300–500 字
养殖女能手徐利 十六年建成三个万头养猪场	丁需学 王长河	2012.8.9	河南日报农村	7	1000 字以上
研究生回乡 给老家发展想点子	王俊生 任芳	2012.8.25	东方今报	A10	1000 字以上
“宝丰文化现象”农忙务农、农闲从艺	王玮皓	2012.8.8	大河报	A15	300–500 字
蛋壳五环庆奥运	尚杰 王双正	2012.8.15	大河报	A14	300–500 字
宝丰酒情系子弟兵拥军慰问驻豫部队	李赟昱	2012.8.3	河南商报	C06	300–500 字
摩托车没钥匙也能行驶？细心民警：肯定有鬼！	陈亚洲 王兰兰	2012.8.22	河南法制报	8	300–500 字
宝丰县检察院“践行核心价值观 创新机制促发展”系列报道之一	陈亚洲 张国豪	2012.8.14	河南法制报	5	1000 字以上
宝丰县检察院“践行核心价值观 创新机制促发展”系列报道之三	陈亚洲 黄丽娟	2012.8.21	河南法制报	5	1000 字以上
宝丰县检察院“关爱女孩校园行”维权讲座获好评	韩莉芳	2012.8.23	河南法制报	13	300–500 字
召开复转军人座谈会庆祝八一建军节	洪曜娜 张世豪	2012.8.3	河南法制报	15	300–500 字
三项措施助推信息化建设再上新台阶	毕艳丽 苏坡坡	2012.8.6	河南法制报	15	300–500 字
宝丰县检察院开展教育讲座	姚淑娜	2012.8.7	河南法制报	15	300–500 字
宝丰县检察院“四法”处理初访效果好	胡怀先	2012.8.9	河南法制报	13	300–500 字
宝丰县检察院执法为民含真情 七旬老汉送锦旗	谷英格 李瑞丽	2012.8.10	河南法制报	13	300–500 字
宝丰金秋迎丰收	何五昌	2012.9.17	河南日报农村	2	图片新闻
宝丰县纪检干部走村入户访民情	王双正	2012.9.19	河南日报农村	8	图片新闻
宝丰马街书会文化景观工程开建	任培丽 杨国栋	2012.10.12	河南日报农村	2	300–500 字
宝丰县大学生村干部侯更辉被评为“河南省十大杰出大学生村干部创业之星”	王双正	2012.10.17	河南日报农村	6	图片新闻
宝丰农民程相喜再创业当“鸭司令”	张苏英	2012.10.9	河南日报农村	7	500–1000 字
秸秆变饲料 减排又增收	王双正	2012.10.9	河南日报农村	7	图片新闻
娄振宝的创富“三部曲”	田秀忠 贾志琼	2012.10.30	河南日报农村	7	1000 字以上
宝丰县幸福村最后的牛把式	丁需学	2012.10.15	河南日报农村	2	1000 字以上
宝丰“标准化生产效益好”	王双正	2012.10.26	河南日报农村	2	图片新闻
宝丰县“信访直通车”开进乡村	何五昌	2012.10.18	河南日报农村	6	图片新闻
宝丰：翰墨丹青话清廉	何五昌	2012.10.30	河南日报农村	2	图片新闻
宝丰县前营乡幼儿园到当地敬老院开展敬老爱老教育活动	何五昌	2012.10.30	河南日报农村	5	图片新闻
辣椒红了 菜农笑了	王双正	2012.10.31	东方今报	A02	图片新闻
宝丰：廉政文化进农村	何五昌	2012.11.28	河南日报农村	8	图片新闻
宝丰老党员笔墨宣传十八大	何五昌	2012.11.27	河南日报农村	2	图片新闻

续表 4

发表文章	作者	发表时间	发表媒体	版次	备注
宝丰县:农村妇女抱团闯出致富路	何五昌	2012.11.15	河南日报农村	7	图片新闻
宝丰县老年互助家园老人们自娱自乐	王双正	2012.11.28	河南日报农村	1	图片新闻
宝丰县警方对赌博机窝点进行销毁	王双正	2012.11.16	河南日报农村	6	图片新闻
宝丰县推广玉米全株青贮技术	王长河	2012.11.1	河南日报农村	6	300–500 字
海宝集团家电出口南非	丁需学 王长河	2012.11.23	河南日报农村	2	300–500 字
平顶山号召全市学习法官朱正栩	陈亚洲 毛玺玺	2012.11.5	河南法制报	3	300–500 字
朱正栩 扎根基层的知心庭长	记者	2012.11.5	河南法制报	3	1000 字以上
居民购灯 政府补贴	王双正	2012.11.14	东方今报	A02	300–500 字
河南乒乓少年宝丰集训	王双正	2012.11.21	东方今报	A02	300–500 字
平顶山集中培训气象信息员	王双正	2012.11.28	东方今报	A02	300–500 字
飞车抢夺完立即去金店销赃	巫晓 路仕杰	2012.11.21	东方今报	A06	300–500 字
强制销毁老虎机	王双正	2012.1.21	东方今报	A06	300–500 字
宝丰县:民生投入惠群众	王长河 吕艳慧	2012.12.21	河南日报农村	1	500–1000 字
宝丰县治理河道为农田补给水源	丁需学 王长河	2012.12.3	河南日报农村	2	300–500 字
宝丰:爱心温暖空巢老人	王双正	2012.12.7	河南日报农村	2	图片新闻
宝丰县清凉寺的汝瓷受到国家厂商的青睐	王双正	2012.12.11	河南日报农村	7	图片新闻
宝丰普查麦田墒情	王双正	2012.12.12	河南日报农村	2	图片新闻
宝丰气象 心系“三农”	王双正	2012.12.14	河南日报农村	2	图片新闻
宝丰退休教师王玉娥免费为农村妇女培训制作手工艺品	王双正	2012.12.20	河南日报农村	7	图片新闻
平顶山宝丰丰富民间艺术 建设文化强县	姬中贵	2012.12.1	河南法制报	A05	300–500 字
宝丰县组织普法成员单位制作法制宣传活动	王双正	2012.12.10	河南法制报	9	图片新闻
宝丰高中生热跳“骑马舞”	王双正	2012.12.26	东方今报	A02	图片新闻
空调进校园 冬天不再冷	王双正	2012.12.19	东方今报	A02	500–1000 字
宝丰“十八大”精神宣传进农户	何五昌	2012.12.12	东方今报	A02	图片新闻

2012 年宝丰县中央级行业新闻媒体发稿情况

发表文章	作者	发表时间	发表媒体	版次	备注
寒假生活 精彩无限	何五昌	2012.1.31	中国教育报	2	图片新闻
新年喜获“大礼包”	王双正	2012.1.11	中国教育报	2	图片新闻
打起腰鼓	王双正	2012.1.4	中国体育报	4	图片新闻

续表 1

发 表 文 章	作 者	发表时间	发表媒体	版次	备注
河南平顶山市围棋比赛开赛	王双正	2012.1.6	中国体育报	7	图片新闻
巾帼青年志愿者为老人送“健康年货”	王双正	2012.1.18	中国劳动保障报	6	图片新闻
红红火火闹正月	王双正	2012.2.5	中国妇女报		图片新闻
体育运动正成为各地人们欢度春节的生活方式之一	王双正	2012.2.1	中国体育报	1	图片新闻
给发展插上和谐美丽翅膀	李民强	2012.2.3	中国建筑报	6	1000 字以上
宝丰县商酒务镇中层干部竞聘上岗	王冠军	2012.2.6	中国县域经济报		500–1000 字
河南宝丰县马街书会在杨庄镇举办	丁素娟 李晓枫	2012.2.21	中国测绘报	1	图片新闻
宝丰县国土资源局巧施“回马枪”端掉黑矿点	丁素娟	2012.2.29	中国国土资源报		1000 字以上
“三访三评”要走出“小圈子”	范军朝	2012.2.16	人民公安报	3	300–500 字
宝丰县庆新春“怪拍”乒乓球趣味赛	王双正	2012.3.14	中国日报海外报		图片新闻
用爱让“孤儿病”患者不再孤单	王双正	2012.3.2	中国社会报	2	图片新闻
平顶山市鹰城广场举办全市妇女广场健身操(舞)比赛	王双正	2012.3.13	中国体育报	4	图片新闻
河南省宝丰县政府近日对土法烧制铝土窑进行依法强制取缔	白现飞	2012.3.19	中国环境报	3	图片新闻
房庄人圆了新房梦——宝丰县房庄村土地整治一瞥	陈见芳	2012.3.16	中国国土资源报		300–500 字
好钢用在刀刃上——河南省宝丰县节约集约用地小记	胡俊芳	2012.3.26	中国国土资源报		500–1000 字
宝丰连续 10 年地灾“零伤亡”	陈见芳	2012.3.19	中国国土资源报		300–500 字
河南省宝丰县民政局大力实施健身工程走进敬老院活动	王双正	2012.4.2	中国体育报	4	300–500 字
宝丰县群众义务植树绿荒山	王双正	2012.4.5	中国绿色时报	3	300–500 字
河南省宝丰县政府近日对辖区内张八桥镇土法烧制铝石窑进行了依法强制取缔	白现飞	2012.3.19	中国环境报	3	500–1000 字
扬帆搏浪展新姿—宝丰县实施九大工程战略加快融入中原经济区建设纪实	李民强 王新顺	2012.4.6	中国建筑报	16	1000 字以上
河南宝丰建设工程质量获结构中州杯奖	李民强	2012.4.27	中国建筑报	6	500–1000 字
宝丰:870 名高龄老人喜领津贴	陈 曦	2012.5.16	中国特产报	D2	300–500 字
河南省宝丰县国土资源局利用多种形式向群众展现国土资源廉政文化	刘银燕	2012.5.22	中国矿业报	A1	300–500 字
家有六宝“一二三”	冯文杰 丁素娟	2012.5.21	中国国土资源报	12	1000 字以上
依法执法 以心换心 ——宝丰县打击私采滥挖小记	丁素娟 路国柱	2012.5.21	中国国土资源报	3	500–1000 字
河南省宝丰县赵庄乡大黄村举办关爱空巢老人“志愿服务”活动启动仪式	王双正	2012.5.28	中国社会报	1	500–1000 字
第一家现实 QQ“开心农场”在宝丰县三里营村开门迎客	王双正	2012.5.25	中国质量报	5	300–500 字
我们是销售状元!	王双正	2012.5.28	中国石化报	2	300–500 字
河南省宝丰县大力实施体育健身工程	王双正	2012.5.28	中国县域经济报		300–500 字
助力“三夏”为丰收加油	王双正	2012.5.30	中国石化报	5	300–500 字

续表 2

发表文章	作者	发表时间	发表媒体	版次	备注
“田间课堂”助力三夏促丰收	王双正	2012.5.31	中国县域经济报		300–500 字
国学滋养国土人——河南省宝丰县国土资源局“文化课堂”小记	胡俊芳 张耀敏	2012.6.18	中国国土资源报	8	1000 字以上
土地日 乡土情	刘银燕	2012.6.25	中国国土资源报	12	500–1000 字
留守儿童过集体生日	王双正	2012.6.1	中国劳动保障报	1	300–500 字
助力“三夏”喜获丰收	王双正	2012.6.6	中国石化报	8	300–500 字
河南省政府对去年粮食生产种粮大户每户奖励价值15 万元大型农用拖拉机及配套农机具	王双正	2012.6.28	中国县域社会经	济振	300–500 字
墙内事情厂长办 墙外事情县长办	王仲斌	2012.6.18	中国科技县域经济报	1	1000 字以上
宝丰县计生协工作人员慰问贫困计生母亲	王双正 姬鹏	2012.7.12	中国人口报		500–1000 字
编制规划守林地	王双正	2012.7.24	中国纪检监察报	2	300–500 字
宝丰县观音堂乡村民李永钦在计生办的帮扶下，建起绿色天然养鸡场	王双正 姬鹏	2012.8.27	中国人口报	4	300–500 字
宝丰县石桥镇举办计划生育表彰大会，31 名老人领到生活用品	王双正 姬鹏	2012.8.17	中国人口报	3	500–1000 字
雨过天晴云破处——汝瓷起源地河南宝丰探访记	何五昌	2012.8.30	中国质量报	7	1000 字以上
宝丰县周庄镇举办计划生育光荣节	何五昌	2012.8.8	中国人口报	4	300–500 字
宝丰县纪委今年开展“廉政清风进农家”主题活动	何五昌	2012.8.7	中国纪检监察报	2	300–500 字
“流动课堂”保平安	何五昌	2012.8.4	中国纪检监察报	2	500–1000 字
“廉政文化上客车”	何五昌	2012.8.30	中国纪检监察报	3	500–1000 字
质量为本 开创质监事业新局面——关于河南省宝丰县铸造质量监督精品工程的几点思考	张营	2012.8.14	中国改革报	7	1000 字以上
点亮城市精神之光打造文化饕餮盛宴——河南省宝丰县文化底蕴提升城市品位纪实	李民强 王龙阁	2012.8.17	中华建筑报	14	1000 字以上
职业病防治走进加油站	王双正	2012.8.20	中国石化报	3	300–500 字
“叶绿花红”万事兴	叶浩方 丁素娟	2012.8.27	中国国土资源报	12	1000 字以上
致富情报站	王双正	2012.9.23	中国妇女报		1000 字以上
玉米秸秆回收青贮 一举多得	王双正	2012.9.9	中国妇女报		图片新闻
警察叔叔护送我上学	王双正	2012.9.14	中国妇女报		图片新闻
河南省宝丰县	王双正	2012.9.13	中国安全生产报	2	图片新闻
玉米秸秆青贮 一举多得	王双正	2012.9.13	中国县域经济报		图片新闻
校园军训“开锣”	何五昌	2012.9.4	中国体育报	7	图片新闻
宝丰县石桥镇万亩示范方抢收玉米	王双正	2012.10.18	中国县域经济报		图片新闻
深山坳里一家亲	原真真	2012.10.15	中国国土资源报	11	1000 字以上
和谐村有个热心人	邢天明 胡俊芳	2012.9.3	中国国土资源报	10	1000 字以上
宝丰局班子成员定期下乡倾听群众诉求	胡俊芳	2012.9.26	中国国土资源报		300–500 字

续表 3

发表文章	作者	发表时间	发表媒体	版次	备注
宝丰县打击违法开采矿产资源	胡俊芳 张耀敏	2012.10.10	新农村商报		300–500 字
河南省体育局在全省选拔乒乓球选手	王双正	2012.11.20	中国体育报	3	图片新闻
低碳运动会趣味乐翻天	王双正	2012.11.9	中国体育报	7	图片新闻
为迈向体育强国作出新贡献	王双正	2012.11.23	中国体育报	1	图片新闻
“平安”年历赠群众	王双正	2012.11.22	中国县域社会经济报		300–500 字
宝丰:汝窑瓷业两年获 24 个外观设计专利	王双正	2012.11.29	中国县域社会经济报		300–500 字
河南省宝丰县实施“村村通自来水工程”,使农民喝上了“放心水”	何五昌	2012.11.19	中国县域社会经济报		300–500 字
河南宝丰“幸福指数”看得见	李国俊 魏洋磊	2012.11.22	中国经济报	4	1000 字以上
文化建设让我们如沐春风	胡俊芳	2012.11.19	中国国土资源报	12	500–1000 字
父亲的恋土情结	楚志辉	2012.11.5	中国国土资源报	12	500–1000 字
河南省宝丰县民警开展走村串户大走访活动	王双正	2012.11.17	中国安全生产报	A1	图片新闻
工程质量的“保护神”——记河南省宝丰县建设工程质量监督站	李民强	2012.12.7	中国建筑报	6	1000 字以上
诚信光荣 守信受益——河南省宝丰县建筑市场管理体系建设纪实	李民强	2012.12.7	中国建筑报	6	1000 字以上
袁玉兰上访 10 年的宅基地问题解决了	李民强	2012.12.7	中国建筑报	6	图片新闻
宝丰县及早帮助农民工讨薪	李民强	2012.12.7	中国建筑报	6	图片新闻
学生热跳“骑马舞”	王双正	2012.12.28	中国体育报	7	图片新闻
汝瓷是中国五大名瓷之一	王双正	2012.12.25	中国知识产权报		图片新闻
河南省宝丰县赵庄国土资源所开展信访排查活动	李光辉	2012.12.26	中国国土资源报		图片新闻
宝丰县农气服务人员深入乡镇进行土壤普查	王双正	2012.12.13	中国县域经济报		图片新闻

2012 年宝丰县省属一般新闻媒体发稿情况

发表文章	作者	发表时间	发表媒体	版次	备注
再重的包袱 也挡不住回家的脚步	王双正	2012.1.18	东方今报	1	图片新闻
宝丰县文笔山数百名崇尚传统国学文化的爱好者齐诵《弟子规》	王双正	2012.1.31	教育时报	2	图片新闻
中国石化平顶山宝丰公司悬挂红灯笼以迎接新年的到来	王双正	2012.1.1	河南工人日报	3	图片新闻
情暖新春	王双正	2012.1.20	河南经济报	5	图片新闻
河南宝丰:民俗舞动新春	何五昌	2012.1.31	中新社		图片新闻
河南宝丰:迎新年 赛围棋	王双正	2012.1.1	中新社		图片新闻
河南宝丰:老少齐上阵 共为荒山披新绿	何五昌	2012.1.5	中新社		图片新闻
河南宝丰:龙年邮票登场市民青睐热捧	王双正	2012.1.7	中新社		图片新闻

续表 1

发　表　文　章	作　者	发表时间	发表媒体	版次	备注
河南宝丰:“健康年货”送老人	王双正	2012.1.12	中新社		图片新闻
军营里过除夕	何五昌	2012.1.22	中新社		图片新闻
河南宝丰:送年货 迎新年	王双正	2012.1.18	中新社		图片新闻
河南宝丰:迎新年净化市场稽查忙	王双正	2012.1.18	中新社		图片新闻
留守儿童喜获“爱心礼包”	王双正	2012.2.22	中国纪检监察报		图片新闻
以积极开放的姿态迈入信息时代	丁素娟	2012.2.22	新农村商报		300–500 字
宝丰县喜获河南省国土资源节约集约模范县荣誉称号	丁素娟	2012.2.20	中国新闻摄影时报		300–500 字
宝丰县国土局:利用书会宣传国土法律法规	谢永立	2012.2.4	中国新闻摄影时报		500–1000 字
宝丰县国土执法人员放弃假期护矿产	李润华	2012.2.10	中国新闻摄影时报		1000 字以上
宝丰县国土资源员工冒险扑灭山林大火	楚志辉	2012.2.9	中国新闻摄影时报		500–1000 字
气象科技人员在宝丰县发放气象科学图书 2000 余册	王双正	2012.2.13	河南经济报	2	图片新闻
愿做好人民健康守护神	李延伟	2012.2.15	河南经济报	11	500–1000 字
情暖新春	王双正	2012.1.20	河南经济报	5	图片新闻
河南宝丰县民间社火队欢喜闹元宵	王双正	2012.2.6	中新社		图片新闻
“中州大鼓”闹新春	王双正	2012.2.1	中新社		图片新闻
宝丰县举办民间艺术大赛	王双正	2012.2.2	河南工人日报	2	图片新闻
河南宝丰:经典爱国主义电影送校园	王双正	2012.2.28	中新社		图片新闻
河南宝丰:农民赛门球 如今也时尚	王双正	2012.2.24	中新社		图片新闻
河南加强集中整治 惩治制售假冒伪劣产品行为	王双正	2012.2.23	中新社		图片新闻
河南宝丰:农民喜赶“普法大集”	王双正	2012.2.10	中新社		图片新闻
河南宝丰法律工作者:送法下乡	王双正	2012.2.9	中新社		图片新闻
“中州大鼓”闹新春	王双正	2012.2.1	中新社		图片新闻
宝丰:推动国土资源整体工作良性发展	丁素娟	2012.3.7	新农村商报		500–1000 字
宝丰:切实加强国土资源管理工作	丁素娟	2012.3.7	新农村商报		300–500 字
宝丰县国土资源局真抓实干获成效	原真真	2012.3.21	新农村商报		300–500 字
土地开发圆了房庄人的新房梦	陈见芳	2012.3.21	新农村商报		300–500 字
宝丰县第一实验小学在校园广场举办热爱书法大赛	王双正	2012.3.27	教育时报	2	图片新闻
宝丰县大力实施“百部爱国主经典影片进校园”工程	王双正	2012.3.2	教育时报	2	图片新闻
忙春耕 保丰收	何五昌	2012.2.23	青年导报	1	图片新闻
宝丰卫生局以服务深化 创先争优活动	王　平	2012.3.31	医药卫生报	2	300–500 字

续表 2

发　表　文　章	作　者	发表时间	发表媒体	版次	备注
放下锄头来郑捐献造血干细胞	李志刚	2012.3.17	医药卫生报	5	图片新闻
宝丰医务人员走基层惠民便民	李志刚	2012.3.31	医药卫生报	5	图片新闻
宝丰县卫生系统开展“送医下乡”活动	李延伟	2012.3.16	河南经济报	11	图片新闻
人工降雨 科技助农	王双正	2012.3.23	河南经济报	3	图片新闻
宝丰县城税局荣获突出贡献奖	张梦晨	2012.3.2	河南经济报	10	300–500 字
河南平顶山:迎“世界水日”700 万尾鱼苗增殖放养	王双正	2012.3.22	中新社		图片新闻
春雨润春耕 人工增雨来助力	王双正	2012.3.22	中新社		图片新闻
河南宝丰:大墙内的”三八“节	何五昌	2012.3.8	中新社		图片新闻
河南宝丰:外出务工 法律护航	王双正	2012.3.13	中新社		图片新闻
河南宝丰:“小小爱心”温暖孤残儿	何五昌	2012.3.9	中新社		图片新闻
河南宝丰:雷锋精神薪火相传 30 年	何五昌	2012.3.1	中新社		图片新闻
河南宝丰:学雷锋 爱心义诊进工厂	何五昌	2012.3.5	中新社		图片新闻
河南宝丰:《雷锋》电影进校园	何五昌	2012.3.1	中新社		图片新闻
为实现住有所居目标不懈努力	李民强	2012 年第 3 期	中州建设		1000 字以上
国土卫士扑山火 千钧一发解危情	楚志辉 张耀敏	2012.3.1	资源导刊		图片新闻
元宵夜巧杀“回马枪”	丁素娟 赵宏超	2012.3.1	中新社		图片新闻
冯所长“巧”解纠纷	胡俊芳	2012.3.1	中新社		图片新闻
创新促发展 务实谋佳绩	王　平	2012.4.24	医药卫生报		1000 字以上
宝丰县药费“缩水”群众得实惠	李延伟	2012.4.24	医药卫生报	2	300–500 字
宝丰县石桥镇农民为小麦生长浇足拔节水	王双正	2012.4.24	河南科技报	A2	300–500 字
宝丰县乡镇敬老院院民的幸福生活	何金丰	2012.4.13	河南科技报	S2	300–500 字
中平能化集团京宝焦化公司年产 260 万吨焦化项目,施工人员在为降温炉设备进行焊接	王双正	2012.4.27	河南经济报	2	300–500 字
宝丰县实施基本药物制度成效明显	李延伟	2012.4.18	河南经济报	5	300–500 字
宝丰县国土资源局四项服务支持产业集聚区建设	原真真	2012.4.27	河南经济报	8	300–500 字
宝丰县地税局三措并举加强文化建设	范建军 张梦晨	2012.4.9	河南经济报	6	300–500 字
支持产业集聚区建设	程传真	2012.4.20	新农村商报		500–1000 字
宝丰局完善信访奖惩制度	楚志辉	2012.4.9	中国国土资源报		300–500 字
宝丰县开展围地违规用地专项治理	楚志辉	2012.4.19	中国新闻摄影时报		300–500 字
扬帆搏浪看宝丰——宝丰县实施九大工程战略加快融入中原经济建设纪实	李民强 王新顺	2012 年第五期	中州建设		1000 字以上
河南首届纸飞机比赛宝丰开赛	王双正	2012.4.27	中新社		300–500 字

续表3

发　表　文　章	作　者	发表时间	发表媒体	版次	备注
河南宝丰:全民健身迎“五一”	王双正	2012.4.27	中新社		300–500字
河南省宝丰县发现奇特古“岩画”	何五昌	2012.4.11	中新社		300–500字
河南宝丰儿童画桃花送母亲表感恩	何五昌	2012.4.13	中新社		300–500字
各地曲艺艺人会聚河南马街祭拜“三皇老祖”	何五昌	2012.3.26	中新社		300–500字
河南宝丰:300多名老年人走进夕阳红社区学院	何五昌	2012.4.19	中新社		300–500字
河南宝丰出现形似巨龙晚霞	何五昌	2012.4.22	中新社		300–500字
河南宝丰集中销毁非法出物	何五昌	2012.4.24	中新社		300–500字
河南宝丰:全民健身千人齐做广播体操	何五昌	2012.4.27	中新社		300–500字
河南宝丰:趣味低碳的纸飞机比赛	何五昌	2012.4.27	中新社		300–500字
河南宝丰:香山寺出现日晕奇观	何五昌	2012.4.28	中新社		300–500字
河南宝丰:小麦“痛饮”“拔节水”	何五昌	2012.4.16	中新社		300–500字
宝丰县环境监测站获市优秀单位称号	白现飞	2012.5.2	河南经济报	10	300–500字
平顶山第一家现实QQ“开心农场”开门迎客	王双正	2012.5.25	河南经济报	1	300–500字
宝丰县国土资源局让廉政教育从“文件”走向“文化”	叶浩方 原真真	2012.5.11	河南经济报	8	1000字以上
中国石化宝丰石油分公司送油到田间,确保柴油供应	王双正	2012.5.28	河南经济报	1	300–500字
宝丰县国税局组织人员深入个体商户进行税款辅导	席晓彤	2012.4.30	河南经济报	3	300–500字
宝丰县局助推新型农村社区建设	王长河	2012.5.5	河南电力报	3	300–500字
宝丰县电业局职工走进学校开展安全用电常识宣传	刘亚辉	2012.5.31	河南电力报	3	300–500字
魔术之乡奏响杏林和谐乐章——宝丰县赵庄乡卫生院发展纪实	王　平	2012.5.12	医药卫生报		1000字以上
酒祖故里宝丰——宝丰县商酒务镇卫生院侧记	李志刚　王平	2012.5.24	医药卫生报		1000字以上
宝丰走基层 送医下乡	李志刚　王平	2012.5.26	医药卫生报		300–500字
宝丰:喜迎母亲节 情暖敬老院	孙盼盼	2012.5.9	中国新闻摄影时报		300–500字
三年心结一朝解 安居乐业谢党恩	楚志辉	2012.5.23	中国新闻摄影时报		500–1000字
宝丰国土局廉政文化走进群众广场	刘银燕	2012.5.22	中国新闻摄影时报		1000字以上
宝丰国土局举办“国土情文艺汇演”	胡俊芳	2012.5.27	中国新闻摄影时报		1000字以上
“毒瘤”铲除记	原真真	5月	资源导刊		300–500字
春风春雨化雨润人心	楚志辉	5月	资源导刊		1000字以上
双管齐下显威力——宝丰县打击乱挖滥采小记	丁素娟	5月	资源导刊		1000字以上
河南宝丰棉纺企业助力留守妇女就业	王双正	2012.5.3	中新社		300–500字
河南宝丰:备战“三夏”储油忙	王双正	2012.5.14	中新社		300–500字

续表4

发 表 文 章	作 者	发表时间	发表媒体	版次	备注
河南宝丰:“田间课堂”助力三夏	王双正	2012.5.18	中新社		300–500字
河南宝丰:石油志愿者服务队助力“三夏”	王双正	2012.5.20	中新社		300–500字
河南省:低碳骑行健身乐	王双正	2012.5.21	中新社		300–500字
河南宝丰:“开心农场”开园	王双正	2012.5.23	中新社		300–500字
河南宝丰:情暖“空巢老人”	何五昌	2012.5.25	中新社		300–500字
农民小麦育种专家余满堂潜心科研二十载	王双正	2012.5.26	中新社		300–500字
河南宝丰小麦开镰收割	王双正	2012.5.26	中新社		300–500字
河南宝丰:“流动加油站”送油到田间	王双正	2012.5.28	中新社		300–500字
河南宝丰:帮扶队深入田间助困难户收麦	王双正	2012.5.28	中新社		300–500字
河南宝丰:六一节留守儿童过“集体生日”	王双正	2012.5.30	中新社		300–500字
丰收喜民开镰	王双正	2012.5.30	新农村商报	C1	300–500字
让老人不再孤单——河南宝丰县积极探索农村养老工作新模式	陈 曦	2012.4.23	企业党建参考报	6	500–1000字
河南宝丰专项治理违规用地	谢永立 楚志辉	2012.5.2	新农村商报		300–500字
宝丰县产业集聚区节约用地	程传真 张耀敏	2012.5.16	新农村商报		300–500字
宝丰县矿业权设置方案编制工作启动	程传真	2012.5.16	新农村商报		300–500字
宝丰县国土局举办“国土情”文艺汇演	刘银燕	2012.5.30	新农村商报		300–500字
快乐“六一”多彩童年	王双正	2012.6.1	教育时报	2	300–500字
天然气公司在宝丰开展天然气高压管道泄漏应急演练	王双正	2012.6.25	河南经济报	7	300–500字
宝丰县国土资源局向群众宣传国土资源廉政文化	刘银燕	2012.6.15	河南经济报	8	300–500字
宝丰县豫丰村镇银行向群众讲解人民币真假识别知识	王双正	2012.6.18	河南经济报	7	300–500字
抗旱抢种保丰收	何五昌	6月6月	河南科技报	A2	300–500字
情牵留守娃 爱心暖童心	王双正	6月6月	宜宾日报	A4	300–500字
宝丰县发布高温橙色预警信号	王双正	2012.6.14	河南工人日报	3	300–500字
宝丰县敬老院不断丰富敬老院院民的生活和生活质量	孙宝现 何金丰	2012.6.15	河南科技报	17	300–500字
河南宝丰电业局工作人员宣传供、用电严峻形势	刘亚辉	2012.6.29	华中电力报	3	300–500字
宝丰县电业局对一号主变进行增容改造	刘亚辉	2012.6.28	河南电力报	3	300–500字
宝丰县局结对服务老旧小区	郭莉娟	2012.6.7	河南电力报	3	300–500字
宝丰电业局在宝丰铁路小学给孩子讲授安全用电常识	刘亚辉	2012.6.1	华中电力报	3	300–500字
宝丰新农合总额预付运行平稳	李志刚 王平	2012.6.2	医药卫生报	7	300–500字
春风化雨结硕果 正是扬帆启航时	王 平	2012.6.12	医药卫生报	3	1000字以上
宝丰县为献血者提供优质服务	李志刚 王平	2012.6.16	医药卫生报	2	300–500字

续表 5

发　表　文　章	作　者	发表时间	发表媒体	版次	备注
宝丰县为老年乡村医生发放补助	李延伟	2012.6.1	河南经济报	7	300-500 字
国学走进国土局——河南省宝丰县国土资源局举行国学文化讲座	胡俊芳 张耀敏	2012.6.13	新农村商报	C2	1000 字以上
宝丰县:一手抓防腐一手治囤地	张耀敏 丁素娟	2012.6.13	新农村商报	C15	300-500 字
宝丰县补充耕地储备项目开工	程传真	2012.6.13	新农村商报		300-500 字
宝丰县城关国土所掀起“学雷锋、倡三平”活动热潮	原真真	2012.6.14	中国新闻摄影时报		300-500 字
宝丰县国土局节能减排宣传队走上街头	田　梦	2012.6.13	中国新闻摄影时报		500-1000 字
河南宝丰市民爱心献血	王双正	2012.6.14	中新社		300-500 字
河南宝丰:反假币宣传进社区	王双正	2012.6.15	中新社		300-500 字
河南宝丰:为山区贫困留守儿童献爱心	王双正	2012.6.17	中新社		300-500 字
河南宝丰:校园大型消防逃生疏散演练忙	王双正	2012.6.29	中新社		300-500 字
河南宝丰农民魔术师登上央视舞台	王双正	2012.6.29	中新社		300-500 字
河南宝丰:芒种至 播种忙	何五昌	2012.6.1	中新社		300-500 字
2012 全国高考进行时	何五昌	2012.6.7	中新社		300-500 字
观音祖庭平顶山香山寺举行千手观音开光法会	何五昌	2012.6.10	中新社		300-500 字
河南宝丰:空巢老人自娱自乐展才艺	何五昌	2012.6.16	中新社		300-500 字
河南宝丰:抗旱保苗忙	何五昌	2012.6.19	中新社		300-500 字
河南宝丰:200 余名老党员唱大戏迎“七一”	何五昌	2012.6.26	中新社		300-500 字
河南宝丰县举行校园疏散救援应急演练	何五昌	2012.6.29	中新社		300-500 字
河南宝丰:民间魔术进校园	何五昌	2012.6.30	中新社		300-500 字
税海扬帆著华章	戴翔 栗凤娇 万军	2012.7.7	人民代表报	4	1000 字以上
俯首甘做农民贴心人	戴翔 栗凤娇 万军	2012.7.7	人民代表报	4	1000 字以上
在创业奉献中书写人生	戴翔 栗凤娇 万军	2012.7.7	人民代表报	4	1000 字以上
杏林奇葩铸医魂	戴翔 栗凤娇 万军	2012.7.7	人民代表报	4	1000 字以上
宝丰县周庄计生办开展“五送”服务活动	冯 明 苑贝贝	2012.7.26	青年导报	1	300-500 字
宝丰县计生委开展主题纪念活动	何五昌	2012.7.11	河南工人日报	2	500-1000 字
宝丰县杨庄镇农民抓住有利天气,及时为玉米喷药、施肥	何五昌	2012.7.27	河南科技报	A2	300-500 字
秋粮管理不放松	何五昌	2012.7.7	河南科技报	A2	300-500 字
河滩养鸭收益高	王双正 姬鹏	2012.7.13	河南科技报	A4	300-500 字
村民种桃走上致富路	王双正	2012.7.6	河南科技报	B6	300-500 字
种植旱玉米走上致富路	王双正	2012.7.3	河南科技报	B2	300-500 字
宝丰县周庄镇林营村千亩桃园近日喜获丰收	王双正	2012.7.31	河南科技报		300-500 字

续表6

发 表 文 章	作 者	发表时间	发表媒体	版次	备注
桃树压弯腰果农笑颜开	王双正 姬鹏	2012.7.3	新农村商报	C1	500–1000字
为孤寡老人办理二代身份证手续	王双正	2012.7.23	河南经济报	7	300–500字
宝丰县国土资源局让国学走进国土家园	叶浩方 原真真	2012.7.6	河南经济报	8	1000字以上
宝丰县国土资源局大力宣传地质灾害防治	叶浩方 原真真	2012.7.13	河南经济报	8	300–500字
宝丰县国土资源局为中层干部“充电”	叶浩方 原真真	2012.7.20	河南经济报	8	300–500字
宝丰县国土资源局周到服务 树模范形象	叶浩方 原真真	2012.7.27	河南经济报	8	1000字以上
农民工代宏亮在展示晶硅电池片	李志勇	2012.7.18	河南经济报	2	300–500字
平顶山举办自行车场地越野赛 共享绿色低碳生活	王双正	2012.8.17	中新社		500–1000字
河南宝丰:夏季多雷电 防雷检测忙	王双正	2012.7.17	中新社		300–500字
河南宝丰:人工增雨解旱情	王双正	2012.7.3	中新社		300–500字
河南宝丰:“画架”下的时期生活	何五昌	2012.7.7	中新社		1000字以上
河南宝丰:移民喜迎“世界人口日”	何五昌	2012.7.11	中新社		1000字以上
河南宝丰:5万余农户用上沼气	何五昌	2012.7.21	中新社		1000字以上
河南宝丰:“八一”建军节情暖“老战士”	何五昌	2012.7.27	中新社		500–1000字
河南宝丰消防官兵献血迎“八一”	何五昌	2012.7.31	中新社		300–500字
宝丰酒业将提升“三力”促发展	许 坤	2012.7.25	华夏酒报		300–500字
宝丰与酒仙网达成战略合作	许 坤	2012.7.12	华夏酒报		300–500字
宝丰国色清香获中国白酒酒体设计奖	许 坤	2012.7.5	华夏酒报		300–500字
河南:奖励种粮大户拖拉机	王双正	2012.7.2	中国农机化导报	2	1000字以上
宝丰县4家卫生院成为省级示范预防接种门诊	李志刚 李延伟	2012.7.5	医药卫生报		300–500字
凝心聚力谋发展 宝丰县闹庄镇卫生院发展纪实	舒 方	2012.7.2	河南经济报		300–500字
一心为民 争创先锋	舒 方	2012.7.23	河南经济报		500–1000字
宝丰县建立专项资金,奖励硕、博研究生	王双正	2012.8.7	教育时报	2	500–1000字
群言堂	范军朝	2012.8.13	人民公安报	8	300–500字
无偿献血	何五昌	2012.8.6	人民公安报	4	300–500字
宝丰县各界人士情牵留守儿童	王双正	2012.8.31	河南工人日报	2	500–1000字
宝丰县质监局铸造“精品县局”推进质监事业	张 营	2012.8.12	河南经济报	A05	1000字以上
宝丰县举行汝河防汛实战演练,随时应对汛情	王双正	2012.8.6	河南经济报	1	300–500字
引来“金凤凰”共同奔小康	王伟 杨国栋	2012.8.31	河南经济报	5	1000字以上
宝丰县大营镇垛上村村民张艳芳的花椒喜获丰收	王双正 姬鹏	2012.8.3	河南科技报	A2	300–500字
小蝎子赚大钱	王双正 姬鹏	2012.8.7	河南科技报	A4	500–1000字

续表 7

发表文章	作者	发表时间	发表媒体	版次	备注
宝丰县计协帮助村民建起绿色天然养鸡场	王双正 姬鹏	2012.8.10	河南科技报	B5	300–500 字
宝丰县城关镇模范计生户欢度计划生育光荣节	李自腾	2012.8.10	河南科技报	A4	1000 字以上
宝丰酒业首次获得发明专利	王占春	2012.8.22	华夏酒报		300–500 字
宝丰酒业慰问驻豫部队	周 晓	2012.8.15	华夏酒报		300–500 字
河南宝丰 76 岁老纪检 56 年撰写笔记 300 万字	何五昌	2012.8.1	中新社		图片新闻
河南宝丰：严查防汛物资 确保汛期安全	何五昌	2012.8.16	中新社		图片新闻
河南宝丰："土壤样品"检测助农增收	何五昌	2012.8.17	中新社		图片新闻
河南宝丰：贫困"新生"喜领助学金	何五昌	2012.8.20	中新社		图片新闻
河南平顶山："秋老虎"来袭	何五昌	2012.8.29	中新社		图片新闻
宝丰县局：彩条缠线成隐患 登高清除保安全	邱莉娟	2012.8.14	河南电力报	3	300–500 字
宝丰县电业局技术人员及时做好夏季大负荷过后的维护消缺工作	刘亚辉	2012.8.30	河南电力报	3	300–500 字
玉米秸秆青贮 冬春饮料富足	王双正	2012.10.30	河南科技报	A4	图片新闻
养鸡走上致富路	王双正	2012.10.30	河南科技报	A4	图片新闻
宝丰县人民检察院干警在建设工地进行公益项目招标检查	王双正	2012.9.3	河南经济报	7	图片新闻
河南宝丰：消防安全进校园	何五昌	2012.9.4	中新社		图片新闻
河南宝丰党员青年志愿者为孤寡老人义诊	何五昌	2012.9.6	中新社		图片新闻
河南宝丰："笑脸"献礼教师节	何五昌	2012.9.10	中新社		图片新闻
河南宝丰秋粮喜获丰收	何五昌	2012.9.18	中新社		图片新闻
河南宝丰：秋作物秸秆还田 增肥力少污染	何五昌	2012.9.19	中新社		图片新闻
宝丰县地税局依托"五大平台"提升服务质效	范建军 张梦晨	2012.10.24	河南经济报	9	300–500 字
翟集米醋"老字号"创出新辉煌	杨国栋	2012.10.24	河南经济报	8	1000 字以上
宝丰县魔术"变"出亿元财富	何五昌	2012.10.8	河南经济报	6	300–500 字
宝丰县闹店镇军营村留守妇女实现了合作社及农户双获利的土地效益	王双正	2012.10.31	河南经济报	8	图片新闻
"宝丰模式"造福大病患者	李志刚 王平	2012.10.13	医药卫生报	16	1000 字以上
内化政策动力 加快发展步伐——宝丰县卫生局以项目建设促医疗卫生事业发展	丁宏伟 吴靖	2012.10.25	医药卫生报	2	1000 字以上
河南宝丰：小朋友爱心温暖孤寡老人	何五昌	2012.10.23	中新社		图片新闻
河南宝丰：喜迎十八大 书画丹青话清廉	何五昌	2012.10.26	中新社		图片新闻
河南宝丰千亩辣椒红上市助民增收	何五昌	2012.10.18	中新社		图片新闻
河南宝丰：合作社＋基地＋农户模式助留守妇女创收	何五昌	2012.10.18	中新社		图片新闻
河南宝丰："粮食日"里新村农民忙收种	何五昌	2012.10.16	中新社		图片新闻
河南宝丰：土地流转建标准化无公害生产基地	王双正	2012.10.25	中新社		图片新闻

续表 8

发　表　文　章	作　者	发表时间	发表媒体	版次	备注
河南：废物巧利用 勤俭植童心	王双正	2012.10.31	中新社		图片新闻
宝丰县民生投入 10 年增长 12 倍	王伟 王国栋	2012.11.5	河南经济报	6	300–500 字
宝丰县卫生局强化党组织 服务百姓健康	张博 李延伟	2012.11.12	河南经济报	6	1000 字以上
“宝丰模式”幸福大病患者	李延伟	2012.11.16	河南经济报	11	500–1000 字
客商参观河南宝丰大宋汝官瓷十二生肖等产品	温献伟	2012.11.28	河南经济报	2	图片新闻
宝丰县城关派出所民警给群众赠送“平安年历”	王双正	2012.11.26	河南经济报	7	图片新闻
宝丰县财政局加强学习 提升业务素质	王伟	2012.11.19	河南经济报	6	300–500 字
宝丰县：科技“直通车”开到家门口	王伟 杨国栋	2012.11.23	河南经济报	6	300–500 字
河南宝丰：山区农民养蝎踏上致富路	何五昌	2012.1.19	中新社		300–500 字
河南宝丰老党员笔墨宣传十八大	何五昌	2012.11.26	中新社		300–500 字
河南宝丰：农民抗旱保墒为麦田“解渴”	何五昌	2012.11.18	中新社		300–500 字
河南宝丰：廉政文化进农村	何五昌	2012.11.2	中新社		300–500 字
河南宝丰：剪纸送祝福 喜迎十八大	何五昌	2012.11.3	中新社		300–500 字
河南宝丰举行“119”消防日宣传活动	何五昌	2012.11.9	中新社		300–500 字
河南：汝瓷仿制两年仿出 24 个专利产品	王双正	2012.11.28	中新社		300–500 字
河南宝丰：宝丰警方为基层警备室配发装备	王双正	2012.11.26	中新社		300–500 字
河南宝丰查获两处赌博机窝点收缴销毁赌博机 44 台	王双正	2012.11.16	中新社		300–500 字
河南平顶山 25 万只高效节能灯惠及市民	王双正	2012.11.12	中新社		300–500 字
宝丰酒业小宝成人了	周晓	2012.11.21	华夏酒报		1000 字以上
走进宝丰 寻踪清香	周晓	2012.11.21	华夏酒报		1000 字以上
宝丰：200 名贫困生喜领“爱心卡”	王长河 杨国栋	2012.12.11	教育时报	2	图片新闻
宝丰县实施校园“温暖工程”	王双正	2012.12.14	河南工人日报	2	300–500 字
宝丰县产业集聚区中国海宝集团的海宝冰箱问世	王双正	2012.12.3	河南经济报	1	图片新闻
宝丰：魔术产业成就致富路	马红梅	2012.12.3	河南经济报	6	500–1000 字
宝丰县城关镇村民把锦旗送到质监站	李民强	2012.12.7	河南经济报	11	图片新闻
宝丰县住建局开展“献爱心、送温暖”活动	李民强	2012.12.21	河南经济报	8	图片新闻
宝丰县气象局人员在进行田间普查	王双正	2013.12.21	河南经济报	7	图片新闻
河南宝丰多种形式学习宣传十八大精神	王双正	2012.12.27	中新社		图片新闻
交通安全你我同行 文明礼让在心中	王双正	2012.12.1	中新社		图片新闻
河南宝丰计生户喜领奖扶金	何五昌	2012.12.27	中新社		图片新闻
河南宝丰举办“小学生廉洁文化”作品展	何五昌	2012.12.13	中新社		图片新闻
河南宝丰：廉政文化进校园 从小培养青少年廉洁意识	何五昌	2012.12.8	中新社		图片新闻
河南宝丰：温暖工程暖人心	何五昌	2012.12.6	中新社		图片新闻

索　引

本索引采用主题分析方法制作,按字母排序。条目后面数字表示该索引内容所在页码。字母a表示所在页码左栏,字母b表示所在页码右栏。

A

B

C

D

G

H

J

K

L

M

N

P

Q

R

T

W

X

Z

2013年卷《宝丰年鉴》供稿人员

单　位	供　稿　人	单　位	供　稿　人	单　位	供　稿　人
县委办	吕跃红　张晓光	畜牧局	武国旗	国土局	程传真
组织部	张龙江	农开办	路延涛　潘运明	安监局	韩国延
宣传部	连艳霞	烟　办	严耿超	药监局	张悦童
文明办	鲍振邦	农机局	郑永锋	教体局	李全营　贺天鹏　孙建许
统战部	徐兴杰	交通局	尤明阳	进修学校	马全力
政法委	练国方　王黎扬	平西站	余胜利	县一高	翟为一　贾群立
老干部局	景向阳	邮政局	王赛博	县二高	李顺利　马国英
县直工委	张耀伟	移动公司	丁小慧	科技局	余新艳
党　校	郭会展	联通公司	颜红旗	农科所	付勇明
接待办	王永伟	住建局	李民强	气象局	李广杰　王长月
县委农办	李国防　张少豪	综合执法局	李二凡	文广局	朱　柯
纪检委	李光辉　叶二伟	环保局	魏艳晓　宋慧娟	文管委	朱宏亮
人大办	赵培浩	商务局	张琪琛	广电总台	韩国明　张东旭
政府办	郭金光	粮食局	李延珉	党研室	王英英
法制办	刘森飞	县　社	王世永	新华书店	刘中华
审批中心	刘自会	物资中心	贾鸿亮	档案局	刘大会
民宗局	徐肖金	盐业局	商艳斐	史志办	杜建红
信访局	罗书涵	石油公司	秦新丽	书画院	孟　源
招商局	张　帅	药业公司	张彩红	信息中心	陈永立
政协办	赵战士　徐建胜　王延普	财政局	魏洋磊	爱卫办	陈晓艳
总工会	陈春奇	国税局	桂召召	卫生局	吕培源
团县委	孙秋宾	地税局	王禄洲	防疫站	郭建慧
妇　联	郭林红	银监办	薛军民	县医院	吴　菲
科　协	李朝辉	人　行	刘许娜	中医院	姜聚昌
残　联	王鹏丹	中　行	裴亚辉	体育局	刘攀峰　文亚勋
工商联	王毅傲	农发行	李　刚	计生委	董　倩
文　联	魏红朝	建　行	胡淑红	人社局	陈树钢
老促会	潘运明	工　行	杨新廷　李红卫	民政局	何金丰
人武部	范李珺	农　行	刘艳委	城关镇	岳录巧
消防大队	王拥超	平顶山银行宝丰支行	许霖飞	周庄镇	高军民
人防办	郭金光	农信社	司景扬	闹店镇	杜延辉
公安局	赵东红	豫丰村镇银行	刘中乾	李庄乡	张国良
司法局	娄军垒	财险公司	宋红艳	杨庄镇	李东亚
法　院	刘　娜	人寿公司	买留义	张八桥镇	马俊歌
检察院	张钢强	发改委	亢鹏程　辛文化	大营镇	宋占勋　王永林　刘海军
产业集聚区	李相军	工信局	于亚渊　许腾飞	前营乡	牛荫荫
企改中心	何文枫	统计局	王京苑	商酒务镇	赵改成　张　洋
宝酒公司	王占春　付鹏里	审计局	杨少东	赵庄乡	张星耀
煤炭局	孙宇飞	工商局	陈昆明	肖旗乡	王国旭
电业局	马学志	市场中心	张俊伟	石桥镇	范志国
农业局	常俊阳　金禹竹	物价局	徐　晖	观音堂林站	宁跃锋
林业局	李沛娟	质监局	高君良	铁路办事处	赵旭辉
水利局	曹世举　李晋哲				